パプアニューギニアの「場所」の物語

動態地誌とフィールドワーク

熊谷圭知
Keichi Kumagai

九州大学出版会

写真 5－1（上） ホットミンの滑走路（1986 年）
手前がアッパーメイ川（イワ），奥に見えるのがライトメイ（アベイ）川。
写真 5－2（中） 着陸した飛行機を取り巻くホットミンの村人（1986 年）
白衣を着ているのは，飛行機から降りたった巡回看護婦。
写真 5－3（下右） 植え付け後間もないタロイモ畑（1984 年，ホットミン村）
写真 5－4（下左） 弓を構える村人（1984 年，ホットミン村）

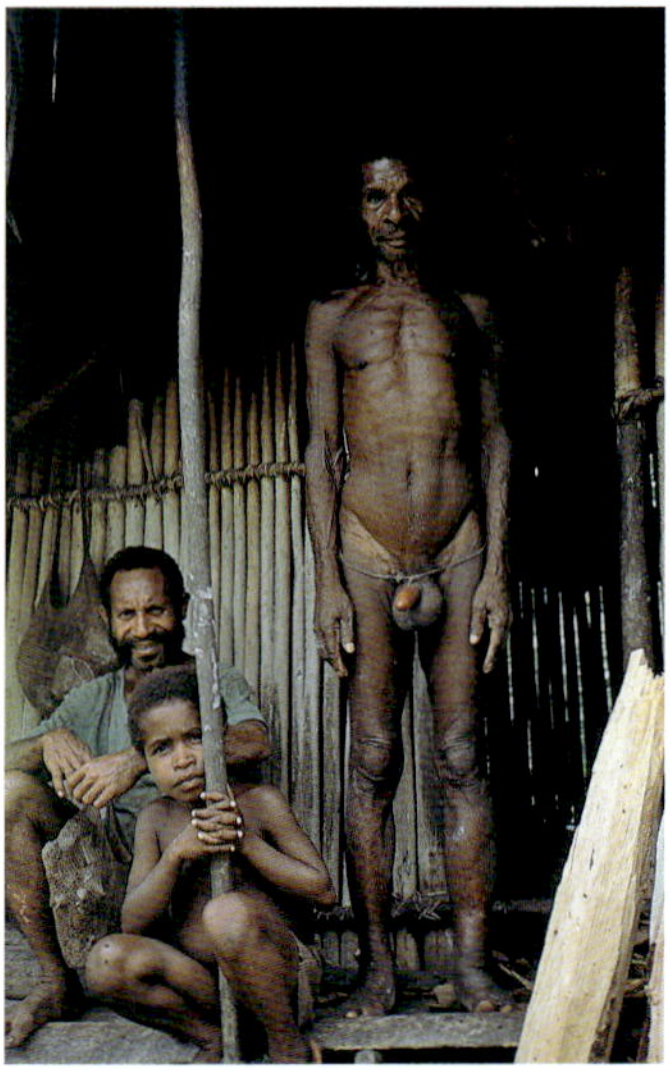

写真 5 - 5（上右） ペニスケースを付けた伝統的な衣装の男性（1984 年，フィアク村）
写真 5 - 6（上左） 革の腰蓑を付けた伝統的な衣装の女性（1984 年，フィアク村）
写真 5 - 7（下右） 銃を手にする村長 J（1984 年，ホットミン村）
銃は親しい救護所担当官の所有物。T シャツと短パンが現在の村の日常的な服装。
写真 5 - 8（下左） パイロットと交渉する牧師 B（1984 年，ホットミン村）

写真 6－1（上） ポートモレスビー都心部（タウン地区）の風景（2005 年）

ビル街の背後にみえる丘が植民地時代からの外国人居住地トゥアグバ・ヒル。

写真 6－2（中） 移住者によって急斜面に拓かれた畑（2005 年 3 月，ポートモレスビー）

これは雨期の景観。ポートモレスビーは，乾季（6～9 月）にはほとんど雨は降らず，畑は作れない。

写真 6－3（下右） 都市美化を宣伝する看板（1998 年，ポートモレスビー）

地球儀を前に「ポートモレスビーをきれいな緑の街に」にというスローガンを教えられる生徒たち。地球環境問題を流用したイメージである。

写真 6－4（下左） 道路拡幅工事（1998 年，ポートモレスビー）

公共工事を請け負う建設会社は，政治家の利権と結びついている。

写真 6－5（右上）　露天でビンロウジを商う女性（1995 年，ポートモレスビー）
写真 7－1（右中）　シックスマイル・ダンプの風景（1986 年）
写真 7－2（右下）　ダンプから薪を得て帰る父と子（1986 年）
写真 7－3（左上）　水道栓の周りに集まる女性たち（1986 年，ラガムガ集落）
写真 7－4（左中）　畑を耕すウェミン（1995 年，ラガムガ集落）

写真 7 - 5（上右）　チンブー州，グミニ郡，ディア村（1986 年）。
尾根上に立地する集落。
写真 7 - 6（上左）　急斜面の畑（ディア村，1986 年）
写真 7 - 7（中右）　豚を連れた女性（ディア村，1986 年）
写真 7 - 8（中左）　ディア村の老人たち（1986 年）
写真 7 - 9（下）　ビンゴに興じるディア村の若者たち（1986 年）

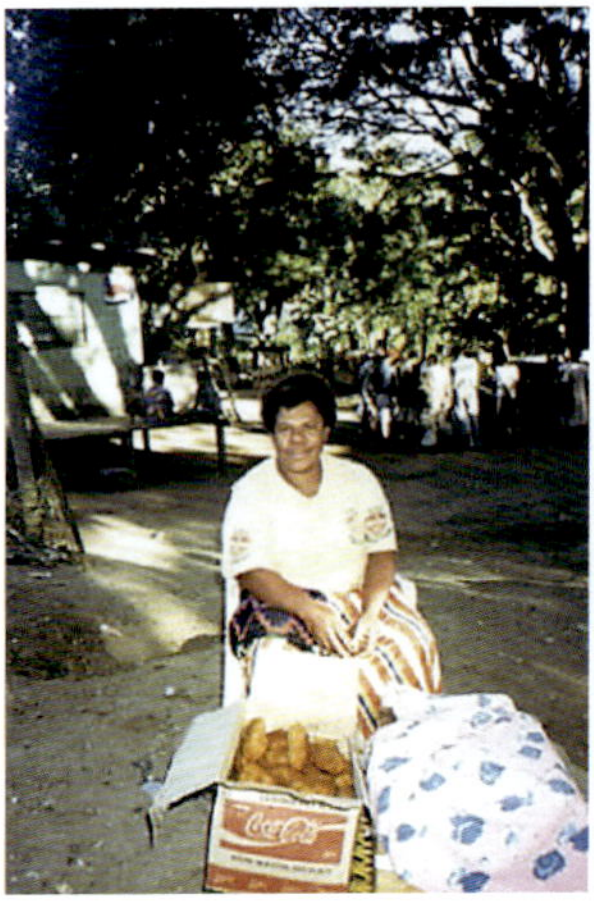

写真 7 - 10（上） 弓矢を番えるティモシー（1996 年，ディア村）

この後に起こった部族戦争で，彼は銃で両目を撃たれ失明してしまった。

写真 7 - 11（中） 手製の銃を構える男（1996 年，ディア村）

写真 7 - 12（下右） ビルムを編みながらブアイを売る女と、ブアイとビールに興じる若い男たち（1995 年，ラガムガ集落）

セトルメントにおけるジェンダーの非対称の構図。

写真 7 - 13（下左） フラワー（小麦粉を揚げたスナック）を商うサリー（2001 年，ラガムガ集落）

写真 7－14（上）　ボロコの街路で商うパウラ（1995 年 8 月）
売り物はピーナッツとオカリナッツ（ニューギニア特産の木の実）。
写真 7－15（中）　ボロコの街路で商うパウラ（2005 年 2 月）
売り物はピーナッツとグアバ。
写真 7－16（下）　ボロコの街路で商うパウラ（2010 年 9 月）
売り物はグアバ。隣でトウモロコシを売るのは娘のディ。

写真 7 - 17（上）　住宅と家族（2001 年，ラガムガ集落）
住宅の大きさ，様式は様々である。
写真 7 - 18（中）　住宅内の家族（2001 年，ラガムガ集落）
写真 7 - 19（下右）　フォーマイルのタバリ広場でブアイを売る露天商たち（現在では禁止されている）（1995 年，ポートモレスビー）
写真 7 - 20（下左）　ボロコ郵便局裏に設けられた公認露天商市場の賑い（現在は廃止されている）（2008 年，ポートモレスビー）

写真 8－1（上） ブラックウォーター湖（オロップ）（1993 年）
カニンガラ村のカトリック教会から望む風景。

写真 8－2（中） ブラックウォーター水路（ハルマリオ）（2008 年）
増水時，木が水に浸かる光景。

写真 8－3（下右） サゴ叩き（ナタ）（2008 年，クラインビット村）
男女・年齢の区別なく全員で行なう。

写真 8－4（下左） サゴ絞り（イシェー）（2008 年，クラインビット村）
女性の仕事である。

写真 8 - 5（上右） サゴ虫の採取（2011 年，クラインビット村）

切り倒しておいたサゴヤシの木（ゲール）を切り開いたところ。

写真 8 - 6（上左） サゴ虫の 4 態（2011 年，クラインビット村）

手前左二つの白いのがゲブカ，手前右の少し小さいのがロジュナ，真ん中の褐色の二つがファドス，奥の黒いのが成虫のグヌス。

写真 8 - 7（下右） オロップでの朝の網漁（2012 年，クラインビット村）

写真 8 - 8（下左） 大きなナマズ（ピジン語でニルフィシュ，カプリマン語ではバディル）を手にする女性（1988 年，クラインビット村）

写真 8 - 9（上右） 追い込み猟で仕留めた野豚を前に（1988 年，クラインビット村）

狩猟に使った槍が折れ曲がっている。

写真 8 - 10（上左） 夜の狩りで得たバンディクート（ティル）を手にする MN（2012 年，クラインビット村）

写真 8 - 11（中） GB が銛で仕留めたワニ（2017 年，クラインビット村）

写真 8 - 12（下右） 「料理の家」（アマジャラウヌス）の隠居女性（2008 年，クラインビット村）

JT の母 MK。目が不自由であり，主婦の座を RL に譲り，主屋の隣の小さな家で起居している。

写真 8 - 13（下左） 台所（リバブス）でサゴを焼く RL（2008 年，クラインビット村）

既婚の女性たちは，自らのかまどとサゴを焼くフライパンを持っている。

写真 8－14（上右） クラインビット村の精霊堂（1990 年，クラインビット村）

2002 年に取り壊されてしまい，現在再建途上である。

写真 8－15（上左） 精霊堂内部の柱（1990 年，クラインビット村）

人・精霊・動物が混淆した彫刻が施されている。

写真 8－16（下） タジャオ（2013 年，クラインビット村）

向かって右がウォリアガメイ（兄）で左がウォリマ（妹）。

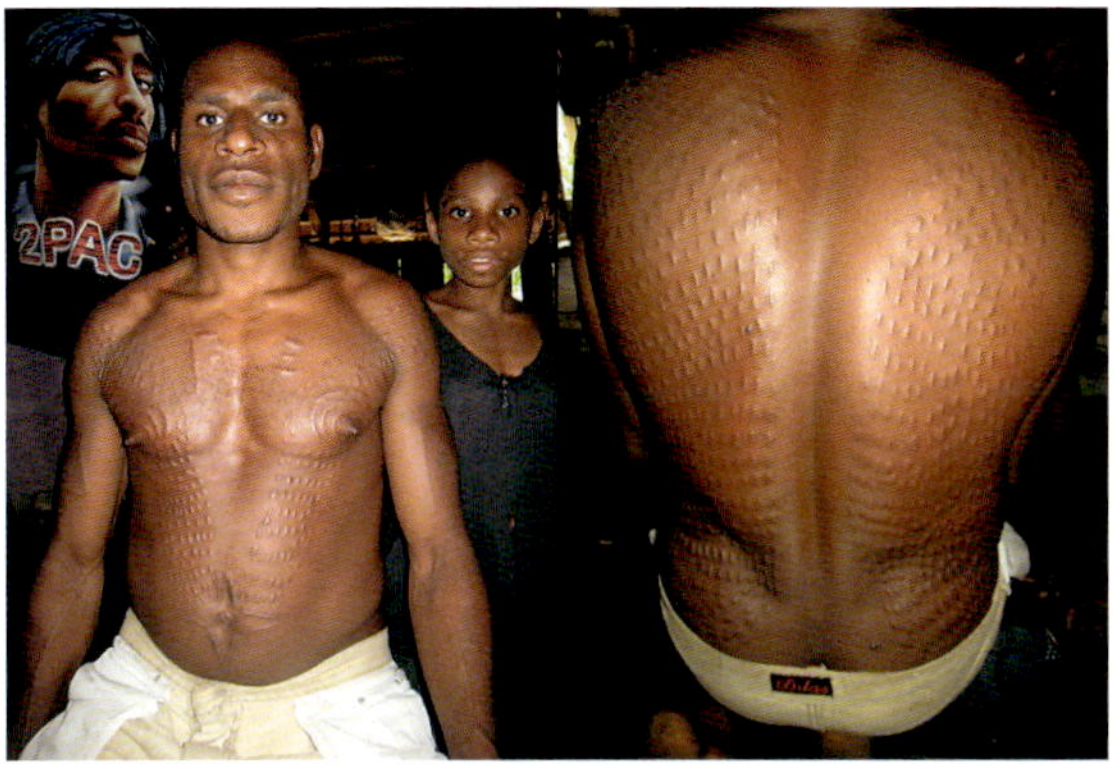

写真 8 - 17（上）　祖先の石（2002 年，クラインビット村）

名前は向かって右から，オグルモガ（Ogurumoga），バラブモガ（Barabumoga），ポンドンゴゥイ（Pondongowui），ナウマフゲ（Naumafuge），アルミヤ（Arumiya）。最初の 2 つはマンブロコン Mambrokon 大クラン，後の 3 つはアドマリ Admari 大クランの所有物である。

写真 8 - 18（中）　ナンソトを経た男 FD の瘢痕文身（2013 年，クラインビット村）

写真 8 - 19（下）　敷物を編む RL と女たち（2013 年，クラインビット村）

写真 8 - 20（上右） ブロゴイオントク集落跡の環状列石（2009 年，ブロゴイオントク）
写真 8 - 21（上左） 彫塑された石（2009 年，ブロゴイオントク）
写真 8 - 22（下右） 観光客用に着飾った村人（1993 年，クラインビット村）
写真 8 - 23（下左） 村人にカメラを向ける観光客（1993 年，クラインビット村）

写真 8－24（上） MN の家と家族（2007 年，クラインビット村）

写真 8－25（中） 独立記念日の式典（2014 年 9 月 16 日，クラインビット村）

手前はイーストセピック州の州旗。奥に国旗がある。

写真 9－1（下） 住民委員会のミーティング（2001 年 7 月，ラガムガ集落）

写真 10－1（上） 村の歴史の講義（クラインビット村小学校）（2009 年 9 月，野中健一撮影）

写真 10－2（下） ナンソト翌日の若者たち（2018 年 9 月，クラインビット村）

はじめに

本書がめざすのは、パプアニューギニアの「場所」の物語を読者に提示することである。わたしは一九七九年の一二月以来、パプアニューギニアの都市と村に通い続けてきた。最初のきっかけは、大学院時代のパプアニューギニア大学地理学科への留学だった。その後は、科学研究費等を得て、ほぼ毎年——時には年二回——パプアニューギニアを訪れ続けている。それは常に変化し続ける場所の体験だった。

わたしは、地理学とは、究極のところ場所の生成とその理解をめぐる研究だと考えている。場所とは、常に個別具体的なものでしかない。しかし、場所の中には、差異や多様性と同時に、共通性や相同性、言い換えれば普遍が存在する。

わたしたちは、新しい場所を訪れたとき、そこに自らの日常生活世界とは異なる風景や振る舞いを見出し、それに惹かれたり反発したりする。それと同時に、自らが既知なものや慣れ親しんだものを見出し、それに安心したり幻滅したりもする。場所の論理とは、個別具体的な存在である場所の中に、差異や多様性と同時に、共通性と相同性をも見出す論理である。その個別性と普遍性の共存こそが、場所と場所の生成の特質でもある。

地誌とは、場所あるいは地域の特質を描く研究である。言い換えれば、地誌とは、場所や地域の物語である。地誌が描かれるとき、地域の固有性や特殊性が重視されるのは、それゆえである。しかしそこには問題が潜んでいる。遠く離れた場所と人びと、とりわけいわゆる「南」の世界が取り上げられるとき、それはたいてい他所の面白おかしい、あるいは不運で悲惨な——マスメディアでの表象の仕方はたいていこのどちらかに偏る——物語になる。海外ニュースで飢餓や内戦で絶望する人びとの表情が映し出される一方、娯楽番組では人びとの素朴で不可思議な文化が紹介される。それらは、自分たちとは無縁な風景や出来事として了解され、消費されてしまう。そこからしばしば生じるのは「日本人に生まれてよかった」という安易な自己肯定である。他者の／他所の物語が、自らの認識や価値の枠組みを揺るがすことはない。

人は自己が何者かを認識するために、「他者」の存在を必要とする。他者との比較や対照の上に、初めて自己が構築される。しかし、それはしばしば自己を安定化するために、他者に変わらぬ役割を求めてしまうことにもつながる。自己を構築するために、他者を自らとは異なる――しばしば自らより劣位にある――変わらぬものとしてまなざすこと、それが「他者化」にほかならない。地誌には常に他者化の罠が存在する。それは、場所や地域の固有性を描くことを通じ、異なる場所や人びとが、自らとは異なる、自分とは無縁の変わらぬ他者としてまなざされてしまうことである。

それを乗り越えるひとつの方法は、わたしたちになじみ深い共通の観念を通じて、異なる場所と人びとの日常の生活世界を描くことだろう。遠く離れた世界の地域の物語は、わたしたちの地域の物語、場所のありようやその生成と、差異とともにさまざまな共通性・相同性を持っている。そのようなものとして場所と人びとの日常生活の実践を描くことで、聞き手や読み手にその地域への地理的想像力を喚起し、共感的理解の回路を提供することができる。本書では、「移動」・「開発」・「場所」という三つのキーワードを用いて、この課題に取り組み、動態地誌を編もうとしている。

「動態地誌」とは、地域を描くにあたって、自然環境や歴史・政治・経済・文化などの地域を構成する要素を並列するのではなく、その地域の個性や特色をよりよく示す要素を取り上げ、それを軸に他の事象と関連付けながら地域を描くことと一般に理解されている[1]。そこには、もちろんある地域の変容とその要因を描きだす作業も含まれる。

本研究では、さらに動態地誌の革新をめざすために、方法、視点、目的において、次の三つの要素を加えることにしたい。第一に、その方法として、フィールドワークに根ざして、人びとと場所のダイナミズムを描くことである。第二に、その視点として、地域や場所を閉じられたものとしてではなく、ローカル、ナショナル、グローバルといった異なるスケールを含む、重層的な相互作用の過程として描きだすことである。そして第三に、その目的として、描かれた地誌が、対象となる地域を切り取り分析するだけでなく、対象地域への共感的理解を喚起し、それを通じて自らと他者としての地域との関係を問い直すことをめざすものであることだ。

他者とその場所を理解するにあたって、「他者化」の方向に向かうのではなく、場所と人びとの営みが動態的であることに心を揺さぶられ、その場所や人びととつながりたいという動機づけを与えること、それがグローバル化する現代における地誌の役割だと考える。本研究がめざすのは、異なる世界の人びとを単に分析し、その結果わたしたちと分断し、他者化へと向かわせるのではなく、他者を共感的に理解し、協働への志向性を喚起し、異なる世界をつないでいくという意味での「動態地誌」である。

本書の第Ⅰ部では、「移動」「開発」「場所」そして「地誌」と「フィールドワーク」という本書の五つの基本概念を示した。本書では「開発」を、人びとが自らのよりよき生の実現をめざす実践と定義する。パプアニューギニアの人びとは、空間的な移動を繰り返しながら、新たな「場所」を構築し、「開発」をめざしてきたと言える。

本書の第Ⅱ部では、パプアニューギニアの人びとの具体的な実践の過程を、移動・場所・開発を軸に読み解くことを通じて、新たな地誌（場所の物語）を提示した。第4章では、パプアニューギニアのナショナルな地誌を提示した。七〇〇以上の言語があり、多様な環境と文化を持つパプアニューギニアの人びとの現代の共通の関心事は地域間の格差である。なぜ多様性が格差に置き換わったのかが、この章の問いである。

第5章では、高地周縁部のミアンミンの人びとを論じた。ミアンミンは、パプアニューギニアの中でも最も辺境にある地域に住む人々で、一九五〇年代に植民地政府と初接触した。植民地化の中で部族間戦争が禁じられ、移動も制約されて、社会のダイナミズムが奪われる一方、人々の期待する「開発」は到来せず、閉塞状況にある。「開発」と「移動」への渇望とそれが実現されない葛藤が、「飛行機」と飛行場建設に象徴されている。

第6章と第7章では首都ポートモレスビーのセトルメント（自然発生的な移住者集落）の現実と、そこに住むチンブー州出身者に焦点を当てて論じた。セトルメントは、異邦の都市空間に移住者が作りだした場所である。その一つ、チンブー人移住者のラガムガ集落は、ゴミ捨て場の奥に立地し、水道などのインフラは未整備である。住民の多くは露天商などインフォーマル・セクターで生計を立てているが、都市空間整備が進む中で、公共空間から排除され、困窮化が進んでいる。

第8章では、ブラックウォーターの歴史と現在を論じた。ブラックウォーターの人びとは、山から低地に移動して、泥炭湿地上に集落を作り、サゴヤシ澱粉の採取と漁労を生業とする。そして周囲の環境を利用した暮らしと、象徴体系に根ざした精緻な場所の知を有する。第二次世界大戦末期に日本兵が駐留した歴史を持ち、秘境観光の対象ともなっている。一見安定した暮らしの一方、現金収入は得られず、人びとは都市との格差を意識している。

上記の三つの場所は生態環境、歴史、社会経済的な状況を異にする。しかし人びとによる移動を通じた「開発」と場所構築の実践の一方で、植民地化とポストコロニアルな都市政策、そして貨幣経済化の中で、周縁化・辺境化された人々の葛藤が、共通に見出される。

最後の第III部に示したのは、わたしのフィールドワークの過程と、その延長線上としての開発実践および共同の場所構築の実践である。「フィールドワーク」とは、研究対象が存在する場所に身を置き、一次資料を集める調査方法である。フィールドワークは、国内であれ海外であれ、自らの住み慣れた場所を離れ、研究対象の場所へと身体を移す行為、すなわち「移動」あるいは「旅」の産物でもある。調査研究者は、フィールドで得た体験や持ち帰ったデータを利用して考え、論文や本を書き、研究業績を重ねる。それは調査研究者にとっての、ひとつの自己の「開発」の実践とも言えるかもしれない。

自己と研究者の属する世界（学界および一般社会）の間には、良い仕事をすれば、それだけ良い評価が得られるという等価交換の関係が（現実はともかく、少なくとも理念的には）存在している。しかしフィールドワーカーとフィールドの間には、調査そのものを通じては、不等価交換しか存在しない。「参与観察」（participant observation）は、「参与」する（participate）とはいっても、多くの場合、調査対象社会に何か役立つことをめざすわけではなく、ただ相手に厄介になる（disturbする）だけである。したがって、もし調査研究者がフィールドとの間に対等な関係性を作ることをめざそうとするならば、調査研究の終了後、あるいはそれと並行して、何らかの「還元」（フィードバック）をすることが求められる。

調査研究者が、単にフィールドに行き、調査してデータを持ち帰るだけの存在であれば、それは知的な収奪につながる。フィールドワークによって生産された知は、一方的に「わたしたち」の側に蓄積され、「彼／女ら」の側には積み重ならないからだ。とりわけ先進諸国（「北」世界）の調査研究者がいわゆる発展途上国（「南」世界）を対象に研究する場合には一層の配慮が求められる。両者の間には、経済的格差だけでなく、知の格差も存在する。「知」には、本来普遍的な学問知・科学知だけでなく、個々の社会や人びとが紡ぎだしてきた生活知や具体的な場所の知も含まれる。しかし現代の経済・政治・社会システムを支配するのは、圧倒的に先進西洋世界が主体となって作り出した前者の知である。北の研究者が南の社会を対象に研究することは、後者の知（生活知や場所の知を含む）を前者にとって了解可能なものにすることにほかならない。しかしそれが両者の双方向的な関係性を欠いたまま行なわれるとき、その知は支配の道具へと転化する危険をつねに含んでいる。

「北」の研究者は、「南」の世界を訪れ、自らの論理や方法を用いてその人びとや場所を調査研究するが、その逆の方向性（南の研究者が北の世界を調査研究するという機会）はめったに生じない。「北」の調査研究者は「主体」であるが、南の人びとは「客体」である。そこには表象する側と表象される側の圧倒的な非対称、あるいは表象の権力の格差の問題が存在する。もし「北」の調査研究者が、「南」の人びとや場所を研究した「成果」を、それに対する「南」の人びとの異議申し立てや相互批判の機会を欠いたまま、自らの世界にだけ蓄積していくならば、それは「知」の格差を拡大させ、前者の支配を強めることに貢献してしまう。したがって、フィールドワークを行なう調査研究者は、二重の意味で――個別のフィールドとの関係性と、「北」世界に位置する研究者としての位置性の双方において――自らの調査研究を対象社会に還していく必要に迫られることになる。それはいったいどのようにしてなされうるのだろうか。これが本研究をなすにあたってのもう一つのわたしの問いである。

この問いに、容易な答えはない。それは個々の調査研究者が自らの研究実践を通じて明らかにしていくしかない。本書でわたしが示そうとしたのは、フィールドワークとその延長線上にある開発実践、そして場所構築の実践を通じて、双方向的な関係性を作り出すことだった。それは解答というより、パプアニューギニアの人びととの間の応答を通じた、試行錯誤の過程にほかならない。それを示すことで、読者との間に、相互批判を含む議論を喚起できればと願っている。

本書は一九八五年以来書き続けてきた論文を基にしているが，新たに書き下ろした部分もある。長大な分量なので、理屈っぽい第Ⅰ部を後まわしにしていただいてもかまわないが、できれば第Ⅱ部に少しでも眼を通してから、第Ⅲ部を読んでいただければ、うれしく思う。

パプアニューギニアの「場所」の物語／目　次

はじめに

第Ⅰ部

研究の基本概念

パプアニューギニアの具体的な地誌を提示する前に、まず本研究の鍵となる概念とその文脈について確認しておきたい。それは、「移動」と「開発」と「場所」、そして「地誌」と「フィールドワーク」である。これらの概念を論じる際に、そしてそれらを通じた地誌を記述しようとするときに、わたしが共通して意識しているのは、構造と主体、あるいはマクロとミクロの間の相互作用、そして理論と現実、普遍性（共通性）と固有性（特殊性）の間の緊張関係である。

人は構造に規定されつつ、その構造から逸脱し、あるいはそれを積極的に変えるための主体的な実践を行なう。その実践が構造を緩め、変化させつつ、新たな構造を作り出すことになる。言い換えればマクロレベルの分析は、ミクロレベルの主体の実践を視野に入れることなしには完結しないし、その評価を誤るということでもある。研究者がある理論的枠組みあるいはモデルを用いるとき、そこには複数の事例に共通する普遍性を抽出しようとする志向性が存在する。それが個別の特殊性を理解可能あるいは予測可能なものにする。しかし研究者がフィールドワークを行なうとき、その結果は常にその普遍性や予測を逸脱し、それを掘り崩し、再構築を迫るものとなる。こうしてフィールドワークに基づく研究を行なう調査研究者は、常に理論・モデルと現実の間を行き来することになる。このようにして構造も理論も、常に主体と現実によって問い直され続ける。こうした緊張関係を念頭に置きながら、以下の議論を進めていきたい。

扉写真：増水時のクラインビット村風景（二〇〇一年、原口昌樹撮影）

第1章 「移動」と「開発」

1 「移動」をめぐって

「移動」の概念

本書で問題にする「移動」（movement, mobility, migration）は、もっぱら空間的移動（spatial movement）である。すなわち職業や地位の変化などの社会的移動は含まない。その中には、個人による日常的な（ルーティンの）移動、短期的な訪問、一時的な移住、恒常的な移住、すべてを含む。また集団や集落の移動も含む。

「移住」（migration）とは、「個人あるいは集団による恒久的・半恒久的な居住地の変更」を意味する（Ogden 1984：3）。これについては、地理学でも多くの研究が重ねられてきた（Lee 1966, Zelinsky 1971 ほか）。ゼリンスキーの人口移動パターンの変遷モデルはよく知られているが、それによれば、第一段階（前近代伝統社会）では移動は少なく、第二段階（移行社会前期）では近代化に伴い農村から都市への人口移動が卓越し、第三段階（移行社会後期）では、都市間移動がさらにそれを上回る勢いで増加し、第四段階（先進社会）では、都市間あるいは都市内移動（郊外への移動を含む）が卓越する。しかし彼のモデルでは、近代化と経済機会の増大が移動の主因とされ、伝統社会は停滞的で動かぬものとみなされるという問題がある。

「移住」がどちらかと言えばマクロレベルで捉えられる傾向があるのに対し、「移動」（movement, mobility）は、主体・ミクロレベルで議論されることが多い。その中には、歩く、走る、跳躍する、踊るなど身体の動作も含まれることになるが、ここでは対象にはしない[1]。本研究が対象とするのは、人びとの空間的移動であり、そこには居住地の移動を伴わない生活領域内の日常的な移動（畑に行く、採集狩猟に出かける……など）および日常生活領域を越えた移動（狩猟のための遠征、他集団の襲撃、他の村や町の訪問……など）も含まれる。

第三世界の人口移動

第二次世界大戦後、いわゆる「第三世界[2]」諸国では爆発的な農村から都市への人口移動が生じる。西欧近代的な経済モデルでは、工業化によってもたらされた都市における近代部門の雇用の増加とそれによって生じた労働需要（労働者の側から言えば雇用獲得可能性）と都市農村間の賃金格差とが、農村から都市に人口を誘引する主要因となる。しかし途上国の都市化においては、都市の近代産業部門の雇用増加が限られているにもかかわらず、農村からの都市移住が先行し、これは工業化なき都市化、あるいは「過剰都市化」（over-urbanization）あるいは「疑似都市化」（pseudo urbanization）などと呼ばれてきた。こうした都市移住を支えたのは、露天商など都市インフォーマル・セクターと呼ばれるような経済活動とその雇用であり、また同郷者などのネットワークであった。都市の空閑地に法的権利を持たぬまま居住地を確保し、掘立て小屋を建てて住みつき、出身地に根差す社会関係を活用して、露天商などの都市雑業を生業とする人びとは、「都市の農民」（Mangin 1970, Roberts 1978）などと称されもした。しかしそれはロバーツ（Roberts 1978：141）が指摘するように、彼らの周縁性（marginality）を示すものではなく、都市の中での自らの資源を最大限に活用した移住者の積極的生き残り戦略にほかならない。

ここで注意しておきたいのは、構造と主体の間の関係性である。南の世界の移住にいま一度目を転じれば、植民地期のアジア・アフリカ諸国の多くでは、農村に家族を残した形で、鉱山やプランテーションに男性が単身移住することが支配的な形態だった。これはメイヤスーが看破するように、再生産の場所を農村に置き続けることで、家族を養育する賃金を支払わず、労働力だけを最低限のコストで利用するための植民地統治の戦略であった（メイヤスー 1977）。メイヤスーはこれを、伝統的家族制生産様式と近代資本主義生産様式の「接合」（articulation）と捉える。植民地支配下における農村と都市との往還という実践は、主体的戦略よりもそうした制度的構造の制約の中でいわば押し付けられ、余儀なくされたものという性格が強い。

第二次世界大戦後の農村－都市間移動においては、ラテンアメリカ諸国では向都移動が卓越し、都市人口比率が高まったが（Gilbert & Ward 1985）、アジアやアフリカ諸国では農村と都市の間を往還する循環的移動あるいは還流移動（circular migration）がむしろ卓越した（Hugo 1978, 熊谷 1990）。これは、植民地化の過程で農村の小農部門が解体されてしまったラテンアメリカとは異なり、アジアやアフリカでは農村に生産と再生産の基盤が残されていたからである。こうした中で、工場労働者やホワイトカラーのオフィス労働者など都市のフォーマル経済部門の雇用吸収力が限られ、建設労働者などの臨時雇用やインフォーマル・セクターの不安定な就業に依存せざるを得ない中では、人びとにとって農村の生産基盤（最低限の生存機会）を残しながら、都市での現金収入の獲得の最大化をめざすことが合理的な選択だったと言える。そこにはやはり構造と主体の間の緊張関係――構造に規定されつつも主体が自己の可能性を見出し、構造を変化させようとする実践――が存在する。

オセアニアにおける移動

パプアニューギニアが位置するオセアニアという空間に人間が進出するのは、五～六万年前のことであり、人類史から言えばきわめて新しい。オセアニアには、二回の移住の波がある。第二の波である三五〇〇年前ごろ、現在の東南アジアにあたる地域からやってきた人びとは、農耕の技術を持ち、先住者である現在のメラネシアの人びとの領域をかすめながら、現在のポリネシアにあたる領域に居住域を拡げていった。ラピタ人と呼ばれるこれらの人びとが、ポリネシアの中心域に移住するのは紀元前九〇〇年から七〇〇年ごろのことと推定される。考古学的資料によれば、そこに千年近くとどまったポリネシアの人びとは、一七〇〇年ほど前から再び移住をはじめ、紀元後七〇〇年ごろにはハワイに、一二〇〇年ごろにはニュージーランドに移住する。文字を持たないオセアニアの人びとの文化には文書記録は残されておらず、この移住の再開の理由は定かではない。人口増加やそれに伴う土地や食料資源の不足が想像されうる要因であるが、そこには未知の土地への憧憬や好奇心も少なからず存在していたことだろう。移住の発端となったポリネシアの中央部から北端のハワイ諸島、南西端のニュージーランドまでは、それぞれ数千キロメートル以上離れている。西洋人によるいわゆる大航海時代に先立って、こうした遠距離の航海を意思的に行ないえた人びとが、「人類最初の遠洋航海者」（片山 1997）にほかならない。太平洋に西洋人が現れるのは一六世紀はじめのことだから、ポリネシア人のニュージーランドへの移住から三〇〇年ほどしか経ていない。オセアニアの人びとの固有の領域に西洋人が進出したというよりも、いわば人びとの移動の舞台であったオセアニアという空間に遅れて現れたのが西洋人だったとも言える（片山・熊谷 2010）。

近代以降のオセアニア（太平洋島嶼地域）においても、農村と都市の間に循環的移動（circular migration）が卓越することが指摘されてきた（Bedford 1973, Chapman and Prothero 1985）。しかしそこでは、メイヤスーが指摘したような植民地時代の統治政策の影響よりも、むしろ文化に根ざした積極的な移動性向が強調されている。チャップマンとプロセロ（Chapman and Prothero 1985：5–6）は、前述のゼリンスキーの議論が移動システムに内在する土着の要素を軽視していることを批判し、太平洋島嶼地域、とりわけパプアニューギニアを含むメラネシア地域における循環的移動が、過渡的なものではなく、文化の多様性に深く根ざし、社会経済的変化のあらゆる段階において見出されると述べる。彼らによれば、循環的移動が卓越し、また持続するのは、この地域における土着の居住形態、社会集団の構造やリーダーシップのあり方が持つ柔軟性のためである。彼らの議論においては、植民地支配によってもたらされた制度や生産様式に代わり、文化が構造的要因として前景化している。

さらに付け加えるならば、パプアニューギニアにおける移動への強い志向性は、「移住」（migration）（居住地を移すこと）と、日常的な移動（daily movement）（畑に出かけたり、生活空間の中で漁撈や狩りを行なうこと）と、非日常的な移動（狩猟のために遠征したり、他の村を訪問したり、他の集団と戦争したりすること）が、連続性を持っていることにもよっている。日常的な移動（たとえば学校や会社に通う）と、非日常的な移動（旅をする、観光する）、そして移住（恒久的、半恒久的な居住地の移動）を別個の異質なものとして捉える見方も、実はまたわたしたちの近代的、定住者中心的な世界観を反映している[3]。わたしがかかわったパプアニューギニアの人びとについて言えば、空間的移動が人びとの生活の常態であり、いわば主体的戦略として存在している。後に詳述するように、本研究で強調したいのは、移動が人びとにとってよりよい生を求めるための主体的実践として存在していること、またそれが十分に実現されない、あるいはその成果がもたらされないことが人びとの不満や葛藤に結びついているという認識である。

採集狩猟民研究や、生態学的な議論をのぞけば、いわゆる南の世界の人びとの主体的移動は、必ずしも十分に論じられてこなかった。そこには、これらの人びとが、環境条件等によって引き起こされた要因によってやむを得ず、いわば受動的に移動する存在であるという暗黙の仮定があったと言わなければならない（Kumagai 1998b）。これは今日の難民問題へのまなざしにも少なからず受け継がれている。そこには南の世界の人びとの主体としての意思決定の可能性を低く見ると同時に、「定住」に「遊動」（nomad）（西田 1986）より高い価値を置く、わたしたちの近代的な世界観が反映されている。ポストモダニズムの潮流の中での遊動の称揚は、こうした価値観からの離脱を示すものとも言えるが、後に見るように、それらの多くは移動の自由を享受できる北の先進世界の特権的な議論にとどまっている。

2 「開発」をめぐって

開発の概念

本研究における「開発」の概念は、基本的には英語の development という語に拠っている。develop とは、de＋velop（包む、隠す）、すなわち包まれ、隠されていたものを外に顕わすという意味であり、そこから、何かが変化してより進んだ状態になることを意味する（西岡 1996：74）。エステバは、development を「何らかの対象あるいは有機体に潜在していた能力が解放されて、その対象あるいは有機体が自然で、完全な、十分に発達した形態に達するまでの過程を語る言葉」であるとしている（エステバ 1996：21）。

developmentという言葉は、日本語では「発展」とも「開発」とも（また「発達」とも）訳される。しかしその語感にはかなりの差異がある。「発展」するという言葉は自動詞であり、「開発」するという言葉は他動詞である（エステバ 1996：25、菊池 2001：3）。「わたし（の町）は発展する」とは言えるが、「わたし（の町）は開発する」とは言えない。後者には、必ず「何を」開発するかという目的語、対象が必要となる。そこから派生するのは、「発展」が（より）自律的・内生的な変化であり、「開発」がしばしば他律的、外在的な変化である、また「発展」は、基本的によい結果であるが、「開発」はよい結果を生むとばかりは言えないというイメージである。本研究では、この両者の意味を含むものとして、「開発」という言葉を用いる。ここで日本語として「発展」ではなく、「開発」を用いるのは、それが自然に（内生的に）生じるのではなく、そこに主体による意志と実践が存在することを重視したいためである。

「開発」（development）には、少なくとも、次の四つの意味がある。

第一に、政府や企業、国際機関など外部の主体によって導入される開発プロジェクト、すなわち「開発的介入」（development intervention）という意味である。国際開発も、国内の地域開発もこれに含まれる。これは、もっとも狭義の「開発」と言える。そこには日本語の（他動詞としての）「開発」が含む外部者と当事者の二重性が重ね合わされやすい。

第二に、生活様式の「近代化」・「西洋化」という意味での「開発」である（Willis 2005）。先進国が主体となって推し進める近代化論的開発においては、しばしばこの価値観が色濃く内在してきた。しかしそれは――後述するメラネシア地域のカーゴ・カルト（cargo cult）運動（ワースレイ 1981）に見られるように――いわゆる南の世界の人びとにも身体的に内在化されていく価値観でもあった。

第三に、土地や労働力といった「資源」の効率的利用という意味での「開発」がある。これはしばしば、実際の内容において、第二の意味の「開発」と重なり合う。しかし第二の意味の「開発」が、強く主体レベルでの価値の問題を含んでいるのに対し、第三の意味の開発は、市場原理や資本主義経済によって促進され、「客観的」・「経済合理的」に規定されるものであるという点で、相違がある。

第四に、人びとにとってのよりよき生の実現のための実践としての「開発」がある。これは——例えば子供が成長してさまざまな能力を獲得していく過程のように——もともとdevelopという言葉が本来意味しているものであり、最も広い意味の「開発」ということができる。「よりよき生」とは何か、これには一義的な解答は存在しない。また——後述するジェンダーと開発の議論が明らかにしてきたように——「人びと」も一枚岩ではない。それは単なるアウトプットや状態ではなく、その実現の過程とそこにおける自律性が大きく関わる。

これらの四つの意味を区別する場合には、以下では、①の意味での開発を【開発】、②の意味での開発を「開発」、③の意味での開発を〈開発〉、そして④の意味での開発を《開発》と表記することにする。

これら四つの「開発」概念は、時に重なり合うが、けっして等価ではない。第一の【開発】は、多くの場合、②や③の価値観に基づいて行なわれてきた（たとえば都市開発、農村開発、土地開発、住宅開発……）。一方で、④の《開発》は、本来ヴァナキュラーな価値体系に基づき、場所に根ざした多様なものであるはずだが、しばしば①・②・③の意味での開発に引き寄せられる傾向がある。その結果、しばしば持続可能なものにならないという問題点を持ってきたと言える。

開発論の諸相

本来日常用語であったdevelopmentが、進化論の影響や、植民地主義との結びつき（「開発」あるいは〈開発〉）を経て、国際的な援助としての【開発】（およびその対語としての「低開発」）へと進化するのは、第二次世界大戦後のことである。エステバは、その契機を一九四九年のアメリカ合州国のトルーマン大統領の演説に見る（エステバ 1996：18–19）。「先進国」（developed countries）とは、ロストウ（1961）の近代化論によれば、資本蓄積によって「離陸」（take off）を成し遂げた国、すなわち先んじて自らを「開発」（「開発」と〈開発〉の双方を含む）した国であり、「開発途上国」（developing countries）はこれから（先進国の【開発】援助によって他律的に）［開発］／〈開発〉を遂げていくべき存在とみなされることになった。すなわち、異なる物差しによって測られるはずの「地域的多様性」は唯一の物差しの下での「地域格差」としてみなされることになったのである。先進資本主義諸国（第一世界）、先進社会主義諸国（第二世界）に対置される、「第三世界」という言葉は、フランス革命の「第三身分」に由来するものだが、第二次世界大戦後のアジア・アフリカ諸国における脱植民地化の運動に支えられ、先進資本主義諸国とも先進社会主義諸国とも異なる、独自の道を目指す国々というポジティヴな意味を持っていた。しかしこれらの諸国の経済発展は容易には達成されず、国際開発の枠組みの中では、自立できない「低開発」国（less developed countries）とみなされる。ポスト開発論者たちが批判するように【開発】は、いわば先進国中心の秩序を維持する装置であり、世界をコントロールする手段となっていく[4]。

ロストウ（1961）の近代化論が、経済成長をその指標としていたことに象徴されるように、近代化論に基づく「開発」は、GNP／GDPで測定される経済的な進歩（成長）すなわち〈開発〉と同義だった。途上国の貧困の悪循環（ヌルクセ 1973）を克服するためには、先進国からの援助を含む投資が不可欠だったが、その成果はアジアの一部の新興工業国を除いては、生み出されなかった。こうした状況の中で、一九七〇年代以降、人間の基本的必要（Basic Human Needs：BHN）や、住宅・教育などの「社会開発」の重要性、平均寿命や教育達成率などを取り込んだ「人間開発」指標の作成など、経済開発以外の開発の在り方への注目がなされるようになる。人間開発指標は、人間の「開発」を多面的に捉えるという点では一定の進歩だった。しかし、定量的な指標に基づきながら、同じ物差しで各国を比較するという意味では、単線的な発展論の域を出ていないとも言える。

3　第三世界の開発問題

第三世界都市と開発

一九七〇年代以降、先進国や国際機関による第三世界の都市開発政策や労働政策における転換が起こる。後者について言えば、これまで「伝統部門」と呼ばれ、近代化の障壁とみなされてきた都市雑業部門に、ＩＬＯにより「都市インフォーマル・セクター」（urban informal sector）[5]の呼称が与えられ、その雇用吸収力が評価される（ILO 1972）。その契機をなしたケニアに関する報告書では、「インフォーマル・セクター」を、①参入が容易、②土着の資源への依存、③事業の家族所有、④小規模経営、⑤労働集約的・応用的技術、⑥公的な学校制度外で習得された技能、⑦無規制的・競争的な市場、などによって特徴づけられるものとしている（ILO 1972：6）。

伝統的経済部門に代わり「インフォーマル・セクター」の語が重用されたのは、前者が近代化の障害という否定的評価を含むのに対し、後者がより「中立的」概念であることによる（Sethuraman 1976a）。すなわちインフォーマル・セクター概念の一般化の背景には、資本集約的な工業開発を中心とした「近代化」政策の行き詰まりによる、こうした部門の雇用創出力への「再評価」があった。したがって、インフォーマル・セクター論への批判が、その概念規定の不明瞭さや、フォーマル／インフォーマルの区分の曖昧さに向けられるばかりでなく、それら経済部門の再評価そのものへの疑義という形を取るのは当然であった。その代表的なものとしては、従属論や生産様式の接合論など、広い意味でのマルクス主義的立場からのものがある（Bromley 1979, Bromley & Gerry 1979）。そこでは、ＩＬＯなどのインフォーマル・セクター再評価論は、都市貧困層の不満をそらし、社会的・政治的対立を回避する「現状維持的」方策として批判されることになる。

第三世界の都市住宅問題についてては、スラムやスクォッター（不法占拠）住宅地区が、都市人口の多数を占め、貧困や犯罪の温床とみなされてきた。しかし一九六〇年代末からそれに対する再評価が生まれる。この画期をなす議論を提示したのが、建築家・都市計画家のジョン・ターナー（John F. C. Turner）だった。『人びとによる住宅』（Housing by People）（Turner 1976）の主著を持つターナーは、国際機関のアドバイザーなども務め、住民自身による自助的な住宅建設・居住環境改善の能力を高く評価する議論を提起する。[6] 彼の議論は、ペルーのリマにおけるバリアーダと呼ばれる不法占拠住宅地区の調査研究と都市計画への関わりに基づいており、同様にバリアーダの人類学的調査と居住環境改善のための実践を報告した人類学者マンギンらの議論（Mangin 1970）とも呼応し、一九七〇年代以降、「自助的住宅計画」（self-help housing scheme）が、世界銀行などの後押しで、各地で実施されるようになる。ただしこうした居住環境改善の実践がより広範に行なわれたのは、もっぱらラテンアメリカの都市であり、アジアやアフリカの都市ではそれほど顕著な成果が見られなかった。[7] そこには、前節で述べたように、農村の小農部門が解体され向都移動が卓越したラテンアメリカに対し、これらの地域では農村との間の循環的移動が支配的であり、都市が唯一最終の棲家ではなかったという背景も作用している。

しかし第三世界の都市住民を主体として評価し、それを公的セクターが援助するというこうした進歩的な開発政策は、一九八〇年代以降の先進国における新自由主義的な経済改革や第三世界への構造調整策の進行に伴い、力を失っていくことになる。しかし一方では、皮肉なことに、インフォーマル・セクターが、構造調整策やアジア通貨危機などによりフォーマル・セクターにおける雇用を失った人びとの受け皿になっているという現実がある（遠藤 2011）。

概念の是非は別として、インフォーマル・セクター論や自助的住宅開発論が都市貧困層の不満をそらすものだという批判は、あまりにマクロレベル、構造レベルからの議論に偏りすぎており、主体レベルのリアリティを看過している。しかし一方では、インフォーマル経済内部のジェンダー格差の問題（Murray 1991）や、フォーマル経済の上層部との間に拡大する格差の問題（遠藤 2011）を考えるとき、都市貧困層の主体的な自己実現に期待するだけでは、制度や構造の制約を突破できないことも確かである。

ジャカルタのカンポンと呼ばれる民衆住宅地に生きる露天商の女たちを描いた、オーストラリアの女性地理学者アリソン・マレーのエスノグラフィー（Murray 1991＝マレー 1994）は、インフォーマル・セクターのリアリティを具体的な空間・場所の文脈において描いている点で優れている。マレーは、露天商の女たちの活動が、路地裏の住民たちに基本的な安全をもたらしてくれる日常的な財やサービスのネットワークを維持するという、カンポンの社会的相互作用の中に組み込まれていることを指摘する（Murray 1991：81-82＝マレー 1994：150-151）。それが女たちの強みであり、また同時に限界ともなる。カンポンの女たちは、コミュニティの中心的存在である一方、母親として、また世帯の管理者として社会的再生産と消費の中心でもあり、この二つの領域を切り離すことができない。「女たちが食べ物商売を好み、またそれをするしかないのは、小規模で始められ、元手がそれほどいらず、家族の助けを当てにすることができる上に、家事責任の一部としてやっている調理の腕前が使えるからである」（Murray 1991：55＝マレー 1994：108）。そのため男性と女性の間で、企業家的態度に制約が生まれる。「女たちの商売でうまくいったものは男たちに乗っ取られてしまう」し、「事業を大きくしたり、形式を整えたりすることに関心があるのは、男たちだけのようである」（Murray 1991：60＝マレー 1994：117）。

カンポンのモラルエコノミーを、マレーは次のように描き出す。カンポンでは、「人びとは財やサービスを、自給的な活動や、小商品生産や、物々交換や、競争や、互酬的な交換や、信用貸しといった、非資本主義的な（利潤追求をしない）システムによって提供しあう」（Murray 1991：81＝マレー 1994：150）。「多就業、相互依存、寛容が、高い人口密度への適応方法であり、カンポン住民の道徳、生活戦略、コミュニティ意識の基盤をなしている。自己充足的であることはまた政治的な関わりを持たないこととも結びつくが、それはアパシー（無関心）とか『貧困の文化』とは異なる」（Murray 1991：19＝マレー 1994：48）ものであり、一つの適応であり、抵抗でもある。しかしこうしたカンポンも、全体社会と切り離された存在ではありえない。消費主義や、資本主義部門で生産される商品の侵入、国家やイデオロギーの強調が進む中で、マレーはカンポン空間の自律性が持つ限界も読み取っている。

参加型開発

一九八〇年代以降、開発協力の世界では、「参加型開発」（participatory development）の議論が注目を集める。参加型開発とは、先進国や開発専門家によって主導される開発プロジェクトの中で、これまで客体でしかなかった対象地域の住民を、主体として開発過程に参加させようという新しい実践である。

その象徴的な書とも言えるロバート・チェンバース（Robert Chambers）の『第三世界の農村開発』では、開発の「外部者」（農村開発に関わっているが、自分自身は農村に住んでいるのでも、貧しくもない人びと）が、いかに農村の貧困という現実を理解できないかを徹底して語り、農村のミクロレベルの事象が、いかに外部者の関心から外されてきたかを痛烈に批判している（チェンバース 1995：19–64）。

注目すべきは、チェンバースが同書で「外部者」あるいは専門家として批判している中には、開発実践者だけではなく、アカデミックな研究者も含まれるという点である。彼は、アカデミズムの研究者の指向性を「フィジカル・エコロジスト」（実践者を含む）と「ポリティカル・エコノミスト」に二分する。前者は農村の貧困を、物理的・技術的な問題として判断し、後者はもっぱら富と権力の集中の問題として理解する。しかしそのどちらも部分的なものであると彼は批判する。その理由は、彼らが（学者の常として）自らの研究分野に閉じこもって専門性を磨き、物事を単純化して解釈しようとする性向を持つためであり、現実の場所が多様な条件による差異を持っていることを視野に入れないからである。それに代わりチェンバースが提唱するのは、「多元主義」（pluralism）すなわち「疑問や困惑を出発点とし、事実や議論を柔軟に受け入れようとする不可知論的な態度を基にしたイデオロギー」（チェンバース 1995：93）である。必要なのは、自らの専門性の枠を超え、ポリティカル・エコノミーの社会性とフィジカル・エコロジーの物質性の間を行き来し、さらにアカデミックな文化と実践の文化を往還することである（チェンバース 1995：93–97）。これは、研究者の立ち位置を根源的に問う主張である。

一九九〇年代以降、世界銀行も含め、参加型開発が国際開発の手法の王道となる中で、参加型開発の理念の形骸化やマニュアル化についての批判や懸念も多く存在する（Cooke & Kothari 2001、ヒッキィ&モハン 2008）。しかし研究と実践の往還を説くチェンバースの主張には共感するし、わたし自身も大きな影響を受けている。[8]

4　ジェンダーと開発

WIDからGADへ

これまでの「開発」の観念と実践が男性中心的なものであったことが批判され、第三世界の開発論の中で、女性／ジェンダーへの注目が生まれるのは、一九七〇年代以降のことである。その直接の契機は、一九七五年の国際婦人年と、それに続く国際婦人の一〇年である。言うまでもなくその背景には、欧米先進諸国におけるフェミニズム運動の成果がある。

もう一つの背景は、一九七〇年代以降、開発論の潮流の中で、近代化論的開発への批判が生まれたことである。これにより、人間の基本的必要（BHN : Basic Human Needs）という観念が提唱され、それまでの工業化やインフラ整備から、保健衛生や住宅、教育の改善などにも焦点が当てられるようになった。こうした社会開発分野における成果を求めようとするとき、女性を対象とした働きかけは不可欠となった。

「開発における女性」（Women in Development : WID）の理論的支柱となったのが、経済史家のボズラップ――地理学者にとっては、『農業成長の諸条件』（Boserup 1965 : 翻訳は一九七五年）の著者として名高い――の『経済発展における女性の役割』（Boserup 1970）である。彼女は、多数のモノグラフに依拠しながら、女性中心的農業システム（サハラ以南アフリカで支配的な焼畑農耕）と、男性中心的農業システム（北アフリカや西アジアで支配的な犂農耕）を析出した。そしてより多くの肉体労働を必要とする後者では女性が農業労働から撤退し、こうした農業生産における女性の経済的価値の低下が、北アフリカや西アジアの男性優位の社会制度の物質的基盤となることを指摘した。ボズラップはまた西欧の植民地支配の中で、男性＝生産労働／女性＝家内労働という二分法が持ち込まれ、それに基づく政策が実施されることによって、女性の経済的地位が低下したことも強調している。経済史家であるボズラップの議論には、発展段階論的・経済決定論的な性格が強い。しかしその議論は、具体的な地域に根ざした実証的なものであり、そこには「第三世界女性」一般は登場しない[9]。

ＷＩＤでは、女性を開発過程に正当に組み込むことが提唱され、女性の雇用や所得創出の機会、教育機会を与えることが重視された。しかし、こうした政策や実践は、しばしばジェンダー役割の固定化や女性の過重負担を招くことになった。こうした反省をふまえて、一九八〇年代以降、新たに展開したのが「ジェンダーと開発」（Gender and Development：GAD）の考え方である。ＧＡＤの中では、女性を男性との関係性の中で捉え、ジェンダーの不平等を解決するには男性を含めた支配的な社会構造の変革が不可欠であること、また、能動的な主体としての女性が力をつけること（エンパワーメント）が重要なこと、などが主張されている（Moser 1993、田中・大沢・伊藤 2002）。そこでは、既存のジェンダー関係を前提とした「実践的ニーズ」だけでなく、そうした構造を変革する「戦略的ニーズ」の構想・実現も期待されている。ただし、ＷＩＤからＧＡＤへの進化が、ただちに現実の援助プロジェクトの性格の変化をもたらしたわけではない。ＪＩＣＡなどでも、ＧＡＤ案件と言えるのは、女性の問題を担当する省庁（ナショナル・マシナリー）への専門家派遣などが主なもので、案件の大部分は、女性のための栄養改善プログラム、所得向上プロジェクトなど、実践的ニーズの充足という性格が強く、ＷＩＤの範疇に入るものが多い。これは、途上国のジェンダーに関する社会構造の変化をめざすＧＡＤの性格が、援助対象国の文化――男性中心に作られてきたこれまでの社会秩序――への「干渉」と受け取られ、構想しにくいことも作用している。

「ジェンダーと開発」研究の展開

ＷＩＤの中では、女性は常に「家族」（family）や「世帯」（household）を支えてきたし、また支えるべきものであると期待される。そこには既存のジェンダー役割分業とその規範が反映されている。

主流派の新古典派経済学では、「家族」や「世帯」の中身はブラックボックスのままだった。それを初めて対象化したのが、一九六〇年代に登場した「新家庭経済学」（new household economics）（Becker 1993）である。そこでは、久場（2002）が批判するように、世帯員は世帯全体の効用・厚生の最大化のために共同して行動し、世帯の意思決定を行なう家長（男）は、世帯員のために「利他的」に行動するという前提が置かれていた。

この新古典派的な新家庭経済学の世帯観への批判の議論を展開しているのが、社会経済学者のナイラ・カビール（Kabeer 1994）である。カビールは、世帯が持つ資源としての世帯員の労働時間の分配が、統一的な世帯の総意に基づいてなされるという新家庭経済学の仮定を批判する。そこでは女性が家事労働に専念することが世帯によって選択されるのは、女性の市場労働への対価が男性よりも低い（男性による市場労働への従事に比較優位がある）からであると合理化されている。しかし女性の市場労働への参加が増しても、女性の再生産労働は代替されない。そこには、ジェンダーに関わる社会規範が妨げとなっている（Kabeer 1994：105）。カビールは、新古典派経済学に基づく世帯員間の交渉（bargaining）モデル（世帯への貢献度が世帯員の交渉力を規定する）においても、交渉力の差異の背後にある構造に目を向けていないと批判する（Kabeer 1994：109）。

これに代わり、西アフリカのガンビアとバングラデシュにおける文化人類学研究に依拠しながら、カビールが指摘するのは、「世帯」の構造が大きく異なることである。バングラデシュでは、女性の家庭外での活動を制約するパルダ規範の下で農業労働や市場生産への女性の貢献は弱く、家父長の権力が強い「統合的」世帯であるのに対し、ガンビアでは、妻も異なる畑と家産を持つ、「分散的」世帯である。前者では、世帯の意思決定は家父長によってなされ、妻はそれに従属するが、後者では、妻は独立した意思決定を行ない、資源へのアクセスの力も大きい。新古典派経済学が世帯員個人の問題に還元してしまう交渉力の差異の背後には、こうした文化に根ざす世帯の構造と、権力のジェンダー格差の問題が横たわっている（Kabeer 1994：126–133）。

グローバル化の中で、女性の賃金労働への参入が増大する中で、その雇用をどのように評価するかについては議論がある。世界市場向けの製造業での女性労働の増大をめぐって議論を提起したのが、フェミニスト経済学者のエルソンとピアソン（Elson and Pearson 1981）である。こうした工場では、「器用な指先」（nimble fingers）を持ち、従順で、忍耐強く働く若い女性が選好されるが、そこでは手先の器用さが女性にとって自然に身につけられた（訓練費用を必要としない）特質であるというジェンダー・バイアスの上に、家族を養う必要のない若い女性の低賃金と搾取が許容されてしまう。したがって、エルソンとピアソンは、工場労働がもたらす女性の「解放」には限界があると指摘した[10]。

これに対し、こうした研究が、働く女性自身の声を欠落させたまま、第三世界の女性を「犠牲者」として描く図式に陥りがちなことを批判するのがダイアン・ウルフである（Wolf 1992）。彼女は、インドネシア、ジャワの農村の工場と世帯の参与観察の上に、工場で働く女性たち、工場の雇用、女性の家族、世帯内関係の間に、複雑でダイナミックな相互作用が存在することを指摘する。ウルフは、若い女性たちが世帯主の管理下で家族の犠牲になって働くというような図式は当てはまらず、工場労働が世帯内での地位を上げ、消費においても結婚相手の選択においても自由を獲得していることを指摘している。そこには（研究者が想定するような）統一的な「世帯戦略」などは存在しない。

カビールは、『選択する力』（Kabeer 2000＝カビール 2016）で、グローバル化に伴う女性労働と世帯との関係を詳細に分析している。彼女が取り上げるのは、バングラデシュの首都ダッカで縫製工場に就業する女性労働者と、ロンドンでアパレル産業の下請け内職に従事するバングラデシュ移民女性たちである。両者を対比し、カビールは、女性の行動への規制が弱いはずのロンドンの移民女性より、公的領域への現前が制約されているダッカの女性工場労働者の方に、積極的な変容の態度を見出している。

その背景には、ロンドンの移民女性たちの階層が高く、家族呼び寄せでやってきた既婚女性が多いため、世帯内のジェンダー規範の拘束が強いことがある。これに対し、ダッカの女性工場労働者は、より貧しい（人口密度が高く土地なし農民が多い）地域から都市にやってきた移住者であり、未婚女性が多く、宗教的な規範が比較的緩い。カビールは、ライフヒストリーの手法で多数の女性労働者たちの語りを収集し、工場労働に就く動機・契機の多様さを明らかにし、彼女たちの「選択」の背後に何があるかを分析している。それによれば、彼女たちが労働市場に出るかどうかは、家族（母・妻）としての義務への顧慮と関わっている。賃金労働に従事することは、男性が稼ぎ手で女性が屋内に隔離されるというジェンダー規範を壊すことであり、彼女たち自身にも抵抗が存在するが、縫製工場での労働が「女性」のものとして社会に認識されていることが、それを和らげている。また経済的利益の獲得（家族の生活水準の向上、教育費の稼得）が動機に見える場合でも、非経済的動機（家庭内での従属的な地位にまつわる屈辱をはらすといった）も関連している（Kabeer 2000：82-141）。

カビールの批判はここでも、人間行動の説明において選択の重要性を強調しながら選択する力の不平等には触れない主流派経済学に向けられる。他方で（マルクス主義のような）構造主義理論は、個人の選択への社会的制約の大きさを強調するが、その制約の中で個人がいかに戦略的に事を運ぶか（そしてその過程の中で制約を変化させるか）については認識しようとしない。カビールが志向するのは、主体を否定せずに構造を認めることであり、現実には両者の相互作用の中で、女性たちの労働市場での決定がなされる。このアプローチの中では、女性労働者は、新古典派的な意味でのアトム化された個人ではなく、「関係性の中の個人」（person-in-relations）にほかならないのである（Kabeer 2000：327）。

5　オルタナティヴな開発をめざして

ポスト（脱）開発論とコモンズ

先進国が理念やルールを決め途上国に従わせる（そして一方的に「恩恵」を与えようとする）という構図は、現在に始まったことではない。第二次世界大戦後の西欧の「開発」言説は、「南」の世界を「低開発国」として措定してきた。その嚆矢をなしたのは、すでに述べたように一九四九年のトルーマンのアメリカ大統領就任演説だが、そこには第二次世界大戦後のアメリカ合州国の国際政治における覇権の獲得という意図が存在した。「開発途上国」に、「開発」プロジェクトを移入するという図式は、先進諸国が政治経済・知を含む世界秩序の担い手であることを際立たせる。それは「南」の人びとの固有の（ローカルな）システム（文化、生態系……）の価値を奪い、その自律性を掘り崩すことと一対のものである（エステバ 1996）。

こうした開発言説への根源的な批判は、ポスト（脱）開発論の論者たちによって展開されている（ザックス 1996, Escobar 1995）。彼らが主張するのは**【開発】**（＝〈開発〉・［開発］）が、経済が社会の支配原理となるような「経済社会」の出現と経済価値への一元化（生産力の増大と経済成長を唯一の尺度とする）を支えるイデオロギーであることだ。したがって「開発」を前提とした「援助」は、たとえ自助のための援助であっても、援助される側の開発の欠陥を前提としており、与える側と与えられる側の間に必然的に権力関係をもたらす（グロネマイアー 1996：100–101）。

こうした先進国＝経済社会中心主義的な構造の支配から抜け出すためには、市場交換の原理に基づく「経済人」（功利主義的＝経済合理的な価値判断をする個人）という人間像／世界観の脱構築が求められよう（ポラニー 2009）。そのためのオルタナティヴとしてポスト開発論者たちが提示するのは、社会的相互作用に基づく「コモンズ」（共有地、共有資源、共同体）の復権である（エステバ 1996）[11]。そこにはロマン主義的な印象もつきまとうものの、南の世界（とりわけラテンアメリカ）の周縁化された人びとの社会運動という裏づけが存在する[12]。また非人格化された市場のみに媒介されるのではない、顔の見える人びとの社会関係が構築される場所とその承認という課題が関わっている。グローバル資本主義の中での「連帯経済」（ハーシュマン 2008）構築の試みは、そのひとつである。そこでは周縁化された小農民や都市スラムの住民たちのさまざまな運動やプロジェクトが紹介されている。

先進国の側からも、連帯経済やポスト開発を志向する問題提起が行なわれている（西川潤・生活政策研究所 2007）。その核となるのが、「脱成長」と「地域主義」（ローカリズム）である（ラトゥーシュ 2010）。ラトゥーシュの書は、エコロジカル・フットプリントやエネルギーの地域自給などマクロレベルの具体的な提案は目新しくはないが、成長経済から降りること（経済の縮減）、経済的なるものの社会性への再埋め込みがラディカルに主張されている。それを支えるのは、やはり都市・農村のローカルな空間で展開されるさまざまな自主管理の非営利アソシエーションである。そこでは生活域に根ざした集合プロジェクトの存在と、アイデンティティを承認する空間（場所）の存在が重要となる。こうした北側諸国における「脱成長」が、南側諸国でのオルタナティヴ実現の条件である[13]。

ラトゥーシュの書の紹介者である中野佳裕の詳細な解説（中野 2010）にもあるように、脱成長論は、日本で一九七〇年代以降に展開された玉野井芳郎らの「地域主義」や鶴見和子らの「内発的発展論」（鶴見・川田 1989）と相同性を持つ。地域主義には、環境を外部化して不問に付してきた経済学への批判、経済学へのエコロジーの挿入などのアカデミックな理念の再構築（玉野井芳郎、槌田敦ら）、後の地域おこしの具体的実践につながる議論（清成忠雄）など異質な要素が同居していた（玉野井・清成・中村 1978）。日本では、一九八〇年代の村おこし、町おこしの運動を経て、一九九〇年代以降は自治体と連携した（自）地域学が各地で流行する。水俣の吉本哲郎、仙台の結城登美男らが主唱する「地元学」は、これまでの補助金依存の地域開発からの脱却と地域住民の主体形成を、足元の生活の再発見と再評価（「ないものねだり」から「あるものさがしへ」）に求めようとする（吉本 2001：2008、結城 2009）。地元学には、脱政治的で、体制順応的な側面もあるが、水俣病をめぐり分断された地域社会を再生した吉本の運動（「もやい直し」）に見られるように、具体的な場所における実践に裏打ちされた力と切実さを持っている。

グローバル資本主義への抵抗としての「開発」

前項で述べたポスト開発論の問題性は、「ローカル」な空間が一枚岩ではないことに加え、グローバル化の中で、先進国だけがローカルに閉じた経済を実現することの非現実性、そしてさらにそれが第三世界との格差の固定化につながりかねないという点にある。

わたしは、二〇〇四年～二〇〇八年まで継続したお茶の水女子大学の二一世紀ＣＯＥプロジェクト「ジェンダー研究のフロンティア」の中で、「ローカル・センシティヴな開発とジェンダー」のサブ・プロジェクトに関わった。わたしの最初の立ち位置は、ジェンダーと開発の議論が陥りがちな第三世界の女性を一枚岩に見るような議論（注

7参照）を、地域研究者の立場から修正していくことにあった。しかしその中で、同僚のフェミニスト社会学者から「ローカル・センシティヴであることは、必ずしもジェンダー・センシティヴではない」という批判を受けることになった（熊谷 2010d：34）。ジェンダーと開発が普遍的モデルであり、西欧中心主義的であることを指摘することとは、ローカルが一枚岩であることを仮構し、ローカルの中に存在するジェンダーの差異と権力関係を捨象してしまうという批判である。たしかにローカルなフィールドワークに依拠する地域研究者の議論、そしてコモンズの議論、ラトゥーシュの脱成長経済の議論、地域主義や内発的発展の議論は、こうしたローカルな空間の内部に存在する多様性や多元性、そして権力性を看過してしまう危険を常に孕んでいる。

こうした反省を経て、わたしが「ローカル・センシティヴな開発とジェンダー」を追究する中で、最後に行き着いたのは、「グローバルな資本主義によるジェンダーの再編の中で、グローバリズムと排他的ナショナリズムの双方に抗うことを通じて、わたしたちの世界と彼／女らの世界の協働・共闘関係を構想していく」という課題だった（熊谷 2010d：40）。グローバル資本主義の下で削減され切り下げられる雇用・賃金をめぐって競争・相克関係にある「北」の女性・男性たちと、「南」の女性・男性たち（移民を含む）の連帯・共闘という課題（Murayama 2005：250）は重要だが、しかし容易な作業ではない。たとえばカビールは前述の『選択の力』の中で、人権擁護の体裁を取った第三世界の（女性や子供の）搾取的労働への批判が、実は先進国の労働組合等の既得利害を守るためのものにすぎないことを鋭く批判している（Kabeer 2000：364–404）。しかし、「貧困」と排除を克服する方法としての、湯浅らが言う「溜め」の力（湯浅・仁平 2007）と、ヌスバウムが示す「人間の中心的なケイパビリティ」（ヌスバウム 2005）の実現には、日本・インドという場所を超えた相同性を確かに感じる。

資本と労働のグローバル化の中で、わたしたちの社会と空間・場所を構成する要素が多元化し、わたしたちの世界と彼／女らの世界の相互依存が強まる中、距離と差異を超えた共通性・相同性の発見と、連帯の可能性が模索されねばならない。第三世界女性という表象の持つ西欧中心主義を鋭く指摘して、フェミニズムに大きな影響を与えたモハンティ（Mohanty 1991）は、新たにグローバル資本主義への抵抗運動としての南と北の「共有される差異」

（common difference）という観念を提起している（Mohanty 2003a）。西欧中心主義・文化相対主義的（ポストモダン）な学問と教育が、後期資本主義の論理に容易に絡めとられてしまうのは、それが一見して脱中心化と差異の累積の論理だからだと彼女は言う。これに対して、モハンティが提唱するのは、歴史的・文化的に固有な「共有される差異」のパラダイムを分析と連帯の基礎とするような比較フェミニスト研究／フェミニスト連帯モデル（comparative feminist studies / feminst solidarity model）である（Mohanty 2003a：523–524）。「差異とはけっしてただの違いではない……差異や独自性を知れば、関連や共通性がわかる。それは境界や限界というものが、けっして完全でもなければ確固ともしていないからである」（Mohanty 2003b：505＝モハンティ 2012：330）。

そこで鍵になるのは、わたしたちがいかに「他者」――「南」世界に生きる人びとや自社会の中のマイノリティやジェンダーを異にする人びと――に向き合い、「他者化」を超えた理解を構築していけるかということだろう。「他者化」とは、「自己」を構築するために、「他者」を、自らとは異質の、変わらぬものとして構想する実践であると言える。おそらく最悪の――そして残念ながら現実化しつつある――シナリオは、若年男性たちが、自らの排除を、他者（女性や移民）への憎悪や暴力による排除にすり替えて自己確認を行なうことだろう（熊谷 2015）。存在論的な不安は、他者の「悪魔化」（ヤング 2007）と暴力的排除に向かいがちだ。これらの多様な新しいテーマには、現実の場所と空間の問題が深く関わっている。公的空間と私的空間の二分法を超え、これまでフェミニスト地理学を除いては十分に取り上げてこなかった「ホーム」（Blunt & Dowling 2006、福田 2008）の内部まで含めた、居場所と新たな公共空間の生成過程を考察することは、重要な課題となるだろう[14]。

第2章 「場　所」

1 場所論の諸相

グローバル化と場所

グローバル化と空間の均質化が進行する現代において、それとは対照的に「場所」とその復権をめぐるさまざまな議論が喚起されている。なぜ場所が注目されるのだろうか。そこにはさまざまな背景がある。たとえば以下に挙げるような点である。

第一に、グローバル化の中で流動化する日常世界における不安の増大、その中で安定した拠り所を求めたいという欲求である。第二に、分断され、個人化される社会の中で、共同性とその基盤となる空間が求められていることがある。第三に、国境を越えた市場経済化の進行の中で、小商品生産様式とそれに基づく地域社会が危機に瀕していることである。第四に、その一方で、（大量生産から多品種少量生産に移行した）ポストフォーディズムの時代には、画一的ではない差異に敏感な商品やサービスが求められ、その中で場所（たとえば産地や生産者商標に示されるような）が重要な付加価値を与えている。第五に、商品やサービス自体だけでなく消費が実現される空間においても差別化・差異化が図られ、顧客を集めるための居心地の良い場所づくりがますます重要となっている。

これらの諸点は相互に連関している。グローバル化にともなう資本、物、人、情報の国境を越えた流通と相互依存の急速な増大は、これまで以上に人びとに自らの生活空間と意思決定の力を越えたところで物事が決まり、またそれに（不本意にも）影響を受けざるを得ないという思いを抱かせる。それに対する苛立ちや不安はしばしば、自らの空間を安定的で同質的なものとして再構築しようとする「他者」の排除を含む実践を生み出す（安田 2012）。

ポストフォーディズム体制の下でのフレキシブルな生産は、企業を雇用の流動化へと向かわせる。非正規雇用が常態化し、労働者は分断される。かつての企業内労働組合に守られた労働者の権利も侵食されるが、非正規雇用に就く若年世代の多くは、そのような最低限の権利にも与れず、著しい世代間格差をもたらす（熊沢 2007）。「働かない」で「高給」を得る公務員へのバッシングは、その不満のはけ口として利用され、さらなる規制緩和と労働条件の低水準での均衡化が図られることになる。

非正規雇用が同一労働・同一賃金の原則に基づくなら、（「フリーター」という呼び方に当初表象されていたように）それは組織に縛られない自由な生き方を可能にするものかもしれない。しかし現実はそうではない。セーフティネットを欠いた働き方の変化が、ネオリベラリズムの原理の下で、自己責任の名の下に個人に強要される。正規雇用と非正規雇用の間には、結婚して家族を持つ可能性にも大きな落差がある（藤森 2010）。教育課程、企業福祉、家族福祉、公的福祉、そして自分自身からの五重の排除が、負のスパイラルを増幅する（湯浅・仁平 2007）。問題なのは、非正規雇用の若者たちの多くが、自らの労働とそれに伴う関係性を蓄積して自己の資源としていくような、人間として他者と向き合い協働していくような機会と場所を奪われていることである（武田 2009）。

人びとが生産者として減価されることと表裏一体の関係をなすのが、消費者としての選択肢の多様化に基づく見せかけの豊かさである。二四時間営業のコンビニエンスストアの在庫管理に象徴されるような消費者の嗜好（必ずしも「ニーズ」ではない）への同調を支えるのは、深夜労働を含む過酷な労働管理であり、低賃金の非正規雇用の構造化である。二四時間営業のマクドナルドを一杯のコーヒーでねぐらの場所とするホームレスの青年たちと、そこでマニュアル通りの笑顔で客を迎え管理された感情労働（ホックシールド 2000）を実践するアルバイトの若い女性たちは、地続きである。

消費者の利便性が追求されるのは、そこに利潤が生み出される限りにおいてであり、人口密度が高く購買力を持つ大都市と、地方都市、農村、周縁化された「過疎」地域の間には落差が生じる。自家用車を持たず、大型ショッピングセンターを簡単に利用できない地方の高齢者にとっては、公共交通の弱体化と商店街の衰退に伴って消費の機会は減衰していく。そこには対面関係に基づく消費から、非人格化された消費への移行による、「場所」の喪失が重なり合っている。

いわゆる「南」（Global South）の社会に目を転じれば、グローバル資本主義の浸透がもたらす負の結果がより先鋭的に現れている。一九八〇年代以降の世界銀行やＩＭＦの構造調整政策による市場経済、民営化の強要は、もともと脆弱な公的サービスを低下させ、サハラ以南アフリカをはじめとする多くの「最貧国」にさまざまな困難を強いている。一方で、先進諸国による開発援助のもたらす結果についても、多くの批判が存在する（モヨ 2010）。そこには新植民地主義的構造が横たわる。途上国の貧困を数値目標を挙げて改善しようとするミレニアム開発目標は、こうした構造的格差の淵源を何ら問うていない。

グローバル化の中での抵抗の拠点としての「場所」形成への希求とその実践は、北と南、都市と農村を問わず、強まっている。そこには、葛藤や対立を生み出す個別の地域の文脈・多様性と同時に、共通性・相同性が必然的に存在する。こうした場所をめぐる現実を、差異と相同性の双方を視野に入れて描くことは、グローバル化の中の他者化を越えた地誌の可能性につながるだろう。

以下では、場所とグローバル化（グローバリズム）、近代化・モダニティ、をめぐる代表的な所論を検討してみよう。

人間主義的地理学者の場所論

周知のとおり、地理学の中で、「場所」をめぐる議論が新たに提起されたのは、一九七〇年代以降、イー・フー・トゥアン（Yi Fu Tuan）やエドワード・レルフ（Edward Relph）ら、人間主義的地理学（humanistic geography）の研究においてだった。その代表的な書が、レルフの『場所の現象学――没場所性を越えて』（高野ほか訳 1991）

である。

レルフは人間の日常経験からなる「生きられた世界」として「場所」に注目する。人間にとって自らの場所を持つことは本質的に重要であり、人間であるとは、意味のある場所に満ちた世界で暮らすことである（レルフ 1999：26）。人は誰でも場所に根付くことへの欲求を持っており、場所への親近感は、場所に対する深い配慮とかかわりの感覚から生まれる（レルフ 1999：101）。本物の場所のセンスとは、個人および共同社会の一員として内側にいて自分自身の場所に所属すること、そのことを特に考えることなしに知っているという感覚である（レルフ 1999：165）。

しかし現代世界は「没場所的」になっている。「没場所性」（placelessness）とは、「個性的な場所の無造作な破壊と場所の意義に対するセンスの欠如がもたらす規格化された景観の形成」（レルフ 1999：20）であり、場所がみな似通ったものとなり、場所の経験とそれによるアイデンティティが弱められてしまうこと（レルフ 1999：208）を意味する。

グローバル化という言葉がまだ流通していなかった時代（原書刊行は一九七六年）のレルフの議論には、内側性と外側性、本物性（真正性）（authenticity）対偽物性といった二元論が目につき、場所を変わらぬものとして規定しようとする本質主義的態度が支配的である。

もしその場所に強い帰属意識を持つ内部者だけが場所のアイデンティティを持ちうるとすれば、そこから「他者」（たとえば移民）は排除されてしまうことになる。サブトピア（郊外）の高層集合住宅団地への嫌悪には彼の中産階級的な嗜好性を感じるし、その住民の生活世界は探求されない。場所の本物性を保証するものが、大量生産・消費主義によらない暮らしだとすれば、先進資本主義諸国においてそのような日常が可能なのは裕福で特権的な階層だけかもしれない。こうした限界や批判はあるものの、レルフが提起した「場所」とその危機というテーマは、現代においても重要性を失っていない。

リッツアの「無のグローバル化」論

レルフの論に示唆を受けながら、グローバル化批判の図式を提示しているのが、社会学者のリッツアである。『マクドナルド化する社会』（リッツア 1999）で知られるリッツアは、近著『無のグローバル化』（リッツア 2005）において、グローバル化を二つの類型に分類する。すなわち成長や帝国主義的支配を至上命令とする諸主体（国家、企業、組織）によって推進される「グローバル化」（grobalization）（Ritzer 2004：viii）（growth と globalization を合成したリッツアの造語：訳書では「グロースバル化」）と、「グローカル化」（glocalization）（グローバルとローカルの統合に重点を置く）である。リッツアは、「存在」（something）と「無」（nothing）、「場所」（place）と「非‐場所」（non-place）という対立軸を設定する。「無」とは、（クレジットカード、ファストフードレストラン、ショッピングモールのように）特有の実質的内容を相対的に欠いており、概して中央で構想され、管理される社会形態を指す（リッツア 2005：4）。これに対し「存在」とは、（ローカルな工芸品のように）特有な実質的内容に富んでおり、概して現地で構想され、管理される社会形態である（リッツア 2005：11）。両者は連続体をなすが、「グローバル化」は「無」を生産する強い志向性があり、「存在」はもっぱら「グローカル化」によって生み出される。「無」は、特有な内容を欠いているため、大量生産でき（資本が利潤を得やすく）他の地域に輸出（移行）しやすい。これに対し、「存在」はより複雑でローカルな場所と結びついているので、一般に高価で、限られた地域でしか流通しない。

ビッグマックやディズニーのキャラクター商品のような「非‐モノ」（大量生産される企画された商品）は、「非‐場所」（関係性と、歴史と、アイデンティティを欠いた空間）で、非‐ヒト（マニュアル化された個人であり、他人と人間的な交流を持たない人）が提供する非‐サービス（画一化され、自動化されたサービス）を通じて提供される傾向を持つ。このような「グローバル化」の侵食に抵抗するため、独自で、地元地域と結びついた、人間関係が豊かで、人びとにアイデンティティの源となるような真正な場所の創出（リッツア 2005：349）が提言される。リッツアは、「無」を悪として否定するものではないと述べるが、明らかに彼の問題意識には（レルフ同様）、グローバル化の中で、「無」が「存在」を凌駕し駆逐しつつあることへの危機感がある。

オジェの「非‐場所」論

レルフとともに、リッツアの議論に大きな影響を与えたのが、「非‐場所」の観念を提示した、フランスの人類学者オジェ（Auge）である。オジェは、『非‐場所――超近代性へのイントロダクション』（1995）の中で、「場所」（place）を、「関係的で、歴史的で、アイデンティティに関わる」ものとし、そのようなものを持たない空間を「非‐場所」（non-place）と定義している（Auge 1995：63）。

超近代性（supermodernity）を具現化した「非‐場所」の典型として、旅行者が体験する空間がある（Auge 1995：70）。高速道路から眺める風景は、運転者を場所に深入りさせない。料金所をカードで通過し、空港でチェックインし――そこではコンピュータを通じたアイデンティフィケーションと、潔白さ（innocent）だけが求められる――搭乗券を渡され、免税店を覗き、機内でくつろぐ時、旅行者はさまざまなしがらみや関係性から束の間解放されている。他者と同じコードに従い、同じメッセージを受け取り、同じ要請に応える「非‐場所」空間は、単一のアイデンティティや関係性を生み出さない。そこには孤独と外見だけが存在する（Auge 1995：82–83）。

超近代の「非‐場所」と対照されるのが、人類学者が研究対象としてきた「人類学的場所」（anthropological place）である。それは、具体的で象徴的に構築された空間であり、社会生活の移り変わりや矛盾を許さないが、そこに属する人びとに自らの確固とした位置――どれほど質素でつつましやかなものであったとしても――を与える。オジェは、人類学的場所をけっしてノスタルジックには描いていないし、超近代の「非‐場所」に人びとが魅力を感じることも指摘しており（Auge 1995：96–97）、超近代における共同性を欠いた個人の「非‐場所」への移行を必然として、冷めた目で見ている。

ギデンズの「脱埋め込み」論

社会学者のギデンズ（Giddens）の立場もこれに近い。ギデンズは、『近代化の帰結』（Giddens 1990）（邦訳『近代とはいかなる時代か？』1993）の中で、近代と前近代とを分けるのは「変動の速さ」と「変動の拡がり」だとしている。

ギデンズは、モダニティの持つこのダイナミズムが、時間と空間の分離によって生み出されたとする。前近代社会では、時間は季節の周期と結びついており、場所（どこで）と不可分だった。しかし近代社会は、時間を場所と分離し、（時計によって示される）均一でからっぽな（empty）時間を作り出した。時間と空間の分離は、空間をからっぽなものにすること（emptying of space）でもある。からっぽな空間とは、場所から切り離された空間を意味する。ギデンズの言う場所とは、地理的な場（locale）であり、社会活動を取り巻く物理的環境が地理的に位置づけられている。モダニティの出現は、目の前にいない他者との関係を作り出し、空間を無理やり場所から切り離していった。それにより、ロカールは、そこからまったく離れた社会的諸力の影響を受け、作られていくことになる。それにより、ロカールが持つ現場の優位性とは無関係に空間が表象され、異なる空間単位が相互に置き換え可能となるのである（Giddens 1990：17-20：訳語は筆者）。

こうした時間と空間の分離は、社会活動を目の前の特定の脈略への「埋め込み」（embedding）から解き放ち、制度の時-空間的拡大を大幅に押し広げる。この「脱埋め込み」（disembedding）のメカニズムは、二つの要素によって推し進められる。一つは、象徴的通標としての「貨幣」の創造、もう一つは専門家システムへの「信頼」（trust）である。貨幣は時間的・空間的にかけ離れた行為者間の取引を可能にするものにほかならない。時間的・空間的にそこに居合わせない人との間の関係性を可能にする象徴的通標としての貨幣と専門家システムは、それらに対する人びとの「信頼」に基づいている。「信頼」とは、所与の一連の結果や出来事に関して、人やシステムを頼りにすることができるという確信を意味する。それを通じて人びとは、脱埋め込みメカニズムの結果として生まれる不安から逃れることができる。

ギデンズはグローバル化を、ポストモダンではなくモダニティの持つダイナミズムの必然的帰結としてみる。グローバル化とは、世界規模で社会関係が緊密化することであり、それによって遠く離れた地域（locality）同士が結びつき、ローカルな出来事が遠く離れたところで生じる事象によって形づくられたり、またその逆も生じる。モダニティは「場所を奪う」(displace) が、現代において親しみの感覚はローカルな場所の独自性によってよりも、遠く離れた事象がローカルな環境の中に場所を得ることによってもたらされる。たとえば、地元のショッピングモールが、どこにでもあるチェーンストアによって占められ、同じようなデザインであることに人びとが安らぎを覚えるように (Giddens 1990 : 140)。

カステルの「フローの空間」論

カステル (Castel) は、ギデンズ同様、空間的視点を強く持つ社会学者である。代表作と言える『都市問題』(カステル 1984) において、都市を労働力再生産のための集合的消費 (collective consumption) を必要とする空間として読み解いたカステルの場所への態度は複合的である。カステル (1999) は、グローバル経済の特質を、資本、生産、経営管理、市場、労働、情報、科学技術が、国境を横断して組織されることに見る。情報科学技術の進歩は、生産と管理における柔軟性と脱中心化を促す。それによって形成されるのが、「フローの空間」(space of flows) である。フローの空間とは、現場性に依存することなく目標を達成できるような、非対称的交換ネットワークによって編成された空間である。「場所の空間」(spaces of localities) から「フローの空間」への移行は、場所の消失ではなく、場所の意味がもっぱら交換ネットワークにおけるその位置によって規定されるようになることを意味する (カステル 1999 : 222)。それはまた、こうした情報・科学技術・金融システムを支配するコスモポリタンなエリートが、場所に依存する民衆を解体し、支配することでもある (カステル 1999 : 261-262)。

カステルは、グローバル経済の中での北と南の格差の増大に加え、ヨーロッパ都市などに見られる、富裕層の排他的住宅地と郊外の移民居住区といった都市空間の分断を指摘する。そうした中でフローの空間に対抗しようとする草の根的な (場所に根ざす) 運動は、しばしば自己閉鎖的で局地的なアイデンティティに分断され、異なる文化・場所とのコミュニケーションを途絶させてしまう危険がある (カステル 1999 : 274)。しかしすべてがフローの空間に移行するわけではない。生産・経営システムの論理は、フローのレベルで決定されるが、社会的再生産は、地域現場に固有なものであり続ける。したがって場所に基づいた労働の編成、育成のシステムが必要となる（カステル 1999：276）。カステルが期待するのは、能動的な市民参加によるローカリティの再構築と、場所の空間の上に国際的ネットワークを再構築するような地方自治体の役割である（カステル 1999：277）。

ネグリとハートの「マルチチュード」論

フーコー（1977）が言うように、現代世界においては、人びとは外部からの明示的・強圧的な政治権力よりも、個人の生を内側から規定し自発的に従わせてしまうような生権力によって支配されている。そうした秩序原理を運営する、国家を越えた支配形態をネグリとハートは「帝国」と呼ぶ。帝国に抵抗する草の根の主体として構想されるのが、マルチチュード（群衆、多数性、多性）である。ネグリとハートは、グローバル・ネットワークの差異のない同質的な空間に対抗する根拠地として構想された「場所」には疑義を示す（ネグリ＆ハート 2003：66）。

彼らがマルチチュードと呼ぶ、多様で差異を持った移動性を持つ抵抗主体は、均質な共同体とは対立する存在である。（自律的移動を旨とする）マルチチュードは「〈帝国〉の非‐場に新しい場所を確立するような特異性」（ネグリ＆ハート 2003：490）を持つ。自分自身の移動を管理する権利は、グローバルな市民権への本源的な要求である（ネグリ＆ハート 2003：497）。これに対し、局所的なものへの賞賛は、しばしば流通や混合への反対へと向かい、退行を生みファシズム的なものになる。しかしもし局所的なものを取り囲む壁を壊し、人種、宗教、民族性、国家、人民といった概念から切り離して、局所的なものを普遍的なものに直接に結びつけることができれば、その具体的普遍によってマルチチュードは場所から場所へと移動し、その場所を自らのものとすることができる。ネグリ＆ハートが評価するのは、このような「遊牧的移動と交雑の共有地としての」場所である（ネグリ＆ハート 2003：453）。

エスコバルの「南」からの場所論

移動や非‐場所を拠点とするマルチチュードの戦略は、もっぱら「北」の都市的世界において有効な戦略と言える。この対極にあるのが、南のローカルな世界でグローバリズムに抵抗する「場所」を構築しようとする実践である。ポスト開発論の第一人者である人類学者のエスコバルは、『開発との遭遇』(Escobar 1995)で、グローバルな開発言説の包括的な批判を行った。彼は近著『差異の領域』(Escobar 2008)において、コロンビアの太平洋岸における「黒人」(アフリカ系住民)と先住民たちの抵抗運動を、場所、地域、領域を基軸に描きだしている。「場所」を問題にする理由の一つとしてエスコバルが挙げるのは、近年の地理学、人類学、経済学を含む学問分野の中では、場所が軽視され、移動、転地(displacement)や、旅や、離散(diaspora)にばかり焦点が当てられる傾向にあったことである(Escobar 2008：7)[1]。

同書では、コロンビア太平洋岸地域の自然地理(熱帯林、マングローブ林、湿地、河川……)が詳しく紹介された後、植民地化以降の歴史が語られる。そこでは鉱山労働奴隷としてアフリカから連れてこられた「黒人」が、自由の身になり、集落を築き、先住民の農耕を学び通婚関係を持つことで、太平洋岸に、先住民と黒人の「伝統的な」生活様式が作り出されていく。アンデス高地の都市が白人の地域であるのと対照的に、熱帯林に覆われた湿度の高い低地は、遅れた「黒人」にふさわしい地域とみなされてきた。その未開の地に、開発プロジェクトと資本が侵入し、「伝統的」な生活の基盤を奪われる危機にさらされた先住民・黒人が、NGOなどと連携した抵抗運動の基盤としたのが自らの場所・地域の生態系とそれと結びつく知である。もともと奴隷としてやってきた「黒人」は、もちろんこの地域の土着の人びと(ネイティヴ)ではない。しかし、グローバル化と大資本による暴力的な開発の進行の中で危機にさらされる自己の居住域を、生態系と結びついた固有の「領域」＝場所として再主張することによって、抵抗の基盤を作り出そうとしている。これはいわば戦略的本質主義の実践と言える。

現代世界の中で、外部から影響を受けず、昔からの土地に住み続け、伝統的な生活様式を維持している人びとは存在しない。しかし国家や資本の圧倒的な力による包摂に抵抗しようとするとき、自らと場所や領域との根源的な結びつきを再構築し主張するマイノリティによる戦略的本質主義の実践は、重要な意味を持つ。エスコバルの議論は、後述するように、ハーヴェイなどからは批判されることもあるが、ローカルな場所を構築的なものとして見ようとしており、ジェンダーの視点にも自覚的である（Escobar 2008：236–250）。

2　人文地理学における場所論とその展開

人間主義的地理学の場所論とその批判

人文地理学における「場所」をめぐる議論とその変遷をあらためて振り返ってみよう。

レルフは、前述の書（『場所の現象学』）の目的を、「わたしたちの日常経験からなる生きられた世界についての地理学的現象である『場所』を探求することである」とする。しかし場所の定義はそれ以上与えられない。レルフは、場所のアイデンティティは、個人が場所に対して持つアイデンティティが相互主観的に結びつけられて生み出されるとする（レルフ 1999：120）。場所のアイデンティティを構成するのは、物質的要素、人間の活動、そして（人間が与える）意味である。そこでは主観（ミクロ）レベルの個人の場所経験と、文化に基づく共同体（マクロ）レベルの場所のアイデンティティの間の葛藤や対立は想定されていない。

人間主義的地理学の「場所」論には、ラディカル地理学（マルクス主義地理学）とフェミニスト地理学からの批判がある。前者からは、主観的世界への傾倒と構造的要因の軽視が、後者からは、場所の本質化が男性中心的な視点であることが批判されてきた。

ローズは、『フェミニズムと地理学』（Rose 1993）の中で、「女性のための場所はない」と題して、人間主義的地理学が、場所の観念を男性中心的で、ロマン化、母性化、他者化された女性観に基づいて構築していることを厳しく批判している。男性にとって癒しの場であり親密さの実現の場所である「ホーム」は、女性にとっては無償の家事労働と抑圧の場所にほかならない。人間主義的地理学では、場所は客観的・合理的な知（それらは男性の所有物）では理解できない他者として、神秘化され女性化される。ローズは、それを審美的男性中心主義と形容している（Rose 1993：60）。

しかし付け加えておかねばならないのは、実証的・普遍的・俯瞰的な地理学の知のあり方が男性中心的なものであることを批判するフェミニスト地理学者たちは、身体性を含むローカルな知の構築のあり方や、それを規定し制約する「場所」の固有性や種別性に強い関心を持っていることである（McDowell 1993b, Nelson and Seager 2005, Bondi and Davidson 2005, Moss 2002, Blunt and Dowling 2006）。どこでもない場所（nowhere）やどこにもある場所（everywhere）ではなく、どこかある場所（somewhere）から発言しようとするフェミニスト地理学者たちの知のあり方（McDowell 1993b）は、場所をめぐる知や実践が、わたしたちの社会を問い直す核心にあることを示している。

ハーヴェイの批判

マルクス主義地理学による人間主義的「場所」論批判の系譜の上に位置づけられるのが、ハーヴェイの議論である。『ポストモダニティの条件』（Harvey 1992）において、ハーヴェイは、ポストモダンの本質を、ポストフォーディズム（フレキシブルな蓄積体制）への移行と、資本にとっての回転時間の加速化、情報通信技術の発展にともなう、グローバル資本主義による「時間－空間の圧縮」（time-space compression）の中に見出している。商品の消費からサービスの消費に移行し、移ろいやすさや、はかなさが主流となる中で、虚構、断片、コラージュや折衷主義に彩られた審美的なポストモダニズムの芸術や建築が、都市の建造環境と結びつきながら流通する。グローバル資本主義の特徴である生産過程の細分化と情報・通信・運輸技術の発展は、空間的障壁を減じる効果を持つ。しかし一方で空間（場所）の重要性が増すという逆説が生じる。「空間的障壁の重要さが弱まるにつれ、空間内における場所の多様性に資本はますます敏感になり、資本を引き付けようと場所はますます自らを差異化しようとする」（Harvey 1992：296–297）からである。

もう一つの動きは、移りゆく世界の中でゆるぎない拠り所を求めて場所と結びついたアイデンティティに執着する人びとの対抗運動である。ハーヴェイは、伝統の力に訴える場所の運動が、フレキシブルな資本主義がもたらす断片化や場所の美学と重なり合い、そこに包摂されてしまう危惧を示している（Harvey 1992：302–304）[2]。

ハーヴェイの『ポストモダニティの条件』に対しては、フェミニスト地理学者からの異議申立てがある（Deutsche 1991, Massey 1991）。ドイチェとマッシーの批判は、ハーヴェイが世界の真理を俯瞰する超越的な存在として、客観的、構造的な全体論を提示していることに向けられる。それはフェミニズム（そしてポストモダニズム）が提起してきた、表象の権力をめぐる問題や、状況づけられた知（Haraway 1991）、差異の持つ意味などの議論に彼が無頓着であることに集約される（『ポストモダニティの条件』に都市景観の写真と並んで女性の裸体の図像が多く登場することは、眼差す側としての男性の視線を象徴的に示している）。

このハーヴェイとフェミニスト地理学者の論争は、場所をめぐるハーヴェイとマッシーの論争、そしてグローバルな場所感覚をめぐるマッシーの議論に引き継がれる。ハーヴェイは、「場所」が社会的に構築されたものであり、空間の生産をめぐって資本や権力、階級を異にする住民の間に対立と競争が存在する中で、場所を守ることがしばしば強者の価値観に基づくものとなり、弱者が排除される――その結果、社会の分断を推し進めるものとなってしまうことを懸念する（Harvey 1993）。

マッシーの場所論

マッシーは、ハーヴェイの懸念は共有しつつも、閉鎖性や反動に陥らないグローバルな場所感覚の構築を模索する（Massey 1993＝加藤 2002：訳語は筆者）。マッシーは、ハーヴェイが変化の動因を資本と貨幣の力にしか見ていないとし、空間と場所の体験は経済的要因だけによって決定されるものではないと主張する。そして時間－空間の圧縮には、その過程を主体的に行使する上での力の配列（たとえばジェット機に乗って国際会議を飛び回るエリートと、難民や移民、インナーシティの年金生活者、ランバダなどグローバル音楽を生み出しながら自らは中心街に行くことのないリオデジャネイロのファベーラ住民の間）に著しい落差があることを指摘する（Massey 1993：

62–63）。

場所観念の問題性は、場所が単一の本質的なアイデンティティを持つという見方、また場所に境界を設けてしまうことに由来する。境界線を引くことは、そこに「内部」と「外部」、「われわれ」と「彼／女ら」という線引きと対立を作り出すことになるからである（Massey 1993：64）

マッシーは、自らが長年住み愛着を持つロンドンのキルバーンという場所を素描する。そこは、ロンドンへの抜け道が車で混み合い、ヒースロー空港に発着する飛行機が低空で通過し、インド系の移民がサリーを売る店があったり、湾岸戦争で意気消沈するムスリム移民が（おそらく米英中心の多国籍軍の戦果を華々しく報じる）大衆紙サンを売る新聞雑貨店があったりする街である。キルバーンは、さまざまな人びとが交錯し、単一のアイデンティティなど存在しえない場所である（Massey 1993：65）。

マッシーが提示するのは、場所のオルタナティヴな解釈である。場所あるいはローカリティの固有性は、社会関係や社会過程、経験と理解が、ある地点にともに現前して、相互作用し、紡ぎ合わされることによって作られる。そうした関係や経験や理解の大半は、その場所を越えたスケールで作られたものである。場所意識はより大きな世界とつながっており、そこではグローバルとローカルが統合されている（Massey 1993：66）。

マッシーは進歩的な場所観念として、次の四つを挙げる。第一に、場所は静態的なものではなく、プロセスである。第二に、場所は閉じた領域を持たない。第三に、場所は単一で固有のアイデンティティを持たない。第四に、これらは、場所の重要性や固有性を否定するものではない。グローバル化の中で、より大きなまたよりローカルな社会関係が混ざり合う焦点として、それぞれの場所は特有なものであり続けるのである（Massey 1993：68）。

マッシーの場所論の展開

マッシーは『空間のために』（Massey 2005＝マッシー 2014）において、さらに場所と空間に関する自身の考察を進め、異種混淆と交渉の政治に空間が開く可能性を論じている。「空間なしに多様性は存在せず、多様性なしに空間は存在しない」（Massey 2005：9＝マッシー 2014：24）。しかしグローバリゼーションは、むしろ空間の多様性、異種混淆性の痕跡を消し去る（Massey 2005：5＝マッシー 2014：18）。そこでは、空間が時間に読み替えられ――「進んだ国」（先進国）対「遅れた国」（途上国）――本来ありえたはずの、多数の軌跡の可能性が抑圧される。それは、他者の現実的な差異の否定であり、空間的なものが突きつける真の異議申し立てを抑圧することになる。われわれが常に前進する存在であるのに対し、他者は不動のまま軌跡を残すことができない。他者の同時代性が発する真の異議申し立ての声が届かないのは、彼らが過去（後進性、保守性、原始性）へと追いやられているからにほかならない（Massey 2005：8＝マッシー 2014：22）。

マッシーの視点は、さらに先進国のローカルな地域社会の多様性と空間（場所）の関わりに向かう。グローバル化の中で、（ローカルな）場所の観念が、「トーテム的な共鳴音」を響かせている。しかし、ローカルな場所をその外側の空間から明確に分離すること、すなわち侵略／差異から撤退する試みとして、政治的に保守的な、本質化された根拠地としての「場所」へと退却することは、空間性が提起する難問を飼い慣らす手段であり、思考停止に陥ることになる（Massey 2005：5–6＝マッシー 2014：19–21）。

マッシーは言う。場所についての特別のこととはまさに、〈ともに投げ込まれていること〉（throwntogetherness）であり、（それ自体数々の〈その時〉と数々の〈その場所〉の歴史と地理に依拠している）ひとつの〈ここ－と－今〉を交渉するという避けがたい難題にほかならない。そして、その交渉は人間（human）と非人間（non-human）の両方のただ中で、あるいはその間で行なわれなければならないのだ（Massey 2005：140＝マッシー 2014：267）。つまり場所には、「非人間」すなわち事物や物質性が付きまとう。

「変化は相互作用を必要とする。……そこに相互作用があるためには、個々別々な要素からなる多様性が存在しなければならない。そして（そのようなかたちの）多様性があるならば、空間がなければならない」。われわれは他者なしに何かに「なる＝生成変化する」（become）ことはできない。そしてその可能性にとっての必要条件を提供するのが空間である（Massey 2005：56＝マッシー 2014：111）。マッシーにとって、空間とは常に構成の過程にあるものである。常にプロセスの中にあり、けっして閉じることのないシステムとして空間を想像することが、先進的な政治を想像する可能性と結びつく（Massey 2005：10＝マッシー 2014：25）。

マッシーの同書におけるもう一つのキーワードは、「応答責任」（responsibility）である。それは、（他者に）時間、声、耳を傾けることを意味する。場所における〈共-現存〉の承認は、「応答責任」であり、それはローカルにもグローバルにも同様に存在するのである（Massey 2005：154＝マッシー 2014：289–290）。

ハーヴェイの場所論

ハーヴェイは、近著『コスモポリタニズム』（ハーヴェイ 2013a）において、これまで以上に場所の議論に踏み込んでいる。同書を貫くハーヴェイの問題意識は、新自由主義的グローバル化への批判の一方で、ローカルに閉じることなく、個別・具体的なものの重要性に根ざした普遍をいかに構築しうるかにある。これは地理学自身の課題にほかならないと彼は言う。

見知らぬ者たちが「どちらから」と問うとき、そこに強く共鳴しているのは、人と場所との結びつきの相互不可分な性質である。場所（たとえばホーム）を作る際に、われわれは自分自身を作る。そして自分自身を作り直す時、われわれは自分たちがいる場所をも絶えず作り直す。これが意味しているのは、場所は固定的でも安定的でもないし、そうではありえないということ、その概念や物質的諸実践や生きられた経験が変わるにしたがって常に変容していくということである（ハーヴェイ 2013a：318）。

ハーヴェイは、ホワイトヘッドに依拠しながら、「場所」を次のように解釈する。すなわち「その境界化と内的秩序化過程の中でしばらくのあいだ相対的な安定性を獲得した実体」である。このような永続性は、排他的な仕方で空間の一断片を（しばらくのあいだ）占有し、それによってしばらくのあいだ場所――その特定の場所――を定義する。場所の形成過程とはそれゆえ、諸過程の流れの中から「永続性」を切りだす過程であり、それと同時に固有の時空間性を創出する過程でもある（ハーヴェイ 2013a：344）。

ここで重要なのは、場所が過程であり動態的であると同時に、「永続性」を認識させることである。この点で、ハーヴェイは、マッシーの関係性的、異種混淆的な場所という考え方が、ハイデッガー的場所観への批判のあまり、むしろもともと場所の概念が把握しようと企図していたはずのものを大部分犠牲にしていると指摘している（ハーヴェイ 2013a：343）。場所の意味は、個人的なものであれ集団的なものであれ、強力に実在的（絶対的）であるとともに不安定（関係的）であり、その場所と人間主体とを位置づけている文脈に依存する（ハーヴェイ 2013a：319）。種々の場所や局地的生活様式は、異なった時空間的規模で起きているさまざまな社会生態学的諸過程によって関係的に構築される。これらの過程を無視し、固定的な絶対的空間に位置する具体的事物としての場所と文化の観点からローカルな正義の特殊主義的議論を構築することは、物神崇拝的な政治の提唱につながり、場所の既存の地理的構造とそこにおける正義の社会的規範を永遠に固定化しようとするものとなり、排除が不可避となる。

上からのコスモポリタン的プロジェクトから排除された世界人口の大多数の人びとにとって、排除に陥らず、代わりうるものは何か。ハーヴェイが検討するのは、デソウザ・サントス（Santos 1995）の「サバルタン・コスモポリタニズム」である。しかしハーヴェイは、この観念に共感しつつも、そこにおける学者・知識人の役割は、それらの人びと（先住民、土地なき農民、貧困女性、不法占拠者、搾取工場労働者、不法移民といった、新自由主義的グローバリゼーションの犠牲となった人びと）に代わって話すことではなく、彼らの声を増幅させることであるというサントスの見解には首肯しない。ハーヴェイが批判的知識人の役割として主張するのは、「特殊主義的な諸要求とローカルな取り組みとを、新自由主義と帝国主義的戦略に反対する共通言語に翻訳すること」である（ハーヴェイ 2013a：178-181）。これは、場所をグローバル化に対抗するオルタナティヴが積極的に構築される空間であるとする前述のエスコバルの主張に対する、ハーヴェイの異見にも通じる（ハーヴェイ 2013a：341）。その根拠は、新自由主義の下では、場所の創造と地理的不均等発展の生産が両立するからである。

マッシーとハーヴェイの場所論の対比

『空間のために』におけるマッシーの問いは、終わりのない多様性と他者との交渉の空間として場所を捉えることにある。これに対し、『コスモポリタニズム』におけるハーヴェイの問いは、新自由主義的グローバル化の中で、普遍性と固有性の相克を乗り越える存在としての地理学を再構築することである。両者の語り口にも差異がある。マッシーは、空間の内部から（下から）、ミクロに地理的想像力を駆使して、思念的に語るのに対し、ハーヴェイは、空間の外部から（上から俯瞰的に）、マクロに、積極的、具体的、批判的、啓蒙的に語る。両者の場所論と場所への評価の相違は、ミクロに生成的に場所を捉えるマッシーに対し、マクロに実体的に場所を捉えるハーヴェイの差異でもある。

一方、マッシーの場所における他者との異種混淆の理念は抽象論・観念論にとどまり、具体的な交渉の方法については言及されない。ハーヴェイはローカルな場所の重要性を（思念的に）認め、それがローカルに閉じずに対抗思想として組織化・普遍化されていく必要性を説くが、しかしそのための具体的な戦略は語らない。また両者は、いわば先進国のマジョリティの側から空間／場所を、規範的に論じている点で共通性がある。[3]

3　「場所」観念再考

「場所」の定義

最後にこれまでの議論を総括して、わたしなりの「場所」観念を提示してみよう。

「場所」は地理学者によって熱心に論じられてきたが、その一方で「場所」は必ずしも明確な定義を与えられてこなかった。これは、場所が学問用語というより日常語であることが大きい（Cresswell 2004：1）。クレスウェルによれば、「場所」とは「人びとが意味のあるものとした空間」である（Cresswell 2004：7）。

『人文地理学事典』第五版（Gregory 2009）では、「場所」（place）を、次のように規定している。place とは、地理的な場（locale）であり、地域（area, region）や、位置（location）と同様、その大きさや形状は問わない。それは地表の一部や既存の空間に改変を加えて人間が作り出したものである（Henderson 2009：539-541）。場所の特質として、第一に、場所（あるいは場所になること）は必ず意味を持つこと、第二に、場所が地理的な場となること、そして第三に、グローバルな場所感覚をめぐる前述のマッシーらの議論が紹介されている。

第二の点については、場所が常に移り変わるものであることに加え、アンリ・ルフェーブルの『空間の生産』（ルフェーブル 2000）の観念の導入以降、空間と場所という二項対立的な見方ではなく、場所が（生産された）空間のある特定の局面（moment）を指すようになったことなどが指摘された上で、「常に進行しつつある、地理的に結びつき、存在論的にともに構成しあうような要素や関係の集合体」（Henderson 2009：540）として場所を捉えるという見方が示されている。これはダイナミックな場所の捉え方と言える。

遠城（1998）は、「『場所』をめぐる意味と力」と題した論考において、場所論と場所の政治学について的確な問題提起を行なっている。彼の議論を、わたしなりに整理して再提示するならば、人文地理学における「場所」論には、少なくとも三つの視点がある。第一に、親密な空間、安定性・固有性を備えたものとしての「場所」である。そして第二に、（資本が作り出す）建造環境とそこに構築される（商品化された）「場所」への批判的な視点である。そして第三に、権力・資本による支配的な空間の生産に対抗する拠点としての「場所」である。

これらは相互に排他的なものではない。グローバル化と新自由主義的な潮流の中では、自らが依拠する親密な空間（場所）が変容する中でその不変性を希求しようとする人びとの心情や態度と、逆にもはや自らの親密な空間（場所）を失い新たな生活機会と場所を求めて移動する人びとの心情と態度が共在する。そこに共有されているのは（自己にせよ他者にせよ）移動が場所をつくり、意識させることである。移動を通じて場所を作り直し意識することが常態であるならば、固有の場所へのこだわりは特権であると同時に、幻想でもある。そこであらためて追求されるべきは、人はいかなるものとして場所を構築してきたのかという原初的な問いである。

前述のマッシーの議論もふまえ、わたしは次のようなものとして場所を定義したい。すなわち「場所」（place）

とは、「空間的な近さによって生まれる人と人、人と事物、事物と事物の関係性の束」である。また同時に、「上記の原理によって作り出された実体としての空間」を指す。場所はもっぱらミクロ・レベルの視点で捉えられるものであり、プロセスと考えたい。場所は人びとの眼差しの対象となり、アイデンティティの基盤ともなるが、固定的な領域性は持たない。関係性としての場所とは、わたしたちの日常実践が展開される空間であり、その実践を規定し、またその実践によって作られ直すところである。

たとえば「家族」(family)は、場所を越えた観念的・規範的関係性であり、それ自体は空間を前提としていない。空間的・時間的に離れていても家族の一員であるという観念は存在しうる(出稼ぎして建設労働に従事する父、海外で家政婦として働く母、留学に行っている娘、亡くなった祖母も「家族」の一員でありうる)。これに対し、家/ホーム(home)は、基本的に「場所」(に根ざす関係性)である。そこにはシェルターとしての家屋があり、具体的な空間があり、そこに集い(あるいは脱け出し)、物理的かつ経済的に寝食を共にするメンバーがあり、何らかの共同性(ポジティヴに評価するかネガティヴに評価するかは別にして)が生起する。部屋の間取り、採光・通風、匂い、家具の配置……といった物質的要素は、そこに暮らすメンバーたちのホームへの、あるいはメンバー相互の愛着や疎外や支配や協働や敵対に大きく関わる。そのような意味でのホームは、人間にとっての原初的な場所のひとつである。家族の観念や関係性は、このホームと切り離しては考えられない。「家族」の紐帯や愛着や憎悪は、ホームという場所のありようによって規定される。

わたしが長年フィールドワークを行なってきたパプアニューギニアのクラインビット村で寝起きしていたホストファミリーのアントンの家は、床面積六〇平方メートルほどの仕切りのない住居に、二〇人を超える家族が寝泊まりしている。各自の個人空間と呼べるものは、寝るときの蚊帳の中と、成人については自らの私物を入れたパトロールボックス(植民地政府の巡視官が荷物の運搬に用いていた金属製の箱)やスーツケース一つだけである。湖側に近い窓に面した隅に炉が置かれ、そこで一家の「主婦」を務めるRLが家族のサゴを焼き、魚を茹でる。この家という場所に、人びとは集い、語らい、食事をし、眠る。話し声や笑い声、時にはRLの夫のJTが子供を叱る声が飛び交う。ここで食事を共にし、寝泊まりする人たちは、血縁関係のある「家族」ばかりではない。しばらく預かっている子供や、居候、自分の家を持たない老人などさまざまである。血縁や婚姻に基づく家族の原理から見れば、この家には複数の家族や家族以外のメンバーが集まって住んでいるとも言えるが、むしろそれらのメンバーが家という場所を共有することで、「家族」が生成する（そして変化する）というほうが適切である。

わたしがフィールドワークをしてきたのは、パプアニューギニアの大河セピック川の南部支流域にあたるブラックウォーター川とそれが作り出す氾濫原に面する村である。わたしは、一九八六年以来二〇回以上にわたって、クラインビット村に（ときには反撥しながらも）繰り返し通い続けてきた。それは、場所の力に惹かれてとしか言いようのないものだった。

わたしが通い続けている三〇年以上の間に、クラインビット村は変わらないところもあれば、また大きく変化してもいる。相変わらず電気はなく、現金収入はなく、人びとはサゴヤシ澱粉の採取と漁労・狩猟で暮らしている。しかし村の信仰の中心だった精霊堂は壊され、家は建て替えられ、ホストファミリーの両親をはじめ馴染みの家族や友人たちも多数世を去っている。昔は村人とは手紙でしかやり取りができなかったが、最近は携帯電話を持つようになり、数年前に近くに大きな電波塔が立ったため、村からも直接電話がかかってくるようになった。第8章で詳述するように、人と人、人と事物、事物と事物の関係性の束としてのクラインビットという場所は常に変化している。

「場所」について、フィールドワークと関わって、もうひとつここで強調しておきたいのは、調査研究者が「場所」を共有することが身体性を介した共感的な理解の可能性を開くことである。これについては次章であらためて論じたい。

「場所」と「地域」

最後に「場所」（place）と「地域」（region, area）の関係性について、議論を加えておきたい。地理学者は「地域」

を研究の対象としてきたはずだが、地域をいかに研究するかは語られても、「地域」とは何かという探究は十分になされてこなかったように思う。

日本の人文地理学会編の『人文地理学事典』では、金坂清則が「地域」という語の由来とその後の日本の地理学界における受容の過程について詳述している（金坂 2013）。それによれば、もともと中国語起源であった「地域」の語が、region の訳語として広く用いられるようになるのは二〇世紀に入ってからのことである。同事典では、野尻亘が「アメリカ地理学における地域概念」として、農業地域区分で知られるホイットルーセー（Whittlesey）を引きながら、等質地域（uniform region, homogenous region）、結節地域（nodal region）、機能地域（functional region）の概念を紹介している。そこでは第二次世界大戦後のアメリカ地理学の関心が、等質地域の地誌的研究から、地域相互の関係性や階層性・動態性への解明へと向かう結節（機能）地域の研究へと移行していったことが示唆されている（野尻 2013：38–39）。

グレゴリーほか編の『人文地理学事典』（第五版）（Gregory et al. 2009）の中では、「地域」（region）には、次の三つの意味があるとされている。第一に、その諸要素が機能的に結びついているような、地球表面上の中間的サイズの範域、第二に、地球を覆う地域システムの一部であるような存在、第三に、気候地域や経済地域のような、ある特性を持った地表上の部分、である（Henderson 2009：630）。さらに等質地域、機能地域、結節地域などの用語が紹介されるとともに（「機能地域」の説明中では、ウォーラーステインの世界システム論の中心－周辺論との類似性が示唆される）、新しい地誌学の動向が紹介されている。

いずれにおいても地域が（もっぱら地理学者によって）どう捉えられてきたかは語られても、「地域」とは何かについては言及がなされていない。「地域」を定義し、記述することの困難さと矛盾は、おそらく地域が具体的な実体でありつつ、それを観念する存在（それが研究者であれ、為政者であれ、行政官であれ、あるいは住民自身であれ）のものの見方によって措定されることにある。

一方で、人文地理学では、「地域」と「場所」（あるいはローカリティ）がしばしば混同されたり、互換的に用いられることがある（ジョンストン 2002）[4]。新しい文化地理学や政治地理学では、固定的で古めかしい印象を与える「地域」の語に代わり、より柔軟で可変的な「場所」の用語を好んで用いる傾向も見られる（Agnew and Duncan 1989, 山崎 2010）。しかし両者について、一定の弁別をしておく必要があると考える。

「場所」と「地域」（region）の概念化について、卓見を提示しているのがフィンランドの地理学者パーシ（Paasi 1996：2003）である。彼は、「場所」を、個人がその人生史の中で、異なる立地や景観から獲得した、個人的な経験や意味の集積の記録（cumulative archive）と捉える。「場所」は、個人の人生のさまざまな社会的・空間的・時間的状況の中で、継続的に作り上げられまた作り直されていく。離れることと帰ることの弁証法が人間の時空間的編成を特徴づけるが、それが場所の本質的な構成要素となる。人および集団は、さまざまな制度的な実践（政治、文化、経済、行政）を通じて、地域という領域単位を生産し、再生産していくが、それは個々のアクターの空間史、すなわち「場所」とは相対的に独立したものである、というのが彼の主張である（Paasi 1996：208）。

パーシは、地域のアイデンティティが領域化や制度化と不可分であることを指摘している（Passi 2003）。大切なのは、どのような地域アイデンティティか、ではなく、どのような人びとがいつ地域アイデンティティを語っているのか、である（Paasi 2003：481）。パーシは、エントリキン（Entrikin 2002）を引きながら、ある空間・人びと、限られた領域を持つ均質的なコミュニティとを同一視し、他者を排除するような、原初的なエトノス（ethonos）を仮定するのではなく、多様なアイデンティティの構築物として地域を捉えその領域化を問題にし続けるような、よりコスモポリタンで、反本質主義的なデモス（demos）を創出することを提起している（Passi 2003：480）。このように場所は個人の経験に根ざすものであるが、地域はその単なる集合体ではなく、そこに制度的な実践が介在するというのがパーシの主張の根幹である。

パーシの議論は、場所を個人の体験に帰しており、集団の経験や集合的記憶の問題、また場所の物質的な条件について言及がないことなどの点で物足りなさも残るが、場所が個人＝ミクロレベルの存在であり、地域が政治や文化などの制度的実践によって構築されるものであることを指摘している点で、優れている。前述のように、わたしは、場所（場所的関係性）とは、空間的近接性を契機とする、人と人、人と事物、事物と事物の間のミクロレベルの関係性であり、常に生成するもの（プロセス）と捉えている。場所は生成するものであり、固定的な領域を持たない。これに対して、地域は、マクロレベルの空間であり、外在的に捉えられ、実体化される存在である。そこでは領域性（地域の区分や境界）が問題となる。

本研究では、「地域」を、「場所的関係性を基盤とする空間であり、地球大より小さく世帯より大きい空間スケールにおいて、ある基準によって切り取られた範域であり、領域性を持つ」ものと理解しておく。[5] ある基準の中には、行政的な区分も、統計的な数値も、言語や文化・住民のアイデンティティなども含まれうる。「場所」が必ずしも固定的な領域を持たない（その存在の要件としない）のに対し、「地域」は領域（制度的なものであれ、研究者の操作上のものであれ）の画定を必要とする。そこには制度が大きな役割を果たす。またマッシー（Massey 1993）が言うように、閉曲線で地域を囲むとき、常に内部と外部の対立あるいは排除の問題が生じる。これは地域社会であれ、国家であれ、同様である。しかしそこには差異もある。人は複数の地域に対して同時に帰属意識やアイデンティティを持つことができるが、その中にあって「国家」は、その成員と領域に単一の帰属を要求するからである。この点で、国家はいわば特殊な地域であるということができる。

場所と風土

場所をミクロレベルの関係性で、一時的に生成するものと捉える時、それは、場所をそこに関わる人びとの固有のアイデンティティの基盤と捉えたり、固定的・安定的なものと捉える見方とは対立することになる。しかし一方で、場所的関係性に基づきながら、歴史的に構築される、人びとの価値観や志向性の存在も視野に入れる必要があるだろう。

わたしは、それを「風土」という概念で捉えたいと考える。「風土」は、場所的な関係性を基盤とした一つの志向性である。「風土」については和辻哲郎（1935）の議論があり、それを精緻化したフランスの日本研究者で文化地理学者のオギュスタン・ベルク（1988）の議論がある。和辻には環境決定論・自民族中心主義の陥穽があるが、ベルクの議論は、風土をある社会の空間と自然に対する関係性とし、それを通じて二つの異なる要素（自然と文化、物質と観念、主体と客体……）の通態性として動的に捉えようとする点で優れる。[6] しかしベルクの考察はナショナルな風土に限定されており、ローカルレベルの風土の多様性やその変容は考察されない。

わたしは「風土」を、「場所に根ざした、自然と文化、個人と社会、精神と身体、人間と人間以外のもの（事物）との間の、称揚される関係性」と捉える（Kumagai 2016b : 35）。風土は場所や、身体・感情をともなう実践と分かちがたく結びついている。しかし、場所がミクロレベルの関係性であったのとは異なり、人びとの間に構築され、共有されるマクロレベルの志向性である。したがって風土は、歴史的に構築されたものであり、変わりうるものであるが、また変わりにくいものでもある。またしばしば、その内部の人びとの志向性に反して、外部の力によって変わることを余儀なくされることもある（Kumagai 2016b : 42-43）。そこに「風土」を考えることの政治性がある。

場所を風土の視点から考えることは、前述した場所の（一見すると矛盾する）三つの志向性——①安定性としての場所、②資本や権力によって構築された場所、③抵抗の拠点としての場所——を統合する意味も持つだろう（Kumagai 2016b : 43）。風土はその場所に生きる人びとに共有される志向性であり、簡単には変わらないが、ときには外部の力によって変わることを迫られる。そしてまたそれに対する抵抗の心情の源泉ともなりうるからである。[7]

第3章　「地誌」と「フィールドワーク」

1　日本の地理学界と地誌

地誌の衰退

「空間」「場所」「風景」「景観」「ローカリティ」といった言葉が、地理学を超え、社会科学や現代思想の諸分野にひろまっている。しかし、「地誌」だけは、そうした流行と無縁のままだ。地理学以外の研究者は、地誌という用語を使わないし、たぶん知りもしない。しかし、地域を描かないわけではない。それどころか、歴史学者、民俗学者、建築学者などの描いたもののなかに、地域やその景観、人びとの生活世界を生き生きと感じさせる、魅力的な作品が多く見られる。

地誌／学（chorology, regional geography）とは、具体的な地域についての記述／研究を指す。それは、系統地理学と二本柱をなすものであり、地理学の歴史とともに古いとされる。最新の包括的な地理学事典である『人文地理学事典』（人文地理学会編 2013）によれば、「地誌（学）」では、「地域の気候や地形といった自然から、人口、集落、農業、文化、民俗などの人文社会的特色まで、広範な地域構成要素を内容として取り上げ、それらの関連性を総合的に考察する」。このため「網羅的と呼べるほどの項目が取り上げられる可能性があり、個人的な研究や短期の調査研究では取り組み難」く、「近年では、一人の地理学者による単一の研究論文として公表されることは稀である」という（櫻井 2013：118）。

地誌（学）が地理学の柱と位置づけられ続ける一方で、地誌の衰退が言われて久しい（内藤 1996）。「地誌」という言葉は、地理学者と地理教育者にしか通じない隠語と化している。当の地理学者にとっても、地誌には、なんとなく魅力のない、古くさいイメージがつきまとう。[1]

より深刻な問題は、地誌の作り手としての地理研究者と、その使い手としての地理教育者との間にあるギャップである。地理教育にたずさわる人には、地域の現実を生き生きと生徒に伝えたいという切実な欲求とニーズがある。しかし、地理学者が地誌を描くとき、それに応えるべく自らの記述を磨いてきただろうか。自らの反省も込めて言えば、たいへん心もとないと言わざるをえない。

こうした状況が生み出されるにいたった背景には、おそらく二つの問題が存在する。

第一に、「地域」の問題の追究を「生業」（なりわい）あるいは縄張りとしてきたはずの地理学者が、それにもかかわらず（あるいは、まさにそのゆえにこそ）ある特定の地域の専門家（スペシャリスト）として自らを鍛えることを怠ってきたという事実である。そこには（もし対象地域が海外であれば）言語の習得に始まり、その地域の歴史・社会・文化についての知識を蓄積し理解を深めること、インテンシヴなフィールドワークを実施し、新たな知見を加えていくこと、さらに、内外を問わず当該地域を対象とする他分野の研究者たちと積極的に議論を討わせること、などが含まれる。

第二に、地理学者が、そうした実践を通じて、地誌の認識論や方法論を吟味し、再構成する努力を十分になしてこなかったという事実である。[2] たとえば、自らの専門を「地誌」あるいは「地誌学」であると積極的に主張する地理学者はきわめて少ない。また、学会の大会報告においては、外国研究、とりわけ第三世界に関する研究は、そのフィールドが都市であれ農村であれ、また分析対象が経済現象であれ社会や文化の特質であれ、一切お構いなしに「海外研究」や「地域研究」の名の下に並べられ、いわば「その他」という扱いを受けることがしばしばある。すなわち、そこでは地理学の「理論」や分析の枠組みに示唆や貢献を与え得る可能性は、最初から期待されていないのである。

批判的なことばかり述べ立ててきたが、本研究が地誌を論じる意図は、「地誌」がもはや時代後れの無用の長物になり果てたことを明らかにしようとするためではない。むしろ逆に「地誌」が、いかにすれば現代世界を語る道具として有効性を持ちうるのか、言い換えれば地誌の「再生」の条件を模索しようとすることにある。

座談会「日本地誌の課題」（一九五九年）での討論

一九五九年新年号の『地理』誌に、「日本地誌の課題」と題した座談会が掲載された（浅香ほか 1959）。これは、『地理』の歴史上、もっとも根源的で、白熱した論争のひとつだろう。地誌に深い造詣と思い入れを持った出席者の、ときにほとんどつかみかからんばかりの壮絶な討論は、今日の、論争をきらう生ぬるい地理学界というイメージを裏切ってあまりあるもので、四〇年以上たったいま読んでも新鮮である。わたしはここに、現在の地誌をとりまく問題の多くがすでに明らかにされているのを感じる。

座談会の出席者は、浅香幸雄、入江敏夫、竹内常行、中野尊正の四名である。座談会は竹内の司会で、次のような論点をめぐって展開される。地誌のスタイル、系統地理学と地誌の関係、地誌を描く目的、（日本）地誌にもりこむべき内容、そして、地誌を描く主体、についてである。

地誌に対する四人の基本的立場はそれぞれ異なる。あえて図式的に捉えれば、いわば正統派・保守派の立場に立つ竹内に対し、徹底して批判派・革新派として問題を提起するのが入江である。浅香はいわば良識派（改良派）であり、中野は独自の地誌観を持つが、この論争では、両者の中間に位置すると言えよう。

まず地誌には二つのスタイルがあるとされる。浅香のことばによれば「あらゆる項目にわたった網羅的な地誌」と、「ある中心的課題をたて、それを核心として地域をまとめていくという方法」である（浅香ほか 1959：13）。前者は伝統的な地誌、後者は動態地誌など、新しい方向性を持った地誌、と言える。

具体的にどのような地誌を評価するかという点になると、意見が分かれる。入江は、海外の地誌書への該博な知識に基づきながら、生産関係や、植民地時代の歴史的構造から地域を描いた地誌を高く評価する（浅香ほか 1959：

11–12）。しかし、竹内は、単なる事象のよせあつめが地誌だとは考えないとしながらも、「地誌ということになれば、自然も相当量をしめる必要」があるとする。そして入江の推すピエール・ジョルジュの書を、「地誌といってよいかどうか問題」と批判する（浅香ほか 1959：12–13）。浅香も、地理学者の描く地誌に事実の掘り下げに弱いところがあったことを認める一方で、「地理研究者の手になる地誌ならば、いかに進歩的・革新的地誌といっても、自然的基盤を度外視してゆくことはいけないと思う」と述べる（浅香ほか 1959：14）。

系統地理学と地誌との関係については、両者は「車の両輪」（浅香ほか 1959：20）とする竹内に対し、中野と入江は、それぞれ、地誌こそが地理学の核心（浅香ほか 1959：20）、また「出発点が地誌でゴールも地誌」（浅香ほか 1959：15）とする。ただし、具体的な「地誌」の中身については、系統地理学の業績をもとに地域の中心課題を軸に構成するのが（動態）地誌であるという浅香に対し、竹内は「中心課題を決めるのには慎重でありたい」とする（浅香ほか 1959：12–13）。そしてホイットルーセーの業績をめぐっては、これを系統地理の農業地理の業績とする竹内、浅香と、農業地誌的研究とみなす中野、入江の間には差異があり、さらに入江はホイットルーセーの地域区分には生産関係の視点が欠落していると批判する（浅香ほか 1959：21–24）。

地誌は何のために描かれるのかについては、「社会の要望に応えるため」（竹内）、地域を知るために役に立つ、というのが大方の共通理解である。しかし入江はそれに疑義をさしはさみ、「何のために地誌を書くか」は、「時代によって変わってきているはず」と述べる（浅香ほか 1959：29）。「地誌には何でもかいていたけれども、本質的な地域の事実……がぬけていた」。そこには、「社会の政治・経済体制、したがって支配層の実践的要請や関心によって内容上の大ワクがしらずのうちにかけられていたのではないか。伝統的・オーソドックスと見えたものがじつはそういうものにほかならなかったのではないか」というのが、入江の主張である（浅香ほか 1959：16–17）。

こうした入江のラディカル（根源的）な問題提起は、日本地誌をいかに書くか、をめぐるはげしい議論に収斂していくことになる。入江は、日本の各地域を地理的に取り上げていく場合、「日本の共通問題や、経済・政治・社会の特質が……出てこないような地誌は本物ではない」（浅香ほか 1959：23）とする。これに対し、竹内は、トピック的な問題の捉え方、ジャーナリスティックな取り扱いに偏するのではなく、より広い視野に立った地理的な説明が肝要として譲らない。逆に、入江らが関わった地誌的著作に関し、基地の問題が過剰に取り上げられていることなどを挙げて、「国民的な問題」の選び方に、書き手の恣意がさしはさまれることへの危惧が再三強調される。この点に関しては、浅香も中野も、竹内に同調し、「今までぬけていた問題を付け加える」という入江の主張が、かえってバランスを欠いた地誌を作り出すのではないかという疑問が投げかけられる（浅香ほか 1959：26–37）。

最後に、地誌は誰によって描かれるべきかについて、入江が、日本の地誌は地理学者の専売特許とは言えない――例えば経済史家や農業経済学者も参加できる――のではないかという疑問を提起する（浅香ほか 1959：31）。しかし、他の三人は、地誌は地理学者によって描かれるべきものという点で基本的に一致する。そのために必要なのは、地理学者のより広く深い「教養」である。さらに中野は「一般的・地理的教養のほかに、社会的・経済的教養……を身につけたリージョナルスペシャリスト」の養成が必要、と指摘している（浅香ほか 1959：37–38）。

この座談会は、決裂に終わっており、何らの共通理解にも達していない。しかし読者としてそのメタ・メッセージを読み取るならば、次のようなものになろう。①地域の個性を、自然環境を含めた固有の地理的条件と結びつけて説明していくのが地誌の基本である。②その地域の中心的な課題に則して地域を描くというあり方は、もっとめざされるべきである。ただし何をその地域の重要課題とするかについては、慎重でなければならないし、書き手の恣意に偏らないことが望ましい。③（日本）地誌の中に、現代的な諸問題は取り入れられるべきだ。しかし、それはジャーナリスティックな視点によったり、他分野の研究の受け売りによって果たされるのではなく、地理学者が自らの教養をより深めることで行なっていくべきものである。

これは、入江の主張するマルクス主義的・構造論的な地誌（地理学）観と、社会経済史的視点の重視が、「地誌」の本流から排除されたことを意味する。現在の目から見れば、入江の主張は、階級的・構造的視点の強調と、ナショナルな枠組みの重視のあまり、ローカルな場所の特質や主体の役割を軽視する結果になっている。また、地誌を生み出す制度（社会・政治状況、それを反映した学界の状況）にまで踏み込んだ入江のラディカルな問題提起が退けられたのは、地誌（地理学）という制度を守るという立場から言えば、当然の結末だったとも言えよう。しかし、問題は、それが、地誌をめぐる議論の芽を摘み取り、その批判的再構築の可能性を奪う結果になったことである。

入江の地誌への試みは、同時代の新たな日本像を模索しようとする地理教育の実践と結びついていた。地理学者が「地誌」を自らのアカデミズムと専門性の領域内に囲い込んだ、まさにそのことによって、他分野との交流や相互批判、および地理教育との相互作用を通じた、緊張関係は失われ、地誌の革新は封じ込められた。そして、藤原健蔵が指摘するように、六〇年代以降の、計量革命と科学としての地理学への志向の中で、「地誌」は時代遅れのものとして、当の地理学者によってさえも顧みられなくなっていったのである（藤原 1997b：3–4）。

経済地理学会秋季研究集会（一九六八年）における議論とその後

日本の経済地理学会でも、一九六〇年代末にフィールドワークに基づく海外地域研究と地誌をめぐり、分水嶺となる議論がなされた。一九六八年に「海外地域研究の成果と報告」と題して行なわれた経済地理学会の秋季研究集会（以下、「成果と報告」）と、その前年の一九六七年に行なわれた石田龍二郎退官記念コロキアム（以下、「コロキアム」）である。

「成果と報告」では、応地利明、大岩川和正、藪内芳彦、米倉二郎・村上誠・中山修一による四編の発表がなされ、熱のこもった討論が交わされた。討論は、大岩川、高橋彰らを中心とする「地域研究」派の問題提起に対し、川島哲郎をはじめとする経済地理学界の「主流派」が疑義を唱えるという形で展開した。「地域研究」派が、地域の総合的把握と地誌の完成に、地理学の地域研究への貢献の可能性を求めたのに対し、「主流派」からは、個別の地域事例という「特殊」からいかに一般化が可能か、とりわけ低開発国の農村において可能な地域調査の視点や方法が工業化の進んだ先進国の研究に適用できるのか、といった点に疑問と批判が集中した。

「コロキアム」でも、海外地域研究／地誌に批判的な人々からは、地誌を前提とした地域研究は独自の学問として成立しうるのか、地誌は法則定立的科学としての学問にはなりえないのではないか、地域研究が各専門分野によって担われる中で地理学の唱える「総合」という方法がはたして意味を持つのか、といった厳しい批判が提起されている。これらの批判は少なくとも部分的には正鵠を得たものである。

こうした「主流派」に対する大岩川、高橋、西川大二郎らの主張を整理すれば、次の三点にまとめられるだろう。①発展途上地域の研究（とりわけ西欧中心主義的な視点を超え、内面的な理解にまで及ぶようなもの）は、まだ十分に蓄積されていない。②これまでの伝統的な地理学／地誌の手法の中で、地域調査の手法、および地域の全体的理解あるいは「総合」という方法は、必ずしも十分に追求されてきたとは言えない。③したがって、地理学者が一般法則や普遍性の追求とは異なる視点で地域の固有性（地域性）を明らかにすることには意味がある。

ここでは三つの「特殊性」（あるいは固有性）が同時に、絡み合った形で主張されていることに注意したい。すなわち①西欧（あるいは西欧中心的な世界観）に対する非西欧世界あるいは「第三世界」（この時点ではこの用語は使われていない）の持つ特殊性、②普遍的な理論（資本主義の一般法則といった）では捉えきれない、人々が生きる地域社会（生活世界）の固有性、そして③学問分野としての地理学の（専門分化に対抗する「総合」の学としての）特殊性、である。

しかし、こうした特殊／固有としての自己主張は、他のディシプリンと比肩する法則定立的な学問分野として自らを定位・確立しようとしていた当時の（経済）地理学にとっては、受け入れられるものではなかった。さらなる「悲劇」は、これらの地域研究者がめざそうとした新たな地域記述（地誌）が、当時の経済地理学の中で乗り越えられようとしていた旧態依然とした地理学（地誌）と同一視されてしまったことである。

「成果と報告」の翌年の一九六九年に、経済地理学に関わりの深い四人の地域研究者——大野盛雄、高橋彰、友杉隆、大岩川和正——が共同執筆した『アジアの農村』が刊行される。その編者である大野は、冒頭の「農村研究の課題と態度」と題した論考において、より深い農民理解のためには、生産力・生産関係・土地制度といった客観的条件だけでなく、人々の価値体系といった主観的条件にまで踏み込まなければならないと明言している。これは

第4節で詳述するように、参与観察的なフィールドワークを実践する中で、大野が到達した内省であった。しかしこれに対しては、古賀正則（1971）や平戸幹夫（1970）ら、同じくアジア地域研究を実践していた研究者からも批判が加えられることになる[3]。

一九七〇年代後半以降、日本の経済地理学を主導していく矢田俊文は、地域構造研究会を主宰して、日本の地域構造の実証的分析を進める一方で、日本の経済地理学の理論化を追究していく。その中で厳しい批判の刃が向けられたのが、飯塚浩二、鴨澤巌、上野登らの、いわゆる「経済地誌」学派の研究だった（矢田 1975）。矢田によれば、飯塚浩二の影響を受けたマルクス経済地誌学派（大野らもその中に含まれる）は、マルクス経済学の諸成果を学びつつ、徹底した地域調査を行なってきた。しかしそこでは「具体的な地域の具体的な研究」が集積されたにすぎないという。矢田は、その要因を、地域調査至上主義と、地域的個性の記述を一面的に強調する、伝統的地理学観に立つ飯塚の立場自身に内在するものと考える（矢田 1975：16[4]）。

こうした往時の経済地理学界の潮流の中で、「経済地誌」派の調査研究は、斯学の本流からは外れ、いわば伝統的な個性記述的地理学、あるいはディレッタントなものとして周縁化されてしまう。そしてその中に萌芽的可能性として含まれていた、新たな方法論や認識論が日本の地理学界の中で共有され、吟味されることはなかったのである。

2 地域研究と地誌

地域研究の登場と地誌の衰退

第二次世界大戦を契機としてアメリカを中心に始まる「地域研究」（area studies）は、その後ひとつの学問の潮流として定着を見る。日本においても、一九五三年に特定の学問分野を越えた地域研究の学会として、アジア政経学会が設立される。また研究機関としては一九六〇年のアジア経済研究所の創設に始まり、京都大学の東南アジア研究センター、東京外国語大学のアジア・アフリカ言語文化研究所、国立民族学博物館など、学際的な地域研究を専門とする機関が各地に設立されるに至る。

「地誌」と「地域研究」との関係はいかなるものであろうか。地域を対象にした研究がすべて「地域研究」なら、特定の地域をフィールドとして行なわれる地理学や社会学、文化人類学などの研究のほとんどは地域研究ということになる。しかし地域の研究が「地域研究」たるゆえんは、何よりそれが「他者理解」の研究であることだろう（矢野 1993b）。もちろん日本人が国内の地域を研究しても、それは外部者による「他者」研究ではある。したがって、もう一つそこで加えられるべき要件は、言語の問題であろう。わたしは、「地域研究」をとりあえず「主に研究者自身の母語以外の言語を用いる社会を対象にして、他者理解をめざす研究」と定義しておきたい（熊谷 2017）。

上述のような第二次世界大戦後の地域研究の「隆盛」は、皮肉なことに、まさに地誌の「衰退」と並行して生じ、それと顕著な対照をなしている。事実、日本において戦後比較的早い時期に、第三世界を研究対象に選んだ地理学者たちの中には、ディシプリンとしての地理学から距離を置き、地域研究の専門家として自らを定位したり、あるいは、文化人類学など隣接の諸学に転じたりした者が少なくない[5]。そこには前節で述べたような、アカデミズムのサークル、および制度としての日本の地理学（界）の持つ特質が作用していたことも想像される。

しかし、戦後の「地誌」から「地域研究」への移行を、こうしたいわば学界内部の主体の側の条件としてだけではなく、二つの学問領域を成立させた歴史的・政治社会的コンテクストの相違と、それに根ざす主体や対象の差異という視点から捉え直してみることも重要であろう。細部については吟味の余地があるが、両者の対照についてまとめてみたのが表3-1である。

「地誌」（chorology / chorography, regional geography）の歴史は地理学とともに古い。しかし、それが個人の営みを越えて、組織的・体系的な仕事として行なわれる際には、多くの場合国家の存在が関わっている。そのことは、たとえば、日本における「風土記」の編纂事業を想起しても明らかであろう。そしてとりわけ「地誌」が強く需要され

表 3－1　「地誌」と「地域研究」

地誌（chorology/regional geography）		地域研究（area studies）
（国家）	主体	第一世界の研究者（＋政府）
自国（自国内の諸地域） 他国／植民地	対象	「他者」としての第三世界／ 第二世界
（国民）国家形成期	隆盛期	第二次世界大戦後（冷戦時代）
国家の「領域性」の確定 国家への帰属意識 （ナショナリズム）の強化	目的	「他者性」の理解 国家戦略の必要性
国民	主読者	第一世界の政府／研究者
人文科学（地理学・歴史学）	基盤となる 学問領域	人文社会科学 （とりわけ政治学・人類学）
記述的 網羅的／統合的	方法	分析的（問題発見・解明） 部分的（特定の側面：抽出）
統合体としての「地域」の実在： 前提かつ目的	「地域」の概念	統合体としての「地域」の 存在：不問 操作的な扱い
どうであるか／どう共通するか？	問題関心	どのように（なぜ）違うのか？

筆者作成／熊谷 1996：38 を一部改変

たのは、近代国民国家の成立期においてである。そこでは、国家の実勢を詳細に把握することに加え、領域性を持つ国家のアイデンティティを確立すること、さらに、そうした国家を統合するための「ナショナリズム」を国民の間に醸成することが火急の課題であった（水内 1994）。言い換えれば、「地誌」は、まず国家としての自己画定・自己確立の必要から生まれたと言える[6]。

したがって、「地誌」の編纂主体は、本質的には「国家」であり、その記述の主たる対象となるのも、まずは自らの国家の領域ということになる。そしてその延長線上、あるいは比較対象において他国の地誌が記される。その記述は、ナショナリズム／自国中心主義というイデオロギーを背景に持ちながら、形式的には、事実記載的・網羅的な傾向を示す（国家の実勢把握という必要プラス大いなる、あるいは美しき国土の描写による国民意識の高揚）。そして、その読者として重要な意味を持つのが、「国民」である。この点で、「地誌」（またそうした地誌を生産する学としての地理学）は、必然的に国民教育と強く結びつくことになる。このような意味での「地誌」の最盛期はおそらく一九世紀であった。

これに対し、エリアスタディーズとしての地域研究が生み出され、その発展を見るのは、第二次世界大戦とそれに続く冷戦の時代においてのことである。いささか強引に図式化してしまうならば、「地誌」の主体が近代国民国家で、その主たる対象が「自己」（自国）であったのに対し、「地域研究」の主体は、西欧資本主義社会（第一世界）に属する研究者たちであり、その対象となったのは、もっぱら彼らにとって「扱い難い他者」としての第二世界・第三世界であった。すなわち、そこで要請されたのは、敵国、あるいは潜在的に敵国となり得る可能性を持った相手（冷戦下においては、共産主義化の怖れのある国）でありながら、自らとは異質な歴史と文化を持ち、理解しがたい「他者」であるような国々や地域を了解可能なものとするためにさまざまな角度から分析を行なうことだった。[7]

この点において、「地域研究」も少なくともその発端において、地誌と同様、国家の意図・戦略と大きな関わりを持って生み出されたものであることは間違いない。しかしながら、地域研究がそのような出自を持つこと、あるいは地域研究の多くが、その初期において国家の資金的援助を受けて行なわれたことは、自動的にそれらの研究の内容や結論を規定するものではない。ここでは、地域研究に携わる研究者たちが、それぞれの問題関心の下に、自国／自民族中心主義を超えた相対主義的な「他者理解」を築きあげていったということを見逃してはならない。[8]

学問分野との関係を見るならば、「地誌」の基盤が、一九世紀の人文科学（地理学・歴史学）であったのとは対照的に、「地域研究」を支えたのは、二〇世紀に新たに発展した人文社会科学であった。とりわけ一九二〇年代以降の文化人類学が依拠するようになった「文化相対主義」の視点が果たした役割は大きかった。こうした視点の下に立ってはじめて、地域研究は、異質な他者が、「遅れた」「未開」のもの、「理解不能」なもの（理解の必要のないもの）としてではなく、「正当に異質なもの」として存在の根拠を持つことを認識することができたのである。[9]

戦後日本の地理学者による第三世界研究

日本の地理学者たちは、第二次世界大戦後の地域研究の発展にどのような貢献をなしたのであろうか。ここでは、その再評価を行なう上で、それを四つの時期に区分して考えてみたい。

第一に、戦後から一九六〇年代初め頃までの時期である。この時期は、まだ日本人の海外渡航そのものに大きな制約や困難がつきまとった時代である。またこの時期の少なくとも前半においては、敗戦により海外領土を失い、経済的にも疲弊した日本国家にとって、海外研究を積極的に押し進めていこうという意欲もその余力もまだ十分には存在しなかった。この時期に、現地に赴いて、海外研究、とりわけ第三世界研究に着手したいという研究者にとって、おそらくその道は二つしかなかった。すなわち、主に海外からの奨学金や基金を得て、単身で彼の地に赴くか、あるいは、もっぱら民間の資金を頼りに企画・組織された海外学術調査隊の一員に加えてもらう、という方法である。[10] いずれにおいても、さまざまな制約の中での調査研究であったことは、容易に想像される。

しかし注目すべきことは、こうした困難な時期において、第三世界の地域研究を志し、またその成果を重ねていった地理学者（あるいは地理学に出自を持つ研究者）がきわめて多かったことである。たとえば東大出身の地理学者では、小堀巖（1924–2010：西アジア研究）、大野盛雄（1925–2001：イラン研究）、西川大二郎（1928–：ブラジル研究）、古賀正則（1930–2018：インド研究）、高橋彰（1932–2008：フィリピン研究）、友杉孝（1932–：タイ研究）、大岩川和正（1933–1981：イスラエル研究）、京大出身の地理学者では、川喜田二郎（1920–2009：ネパール研究）、大島襄二（1920–2014：オセアニア研究）、岩田慶治（1922–2013：タイ、ラオス研究）、石川栄吉（1925–2005：オセアニア研究）らの名前が挙がる。

こうしたいわば、戦後第一世代の地理学に出自を持つ研究者の層の厚さと、その仕事の質は、他の学問分野に劣らないどころか、むしろ優っているとさえ言いうる。さらに注目される点は、川喜田二郎や岩田慶治、大野盛雄らに代表される、こうしたいわばパイオニアとしての第三世界地域研究者たちが、自らの調査研究の「方法論」に自覚的であり、多くの機会に、それを積極的あるいは反省的に語っていることである（たとえば、川喜田 1973、岩田ほか 1960：岩田 1971、大野 1969b：1974：1977）。しかし、残念なことに、こうした第三世界研究の方法論や認識論をめぐる議論は、地理学界の中で積極的に受け止められ、その問題意識が共有されることはなかったように思われる（Kumagai 1998a）。この問題については、第4節においてあらためて論じる。

第二の時期は、一九六〇年代中葉以降である。この時期には、一九六三年から文部省の科学研究費による海外学術調査が本格的に制度化されたことに伴い、地理学者による組織的かつ継続的な海外調査が数多く生み出された。その代表が、東京教育大学（現筑波大学）のブラジル北東部（ノルデステ）調査と、広島大学のインド調査である。

これらの調査研究に共通するのは、第一に、その調査が、長期的な展望の下に計画され、実施されたこと[11]、第二に、自然地理学者と人文地理学者の双方を含む、多数の地理学者の共同調査という形で行なわれたこと、第三に、その結果、そこで収集されたデータは、自然環境・土地利用から社会経済構造に至るまで、きわめて膨大かつ広い分野にわたるものとなったこと、第四に、一定期間の中で多数の地区ないし集落を調査対象とする、いわゆるエクステンシヴな調査方法が中心であったこと、そして第五に、その中で、対象村落の詳細な地図化など、他の社会科学の地域研究ではあまり見出されない、地理学が比較優位を持つ手法が発揮されたこと、等が挙げられる。

こうした調査研究は、それ以前の時期の研究が、単発的であり、個人の研究者の才覚とセンスに依拠しがちであった（「個人芸」に陥る危険性を常に持っていた）のに対し、組織的・継続的に収集された膨大な「客観的」データを利用して、多くの考察が生み出されたという点で、大きな長所を持っていた。しかし、そこには、またいくつかの問題点も指摘されうる。すなわち、第一に、緻密で客観的なデータの収集に重きが置かれるあまり、不確実で調査者の価値観が介入するような側面、とりわけ社会階層や主体の意識といった側面が排除ないし軽視される傾向を待ったこと、第二に、これと関連するが、地域の自然環境や土地利用の実態については、地図化を含む詳細なデータが提供されたが、そうした環境の改変や開発を背後で規定する政治社会的なコンテクストについては看過されがちであったこと、第三に、そうした調査研究の成果が、当該地域の他分野の地域研究者による成果やその課題と結びつきにくかったことである。

第一、第二の点について言えば、これらの調査が、自然地理学者と人文地理学者の共同研究という形で進められたこととも関連を持っていよう。しかし、それは前述のように、こうした研究の特長ともなっている。わたしがもっとも残念に思うのは、むしろ他の社会科学分野の地域研究では、実証的に究明がなされなかったような多くのデータを獲得しながら、それが、おそらくは他分野の地域研究の問題関心とかみ合う形で提起されなかったために、他分野の地域研究／者に対して、大きな影響を与え得なかったことである。日本国内における他分野の地域研究との議論の交換の少なさは、ローカル・スケールの緻密な地図化という方法を含め、組織的でエクステンシヴな調査であればこそなしえた実証的なデータをふまえた議論が、他の社会科学分野の地域研究の手薄な弱点を補う可能性を持っていた。またそうした建設的な相互批判が行なわれていれば、逆に地理学者による共同研究が欠落させがちであった、政治社会的なコンテクストへの鋭敏さを鍛える結果にもつながっていたのではないか。それは、地域研究にとってばかりでなく、地理学という学問分野にとっても、自らの方法論や認識論を相対化する貴重な機会となりえていたかもしれない。

第三の時代は、一九七〇年代後半から八〇年代にかけての時期である。この時期は、日本の経済成長や円高などにより、日本人一般の海外渡航が飛躍的に増加した時期でもある。研究者にとっても、私費での海外調査研究も可能となったばかりでなく、民間の財団法人などを含めた研究費助成の機会も大幅に拡大し、単独あるいは小規模の海外調査研究が容易になった。またアジア経済研究所や東南アジア研究センター、国立民族学博物館など、海外地域研究機関の制度化とそれによる地域調査・研究の蓄積が著しく進んだ。

こうした中で、地理学者の第三世界地域研究も、こうした「地域研究」全体の潮流とは無縁なものではありえなくなった。また多くの地理学者がこうした海外地域研究機関のプロジェクトの一員として加わったことによって、

「地域研究」固有の問題関心にリンクした形での調査研究が生まれることになった。たとえば、谷内達（1982）、梅原弘光（1991：1992：2000）や島田周平（1992：2007a, b）らの仕事はその代表と言える。また薮内芳彦、大島襄二らを中心とするトレス諸島の共同研究（1975〜）からは、大島編（1983）のほか、橋本征治（1992）、杉本尚次（1982：1996）、松本博之（1991：2000）らのすぐれた研究が輩出している。さらに先述の広島大学のインド研究グループの中では、中山修一（1996：1997：2000）、中里亜夫（1999：2000）らが、地理教育への発信を含む独自の境地を切り拓いている。

第四の時期、一九八〇年代後半から一九九〇年代以降の地理学に根ざす地域研究者においては、その方法も、対象とするフィールドも一層多様化している。たとえば、小長谷有紀（1991：1996：2000）（モンゴル）、生田真人（2000：2001）（マレーシア）、張志偉（1999）（中国圏）、藤巻正己（2001：藤巻・瀬川 2003）（マレーシア他）、瀬川真平（1995：1999）（インドネシア）、安食和宏（2001）（フィリピン他）、山下清海（1987：1988）（シンガポール、東南アジア華人・チャイナタウン）、野間晴雄（1982：1999）（東南アジア、バングラデシュほか）、佐藤哲夫（2000）（タイ）、岡橋秀典（1999：2003）（インド）、内藤正典（1996）（中東）、池谷和信（1995：1999：2000）（アフリカ）、石塚道子（1991：1997：2000）（カリブ海）、熊谷圭知（パプアニューギニア）、田和正孝（1995：2006）（東南アジア、パプアニューギニア）らの仕事がある。

さらにそれに続く世代の地理学の地域研究者としては、上田元（1997：2010）（ケニア、タンザニア）、佐藤廉也（1995：1999）（エチオピア）、遠藤元（1996：2010）（タイ）、永田淳司（2000：2009）（マレーシア）、祖田亮次（1999：Soda 2007）（マレーシア）、貝沼（田中）恵美（1999：貝沼・森島・小田 2007）（フィリピン）、澤滋久（1994：1999）（インドネシア）、澤宗則（1999：澤・南埜 2006）（インド）、南埜猛（1999）（インド）、森本泉（2000：2012）（ネパール）、小野寺淳（1997：2012）（中国）、松村嘉久（1997：2000）（中国・少数民族）、葉倩瑋（1994：2010）（台湾）、倉光ミナ子（2007：2008）（サモア）、宮内洋平（2016）（南アフリカ）などが挙げられる。

これらの研究は、経済学、政治学、観光学、景観生態学、ポリティカルエコロジー、ポストコロニアリズムなど、地理学の地平を広げる問題関心と志向性を持ち、他分野の地域研究者との切磋琢磨の上に、独自の方法・視点を追求・確立しようとする姿勢を持つ点で共通している。地理学者の地域研究は、個別の成果にとどまらず、ひとつの重要な潮流として地理学全体の中にようやく位置づけられつつあると言える。これからの課題は、こうした地域研究の成果を、いかに地誌として読者に魅力的な形で提示していくかということであろう。

3 新たな地域理解の方法論のために

地誌と地域研究の相対化

最後に、「地誌（学）」と「地域研究」の双方を相対化した上での、あるべき地域理解の方法論について考えてみたい。地誌と地域研究は、ともに「地域」を対象にするが、「地域」をどう取り扱うかという点において、両者の認識や方法はむしろ対照的である。

島田（1992）が的確に指摘するように、地誌を描く地理学者にとって「地域」の全体性・統一性は基本的な前提であり、その前提の上に立って、地域の個性の解明がめざされるのに対し、地域研究者にとって、地域の統一性の有無は問題とされない。言葉を換えるならば、地域研究者にとって、「地域」はいわば操作概念にすぎず、「地域」そのものの実在やその根拠は問題にされないと言える。その領域は、対象と目的に応じて都合の良いように切り取られる。これに対し、地理学者の描く地誌においては逆に、「地域」の存在自体が自明の前提となる。そこでは「地域」は所与の枠組みであり、その充塡物のリストを列挙することがしばしば「地誌」と同一視される。

このように、「地域研究」における分析単位としての「地域」の恣意性、「地誌」における「地域」のアプリオリな自明性、の双方において、問題が存在することがわかる。それは、一言で言えば、いずれも「地域」がなぜ存在するのか（しうるのか）ということについて、根源的な問いを発しようとはしないという点にある。それが問題を持つと考えるのは、とりわけ次のような理由と関わっている。

第一に、現代の変貌する世界の状況の中で、「地域」そのものの枠組みが揺らいでいることである。それまでもっとも堅固な地域単位であると信じられてきた「国家」についても、民族問題や地域問題の先鋭化の中で、その領域的な枠組み（国境）と理念的な枠組み（ナショナリズム）の虚構性があばかれ、その存在の根拠が問い直されている。「地域研究」においても「地誌」においても、今やこうした地域の流動性あるいはダイナミズムの上に立ってしか、「地域」の記述や分析を行なうことができない状況が到来している。

第二に、それと関連を持つ問題として、これまでの地域の領域の設定、及びその記述・分析が、客観的な「外部者」の視点に立ってなされていたことである。そこでは、その地域に生きる人びとのローカルでダイナミックな「地域」観、そしてその上に立つ「地域」の領域認識は無視されるか、少なくとも軽視されてきた。上述のように、国家を含む「地域」の枠組みの自明性が問い直されている今こそ、その地域に生きる住民の生活世界とその日常的な実践という「主体」の視点からの、ダイナミックな「場所」の生成を視野に入れた「地域」概念の再構築が求められている[12]。

誰のための地域理解か

こうした地域認識の方法論への根源的な反省と再検討をふまえた上で、最後に語っておかねばならないのは、「何／誰のための地域理解か」という、より根源的な問題である。もし地誌や地域研究の目的が、単に地域を正確に把握し、理解することだけにあると考えるならば、その提供する情報が客観的で正確であればあるほど、むしろ大きな問題を持つことになりかねない。それは、その情報がいったい誰の役に立つのか、ということに関わる。その情報がいったいもっぱら誰によって利用され、誰が得をするのか、ということに無頓着なまま地域の研究を進めることは、時には大変危険なことであり有害なこととともなる。その典型的な例が、植民地支配や侵略のための地域研究であろう。これも一つの地域理解であることは間違いない。しかしこれは、本質的に共感を欠いた理解である。「理解」を伴わない「共感」が、他者にとって迷惑や押しつけ以外の何ものでもないのと同様に、こうしたい

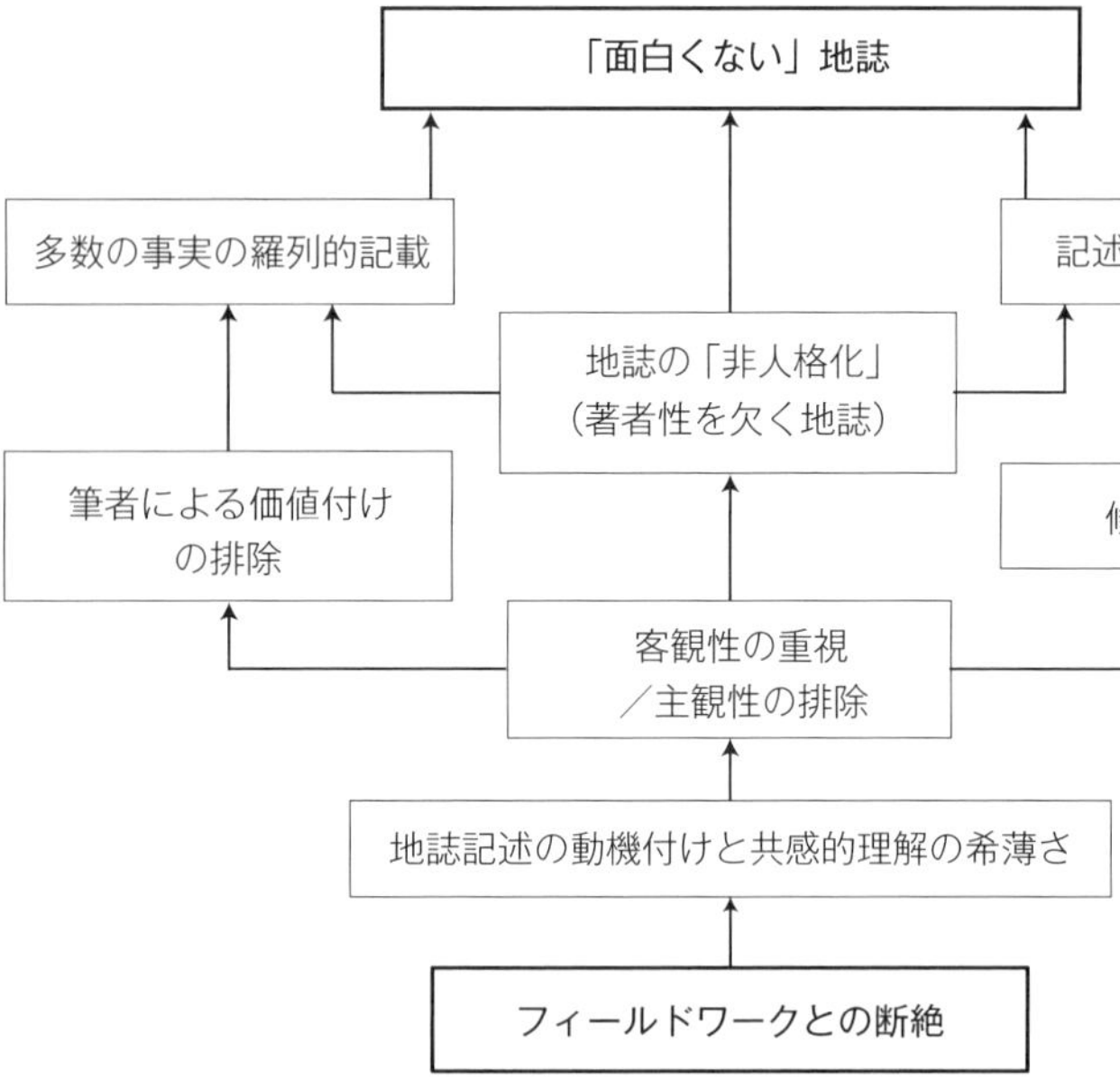

図3－1 「面白くない」地誌生産の構図（筆者作成）

わば「共感」を伴わない「理解」が行き着くところは、結局、強者による弱者の支配のための手段に寄与することにほかならないのではないか（熊谷1992）。少なくとも、地域研究者を自認する者たちは、そうした自覚を常に持ちながら、自らの研究を反省的に吟味し続けねばならないだろう。

地誌の可能性ということに関わらせて言えば、記述としての「地誌」の重要な目的のひとつは、より広範な読者や一般社会、あるいは次世代を担う若者たちに、こうした「共感を伴う地域理解」を浸透させていくことにあると、筆者は考える。「戦争のために役立つ」地理学ではなく、積極的な意味で「戦争をしないために役立つ」地誌や地理学を再構築していくことこそ、われわれがめざしていくべき姿であるはずだ。

新たな地誌記述の方法論のために

これまでの地誌が、読者に魅力のないものであったとすれば、そこにはどのような要因が作用していたのか。結論に代えて、これまで述べてきたところを模式化したのが、図3-1である。

根源的な問題は、地理学の中で地誌とフィールドワークが断絶していた（フィールドワークが地誌の要件とされてこなかった）ことにある。次節で詳述するように、フィールドワークは、調査研究者が調査対象の存在する場所に身を置いて、データを集める行為である。調査対象の存在する場所に身を置くことは、文献や統計資料だけでは得られない、調査対象（地域）を理解する文脈（生活世界の身体的体験）をもたらす。それと同時に、調査対象（地域）をより深く理解したいという動機づけを生むことにもなる。そこには理屈だけでなく、感情や共感という要素が大きな役割を果たす。こうした切実な動機付けを欠いた地誌は、「客観的」であっても、「非人格的」で著者性を欠き、読者の共感的理解を呼び起こしにくい。さらにそれに加えられるべきは、地域を語る上での技法（修辞や記述様式）を磨くことであろう。

こうした地誌記述の基本的なスタンスを前提とした上で、現代世界の中で、どのような視点によって地域研究を行ない、地域認識を再構築し、新たな地誌を創造していくべきだろうか。ここでは、そのためのいくつかの課題を述べておきたい。

第一に、グローバル化する世界の中で、いかに地域の固有性を描き得るか、あるいはそれを描こうとすることが適切なのか、という問題である。現代の世界の中で、あらゆる文化は固有にして対等であるという「文化相対主義」はもはや幻想にすぎないことが明白となりつつある。明らかに文化の間、地域の間には格差――「強い文化（地域）」と「弱い文化（地域）」――が存在する。前者、すなわち世界の政治経済システムの中心にある地域は、後者に対し、一方的に影響を与え、「力」を持ち、「支配」し続けている。このようなポストコロニアルな状況の中で、地域やその文化の多様性を静態的に語ること（たとえば「生活文化学習」における各国の食文化や住居の相違といった形で）は、こうした現代世界の構造から目をそらすことになってしまう懸念がある。

第二に、これに関連するが、「地域性」という言葉自体の中に、地域を一つの特質の中に閉じ込めて理解し提示してしまう危険性が含まれているように思われる。そこで脱落してしまいがちなのは、「地域」の内部に存在する異質で多様な要素や方向性への目配りである。とりわけその地域の中で相対的に「力」や発言の機会を持たない集団――たとえば女性、貧困層、マイノリティや、当該社会の正統的な規範から逸脱した人びとなど――の果たす役割を視野に入れた「多声的」な地誌をいかに構築していくかという課題がある。

こうした課題をふまえた上で、わたしが考える理想的な「地（域）誌」の条件は次のようなものである（熊谷2002）。①たしかな（身体性に基づく）フィールドワークに根ざしていること。②可視化される景観や物質的な生活様式だけでなく、そこに生きる人びととの生活世界とその世界観に迫っていること。③風景や風土を通じた人びとと場所との関わりが生き生きと描かれていること。④ローカルな生活世界のリアリティを、ナショナル、グローバルな関係性の中に位置づけること。言い換えれば「場所」をダイナミックな関係性の所産として提示すること。そして、すでに述べたように、⑤それらの記述の中に著者の個性（著者性）が発揮されていることである[13]（図3-1参照）。

新しい時代の地誌の課題として、最後に語っておかなければならないのは、冒頭に述べた、調査者／研究者としてのわたしたちの「位置性」（positionality）の問題である。世界の政治経済システムの中枢にある先進国の調査研究者として、わたしたちはさまざまな特権を享受している。他者としての地域を調査し「表象」する権力もその一つである。もし、わたしたちの調査研究、その「成果」としての地誌記述が、「周縁」の人びと・地域による、自己の表象の権利と異議申立ての可能性を奪い去りながら、わたしたちの側の一方的な「知識」の豊富化――世界システムの中枢に「知」を集中すること――に帰結してしまうとすれば、きわめて不当で危険なことと言わなければならない。

わたしたちの得た「知」を独占せずに、「他者」としての地域との間に、双方向的な理解と対話の回路を紡いでいくこと、そこに新しい時代の地誌の課題と可能性があると考える。それをどのように成し得るかは、それぞれの場所において、個々の調査研究者が模索していくしかない。しかしそのための実践、すなわち、わたしたちが一方的に他者を表象し、支配するのではなく、支配的な表象に異議申し立てをしつつ、わたしたちの世界と彼／女たちの世界を結びつけるようなオルタナティヴな地誌――「場所」の物語――を描き、提示することは、グローバル化の中での一つの「抵抗」の実践にもつながると信じる。

4　参与観察とフィールドワーク

フィールドワークの観念

フィールドワーク（fieldwork）には、日本語では、「実地調査」「現地調査」「野外調査」「地域調査」「臨地研究」などさまざまな訳語があてられてきた。そして近年ブームと言えるほど多くの本が出版されている（佐藤郁哉 2002；2006、箕浦 1999；2009、好井・三浦 2004、須藤 2006、井上 2006、小田 2010、鏡味ほか 2011、藤田・北村 2013、椎野・白石 2014、椎野・的場 2014 など）。しかし、それらにおいてフィールドワークはいわば自明の前提とされており、その定義については意外に語られていない。

フィールドワーク論の第一人者である社会学者の佐藤郁也は、フィールドワークを「野良仕事」と表現している。『文化人類学事典』では、フィールドワークを「研究対象となっている地域または社会へ研究者自身がおもむき、その地域または社会に関し何らかの調査を行うこと」としている。「研究対象となっている人々とともに生活をしたり、研究対象となり、かつ情報を提供してくれる人（＝インフォーマント）と対話したり、インタビューをしたりする社会調査活動」というのは、医療人類学の池田光穂によるフィールドワークの定義である。

わたしはフィールドワークを、「調査研究者が調査対象の存在する場所に身を置きながら一次データを集める方法」と定義している（熊谷 2013a）。フィールドワークの手法には、観察や観測、聞き取り（インタビュー）などがあるが、この定義は自然科学的なフィールドワークも包含することができるという点で優れていると考える。

「参与観察」（participant observation）は、フィールドワークの手法の一つである。参与観察を含む質的な調査方法によって記述された研究をエスノグラフィー（ethnography）と呼ぶ。エスノグラフィーは、かつては民族誌と訳され、文化人類学者による特定の民族文化の研究報告を指していたが、現在では学問分野やフィールドを問わずに広く用いられている。[14] 観測や聞き取りなどにおいて、多くの場合調査主体は客体としての調査対象にいわば外部から接近するのに対し、参与観察は、調査対象となる社会や人びとの営みを調査者が共同体験することを通じて、内部者としての理解をめざそうとする調査の手法である（熊谷 2013c）。

川喜田二郎は、人類学と地理学を「野外科学」、すなわちフィールドワークに基づく仮説生成型の学問と位置づけ、仮説検証型の実験科学や文献に依拠する書斎科学と区別した（川喜田 1973）。しかし文化人類学と人文地理学において、その主流となるフィールドワークの手法には、差異がある。人文地理学では、フォーマルな聞き取りや、測量・地図化などの方法が多用され、比較的短期間の調査が主流であるのに対し、文化人類学では、対象社会に長期間住みこんで、言語の習得と人びとの認識の理解に重きを置く、参与観察の方法が必須となる。

文化人類学における参与観察の祖と言われるのが、ブロニスラフ・マリノフスキー（Malinowski, Bronislaw K.）である。彼は、一九一四〜一八年、現在のパプアニューギニア、トロブリアンド諸島で参与観察に基づくフィールドワークを行ない、『西太平洋の遠洋航海者』（Malinowski 1922）を著した。マリノフスキーは、調査対象となる社会内に自らが長期にわたって暮らし、現地の言語を習得し、調査者が現地社会の一員として受け入れられることを民族誌調査の要件とした。それまで、もっぱら文献に基づき文化を論じてきた文化人類学にとって、マリノフスキーの方法論は画期的なものであり、以降、参与観察という手法は欠かせないものとなった。[15] 社会学でも、やはり一九二〇年代から三〇年代にかけて、シカゴ学派と呼ばれる、ロバート・パーク（Park, Robert E.）をはじめとするシカゴ大学の社会学者たちが、変貌する都市を社会的実験室とみなし、参与観察を含む実証研究を重ねて、多くの成果を生み出した（パーク 1986, Wirth 1938）。

これに対し日本の人文地理学のフィールドワークでは、もともと個人が一ヵ所で長期間にわたりインテンシヴな調査を行なうことは少なく、参与観察という手法はあまり重視されてこなかった。その背景には客観的・実証的な調査研究を重んじる人文地理学が、主観性を帯びる問題を扱いかねた（水内 2006：334）ことも手伝っている。しかし、欧米では人間主義的地理学（humanistic geography）の勃興に伴って、参与観察を手法として積極的に取り入れる研究が増える。また白人健常男性の視点に立つ公的空間の偏重という地理学研究のバイアスを指摘し、「状況づけられた知」（Haraway 1991）を提唱するフェミニスト地理学者にとっても（McDowell 1993b）、参与観察を含むフィールドワークは重要な方法のひとつとなっている（Pratt 2009, Nairn 2002）。

大野盛雄のフィールドワーク論

すでに述べたように、日本において一九五〇年代から六〇年代というきわめて早い時期に、大野盛雄（イラン）、川喜田二郎（ネパール）、岩田慶治（ラオス）、高橋彰（フィリピン）など、第三世界をフィールドとする地理学者が、参与観察に基づくフィールドワークを行ない、独自の認識と内省に達していることは注目に値する。

その代表的存在である、大野盛雄の問題提起を振り返ってみよう。第1節で述べたとおり大野盛雄は、その編著『アジアの農村』の冒頭に、「農村研究の課題と態度」と題した論考をなしている（大野 1969b）。その中では、より深い農民理解／地域理解のためには、（生産力・生産関係・土地制度といった）客観的条件だけではなく、主観的な条件（人びとの価値体系）にまで踏み込まねばならないと明言している（大野 1969b：6–7）。大野は、海外研究に転じる以前、西川大二郎らとともに、日本の漁村の社会経済地理的調査を丹念に行なっており、社会経済誌的手法にも通じている。マルクス主義的な方法に立ち、厳密な構造的分析を重んじていたはずの彼が、なぜ主観や価値の問題の重視を主張するようになったのだろうか。

大野がこうした言明をなす背景には、おそらくイラン農村での参与観察的調査の過程で、身体的に感得した、既存の学問的枠組みに対する懐疑とそれに対する問題提起の衝動があったと考える。大野は、けっして経済地理学的、社会経済史的な枠組みを否定しているわけではない。大野の批判は、俗流の風土論に陥りがちな伝統地理学の方法論にも向けられているし、構造的な視点を欠いた民族学（文化人類学）の枠組みからも距離を置いている。

「農村研究の課題と態度」（大野 1969b）から、彼の言葉を引用してみよう。

私たちの調査の方法としてはともかくも村に住みこむことを最も基本的な方法としている…（中略）…さて、農民と生活をともにしながら、村の構造の分析をする場合に、人間の研究を目的とする民族学的な遺産が、その方法とともに私たちにとっての大きな足がかりになっていることは認めないわけにはいかないが、自然条件にはじまり、農業生産、土地制度、社会組織、宗教、農民意識といったむらの生活のありとあらゆる条件の交錯の中で、私として何を基本線として設定するかということに関しては、多分に民族学やその系譜に属する学問の方法や成果にあきたらないものがあることを痛感している。むしろ、私たちは土地制度あるいは経済構造に視点を置き、それらの変革を条件として、村の構造がいかに変容するかということに最大の関心をおいてきたつもりである。…（中略）…ところが、アジアの土地制度、農地改革、あるいは後進国における農業の機械化といった形での経済学的な分析の方法ならびに成果に依存するあまり、いつの間にか人間の研究を放棄してしまった視角をとるようになる。これに対しても私たちは強く抵抗したい。いわば社会的、文化的な諸条件がむらの生活をいかに規定しているかについて、できる限りの配慮をしてきたつもりである。

このような意味で、むらの構造の把握と称しながら、私たちの仕事は実際にはジレッタント的な視角にとらわれ、全体としてまとまりのない理解に終わってしまっているきらいがあるかもしれない。しかし多少弁解的な表現を許してもらえるならば、私たちは村の生活を分析するときに、いわば骨格や筋肉や諸器官の機能の解明に私たちの基本線を設定しておくことは当然であるが、同時に生きた「村」を捉えることを忘れたくないというわけである。はじめにも述べたように、私たちは農民在の分析でありたいという願いを常に強くもっているつもりである。

このことは、私たちがいずれも現地の言葉を習得してから、正確に言えば習得の過程において、調査を行ってきたことと重要な関係がある。私たちにとって、農民の言葉を使って彼らと話をすることは、分析のための材料収集の手段という意味も確かにあるが、会話はそれ以上に彼らの文化を理解する総合過程であるということを忘れてはならないだろう。

…（中略）…このことは私たちがむらの中で農民の住むところに同じように住み、農民の食べるものを一緒に食べようと努めたこととも共通している。むだのようであるが、お茶をすすりながら、農民ととりとめのないことを語りあうということは、私たちにとってきわめて重要なことである。今、むらの生活をふりかえってみると、むらの構造として分析的にならべたてた各部の報告の内容は、いわば「だしがら」のような気がしてならない。むしろ私たちの理解に本当の意味で支えになっていてくれるもの、つまり「だし」にあたるものは、かれら農民とのつきあいを通してつかみえた生きた農民の姿ではないかと思っているのは、おそらく私一人だけではないだろう（大野 1969b：33–35）。

農村構造の分析が「だしがら」にすぎないという大野の言葉は、科学としての学問研究の立場からすれば、およそ認めがたいものであるに違いない。しかし、現地語を習得するプロセスでもある農村での「会話」自体が、文化や社会の全体論的な理解につながるという言明を含め、上記の大野の語りは海外における参与観察的フィールドワークを手掛けたものにとっては、実感として共有できるものである。それは対象の存在する場所（生活世界）に身を置き、そのコンテクストを共有しながら一次資料を集めるというフィールドワークの実践が、決して単なるデータ集めのための手段ではなく、「目的」ともなるという感覚である（熊谷 1999b）。それはまた、われわれ（「調査する側」）が、彼／女ら（「調査される側」）を、一方的に分析し、理解し、表象するという行為への疑問にもつながる。

大野は、自らの参与観察調査の体験から、詳細なデータを収集しようとすればするほど、調査者としての自己と調査対象が不可分のものになること、そして調査者自身の存在が調査の結果を左右するとして、次のように述べている。

生で、しかも詳細なデータを分析しようとすればするほど、調査者としての自分の側面を逸脱しなくてはならなくなる…（中略）…むらの住民と生活を共にしながら調査を進めるということは、その住民をいわばガラス張りの囲いの外側から、かれらと何のかかわりあいもなく、観察するのとはあまりにも違うということである。体験風に表現すれば、私自身はむらの中では、農民同士の作り出す人間関係のいわば網の目にとらえられたという状態でしか、かれらを調査する方法を見いだせない。むしろ私は積極的に計算して、私自身をかれらの網の目にかけるという姿勢をとっていく必要がある。網の目へのかかり方で調査の結果が異なって出てくることになるからである。つまりむらの中では私の一挙手一投足が重要な意味をもっているわけで、これを比喩的にいいあらわせば、私自身の行動をも独立変数の一つとした函数の値が調査の結果になるということである。私自身の行動というものは、むらの社会の網の目との関係においてけっして常数ではないということである（大野 1969b：28–29）。

ここで大野が語っているのは、調査者と調査対象との不可分性や双方向性を含む、参与観察的フィールドワークの方法論と認識論である。大野は、「フィールドワークの誤謬」と題した論考（大野 1977）において、「遊牧から定着農耕へ」と題した自身の研究報告（大野 1971 に所収）が、一〇年後の調査を経て、いかに誤りの多いものだったか――「誤謬として訂正されねばならない箇所は一〇〇箇所にも及ぶ」（大野 1977：143）――という反省を率直すぎるほどに語っている。それは不注意や語学力の不足によるものだけではなく、固有の遊牧民像にとらわれ、農耕民になってもそれが潜在化しているという自らの仮説、また遊牧民から農耕民へという予定調和的考え方にとらえられていた自身の調査研究の枠組みとその反省にまで至る根源的な問題提起である（大野 1977）。このような問いは、文化人類学などによるフィールドワーク／民族誌批判を経た現在から見ると、さして目新しいものではないかもしれない[16]。しかし注目すべきは、こうした問題提起が、一九六〇年代末という、日本の文化人類学はおろか、おそらく国際的に見ても、こうした問題がまだほとんど論じられていなかった時期に、日本の地理学者から、自身のフィールドワークへの根源的反省を含めて提起されたという事実である。

残念ながら、こうした時代に先駆けたクリティカルな問題提起は、日本の地理学界の中では正当に評価され、位置づくことはなかった[17]。そして、すでに述べたようにこれらの地域研究者は、学界の主流からは離れていくことになったのである（Kumagai 1998a）。

5　かかわりとしてのフィールドワーク

フィールドワークのジレンマ

参与観察を含むフィールドワークとそれに基づく研究は、時間がかかり、たくさんの事例を扱うことはむずかしい。したがって代表性に欠け、調査研究者の主観に左右されるという批判もなされる。しかし西欧近代の知の一元性が批判され、仮説検証型の実証的・科学的研究への懐疑が広がる中で、フィールドワークの価値は高まっている。社会の支配的な価値体系から外れ、不可視化されてきた存在のリアリティを明らかにしていく上で、参与観察を含むフィールドワークの果たす役割は大きい。

参与観察を含むフィールドワークの課題は、調査者が調査対象社会の内部に入り込み、より深い理解を得ようとするその方法が本質的に持つジレンマをどう克服するかにある。そこには、調査対象者のプライバシーを含む情報をどのように記述するかという調査倫理上の問題も含まれる。さらに根源的な問題は、研究者が調査研究対象を表象する権利の問題、そして調査対象との間に生まれるかかわりをどう引き受けていくかという課題である。それらについて容易な回答は存在しないが、調査研究者が参与観察を含むフィールドワークのプロセスを明示し、自らのフィールドワークが調査研究対象に対してどのような役割を果たしてきたかを明示することは必要な条件であろう（熊谷 2013c）。

フィールドワークが、調査研究者が調査対象の場所に身体をともないながら現前することを意味するかぎり、そこには常に調査する者と調査される者との間の相互作用、言葉をかえれば絶えざる「交渉」の過程が出現する。先述の大野盛雄は、調査を通じた両者の「かかわり」について次のように述べている。「調査ということは、まず調査をするものと調査をされるものとをそれぞれ規定する文化価値の相違を前提として、より具体的には両者の人間的対決を通して生み出されるものである」（大野 1977：154）。「これは張りつめたいわば取引の過程でもある」（同 155）。

フィールドワークを繰り返すことによって、さらに調査する者と調査される者との間の関係性は変化していく。わたし自身の経験もふまえて言えばそのプロセスは次のようなものだ。

第一段階は、調査研究者と調査対象者がお互いに相手を見定める段階である。相手（個人であれ集団であれ）がどんな存在であり、どのような力と関係性を持つかを推し量る。それは調査票を持って初めて個々の家を訪ねる場合でもよいし、初めて村に入るという状況でもよい。調査研究者が調査対象者を見定めると同時に、調査対象者は、調査研究者がどのような意図で、どんな心構えや覚悟で、あるいはどんな権利で（またはどんな権力を持って）やってきているのかを見抜こうとする。その度合いに応じて、調査対象者の戦略（調査の「拒否」や適当なあしらいなど）が発揮されることにもなる。調査研究者がどのような回路で調査対象を選んだか、紹介者が誰であるのか等によって、その態度は変わってくる（たとえば村長や村の顔役のような権力を持った相手が介在していれば拒否はしないが、建前の形式的な応答しかしない……など）。

第二段階は、フィールドワークが長期にわたり、あるいは繰り返されることにより、相互の関係が深まっていく段階である。何のための調査なのかが相手に（少なくとも部分的には）理解され、調査研究者にとっては、調査の正当性（legitimacy）という実感を得ることができる。それは信頼関係（ラポール）の構築にもつながる。一方で、調査研究者のフィールドへのかかわりが本気であると調査相手から信頼されるということは、それだけ調査相手からの期待も強まるということを意味する。その中で、しばしば調査研究の枠組みから外れたさまざまな期待や要請を受け、フィールドワーカーはその取扱いに悩むことになる。

第三段階は、調査研究者が、調査相手からの要請や期待に何らかの形で応えることによって生まれる新たな関係性である。これは必ずしもすべての調査研究者が辿る、あるいは辿らねばならない過程とは言えない。その程度は、フィールドワークの視点や方法、また場所によって異なる。しかし、とりわけ長期にわたる参与観察を伴うフィールドワークにおいては、何らかの形で直面することが多い課題である。その関係性の結果は、しばしば当初の調査の意図や目的を越えてしまう。それを調査研究の遂行を妨げるもの（あるいは調査研究者の中立性を脅かすもの）と受け止め、それ以上の関わりを引き受けないという選択も取られるかもしれない。あるいはまたそのようなにして生じた新たな展開を組み込んで、次の調査研究の枠組みや目的が再構築されることもあるだろう。

こうした調査研究者（調査する者）と調査対象（調査されるもの）双方の戦略を含むこのかかわりあるいは交渉の過程（とりわけ第三段階）は、しかしフォーマルな研究論文にはほとんど描かれることはない。このかかわりの過程が描かれにくいのは、第一には、調査相手への「過剰な」関与が、調査研究者の中立性を逸脱し、対象社会への評価や解釈に影響を与えるものとしてネガティヴに捉えられるからである。調査研究がいわば私心によって左右されるという印象を与えることは、客観中立的な研究に価値を置く主流派の科学的研究からは非難や批判を受けやすい行為である。もう一つの重要な要因は、調査研究においては、調査する者が「主体」、調査されるものは「客体」であり、その関係性を侵してはならないという不文律が存在するからだろう。しかし実際の調査研究の過程においては、調査されるもの（者・物）たちはけっして単なる「客体」ではない。調査研究の持続性やその成果に影響を与える「力」を持つ主体（agent）でもある。調査する者と調査される者の間に生成する、主体と客体が相互に転じるかかわりの過程を描くことは、調査研究という実践を考える上で、不可欠な課題だろう。

二〇〇一年の Geographical Review 誌では、「フィールドワークを行なう」という特集を組んでいる。その中には、「かかわりとしてのフィールドワーク」（Fieldwork as a commitment）という論文がある（Stevens 2001）。著者のスティーブンスは、ネパールのシェルパ族の人びとの場所での自らのフィールドワークを次のように語っている。長期にわたる聞き取り、観察、そして自らが人びとと場所との間に築いた関係を通じて、調査研究者が理解するのは、対象の複雑さ、歴史、地域的多様性であり、また同時に調査対象の人びととの信頼と協働を通じた目的の共有と相互の敬意が、研究の正当性をもたらす。他方では、長期のフィールドワークは、対象地域とその人びとに対する義務と責任の感覚ももたらし、ローカルな関心や問題に関与することを要請していく。彼の場合それは、政府やNGOの政策やプログラム、マジョリティによる同化圧力やツーリズムの影響などによって、シェルパ族の環境への支配力が失われ、人びとの生計が脅かされていく過程をモニターすることだった。また彼は、住民の要請に応じて、年配者から口述史を聴き取ったり、調査成果をコミュニティに示しながらリーダーたちと話し合ったり、ローカルな住民の関心や考えを、首都の役人やＮＧＯに伝える役割なども引き受けている。スティーブンスの論考はしごくまっとうなものだが、こうしたかかわりを引き受けるにあたり、おそらく彼が調査研究者として直面したであろう躊躇や葛藤などは、残念ながら具体的に記されていない。

フェミニスト地理学者のフィールドワーク論

欧米の地理学界では、フィールドワークをめぐる方法論的・認識論的な議論が提起されている。なかでも、一九九四年の Professional Geographer 誌の「フィールドにおける女性」（Women in the Field）特集、前述の二〇〇一年の Geographical Review の「フィールドワークを行なう」（Doing Fieldwork）特集号は、その代表的なものと言える。[18] 後者においても女性のフィールドワーカーの論考が多くまた刺激的だが、前者ではフェミニスト地理学者によって、フィールドワーカーの位置性（positionality）に関する根源的な議論が提起されている。

コバヤシは、日系カナダ人のリドレス運動（第二次世界大戦中の日系人の強制収用に対する名誉回復と補償を求める運動）の調査研究を通じて、研究者としての自己と自らが表象する人びとの生活が不可分のものとなっていったことを語り、社会調査とは政治的なものだと言い切る（Kobayashi 1994）。調査研究の持つ権力性を自覚することは、調査研究をあきらめることを意味するのではなく、それをどんな社会的目的のために使うかが問題なのだと彼女は言う。カッツは、「わたしたちはいつでも、どこでもフィールドにいる」（Katz 1994：72）のであり、エスノグラファーであり女性である自分自身の主体としての位置は、内部者でもなければ外部者でもない「あわいの空間」（spaces of betweenness）だと述べる（Katz 1994：67）。これを受けてナストは次のように言う。「あいだにあること（betweenness）が主張するのは、わたしたちが自分と切り離された、異なる「他者」と共に活動できないなどということはないということだ。差異はすべての社会的相互作用にとって本質的な側面であり、われわれはいつもわたしの世界とわたしのものでない世界とのあいだにいて交渉することを求められている」と（Nast 1994：57 傍点は引用者）。

わたしはこうしたフィールドワークの方法論や認識論をめぐる議論は、人文地理学の方法論や認識論の革新へと結びつくと考えている。そのためには、フィールドワークに根ざす研究者が単なる体験談やきれいごとではなく、自らのフィールドとの関わりが、フィールドと調査研究者自身の双方に何をもたらしたかをきちんと語らねばならない。それはさまざまな躊躇や葛藤や打算や失敗の過程でもある。本研究（とりわけ第III部）は、このテーマをめぐるわたしの試行錯誤の過程を提示するものである。

6 場所とフィールドワーク

ポストコロニアル人類学とフィールドワーク

参与観察に基づくフィールドワークの学として、自己を構築してきた文化人類学が、フィールドワークを忌避する、あるいは重荷に感じるようになっているとすれば、それは皮肉なことである。その背景には、ポストモダンやポストコロニアリズムの潮流の中で、文化人類学が、異なる文化が存在する場所を訪ね、その文化を理解・翻訳し、われわれの世界に伝えるという使命とその価値が揺らいでいるという状況がある[19]。

そこには、少なくとも次の三つの現実と課題がある。第一に、西欧中心的な近代化、グローバル化が進む中で、そこに影響を受けないまったくの「異文化」――真正の他者――などは存在せず、それを仮構すること自体も困難になってきているという現実そのものである。第二に、フィールドワーカー／研究者が、自らのフィールドの知見を民族誌として構築し提示する過程そのものへの疑義である（Clifford & Mercus 1986）。そこには著者性（authorship）をいかに評価するかという問題（ギアーツ 1996）もまた存在する。第三の課題は、表象の権力という問題である。文化人類学の対象が、遠い異国の他者であった時代は終わった。今や表象される他者が、その表象に異議申し立てを行なうようになっている[20]。

吉岡政徳（2005）によれば、ポストコロニアル人類学は、次の三つの特徴を持っている。すなわち、①本質主義なものの見方に対する批判、②異種混淆性への着目、③他者の文化を語るという自らの研究姿勢を問い続ける、ことである。

この①・②の問題と③の問題は、しばしば相克する。なぜなら、文化人類学者が、構築主義的な立場を取り、ある文化を異種混淆的なものとして表象することが、脱植民地化を果たそうとする第三世界のエリートや、先住民運動家の立場から言えば、これまで西洋世界や植民地主義によって奪われてきた自らの固有の歴史や文化の回復という自分たちの主張を否定されることにつながるからである（トラスク 2002）。

それは文化を語る権利は誰にあるのか、という問題を喚起する（吉岡 2005：188）。もし他者（「北」世界の調査研究者）には文化（「南」の世界の文化）を表象する権利がないとすれば、逆に自己（南の世界の主体）だけが自らの文化を語る権利を持つということになる。それは他者の文化を理解することを通じて、自己の文化を批判的に検証するという、文化人類学が依拠してきた文化相対主義の立場そのものの否定に他ならない。しかし、真正の他者をめぐる本質主義的な表象が否定される一方で、構築主義的な見方や異種混淆性というアプローチが他者の文化を語る上で問題を含むとすると、フィールドワークそのものが実現困難な営為となってしまう。そのような難局は、ときには文化人類学者に、身体を介した現実のフィールドワークを回避し、テキストの世界（文字資料の批判的分析）に移行させる結果をもたらしてきた[21]。しかしこれは文化人類学だけの問題ではない。等しく他者／他所の文化・社会を研究しようとするときに、フィールドワークがどのような有効性と課題を持っているかという問題である。

「ポストモダン人類学の代価」と題された論考において小田亮は、ポストモダン（ポストコロニアル）人類学が、これまで特定の文化を表象してきた「民族誌的リアリズム」への反省のあまり、文化の真正さをすべて本質主義として退けてしまう傾向を批判する。それは人々が生活の場においてその都度認めている文化の真正さをも否定してしまうことになるからである（小田 1996：841）。小田によれば、本質主義やリアリズムは、近代の支配のテクノロジー（「オリエンタリズムの装置」）であるが、それを単に放逐することは、「何も言えない」というニヒリズムに陥りはしても、決してそこからの離脱を可能にするものではない。それを乗り越えるための戦略として小田が提起するのは、サバルタンの持つ断片化（全体化への異議申し立て）とブリコラージュ的戦術に基づいた「生活の場の人類学」という処方箋である。

同様の問題提起をフィールドにおいて具体的に実践するのが、アフリカ都市を研究してきた松田素二である。松田は、ケニアのナイロビにおける出稼ぎ移民を対象に、彼らが植民地の都市空間をいかに「飼い慣らして」きたかを、生き生きと記述する。そこに松田が見出すのは、構造的には絶望的な状況の中で、希望や力を失わない彼らの生活実践である。「都市の生は仮の生、村の生は真」という象徴実践の語りだけでなく、日常の現実を微細に修正し変革し、創造する実践、松田はそれを主体としての移住民たちの抵抗の戦略と読み解き、わたしたちの日常実践にも通底すると述べる（松田 1996：267–279）。「抵抗」論については、松田自身が論じるように限界も存在するものの（松田 1999：6–18）、濃密なフィールドワークに裏付けられた松田の所論は説得力を持つ。

ヴァヌアツをフィールドにする吉岡政徳は、ポストモダン（ポストコロニアル）人類学の問いが、近年の文化人類学者にフィールドワークという実践を躊躇させる傾向にあることに疑義を唱え、フィールドワークの重要性を積極的に主張する人類学者の一人である。吉岡は小田の論を踏まえ、生活の場における「真正さ」あるいはリアリティの存在と、そこに依拠する文化人類学を主張する。フィールドワークで向き合う「名もなき人々」は、均質のカテゴリーによって本質主義的に他者を規定・排除する「単配列」志向（近代知・分析知の特質）ではなく、リアリティの重なりを認めその境界線をあいまいなままにしておく「多配列」的志向を持つ。吉岡がその根拠とするのが、ヴァヌアツの「マンプレス」の概念である。それは言語・文化を異にする人びとを場所の共有によって柔軟に結びつけていく論理である（吉岡 2005）。

この多配列的志向に基づく「場の論理」という吉岡の考え方は、本研究が論じる「場所」の論理に通じる。第II部以降で詳述するように、私が関わったパプアニューギニアのフィールドにおいても、系譜や観念としての「民族」によってではなく、場所を共有することによって、人びとは共同性を涵養していたからである。これはフィールドワークの可能性の再構築という点でも重要な意味を持つ。この点については、本章の最後にもう一度言及したい。

フェミニスト・エスノグラファーの問い

フィールドワークについて、ここでは二つの課題を分けて考えることにしたい。すなわち第一は、すでに述べたように、調査する者（研究者）と調査される者（研究対象）との間に存在する権力関係をどのように捉え、それを克服するかという課題である。第二は、フィールドワークという実践そのものの有効性をどのように取り戻し、再主張するかという課題である。

第一の課題について、もっとも真摯に考え、実践してきたのは、おそらくフェミニスト・エスノグラファーたちであった（Wolf 1996、宇田川・中谷 2007、中谷 2001：2007、北村 2013）。フェミニスト・エスノグラフィーとはフェミニスト調査研究者（女性）による、もっぱら女性を対象にした調査研究である。そこには、価値中立的な客観性を追求する実証主義が男性的価値を体現していることへの批判がある。客観的で合理的であることは、調査者と調査対象の間を分離し、調査研究者が調査対象者やその社会に対し関与しないことがよい調査研究であるという評価につながる。こうした調査は、調査対象（女性、マイノリティ）の客体化と搾取につながるというのが、フェミニスト・エスノグラファーの主張である（Wolf 1996：4–5）。

それにかわりフェミニスト・エスノグラファーたちがめざすのは、これまでの主流派の学問研究の方法を支配してきた男性的価値とは異なる「女性的な価値」（対等で双方向的なコミュニケーション、相互信頼、連帯、協力、共感……）に基づく（北村 2013：63）フィールドワークであり、その結果が調査対象者のエンパワーメントにつながるような調査研究である。しかしそれは果たしていかにして可能だろうか。

「女」による「女」のための調査研究という方法論自体が、ポスト構造主義、ポストコロニアリズムの中で、様々なジレンマを生んでいる（中谷 2001）。女性はもちろん一枚岩ではない。シスターフッドという理念は、ブラック・フェミニストたちの批判（フックス 2010、Hooks 1991）や、西欧フェミニストからの「第三世界女性」という表象への批判（Mohanty 1991）にさらされてきた。

　このように考えるとき、フェミニスト・エスノグラフィーといえども、調査研究者が調査される者に対して持つ権力は、否定できない。そこには、①人種、階級、国籍、生活機会の格差があり、また②調査過程における問題、③フィールドワーク後（著述、表象）における問題が存在する（Wolf 1996：2）。フェミニスト・エスノグラファーが、女性であることによって獲得した共感的な理解に基づく親密な関係性は、逆に相手のプライバシーを引き出し、搾取することにつながるかもしれない。

　ウルフは、こうした問題を克服する一つの方策として、参加型アクションリサーチの重要性を指摘している（Wolf 1996：28）。アクションリサーチとは、一九四〇年代から知られる調査の方法で、その主唱者は心理学者のクルト・レヴィン[22]である。レヴィンは、「研究者による、研究者のための調査」を批判し、「何かを理解する最善の方法は、それを変えようとする試みの中にある」と主張した（額賀 2013：81）。防災人間科学を追究する矢守克也（2010）は、アクションリサーチを、「『こんな社会にしたい』という思いを共有する研究者と研究対象者とが展開する共同的な社会実践」であり、したがって何を望ましい社会的状態と考えるのかに関する価値判断を伴う研究であると述べている（矢守 2010：11, 15）。そこには期待と困難さの双方が示されている。参加型アクションリサーチは、研究者の専門的知識と、現場の人びととの実践的知識の交流を通じて、現場にいる人びとのエンパワーメントを推進する。しかしその課題は、「現場の人びと」も一枚岩ではないことであり、研究者と現場の人びとも（資金・時間・論文執筆の方法……等において）けっして対等ではないことである。そこには「協働」の難しさが存在する（額賀 2013：83–85）。

　一方でウルフら（Wolf 1996）が指摘するように、フェミニスト・エスノグラファーは、常に権力を持つ強者ではない。家父長的な関係やジェンダー規範に束縛され、不利性を引き受けさせられたり、逆に保護されたりする存在でもある。中谷（2001）が主張するように、フェミニスト・エスノグラフィーは——意図するとせざるとにかかわらず——自己と他者、調査の主体と調査の客体という二項対立的な線引きを揺るがす実践なのである。それは、フェミニスト・エスノグラフィーに限らず、フィールドワークそのものが持つ特質であり課題でもある。フィールドワークは、調査する者と調査されるもの（人・事物）の間の関係性を揺るがし、その境界を曖昧で流動的なものにする。それは言葉を換えれば、好むと好まざるとにかかわらず、調査研究者がフィールドという場所（人と事物の関係性の束）に取り込まれ、その一部となるということにほかならない。

身体・場所・フィールドワーク

前述の第二の課題――フィールドワークの有効性の再主張――は、フィールドワークの方法の再構築に関わる。わたしは、それは身体を含む場所からフィールドワークを再定位することであると考えている。[23]

近年、文化人類学、エスノグラフィーにおいても、あらためて空間／場所論への関心が高まっている（Auge 1995, Low & Laurence-Zuniga 2003、田辺・松田 2002、関根 2004、西井・田辺 2006、Escobar 2008）。その具体的な関心の所在や語り口はさまざまであるが、空間や場所への関心の源泉に、わたしは三つの志向性を読み取ることができるように思う。すなわち、①身体や物質性への注目、②日常生活実践や共同性（およびその喪失や復興）への関心、③（それらを通じた）フィールドワーク、エスノグラフィーの再構築である。

田辺（2002）は、「実践コミュニティ」（レイヴ＆ウェンガー 1993）の観念を用いながら、次のように述べる。「グローバル化によって移動やコミュニケーション手段が飛躍的に拡大しても、心、身体、モノ、活動が日常的実践として組織されていく場所が存在する……実践が生成し持続する場所を……『コミュニティ』と呼んでおこう」（田辺 2002：12）。田辺らと共同研究を行なっている西井（2006）、は身体性を持つ個人間の関係性と、他者と折り合う人間の表象能力の双方を視野に入れ、ローカルな日常実践の現場から把握する試みを「社会空間」の概念を用いて提示している。しかし「社会空間」の語には、マクロなイメージが強く、わたしは「場所」の語の方がふさわしいと感じる。松田（2009）が提起する間身体的現実と日常生活実践・共同体の関係性、生活知と個人の再構築というテーマも、「場所」という補助線を引くことでより明瞭に像を結ぶだろう。

文化人類学者のロドマン（Rodman）は、「場所を力づける」（Empowering place）と題した論文の中で、地理学の場所論の検討に始まり、他者による社会的構築物、他者の経験の記憶としての「場所」を論じて語っている。場所は語りだけではなく、日常実践を通じて生成する。ロドマンが強調するのは、声に表されてこなかった知・力（女性、若者による）の重要性である。場所についての語り（narratives）は、言葉だけではなく、発話や聞き取り以外の感覚で語られ、聞かれなければならない（たとえば成長する岩の眺め、ある匂い、吹き寄せる風、マンゴーの味……といったものを通じて）（Rodman 1992：214–215）。

哲学者のケーシー（2008）は、『場所の運命』の中で、カントを引きながら、場所を持つことはすなわち、感覚可能な物体として存在することであるとしている（ケーシー 2008：272–273）。そこで重要なのは身体である。「場所は、その中で／それに対してわたしが動くことのできる近くの帯域として配置される……わたし自身の近接領域は実際、そこにわたしがいたり、あるいはわたしが行くことのできたりする最も近い場所ないし諸々の場所である」（ケーシー 2008：290）。身体の場所――「場所としての身体」を超えたところには、場所などただの一つとして存在しない（ケーシー 2008：299）。生きられた身体は、場所を活性化するだけでなく、同様に場所を必要ともしている。身体は、場所を樹立するだけでなく、場所を発見する（ケーシー 2008：299）。習慣的身体の記憶（慣れて熟練した行動の基礎となる）は、場所の意識と結びつく。生きられた身体は、それがきわめて親密に結びつけられた場所を単に感じるだけでなく、知る……われわれが住みつく場所は、われわれが生きる身体によって知られる（ケーシー 2008：307）。「生きられた場所……は、多孔質の境界と開かれた方向を備えた親密さと特殊性の場所とみなされる。それらは習慣的な身体活動を通じて経験され、知られるのだ」（ケーシー 2008：308）。

わたしは、フィールドワークの中でこうした身体を通じた場所感覚が共有されるとき、調査する者と調査されるものという二項対立的で、硬直的な権力関係が変化し、緩む場面が生まれてくると考えている。それを生き生きと物語るのは、フェミニスト・エスノグラフィーの課題を論じる中谷が、袋小路に陥りかける議論の中で、自らが調査研究対象とするバリの女性たちとの間の体験として記している次のような感興である。

薄暗い台所や食器のある私室で向かい合った女性たちと……「何か」が通じ合ったという思いが流れ、その思いが一方的な私だけのものではないと感じられるとき、その「何か」とは、「具体的な実際の日常体験、そして一人の女として扱われる経験に存在の根をもつもの」……だという気がしてならない（中谷 2001：123–124、傍点は引用者）。

ここで共感的理解を構築する媒体として重要な役割を果たしているのは、薄暗い台所、食器のある私室という、調査研究者と調査対象者の間に共通の記憶や体験を喚起するような、物質性を伴う「場所」である。そこに示されているのは、「女性」という観念・カテゴリーによってではなく、日常生活実践を媒介する身体と具体的な場所の共有を通じた「共歓」（conviviality）や「共苦」（compassion）の体験あるいはその想起が、理解の基盤となるということである。

「場所」は、吉岡が述べるようなフィールドワークにおける研究対象の柔軟で多配列的なリアリティを理解する上でも、またフィールドワーカーが調査研究対象とかかわりながら共感的理解を構築する実践の契機としても重要な意味を持つ。そしてそのような理解を求めようとするとき、フィールドワーカーはすでに「場所」の一部となってもいる。そうした体験を与え続けてくれる実践として、参与観察的フィールドワークの意義と可能性は失われていないとわたしは考える。

第Ⅰ部の小括

人間は、よりよき生の実現、すなわち「開発」を求める存在である。資本や権力といった他者／他所を支配する力を持たない人びとにとって、もっとも容易に実現可能な手段が「移動」、すなわち「場所」を変えることである。「移動」は新たな「場所」の構築を意味する。人びとは、自らの「開発」を制約する構造を意識し、主体として移動して、場所を構築することにより、新たな「開発」をめざしてきたと言える。

「場所」をめぐる議論は、しばしば場所（place）と空間（space）を二項対立的なものとして捉える罠に陥ってきた。そして場所を人間が意味を与えた特別な空間として固定化し、そこに安心や帰属意識を見出したり、逆に本質化や排除の危険性を指摘したりしてきた。しかしマッシーが言うように、場所が閉鎖性・権力性を帯びるのは、それを境界線に囲まれた固定的な空間として捉えるからである。それは時には「場所」と「地域」を相互互換的なものとして見てしまう誤謬にもつながる。

本研究では、「場所」を、空間的な近さによって生まれる人と人、人と事物、事物と事物の間の相互作用の束と捉えた。事物の中には、物質も、事柄や観念も含まれる。そうした関係性が蓄積され、実体化した空間を「場所」と呼ぶこともできるが、本研究ではそれを固定的な実体空間としてよりも、もっぱらミクロレベルのプロセスとして捉えている。場所は身体や物質性と切り離せない。身体や物質性と絡み合いながら立ち現れる感情や意識が、場所を構築する重要な要素となる。

これに対し、「地域」は、場所的関係性を基盤とするが、マクロレベルの空間認識である。そのスケールは近隣から超国家レベルまでさまざまであるが、そこには領域性（あるいは地域区分）と制度（行政や文化といった）が不可欠である。地誌や地域研究がもっぱらその対象としてきたのは、このような意味での「地域」であった。「地域」はさまざまな要因によって変化するが、「地域」を画定しようとするとき、そこには何らかの権力が（外部者の知の力であれ、統治者の政治的な力であれ）介在する。「地域」が単なる場所、あるいはその集合体ではないのは、そのような意味においてである。

「地誌」は、フィールドワークに根ざした地域研究者によって描かれる場所および地域の物語である。参与観察を含むフィールドワークは、調査研究者が調査対象の存在する場所に身を置く（身体を現前させる）ことによって、一次資料を集める調査方法である。調査研究者が、身体性を伴いながら場所を共有し、体験することは――すでに一九六〇年代に大野が感得していたように――言葉を越えた理解の契機と動機づけとなるとともに、それまでの自らの学問体系を含む価値や認識の転換と自己反省の契機ともなる。こうしたフィールドワークを通じて初めて、場所の生成と地域の構築性との間のずれも理解可能になる。本研究がめざす動態地誌とは、こうした場所生成のダイナミズムを踏まえて、主体と場所の側から「地域」を描きなおそうとする実践でもある。「地域」は外部から一定の価値観をもって眼差されることもあれば、（マイノリティの運動のように）内部から均質化をともないながら主張されることもある。そこにはともに権力が作用している。「地域」や「民族」の内部には、常に多様性や多声性が存在する。フィールドワークに基づく地域研究者は、場所生成の過程に寄り添い、ときにはその一員ともなりながら、「地域」の構築にはたらく権力作用を視野に収めて、地誌を描くことが求められる。

フィールドワークと地域研究は、調査する者と、調査されるものとの間に、さまざまな権力性を介在させる実践である。そこには、「北」世界（先進国）から来た（自世界に帰ってしまう）調査研究者と「南」世界（発展途上国）の調査されるものとの間に存在する格差に加え、「地域」や「民族」を均質な存在として表象してしまう調査研究者の権力が存在する。その二項対立をいくばくかでも乗り越え、和らげるのが「場所」への注目とその共有である。そこには二つの意味がある。第一に、近代知の本質主義の罠を乗り越えるための、フィールドの人びとの日常生活の場所における柔軟な実践に注目することであり、第二に、調査研究者と調査されるものの間の二項対立を乗り越える「場所」の共同構築に参与することである。

以下の諸章では、このような問題意識のもとに、パプアニューギニアの三つのローカルな場所の物語――①高地周縁部のミアンミンの人びと、②首都ポートモレスビーの都市空間と自然発生的集落（セトルメント）におけるチンブー人移住者、③ブラックウォーター、クラインビット村の人びと――を描いていく。

わたしたち――一般の人々だけでなく、調査研究者も――は、しばしばパプアニューギニアの人びとを他者化してきた。その結果、彼／女らは、われわれが常に動いている中で不動のまま過去（後進性、未開性）へと追いやられており、グローバル化の中での異議申し立ての声をわたしたちに届けることができていない（Massey 2005：8＝マッシー 2014：22）。本研究の重要な目的は、わたしという調査研究者＝著者を通じて共鳴した、こうしたパプアニューギニアの場所と人びとの声と地理的想像力を、読者に提示することにある。そしてそれを通じて、読者の地理的想像力を喚起し、「空間の共時代的多様性」（coeval multiplicities）と「ラディカルな同時代性」（contemporaneity）（Massey 2005：8＝マッシー 2014：22）を主張したい。それがグローバル化時代の他者化を越えた地誌の実践である。その声に耳を傾けることは、（グローバルな政治経済システムの中心にいる）わたしたちの「応答責任」（responsibility）にほかならない。

第 II 部

パプアニューギニアの場所の物語

扉写真：クラインビット村の子どもたち（2001 年，原口昌樹撮影）

第4章　パプアニューギニア地誌の再構築

1　オセアニアという地域

オセアニアの境界

　次のような問いから始めてみよう。東南アジアとオセアニアの境界はいったいどこだろうか。学校の地理の優等生なら、インドネシアは東南アジア、パプアニューギニアはオセアニアと答えるだろう。とすれば、インドネシア国家の東端にあたる西イリアン（西パプア）と、「パプアニューギニア独立国[1]」との間、すなわちニューギニア島の真ん中を南北に引かれた直線が、両者を分かつ境界線ということになる。

　しかし、それは国家単位の地域区分であり、そこに生きる人びとのリアリティとは、およそ合致しない。ニューギニア島に住むのは、同じ身体的・言語的特徴を持つメラネシアの人びとである。植民地時代に引かれたその境界は、ローカルな人びととの生活や意思と無関係に、そこに存在し、両者を分断している。オランダ領から、新生インドネシア国家による「イリアン解放」を経て、インドネシアの国土に組み込まれた西イリアンは、いわば想像の共同体としてのインドネシア国家を、表象としても実践としても支える空間である。すなわち、多様性の中の統一というイデオロギーの実現する空間として、人口過密のジャワ島からの開拓移民に「未開」の土地を与えるフロンティアとして、そして、フリーポート鉱山[2]に代表される金や石油といった重要な鉱物資源を産出する経済的価値を持った土地として。

西パプアのネイティヴのニューギニア人は、自由パプア運動（Organisasi Papua Merdeka：OPM）を組織し、インドネシア国家に対し、ゲリラ的闘争を続けている。インドネシア国家は、それに対し、最強の国軍部隊を配置することにより圧殺し、多数の移民を送り込んで空間を侵食し、言語政策と開発政策を通じたインドネシア化を進めることで応えている。パプアニューギニアの民衆レベルでは、インドネシア側の住民に対し、同じ「民族」としての共感がある。しかし、国家としてのパプアニューギニアは、ＯＰＭへの支持はもちろんのこと、国境を越えてやってくる難民の支援にも表向きは消極的である。

インドネシアの首都ジャカルタには、インドネシア国家を表象するタマンミニ（美しいインドネシア）公園がある（瀬川 1995）。そこには各州を表象するパビリオンが存在する。わたしが訪れた時、アスマットの彫刻や仮面などの原始美術が飾られた西イリアン館の前には、上半身裸のネイティヴのニューギニア人の男が座って、木彫を彫っていた。ジャカルタの若い女性たちが、動物園から抜け出してきた珍しい動物を目にしたかのように、はしゃぎながら彼と並んで記念写真を撮っていた。男は、無表情で、何も語らずそれに応じていた。

西パプアは、東南アジアの「辺境」として存在している。インドネシア国家と国民への資源の供給地として、文明の開発の届かぬ未開の地として、[3] そして東南アジアでもオセアニアでもないあわいの空間、想像の地理学の空白地帯として。

パプアニューギニアは、このニューギニア島の東半分と、その周辺の島々を含む空間である。

オセアニアの地域区分と移住史

地理学的には、オセアニアとは、太平洋島嶼地域とオーストラリア大陸を合わせた地域を呼ぶ。前者は湿潤地域であり、後者は乾燥が厳しい。この二つの対照的な地域が「オセアニア」として括られるのは、ヨーロッパが最も遅く接触した空間であるということに拠っている。[4]

太平洋島嶼地域はさらに、メラネシア、ミクロネシア、ポリネシアの三つに区分されることが多い（図4－1）。

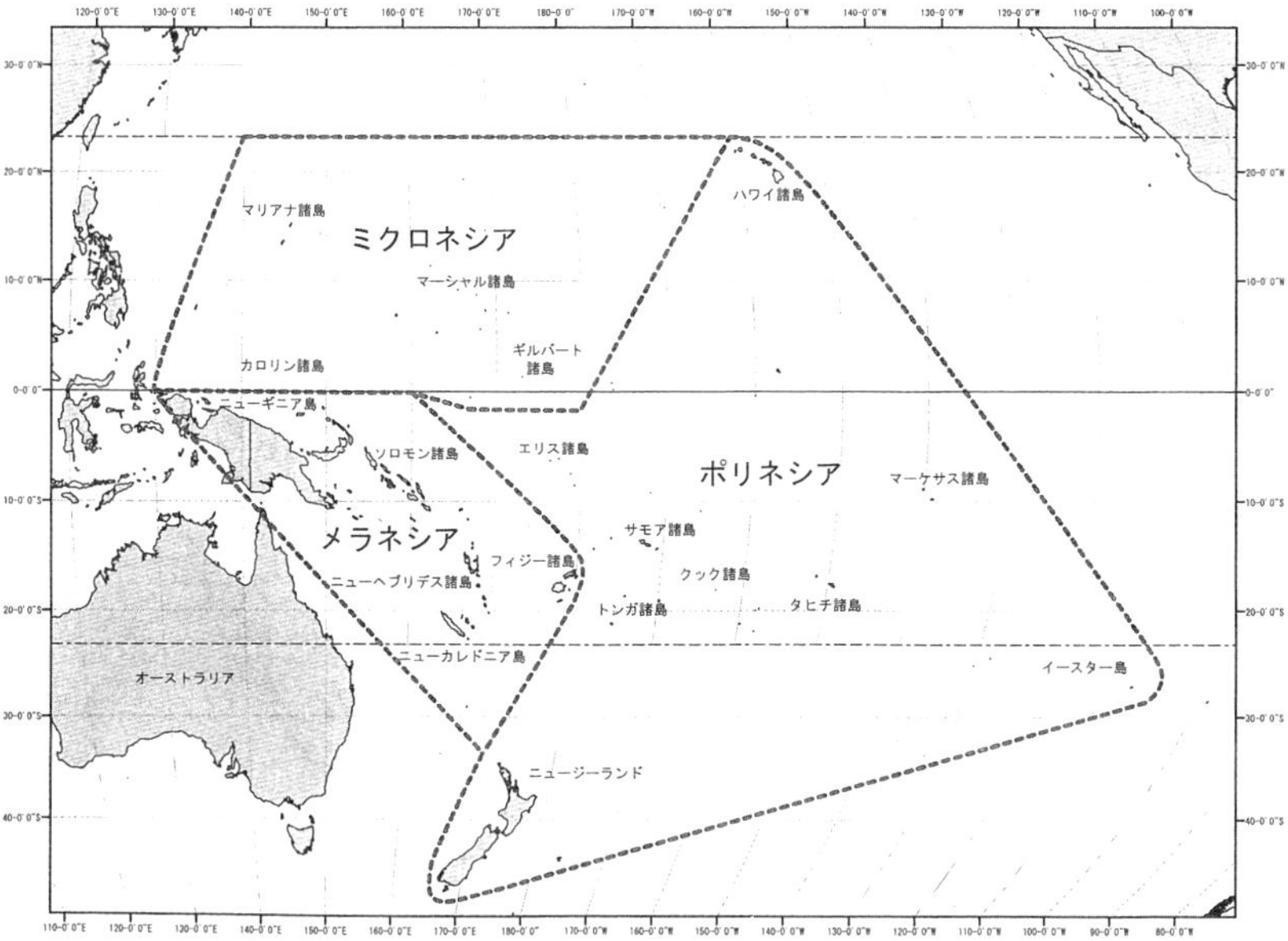

図4－1 オセアニア島嶼部の地域区分

片山・熊谷 2010：4

メラネシアは、「黒い島々」を意味し、ニューギニア島、ビスマーク諸島、ソロモン諸島、ニューヘブリデス諸島、フィジー諸島、ニューカレドニアなどの島々を含む。「黒い」島々と呼ばれるのは、この地域の住民の肌の色から来ているという説と、これらの島々の多くが環太平洋造山帯の活動によってできた陸島であり、遠くから眺めると黒々と見えるからという説がある。ミクロネシアには、その名の通り「小さい島々」が散在する。ここにはおおむね赤道の北、日付変更線の西側に位置する島々が含まれる。ポリネシアは、「多数の島々」を意味する。北のハワイ諸島を頂点とし、ニュージーランドとイースター島を結ぶ線を底辺とするポリネシアの大三角形の中に多数の島々が点在する。他の二地域に比べると、ポリネシアの文化的・言語的共通性は高い。[5]

その理由は、今から三五〇〇年ほど前に、オセアニアの空間に現れたオーストロネシア系の言語を話す集団が、当時の歴史から言えばきわめて短期間に、現在のポリネシアの空間に移住・拡散していったからである。ラピタ土器と呼ばれる土器を制作したことでラピタ人とも呼ばれるこの人びとは、優れた航海技術とタロイモ栽培などの農耕の技術を持っていた。ラピタ人は、すでに定住者があったメラネシアの島々を――海岸部の先住者と混淆しながら――通過し、三〇〇〇年前ごろまでには、現在のトンガ、サモアなどの西ポリネシア、ミクロネシアの地域に拡散していった。さらに人びとはその後、二〇〇〇年前頃にはマーケサス諸島やタヒチなどの東ポリネシアの島々に、一五〇〇年前頃にはハワイに、一〇〇〇年前頃まではイースター島に、そして一〇〇〇年前頃にはニュージーランドにまで到達する。この広大な太平洋をわずかな間に移住し、新たな居住の場所を開発していったポリネシア人は、世界最古の遠洋航海民と呼ぶにふさわしいと言える（片山・熊谷 2010：6–7）。

西洋世界との出会い

一六世紀に入り、この空間に、ヨーロッパからやって来た人びとが登場する。これまでに述べてきたオセアニアという空間への人びとの拡散の過程と西洋人の進出は、時間的には連続している。ポリネシアからハワイやニュージーランドへの最後の移住の波から、西洋人の到来まで五〇〇～六〇〇年ほどしか隔たっていないからだ。しかし西洋からの新たな来住者は、大きな転換をこの空間にもたらすことになった。

それは、異なる世界観を持つ文明の出会いだった。しかしそれは対等な出会いではない。西洋人の世界観と物質文明は、オセアニア世界を支配し、オセアニアに住む人びとを変え、その中に内在化される。二つの世界観は対立的なものであると同時に、融合したものとして現代のオセアニアを形作っている。両者の格差・対照とともに、混淆・溶融が併存するという矛盾が、現代のオセアニア世界の現実を読み解く鍵である。

オセアニアにおいて特徴的なのは、西洋人がもたらした観念や物質文明が、支配の力として抵抗の対象となるより、人びとによってむしろ積極的に受容され、解釈され、内在化されようとしたことだろう。その象徴的な出来事が、メラネシアのカーゴ・カルト（cargo cult）である（ワースレイ 1981、Lindstorm 1993）。これは、西洋人の所有する物質的な富と自らの所有物との間の懸隔の大きさを、聖書の教えを織り交ぜながら解釈し（たとえば、聖書の最初の頁にはアダムとイブが黒人であったと書かれていたが、宣教師たちはそれを破ってしまい、自分たちの所有すべき富を横取りしてしまっているというように）、預言者に従った新たな実践を行なうことを通じて、自らが欲求する財物が自分たちの手に届けられるという信仰である。その実践は、祖先の富を満載した船が到着する船着き場を作るといった行為から、伝統的慣習を捨てて規律正しい生活を行なうなどの「近代的」な実践まで、さまざまなものが含まれる。

二〇世紀に入り、メラネシアの各地に野火のように拡がったこの運動については、さまざまな理解がある（たとえば春日 2001）が、そこに共通して見出されるのは、西洋人のもたらした物質的な富が人びとの強烈な関心事であり、その所有をめぐる格差が理不尽なもの、何らかの形で是正されるべきものとして捉えられていることである。ポリネシア・ミクロネシアでは首長制が発達し、権威（マナ）を持つ人びとと平民との生まれながらの格差が自明なものとして社会に存在した。しかし、メラネシアでは生まれながらの身分格差は存在せず、力と才知のある男がリーダーになったから、財物や権威の獲得をめぐり男たちは平等な競争関係にあったし、新たな財物を獲得しようという熱意はより大きかった。

カーゴ・カルトを単なる非現実的な妄想あるいは観念的な宗教運動（ワースレイ 1981）として見ることは、その本質を見誤ることになる。むしろプランテーションの労働や商業活動といった実際の経済行為とも連続する、オセアニアの人びとの西洋への「理解」と「実践」の一つの典型的なあり様がそこには見出される。その底流には、現実的な欲求とある種のプラグマティズムがある。それらの実践は、西洋文明との出会いがもたらした劇的な変化とそれによる葛藤を主体的に解釈し、支配者を「模倣」することによって、自らのアイデンティティを確保しようとした行為とみなすことができる（春日 1997）。こうした人びとの実践は植民地の支配システムの中で弾圧され、非現実的なものとして失敗に終わるしかなかった。それに対する人びとの失望は根深い。

2　パプアニューギニア――「辺境」からの視点

パプアニューギニアは、世界システムの「周辺」の「周辺」にある。わたしは、そのパプアニューギニアの中でも辺境にある村や、都市の周縁に位置する農村からの移住者の掘立て小屋集落を自らのフィールドにしてきた（図4-2）。

上海やシンガポール、ジャカルタといった大都市が、いわばグローバリゼーションの具現化される空間であるとすれば、それとはおよそ位相を異にするパプアニューギニアの辺境から、空間と場所の変容について、いったい何が見えてくるのか。それが本研究の課題のひとつである。わたし自身の問題意識は、グローバリゼーション研究が不可避に持ってしまう西欧中心主義的な傾向に対し、ローカルなリアリティを批判的に対置することで、両者の間に成立しうる相互交渉の空間を模索することにある。そのためには、まず、パプアニューギニアをめぐる想像の地理を再提示し、それを脱構築する試みから始めねばならない。

太平洋の島々への「楽園」イメージは、いまも、国際観光の場を通じて再生産され続けている。それは、春日（1999）が語るように、オリエンタリスト的イメージであることは間違いない。文明的で、合理的で、人工的で、男性的な、西洋世界の自己イメージを反転させれば、野性的で、感情的で、自然に支配され、女性的な、太平洋の島々のイメージが立ち現れる。

青い海、白い砂、緑の島という舞台に、長い黒髪の無垢で性的に奔放な女性たちという、タヒチに代表される、南太平洋の場所イメージは、フィジーやニューカレドニアにも代替可能である。実は後二者は、地理的には、ポリネシアではなくメラネシアに属し、その風景も住民の容貌も異なる（フィジーの中心、ヴィティレブ島には白い砂浜はほとんどないし、メラネシアの女性たちの髪の毛は縮れている）。しかし、そんな現実の地理的差異は問題にされはしない。事実、これらの観光地はしばしば一葉のパンフレットの中に並んでいて、ツーリストは、パッケー

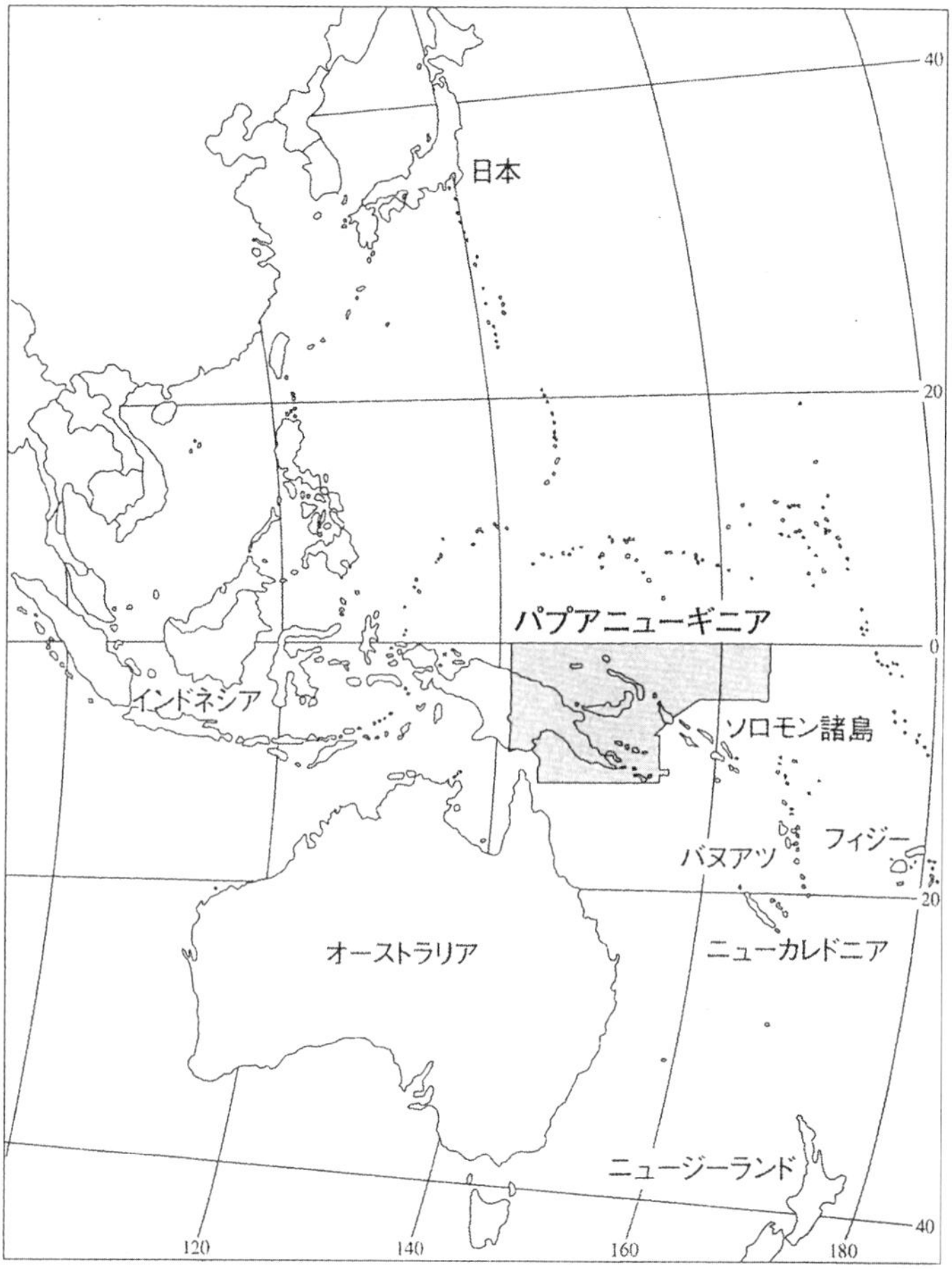

図 4 − 2　パプアニューギニアの地政学的位置

熊谷 2003c：122

ジツアーの値段を見くらべながら、どこに行くかを選ぶことができる。ハワイはもう飽きたから、今度は南の島にしてみよう。タヒチはちょっと高いから、フィジーにしようか。ニューカレドニアもお洒落かもしれない……という具合に。そこには固有の「場所」性は不要である。もちろんフィジーの人口にインド系住民が半分を占めることや、ニューカレドニアのメラネシア系住民たちが、フランスの植民地支配から独立する運動（カナク独立戦線）を続けていることなどは、ツーリストの想像の地理には登場しない。それらが問題になるのは、フィジーのクーデターの例のように、観光客にとって最も重要な条件である「安全」が脅かされそうになったときだけである。

しかし、そうした中で、パプアニューギニアだけはいささか様相を異にする。映像作家デルス・オニールの『カンニバル・ツアー』（1987）は、秘境観光でセピック川を訪れた金持ちの西洋人観光客たちと彼／女らに眼差されるパプアニューギニアの村人たちの間の懸隔を痛烈に皮肉った作品である（「カンニバル」とは食人を意味する）[6]。この映像が描くように、ニューギニアを支配するのは、「無垢な女性」ではなく、（ついこの間まで「人喰い人種」であった！）「野蛮な男たち」のイメージなのだ。西洋からパプアニューギニアにやってくる観光客は、リゾートとしての南太平洋とは異なる、エキサイティングな「秘境観光」を求めてニューギニアにやってくる。そこでは、無垢な女性が野蛮な男性の像に反転すると同時に、南太平洋の島々の穏やかで美しい海や砂浜の風景は、ジャングルに覆われて野生の動物や鳥が満ち溢れる風景に取って代わられる。

そこから浮かび上がってくるのは、次のような構図である。すなわち、太平洋の島々とその人びとが、西洋の支配によって「訓化された／飼いならされた」（domesticated）自然であるのに対し、「飼いならされていない」（untamed）、すなわち「野生のままの」（野蛮な）（wild, savage）自然と人びと、というニューギニア像である。その場所イメージが、もし代替可能であるとすれば、それは他の南太平洋の島々とではなく、むしろアフリカやアマゾンとであろう。これらの地域がいずれもかつての文化人類学者にとって「聖地」であったことはもちろん偶然ではない。すなわち西洋文明の影響が、人びとの文化や精神を完全に支配しつくしていない「辺境」の持つ魅力である。

パプアニューギニアの持つこうした文化と表象の世界における「辺境」性と、世界政治経済システムにおける「辺境」性とは、重なり合っている。もちろんパプアニューギニアが最初から「辺境」であったわけではない。以下では、パプアニューギニアにおける「辺境」化のダイナミズムを提示してみたい。

地域的多様性から地域格差へ

ジャレド・ダイアモンドの『銃・病原菌・鉄』は、地域格差が生じた原因を文明史的に解き明かそうとする壮大な世界地誌とも言える。著者にこの書を成す動機づけを与えたのは、ニューギニア人ヤリの次のような問いだった。「あなたがた白人は、たくさんのものを発達させてニューギニアに持ち込んだが、私たちニューギニア人には自分たちのものといえるものがほとんどない。それはなぜだろうか？」[7]（ダイアモンド 2000：18）。

この問いは、カーゴ・カルトにも通じる、きわめてパプアニューギニア的な特質を持っている。そこには、三つの前提が存在する。第一に、白人とニューギニア人が同じ土俵の上で比較可能とされている。第二に、ニューギニア人の作り出したもの（伝統的な文化や生活様式）は、その物差しでは、無価値とみなされている。第三に、その格差が理不尽なものと考えられていることである。これらは、西欧近代的な価値観の浸透の結果のように見える。

パプアニューギニアは、世界の中でも西洋文明との接触が最も遅かった空間である。内陸部では、一九五〇年代以降に初めて植民地政府と接触した地域が多く存在する。七〇〇を超える言語が存在し、西欧的な近代化どころか、国家の統合さえままならない。村では、生業形態は地域的に多様だが、自給的生産が維持されており、土地所有や生産手段の格差も少なく、生存のための食糧には困らない。そこから浮かび上がるのは、多様性が支配する空間としてのパプアニューギニア像である。

それにもかかわらず、パプアニューギニアの人びとの間に、格差へのまなざしと、自らが「開発」を享受できないことへの強い不満が存在するのは、なぜなのだろうか。本章では、このパプニューギニアの矛盾を、地域的多様性と地域格差をキーワードにして読み解きながら、新たなパプアニューギニアの地（域）誌を提示してみたい。

日本人のパプアニューギニア像

パプアニューギニアは、わたしたちにとって空間的にはけっして遠い国ではない。地図を開くと、日本のほぼ真南、赤道を越えてすぐの位置に、恐竜のような形をしたニューギニア島が横たわる（図4-2参照）。その東半分が、パプアニューギニアである。現在、成田とポートモレスビーの間には、ニューギニア航空の直行便が週一回（二〇一六年七月から週二回に増便）通っており、わずか六時間半の道のりである。

成田からの夜行便は、朝四時半、まだ暗いうちにポートモレスビーのジャクソン空港に到着する。眠い目で空港に降り立つ日本人乗客は、二極化している。半数は、原色の軽やかな装いをした若者たちのグループであり、海岸のリゾートで、ダイビングなどを楽しむ。これとは対照的に、帽子をかぶり山歩きの装備に身を固めた高齢の男女のグループがいる。戦跡巡礼を目的とする元兵士やその親族・遺族たちである。

パプアニューギニアをめぐる日本人の想像の地理とはどのようなものだろうか。ニューツアーガイド『パプアニューギニア』（二〇〇〇年、ゼンリン社）では、六頁の口絵写真のうち四頁が、極彩色の鳥・蝶・有袋類などの動物、熱帯雨林・蘭・海底を含めた植物の写真で占められる。残る二頁を飾るのは、伝統的な図柄で埋め尽くされた精霊堂と、やはり極彩色の各地の祭りの装束に身を包んだ人びとである。本文中に挿入された写真も、ホテルを除けば、ほとんどが自然の風景、そして自然と共に暮らす人びとの写真である。そこにあるパプアニューギニアのイメージは、圧倒的に「自然」に支配されている。

太平洋戦争を体験した者にとって、ニューギニアの自然は美しいものとしては思い描かれない。そこは瘴癘の地・魔境である。東部ニューギニアに送り込まれた一三万の日本兵のうち、生還者は一万人にすぎない。死者たちの多くが、マラリア等の病死や餓死、いわば「野たれ死に」（飯田 1997）だった。彼らを無為な死に追いやったのは、もちろんニューギニアの野生の自然ではなく、熱帯の地誌を軽視した、兵站をわきまえぬ大本営の作戦にほかならない。ニューギニアをめぐる膨大な日本人の戦記には、戦場の悲惨さはつぶさに語られるが、自らが戦場と化した土地に暮らすパプアニューギニアの人びとの日常やその境遇への共感を伴う理解は欠落している[8]。それは、文明に汚されない手つかずの自然を求めて、パプアニューギニアにやってくる若者たちにおいてもまた同様である。パプアニューギニアの人びとは、その自然の背後に隠れ、あるいは自然と一体化して存在している。

本章とそれに続く章では、パプアニューギニアという地域を、遠い他者としてではなく、わたしたちと共通性を持ち、わたしたちとつながった世界として描くことを通じて、こうした日本の地理的想像力を更新することを試みようと思う。

3 「パプアニューギニア」という地域と国家の形成

地域の概要とその特色

現在、パプアニューギニアと呼ばれる空間は、ニューギニア島の東半分、およびニューブリテン島、ニューアイルランド島、ブーゲンビル島など周囲の島々からなる（図4-3）。この空間がオーストラリアから独立し、「独立国パプアニューギニア」（Independent State of Papua New Guinea）となるのは、一九七五年九月一六日のことである。国土面積は、四六万平方キロメートルで、日本の約一・二倍あまりだが、人口は七二八万人（二〇一一年センサス）にすぎない。

パプアニューギニアは、多様な民族・文化に彩られた国である。パプアニューギニアの言語の数は、七〇〇とも八〇〇とも言われる。一言語集団当たりの平均人口は一万人程度ということになる。最大の言語集団であるエンガでも、その数は一〇万人を超える程度であり、パプアニューギニアという国家には「多数派」の民族言語集団は存在しない。いわばすべての民族集団がマイノリティの地位にある。世界の言語数が六、〇〇〇ほどと言われる中で、パプアニューギニアの言語の多さは際立っている。そこにはパプアニューギニアの二重の地理的特質が関わっている。すなわち、西洋文明と最も遅く接し、それまで外文明との接触がほとんどなかったという世界内の位置であり、もう一つは、パプアニューギニア内部の地勢である。

パプアニューギニアの地形は険しい。ニューギニア島の中央部をちょうど背骨のように中央山脈が貫き、四、〇〇〇メートル級の山が存在する。海岸部から内陸に入るとそこには低湿地と熱帯林が広がる。こうした地勢の中で、人びとの生活の基盤は、タロイモなどの根栽類の焼畑農耕と採集狩猟に依拠していた。これらは蓄積を必要としない生業であり、むしろ小規模な集団が散在していた方が効率的である。これは拡散した集団間に、言語の分化を進めた。一方、外部からの強大な力の侵入を見なかったことにより、ローカルな言語を越える共通語の必要性も、それを促す権力も生み出さなかったのである。

植民地化の歴史とその影響

この地勢はまた、植民地支配のあり方も制約することになる。パプアニューギニアの空間にヨーロッパ人が初めて足を踏み入れるのは、一六世紀初めのことだが、この地の植民地化（ニューギニア島東北部と周辺の島々をドイツが領有し、イギリスがニューギニア島東南部の保護領化を宣言する）は一八八四年である。この間、三〇〇年以上、本格的な植民活動は行なわれていない。そこには、上述の地勢と、定住を阻むマラリアの存在があった。植民地化後も、植民地行政の実質的な影響力は、海岸部にしか及ばず、その支配地域の拡大も緩やかなものだった。ただし植民地経済の展開には、宗主国による差があった。ドイツが、熱帯作物のプランテーションなどの開発に比較的熱心だったのに対し、イギリスは、オーストラリアにとっての戦略的な位置が関心事であり、積極的な開発の動機を持ち合わせなかった。これは、両地域の地域格差を生む一因となる。

イギリスの植民地支配は一九〇五年からオーストラリアの手に引き継がれ、オーストラリア領パプアとなる。その行政中心地は、オーストラリアに近く、良港が存在したポートモレスビーだった。一方、第一次世界大戦の敗北によりドイツはこの空間から撤退する。一九二〇年、かつてのドイツ領地域はオーストラリアの委任統治領ニューギニアとなり、その行政中心地がラバウルに置かれる。後の「パプアニューギニア」という国名は、この（かつてのイギリス領）「パプア」と（かつてのドイツ領）「ニューギニア」の二つを組み合わせたものである。

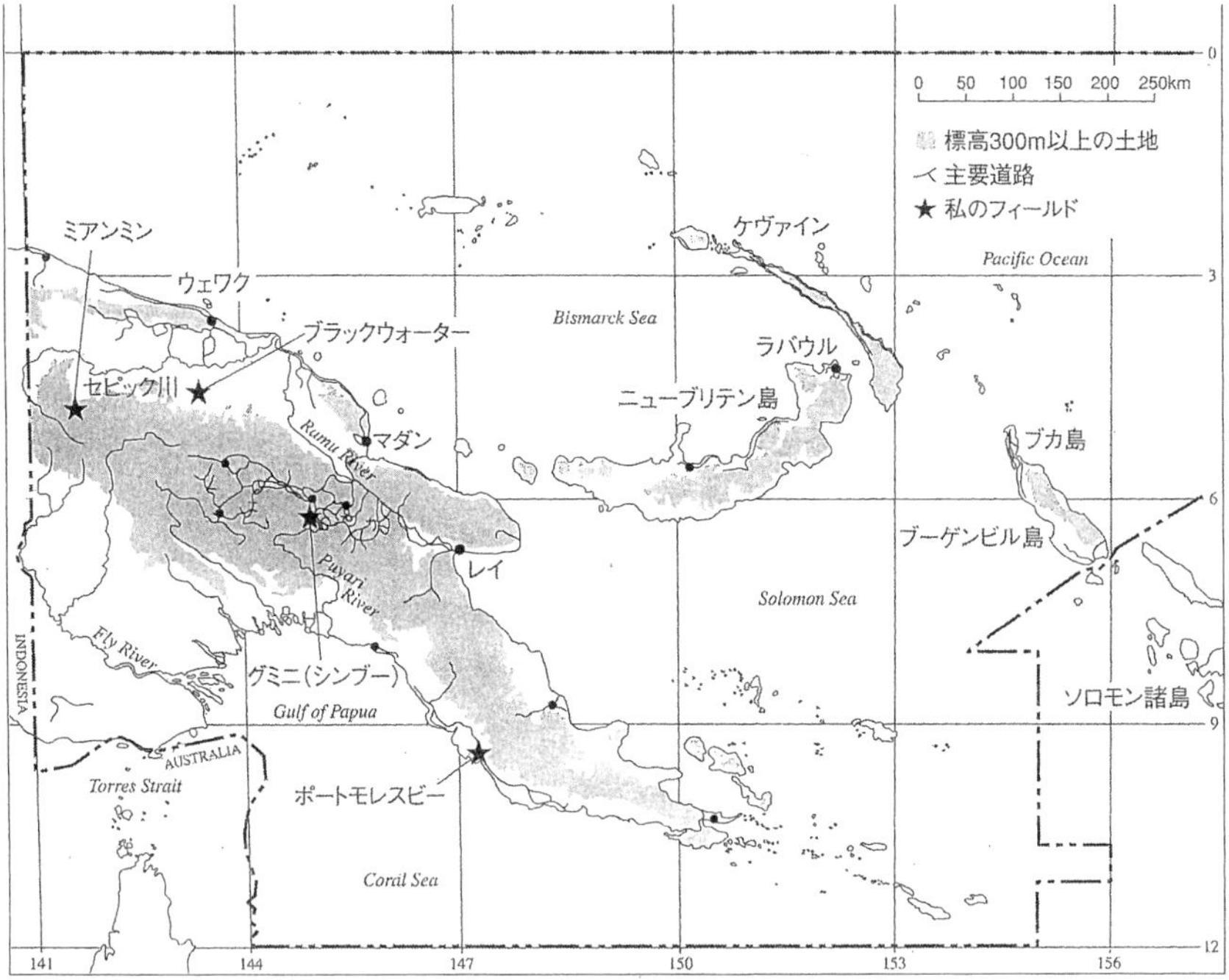

図4－3 パプアニューギニア全図とわたしのフィールドの位置

筆者作成／熊谷 2003c：122

植民地政府は、徐々にパプアニューギニアの内陸部の住民との接触を進めていく。まず、地方の中心の町に管区役所(district office)、奥地には駐屯所、駐在所(patrol station, patrol post)を置き、前者には管区行政官(district officer)、後者には巡視官(patrol officer)が駐在した。パプアニューギニアの人びとからキアップ(kiap：英語のcaptainを語源としたピジン語)と呼ばれるこの巡視官が、ローカルな住民(ネイティヴ)との「最初の接触」(first contact)の担い手である。彼らは、早くから植民地化した海岸部や島嶼地域から徴用した警官や、近隣の接触済みの民族集団から集めた通訳や運搬人を引き連れ、未接触の地域を踏査した。初めて接触した部族に対しては、塩や石鹸などの実用品を贈ってその歓心を買う一方、銃の威力を誇示する。その上で、植民地統治の障害になる頻繁な移動や部族間戦争の禁止を言い渡す。後の章で詳述するように、植民地の「法」に反して、部族間戦争が生じた場合には、攻撃した側の部族のメンバーを捕えて裁判にかけたり、処刑したりすることもあった（熊谷 1988：2000a）。このようにして、植民地政府の権力と権威は、西洋の物質文明と暴力という二つの力に裏打ちされながら、少しずつ浸透していった。

植民地政府の接触と並行して進行したのが、キリスト教宣教師による布教活動である。宣教師たちは、接触間もない地域に入り込み、キリスト教の信仰を説くとともに、伝統的な慣習や文化を否定し、生活改善を説いた（マタネ 1976）。現在パプアニューギニアの人びとのほとんどが、宗派はさまざまだが、公式にはキリスト教徒である。その普及には、パプアニューギニアの人びとが西欧世界の「力」の背景にキリスト教があると考え、積極的に受容した点も見逃せない。

植民地政府は、パプアニューギニアの人びとの労働者としての利用を「原住民労働法令」（Native Labour Ordinance）の下に規定した。労働者の雇用期間は原則として三年以内と定められ、契約期間を終えた労働者は雇い主の手で村に帰すことが義務づけられた（West 1958）。プランテーションでの労働は、人びとに近代的な町の暮らし（時計で測られる時間、労働規律、衣服を身に纏うこと、コンビーフ缶と米の食事……等々）を教え、異なる民族集団との出会いをもたらし、共通語としてのピジン語を普及させる契機を作り出した。

植民地政府は、外国人による土地取得を禁じた。そこには、パプアニューギニアの人びとを土地から切り離さずにおくことが、社会秩序を維持し、植民地経営を安定させるという配慮があった。また再生産の場を村に置き続けることで、単身男性の安価な労働力を得ることが可能となった。

一九四二年一月、日本は「大東亜共栄圏」の南端に位置するニューギニアに侵攻し、ラバウルを占領する。日本軍はニューギニア島北部に軍を展開するが、まもなく制空権・制海権を失い、武器・食糧の補給を断たれ、取り残された兵たちは絶望的な戦いを強いられる。一方、オーストラリア・アメリカを中心とする連合軍は反撃体制を整え、日本軍のオーウェン・スタンレー山脈越えのポートモレスビー攻略作戦を阻止し、圧倒的な軍事的優位に立ちながら終戦を迎える。パプアニューギニアの人びとにとって、第二次世界大戦は、自らの生活空間が戦場になったり、両軍に協力を迫られたりと、大きな犠牲を強いられるものだった。しかしそれはまた、それまでの植民地化やキリスト教化とは異なる、異文化接触の体験でもあった（熊谷 2000a）。

第二次世界大戦は、植民地行政にもさまざまな変化をもたらした。一九四九年に、オーストラリア領パプアと委任統治領ニューギニアが統合された。それとともに、両地域を統括する行政中心地として、ポートモレスビーの機能が強化された[9]。

一九六二年、パプアニューギニアを訪れた国連の調査団は、この地域に早急な自治を与えることを勧告した。これは宗主国オーストラリアにとっては想定外だったが、それを受けて、独立への動きが急ピッチで進められる。一九六四年には新たに設立された国民議会（National Assembly）の第一回選挙が実施され、一九七三年には内国自治が達成されて、マイケル・ソマレ（Michael Somare）が初代の首相に就任する。「独立国パプアニューギニア」が正式に誕生するのは、一九七五年九月一六日のことである。

ネイションのない国家――パプアニューギニアの創造とブーゲンビル問題

パプアニューギニアという国家の誕生の経緯は前述のとおりであり、国連の勧告に宗主国オーストラリアが従った結果「与えられた」独立だった。初代首相となった（二〇〇二年に三度目の首相の座にもついた）マイケル・ソマレらによる独立運動は存在したものの、支持者は一部の都市のインテリに限られた。いわば植民地政府公認の独立運動であり、「国民」全体への広がりと熱気は持ちあわせなかった。それどころか、パプアニューギニアという国家の形成を特徴づけるのは、独立への動きと同時に、各地にそれ以上の勢いで「反独立」運動が燃え上がったことである。

その最大のものがブーゲンビル島の分離独立運動である[10]。これ以外にも、ニューギニア島南海岸（オーストラリア領パプア）の、パプア・ベセナ（Papua Besena）（パプア分離）運動、高地地方の「高地解放戦線」（Highlands Liberation Front）と称する学生たちの運動、イースト・ニューブリテン島で起こったラバウル周辺のトーライの人びとによるマタウンガン(Mataungan)運動、などが存在する(May 1982)。これらの運動の背景、スローガン、組織の内実はそれぞれ異なる。パプア分離運動は、かつてイギリスの植民地だったニューギニア島東南部が、旧ドイツ領のニューギニア島東北部・島嶼部に比べ、開発が遅れていたため、その格差を残したままの独立に反対する人びとによって起こされた。高地の学生たちの運動も、植民地化が遅く、遅れた高地地域にとって、独立は時期尚早というものだった。逆に、マタウンガン運動の担い手となったトーライの人びとの住むニューブリテン島東部は、最も早くから植民地化の影響を受け、プランテーション開発も進み、教育水準も高いパプアニューギニアの中では相対的に「先進地域」だった。しかしそれゆえに、一九六〇年代から反植民地運動が生まれた。トーライの人びとは、「遅れた」本島の人びとと一緒に国を作ることを好まず、分離独立を求めた。

ブーゲンビル島の分離独立運動の背景は、植民地化初期にさかのぼる。ブーゲンビル島は地理的にも言語・文化的にも南のソロモン諸島と連続性を持つ。国境線を取り去った地図を眺めるとブーゲンビル島は、ソロモン諸島という艦隊を従えて海を進む旗艦のようにも映る。一八八四年、ソロモン諸島とブーゲンビル島は、ともにドイツの植民地となる。しかし一八九九年に、両者の運命は分かれることになる。イギリスがサモアから手を引くことを条件に、ソロモン諸島の帰属権をドイツがイギリスに譲り渡したのである。イギリスの植民地となったソロモン諸島はひとつの独立国となる。しかしブーゲンビル島だけは、当時のドイツ領に残り、独立時には、パプアニューギニアの「辺境」として国家の中に組み込まれることになった。

ブーゲンビルの人びとは、パプアニューギニアへの帰属問題をめぐる住民投票の実施を要求した。しかし、植民地政府はこれを認めなかった。一九七五年、パプアニューギニアが正式に独立する直前、ブーゲンビルは「北ソロモン共和国」として自ら独立を宣言し、国連に提訴を行なった。しかしこの独立は、国家の集合体である国連からは支持を得られなかった。新たに独立したパプアニューギニア政府との間で、ブーゲンビルに州政府を置き、一定の自治権を認める協定が結ばれる。これは双方にとって妥協的なものであり、ブーゲンビルの人びとの自決権を満足させるものとはならなかった。州政府を基盤とする地方分権的な制度は、パプアニューギニア全体に拡大されたが、大半の州では人的資源も政府の運営方法も未熟なまま、実質的に破綻していく。この仕組みは、民族‐言語的・地域的多様性を抱える新興独立国家パプアニューギニアの、国（ネイション）としての凝集性をますます弱める結果となった。

ブーゲンビルにとってのもうひとつの「悲劇」は、やはり植民地時代の一九六〇年、この島で、膨大な埋蔵量を持つ銅鉱脈が発見されたことである。まもなくオーストラリア資本の企業、コンジンク・リオテント社による試掘が始まり、一九七二年に本格的な操業が開始される。前述のように、植民地政府は、土地の権利をニューギニア人の手に残した。しかし、植民地政府は、ブーゲンビル銅山の開発に合わせて鉱山法を制定した。その内容は、地元民の土地権は地下までは及ばないというものだった。これにより銅の採掘権とその利潤は地元のブーゲンビルの人びとから奪われた。それに代わり人びとに残されたのは、掘り崩され見る影もなくなった祖先の山と、屑鉱で黄色く汚染された川だった。新興独立国パプアニューギニアにとって、この銅山がもたらす収入は、国家歳入に不可欠なものであり、それを手放すことはありえなかった。こうして植民地時代に、宗主国同士の取引によって決まった領域を仕切り直そうという最初の試みは失敗に終わった。

ブーゲンビルの人びとの積年の思いが再び顕在化するのは、一九八八年、採掘権料の改定を行なう交渉の場においてだった。そこで地権者たちは、二〇〇億キナ（当時の換算率で二兆円以上）という、莫大な採掘権料を会社側に要求する。そこには、これまで人びとが失ってきたかけがえのないものたち――祖先の山・川といったローカルな風土――への賠償請求という意味が込められていた。この「理不尽な」要求は、当然、鉱山会社によって拒絶される。交渉は暗礁に乗り上げ、ブーゲンビル銅山会社の元職員でもあった、若い地権者のフランシス・オナの率いるグループ――後に「ブーゲンビル革命軍」（Bougainville Revolutionary Army：BRA）と名乗る――による銅山施設の爆破と、鉱山の操業停止という事態へと展開する。そしてＢＲＡは、二度目のブーゲンビル独立宣言を行なう（塩田 1991）。

パプアニューギニア政府は、この事態を収拾するため、ブーゲンビルに軍隊を派遣した。しかしジャングルに身を隠しゲリラ化したＢＲＡの活動を押さえ込むことはできず、ブーゲンビル島を海上封鎖し、外部からの物資を一切遮断する手段に出た。この海上封鎖は一九九〇年から四年以上の間続き、食料や医薬品の不足などで、乳幼児を含む多くの島民が犠牲になった。政府軍の攻撃による死者と合わせた島民の犠牲者は二万人に及ぶと言われる。これは同島の総人口の一割を超える。

　このブーゲンビル紛争は、その犠牲者の規模から言っても、世界的な注目を集めるに値する事件であった。紛争中には、パプアニューギニア軍が国境を越えてソロモン諸島に入り込む事件も起こり、パプアニューギニアとソロモン諸島の国家関係が一時緊張する場面もあった。そこには、狭い海峡を隔てたソロモン諸島側の住民が、ブーゲンビルの人びとに同情し支援しているとの疑心があった。しかし、人道上の問題としてこれを批判したり、緊急医療援助を行なったりするＮＧＯなどの活動を除いては、紛争の早期解決のための国際的な圧力は弱かった。それが「周辺」の「周辺」で起こった出来事であったことが、西欧先進世界の地理的想像力あるいは地政学に訴えかけなかった理由のひとつだろう。しかし、同じオセアニアの大国の中でも、何度も調停に動いたニュージーランドに比べれば、オーストラリア政府は紛争解決に積極的な態度を取らなかった。そこには、銅山会社がオーストラリア資本であったことに加え、パプアニューギニアという国家（state）の維持にとって銅山収入が不可欠であった、という、パワーポリティクスが作用している。「辺境化」されたブーゲンビルの人びとが試みた地域／国家空間の「仕切り直し」は、皮肉にもナショナルな求心性を持たないパプアニューギニアという国家（とそれを支える国家間システム）によって、再び暴力的に押さえ込まれたのである[11]。

国家経済と社会の現状

　上述のブーゲンビル紛争の影響もあり、パプアニューギニアの国家経済は一九九〇年代から二〇〇〇年代初めにかけては危機的な状況にあった。さらに国家や州政府の予算は、政府の非効率さや、国会議員の不正使用などにより、地方のインフラ整備や教育・保健等のサービス改善に回らないという現状がある。このため、パプアニューギ

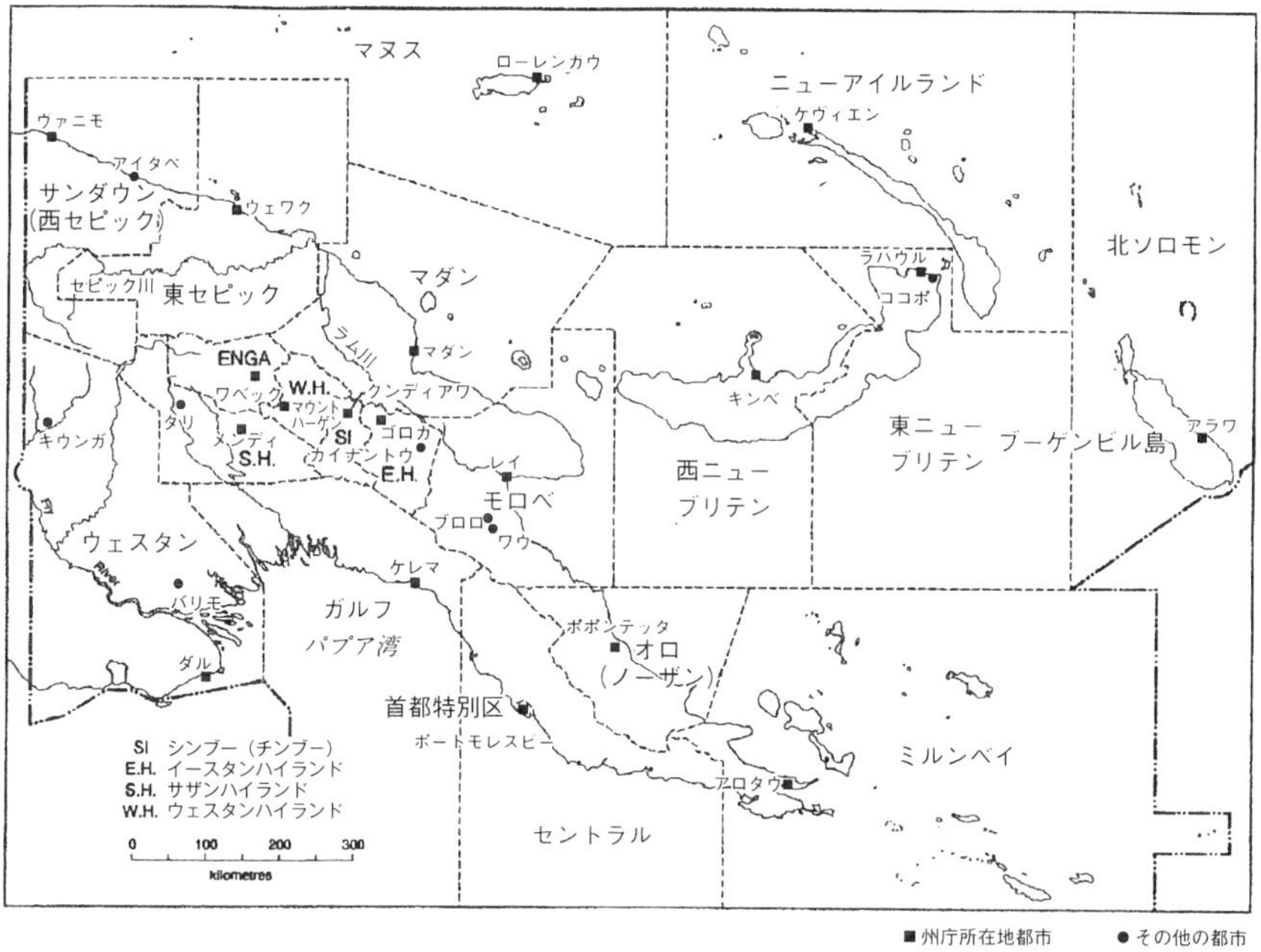

図4-4 パプアニューギニアの州区分（2010年）と主要都市

オーストラリア国立大学太平洋学研究所地理学科提供の地図に King and Ranck（1982）: p. 19（provincial government）ほかの情報を加え，筆者作成／熊谷 2010a：252

ニアの人間開発指標は、メラネシアの周辺諸国に比べても低い。[12]

二〇〇一年六月には、ポートモレスビーを中心に「反民営化・反グローバル化」の大衆運動が生まれた。当時世界銀行の構造調整政策に積極的に対応して経済の再建を図ろうとしていたモラウタ政権に対し、パプアニューギニア大学の学生たちが中心となり、移住者集落（セトルメント）住民を巻き込んだ街頭行動が展開された。[13] 国会や政府庁舎の並ぶワイガニ地区は、反対派の人波で埋まり、オーストラリア大使館前に座り込んだデモ隊は「世界銀行・IMF出ていけ」「オーストラリア出ていけ」と叫んだ。この運動は、首相に要求書が手渡されたその日の夜に、政府が導入した武装警官により大学キャンパス内で学生三人を含む五人が射殺され、鎮圧されるという悲劇的な結末に終わる。

モラウタ政権は翌年の総選挙で敗北

し、代わって独立の父と呼ばれるマイケル・ソマレが三度目の首相に返り咲く。ソマレ政権は、二〇〇七年の総選挙にも勝利し、鉱産物価格の高水準による好況を背景に、パプアニューギニアでは珍しい長期安定政権となった。二〇〇三年以降は、パプアニューギニアの経済は回復基調にあり、一人当たりGDPは、二〇〇七年には九五三ドルへと成長を遂げた。

二〇一一年八月には、ソマレが病気療養で四月からシンガポールに滞在している間に、長期の首相任務からの離脱を理由に国会で首相を罷免され、ピーター・オニールが政権の座につく。それを不服とするソマレとの裁判を含む争いを経て、オニールは二〇一二年の総選挙で勝利し、現在は安定した政権を築いている。二〇〇六年から二〇一三年の経済成長率は年平均九・四パーセントに達し、一人当たりGDPも二〇一三年には六、二〇四キナと二〇〇六年の数値の一・五倍に増加している（National Statistical Office 2016 : 6）。近年では、アメリカのエクソン・モービル社とパプアニューギニアの国営企業との合弁事業で、日本の企業も資本参加した大規模な液化天然ガス（LNG）プロジェクトの貢献も加わり、経済は順調に推移している[14]。

しかし鉱産物輸出に支えられたマクロ経済の好況は、都市の下層住民や農村の住民の生活実感とはかけ離れている。国内の製造業が脆弱なパプアニューギニアにおいては、都市住民の日常食であるオーストラリア産の米やコンビーフの缶詰、中国製の日用品など、人びとが日常に消費する物資のほとんどが輸入品である。国内の道路網が未整備であるため、内陸の高地地方で作られた新鮮な野菜類は、首都の市場には上らない。通貨キナの下落は、ただちに食料をはじめとする生活用品価格の上昇につながる。首都のポートモレスビーでは、道路の拡張と、高級ホテルや大型のショッピングセンターの建設が進み、不動産価格が高騰している。その一方で、後に詳述するように、同一地域出身者（ピジン語でワントクWantok）を基盤に都市移住者集落に住む人びとの生活や、僻地の村に住む人びとの暮らしは改善されていない。社会の格差と葛藤はますます深まっている。

4 パプアニューギニアの地域区分と地域間関係

行政単位に基づく地域区分

これまで、パプアニューギニアを一つの空間として記述してきた。しかし、すでに述べたように、パプアニューギニアは実に地域的多様性の大きい空間である。次に、パプアニューギニアの地域区分の方法と地域の概要について示してみたい。

パプアニューギニアの地域区分にはいくつかの方法がある。第一に、前述した植民地の歴史から、「パプア」（旧イギリス領）と「ニューギニア」（旧ドイツ領）の二つに大別する方法がある。第二に、二〇の州（province）を基礎単位としながら、四つの地方、すなわち、①パプア地方、②高地地方、③ニューギニア島沿岸（モマセ）地方、④島嶼地方、に区分する方法である（図4-4、表4-1参照[15]）。これは、もっとも一般に浸透している地域区分と言える。

「州」（province）は、植民地時代の「管区」（district）に基づき、独立以降の地方分権の単位として構築されたものである。七〇年代後半に若干の組み替えが行なわれた（エンガ州が西部高地（ウェスタンハイランド）州から分離し、首都特別区（National Capital District : NCD）がセントラル州から分離した）が、[16]独立から四〇年以上が経過し、人びとの帰属意識も生まれつつある。また植民地時代の便宜的な呼称がついた州名については、次第に地域独自の呼称によって置き換えられる傾向がある――ノーザン Northern からオロ Oro、ウエストセピック West Sepik からサンダウン Sandaun のように――が、これは地域主義的な意識の表れとも言える。

生態社会誌的地域区分

上記の行政的地域区分に加え、ここでは生態環境と社会誌を考慮に入れた筆者独自の区分を提示してみよう。区

表４－１　パプアニューギニアの州別人口・人口増加率（1980～2011年）

州名		provinces	人口				年平均人口増加率（%）			
			1980年	1990年	2000年	2011年	1980～1990	1980～2000	1980～2011	2000～2011
1	ウェスタン	Western	78,575	110,420	153,304	201,351	3.4	3.4	3.0	2.5
2	ガルフ	Gulf	64,120	68,737	106,898	158,197	0.7	2.6	2.9	3.6
3	セントラル	Central	116,964	141,195	183,983	269,756	1.9	2.3	2.7	3.5
4	首都特別区（NCD）	National Capital District	123,624	195,570	254,158	364,125	4.6	3.6	3.5	3.3
5	ミルンベイ	Milne Bay	127,975	158,780	210,412	276,512	2.2	2.5	2.5	2.5
6	オロ（ノーザン）	Oro (Northern)	77,442	96,491	133,065	186,309	2.2	2.7	2.8	3.1
I	**パプア（南部）地方**	**Papua (Southern) region**	**588,700**	**771,193**	**1,041,820**	**1,456,250**	**2.7**	**2.9**	**2.9**	**3.0**
7	サザンハイランド（南部高地）	Southern Highlands	236,052	317,437	360,318	510,245	3.0	2.1	2.5	3.2
21	ヘラ	Hela	—	—	185,947	249,449	—	—	—	2.7
8	エンガ	Enga	164,534	235,561	295,031	432,045	3.6	2.9	3.1	3.5
9	ウェスタンハイランド（西部高地）	Western Highlands	265,656	336,178	254,227	362,850	2.4	-0.2	1.0	3.2
22	ジワカ	Jiwaka	—	—	185,798	343,987	—	—	—	5.6
10	チンブー（シンブー）	Chimbu (Simbu)	178,290	183,849	259,703	376,473	0.3	1.9	2.4	3.4
11	イースタンハイランド（東部高地）	Eastern Highlands	276,726	300,648	432,972	579,825	0.8	2.3	2.4	2.6
II	**高地地方**	**Highlands region**	**1,121,258**	**1,373,673**	**1,973,996**	**2,854,874**	**2.0**	**2.8**	**3.0**	**3.3**
12	モロベ	Morobe	310,622	380,117	539,404	674,810	2.0	2.8	2.5	2.0
13	マダン	Madang	211,069	253,195	365,106	493,906	1.8	2.8	2.8	2.7
14	イーストセピック	East Sepik	221,890	254,371	343,181	450,530	1.4	2.2	2.3	2.5
15	サンダウン（ウェストセピック）	Sandaun (West Sepik)	114,192	139,917	185,741	248,411	2.0	2.4	2.5	2.6
III	**ニューギニア沿岸（モマセ）地方**	**New Guinea Coast (Momase) region**	**857,773**	**1,027,600**	**1,433,432**	**1,867,657**	**1.8**	**2.6**	**2.5**	**2.4**
16	マヌス	Manus	26,036	32,840	43,387	60,485	2.3	2.6	2.7	3.0
17	ニューアイルランド	New Ireland	66,028	86,999	118,350	194,067	2.8	2.9	3.5	4.5
18	イーストニューブリテン	East New Britain	133,197	185,459	220,133	328,369	3.3	2.5	2.9	3.6
19	ウェストニューブリテン	West New Britain	88,941	130,190	184,508	264,264	3.8	3.7	3.5	3.3
20	北ソロモン（ブーゲンビル）	North Solomons (Bougainville)	194,067	154,000	*175,160*	249,358	1.8	1.5	2.1	3.2
IV	**島嶼地方**	**Islands region**	**442,996**	**589,488**	**741,538**	**1,096,543**	**2.9**	**2.6**	**2.9**	**3.5**
	総人口	**total PNG**	**3,010,727**	**3,761,954**	**5,190,786**	**7,275,324**	**2.2**	**2.7**	**2.9**	**3.1**

パプアニューギニア統計局，各年版センサスより筆者作成／熊谷 2010a：255 に 2011 年の数値を追加

＊北ソロモン州の 1990 年の数値（イタリック）は，ブーゲンビル紛争のためセンサスが実施されておらず，推計による。

分の方法は、次のようなものである。

パプアニューギニアをまずニューギニア本島と、それ以外の島嶼部に区分する。次に、ニューギニア島を海岸部と内陸部に分け、さらに内陸部を低地と高地に区分する。そして高地を中心部と周縁部に分ける。低地は、主にフライ川やセピック川などの大河川が作り出す氾濫原や沖積低地から成る。泥炭湿地も多く、農耕の生産性は低い。ここでは、主にサゴヤシから得られる澱粉が主食となる。高地は、オーウェン・スタンレー山脈とそれに連なる山系、そこに形成された谷や盆地から成る。ここには、熱帯としては肥沃な火山性の土壌が広がっており、サツマイモを主作物とした休閑期間の短い集約的な焼畑農耕が行なわれている。高地周縁部は、高地の周縁に位置し、傾斜地が多く、激しい降雨にさらされ土壌浸食が著しい。このため土地生産性も人口密度も低い空間である。

これら生態環境に基づく五つの空間の区分と特質を、文化的・開発史的な特徴と重ね合わせて示したのが、表4-2である。[17] このようにして比較すると、島嶼部と海岸部に、オーストロネシア諸語を話す集団が多く（これは、前章で述べたラピタ人の移住過程で接触・混淆が生じた空間であることを意味する）、植民地化の影響力が早く浸透した地域であるといった共通点が多いことがわかる。高地は、パプアニューギニアの中では例外的に人口密度が高い地域だが、これはサツマイモ農耕の土地生産性の高さと結びついており、他の地域とははっきり区別される特徴を持っている（Brookfield and Brown 1963；Brown 1978）。高地周縁部と低地は、ともに人口密度も土地生産性も低く、採集狩猟に依拠する度合いが高い（言い換えれば、土地に余裕があるために採集狩猟が行ないやすい）地域である。逆に、人口密度の高い高地では、生業活動に占める採集狩猟の比率は少なく、豚は家畜として、また貴重な交換のための財として所有される（熊谷 1991）。

植民地時代から独立後に至る開発の歴史にも、大きな地域差がある。植民地化の影響が大きかった島嶼部は、インフラの整備も比較的進み、教育や保健医療等のサービスも普及しており、相対的には先進地域である。高地では、西欧との接触が始まるのは一九三〇年代以降と遅いが、五〇～六〇年代にかけての高地縦貫道（Highlands Highway）の建設によって、飛躍的に進展し、換金作物としてのコーヒー栽培が普及し、人びとや物資の往来も盛

表4-2　パプアニューギニアの生態社会誌的地域区分

地域区分	ニューギニア本島				島嶼部
	高地		低地	海岸部	
	中心部	周縁部			
1km^{2}当たり人口密度（都市域を除く）	10～100人	0～2人	0～5人	2～10人	2～10人
住民の言語系統	パプア諸語（非オーストロネシア諸語）	パプア諸語	パプア諸語	オーストロネシア諸語とパプア諸語が混在	オーストロネシア諸語
生業形態	焼畑農耕＋家畜（豚）飼養（草地休閑法／休閑期間：短）	焼畑農耕＋狩猟（森林休閑法／休閑期間：長）	サゴヤシ澱粉採取＋狩猟（焼畑農耕）	焼畑農耕＋漁労	焼畑農耕＋漁労
主作物	サツマイモ	サツマイモ タロイモ他	サゴヤシ （タロ・ヤム）	タロイモ ヤムイモ バナナ	タロイモ ヤムイモ サツマイモ
換金作物栽培	コーヒー	なし	少（ゴム，バニラ）	コプラ	コプラ カカオ他
自然条件	降雨量2,000～3,000mm 年平均気温20℃未満 土壌：肥沃（火山性）	降雨量2,500～6,000mm 険しい地形 土壌：貧困（浸食の危険大）	降雨量2,000～4,000mm 大河川の氾濫原・低湿地 土壌：貧困（排水不良の泥炭湿地）	降雨量1,000～5,000mm （季節差大） 土壌：多様	降雨量2,500～5,000mm 土壌：肥沃
植民地化	1930年代～	1950年代～	1900年代～	19世紀後半	19世紀後半
経済・社会基盤の整備状況	近年急速に進展（道路交通の整備：他地域を上回る）	未整備	未整備	比較的整備 都市への近接性	最も整備 教育水準：高

King and Ranck (1982) Papua New Guinea Atlas 中の複数の地図（p. 51 Subsistence Crop System ; p. 97 Climatic Regions ; p. 95 Rainfall and temperature ; p. 21 Population Distribution ; p. 35 Indigenous Languages）および筆者のフィールドデータを加え作成／熊谷 2010a：254.

んになった。それによりパプアニューギニアの中では肥沃で人口が稠密だったこの地域から、他地域への人口移動が盛んに行なわれはじめた。これに対し、もともと開発ポテンシャルが低い上、都市からも遠く、最も発展から取り残された地域が、低地と高地周縁部である。このように、パプアニューギニアという空間内部の地域的多様性が、その生態環境・地理的な位置、植民地時代以来の開発史と連動しながら、現在の地域格差を生じさせていることがわかる。

国内人口移動の様態と地域間関係の変化

パプアニューギニアの人びとは「動く人びと」である。人びとは、山を越え徒歩で、また現在は飛行機に乗って、気軽に移動する。異なる空間への移動は、人びとにとって、資源獲得の最大化をはかり、新たな生の実現の機会を求める「開発」の有効な手段である。これは、西欧世界との接触以前においても、また現在も基本的には変わっていない。

すでに述べたように植民地時代には、部族間の戦争を伴うような領域の再編が禁じられるとともに、プランテーションへの移動は政策的にコントロールされ、人びとの都市への移動も制限されていた。しかし、第二次世界大戦後は、地域を超えた遠隔移動が増大する。

表4-1は、パプアニューギニアの州別・地方別人口の分布を示したものである。パプアニューギニアの総人口は、一九八〇年には三〇一万人だったが、九〇年には三七六万人、二〇〇〇年には五一九万人、最新の二〇一一年センサスでは七二八万人にまで増加している。年平均人口増加率は、二・二パーセント（八〇〜九〇年）から三・一パーセント（二〇〇〇〜二〇一一年）へと上昇している。[18] 人口分布を上述の行政区分に基づく四地方別に見ると、もっとも人口が多く、人口密度も高いのは高地地方である。前述のように、高地地方では近年の社会経済的変化が急速な一方、都市や、現金収入を得る雇用機会は少なく、他地域への移動のポテンシャルは大きい。

センサスでは、出生州と現住州が異なる人口を「移動人口」として把握できる（これはフローとしての移動人口とは異なる）。これにより得られた州間人口移動の様態を見ると、二〇〇〇年センサスにおいて、流入人口比（現住人口に占める他州出身者の比率）が多いのは、首都特別区（NCD）であり、人口のほぼ半数（四七・九パーセント）が移住者（他州生まれ）である。一方、流出人口比（出生地人口に占める他州居住者の比率）が高いのは、NCD（二四・四パーセント）のほか、サンダウン（ウェストセピック）（二〇・九パーセント）、マヌス（一七・四パーセント）、ガルフ（一五・九パーセント）、セントラル（一五・七パーセント）、チンブー（一五・七パーセント）の諸州である。このうちサンダウン州では、隣接州（イーストセピック州およびオクテディ鉱山が立地するウェスタン州）への移動が多く、ガルフ、セントラルの両州では、やはり近接するNCDへの移動が多くの割合を占める。これに対し、マヌス、チンブーの両州は、早くから遠距離の移住者を多く輩出してきた。

首都への移動人口を地方別に見ると、一九七一年には三分の二を占めた近隣のパプア地方からの流入者の比率が低下する一方、高地地方からの移住者の比率が上昇し、二〇〇〇年には、両者がほぼ肩を並べるまでに至っている。高地諸州の中でも多くの移住者を送り出しているのが、東部高地（イースタンハイランド）州とチンブー州である。上述した流出人口比の高さと、ポートモレスビーへの流入人口の多さという点で、チンブー州出身者の移動傾向は特筆される。これについては第7章で詳述する。

二〇〇〇年センサスでもう一つ注目すべきは、NCDの人口増加率が、パプアニューギニア全体の人口増加率を下回ったという事実である。首都の人口構成は依然としてピラミッド型を示しているから、これは、首都への人口集中傾向が鈍化し、出身地への回帰移動が生じている結果と推測される。しかし以下の章で詳しく検討するように、村での生活が改善され、都市との格差が縮まった結果とは言い難い。

パプアニューギニアの人びとの葛藤の所在

以下の章では、わたしがこれまでフィールドワークで関わってきた三つの具体的な地域を取り上げ、ローカルな人びととの移動と開発と場所の相互作用に関して詳しく検討する。そこには、低地、高地、高地周縁部、（海岸の）

都市という、地域的多様性と同時に、共通の実践と葛藤が見られる。
特徴的なのは、パプアニューギニアの人びとが示す新たな空間と移動への志向性である。パプアニューギニアでは、西欧世界との出逢いの当初から、その価値観を拒否して「伝統」文化に固執したり、回帰したりするような動きはほとんど見られない。逆に、冒頭に述べたように、自らの固有のもの（伝統的な生活様式、祖先の文化等）への価値づけの低さが特徴的である[19]。

こうしたパプニューギニアの人びとの柔軟性と活力は、植民地化以前から存在してきたものと言える。パプアニューギニアを含むメラネシア社会には、生まれながらの身分や格差はなく、（男性であれば）誰もが富や権威に近づく権利を持っている。こうした富や資源の獲得と結びついてきたのが、部族間戦争を含め、集団とその領域の再編を伴う空間的な移動という実践だった。しかし植民地政府との接触以降、部族間戦争が禁じられるとともに、「定住」が強いられ、集団構成と領域が固定化された。それは、パプアニューギニアの人びとにとっては、資源の再分配の機会を奪い、位置の不利性を固定化することにつながった（熊谷 2003b）。

植民地時代に新たに作り出されたプランテーションと都市という空間は、新たな移動と資源獲得の目的地となった。しかし、そこで得られる資源（雇用と所得）はきわめて限られたものでしかなく、そのアクセスもますます困難になりつつある。

地域差はあるものの、パプアニューギニアの人びとにとって、かつて自らの社会内部では、平等な機会とそれをめぐる競争が（男たちの間に）存在するとともに、相互に土地・産物・人的資源を交換・融通しながら共存をはかる「互酬性」が貫徹していたと言ってよい。リーダーになるための競争は可視的であり、リーダーの権威は人びとに与えること、すなわち再分配の力によって裏づけられた。それは階級格差を次世代に再生産しない仕組みともなっていた。人びとにとって、再分配を伴わぬ、持てる者と持たざる者の格差は、理不尽なものでしかない。

パプアニューギニアの人びとが抱える葛藤は、現代世界の豊かさを構成する資源について、自らがその生産と消費から疎外されていると認識していることに由来している。その再分配を期待しつつも、人びとは、それにアクセスする有効な機会を持ちえないまま、空間的・階層的格差が拡大しているのが現実である。

これらがミクロ・レベルの現実（リアリティ）であるとすれば、マクロ・レベルでは、国家の経済政策が、地域間や階層間の再分配に寄与していないという現状がある。国家や州政府の開発政策は、人的資源の不足や、国会議員の歳費の私物化も手伝って、ほとんどの地域で機能しておらず、教育や保健などの基本的なニーズを支える施設やサービスを供給することに失敗している。こうした状況は、人口増加に伴い、独立後の生活水準の実質的な低下をもたらしている。

ミクロ・レベルとマクロ・レベルをつなぐ機会であるはずの五年に一度の総選挙は、再分配を促すようなシステムの改革にはつながっていない。小選挙区に数十人以上の候補が乱立し票を奪い合うパプアニューギニアの選挙では、選挙運動の過程でも、当選後の国会議員の行動様式においても、公共の利益よりも目前の私利が優先され、有権者の側もそれを期待する傾向が強い。誰もが立候補できるという幻想を抱くことができ、パプアニューギニア中が熱狂する「超民主的」な選挙は、実は政治権力に参与する者とそこに入り込めない者との間に、持つ者と持たざる者の恒久的な格差を作り出している。議席を獲得するためには、ますます多額の金が必要となり、政治の改革は進んでいない。

パプアニューギニアの選挙のもうひとつの問題点は、それが極端に男性優位であることだ。二〇〇七年の総選挙で当選した一〇九人の国会議員のうち、女性議員はわずか一人、しかもオーストラリア生まれの白人女性である。パプアニューギニア生まれの女性は、一人も国家の意思決定の場に参画していない[20]。再分配を滞らせる仕組みを担っているのも、またこの男性優位の政治システムである。これについては第7章で詳述する。

雇用機会の増加のためには、海外からの投資の拡大が要件となる。それを妨げているのは、労働コストの高さと、パプアニューギニアの治安の悪さである。後者について言えば、そこにはジェンダーの問題が横たわっている。都市・農村の男たちの実践と現実社会の枠組みとの間のずれ、そのフラストレーションの結果としての暴力が、ナショナル・レベルでもローカル・レベルでも、パプアニューギニアの「開発」可能性を損なっている。

パプアニューギニアにおいて、地域的多様性の存在がローカルな空間への自足をもたらさず、地域格差への認識と新たな空間を求める動きへと展開していくのは、主体としてのパプアニューギニアの人びとが持つ移動への志向性に、人びとの生活の質の改善への希望をもたらさない「不十分な統合」（国家・国民および世界システム双方への）が加わった結果と言える。

前述のブーゲンビル紛争の平和解決には、宗派を超えたキリスト教会の女性たちの団体（ブーゲンビル・キリスト教女性フォーラム Bougainville Inter-Church Women's Forum：BICWF）が主導的な役割を果たした。筆者が長年関わってきた都市の移住者集落や奥地の村でも、これまでの男たちのリーダーシップのあり方が行き詰まり、女性たちの水平的なネットワークが功を奏する状況が生まれている[21]。パプアニューギニアの閉塞状況を打開する可能性を持つのは、女性たちの力とそれを取り入れる社会システムの構築かもしれない。

第5章　高地周縁部、ミアンミンの人びとと場所

1　ミアンミンの概要

はじめに

パプアニューギニア北部海岸の町ウェワク（Wewak）から、ミアンミン（Miammin）の領域の北端に位置するホットミン（Hotmin）の村へは、小型飛行機で約一時間半ほどの行程である。広大なセピック（Sepik）川の湿原を越えると、行く手には、幾重にも連なるニューギニア中央山脈の山容が近づいてくる。次第に高度を下げ始めた機内から、細く曲がりくねった川筋が見え、さらに峡谷を織り成す樹木の一本一本が判別されるようになったと思うと、突然樹林の間に、一筋刷毛で刷いたような空間が視界に飛び込んでくる。ホットミンの飛行場である。飛行機の到着を知らせるかのように、ゆっくりと旋回する機の窓から、爆音を聞き付けた村人たちが滑走路に走り寄る姿が見える。飛行機は、やがて機体を斜めに傾けながら滑空し、樹林の間にぽっかり開いた空間へと吸い込まれていく（写真5－1、5－2）。

ミアンミンの人びと[1]との、西欧世界への対応のあり方をおそらく最も象徴的に示すのが、この飛行場の建設である。現在ミアンミンの領域には、ミアンミン（ハクHak谷）、ヤプシ（Yapisie）、フィアク（Fiak）、ホットミンの合計四つの飛行場が存在する（図5－1参照）。飛行場といっても、それらは、森林をその一部だけ切り開いて草地とし、飛行機の離着陸を可能にしただけの、きわめて簡素なものである。ホットミン、フィアクの両飛行場に至って

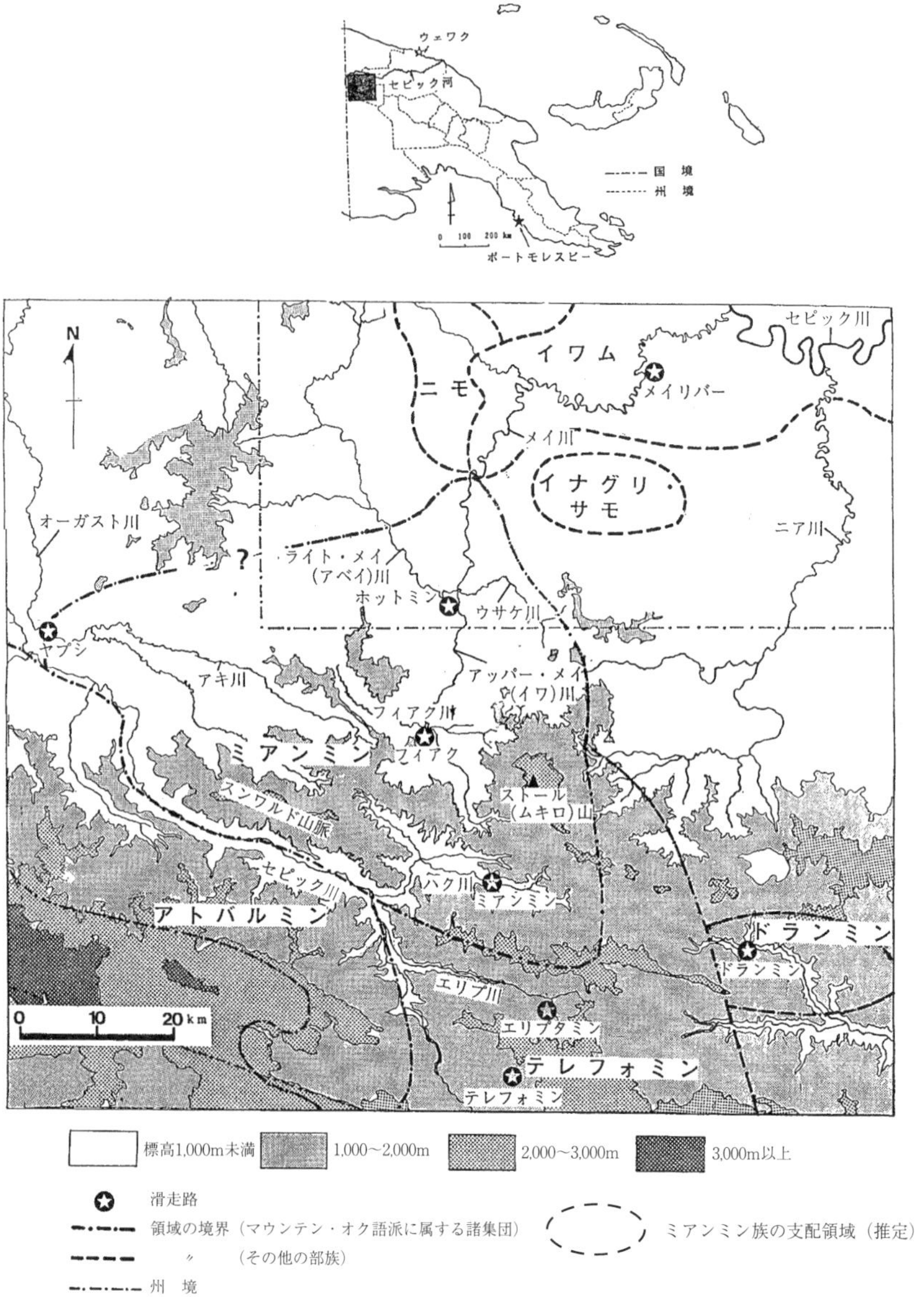

注）諸集団名（太字）とその領域の分布は，Laycock（1981），Swalding（1983），吉田（1985）による。

図5-1　ミアンミンとその周辺領域

パプアニューギニア地図局発行の25万分の1地形図を基に，筆者作成／熊谷 1989a：145-146.

は、飛行機と交信するための無線機も、待合所となる一軒の小屋さえもない。[2] これらの小さな飛行場には定期便の就航はなく、月に一度、州政府から派遣された看護婦が巡回診療にやって来る程度で（写真5-2）、飛行機が降り立つ機会はきわめて稀である。

国土の大部分が熱帯林に覆われ、人口が稀薄で、集落が散在するパプアニューギニアでは、道路網は未発達であり、飛行機は内陸部における最も重要な輸送機関である。したがって、数百を超える飛行場が、全国に点在する。その中にあって、ミアンミンにおける飛行場の存在が特徴的なのは、それらが、政府や教会によって建設されたものではなく、村人自身の発意によって、彼ら自身の労力を用いて作られたものであるという点にある。たとえば、一九八三年に完成した、フィアクの飛行場の場合も、ブルドーザーはおろかチェーンソーさえない中で、人力のみで建設が行なわれ、村人の話によれば、完成までに七年の歳月を費やしている。ミアンミンの人びとをこれほどまでに飛行場の建設に駆り立てるものは、一体何であろうか。それを理解するためには、ミアンミンの人びとの西欧世界との接触の過程と、それによる彼らの社会の変容のあり方を追わねばならない。

パプアニューギニアは、「石器時代」と通称されるような伝統的な生活様式と、現代的な資本主義文明との出会いという、きわめて特異な経験を有する社会である。しかし、この異質な文化の接触、あるいは「衝突」が、一体どのような過程を経て行なわれ、その社会にどのような影響を及ぼしたのかは、未だ十分には語られていない。

本章では、パプアニューギニア高地周縁部に居住するミアンミンの人びとを事例として、そこにおける、西欧世界との接触の過程と、それにともなう彼らの社会の変容のあり方を描こうとする。[3] とりわけ本章の目的は、以下の三点にある。第一に、パプアニューギニアの個別社会において、西欧世界との接触が、どのように進められたのかを、具体的な事実に即して、明らかにすることである。周知のとおり、パプアニューギニアの内陸部の多くの地域では、植民地政府やキリスト教の宣教師を通じての、西欧世界との出会いは、二〇世紀に入ってからのことであり、きわめて新しい。そのなかで、両者の接触の状況は、地域的にも異なり、また植民地政策のあり方にも左右され、必ずしも一様ではない。したがって、個々の社会における西欧世界との接触と、その変容、あるいは「統合」

の過程を明らかにすることは、近年急速に変貌しつつあるパプアニューギニアの「近代史」を描く上でも肝要な作業となろう。第二に、西欧世界との接触が、「伝統」社会にもたらしたインパクトを、具体的かつ質的に検証することである。そこでは、単に外面的な生活のスタイルや、生産の様式における変化のみならず、その背後にある人びとの「価値」の体系がいかに変容を遂げたかという点が問題にされることになろう。さらに第三に、ミアンミンの人びとの社会が植民地支配以前に持ち得ていた「固有の」社会のダイナミズムを、神話と戦争と移動という要素を通じて再構築することである。それらを通じて、現在のミアンミンの人びとの暮らしと意識を覆っている葛藤と「剝奪観」（deprivation）の根源を明らかにしたい。

ミアンミンの領域と生業

ミアンミン[4]の人びとは、パプアニューギニアの中央山脈の北西部、ウェストセピック（West Sepik）州とイーストセピック（East Sepik）州にまたがる地域に居住する、総人口約二、五〇〇人の民族集団である。[5]ミアンミンの人びとの支配する領域は、南のスンワルド（Thurnward）山脈から、北は、メイ（May）川の中流域およびライトメイ（Right May）川流域、西は、インドネシアとの国境に近い、オーガスト（August）川の流域まで、東西約七〇キロメートル、南北約八〇キロメートルに及ぶ（図5-1）。平均人口密度は一平方キロメートル当たり一人に満たず、パプアニューギニアの中でも最も人口希薄な地域の一つである。しかしミアンミンの領域空間の特殊性は、その広大さよりも、その居住環境の多様性にある。ミアンミンの領域の南部は、標高一、〇〇〇メートルを超える急峻な山々が連なる。領域内の最高地点は、ストール（Stolle）山（二、八一三メートル）であり、最も多数の集落が集中するハク谷では、その標高は八〇〇メートル前後である。周囲の植生は、一、〇〇〇メートル以上では、ブナや針葉樹の中山地林（mid-montane forest）、それ以下では低山地林（lower-montane forest）が支配的となる（Morren 1986 : 63）。一方ミアンミンの領域の北限、ライトメイ川とアッパーメイ川の合流点に位置するホットミンの集落は標高五〇メートルに満たない。

ミアンミンの領域は、ハク川流域からメイ川中流域にかけての「東部ミアンミン」と、オーガスト川流域を中心とする「西部ミアンミン」とに分けることができる。これまで、ミアンミンの人びとについての詳しい調査研究は、モレン（Morren, George E. B.）と、ガードナー（Gardner, Donald S.）の二人の人類学者によって行なわれている。このうちモレンは、東部ミアンミンのなかでもハク川流域の高地に住む諸集団を主な調査対象としている。一方ガードナーは、西部ミアンミンにおいてフィールドワークを行なっている。

筆者は、一九八四年、一九八六年、一九八八年の三回、延べ約五〇日間にわたり、ミアンミンの領域の北西端にあたる、ホットミンの村を中心に滞在して調査を行なった。ホットミンは、上述のように東部ミアンミンの中でも、もっとも低地に居住する集団である。モレン（Morren 1986）によれば、ミアンミンの中でも、高地に住む諸集団と低地の集団とでは、その社会の編成のあり方に若干の相違が見られる。[6] ホットミンの集落からメイ川を十数キロメートルほど下ると、サゴヤシを主食とするイワム（Iwam）の人びとの領域に入る。このように、ホットミンの人びとの領域は、いわば山棲みのミアンミンの人びとが、低地の諸集団と対峙するその最前線にあたり、きわめて興味深い位置を占める。そのことは、パプアニューギニアにおける高地社会と低地社会という、二つの相異なる世界の間の関係を考える上でも、貴重な材料を提供するものと言える。

ミアンミンの人びとは、言語学的には、隣接するテレフォミン（Telefomin）、アトバルミン（Atbalmin）などとともに、中南ニューギニア語族（Central and South New Guinea stock）の中の山地オク科（Mountain Ok sub-family）に属する（Laycock 1981）。山地オク科に属する言語集団は、インドネシアとの国境を越えて分布しているが、ミアンミンの人びとは、その北限に位置する。ミアンミンの北には、イワム、およびニモ（Nimo）、イナグリ（Inagure）などの集団が居住しているが、いずれもミアンミンとは、言語系統も生活様式も異にする人びとである。[7] 山地オクの人びとは、基本的には、タロイモ（*Colocasia esculenta*）を主作物とする「山の人びと」であるが、[8] イワムは、サゴヤシ（*Metroxylon Sagu*）から採取するサゴ澱粉を主食とする「川の人びと」であり、[9] パプアニューギニア低地に共通の生活様式を示す[10]（図5-1参照）。

ミアンミンの人びとの生業は、農耕と狩猟である。農耕は「移動農耕」（shifting cultivation）であり、耕地は一回の収穫期間が終わると放棄される。休閑期間も長く、土地利用の集約度は、きわめて低い。ただし火入れの習慣は欠如しているから、「焼畑農耕」と呼ぶのは適切ではない。農耕の方法も、他の高地地方の諸部族と比べても、きわめて簡素であり、土地の掘り起こしや、人為的な排水、灌漑の技術等も用いられない（Morren 1974：72）。農耕の中でもとりわけ重要な位置を占めるのが、タロイモの栽培である（写真5-3）。タロイモは、降雨量が多く、湿り気を含む土壌という、ミアンミンの自然環境に適した作物であり、彼らが摂取する炭水化物の大部分を占めている（Morren 1974：66）。

タロイモの畑は植えた後、およそ一年以内で収穫される。まず畑にする土地の低木や草を刈り取った後、タロの茎を地面に刺す。一週間くらい経ってタロが根付いたら周囲の木を切る。その時、何本かの木は切らずに残しておく。これは日陰を作るためである。また刈り取った草もすべて取り除かず、そのまま畑に敷き詰められている。これは表土の乾燥を防ぐためである。ミアンミンの人びとは二〇種類以上のタロイモを区別して異なる名前を与えており、一つの畑に複数の異なる種類のタロイモを植えている[11]。これは一つのタロイモが害虫等の被害に遭っても、他のタロイモで生き延びられるからである。

ミアンミンの人びとの日常的な食生活はほとんどタロイモだけと言っても過言ではない。タロイモはそのまま焚火に突っ込んで焼くほか、鍋（所持していれば）で煮るのが日常の調理法である。狩猟の獲物などが手に入ったときは、石を焼いて石蒸し料理を作る。この時には、タロイモの中身を掻き出して、手でこね、焼き石の上にバナナの葉を敷き、こねたタロイモを敷いて男たちが右手で平たく延ばしていく。その上に、さらにバナナの葉を敷いて他の材料を重ね、さらに葉を被せて、焼き石を置く。蒸し焼きあがったタロイモは粘りが強くなり餅のような触感が生まれる。そこにパンダナスの中身を水と混ぜてかけると、塩気はないがちょうどパンにバターを塗ったような食感になる。半日がかりであるが、ミアンミンの人びとのご馳走である。

他の主要な栽培作物としては、バナナ、サトウキビ、アイビカ、パンダナス等が挙げられる。パプアニューギニア高地地方の主作物であるサツマイモは、ミアンミンにおいては、比較的近年に導入された作物であるが、とりわけ標高の高い地域では、次第に重要な作物となりつつある。

ミアンミンの生活様式を特徴づけるのは、農耕よりもおそらく狩猟である（写真5-4）。狩猟活動は、魚類の捕獲など一部を除いては、すべて男性によって担われる。村の男たちは、畑に行く時にも弓矢を手放さない。狩猟は、「熱意をもって行なわれ、競争的、個人主義的であり、社会的地位階層の主要な焦点の一つである」（Morren 1974：264）。狩猟動物の中で最も重要なものは、野豚である。他に大型動物としては、ヒクイドリ（cassowary）、小型動物では、クスクス、バンディクート等が代表的なものであり、各種の鳥類も対象とされる。狩猟動物の獲得可能性を高めることは、ミアンミンの人びとが、頻繁に集落の移動を行なう主要な要因ともなっている（Morren 1974：1980：1986）。一方、家畜としての豚の飼育は、他の高地地方の諸部族に比べ、きわめて小規模なものにすぎない。

ミアンミンの人びとと、植民地政府との「接触」が初めて行なわれるのは、一九五〇年のことである。これは、他の高地地方の諸地域に比べ、特に遅いとは言えない。しかし、近年、道路の建設や、換金作物としてのコーヒー栽培の普及などによって、急激な社会経済的変化が進行しつつある高地地方の東部・中央部に比べると、ミアンミンの地域は、そのような開発から取り残され、貨幣経済の浸透も部分的なものにとどまっている。したがって人びとの生活においても、表面的には、上述のような「伝統的」生活様式が維持されている。しかしながら、そのことは、必ずしも彼らの社会が依然として「伝統的」な価値体系によって支配され続けていることを意味するものではない。以下では、それを考察するために、まずミアンミンの人びとと、西欧世界との接触の過程を検討してみよう。

2　西欧世界との接触と社会変容

西欧世界との接触の歴史

ミアンミンの領域に初めて植民地政府の巡視官（patrol officer）が訪れるのは、上述のように、一九五〇年のことである。しかし、人びとは、それ以前にも何度か西欧世界との出会いを経験している。

最も早くミアンミンの領域を通過したヨーロッパ人は、一九二八年のクラウス（Kraus）とチャンピオン（Champion）の一行である。彼らは、中央山脈に発してそれぞれ南と北へ流れる、パプアニューギニアの二大河川、フライ（Fly）川とセピック川とを結び、ニューギニア島を南から北に縦断する探検行を行なった。その途上、彼らは、テレフォミンを出て、エリプ（Elip）川とハク川の合流点を通過し、セピック川を下るという、ミアンミンの領域の南端をかすめる経路を通っている。この時には、ミアンミンの人びととの直接の接触は行なわれていないが、彼らは、テレフォミンのインフォーマントから、他の周辺諸部族の名とともに、「ミアンミン」の名を聞き、初めてこれを記録している（Morren 1981：50–51）。ミアンミンの人びととの直接の接触が実現するのは、一九三六年、ウィリアムス（Williams）らの一行によってである。彼らは、イフィタマン（Ifitaman）谷に飛行場を作り、周辺の土地の鉱脈の探査を行なった。その際、一行は、メイ川とアキ（Aki）川の合流点において、ミアンミンの人びとと遭遇している（Morren 1981：51）。この出会いがどのようなものであったのかについては詳しく語られていないが、興味深いのは、ウィリアムスらが周辺の部族からミアンミンの人びとに対する「悪評」を聞き、それを記していることである。彼らは、スンワルド（Thurnwald）山脈から北へ向かおうとしたところ、この方向、メイ川の上流には、「野蛮で、敵対的な」ミアンミンの人びとがいるということで、運搬人が集まらなかったことを記している。ただし彼ら自身は、ミアンミンの人びとには一度出会ったのみであり、確かなことは言えないとしている（Campbell 1938：242, 245）。

平和裏に終わった最初の邂逅とは対照的な結果をもたらしたのは、ウィリアムスらのわずか二年後にミアンミンの領域に足を踏み入れた、テイラー（Taylor）とブラック（Black）らの一行であった。ハーゲン・セピック巡視行（Hagen–Sepik Patrol）と称されるこの調査行は、一九三八年の三月から翌三九年の六月まで一年三ヵ月以上の期間に及び、一八人の巡査、二三〇人の運搬人による、きわめて大規模のものであったが、その目的は、①当時まだほとんど外部の世界に知られていなかった、マウントハーゲン（Mount Hagen）から西の高地地方、およびセピック川の支流域を踏査し、②それらの地域に居住する諸部族と友好的な関係を打ち立てるとともに、③それらの地域を統括するための政府の新たな基地の適地を探ることであった（Taylor 1971：24）。

出発からほぼ半年以上を要してテレフォミンに到着したテイラーらが、そこからメイ川を下り、セピック川に到達するというルートを選んだのも、メイ川流域がまだ全く探査されていない土地であったことによっていた。しかし、スンワルド山脈を越え、ミアンミンの領域に足を踏み入れた一行は、一九三八年一二月一七日早朝、弓矢を持ったミアンミンの戦士たちに、キャンプを急襲される。この襲撃によって、一行に運搬人として加わっていた一人の原住民の若者が死亡し、四人が負傷する。銃を用いて続く二回の攻撃を防いだ一行は、そのままミアンミンの領域を北に下り、メイ川の下流に到達している。テイラーらのこの長期の探査行において、ミアンミンにおいて示された敵意は、ほとんど唯一のものであり、それだけに彼らにとって大きな衝撃であったことは想像に難くない。テイラーは、次のように記している。

> それまで、ワベック（Wabag）からの行程は、全く平和であった。しかし、ミアンミンでわれわれは、友好的な接触が不可能であるような、ブッシュの人びと、森の民に出くわした。「彼らは、訪問者を望んでなどいないのだ」。ブラックは、乾いた口調で言った（Taylor 1971：39）。

モレンは、ミアンミンの人びとが、テイラーとブラックの隊を攻撃した理由について、一行の中に、当時ミアンミンの人びとと戦争状態にあったテレフォミンの人びとが運搬人として多数含まれていたこと、また一行がテレフォミンの領域からまっすぐ北上するという経路をとったことにより、テレフォミンからの攻撃として解釈されたためと推測している（Morren 1981）。確かに彼が指摘するように、ミアンミンの人びとによって白人に対し加えられた攻撃は、これが最初にして最後であり、もし上記の推測が正しければ、この出来事は、両者にとって不幸な偶然であったと言うべきかもしれない。しかしながらその真相はどうあれ、この「事件」は、おそらく二つの意味でミアンミンの人びとの運命に大きな影響を与えることになった。

すなわち、まずこの事件を決定的な契機として、「野蛮で好戦的な部族」というミアンミンの人びとへのステレオタイプが確立してしまうことである。前述のように、早くから外部世界との接触の機会の多かったテレフォミンの人びとを通じて、すでにミアンミンの人びとに対しての悪評が伝えられてはいたが、この事件は、その風聞をいわば固定化する役割を果たし、その後の植民地政府による彼らへの対応にも影響をもたらすことになった。

また、ミアンミンの人びと自身にとっても、この「出会い」は、衝撃的なものであった。ミアンミンの人びとによるテイラーらの隊への攻撃は、結局、初めて出会った銃の力によって、二人の仲間を失い、人びとは「困惑しながら」退却する結果となった。銃の音・その威力についてのミアンミンの人びとの描写は、彼らの驚愕を的確に伝えている（Morren, 1981 : 52）。

この最初の「出会い」以降、ミアンミンの人びとが、いかに強く白人の「力」を意識せざるを得なかったかについては、植民地政府の巡視官ロジャースによる一九四九年の「巡視報告[12]」のなかに紹介されている挿話が語ってくれている。そこには、ミアンミンの人びとに誘拐された後、逃げ返った一人のテレフォミンの女性の話として、ミアンミンの人びとが彼女に対し、なぜ「飛行機」が繰り返しテレフォミンに向かって飛ぶのか、また白人がテレフォミンに住んでいるのかどうかを尋ねていたこと、また白人が自分たちの土地にやってきたら殺すと息巻くミアンミンの若者たちに、老人が、白人と戦うのは愚かなことであり、自分たちも以前試みたけれどもひどく打ち負かされたと述べた、と記されている（Rogers 1949）。

植民地政府による接触

テレフォミンの地に正式に植民地政府の駐在所（patrol post）ができるのは、一九四五年のことである。そこを基地に、それ以降周辺の部族との接触が進められる。しかし、ミアンミンの人びととの接触が初めて試みられるのは、それから五年後のことである。これは、ミアンミンの人びとの領域がテレフォミンの北隣りにあるということを考えるならば、かなり遅く、そこには、テレフォミンの人びとのミアンミンの人びとに対する敵意と恐怖心に加え、前述のテイラーらの隊への襲撃事件が、ミアンミンの人びとへの「悪評」を確固としたものにしていたという事情がおそらく存在する。

一九五〇年五月二九日から六月二九日にかけて、巡視官ウェスト（West）に率いられた一隊によって、ミアンミンの領域への初めての巡視が実施される。この巡視行には、もう一人の巡視官と、パプアニューギニア人警官二〇人、運搬人六〇人、さらにテレフォミン地域の原住民の首長三〇人が加わっていた。テレフォミンを出て九日目の六月六日、一行は、ストール山の付近で、初めてミアンミンの人びととの接触に成功する。この日、森の中の路跡を辿り、ミアンミンの集落に到達した一行は、そこで村人との接触を試みるが、人びとはみな逃げ去ってしまっており失敗に終る。しかし一行は、野営地の近くで偶然一人のミアンミンの若い女性を発見し、彼女に贈物を与え、帰してやる。すると夕刻になって、村人たちが、タロイモを携えてキャンプに現われる。一行はその後、頻繁な降雨と険しい地形に悩まされ、また度重なるミアンミンの人びとによる襲撃の噂に脅かされながら、メイ川の上流からその支流のワニアプ（Waniap）川にかけて、数ヵ所の集落を訪ね、接触を行なっている（West 1950）。

三年後の一九五三年には、巡視官ノレン（Nolen）らによって二度目の巡視が行なわれる。この際、一行は、ミアンミンの領域を縦断して、メイ川中流まで下り、さらに多くの人びとと接触している。ウェストによる第一回目の接触では、人びとは最後まで警戒心を解かず、女・子供は、全く姿を現わさなかったと記されているが、ノレンは、キャンプを訪れた村人の中に多くの女たちも含まれ、また、時には弓矢を持たずに訪れる者さえあったと報告しており、ミアンミンの人びとの態度が、かなり軟化したことが伺える（Nolen 1953）。一九五五年には、ジョーンズ（Jones）らによる三度目の巡視が実施されている（Jones 1955）。しかし、この時期までの植民地政府とミアンミンの人びととの接触は、部分的かつ断片的なものにとどまり、ミアンミンの社会を大きく変容させるものには至っていなかったとみなすことができよう。

一九五六年に起こった一つの事件は、この関係を決定的に変化させる契機をもたらす。しかし、その契機は、皮肉なことに「伝統」社会内部の論理の帰結として生じたものであった。すなわち、ミアンミンの人びとと、スンワルド山脈を挟んでこれと隣接するアトバルミンの人びととの間の部族戦争である。

巡視官ネヴィルの報告[13]によれば、事件の顚末は、次のとおりである（Neville 1956 : 1957）。この年の七月、アトバルミンの村を訪れた四人のミアンミンの男たちが、アトバルミンの人びとによって殺される[14]。九月、これに対し、殺されたミアンミンの男たちのグループが、報復のためにアトバルミンの村を襲い、四人の村人を殺す。このニュースを聞いた巡視官は、一一月、ミアンミンの人びとと接触して、これ以上の争いを止めるよう通告し、さらに続いて、アトバルミンを訪ねる。しかし、一二月三日、巡視官の一行がアトバルミンの村を離れた直後、ミアンミンのいくつかのグループが合同し、大挙して、アトバルミンの村を襲い、一六人の村人を殺害する。

これに対する政府側の対応は迅速であった。翌一九五七年一月一四日より、約五〇日間にわたり、巡視官ネヴィルの指揮の下に、ヨーロッパ人巡視官三人と、警官・運搬人合わせて一六〇人の原住民から成る大部隊が、ミアンミンの領域に入り、数度の衝突の末、襲撃に加わったと推される、合計二五人の村人を逮捕する。

このような「強硬手段」が取られたのは、こうした部族紛争の拡大が、この地域の秩序の維持にとって好ましからざることであると政府側が判断したためであった。その背景には、いくつかの事情が存在した。とりわけ、見逃すことができないのは、一九五三年にテレフォミンで起きた、白人巡視官殺害事件の影響である。数ヵ所で同時に生じた、テレフォミンの人びとの襲撃により、二人の巡視官と二人の原住民警官が殺されたこの事件は、その被害の大きさにおいて、パプアニューギニアにおける植民地統治の中でも例を見ない出来事であり、政府に大きな衝撃を与えた（Quinlivan 1954, Sinclair 1978）。この事件が、政府に対し、この地域の統制に大きな関心を払わせるととももに、原住民への対応のあり方に変化をもたらす契機となったと推測することができる。

しかしおそらく決定的な理由は、このアトバルミン襲撃事件が、他ならぬミアンミンの人びとによって引き起こされた事件であるというところにあった。逮捕を指揮した巡視官ネヴィルは、その報告書において、ミアンミンの人びとが、このテレフォミンの地域において、いかに攻撃的であり、また周辺の人びとから恐れられていたかをあらためて繰返し語っている。またこの隊に同行した巡視官ブース（Booth）も、同じ報告書において、ミアンミンの人びとが、その獰猛さと狡猾さにおいて比類なき存在であるとの評判を受けていたこと、また、彼らと最初に接触したテイラーとブラックの隊が、「政府の力を彼らに確実に示していた」のに対し、それ以降の巡視隊が、彼らに対して強い態度を示さなかったために、ミアンミンの人びとに政府を侮らせる結果となり、今回の警告を無視した襲撃という事態を招いてしまったと述べ、この事件に対し政府側の毅然とした態度が必要であったと強調している（Neville 1957）。そこには、周辺の部族が「弱者／被害者」であるのに対し、ミアンミンの人びとが「強者／加害者」、すなわち「悪」であるという「明快な」図式と、後者が、「法と秩序」の名のもとに断罪されるべきであるという考え方が示されている。またさらには、ミアンミンの人びとを逮捕することは、単にミアンミンの人びとに対してのみならず、彼らに脅かされ続けてきた周辺の他部族に対しても、政府の権威を誇示することになるとの考慮があったことも確かであろう。

この事件の逮捕者は、上述のとおり二五人であったが、これは、実際に関与した人間を特定した上でのことではなく、「可能な限り多数の」村人を捕えることを試みた結果の数字にすぎなかった。また報告書には、逮捕された村人、あるいは女たちを通じて、逮捕の理由が説明され、彼らにも理解されたと述べられているが、コミュニケーションの困難さを考えればにわかには信じ難いし、[15]「囚人」の取り調べにおいても、どこまで客観的な事実が明らかにされ得たのか疑問が残る。それは、おそらく通訳に当たったのが、彼らの仇敵である周辺集団の人びとであったことを考えれば一層そうである。しかし、このような手続きの不当さをあげつらうことはあまり意味を持たない。重要なのは、これらの出来事が、「伝統」世界の「論理」と西欧世界の「論理」との衝突であったという点であり、その結果、前者が後者に屈服したという事実である。[16]

逮捕された村人たちのその後

逮捕された村人たちは、テレフォミンにて取り調べを受けたあと、飛行機でウェワクに送られる。裁判では、一旦死刑が宣告されるが、後に、ミアンミンの部族民たちは、西欧法の意味における殺人者とは言えないという理由で、懲役刑に減刑され、彼らはウェワクで四年間服役生活を送る（Sinclair 1978）。

刑期を終えた囚人の中から、四人の若者が選ばれ、北部海岸の町マダン（Madang）に送られて、ルーテル教会の学校で教育を受ける。村に帰った彼らは、キリスト教や、ピジン語を教える学校を作るなどの活動を自ら始める。しかし何といっても最も大きな仕事は、飛行場の建設であり、その中心となったのは、アムセップ（Amusep）という男であった。彼は、マダンから戻った後、さらにテレフォミンのバプティスト教会で指導を受け、村に帰って牧師となる。彼の指導の下に、敷地が選ばれ、村人の協力により建設が始まる。この飛行場の出来栄えが優れたものであったことは、モレンが紹介している次の挿話が示している。最初に建設中のこの飛行場を「発見」した政府のパイロットは、これを教会の指導によるものと思い込み、完成間近かであることをテレフォミンのバプティスト教会に伝える。驚いてこれを空から視察した教会の関係者は、大変印象づけられ、この飛行場に着陸を試みたという（Morren 1974 : 51–55）。

ミアンミンの人びとにとって、飛行場の建設は、明らかに新たな世界への接近を企図するものであった。しかしそれは、現実には、人びとが期待するように近づいては来なかったのである。

3　ミアンミンの人びとの「開発」観

ホットミンの村の概要

このような西欧世界との「劇的」な出会い以降、ミアンミンの人びとの社会がどのような変容を遂げたのか、それを、一九八四年と八六年の調査において筆者が主に滞在したホットミンの村を事例としながら語ってみよう[17]。

ホットミンの村は、ライトメイ（Right May）（ミアンミン族の呼び名では、アベイ Abei）川とアッパーメイ（Upper May）（同じくイワ Iwa）川の合流点に位置する（図5-1参照）。行政的には、ミアンミンの人びとの居住地域の大半が、ウェストセピック州に所属するのに対し、ホットミンの村は、イーストセピック州に属する。ホットミンの人びとの支配領域は、ミアンミンの領域の北東端にあたり、ホットミンの集落から、メイ川を約一〇キロメートルほど下ると、そこはもうイワムとの境界である。集落の標高は約五〇メートルであり、すでに述べたように、ミアンミンの人びとの中でも、もっとも低地に居住するグループである。

ホットミンの村は、飛行場を間に挟んで、東西二つの集落に分かれている。西側、すなわち、アベイ川沿いの集落には、この土地の本来の居住者である「ホットミン」のグループ、東側のイワ川沿いには、「テンサットミン」（Tensatmin）系のグループが居住している。後者の人びとは、本来の支配領域はハク川流域であるが、テレフォミンとの戦争の激化によって、一時フィアク川沿いに移住しており、さらにその中の一部の人びとが、植民地政府との接触以後、ホットミンの領域まで下ってきたものである。両者はもともと異なる系譜を有する集団であるが、現在では、通婚などによって、この二つのグループの日常的な生活圏はかなり重複しており[18]、教会・学校といった施設の利用、あるいは、飛行場の維持に伴う共同作業などを通じ、両者の社会関係も密接である。したがって、以下では、両者を共に「ホットミン村」の住民として取り扱うことにする。

一九八六年のホットミン村の人口は一五六人、うち男九三人（既婚者三九人）、女六三人（同三八人）であった。

総世帯数三八世帯のうち、ホットミン系が二〇世帯、テンサットミン系が一六世帯であり、他の二世帯は、ミアンミン以外の外来者である。これら二世帯のうち、一世帯は、政府によりこの村に派遣された、「救護所」（エイドポスト aid post）[19]の担当官（イワム出身）とその家族であり、彼らは、救護所が設置された一九七六年よりホットミンの村で生活している。残る一世帯は、一九八三年に開校した、ホットミンの小学校（community school）の教師（ウェワク付近の村出身）一家であり、一九八六年に来住している。

　飛行場・教会・救護所・学校といった、新たな要素の参入はあるものの、むしろそれにもかかわらず、ホットミンの村人たちの日常生活は、少なくともその生業活動については、「伝統的」な形態が維持されていると言ってよい。

　ホットミンでは、換金作物栽培等の恒常的な現金収入手段は存在しない。したがって、給与所得を得ている前述の救護所担当官と小学校教師、およびこの村の出身者である教会の牧師を除いて、すべての村人たちは、農耕と狩猟という昔ながらの自給自足的な生業活動に依存している。畑を切り開く道具が、石斧から鉄斧に代わったことなどを除けば、基本的な農耕の方法には、大きな変化は見られない。トウモロコシ、パイナップルなどの新たな作物、バナナ等における一部の新品種の導入はあるものの、それらは、それほど大きな比重を占めるものではなく、現在でもタロイモがもっとも重要な栽培作物であり、人びとの食生活のなかで圧倒的な位置を占めることに変わりはない。一方、米や魚の缶詰といった、現在のパプアニューギニアの農村で広範に普及している購入食料は、ホットミンの村人の日常の食卓にのぼることはない。狩猟は、相変わらず男たちの重要な仕事である。狩猟には、現在でも弓矢が主に用いられる。近年村には、二丁の銃が入り（所有者は救護所の担当官）、時折狩猟に用いられている。しかし、現金収入のない村人にとっては、弾丸の購入が困難であり、それほど頻繁に利用されるには至っていない。

　これに比べ、人びとの服装は大きく変わっている。ひょうたん製のペニスケースや、草で編んだ腰蓑などの伝統的な衣装（写真5-5、5-6参照）は、日常的には、ほとんど姿を消し、Tシャツ・半ズボン・ワンピースなど、教会を通じて入手した古着類を身に付けた格好に取って代わられている。しかし、人びとの手持ちの衣類の量は限られており、教会に出かけるときなどを除いて、普段は、むしろほころびかけた衣服を無理やり身にまとっているといった印象である（写真5-7）。外来の二世帯を除けば、村人の所有する消費財は少なく、アルミ製の鍋、ほうろう引の皿・カップ、スプーン、剃刀の刃といったところが主なものである。ランプや懐中電灯を持っている世帯もあるものの、灯油や乾電池の補給が思うにまかせず、ほとんど使用されることはない。

ホットミンの村は、一九八四年から、正式に村長（councillor）制度[20]が発足し、地方行政システムの末端に組み込まれるようになった。しかし、郡（district）役所のあるアンブンティ（Ambunti）までは、村の手漕ぎのカヌーでは、一週間以上の日数を要する。もっとも近いメイリバーの駐在所の役人も、国勢調査や、選挙人名簿の確定といった折以外、訪れることはない。飛行場に飛行機が降り立つのは、普段は、冒頭に述べたとおり、テレフォミンからやって来る月一回の巡診の時のみである。無線はなく、人びとは自分から飛行機を呼ぶことはできない。村人の中で、ラジオを所有しているのは、救護所の担当官、小学校教師、牧師の三世帯だけであり、町のニュースが、人びとの話題に上ることもない。

このように、ホットミンの村の日常生活には、急激な変化が進行しつつあるとは言い難く、むしろその印象は停滞的である。しかしその「停滞」は、決して「安定」ではない。村人との会話の中で、人びとが示すのは、現状への強い不満と葛藤である。以下では、そうした感情を生み出すに至った、ホットミンの人びとを取り巻く状況の変化を、いくつかの場面を通じて描いてみることにする。

植民地政府との接触とプランテーションへの移動

ホットミンの人びとの外部世界との接触は、前述のミアンミンの中心部の人びとに比べやや遅く、一九五〇年代半ばのことと推測される。村人は、最初に政府の巡視官の一行が来訪した時、彼らにタロイモと豚を贈り、塩・石鹸・マッチ・鉄斧などを与えられたことを記憶している[21]。

しかし、ホットミンの人びとを本格的に外部世界に引きずり込むのは、前項で述べたのとまったく同様の「事件」であった。一九五九年の一月、ホットミンの人びとが中心となり、ニモ、イナグレなどの集団に属する下流のサモ（Samo）の村を襲い、四人の村人を殺し、五人の女を略奪する。この襲撃は、難を逃れたサモ村の女によって、メイリバーの駐屯所に通報される。同年の一一月、アンブンティから巡視官メイター（Mater）に率いられた一行が、当時ホットミンの人びとが住んでいた、メイ川支流のウサケ（Usake）川の上流の村にやって来て、村人一五人を逮捕し、連行する（Mater 1959）。彼らは、前述のアトバルミン襲撃による逮捕者と同様、ウェワクへ送られ、三年間服役する。

村人は、この時、初めて飛行機に乗り興奮したこと、初めて海というものを見たこと、米と魚の缶詰という食事が、最初は気味が悪かったこと、ウェワクでは、飛行場の草刈りなどに従事させられ、木の伐採や草むしりなどすべて手でさせられたこと、服役中に何人かの人間は、ピジン語を習得したことなどを、「思い出」として語っている。服役を終えて村に戻った人びとは、もはや伝統的な服装ではなく、また鉄斧や、腰巻など多くの品々を携えていた。

ホットミンの村人が初めてプランテーションに出かけるのは、それから数年以内のことである。最初にプランテーションに行った村人Wの話によれば、その経緯は、次のようなものだった。服役を終え村に戻ったWは、下流のイワムの人びとが、すでにプランテーションに働きに出かけているという話を聞き、単身メイリバーの駐屯所を訪ねる。そこで、白人の実業家に出会い、ニューアイルランド（New Ireland）州の中国人経営のコプラ・カカオのプランテーションに連れていかれる。Wは、そこで二年間働いたあと、いったん村に戻り、再び多数の村人を引き連れて、プランテーションに出かけている。彼が最初にプランテーションから帰ったときに持ち帰った品は、ズボン、シャツ、タオル、石鹸、ナイフ、鉄斧、マッチ、剃刀、スプーン、皿、紙巻煙草などであった。

その後村人たちは、数度にわたり、数名から一〇名程度の人数で、プランテーションに出かけている。このうち、もっとも多数の村人が一時に他出したのは、一九七九年のことである。その体験について別の村人は、次のように語っている。

ある日、メイリバーから巡視官がやってきて、われわれに、プランテーションに行きたい者は、アマ（Ama）（メイリバーの北東約二〇キロメートルの位置にあり、政府の駐在所と、飛行場がある）に集まるよう告げられた。われわれは、四日間かけて、アマまで歩いていった。アマでは、巡視官が、あちこちのプランテーションに電話をかけ、そのうちブカ Buka（ノースソロモン州）の経営者が引き受けることを承諾した。われわれは、飛行機に乗せられて、まずウェワクに行き、それからさらにブカへ飛んだ。

プランテーションでは、十数人が、一つの小屋で、二部屋に分かれ、寝起きした。仕事は、朝六時に始まり、夕方四時に終わった。賃金は、二週間ごとに二五キナ（一九八六年の交換レートは、ほぼ一USドル）が、支払われたが、食事は支給されず、皆で金を出し合って、プランテーションの中にある店で、米や魚の缶詰を買って食べた。二年間働き、終了時には、一〇八キナの契約金が支払われた。賃金と合わせて、一七〇キナほどが手元に残った。

ホットミン村の既婚の男子三九人中一六人までが、プランテーションへの移動の経験者である。村人の延べ移動回数は、二一回となる。これらのプランテーション労働によって、村に持ち込まれた貨幣収入の総額は、おそらく三、〇〇〇キナ程度と推測される。この額は、村人の生活様式を根本的に変え得るほど大きな額ではない。しかし、服役の体験と合わせ、プランテーションでの生活経験や、彼らが持ち帰ったさまざまな消費物資は、人びとの価値の体系に影響を与えるには、十分なものだったのである。

「商店」とその経営

プランテーション労働による貨幣収入が、ホットミンの村にもたらした影響を象徴的に示すのが「商店」（パプアニューギニアでは、トレードストア trade store と呼ばれる）の存在である。ホットミンの村には、村人の所有する二軒の「商店」がある。商店といっても、一見したところは、他の家々と変わらない、ヤシの葉で葺かれた、高床式の小屋にすぎない。しかし、この小屋が、村の他の家々と異なる点は、窓と扉があり、それらには常にしっかりと錠が掛けられていることである。小屋の内部には、いくつかの棚が設えられ、そこにはわずかな数の「商品」が並べられている。「客」がやって来ると、「店主」は、店の中に入って、内側から小窓を開け、窓越しに「客」に応対する。これは、パプアニューギニアの村の商店に共通する形態である。しかし、言うまでもなく大変奇妙なのは、前述のようにまったく恒常的な現金収入のないこのホットミンの村に、このような商店が存在しているということである。実際、筆者の滞在中、村人がこれらの店で物を買うのを見かけたのは、数えるほどであった。

これらの商店で売られている品物の大半は、メイリバーの駐屯所にある商店から村人が仕入れてきたものである。このうち一軒の商店について、売られている品物と、台帳に記載されていた、その仕入れおよび小売価格を調べた。商品の売値は、たとえば海岸の町のスーパーマーケットに比べれば、一・五倍程度とかなり高い。しかし、例えば乾電池一個が仕入れ値四〇トヤ（一〇〇トヤ＝一キナ）で売値が五〇トヤ、米（一キログラム入り袋）が仕入れ値一・三五キナで売値が一・四五キナというように、価格に上乗せされた利幅はせいぜい一〇トヤから二〇トヤ程度であり、これらの商品を仕入れるために少なくともカヌーを漕いで往復三日間を要するということを考えれば、大変つつましい額と言わねばならない。これらのことを考えるならば、これらの商店の「経営」は、現実の利潤を期待したものとは言い難い。とすれば、そこには、どのような「意味」が見出されうるであろうか。

これらの商店の経営者は、一人は、「ホットミン」グループに属する二〇歳前後の若者Uであり、出資者には、同グループの大半の男たちが、名を連ねている。もう一人は牧師Bであるが、こちらは、「テンサットミン」グループに属する。彼もその年齢は、三〇歳前後である。これらの商店は、いずれも一九八二年に設立されている。前述のように、この牧師を含め、二〇〜三〇代の若者を中心とする一〇人の村人が、大挙してプランテーションに出かけ、帰還したのが、一九八一年のことであった。したがって、その際手にした現金が、これらの商店を作る元手となったことがわかる。しかしここで注意しておきたいのは、これらの商店が、多数の村人の出資を受けているとはいえ、人びとの要求を受けて、単にまとめて品物を仕入れてくるといった、いわば「協同組合」的なものとは、質が違うということである。商品の品揃えは、「経営者」の手によって行なわれ、信用買いも存在しない。村人によって購入されない商品は、いつまでも棚の隅に置かれているだけである。これらの点から明らかなように、これらの商店は、決して村人の利便のためなどに設けられたものではない。パプアニューギニアの人びとは、現金収入の獲得をめざした経済活動を一般に「ビジネス」（ピジン語でビジニス bisnis）と呼び慣わすが、むしろ、ホットミンの村の商店もまた――その「実質」ではなく「形式」において――まさに「ビジネス」にほかならない。

プランテーションでの生活を体験した若者たちが、村に帰って始めた「ビジネス」が、商店の経営であったという事実には、少なくとも二つの意味が含まれている。一つは、生産物の出荷という点でたちまち困難に直面してしまう換金作物栽培などに比べ、商店経営が、彼らにとっては唯一の「手の届く」ビジネスであったということであり、またもう一つは、外部の世界を体験した人びとにおいて、その関心と執着が強く向けられるのは、おそらくは「生産」であるよりも「消費」の機会であったということである。

人びとにとって不幸なことに、この「ビジネス」が、ホットミンの村において、利潤を生み出しながら拡大していくことはあり得ない。村人が、手持ちのわずかな蓄えを使い果たしてしまうまでの限られた間、これらの「商店」は、いわば虚構としての「ビジネス」を人びとが演じるための舞台装置を提供してくれるにすぎないのである。

教会と飛行場

ホットミンの村には、バプティスト派の教会がある。教会は、「ホットミン」と「テンサットミン」の両集落の中間にあたる滑走路の脇に、村の他の家々と同様の材料によって建てられている。

教会が建てられたのは、飛行場の建設とほぼ同時であり、一九七〇年代半ばのことである。その契機となったのは、牧師Bによれば一九七三年のバプティスト教会の二人の宣教師の来訪であった。彼らの名前や来訪の目的は定かではないが、彼らの示唆によって、村人は、教会と、飛行場の建設を決意する。建設は、すべて村人の手によって行なわれるが、テレフォミンのバプティスト教会は、建設中には、建設に携わった村人に二週間に一〇キナずつを支払い、完成時には、全体で二〇〇キナを与えている。その後も、しばらくの間、飛行場の維持のための労働に対し、村人に少額の手当が支払われていた。しかしながら、現在では、この支払いは行なわれなくなっている。

教会では、ウェストセピック州のドランミン（Duranmin）にある神学校で学んだ、二人の村人が、牧師を勤めている。教会の運営は、もっぱら彼らによって行なわれている。毎日曜の朝には、礼拝が行なわれ、村人は、ピジン語で書かれた聖書を抱えて集まってくる。礼拝には、毎回ほぼ半数ほどの村人が参加し、その顔ぶれは、だいたい固定している。説教は、ピジン語と、ミアンミン語半々で行なわれる。説教の内容は、聖書の講釈と、日常生活に関する訓話が中心である。二人の牧師のうちでも、中心となっているのは、前述の商店の経営者でもある三〇歳前後の牧師Bである。彼は、ホットミンの村の中でもきわめて特異な個性を有しているが、また他方で彼の言動は、村人の「開発」に対する態度を最も凝縮して示しているように思われる。

Bは、村長Jと並んで、村の一方の代表者である。しかし、村のまとめ役としての性格の強い村長Jに対し、彼の存在が重要となるのは、村の外部との交渉である。たとえば、村に飛行機がやってきたときは、村人にとって、貴重な外部との結びつきの機会である。そこにおいてMAF（Mission Aviation Fellowship）[22]のパイロットを相手にさまざまな要求を突きつけるのは、Bの役回りである（写真5-8）。また、彼は、時折、テレフォミンのバプティスト教会の会合に出席もする。村人が、Bに一目置かざるをえないのは、彼が、教会という回路を通じて、いわば、外部世界の富を引き出しうる力を握っているからにほかならない。

Bの態度はきわめて高圧的であり、権威主義的な印象を与えるが、一方では、彼の言動は、きわめて現世的であり、精神的というよりむしろ物質主義的である。上述のとおり、Bは牧師を勤めながら、商店も所有している。また、いつもラジカセを大きなヴォリュームで鳴らしながら、持ち歩いていた。

ある日、筆者を訪れたBが、自分の言うことをぜひ政府に伝えてくれと前置きしながら語った「要求」は、その順序も含めて、彼の述べたまま記せば、次のようなものであった。

1. 政府は、この飛行場の維持に金を出すべきである。
2. 政府は、教会の建物をトタン屋根に変えるための費用を出すべきである。
3. 政府は、この村で、ゴムやコーヒーや米などの、ビジネスを始めるための金を出すべきである。
4. 政府は、自分の商店を助けるための金を出すべきである。
5. 政府は、草刈機とガソリンを購入する金、無線機を設置するための費用を出すべきである。
6. 政府は、学校に対し金を出すべきである。

教会の改築や、自らの所有する商店への援助まで含めて、一括して「政府」への要求事項としていることの錯誤を笑うことはたやすいが、そこには、ホットミンの人びとにとっておそらくは共通の感情が込められている。それは、外部世界に「救済」を要求しようとする態度である。これらの要求の中の「政府」という言葉は、「教会」に置き換えてもかまわない。そしてこのような態度は、人びとの「無力感」と表裏一体の関係をなしている。

前述した、ホットミンの村への宣教師の来訪は、わずか、一週間程度のものであったというが、それが村人に与えた影響は、決して小さいものではなかった。宣教師の指示に従って、人びとは、植民地政府との接触以降も秘かに保管しておいた祖先の骨や、儀礼の道具などの呪物をすべて捨て去ってしまう。そして、飛行場と教会の建設に着手する。そこには、おそらく、それらの行為が、彼らに「開発」をもたらしてくれるであろうことへの期待と確信があった。しかし、それらの期待は満たされることなく、さらに、飛行場の維持への報酬という、彼らにとっては、唯一細く残された外部世界からの富の流入の経路も絶たれようとしている。[23]

ホットミンの小学校は、一九八三年に設立されたが、最初に派遣された教師は、「あまりに辺鄙な場所であるために、嫌気がさして」（村人の談）逃げ帰ってしまった。一九八六年二月に新しい教師が来住し、現在第三学年

（Grade 3）と第四学年（Grade 4）の二つのクラスが、開講されている。しかし、学校に通うためには、年二キナの学費が必要なため、学齢期の子供が、全員参加しているわけではない。また、仮に、この村で六学年を無事終了したとしても、上級学校に通うためには、寮費なども含め、年に数百キナもかかるため、彼らが進学できる可能性は、まったくない。したがって、学校という「窓」も、彼らにとっては、外に向かって開かれてはいない。

これまでの議論で明らかにされたのは、外見的には、「伝統的」生活様式を残しているミアンミンの人びとが、もはや「伝統」の世界を生きてはいないということである。その背景には、彼らと西欧世界との接触の過程がある。ミアンミンの人びとと西欧世界との出会いは、きわめて強烈なものであった。植民地政府によって行なわれた「逮捕」とそれに続く人びとの「服役」がもたらした影響について言えば、すでに述べた、西欧世界の「力」への屈服という意味以外に次のような点が指摘されよう。第一に、ミアンミンの人びとが、政府や教会を通じた、段階的な接触と統合の過程を経ることなく、多くの成年男子が一時に、まったく未知の環境に移され、その中で外部世界に直面するという特異な経験を強いられたことである。また、それに加えて指摘されなければならないのは、ミアンミンの社会の中で、「戦争」が、祖霊信仰や、儀礼と強く結びついており、集団内の凝集性や、ミアンミン内の集団間の結束などをもたらす機能を果たしていたということであり、したがって、部族間戦争の停止は、ミアンミン社会のダイナミズムを少なからず奪い去る役割を果たしたとも言いえよう。これについては、次節であらためて検討する。

しかしながら、また一方で強調されねばならないのは、西欧世界との接触によって、ミアンミンの人びとの間に生み出された葛藤を、単純に「伝統」社会の解体の結果、あるいは、「近代」世界への不適応として捉えることは、適切ではないということである。飛行場建設や、商店の経営に見られるような人びとの営為は、それ自体は、まったく非合理なものでも無意味なものでもなく、むしろきわめて「プラグマティック」な——そのような表現が適切であるかどうかは別にして——ものである。それらを虚構や徒労に終わらせているのは、彼らの営為そのものではなく、彼らを取り巻く「状況」の側に他ならない。ミアンミンの人びとにおいては、そのような「伝統」世界の解体そのものに由来する混乱や無秩序といった現象は、ほとんど見出されない。それは、たとえば、彼らの隣人であるテレフォミンの人びとが、前述の植民地政府に対する「反乱」や、あるいは「集団的ヒステリー症状」[24]といった、いくつかの「不適応」の徴候を示していることに比べ、非常に対照的である。そのことは、上述したような、彼らの劇的な西欧世界との接触の過程を思うならば、きわめて驚くべきことと言わなければならない。

ミアンミンの人びとが、なぜ――わたしたちの眼から見るかぎり――いともあっさりと「伝統的」価値から「近代的」価値への「改宗」を成し遂げたのか、これは、きわめて興味深い問題である。わたしは、それに対する十分な解答を持ち合わせているわけではないが、おそらく考慮されるべきは、ミアンミンの人びとの「世界観」との関連である。ガードナー（Gardner 1981：1987）は、ミアンミンの世界観が、きわめて「人間中心的」あるいは、「状況主義的」な性格に彩られていることを指摘している。たとえば、ミアンミンの世界観における「死者の霊」（*bakel*）は、彼ら自身の村に住み、畑を作り、豚を飼い、狩猟をし、子供を作り、互いに戦争もしさえする、すなわち人間のすることなら何でもするような存在である。そして驚くことに、この祖霊の住む村は、最近政府と接触し、現在では、「祖霊の大半は、ズボンを履き、腕時計をはめ、村では商店が営まれている」（Gardner 1981：152）という。また彼によれば、「精神世界」についてのミアンミンの人びとの観念の特質は、予見として存在するような「命題的な知識」や「権威」によって、物事が解釈されるのではなく、むしろ状況に応じて解釈が行なわれるという点にある。「精神世界についてのミアンミンの人びとの信仰に対し、統一性を与えるような力は存在しない。なぜなら、それは日々の生活の中において明らかになるものだからである」（Gardner 1981：153）。ここに示されたようなミアンミンの人びとの「人間中心的」・「状況規定的」な世界観が、どこまで彼らによる新たな環境への「適応」に貢献するものであったかは、きわめて興味深い課題である。

ガードナーはまた、ミアンミンの人びとが、自らを「近代世界を支配する力との契約関係にあるもの」とみなし、「その関係は、互酬的な原則に基づくもの」と捉えていることを指摘し、そこでは、「彼らが、『開発』を手に入れるかどうか、そして、それをどこまで得られるかというのは、経済的な問題というよりも、むしろ『モラル』

の問題」なのであり、これは、「彼らの伝統的な世界観から言えば、彼らが自然に取るべき見解である」と述べている（Gardner 1981：33–34）。このような見解に立つなら、ミアンミンの人びとの抱える葛藤の所在が、より明瞭に見えてくる。すなわち彼らにとって、伝統的な慣習を捨て、飛行場を建設するというのは、いわば外部世界との「契約」に対する彼らの側における「義務」の履行であり、「開発」は、これに対し外部世界に当然要求されるべき「権利」にほかならないのである。

ミアンミンの人びとによる西欧世界との接触の過程を語る上で、「飛行機」は繰り返し現れてくる主題である。植民地政府との接触以前、テレフォミンへ飛ぶ飛行機を見送っていたとき、ウェワクへの護送で初めて飛行機に乗せられたとき、服役中の労働で飛行場の草むしりをしていたとき、プランテーションに出かけるとき、そして村の飛行場にはじめて飛行機が降り立つとき、常にそれは、人びとの視界の焦点に存在していた。「飛行機」は、人びとにとって「開発」の象徴であると同時に、彼らの世界と「近代」世界とを結ぶ「橋」であった（Saito 1985）。しかし、その「橋」は、一方通行であり、彼らの側から渡ることはできない。いずれにせよ、ミアンミンの人びとの不幸は、彼らの新たな世界への「不適応」の結果ではなく、むしろ、あまりに早すぎた「適応」の結果であった。そして、彼らには、「伝統」に退行する道は、もはや残されてはいない。

強烈な陽射が滑走路の叢を照りつけ、何物も動かないような昼下り、どこからともなく爆音が聞こえてくる。それは、次第に大きくなり、頭上へと近づいてくる。「飛行機だ。こっちにやって来るのだろうか」。わたしの声に、村人は、眉一つ動かさず答える。「あれは、テレフォミンに行くのだ」。ウェワクからテレフォミンには、定期便が通っている。村人は、毎日頭上を通り過ぎる飛行機と、村に降りてくる飛行機の音を聞き誤ることはない。爆音はいつのまにか彼方へ消え去っている。そして人びとは、また「飛行機のやってくる時」を待ち続けるのである。

4 植民地化前の社会のダイナミズム

「未開社会」と称されるような社会が、歴史を持たない、静止した社会であるとする認識は、もはや過去のものとなっている。確かに「未開社会」の多くは、無文字社会であり、そこには書き表わされた記録としての「歴史」は存在しない。しかしながら、人びとは、語りや、音楽や、儀礼などさまざまな場面を通じ、過去に起こった、あるいは、過去に起こったと信じられている出来事を記憶し、再現し、再構成する術を知っている。人びとが、自らの属する「世界」の形成の過程を物語るものとして、「神話」がある。神話には、人びとの宇宙観の構造と同時に、人びとの織り成す社会の動態的な変化の過程への認識――すなわち歴史観――が凝縮されている。

祖先神話

本節では、ミアンミンの人びとに伝わる一つの祖先神話から話をはじめたい。わたしが、一九八四年、初めてホットミンの村を訪れた際に、そのリーダーである村長のJから採集したその神話は、次のようなものであった。

昔、テレフォミンの近くのアケイヤオコ岩[25]に、われわれの祖先の女が住んでいた。ある日、彼女はそこを出て、ムキロ山へやって来た。そして、ムキロ山に向かい「わたしと結婚してくれるか」と尋ねた。しかし、彼女には尻に大きな傷があり、それが腐ってひどい臭いであったため、ムキロ山はその申し出を断った。彼女はさらに歩いていき、今度はカサ山にやって来た。そして同じように、自分と結婚してくれるかと尋ねたが、カサ山にも、同様の理由で断られた。彼女はさらに下って、エクレモ山にも尋ねるが、やはり断られた。彼女は最後に、ウェイェイヨ山のところにやって来て、同様に、自分と結婚してくれるかと尋ねた。すると、ウェイェイヨ山は、それを受け入れた。そこで彼女は少し歩き、ウェイェイヨ山の近くのビシュモまで行った。その途中、彼女の尻の傷からは、膿がしたたり落ち、それが地面に触れると、そこからサゴヤシが生えた。ビシュモに着いた女は、そこから、それまで自分のビルム（網袋）の中に入れて持ち歩いてきた、サゴヤシや野豚・ヒクイドリといった、たくさんのものを、ミアンミンの土地に背を向け、下流へ向かってすべて投げ捨ててしまった。それ以来、下流の地では、たくさんのサゴヤシや、野豚・ヒクイドリなどの動物が獲れるようになった。しかし、その時彼女が背を向けていたホットミン（ミアンミン）の領域には、サゴヤシと狩猟動物はわずかしかなく、もっぱら畑の食物しか得られないようになってしまった……（傍点は筆者）

この物語に出てくる山々のうち、ムキロ山とは、ミアンミンの領域中の最高峰（標高二、八一三メートル）であるストール山（Mt. Stoll）を指す。またカサ山は、フィアク川とアッパーメイ（イワ）川の間にそびえ、標高は一、九八七メートルである。ライトメイ川沿いにあるエクレモ山と、メイ川沿いのウェイイェイヨ山は、いずれも標高は四〇〇メートル前後であり、前二者にくらべれば小さい。ウェイイェイヨ山は、ホットミン村の立地する、ライトメイとアッパーメイ川の合流点から、メイ川を少し下った地点に位置する（図5-2参照）。ビシュモは、このウェイエイヨ山とメイ川の間に挟まれた土地を指す。そこはホットミンの支配領域の北限、すなわちミアンミンの領域の北東端にあたる。付近一帯には、サゴ林の自生する湿地が広がり、ホットミンの人びとが遠征して狩猟を行なう場所の一つともなっている（図5-3参照）。

後に、この神話を、もともとハク川流域を居住域とするが、現在ではホットミンの地に移り住んでいる、テンサットミン集団に属する村人に語ってもらった。その結果、次の三点の異同を除けば、物語の大筋はまったく同一であった。その相違は、第一に、テンサットミン・グループの村人の話では、最初に祖先の女の住んでいた岩の名前が、アロコットであったこと、第二に、祖先は姉妹であり、姉の名はフティカニ、妹の名はディモソンということ、そして、妹のディモソンのほうが、姉を残して下ってきたという説明が付け加えられていたこと、第三に、ディモソンが結婚を申し込んだ四つの山のうち、三番目の山がライトメイ川に近いエクレモから、ホットミンの領域の中央部に位置するリリコイに入れ替わっていたこと（図5-2参照）、である。

同一の物語が、モレンによっても紹介されている。彼のモノグラフでは、この話はより長い神話の一部として記されているが、これを関連部分のみ引用すれば、次のとおりである。

昔、二人の女が、東の方から、セピック川の上流へやって来た。二人は姉妹で、姉の名をフィティプカニプ、妹の名をディモソンといった。ディモソンは、植物や動物の一杯詰まったビルムを担いで北へ向い、ユワ（Yuwa）川（アッパーメイ川）の流域へと入った。そこで彼女は、ムキル山（ストール山）に向かって、自分と結婚してくれるように頼んだ。しかし、彼女のビルムと身体の双方から生じる強烈な臭気のために、ムキル山はそれを断った。彼女はさらに北へと向かい、今度はカサ山に求婚するが、カサ山もやはり彼女を拒んだ。最後に、アベ（Abe）川（ライトメイ川）の近くまでやってきた彼女は、ウェヤ山に結婚を申し込む。すると、ウェヤ山は、これを受け入れた。

ディモソンは、驚いてあやうくビルムを取り落すところであったが、すばやく身を反らせ、それを地面に置いた。そのとき、彼女は片方の足に全部の体重をかけたので、立っていた石の上に足跡が残った。この足跡は、今でもミサウェと呼ばれる場所にある[26]。サゴの芽やサトウキビの茎、クスクス、魚、亀、鳥、野豚など、彼女のビルムの中味は、そのあたりの森や湿地や川にこぼれ落ちた。この土地の産物が豊かなことで知られるのは、このためである（Morren 1986：203）。

ここに登場する三つの山、ムキル（ムキロ）山、カサ山、ウェイ（ウェイエイヨ）山は、いずれも前述のホットミンでの物語と共通している。すでに述べたようにモレンが、おもに調査を行なったのは、ティメイミン（Timeimin）、テンサットミンなど、ウェストセピック州のハク川流域に居住するミアンミンの諸集団である。このことからこれらの神話は、少なくともハク川流域からメイ川流域に至る、いわゆる東部ミアンミンの人びとの間では、共通に語られていることがわかる。

これらの物語に基本的に共通する要素を抜き出せば、次のようになろう。①祖先の女が、サゴヤシや野豚などの

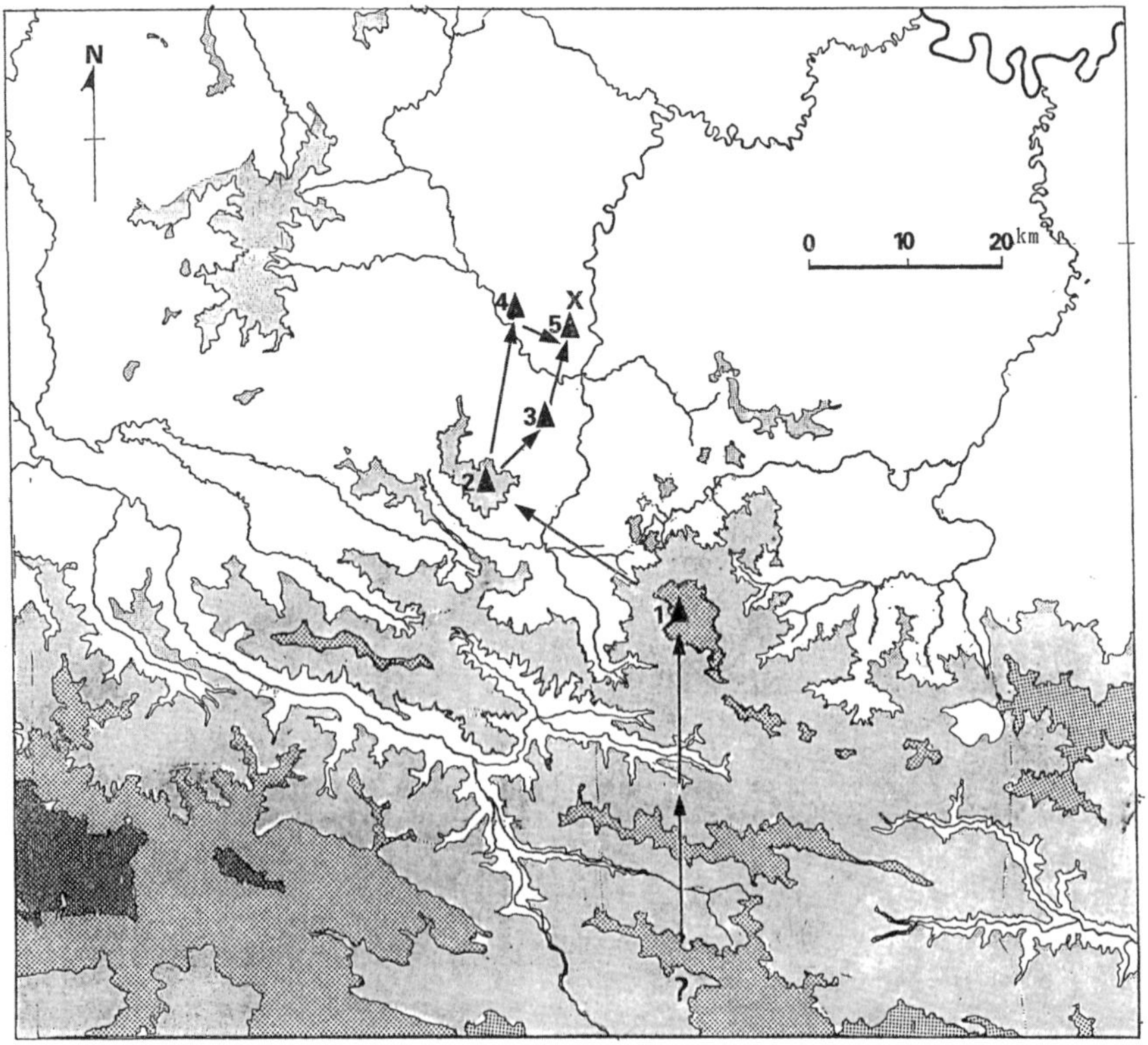

1,000m 未満　1,000 ~ 2,000m　2,000 ~ 3,000m　3,000m 以上

1　ムキロ（ストール）山　2　カサ山　3　リリコイ山　4　エクレモ山
5　ウェイェイヨ山

×　祖先の女性の「足跡」の残る石のある場所

図 5－2　ミアンミンの祖先神話の女性がたどった道筋

パプアニューギニア地図局発行の 25 万分の 1 地形図を基に筆者が作成した地図に，フィールドワークで得たデータを重ね合わせて作成／熊谷 1989a：148

資源の詰まった網袋（ビルム）を携え、南から北（高地から低地）へと下る。②女は、複数の山に求婚するが、山々は、彼女の臭気を嫌い、それを拒否する。③最後に、ミアンミンの領域の北限にあるもっとも低地の山が、彼女の求婚を受け入れる。④祖先の女の携えてきた資源（富）は、彼女の手を離れ、低地に散逸する。⑤以来、サゴヤシや野豚などの狩猟動物が、低地において豊富に得られるようになる。

　この神話は、いくつかの点で大変興味深いものを持っている。まず奇妙に感じるのは、本来ならば、自らの世界に富をもたらすべき祖先が、他の世界に富を与えてしまうという結末である。すなわち、自らの世界に存在するものの成立の根拠を語るはずの神話が、ここでは自らの世界に欠落するもの、あるいは失われてしまったものの由来について語るという、逆転した形を取っている。

　さらに、この神話のモチーフの中には、「高地」と「低地」という二つの相異なる世界への、ミアンミンの人びとの対照的な認識が、象徴的に示されている。それは、一言で言えば、祖先の土地でありながら、サゴヤシや狩猟動物といった「資源」の少ない「高地」と、他者の土地ではあるが、豊かな「低地」という対照である。さらにそこから、高地／低地、男性／女性、清浄／汚穢、不毛／豊饒、といった二項対立の図式を導き出すこともできよう（表5-1参照）。そこでは、自然の産物に恵まれてはいるが、汚穢に支配され住むには適さない土地[27]といった、「低地」に対するミアンミンの人びとの認識の持つ「両義性」が明らかとなる。

　しかし、本節の目的は、こうしたミアンミンの人びとの世界観の静態的な構造を見出すことにあるのではない。より重要なのは、そうした構造の存在を、移動や戦争に示されるミアンミンの人びとの行動様式と集団関係のダイナミズムとの関連において捉えることにある。以下では、移動、戦争をキーワードに、そのための考察を行なってみたい。

移動

　モレンも述べるように、ミアンミンの社会を考える上で、「移動」は、きわめて重要な要素をなす。モレンは、

表5－1　ミアンミンの祖先神話における二項対立の構造

高地	低地
山	湿地
祖先の土地	他者の土地
男性	女性
清浄	穢れ
不毛	豊穣
タロイモ（栽培植物）	サゴヤシ（採集食料）
	野豚，火喰鳥（狩猟動物）
畑作物	森の産物
人間によって作られるもの	自然によって与えられるもの

筆者作成／熊谷 1989a：150 を一部修正

空間的移動を、個人または下位集団の、領域内部における「移動」（movement）と、集団構成員の変化を含む「移住」（migration）とに区別し、それらの環境条件の変化への適応手段としての重要性を論じている（Morren 1980：1986）。ここでは、モレンが論じている移動類型のうち、畑への往復や領域内での狩猟活動といった「日常的移動」（diurnal movement）を除いた、居住地の一時的、恒久的な移転をともなう移動（移住）について問題にしたい。

筆者が滞在したホットミンの村は、アッパーメイ川（すでに述べたように、ミアンミンの人びとの呼び名は「イワ」川であり、以下ではこの呼称を用いる）と、ライトメイ川（ミアンミンの呼称は「アベイ」川）の合流点に位置する。村の中央には、小型飛行機がようやく着陸できる程度の小さな滑走路がある。この滑走路は、一九七三年に、村人自身の手によって作られたものである。ホットミンの村は、この滑走路をはさんで、二つの異なる集落に分かたれている。滑走路の北側、すなわちアベイ川の側には、本来の「ホットミン」の人びと（以下、地域・領域名としてのホットミンと、集団名としてのホットミンを区別するため、後者の場合には、「ホットミン」の表記を用いる）集落がある。これに対し、滑走路の東、イワ川の側には、もともとハク川流域を自らの領域とする「テンサットミン」グループに属する人びとの集落が位置している。これらの「テンサットミン」の人びとが、ホットミンの地へ移住してきたのは、一九六〇年以降のことである。すでに述べたように、一九八六年のホットミン村の総世帯数三八のうち、救護所担当官および小学校の教員一家という外部者の世帯を除くと、その構成は、「ホットミン」グループが二〇世帯、「テンサットミン」グループは一六世帯となる。「テンサットミン」グループの来住の経緯については、後に詳しく述べる。重要なのは、現在のホットミンの村に居住する住民のほぼ半数が、ホットミンの地以外で生まれた人びと、すなわち「移住者」によって占められるという事実である。

ホットミンの集落が現在の場所に定着するのは、一九六〇年代後半以降のことと推定される。人びとの定住の契機となったのは、上述の滑走路の建設と、それとほぼ同時期に行なわれた救護所の設置であった。しかしそれ以前には、「ホットミン」の人びとは、一ヵ所に長期にわたり定住することはなく、集落の移動はきわめて頻繁に行なわれていたと推測される。表5-2は、五〇歳代と推測される村人が語った、「ホットミン」の集落の移転の過程を示したものである。ここにあげられた地名のすべてを正確に比定することは困難であるが、そこから集落の移動の頻繁さと、その移動経路の大筋を想像することはできる。

最初に名が挙げられているコボルノビヨ（Kobol Nobiyo：「ヒクイドリの土地」の意味）は、「ホットミン」集団の共通の祖先と観念される、キンタウナとイフェティブロの兄妹が、ヒクイドリの卵から生まれたとされる神話の場所である。現在の「ホットミン」の集落が存在するハマビプ（Hamabip：'bip' は、ミアンミン語で「村・集落」をあらわす接尾辞）は、「人びとが死んだ場所」の意味であり、その名が示すように、これまでも何度か村が作られてきた、祖先からの場所として認識されている。村人の話によれば、かつて植民地政府との接触以前、部族間の戦争が日常的であった時代には、現在のように、敵の攻撃を受けやすい川のほとりに集落を作るということはなかった。一九六〇年代の半ばに、ウサケ川をはなれ、アベイ川とイワ川の合流点近くの河岸にもうけられた集落の場所の名がドゥベロビップ（Dubelobip：「人の顔のよく見える場所」、すなわち見通しのよい場所）と名づけられたのは、そのためである。

ここに示された地名とその場所の説明に従うならば、「ホットミン」の集落は、アベイ川沿いから、まずフィアク川方面へと移り、リリコイ山を経由して、ウリアケ川からアベイ川へと戻っている。そして、その後しばらくウ

表5-2　ホットミン集落の場所の変遷

	地　名	位　置
1	コボル・ノビヨ	アベイ川沿いアコモビプ（現在「ウサルミン」の集落が立地する場所）の対岸
2	ハマビプ	現在の「ホットミン」の集落のある場所
3	アゴウビプ	イワ川流域（現在「テンサットミン」グループの集落が立地する場所より少し上流）
4	ケイマビプ	フィアク川流域
5	ワラフマビプ	フィアク川流域
6	ドゥガメビプ	リリコイ山の付近
7	リリコイビプ	リリコイ山
8	スキミタビプ	ウリアケ川の上流
9	キシュンサロビプ	アベイ川沿い（ウリアケ川との合流点よりも少し上流）
10	アコモビプ	アベイ川沿い（現在の「ウサルミン」グループの村のある場所）
11	ハマビプ	
12	ソコビプ	ウサケ川の上流
13	アヨリアビプ	ウサケ川流域
14	モロビプ	ウサケ川流域
15	ミマビプ	ウサケ川流域
16	イタビプ	ウサケ川流域
17	ドゥベロビプ	アベイ川とイワ川の合流点（現在のホットミン村に近接）
18	ハマビプ	

筆者作成：地名はホットミン村での聞き取りによるハマビプ（現在のホットミン村の場所）には繰り返し立ち戻っている。／熊谷 1989a：151 を一部改変

サケ川の上流に場所を移した後、現在の場所にやって来たということになる(図5-3参照)。

集落の移動の頻度について一つの推計を試みてみよう。前節において紹介したように、ホットミンの人びとが初めて植民地政府と接触して二年後の一九五九年一一月に、「ホットミン」の村人一五人が、下流のサモ村を襲撃した件で逮捕され、海岸の町ウェワクに送られるという事件が起こる。村人の話によれば、植民地政府の巡視官が訪れ、村人を逮捕したのは、アヨリアビプ（Ayoliabip）に村があったときであったという。一方、植民地政府の巡視報告によれば、集落が現在のアベイ川とイワ川の合流点に移ったのは、一九六四年九月から、一九六八年三月までの間であることが明らかである。したがって、この間の五年から八年半ほどの間に、少なくとも四回の集落の移

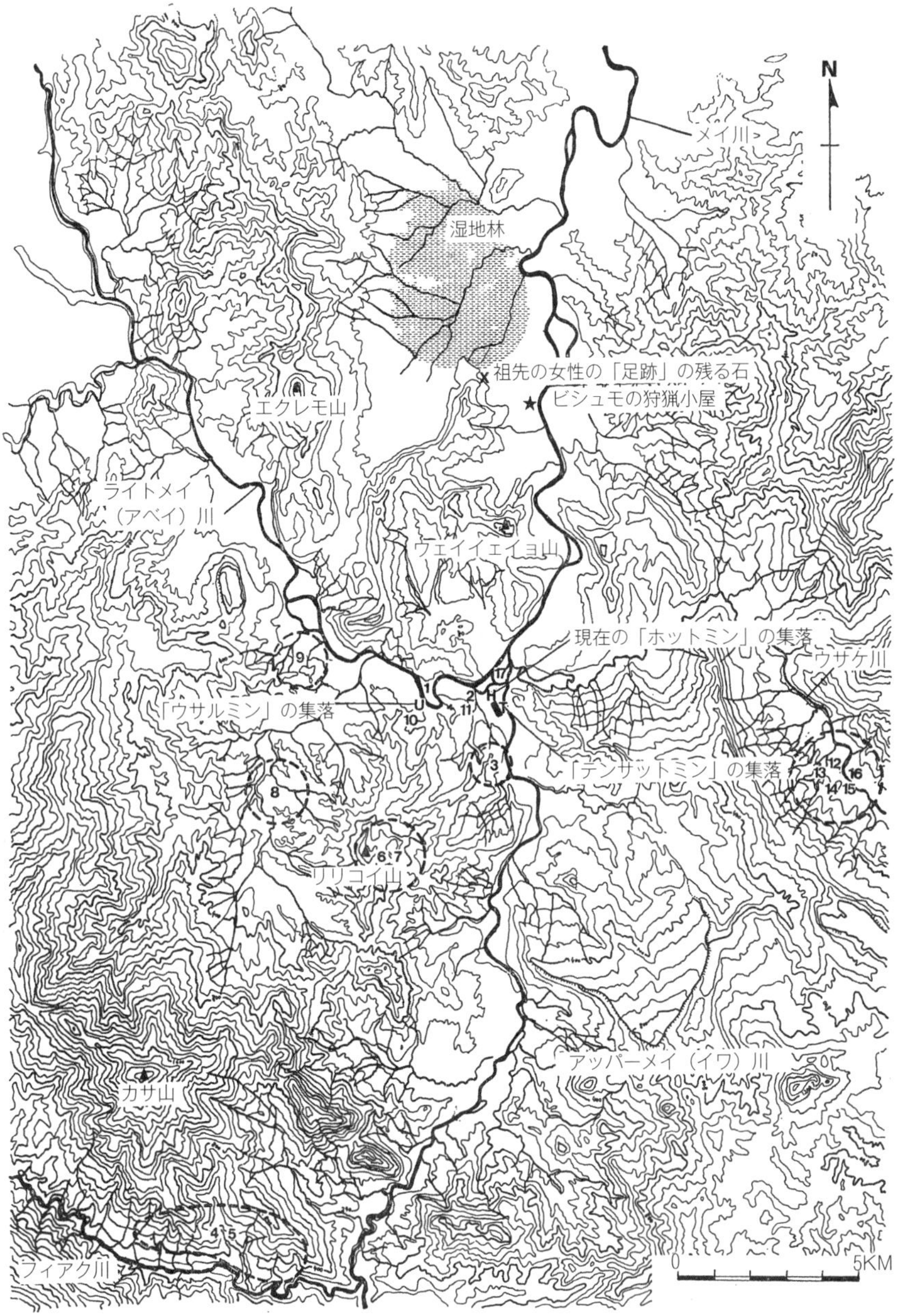

図5-3　ホットミンの領域と推定される集落移動

パプアニューギニア政府地図局発行の10万分の1地形図（等高線間隔は80m）を基に，聞き取りの内容を加えて作成。地図内の数字は表5-2の番号に対応。点線内の集落の位置についてはおおよその推測の域を出ない／熊谷 1989a：152.

動があったことになる。こうしたかつての「ホットミン」の人びとに見られるような、頻繁な集落の移動は、二つの異なる側面から解釈することができる。第一に、農耕や狩猟といった生業活動との関連、第二に、人の死などの突然の不幸や災難からの逃避という要因である。

ホットミンの村人は、「かつては、新しく畑を作って、収穫が終わり、家の周囲に草が伸びてくると、そこを離れ、新たな場所に家を建てた」と述べる。ミアンミン族の農耕は、タロイモを主作物としたいわゆる移動農耕であり、一回の収穫期間が終わると、耕地は放棄される。休閑期間も十数年以上にわたり、土地利用の集約度はきわめて低い（Morren 1986：79）。ミアンミンで本格的に鉄器が使用されるのは、植民地政府との接触以後のことであり、それ以前にあっては、除草は大変困難な作業でもあった。耕地の移動に伴い、集落の移動が行なわれたと考えることは自然である。しかし農耕だけが、集落の移動を引き起こした要因とは言いがたい。むしろモレンの言うように、一ヵ所に定住することによって生じてくる狩猟動物の獲得可能性の低下が、集落の移動を促す大きな要因であったと考えられる（Morren 1974：1980：1986）。

狩猟活動は、男性によって担われる。[28] ミアンミンの男性の日常の労働時間配分に占める狩猟の比重は、きわめて高い。[29] 彼らは皆、自らが得ようとする動物の生息する土地とその動物の行動様式の特性についての、精緻な知識を持ち合わせている。「彼らは、自らの手に配られた生物間のさまざまな結びつきと連関した可能性について熟知している、すぐれたポーカー・プレイヤーのようなものである」（Morren 1986：120）。

またミアンミンの男達にとって、狩猟活動は、単に食料資源を得るという以上の重要な意味を持っている。モレンが評しているように、それらは「熱意をもって行なわれ、競争的、個人主義的であり、社会の地位階層の主要な焦点の一つである」（Morren 1974：264）。また後に述べるように、時にはミアンミン内のローカルな集団の領域を越えて、長期にわたる狩猟の遠征が行なわれることもあった。そこでは、遠征者（多くは高地の集団（アムナカイ））と、それを受け入れる人びと（低地の集団（サナカイ））との間に、一定の結びつきが存在した。

集落の頻繁な移転が行なわれなくなった現在、ミアンミンの人びとが、どのような方法で狩猟の効率性を確保しようとしているのかについて、記しておこう。ホットミンの男たちは毎日畑に行くときも弓矢を手放さない。しかし、本格的に狩猟に従事しようとするときには、集落を離れ、狩猟キャンプに出かける。村人は、「ホットミン」・「テンサットミン」のそれぞれの集団ごとに、合計五ヵ所の狩猟キャンプを有している。これらのキャンプは、いずれも集落よりも五キロメートル以上離れた、イワ川の下流域、すなわちホットミンの領域の北限に位置している。各キャンプには、それぞれ数軒の小屋があり、男たちは随時、一週間から数週間の間、キャンプに泊まり込んで狩猟活動に従事する。

これに対し、もう一つの要因、すなわち人の死が、集落移転の直接の原因となった事例として、一九五〇年代半ばに起こったと推定される、ハマビプから、ウサケ川（ソコビプ Sokobip 表5-2の12番）への移動が挙げられる。村人の語るところによれば、その経緯は次のとおりである。

ある日、「マブワイミン」（Mebwaimin：ホットミンの南に隣接した支配領域を有する、ミアンミン族の地域集団の一つ。現在は、フィアク川の下流に居住する）の男が、一人の男の子を伴って、ホットミンの村にやって来た。親子が帰ってから一ヵ月ほどして、次々と村人が死んだ。そのため、遠く離れたウサケの上流へ、村を移した。

村人の解釈によれば、この村人の連続した死は、マブワイミンの親子が、夜、ホットミンの村人が寝ている間に、村の家の柱の下に邪術を施したためであるという[30]。ハマビプからウサケ川の上流に位置するソコビプへという、長距離の移動が選択されたのも、邪術の危険から逃れるためであったと説明されている[31]。

このような村人の死、とりわけ連続した死の発生が、集落を移動させるという事例は、現在でもしばしば見出される。たとえば、ホットミンの村では、一九八八年に「ホットミン」グループに属する夫婦が、ほとんど間を置かずに二人とも病気で死亡するという出来事があった。この事例では、かつてのような集落の完全な移転こそ行なわれなかったものの、この死亡した夫婦の家の周囲にあった「ホットミン」グループの家のほとんどが、一〇〇メートルほど離れた別の場所に移転している[32]。また一九八六年には、ホットミンに隣接するウサルミン（Usalmin）の人びとの集落が、ウリアケ川とアベイ川の合流点から、旧村とホットミンの村との中間地点に当たるアコモビプ（Akomobip）に移転しているが、その理由も、前年に三人の村人が死亡したためであった[33]。

こうした事例が物語るのは、死者の続発という、異常事態への対応として、人びとによって集落の移動という手段が選択されるという事実である。ミアンミンの人びとにとって、集落の移動が持つ意味は、資源利用の効率性という観点のみならず、こうした、集団にとっての危機への主体的な対応の方策としても理解される必要がある。これはミアンミンの人びとにとっての「場所」の持つ重要性を含意する。

ここで、「テンサットミン」グループの、ホットミンの地への移動について語ってみよう（図5-4参照）。すでに述べたように、「テンサットミン」の人びとの本来の居住域は、ハク谷周辺である。彼らがハク谷を離れる直接の原因をもたらしたのは、テレフォミンとの戦争であった。前述のとおり、ミアンミンとテレフォミンは、同じ山地オク語科に属する。両者は、もともと友好関係にあり、通婚も行なわれていた。しかし、テレフォミンの女性をめぐる紛争をきっかけとして、両者の間に戦争が始まった[34]。「テンサットミン」グループの村人の話によれば、この戦争が起こったのは、現在村に住む五〇歳以上と推計される老人たちの父親の世代であり、その祖父の代までは、まだハク谷に居住していたという[35]。

「ティメイミン」や「テンサットミン」などの集団が居住していたハク谷と、テレフォミンの北端の集団が居住するエリプタマン谷は、山を一つ隔てただけで接している。相互の襲撃が頻繁になるにつれ、これらのハク谷の集団は、北方あるいは西方に居住する他のミアンミンの地域集団の領域に、居住地を移した。「テンサットミン」グループの人びとが、最初に移住したのは、フィアク川の流域であった。現在の五〇歳以上の世代が生まれ、またその父親の世代が死んだのも、このフィアクの地においてであった。

植民地政府の影響の下に、部族間戦争が終結した後、フィアク川に居住していた「テンサットミン」の人びとは、祖先の地であるハク谷に戻った。しかし、一部の人びとは、さらに北へ下り、ホットミンの地にやってきた。

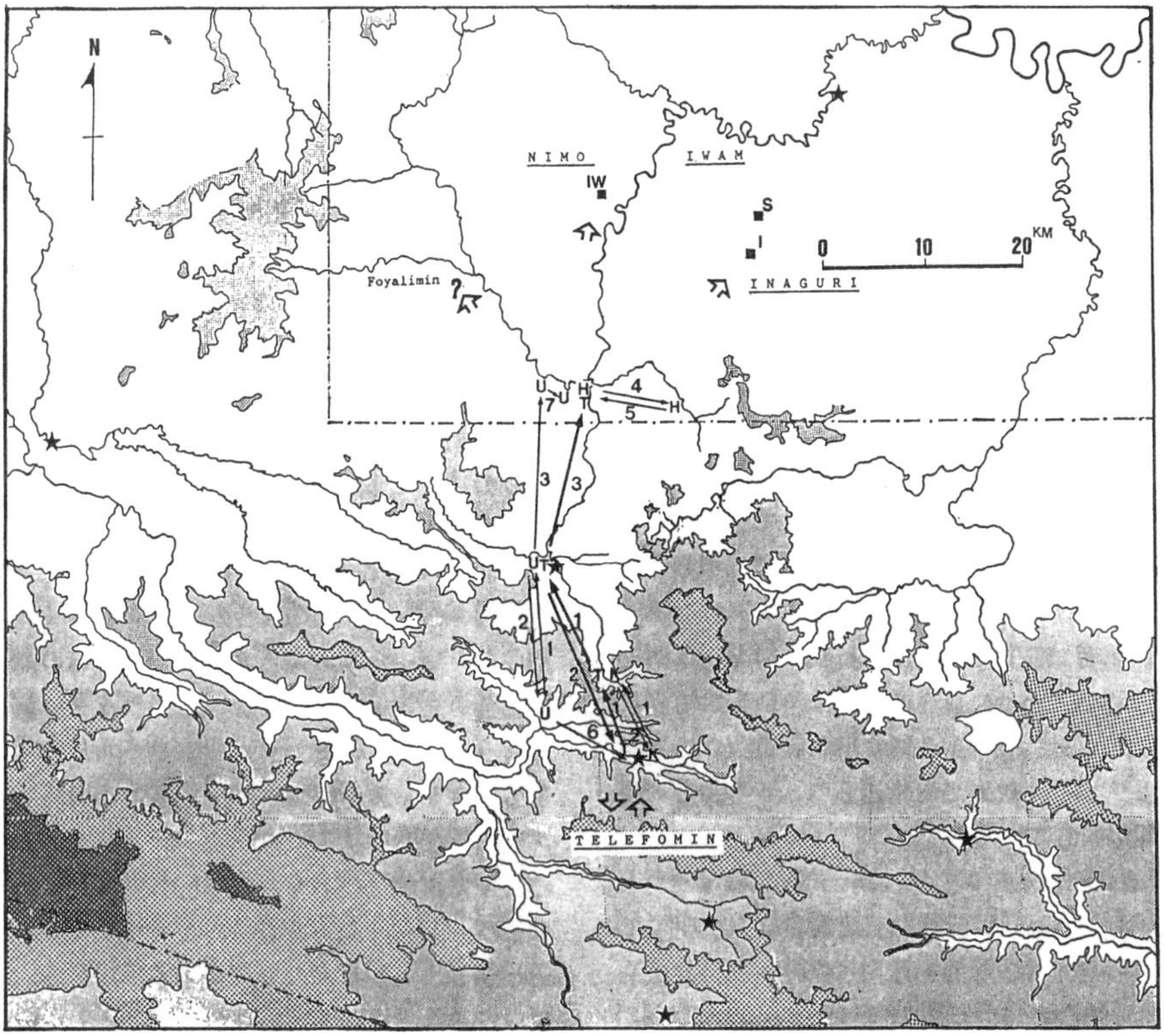

⟶	移動		集団名		移動の時期（指定）
⇛	戦争	K	ティメイミン	1	1920～30年代
		T	テンサットミン	2	1960年代前半
★	滑走路	U	ウサルミン	3	1950年代～1960年代
		H	ホットミン	4	1950年代前半
		S	サモ	5	1960年代後半
		I	イナグリ	6	1970年代～
		IW	イワテリ	7	1986年

図5-4　ミアンミンの諸集団の移動過程

パプアニューギニア政府地図局発行の 25 万分の 1 地形図を基にフィールドワークの内容を加えて筆者作成／熊谷 1989a：155

ホットミンに移住した理由として、「テンサットミン」グループの老人の一人は、それ以前から、ホットミンの領域は、狩猟などで訪れたことがありよく知っていたこと、また、ハク谷やフィアク川の流域と異なり、ホットミンの土地には、野豚などの野生の動物が豊富であったこと、を挙げている。

「テンサットミン」グループの移住が、「ホットミン」の人びとの間に受け容れられた背景には、上述のように両者の間に狩猟の遠征などを通じたつながりがあったことが挙げられる。しかしそれに加え、もう一つ特殊な事情が存在した。それは、この移住の開始が、前節において述べた、植民地政府によるホットミンの村人の大量逮捕という出来事と重なっていることである。

前節までに紹介したように、ミアンミンの地では、植民地政府との接触が開始されて間もない時期に、部族間戦争をめぐって、政府の巡視官が、ミアンミンの村人を多数逮捕するという事件が、二度起こっている。一回目は、一九五六年一二月のミアンミンとアトバルミンの間の紛争をめぐるものであり、一九五七年一月から三月にかけて、テレフォミンの駐在所の巡視官が、「テンサットミン」や「ティメイミン」などの高地ミアンミンの領域に入り、多数の村人を連行した。二回目が、一九五九年一月、「ホットミン」の人びとが中心になって行なった、イワ川下流域に居住するソワナ Sewana（サモ）の人びとの村の襲撃に対するものである。この際には、同年の一一月、当時ウサケ川にあったホットミンの集落にやってきたアンブンティ駐在の巡視官により、村人一五人が逮捕されている。これらの村人は、いずれも現在のイーストセピック州の州政府役所があるウェワクの町に送られ、四年から五年の間服役している。「テンサットミン」グループの老人の一人は、この第一回目の事件で逮捕され服役中に、新たに連行されたホットミンの村人と出会っている。そして自分が釈放される時、彼らから、ホットミンの村に行き、残された女や子供たちの面倒を見てくれるよう頼まれたと語っている。

ホットミンの村が、村人の大量逮捕により、男性の働き手を失っていたという状況は、「テンサットミン」グループの共住に有利に作用したことは間違いない。しかし、「テンサットミン」の人びとをホットミンの地に引き寄せたのは、やはり、この地の狩猟資源の豊富さであったと言える。このことは、同様にテレフォミンとの戦争の際に、フィアク川流域に移住してきていた「ウサルミン」の人びとの多くが、祖先の地に戻らずに、ホットミンの領域に近接した、アベイ川沿いの地に定住してしまったことからも裏付けられる。ウサルミンの村人は、その理由として、やはりここが野豚などの狩猟動物が豊富なよい土地であったことをあげている。

以上のことから伺えるのは、狩猟資源の獲得という欲求に関わって、ミアンミン内部に、集団の再編成を伴う、高地から低地への空間的な移動の過程が存在したことである（図5-4）。この点は、次に述べるミアンミンの人びとの他集団との戦争の問題とも、大きな関わりを持っている。

5 「戦争」と集団の生成

ミアンミンの人びとにおける「戦争」の流儀

植民地政府のミアンミンの人びとに対する認識が、とりわけその接触の開始前後において、「野蛮で好戦的なミアンミンの人びと」というイメージに支配されていたことは、すでに紹介した。そして、そのようなステレオタイプの形成が、ヨーロッパ人とミアンミンの人びととの最初の出会いとなった、テイラーとブラックの調査隊（ハーゲン・セピック・パトロール）に対するミアンミンの人びとによる襲撃事件とともに、当時ミアンミンと戦争状態にあった、テレフォミンの人びとによるミアンミン観にも由来していたことも、前節までに述べたとおりである。

しかし、そうしたミアンミンの人びとに対する認識が、まったく根拠のない虚像であったとは言えない。たとえば、ミアンミンと植民地政府との接触が行なわれる前年の一九四九年一月に、ミアンミンの人びとと隣接するエリプタマン谷に居住するテレフォミンの村を訪れた巡視官は、次のように記している。

巡視隊が次に訪れた、イリプタマン Iliptamun（原文のママ＝エリプタマン）の人びとは、比較的穏やかで、平和的な民であった。この地域からは、多数の若い男たちがこれまで、また現在も駐在所（テレフォミンにおかれた植民地政府の駐在所：筆者注）の労働者として働いている。しかしながら、イリプタマンの人びとは、常にその隣人であるミアンミンの人びとによって悩まされ続けてきた。ミアンミンの人びとは、北へ五日間歩いた場所に住んでいる[36]。イリプタマンの人びとは、ミアンミンの人びとをひどく怖れているが、それには理由があった。（ハーゲン・セピック・パトロールがこの地を訪れて以来）この一一年の間に、ミアンミンの人びとは、この地域の一三八人の男・女・子供を殺しているのである。

ハーゲン・セピック・パトロールの際、テイラーとブラックの一隊を激しく襲ったのも、このミアンミンの人びとであった。ミアンミンの人びとによる、イリプタマンへの最近の攻撃は、一九四八年の一一月に起こっている（死者は、男性一人、女性二人、子供二人である）（Rogers 1949 : sheet no. 10–11）。

この報告は、ミアンミンと敵対していたエリプタマンの人びとからの聞き取りに基づくものである。したがって、その記述にはかなりの偏りがあることは言うまでもない。ここでは、あたかもエリプタマンの人びとが一方的な被害者であるかのように描かれているが、実際には、テレフォミンの人びとによるミアンミンの領域内への攻撃もしばしば行なわれている。しかし、一一年間に一三八人を数えるというミアンミンの攻撃による死者の数は、その厳密さには疑問が残るとはいえ、やはり非常に大きな数字であることは間違いない。

すでに述べたように、ミアンミンの人びととテレフォミンの人びととの間の戦争は、テレフォミンの女性をめぐる紛争をきっかけとして、一九一〇〜二〇年代に始まったと推測される。しかし、ミアンミンの人びとは、それ以前から、おもに低地に居住する他集団との間に戦争を行なっていた。こうした低地の諸集団に対する、ミアンミンの人びとの戦争のあり方はきわめて苛烈なものであった。それは、多くの場合、ミアンミンの側からの一方的な攻撃と殺戮、そして女・子供の略奪という形を取った。ミアンミンの戦争が、パプアニューギニアの高地中心部における戦争と大きく性格を異にする点は、そこには戦争を制御し、調停するような、いかなる文化的仕組みも欠落していたことである。

「ホットミン」の村人は、当時の他集団との戦争の様子を次のように語る。

他部族に攻撃をしかけることが決まると、まずリーダーが、「男の家」に安置してある祖先の骨を用いて儀礼を行なう。それらは、人間の顎の骨（naka-baniyamono）と、肩の骨（naka-foyaliyo）と人差指の骨（naka-koilono）である。これらの骨は、普段は豚の尾で作ったビルムのなかに入れて、「男の家」の中に保存されており、女や子供は見ることができない。リーダーが、これらの骨を振って語りかけると、その骨の導きによって、戦いに行く先の村の人間たちが、サゴヤシを切っている音などが聞こえてくる。

他部族を襲撃する際には、「ホットミン」だけではなく、「テンサットミン」・「ティメイミン」・「ウサルミン」・「アマロミン」など他のミアンミンのグループにも呼びかけ、合同して出かけた。戦いに行く前には、豚を殺し、その脂身を食べる。すると戦争のことしか頭になくなる。

戦争には、弓矢・楯を持ち、森の中を歩いて行く[37]。サモの村を攻める時には、まず途中で一晩を過ごし、二晩目には村の近くまで行って眠る。翌朝早く、近くの木に登り、家から上る煙を確認する。気づかれないように村に近づいて、周囲を取り囲み、楯を構えて待ち構える。それから家に火のついた矢を放つ。家から飛び出してきた村人を、弓矢などで皆殺しにする。何人かの女や子供だけは殺さずに捕え、村に連れ帰る。殺した敵の死体は、竹のナイフで解体する。それらを蔓で体にしばり担いで行く。殺した敵の数が多い時には、頭と手と足だけを持ち帰る。帰る途中には、戦勝の唄を歌いながら戻る。村の女たちは、それを聞いて、タロイモを集め、石蒸し料理の準備を整える。村に着くと、「サムサム」（一斉に叫び声をあげること）をする。

戦争に参加するのは、成人の男だけだ。村人は、戦争で殺した敵の数が多いほど、皆の尊敬を集めた。

一九八四年、わたしがフィアク川とイワ川の合流点にあるマブワイミン（フィアク）の村を訪れた折、当時すでに六〇歳を越えていたと推測される老人から話を聞いた。彼は、自らの戦争体験を指折り数えながら、あわせて六人の男、四人の女を殺し、二人の女を捕えたことを語った。また、五〇代以上と推測される「テンサットミン」の男は、五回の戦争で、一人の男と、四人の女、五人の子供を殺したと語っている。

戦争の理由

ミアンミンの人びとが、他集団に対し、こうした苛烈な襲撃を繰り返したのは、いったいどのような理由によるものであろうか。

こうした戦争が引き起こされるにあたっては、何らかの明確な契機が存在する場合もあった。たとえば、他集団による――多くは狩猟活動にともなう――領域の侵犯、あるいは、他集団による「邪術」の実施とそれによる（と認定された）死の発生などである。

後者の、邪術の嫌疑とそれにともなう戦争の例は、他集団との間よりも、集落移動の箇所でも紹介したように、むしろミアンミン内部の諸集団において多く見出される。たとえば、前述の「マブワイミン」の人びとは、ミアンミンの他の集団からは、邪術を頻繁に行なう集団との評価を受けていた[38]。わたしはハク谷で、「ティメイミン」グループのリーダーの一人であった老人から次のような話を聞いた。

ある時、父と叔父、二人の兄達が、一ヵ月足らずのうちに、体中に矢が突き刺さったような痛みが広がるという症状で、続けざまに死んでしまった。それが、彼らに恨みを持つマブワイミンの男の仕掛けた邪術の結果であることを確信した彼の一族は、他のティメイミン、テンサットミンの男達とともに、マブワイミンを攻め、邪術の首謀者である男とその妻、二人の子供を殺した。その後、さらに、ウサルミン、ホットミン、アマロミン、ワメイミン、ソカミンら、他の集団と共同して、ふたたびマブワイミンを攻撃した。この時、一五～一六人の男を殺し、それ以上の女や子供を奪った。これにより、かつては他の集団に勝っていたマブワイミンの人口が大幅に減ってしまった。現在でも、これらミアンミンの他集団の中には、多くのマブワイミンの子孫たちが存在している。

また、ホットミンの人びとの話によれば、ミアンミンの領域の西北にあたる広い地域に、《ミアンミン》という名前の一集団がかつて居住していた。彼らも、しばしば邪術を使う人びとであった。ある時、《ミアンミン》の男が、一人の「ホットミン」の女を盗んだ。「ホットミン」の人びとは、報復のために、《ミアンミン》が、他の集団に邪術を仕掛けようとしているという、偽りの情報を流した。それを聞いて、他の集団は、ホットミンと共同して、繰り返し《ミアンミン》を攻め、ついに彼らを全部滅ぼしてしまった。その後、かつて《ミアンミン》の人びとの領域であったウサケ川上流の土地は、「ホットミン」の人びとの支配するところとなったという[39]。

筆者がハク谷を訪れたときに聞いた話では、この《ミアンミン》の人びとが住んでいたのは、サニアプ（Saniap）川とネナ（Nena）川の間の地域であり、ミアンミン（の人びと）とテレフォミン（の人びと）が共同して、彼らを滅ぼしたという。現在では、ウナモ（Unamo）とワビア（Wabia）の人びと（いずれもテレフォミンに属する集団：詳しくは、畑中（1985）を参照）が居住している、とのことであった。

このような例は、この《ミアンミン》ばかりではなく、他にもいくつか語られている。たとえば、「ホットミン」の人びとの話では、アベイ川の上流、ウリアケ川とムニ川の間の地域一帯には、かつて「バセルミン」と呼ばれる人びとが住んでおり、彼らは、ミアンミンとまったく同じ言葉を話す人びとではなかったが、お互いの言葉を理解することは可能であった。しかし、やはり邪術を行なうという理由で、ミアンミンの他集団と共同して彼らを攻め滅ぼしてしまった。現在では、彼らの土地の一部を、「ホットミン」の人びとが占有しているという。

こうした、戦争による集団の完全な殲滅といった事態が引き起こされるのは、上述のような戦争方法の苛烈さに加え、この地域の集団の人口規模の小ささにもよっている。現在でも、ミアンミン内の各地域集団や、周辺諸集団の規模は、一〇〇人からせいぜい数百人程度にすぎない。

さらに指摘されねばならないのは、すでに述べたように、これらの集団の間にそうした戦争を制御し、調停する関係や仕組みが構築されていなかったことである。集団間の交易や交換は、この地域でもまったく存在しなかったわけではないが、それは多くの場合特定のパートナーとの間に個人的に行なわれ、その重要性は低く、組織化はされていなかった。またミアンミンにおける婚姻の形態は、姉妹交換が原則であり、集団間の婚資の交換の慣習も欠如していた。こうした状況は、パプアニューギニアの高地社会とは対照的である。高地社会では、儀礼的な交換や、婚資のやり取りなどを通じた集団間の関係の存在が、紛争の調停や賠償の手続きをも確立させ、戦争の無制限の拡大を抑制している。これに対し、高地周縁部にあたる、ミアンミンとその周辺の諸集団の間では、そうした仕組みは欠落しており、集団間にひとたび生じた紛争は、際限のない暴力の行使へと拡大していくことになる。

上述のように、ミアンミン内の集団間や、共通の祖先を持つと観念されるテレフォミンの人びととの間の戦争には、たとえそれが虚構であるとしても、何らかの明確な契機が存在した。しかし、他集団との間の戦争においては、そうした契機はかならずしも必要とされたわけではなかった。「ホットミン」の人びとの話によれば、低地の諸集団を襲撃するときには、特に理由は求められず、自分たちが一方的に決断すればよかった。たとえば、子供が死んだ悲しみを晴らすために、戦争に出かけるといったことすらあったという。

ミアンミンの人びとが、他集団、とりわけ低地の諸集団に対し、こうした苛烈な攻撃を繰り返した背景には、どのような要因が存在したのであろうか。

まず考え得るのは、戦争による他集団の女性・子供の獲得という要因である。すでに述べたように、他集団の襲撃の際には、しばしば女性や子供が捕えられ、村に連れ帰られた。現在のホットミンにも、こうした戦争の際に連れて来られた他集団出身の女性や男性が存在している。「ホットミン」グループの中では、その数は、一九八六年九月の時点で、男性二人、女性四人であり、これは、三〇歳代以上と推測される村人の四分の一、女性だけについて見れば、一〇人中四人という高い率となる。植民地政府の支配による部族間戦争の停止以後、これらの村人は、自らの本来の出身集団の人びとと往き来をするようになっている。しかし一方で、こうした他の民族言語集団との間の通婚は、最近ではまったく行なわれていない。

もちろん村人は、これらの人びとが戦争の際捕虜として連れてこられた人びとであることを認識しているし、本人を含め、その事実をことさら隠そうとはしない。興味深いのは、戦争の際のミアンミンの人びとの他集団への残酷な態度とは対照的に、いったん自集団の一員に組み入れた人間に対しては、少なくとも外部から見るかぎり、出身集団が異なることによる差別待遇は、一切存在していないことである。連れ帰られた女性・子供は、特定の村人に「与え」られ、子供であれば、他の子供と同様に育てられ、結婚相手が見つけられる。ホットミンの村で、「トゥルトゥル」(tultul)(植民地政府の任命する村役人の一つ)を務めたのは、子供の時、下流のイワテリの村から連れてこられた男であった。これらの事実は、ミアンミンの人びとにおける集団のメンバーシップにとって、系譜関係よりも、いわば「共棲」の事実——言い換えれば「場所」の共有——の方が重要であることを物語っているように思われる。[40]

戦争による女性の獲得が必要とされた理由について、一つの仮説を立てるならば、ミアンミン内部での配偶者の獲得可能性がきわめて限られていたことがあげられる。ミアンミンの婚姻規則は、基本的にはリニージ外婚と考えてよいが、一方で、その結婚相手の充足は、実際には同一地域集団内か、せいぜい隣接する集団間といった、きわめて狭い範囲のなかで行なわれることが多い。[41]このことは、単位集団の規模の小ささと、姉妹交換という原則を考え合わせるならば、配偶者の選択可能性が極度に限定されていたことを意味する。

もう一つの——おそらく最も大きな——戦争の目的となったのは、狩猟資源の獲得と結びついた、支配領域の拡張である。すでに述べたように、戦争の結果、他集団の領域を獲得するということは、しばしば行なわれた。

たとえば、ホットミンの場合、すでに紹介したように、ウサケ川上流と、アベイ川上流の一部の領域を、それぞれ「ミアンミン」・「バセルミン」という現在滅亡した集団に代わって支配している。また、現在ホットミンの領域の北限を成す地域も、やはり、イナグリなどの低地の諸集団を戦争で駆逐して獲得したものであるという。さらに、現在アベイ川の上流からその支流にかけての一帯に居住している、「フォヤリミン」(Foyalimin)、「スパミン」(Supamin)、「マフィアミン」(Mafiamin)、などの集団は、かつてはもっと下流に住んでいたが、彼らの土地が野生動物が豊富なよい土地であるため、「ホットミン」の人びとは、当時フィアク川流域にいた「ウサルミン」の人びとらと共同して彼らを攻め、現在の場所に追いやった上で、その土地を自分たちのものにしたと語っている。

これらからも明らかなように、ミアンミンの人びとにおいて、戦争による「土地」の獲得は、耕地としての利用や所有をめざすものではない。それは一貫して、野生動物の豊富な土地（低地）での狩猟活動を確保するための空間領域の獲得に向けられていた。それは、先に述べたミアンミン内部の集団の移動を促した力と基本的に同一のものだったと言える。

戦争とカンニバリズム（食人）

最後に触れておかねばならないのは、戦争とカンニバリズム（食人）との関連である。ミアンミンの戦争がカンニバリズムを伴っていたことは、植民地政府の巡視報告においても、しばしば記されている（たとえば、Neville 1956 : 1957, Mater 1959）。またモレンらもこの問題を論じている（Dornstreitch and Morren 1974）。食人の対象となるのは、戦争で殺した他集団のみであり、ミアンミン内部では行なわれない。カンニバリズムの存在は、他のマウンテン・オク集団の間でも報告されているが（Barth 1971 : 1975）、ミアンミンの人びとの場合、そこに象徴的・儀礼的意味づけが稀薄であることが、一つの特徴であろう[42]。

モレンは、テレフォミンとの戦争で、ハク川流域に居住していたミアンミンの集団が、他集団の領域に移住することにより、狩猟の成果が減少したことが、カンニバリズムを伴う戦争を頻発させることになったのではないかと推測している（Morren 1986 : 55）。ただし、これは実証不可能な命題であろう。またカンニバリズムの存在が、生態学的均衡の崩壊といった枠組みの中に位置づけて、十分解釈しうる問題であるかについては、わたしは疑問を持っている。

「食人」については、それをひとつの食文化として合理的に捉えるハリス（1988 : 1997）の議論がある。ハリスの論に従えば、戦争で殺した敵の死体を食料として利用することは合理的な選択ということになる。一方で、「食人」を人類学者の構築した神話であるとするアレンズ（1982）の主張もある。吉田（1988）も指摘しているように、カンニバリズムの問題を語る困難さは、それがしばしば興味本位に取り上げられることの他に、その事実が確証され得ないという点にある。ミアンミンの場合も、部族間戦争が停止した一九六〇年以降、食人が行なわれたことは報告されていない。また、ミアンミンの巡視報告の記述に登場するカンニバリズムも、現場を目撃したというものではなく、関係者の証言と状況証拠によっているにすぎない。吉田は、イワムにおける食人の物語を紹介しながら、一方でそれが、客人（人類学者）を喜ばせようとするためのフィクションではないかという疑いをも語っている（吉田 1988：70–78）。

ただ、ミアンミンの人びとの場合、食人の事実を当事者自身が積極的に語っていることに、他の事例との相違がある。少なくともわたしの体験について言えば、ミアンミンの人びとから食人の話を耳にしたのは、調査のごく初期のことであり、しかもそれはこちらから期待も要求もしていなかった状況においてである（ただし他集団への掠奪の事実に比べ、食人の物語をわたしに積極的に語ったのは、それを直接経験していない、より若い世代であったことも記しておく）。ミアンミンの人びとが、この問題についてのみ作り話を語っているとするのは、むしろ不自然であろう。いずれにせよ、筆者の関心は、食人の事実の有無を問題にすることにあるのではない。ここでは、他のすべての話と同様に、ミアンミンの人びとが、「真実として認識し、語った」ことがらの一つとして、提示しておくにとどめたい。

6 結語――ミアンミンの人びとにおける移動・開発・場所

これまで見てきたように、ミアンミンの「伝統社会」は、決して静態的な、安定した社会などではなかった。むしろきわめてダイナミックな、変化と流動性に富んだ社会だった。本章では、人びとによって認識された過去についての物語りに基づき、西欧世界との接触過程と、神話と戦争という二つの側面から、このミアンミン社会のダイナミズムを描いてきた。

「移動」に関して言えば、ミアンミンの人びと（男たち）はもともと移動性の高い、あるいは誤解を恐れずに言えば、移動をその本質とする社会だったと言える。ミクロ・レベルで見れば、日常的な畑への移動とその周囲での狩猟にはじまり、狩猟のための遠征、他の村への訪問などが頻繁に、また積極的になされた。マクロ・レベルで見ると、諸集団の移動は、祖先の地である高地から、狩猟資源の豊富な低地へという方向性に支配されていた。それは、冒頭に紹介した神話に登場する祖先の女性が辿った道筋に重なる。ミアンミンの人びとに見る戦争、他部族への襲撃と略奪の苛烈さ、領域の拡張に対する執着は、あたかも祖先が失ってしまった、自らの手に帰すべき資源を取り戻そうとする実践のようにも見えてくる。植民地化以前のミアンミンの人びとにとっては、いわば戦争を含む「移動」が彼らにとっての「開発」をもたらすものだった[43]。

ミアンミンの人びとの移動性の高さは、当然「場所」を固定的なものとはしない。しかしそれは場所にこだわらないということを意味しない。むしろ逆である。ホットミンの人びとに見られる集落移動の頻繁さは、移動農耕や狩猟という日常的な生業の空間的制約や効率性だけによってもたらされたものではない。死者が頻出したときに集落を移すという彼らの実践は、人びとの生存や安寧が特定の場所の性質に依拠している（言い換えれば場所を移すことでその災禍から逃れようとする）ことが強く意識されていることを示している。また集落を移動しながらも、昔の祖先の場所を強く意識し、その場所に立ち戻るといった実践も見出される。注目すべきは、他部族の襲撃の結果、略奪した女性や子供を自らの集団に組み入れた後には、その出自が問われず平等に扱われることである。そこには、血縁や系譜の論理よりも共棲あるいは「場所」の論理が優越していると言える。

こうしたミアンミンの人びとの空間的移動と場所構築のダイナミズムを失わせたのが、植民地政府との接触と植民地化であった。前章でも述べたように、植民地政府の巡視官は接触後の集団に、移動を控えて定住するよう、部族間の戦争を止めるよう促し、後者が聞き入れられない場合制裁を科すことによって、その秩序を貫徹してきた。

ミアンミンの人びとにとって、この制裁としての懲役刑の機会は、それまで経験したことのなかった長距離の、しかも飛行機という手段での移動と新たな場所の体験をもたらした。それが人びとの価値観を根本的に変えるほど刺激的で大きなものだったことは、その直後からのプランテーションへの積極的な移動、そして飛行場の建設という多大な労苦をともなう実践を見れば明らかである。そうした実践は、ミアンミンの人びとにとって新たな「開発」を希求するものだった。しかしそれはミアンミンの人びとに充足感をもたらすことにはならなかった。

昔、シェル・カンバン（ペニスケース）だけで生活していた頃は、皆幸福だった。白人が来て、服のことなど考えねばならないので、いまは幸福ではない。

政府はわれわれに、シェル・カンバンやプルプル（腰蓑）を捨てるように言った。しかし、それに代わる、シャツやズボンを与えてはくれなかった。われわれは、一体どうすればよいのか。

こうした村人の言葉は、伝統的な生活様式を捨てたが、自らの望むような「開発」を得られていないという、両者のいわば狭間に落ち込んでしまった彼らの葛藤（Saito 1985）を象徴している。移動を自らの社会の活力としてきたミアンミンの人びとにとって、いまや高地周縁部という空間的不利性も手伝って、「開発」につながる都市への移動も換金作物栽培も自らのイニシアティヴでは実現できず、「飛行機が来る時」を待つしかない。ミアンミンの人びとが飛行場に執着するのはそのためである。彼らは自前の《開発》をもたらす手段を奪われたまま、いわば祖先からの場所に閉じ込められているのである。人びとの剝奪観・閉塞感はそこに根差している。

最後に付け加えておかねばならないのは、戦争や略奪・食人を含め、ここに描いたようなミアンミンの人びとの行動様式を、その時間や空間のコンテクストから切り離し、わたしたちの側の西欧中心主義的な価値観に基づいて評価・断罪したり、単純な発展段階の中に位置づけて理解しようとするのは、不適切であり、また無責任でもあるということだ。西欧近代社会が与えた「文明」と「平和」が、ミアンミン社会のダイナミズムを奪い去り、人びとを閉塞状況に追い込んでいるとするならば、彼らの境遇がわたしたちの世界――すでに彼らもその一員であるところの――に突きつけるものが何であるかということをこそ、わたしたちは省み、語らねばならないだろう。

第6章　ポートモレスビーの都市空間とセトルメント

1　問題設定

第1章で述べたように、第二次世界大戦後の第三世界諸国における農村から都市への大規模な人口移動と、それに伴う中心都市の人口急増は、これら諸都市にさまざまな都市問題をもたらした。とりわけ、スラムや不法占拠（スクォッター）住宅地区の拡大などの都市居住をめぐる問題は、もっとも可視的な都市問題として、多くの第三世界都市の行政担当者や計画者ならびに研究者の関心の焦点をなしてきた（Juppenlatz 1970, Dwyer 1975, Drakakis-Smith 1981：1986, Gilbert and Gugler 1981, Gilbert and Ward 1985）。

いっぽうパプアニューギニアをはじめとする太平洋島嶼諸国では、他の第三世界の諸地域とは異なり、植民地化以前に都市の歴史がまったく欠如していたという特質を持っている（Levine & Levine 1979：8）。これら諸国では、ニュージーランドをのぞけば、現在も都市化の進行は他地域にくらべ低い水準にとどまっている[1]。また国家規模・都市規模が小さいことにもよって、都市問題はそれほど深刻には受け止められてこなかった。しかし近年これらの国々においても、主要都市において農村からの人口流入が増大し、都市の居住問題が注目を集めるようになりつつある。

パプアニューギニアにおいて、本格的な都市形成が行なわれるのは、第二次世界大戦以後のことであるが、とりわけ一九七五年の独立前後から急速な都市化が進行している。首都ポートモレスビーをはじめとする主要都市では、近年農村からの人口流入の急増とともに、失業や犯罪の増加が深刻な社会問題となりつつある。これら農村からの移住者の中には、市街地域内やその周辺部の空閑地を占有し掘立て小屋を建てて居住する者も多く見られ、他の第三世界諸国と同様の都市景観を呈しつつある。

本章の目的は、パプアニューギニアの首都ポートモレスビーの都市形成過程の中に、これら移住者の自然発生的集落[2]（パプアニューギニアでは「セトルメント」と通称される）の存在を位置づけ、ポートモレスビーの都市空間の特質を提示することである。

パプアニューギニアの社会変動を語る上で、わたしが都市空間を考察の対象とするのは、まずは、上述のような近年の第三世界諸国に共通の都市化現象の進行と、それに伴って生じるさまざまな社会問題の検証という関心からである。しかしそれに加え、いわばパプアニューギニアに固有の問題への関心として、次のような理由がある。第一に、すでに述べたように、パプアニューギニアの人びとにとって、都市がまったく新しい生活・社会空間であること、第二に、都市の本質として異質な集団間の相互作用が行なわれる場所であることである。

パプアニューギニアには、七〇〇とも八〇〇とも言われるきわめて多数の民族言語集団が存在する。それらは、祖先から受け継がれた土地とその環境を存立の基盤としながら、相対的に自律的・自足的な集団として、今日まで存続し続けてきた。しかし、ひとたび都市というまったく新たな空間に投げ出されたとき、人びとは生活の基盤としての土地や環境との緊密な関係を失い、いわば自らの固有の場所を喪失することになる。それと同時に、これまでのように即自的な集団の中に完結した社会関係を有するのではなく、異質な集団（他者）と対面し、それら相互の競合の中で自らの場所を築いていくことを要求されるのである。

このように考えるとき、都市における「居住」の問題を考えることは、少なくとも次の二つの意味できわめて重要である。まず第一に、居住は、都市という新しい空間の中に、自らの住みかを確保し、その拠点の上に日常的な生活空間（場所）を作りあげていく行為にほかならない。均質的な都市空間が、人びとの居住という営為によってどのように分節化され、固有な場所へと変えられていくかという視点は、都市を考察する上できわめて有用なものとなりうる。また同時に、居住は、住宅や土地という、都市における肝要かつ稀少な資源への分配と接近をめぐる問題に関わる。居住を、これらの資源をめぐる、国家を含めた諸集団間のコンフリクトとその調整の結果として捉えることは、都市空間形成のダイナミズムを理解する上で不可欠な視点となる。さらに、これら二つの視点が共通に意味するところは、都市の居住そのものが、都市の社会集団の形成とその関係性のあり方を規定する重要な契機ともなりうるということである。とりわけパプアニューギニアのような都市形成の新しい社会においては、そのことはいっそうの重要性を持つと言える。

もうひとつの場所構築に関わる議論は、セトルメント居住者たちの多くが従事する生業としての露天商などインフォーマル・セクターを営む場所と、都市権力が規定する公共空間の間のコンフリクトの問題である。パプアニューギニアでは、一九九〇年代の後半から、都市空間の美化が語られ、グローバル・スタンダードの都市空間の構築をめざして、空港や道路の拡幅・整備が続けられてきた。こうした動向の中で、露天商が最も利潤の上がる品として商ってきたビンロウジ（ビンロウヤシの実：ピジン語でブアイ）が、都市を汚すという理由から公共空間での販売が禁じられ、露天商たちも公的空間から排除されている。このインフォーマル・セクターと都市権力のせめぎあいは、パプアニューギニア以外の第三世界都市でも遍く存在し、いわばこうした経済活動が持つインフォーマル性の帰結とも言える（Jellinek 1991）。

このように見てくるとき、都市のセトルメントもインフォーマル・セクターも、都市空間をめぐる権力によるフォーマル化と、草の根の人びとによるインフォーマルな空間に依拠した生存戦略との対立の問題として読み解くことができる。これは近年先進国でも議論され始めた、都市コモンズの問題（ハーヴェイ 2013b、宇沢・茂木 1994）にも通じるだろう。

本章の以下の節では、上記のテーマに以下のような視点・方法からアプローチする。

続く第2節では、ポートモレスビーの都市空間の形成史をたどり、セトルメントがなぜ、どのようにして形成されてきたのかを確認する。第3節では、ポートモレスビーの都市移住者集団間の空間的隔離と凝集のパターン――

居住の「セグリゲーション」――の様態を検討する。第4節では、ポートモレスビーの都市経済構造とその変化を、インフォーマル・セクターに焦点を当てて、提示したい。

2　都市空間の形成過程とセトルメント

パプアニューギニアは、一九七五年に独立国家となった。すでに述べたように、ヨーロッパ人による植民地化以前、この地には、都市という空間は存在しなかった。植民地時代、都市は基本的に植民地支配者のための空間として創られ、統御されてきた。植民地期の都市政策においては、パプアニューギニアの在地の人びとは、都市空間の形成主体でないばかりか、その主要な客体としてもみなされてこなかったのである。

国家としての独立は、こうした構図を根本的に変えるものとなるはずであった。首都のポートモレスビーは、独立以後、パプアニューギニア全国から人びとを集める中心地として成長した。一九七一年に七万七、〇〇〇人であった都市人口は、一九八〇年には一二万四、〇〇〇人、一九九〇年には一九万六、〇〇〇人へと増大した。その後二〇〇〇年には二五万四、〇〇〇人、二〇一一年には三六万四、〇〇〇人にまで増加している。独立国家パプアニューギニアの新しい行政機能を担う近代的な建造物が、郊外の、それまで原野であったワイガニ（Waigani）地区に次々に建設され、未来都市のような景観を呈している。市街地は空間的に拡大し、道路の拡幅整備も進んでいる。

こうした首都ポートモレスビーの都市景観と空間の変容は、都市形成の主体とその理念を根本的に変えたのだろうか。植民地時代の都市の構造と都市政策の原理は、独立によって新たなものに作り変えられたのだろうか。都市形成の主体として、また都市のインフラやサービス供給の客体としてのパプアニューギニアの人びとの地位は変化したのか。すなわち都市の主人公は、はたして草の根のパプアニューギニア人の手に移ったのだろうか。

本章では、こうした問いから出発する。その中で注目するのは、ポートモレスビーの都市空間をめぐる二つの鋭く対立する方向性、すなわち、セトルメントの住民による都市での「生き残り」戦略の場としての空間利用と、それに対する行政権力による敵視と排除の動向、である。

植民地化まで

パプアニューギニアの人びとにとって、都市という空間は、植民地化の歴史とともに出現した。西欧世界との接触以前においては、人びとは小規模な氏族／地域集団を単位に自給的生活を営んでいた。植民地化以前のパプアニューギニアにおいては、他のアジアやアフリカの国々のような、広範囲な社会的・政治的統合は生まれず、したがって都市的集落もまた欠如していた。

ポートモレスビー（Port Moresby）の名は、一八七三年、初めてこの地に上陸したヨーロッパ人とされるジョン・モーズビー（John Moresby）船長に由来する。その際、彼とその船バシリスク号の乗組員たちは、近隣のモツ（Motu）やコイタ（Koita）の人びとの村落を訪ねているが、住民の態度は友好的であったという（Oram 1976：13）。当時、モツの人びとは、かなりの広範囲にわたって、周辺の人びとと「ヒリ」（Hiri）と呼ばれる交易関係を結んでおり、彼らの言語をもとにこの地域一帯の共通語（ヒリ・モツ Hiri Motu）が生み出されていた。[3] 偶然ではあるが、後に英領植民地の行政中心地となるポートモレスビーの地は、西欧文明との接触以前に、すでにこの地域一帯の人びとの交流のネットワークにおける中枢の位置を占めていたのである。[4]

太平洋島嶼地域全体を見れば、一八世紀末にはすでに、ナマコや白檀という中国向けの商品を太平洋で調達するため寄港するヨーロッパ船が多く見られるようになっていた。一七九七年にはロンドン伝導協会の宣教師たちがタヒチに到着し、タヒチ、トンガ、サモアなどポリネシアの島々を中心に積極的な布教活動を展開しはじめている。パプアニューギニアの地へのヨーロッパ人の来訪と植民は、これに比べれば遅かった。しかし、その後の植民地化は急テンポで進む。

モーズビー船長の来訪の翌年、一八七四年には、ロンドン伝道協会のローズ（Lawes）がポートモレスビーの地で布教活動を開始する。活動は困難をきわめたが、この地を離れなかったのは、ポートモレスビーがこの地域一帯の交易の中心地であり、ここを訪れる周辺の部族への布教にも有利であると判断したためだった（Oram 1976：14）。

東部ニューギニア島の南半分が、英国の保護領（protectorate）として宣言されるのは一八八四年一〇月、モーズビー船長の最初の寄港から一一年後のことである。オランダは、それに先立って、一八二八年にすでにニューギニア島西半分の領有を宣言していた。さらに、ドイツがニューブリテン島と東部ニューギニア島の北部海岸の領有の意思を示していた。[5] こうした状況の中で、オーストラリアのクイーンズランド植民地からの強い要請もあり、英国はこの地の植民地化宣言を急がざるを得なかった。

植民地初期の都市空間

植民地都市の例にもれず、植民地時代のポートモレスビーは、植民者のための都市空間であった。第二次世界大戦に至るまでの植民地都市空間は、港を中心とした半島部（現在のタウンTown地区）と、隣接する行政区としてのコネドブ（Konedob）までの範囲に限られていた。周辺のモツの人びとを含め、パプアニューギニアのローカルな住民は、この「都市空間」から排除されていた。[6] 一九一〇年制定の原住民労働条例（Native Labour Ordinance）では、家事使用人として働く者を除き、原住民労働者は、都市域の外部に立地する、雇い主が建てた労働者飯場（labour compound）に住むことが義務づけられていた。一九二四年制定の原住民行政規則（Native Administration Regulations）では、原住民が定職なしに四日以上都市域内に滞在することを禁じていた。

原住民労働者の雇い主は、植民地政府から、衛生的な住居の提供が求められた。しかし現実には、こうした労働者飯場は狭小である上に、その居住環境は良好なものとは言い難かった。このため第二次世界大戦前にすでに、周辺の村落からの移住者たちの中には、モツの村の近辺の空閑地に掘立て小屋を建てて、自らの居住空間を確保する者も生まれはじめていた（Oram 1976：33–34）。

いっぽう、第二次世界大戦前のポートモレスビーでは、植民者である西洋人の人口は少なく、その増加も緩やかだった。西洋人にとってその生活条件は困難なものだったが、とりわけ、初期の植民者を苦しめたのはマラリアだった。一九二一年のセンサスによれば、ポートモレスビーに居住する西洋人人口は三一三人にすぎず、その男女比はほぼ二：一であった（Oram 1976：35）。

大戦後のポートモレスビー

　こうしたポートモレスビーの状況は、第二次世界大戦を契機に大きく転換する。大戦中、現在のパプアニューギニアの国土は、日本軍の侵略を受けた。とりわけ島嶼部、およびニューギニア島北部および東部の海岸部は、日本軍とアメリカ・オーストラリア連合軍の激戦地となった。一九四二年七〜九月、日本軍はオーウェン・スタンレー山脈を越えてポートモレスビー侵攻を企てた。熱帯の山越えに苦しみながらポートモレスビーに五〇キロメートル余りの地点にまで近づいた日本軍は、補給と支援の欠落から侵攻を断念、撤退した。このため、ポートモレスビーは地上戦の場となることを免れた。しかし、一九四三年にハヌアバダ（Hanuabada）の村が爆撃によって焼かれるなど、日本軍の度重なる爆撃によって被害を受けている。

　すでに述べたように、在地のパプアニューギニアの人びとにとって、この戦争は、植民者であるヨーロッパ人との関係を大きく変化させるきっかけとなった。大戦中、多くのパプアニューギニア人が、軍荷の運搬人などとして従軍したことは、それまでのヨーロッパ人との隔離の状況を縮めるとともに、経済的な欲求をも強めさせることになった。

　日本軍の占領下に置かれたラバウルや、北部ニューギニアの町に比べ、ポートモレスビーに直接の戦争の被害が少なかったことは、オーストラリア領パプアの中心地という地位、またオーストラリアへの近さというその戦略的位置とも合わせ、大戦後のこの地にパプアニューギニアの両地域を統括する行政中心としての機能を与えることとなった。（Oram 1976：92-93）。行政機能の拡大は、それを担う政府官吏の増加と、ポートモレスビーへの政府支出の増大をもたらした。それに伴いポートモレスビーの都市空間に、新たな行政管理施設とともに政府官吏のための住宅地が建設され、都市内の新たな道路ネットワークが整備された。これによって引き起こされた建設需要を満たす労働力になったのは、周辺地域の村からの移住者たちだった。

一九五〇年代以降は、それまで海岸部に限定されていたポートモレスビーの都市域が内陸部に展開し、新たな市街地の開発がすすめられた。中でも新たな植民地官吏の住宅地として開発されたボロコ（Boroko）地区には、郵便局・ホテル・商店などが並び、新たな郊外の中心地となっていく（Oram 1976：96）。

しかし、こうした大戦後における都市機能と都市空間の拡大にもかかわらず、植民地都市としてのポートモレスビーの制度的構造は変わらぬままであった。植民地政府は、建設労働者として働く移住者の増加という現実にもかかわらず、原住民労働力に対しては、都市住民としてみなさないという政策を取り続けた。[7] 原住民労働者たちは、あくまで「村人」であり、「部族」に帰属していなければならなかった。ポートモレスビーをめぐる大戦後の政治的・経済的・社会的変化にもかかわらず、パプアニューギニアの人びとの「脱部族化」あるいは「プロレタリアート化」を防ぐことが、植民地政策の基本であり続けたのである。[8]

植民地体制下におけるこの実態と制度のギャップは、さまざまな「問題」を生むこととなった。建設労働者として近隣の村々から流入した人びとは、雇い主が提供する飯場には収容しきれず、またその狭小さや環境の劣悪さを嫌って、空き家となった建物に住みついたり、空閑地に新たな掘立て小屋を建てて生活する者が増え始めた。このようにして形成されたのが、ポートモレスビーの「セトルメント」である（図6-1）。

植民地政府によるパプアニューギニア人への公的な住宅供給が本格的に始まるのは、一九六〇年代以降のことである。植民地政府は、都市における住宅は雇用主によって提供されるべきという政策を取っていた。しかし第二次世界大戦後も一九五〇年代までは植民地政府が供給したのは外国人向けの高級な一戸建て住宅（high covenant house/high cost house）のみであった。一九六〇年代に入り、ようやく、ホホラ（Hohola）地区に、パプアニューギニア人の下級官吏向けの小規模な公営賃貸住宅（low covenant house あるいは low cost house）が建設される。しかし、それは、量的にもコストの面でも新たに移住してきた人びとのニーズを満たすものではなかった。一九六〇〜七〇年代

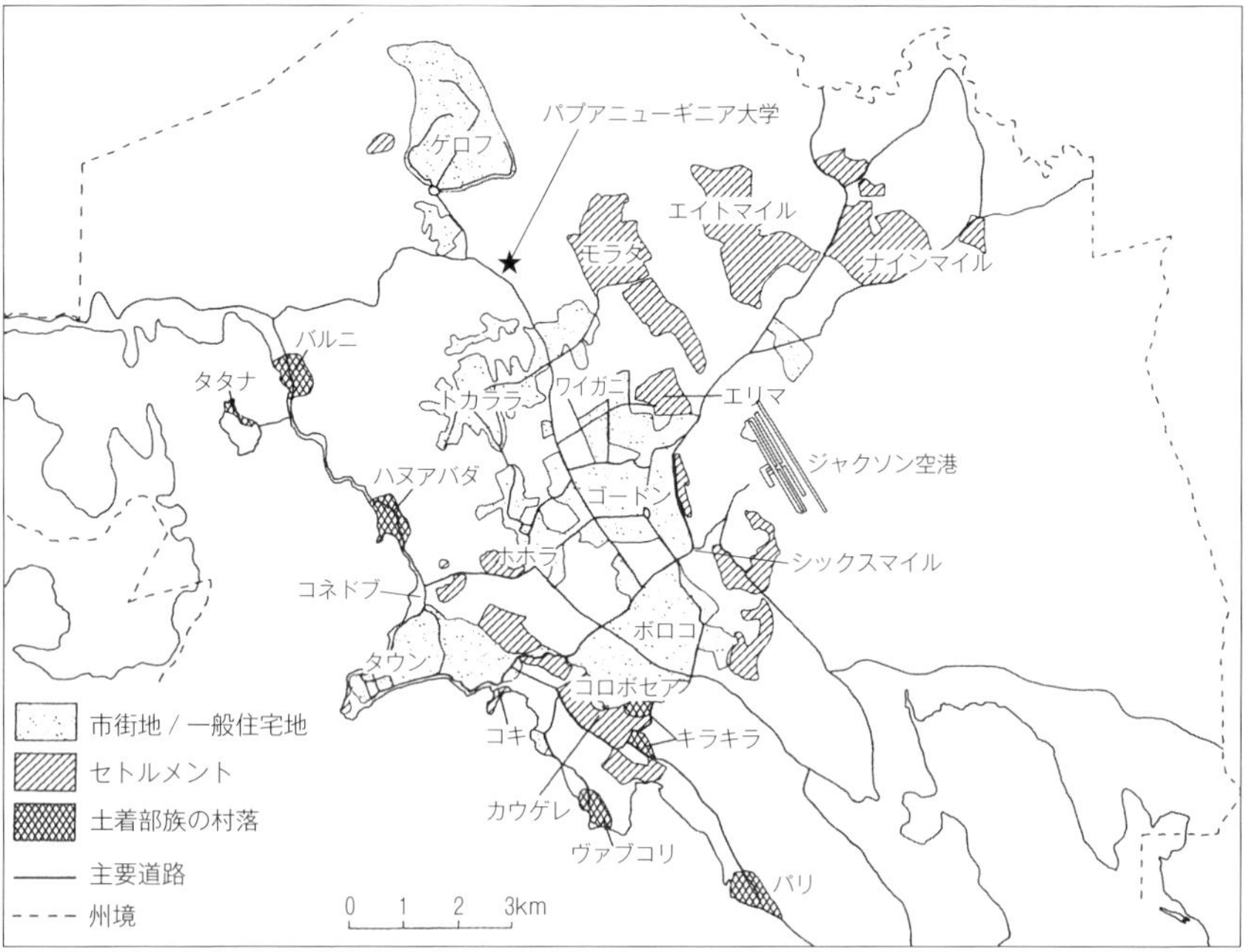

図6-1　ポートモレスビーにおける市街地とセトルメントの分布

パプアニューギニア統計局 10 万分の 1 地形図を基に，Surmon and Ward（1971），Jackson（1976），土地局提供の資料などを加えて，筆者作成／熊谷 2000c：39.

にかけて、ようやく政府はパプアニューギニア人向けの公的住宅の建設に本格的に着手する。それによって、トカララ（Tokarara）、ゲロフ（Gerefu）、などの新しい住宅地が生まれた。これらの住宅のほとんどは賃貸の一戸建て、または棟割形式の平屋の集合住宅であったが、それまでの外国人向けの住宅に比べれば、その敷地面積・床面積ともに小規模なものであった。また、増大するパプアニューギニアの人口に比して、その絶対量が不足していた。これらの住宅は、しばしば農村からやってきた親族や同郷者（ワントク）が寄宿することによって、当初の設計をはるかに越える人員を収容することになった。さらに、ポートモレスビーの外国人の多くが、政府・民間企業を問わず、雇用者から住宅の提供または全面的な家賃補助を受けていたのに対し、公営住宅に住むパプアニューギニア人に対しては、住宅費補助は行なわれなかった

（Stretton 1979）。その結果、多くのパプアニューギニア人にとって、家賃支払いは大きな負担となり、支払いを滞納する者、退去を求められる者も多かった（National Housing Commission 1975）。こうした状況の中で、たとえフォーマルな雇用を得ても、公営住宅に移らずに、セトルメントに留まらざるを得ない世帯が多数存在することになった。こうしたポートモレスビーの住宅市場の狭さと、植民地政府による差別的な住宅政策、さらにパプアニューギニア人向けの住宅の居住環境の低質さは、移住者による都市内の空閑地へのセトルメントの形成と拡大をますます助長する原因となったのである。

セトルメントの形成と政府の態度

前述のように、第二次世界大戦直後の早い時期からポートモレスビーにやってきたのは、現在のセントラル、ガルフ両州を中心とする、ニューギニア島南岸の近隣地域からの移住者であった。これらの移住者の集落が形成されたのは、地元のモツやコイタの人びとの集落の周辺が多く、その土地は在地の人びとの「慣習法的共有地」（customarily owned land）であった（図6-2）。土地の占有にあたっては、モツの人びとと周辺の人びととの間に存在した交易や通婚のネットワークが利用された。したがって、少なくとも住宅形成の当初においては、こうした地元の土地所有権者による「承認」が存在する場合が多かった。こうして形成された集落は着実に数を増していき、一九五六年にはすでに一四集落、一、八五〇人、一九六四年には一八集落、約四、五〇〇人にまで達していた（Oram 1976：99）。こうしたセトルメントの形成と拡大は、植民地政府にとって公式には認めがたいものであった。植民地政府は、一九七〇年代初頭に至るまで、公的にはこれらの集落を「違法なスクォッター」とみなし続けてきた。しかし、集落の強制撤去といった強硬策が取られることはほとんどなかった。したがってこれら集落に対する植民地政府の態度は、「排除」というより、いわば「放置」・「黙認」と言えるものだった。

そこには、おそらく二つの事情が存在した。第一に、政府のパプアニューギニア人への住宅供給体制の欠如の中で、これらの集落が移住者に現実の居住の場を提供していたという現実である。第二に、後述するような、植民地

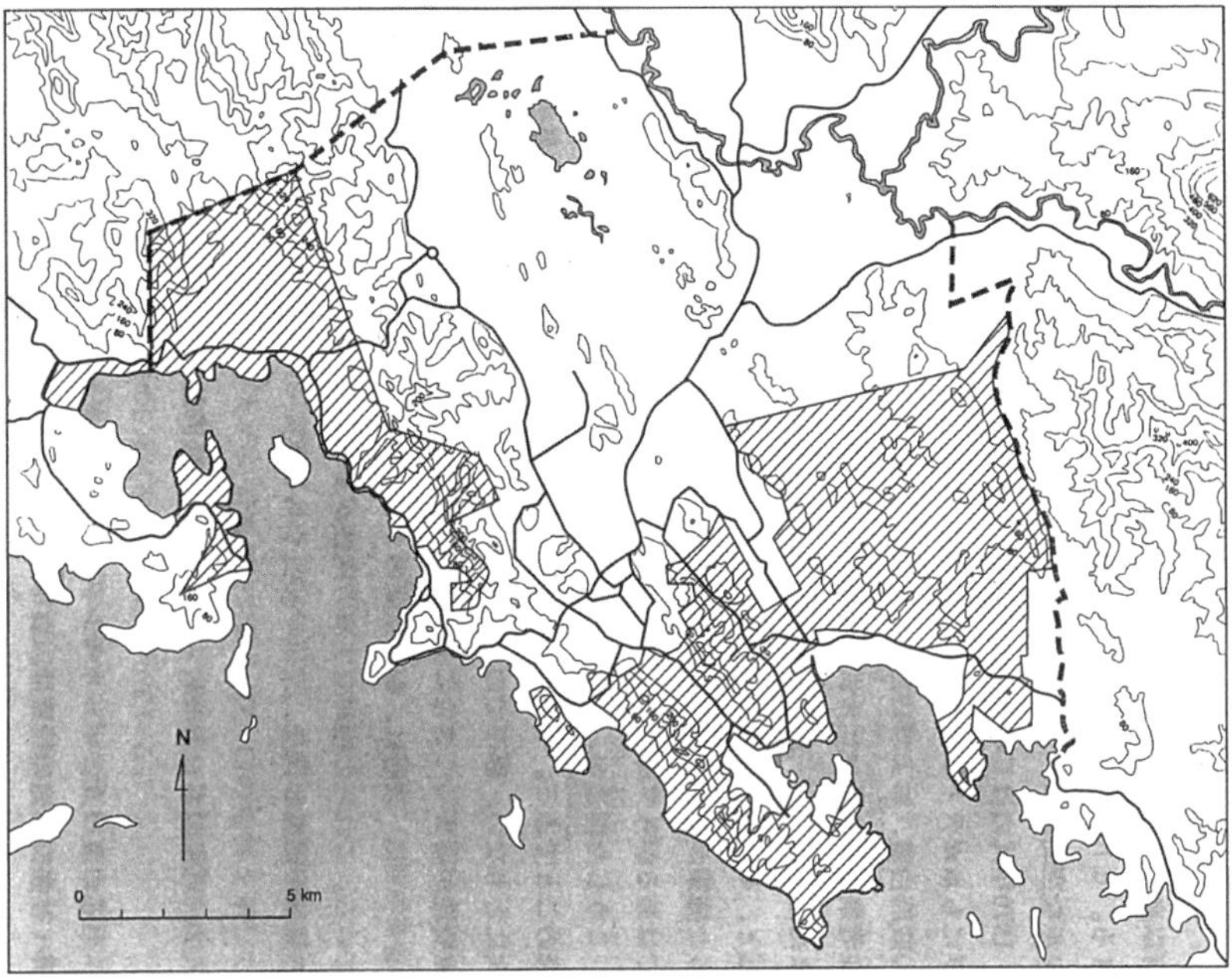

注）図中の斜線部分が慣習法的共有地

図6－2　ポートモレスビーの地形と慣習法的共有地の分布

パプアニューギニア統計局10万分の1地形図を基に，Surmon and Ward（1971），Jackson（1976），土地局提供の資料などを加えて，筆者作成／熊谷 2000c：39.

政府と慣習法的な土地所有権を有する在地の人びととの間の対立関係である。

一九六〇年代以降には、高地地方からのポートモレスビーへの移住が本格化した。これらの高地出身者は、海岸部出身者に比べ、学歴・技能において劣り、また自らを引き立ててくれるワントクを持たないこともあって、都市の労働市場の中では不利な地位に置かれた（熊谷1994）。こうした状況のなかで、当時の拡大しつつある市街地の周縁部に、高地出身者のセトルメントが新たに形成されることになった。

すでに述べたように、こうしたセトルメントの存在は、少なくとも一九六〇年代までは、植民地政府によって無視され、放置されてきた。これらのセトルメントに対し、援助の手が差し伸べられることはなかったし、逆に排除されることもなかった。こうした集落は、そこに存在しながら、行政権力からは不可視化されてきたのである。

セトルメントへの政策的態度が変化するのは、一九七〇年代に入ってからのことである。パプアニューギニア独立直前の一九七三年に、『都市地域にとっての自助住宅集落』と題した政府白書（Papua New Guinea Government 1973）が公表された。この白書は、都市に存在するセトルメントに対し、その存在を認め、可能な範囲で公的な援助を行なっていくことを謳ったものであった。そこには、第1章で述べたとおり、当時第三世界の都市住宅政策の中で一つの潮流となりつつあった、自然発生的住宅地区への再評価と、住民による自助的環境改善の能力への期待の影響が色濃く見出される（熊谷 1985）。この白書の提言を受けて、こうした集落に対し、住宅改善資金の低利金融、上水道・電気などのサービスの供給、集落内道路の建設、といった公的援助が行なわれるようになる。

しかし、こうした援助の対象となるのは、基本的に政府有地上の集落に限られていた。植民地時代に作られた土地法によれば、外国人はパプアニューギニアの土地の所有者になることができず、唯一、政府のみが土地を「購入」し、所有することができた。ポートモレスビー市域内の土地の約三分の一は、現在も植民地化以前からこの地の住人である、モツやコイタの人びとによる、「伝統的」な慣習法的共有地によって占められている。しかし、こうした慣習法的共有地上のセトルメントへのサービスなどの供給は、土地の所有権者の承諾がない限り、行なわれないことになっている。

ポートモレスビーにおいては、植民地化の当初、さらに市街地拡大の過程において、多くの慣習法的共有地が政府によって「購入」され、政府有地（government land）となった[9]。一九七〇年代前半の時点で、市域内の土地の七〇・三パーセントが政府有地、二九・四パーセントが慣習法的共有地となっており（図6-2参照）、その他の私有地（freehold land）は〇・三パーセントにすぎない。しかし、この「売買契約」が妥当で有効なものであったかどうかについては、現在でも政府と慣習法的共有地の地権者との間に論争が続いており、所有権をめぐる訴訟も多発している。また慣習法的共有地の地権者と移住者たちの関係も次第に微妙なものになりつつある。こうした複雑な状況の中で、政府は、慣習法的共有地の地権者の頭越しに、そこに立地する移住者集落に援助を与えることはできない事情がある。このような状況は、住宅の改築など居住環境の改善が進む政府有地上の集落と、慣習法的共有地上の集落の間に格差を生む結果となっている（熊谷 1985）。

一九八〇年代以降の住宅政策とセトルメントの拡大

一九八〇年代前半を境に、ポートモレスビーの都市住宅政策が変化する。一九八〇年代以降のポートモレスビーにおいては、新たなパプアニューギニア人向けの住宅地区の建設はなされていない。その大きな理由は、国家住宅局（National Housing Commision：NHC）の赤字の累積であった。既存の公営賃貸住宅の家賃回収の困難と、維持管理費の増大を嫌った政府が、経済効率の観点から、既存の住宅ストックを居住者に売却する「持ち家政策」（home ownership scheme）に転じたのである。これにより、高額のローンを払って持ち家を取得できた階層と、それが困難な層の間に住宅資産をめぐる格差が広がることになった。一方で民間ディベロッパーによる投資は、深刻化する都市の治安の悪さの中で、安全を求める外国人やパプアニューギニア人エリート向けのコンドミニアムや周囲からゲートで隔離された高級住宅地区の建設に集中している。

一方セトルメントに関しては、再定住計画（resettlement scheme）に基づく住宅地区が、モラタ（Morata）に続いて、あらたにエリマ（Erima）に作られた。この再定住計画による住宅地は、政府が敷地と水道など基本的なサービスを提供し、住宅建設は入居者自身の手で行なわれる。これは、後に議論するフォーマルな空間とインフォーマルな空間の双方の性格を併せ持つ住宅地区と言える。しかしそれ以外のセトルメントについては、総選挙の票集めのために、国会議員等によって、単発的なインフラ整備がなされることはあるものの、居住環境改善のための体系的な住宅政策は取られていない。

ノーウッドは、一九八〇年代初めのポートモレスビーに存在するセトルメントの大半を取り上げ、その形成史から住民構成、居住環境の実態まで仔細に調査している（Norwood 1984）。そこでは、ＮＨＣによる居住改善事業とともに、住民自身による多くの自主的な居住環境改善の実践が存在することが報告されている。またセトルメント周辺による農耕など、住民自身による生存戦略も紹介されている[10]。
八〇年代以降、セトルメントは、エイトマイル（Eight Mile）、ナインマイル（Nine Mile）などの郊外に拡大している。これらの市域外縁部のセトルメントの住民は、都心のセトルメントの居住環境の悪さを嫌って移住してきた者が多く、いわば郊外住宅地型のセトルメントと言える。こうした郊外型セトルメントの社会状況については、次章において詳述する。

3 居住地のセグリゲーション

セグリゲーションの概念と第三世界都市

都市内の社会階層や人種・民族間における居住地の空間的隔離および特定地区への集住という現象、すなわち「居住地のセグリゲーション」[11]（residential segregation）の問題は、都市に関心を持つ多くの社会学者・地理学者の注目を集めてきた（Peach 1975, Peach, Robinson and Smith 1981, Jackson and Smith 1981）。

こうした研究のいわば原型をなしたと言えるのが、シカゴ学派の都市社会学者ロバート・パーク（Park, R.E.）の所論（Park 1926=1975）である。パークの議論においては、周知のとおり、都市社会の分析に生態学的な概念のアナロジーが多用されている。彼によれば、コミュニティの成長は、「社会的淘汰」（social selection）と「セグリゲーション」の過程を引き起こし、それによって「自然地域」（natural area）が形成される。「移民コロニー」や「人種的ゲットー」は、こうした自然地域の「特殊な形態」である。一方、こうした地区の住民の中で、活力があり野心を持った人びとは、そこから脱出して、複数の人種・民族が共住する「コスモポリタン地域」へと移っていく。こうした空間的移動は、社会経済的な地位の上昇移動に重ねあわされる。このようにパークの議論には、社会関係は空間関係に還元して理解することが可能であるという、もうひとつのアナロジーが含まれている。

欧米都市における「セグリゲーション」への関心は、基本的にはこのパークの提起した図式に沿うものと見ることができる（熊谷 1987：7）。セグリゲーション研究では、異なる集団間の居住地の空間的隔離の状態を測定することによって、それらの間の社会的距離が類推されたり、全体社会に対する特定集団の「同化」の程度が測られたりする。しかし、こうした前提がしばしばナイーブにすぎるものであることが、近年指摘されてきている。たとえば技術的には、居住分離の度合いを測る単位地区の大きさがしばしば過大であり、その中における街区ごとのセグリゲーションの存在が把握できない、といった問題がある。また、居住地の近接性が必ずしも社会関係の親密性を保証するとはかぎらない。さらに、「多文化主義」（multi-culturalism）を標榜する国が増える中で、少数派集団の全体社会への「同化」は、今日、不可欠のものとも望ましいものともみなされなくなりつつある。

これとは対照的に、第三世界諸国の都市においては、欧米都市のようにセグリゲーションの問題を主たる対象とした研究はきわめて少ない（熊谷 1987：1）。その最大の理由は、セグリゲーションの状態を測定するに足るような、都市内の小地区ごとの集団別人口データがほとんどの国々において存在しないか、あるいは公表されないためである（山下 1984：323）。しかしまた、それに加えて、これらの都市においてはセグリゲーションの存在が、必ずしも「問題」とはみなされなかったという点も見逃すことはできない。そこで指摘されるのは、これらの諸都市が共通に持つ植民地都市の歴史においては、植民者とその土地の住民との間の居住分離は、植民地支配を効率的に行なうための空間政策として意図的に選択されたという事実である（Simon 1984、飯塚 1985）。前節で見たように、これはパプアニューギニア都市においても同様だった。そこではセグリゲーションの存在はむしろ常態、あるいは規範であり、両者の間の「同化」はありえないことであった（熊谷 1987：10）。

このように考えてくるとき、セグリゲーションの存在とその様式の検討が、今日においてより重要な意味を持つのは、まさに第三世界の諸都市においてであるということができる。それらが植民地都市からの変貌を遂げていく中で、いかに植民地時代に刻印された空間構造が変容し、あるいは維持され続けているのか、また新たに都市に流入する移住者が都市空間の中にどのように入りこみ、自らの居住の場所を見出しているのか、さらにその過程において民族や出身地といったチャンネルがどのように機能しているのか、こうした点について示唆を得る上で、都市内の集団間の居住の空間パターンの相違を定量的に把握することは有効な方法となりうる。また、居住の問題をめぐって――おそらくは西欧都市にくらべ、より先鋭的に――生じているであろう集団間のコンフリクトの問題への接近の手がかりともなる。本節では、こうした観点から、ポートモレスビーにおける移住者集団のセグリゲーションの様態を分析していくことにしたい。

セグリゲーションの計測方法

以下では、センサスのデータに基づきながら、ポートモレスビーにおける出身州別の都市移住者の居住とセグリゲーションの状況について分析を試みたい。分析の中心として用いる資料は、パプアニューギニア統計局による一九八〇年センサス[12]の首都特別区（National Capital District）の統計区別人口データ[13]である。

一九八〇年センサスにおける首都特別区のセンサス地区総数は六〇八、一地区当たりの平均人口は二〇二人である。この単位地区平均人口二〇〇人という数字は、これまでのセグリゲーション研究の多くが一地区数万人から数十万人といった単位で行なわれてきたのにくらべ、きわめて小さい。これは、これまでの研究がしばしば単位地区内部に存在するセグリゲーションの状況を明らかにできないという難点を抱えていたのに対し、本研究の大きな利点と言える。

セグリゲーションの測定を行なうにあたっては、住民の出生州を基準として用いる。すなわち出生州（出身州）を同じくする人びとをひとつの単位集団として扱い、それらの集団間のセグリゲーションの状態を測定した[14]。出身州という枠組みは基本的に行政的なものであり、その中に多数の民族言語集団が包含されている。したがって、それらは、本質的には文化やアイデンティティを共有するという意味での準拠集団とは言えない。しかし州の中には、チンブー（シンブー）やエンガなどのように、州内の部族間の言語的類縁性が高い州も存在する。またノースソロモン（ブーゲンビル島）のように、島という地理的条件に加え、植民地化やパプアニューギニア独立時の分離運動などのこれまでの歴史的経緯から、民族的・地域的一体感を強く持つ州も存在する。またすでに述べたように、七〇〇とも八〇〇とも言われるきわめて多数の言語が存在するパプアニューギニアにおいて、出身地域の民族言語集団が、そのまま都市においても独立の単位として機能することはほとんどない。そうした中で、少なくとも、他者からのレッテルあるいはエスニック・カテゴリー（名づけ）としては、出身州という属性はひんぱんに言及される単位である[15]。また、独立後の州政府の設立や州議会議員選挙などで、州が一つの地域として利害を共有したり、州への帰属意識を喚起されたりする機会も増えつつある。このように見てくるならば、同一出身州集団という単位は、けっして実体を持たない便宜的なものではなく、むしろパプアニューギニアの都市社会のコンテクストの中で、実質的な重要性を持つと言える。

居住地のセグリゲーションの状況を計測する方法としては、通例次の二つの方法がよく用いられる。第一に、「相違指数」（index of dissimilarity）を用いて、各集団間の居住分離の度合いをトータルとして把握する方法である。集団Xと集団Yの間の空間的相違指数（ID）は、以下のような式によって測定される。

$$ID = 0.5\Sigma|X_i - Y_i|$$

この等式において、X_iは、集団Xの（都市内の）全人口に占める同地区の単位集団Xの人口比率（％）であり、Y_iは同じく集団Yの（都市内の）全人口に占める同地区のYの人口比率（％）を示している。両者の差の絶対値を全地区について合計し、それを2で割ったものが両集団の間の空間的「相違指数」（空間的な分離の度合い）となる。相違指数は、0から１００までの値をとるが、0は両集団の居住のパターンがまったく一致することを意味し、反対に１００は両集団の居住パターンが完全に分離していることを意味する。

第二の方法は、「立地係数」（location quotient）を用いて、特定集団の特定地区への集住のパターンを明らかにする方法である。当該地区における集団Xの居住の立地係数（ＬＱ）は次のような式によって求められる。

ＬＱ＝当該地区の総人口に占める集団Xの人口比／都市全体の総人口に占める集団Xの人口比

もし、ＬＱが１であれば、当該地区における集団Ｘの居住状況は、ちょうど都市全体の平均に等しく、ＬＱが２であれば、集団Ｘは当該地区に都市全体の平均の二倍の集中を示していることを意味する。

これらの二つの測定方法のうち、前者の「相違指数」は、いわばセグリゲーションという現象の「分離」という側面を、後者の「立地係数」は、「集中」という側面を示すものと言える。このように、両者は代替的なものというよりは相互補完的なものである。したがって以下では、両者を併用して分析を行なうことにする。

空間的相違指数に見る集団間の居住分離

まず上述の「空間的相違指数」を用いて、ポートモレスビーにおける出身州集団間の居住分離の様態を分析してみよう。上記の計算式によって求めた各出身州集団間の相違指数を一覧表の形で示したのが、表６-１である。

表の数値を見ると、三〇台と八〇台の数値がそれぞれ散見されるほかは、おおよそ四〇台から七〇台の間に集まっている。表全体の最小値は、セントラル州出身者と首都特別区（ＮＣＤ）出身者との間の三七・五であり、最大値は、ガルフ州出身者と国外出身者との間の八四・四となっている。相違指数は、全体に六〇〜七〇台の数値が過半を占め、絶対水準としてはかなり高い。ただし、これは単位地区の数の多さという条件にも影響されており、単純に他研究との比較を行なうことはできない。

各州間の相違指数の傾向を見ると、他集団との間に全般的に高い居住分離の値を示すのが、国外出身者である。とりわけウェスタン州、ガルフ州をはじめとするパプア地方の諸州との間の値が大きい。これに対し、イーストニューブリテンなど島嶼地方やニューギニア沿岸地方の諸州との間の値は比較的低い。国外出身者に次いで高い値を示すのが、ウェストセピック（サンダウン）州、ウェストニューブリテンの両州であるが、これらは母集団の絶対数が少ないことが作用していると考えられる。

第４章で述べたように、パプアニューギニアを行政単位で分類すると、四つの地方に分けることが一般的である。すなわち①パプア地方（表４-１の州番号１〜６）、②高地地方（同７〜11）、③ニューギニア沿岸（モマセ）地

表6-1　ポートモレスビーにおける各州出身者間の空間的相違指数（1980年）

	出生州	1	2	3	4	5	6	7	8	9	10	11	12	13	14	15	16	17	18	19	20	21
パプア地方	01 ウェスタン	＊	57.8	59.0	58.8	59.1	59.2	64.9	74.5	69.3	71.3	65.9	59.3	63.0	63.7	75.1	68.5	69.1	64.4	75.4	72.3	81.7
	02 ガルフ	57.8	＊	49.1	39.9	55.8	58.7	66.8	79.9	73.6	73.9	63.1	56.9	64.9	67.7	80.3	72.3	75.3	69.1	81.6	76.7	84.4
	03 セントラル	59.0	49.1	＊	37.5	43.6	46.2	59.8	68.6	63.8	62.4	50.6	43.4	56.6	58.1	74.2	62.0	66.0	57.7	72.3	67.6	71.2
	04 首都特別区（NCD）	58.8	39.9	37.5	＊	47.5	53.8	64.1	74.4	67.2	64.6	56.1	47.7	58.6	62.4	78.1	66.5	69.8	61.1	76.5	70.7	75.3
	05 ミルンベイ	59.1	55.8	43.6	47.5	＊	47.0	57.5	65.0	59.2	60.7	55.6	44.9	49.9	52.6	68.3	51.6	57.9	48.2	64.5	59.3	65.5
	06 ノーザン（オロ）	59.2	58.7	46.2	53.8	47.0	＊	56.9	64.1	55.1	58.5	60.8	47.8	54.4	50.2	66.8	54.1	61.2	52.6	65.2	62.1	75.3
高地地方	07 サザンハイランド	64.9	66.8	59.8	64.1	57.5	56.9	＊	64.9	55.2	58.6	55.0	54.3	59.5	57.7	70.7	62.1	66.8	62.5	71.1	68.7	76.9
	08 エンガ	74.5	79.9	68.6	74.4	65.0	64.1	64.9	＊	58.9	61.4	63.4	60.9	60.9	59.6	67.1	63.5	65.7	61.3	68.9	61.0	71.6
	09 ウェスタンハイランド	69.3	73.6	63.8	67.2	59.2	55.1	55.2	58.9	＊	57.4	61.2	56.0	54.6	48.5	63.1	57.7	60.9	54.2	62.2	57.4	74.0
	10 チンブー	71.3	73.9	62.4	64.6	60.7	58.5	58.6	61.4	57.4	＊	49.0	52.2	65.3	64.1	75.2	66.9	66.0	62.3	72.2	70.7	69.3
	11 イースタンハイランド	65.9	63.1	50.6	56.1	55.6	60.8	55.0	63.4	61.2	49.0	＊	41.1	62.1	62.8	76.0	67.1	67.5	58.9	75.1	69.4	67.5
ニューギニア沿岸地方	12 モロベ	59.3	56.9	43.4	47.7	44.9	47.8	54.3	60.9	56.0	52.2	41.1	＊	52.9	53.5	70.0	57.4	61.1	51.4	67.0	62.2	64.2
	13 マダン	63.0	64.9	56.6	58.6	49.9	54.4	59.5	60.9	54.6	65.3	62.1	52.9	＊	44.2	56.9	48.6	51.2	45.7	58.8	52.6	64.7
	14 イーストセピック	63.7	67.7	58.1	62.4	52.6	50.2	57.7	59.6	48.5	64.1	62.8	53.5	44.2	＊	53.2	43.8	51.3	46.6	53.3	52.5	68.9
	15 ウエストセピック（サンダウン）	75.1	80.3	74.2	78.1	68.3	66.8	70.7	67.1	68.1	75.2	76.0	70.0	56.9	53.2	＊	59.6	59.4	62.7	60.5	57.4	78.5
島嶼地方	16 マヌス	68.5	72.3	62.0	66.5	51.6	54.1	62.1	63.5	57.7	66.9	67.1	57.4	48.6	43.8	59.6	＊	48.4	45.0	55.6	50.7	64.4
	17 ニューアイルランド	69.1	75.3	66.0	69.8	57.9	61.2	66.8	65.7	60.9	66.0	67.5	61.1	51.2	51.3	59.4	48.4	＊	45.4	58.6	53.8	63.5
	18 イーストニューブリテン	64.4	69.1	57.7	61.1	48.2	52.6	62.5	61.3	54.2	62.3	58.9	51.4	45.7	46.6	62.7	45.0	45.4	＊	53.4	48.9	56.6
	19 ウエストニューブリテン	75.4	81.6	72.3	76.5	64.5	65.2	71.1	68.9	62.2	72.2	75.1	67.0	58.8	53.3	60.5	55.6	58.6	53.4	＊	61.5	75.6
	20 ノースソロモン	72.3	76.7	67.6	70.7	59.3	62.1	68.7	61.0	57.4	70.7	69.4	62.2	52.6	52.5	57.4	50.7	53.8	48.9	61.5	＊	65.6
	21 国外	81.7	84.4	71.2	75.3	65.5	75.3	76.9	71.6	74.0	69.3	67.5	64.2	64.7	68.9	78.5	64.4	63.5	56.6	75.6	65.6	＊

パプアニューギニア政府統計局提供の1980年センサスNCD全地区の出生州別人口データを用いて，筆者作成／熊谷1994：139

方（同12〜15）、④島嶼地方（同16〜20）である。地方別に見ると、どの地方も同一地方内部の諸州間においては、居住分離の度合いが低く、他地方との間には分離の度合いが大きいことが見てとれる。とりわけその傾向が顕著なのは、パプア地方の諸州と、島嶼地方の諸州である。両地方は、それぞれの地方の内部においては、ほとんどが六〇未満の値を示し、五〇未満の数値も目につく。これに対し、パプア地方と島嶼地方の諸州間の相違指数は、ほとんどが六〇台の後半から七〇台の高い値を示している。パプア地方の中でも、際立っているのがガルフ州出身者である。ガルフ州出身者は、首都特別区（NCD）生まれとの間に三九・九という低い数値を示す一方、他地方の諸州との間の数値はモロベ州を除きほとんどが六〇台の後半から七〇台以上の高い分離度を示している。

その他の地方については、高地地方の諸州が、やはりパプア地方と島嶼地方の諸州との間にかなり高い分離の度合いを示している。一方、モロベ州やイーストセピック州などニューギニア沿岸地方の諸州の値は、ほとんどが四〇台から六〇台の前半までに収まっており、他地方との間にそれほど高い分離状況を示さないのが特徴である。

こうした空間的相違指数による各地域集団間の居住分離の傾向と、前に見た住民の社会経済的地位との対応関係を見ると、次のような点が指摘できる。第一に、もっとも居住分離の程度が高いのは、国外出身者である。第二に、国外出身者との分離の傾向が最も低いのは島嶼地方出身者である。島嶼地方出身者は、ポートモレスビーに居住する移住者の中では、学歴が高くフォーマルな職に就く傾向にある。いわばパプアニューギニア人の中では、国外出身者にもっとも社会経済的地位が近く、それが空間的距離にも反映されていると言える。この二つは予想通りの結果である。第三に、国外出身者との間を含め、全般に他集団ともっとも高い分離の傾向を示すのは、パプア地方出身者、とりわけガルフ州出身者である。第四に、高地地方出身者については、都市移住の歴史が浅く、その社会経済的地位がもっとも低いと想定されるにもかかわらず、国外出身者との分離の傾向は、パプア地方出身者ほど高くない。後二者、すなわち、第二次大戦直後からポートモレスビーにやってきているガルフ州出身者の方が、高地地方出身者より分離度が高いというのは、やや予想外の結果と言える。

居住立地係数に見る集団間の集住パターン

空間的相違指数のみでは、セグリゲーションの具体的な空間パターンについても、その背景についても限られた考察しか行ないえない。そこで、次に居住立地係数を用いて、各集団の具体的な居住の空間パターンを把握してみよう。

手順は次のとおりである。前述の式に基づき、各集団の単位地区ごとの居住立地係数を計算する。その際に、単位地区の人口があまりに少ないと、きわめて極端な数値が出てしまう。そこで、ここでは単位地区の総人口一〇〇人を基準として、それ以上の人口を持つ単位地区のみを考察の対象とすることにした。単位地区総数の六〇八のうち、一〇〇人以上の人口を持つ地区数は、四〇六である。したがって、ほぼ三分の一の地区が省かれたことになる。次に、各地方から、集団人口が大きくまたさまざまな特質を持つ代表的な州として、①ガルフ州（パプア地方）、②チンブー州（高地地方）、③モロベ州（ニューギニア沿岸地方）、④イーストニューブリテン（東ニューブリテン）州（島嶼地方）を取り上げ、これに、⑤国外生まれ、を加えた五つの集団について、その居住立地係数の比較を行なった。

その結果は、図6‐3に示したとおりである。この中でもっとも特徴的な分布を示すのは、国外出身者であり、居住立地係数がゼロ、すなわちまったく国外出身者が居住していない地区が、四〇六地区のうち一三三と、全体の三分の一にのぼる。逆に居住立地係数が二以上の地区が一三一と、同じく三分の一を占め、居住立地係数五以上、すなわち平均の五倍以上の集中を見せる地区も二七存在する。これに対し、〇・五以上二・〇未満という平均に近い階層はわずか七一しかなく、特定地区への集中傾向が顕著である。程度の差はかなりあるが、ガルフ州出身者、チンブー州出身者、イーストニューブリテン州出身者も、基本的には同様の傾向を示し、〇・五未満の地区が、〇・五以上一・〇未満の地区の数を上回っている。これとは対照的に、モロベ州出身者の場合には、〇・五以上二・〇未満の地区が二二四と過半数を占める一方で、住民数ゼロの地区は二二と少ない。

このように国外出身者を筆頭に、ガルフ州、チンブー州、イーストニューブリテン州を加えた四つの集団は、い

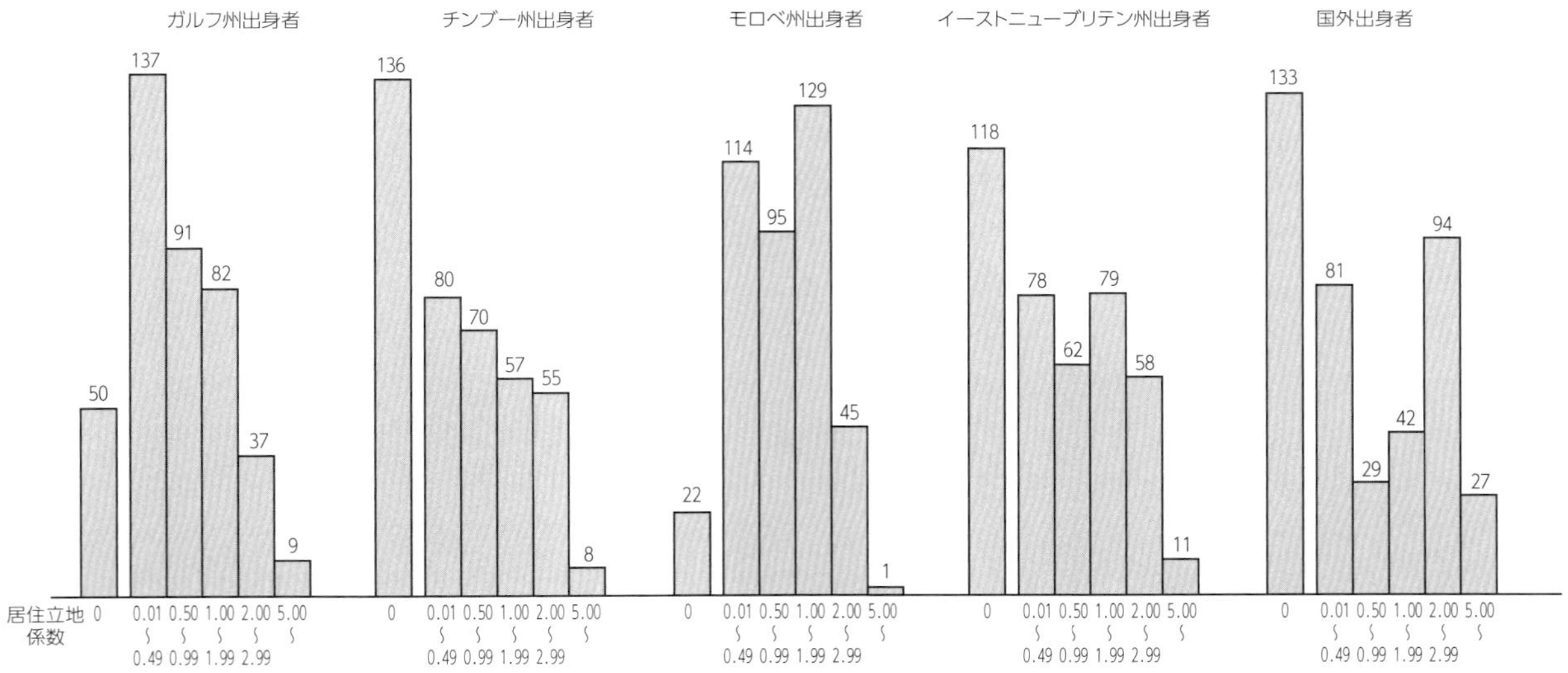

図 6－3　主な移住者集団における居住立地係数の階層分布（1980 年）

パプアニューギニア政府統計局提供の 1980 年センサス NCD 全地区の出生州別人口データに基づき，熊谷作成／熊谷 1994：142

ずれも特定地区への集中傾向を示すのに対し、モロベ州出身者は集中傾向が低い、すなわち比較的均等に分布していることが明らかになった。それでは、これらの集団は、具体的にどのような地区に集中しているのだろうか。モロベ州をのぞく四つの集団について、政府統計局提供のセンサス地区区分図に基づいて、センサス地区ごとの居住立地係数を示したのが、図6-4〜6-7である。

各集団の集住パターンを比較してみると、まず気がつくのは、イーストニューブリテン州出身者と、国外出身者の分布パターンがかなり重なっていることである。地名で言えば、国外出身者が集中するのは、タウン周辺、コロボセア（Korobosea）、ボロコ、ゴードン（Gordons）、およびパプアニューギニア大学（UPNG）周辺、の各地区であり、イーストニューブリテン州出身者の集中する統計区もこれらの地区およびゲロフ地区に多い。

これに対し、ガルフ州出身者と、チンブー州出身者は、それぞれまったく異なった集中パターンをとっていることがわかる。ガルフ州出身者が集中するのは、都心周縁部にあたる、第二次世界大戦前からの市街地である半島部の外側の地帯、地名で言えば、旧行政中心地区コネドブ（Konedob）から商業地区のコキ（Koki）・バディリ（Badili）をはさみ、カウゲレ（Kaugere）へと続く一帯である。図6-4と、前掲のポートモレスビーの市街地とセトルメントの分布図（図6-1）および地形と慣習法的共有地の分布図（図6-2）を重ね合わせてみるとわかるように、そのかなりの部分は急傾斜の丘陵で占められ、セトルメントが多く分布している。一方、チンブー州出身者の方は、逆に現在の市街地の周辺部、とりわけシックスマイルとその周辺地区、およびモラタ地区に集中している。そしてこの両者、ガルフ州出身者とチンブー州出身者の集中地区は、まったく重ならないのが特徴である。

これまで見てきたような、出身州を異にする集団間の居住分離とその集住のパターンは、どのように解釈されるのであろうか。またこうした居住パターンの形成の背景には、どのような要因が作用しているのであろうか。次にこの点を考察してみよう。

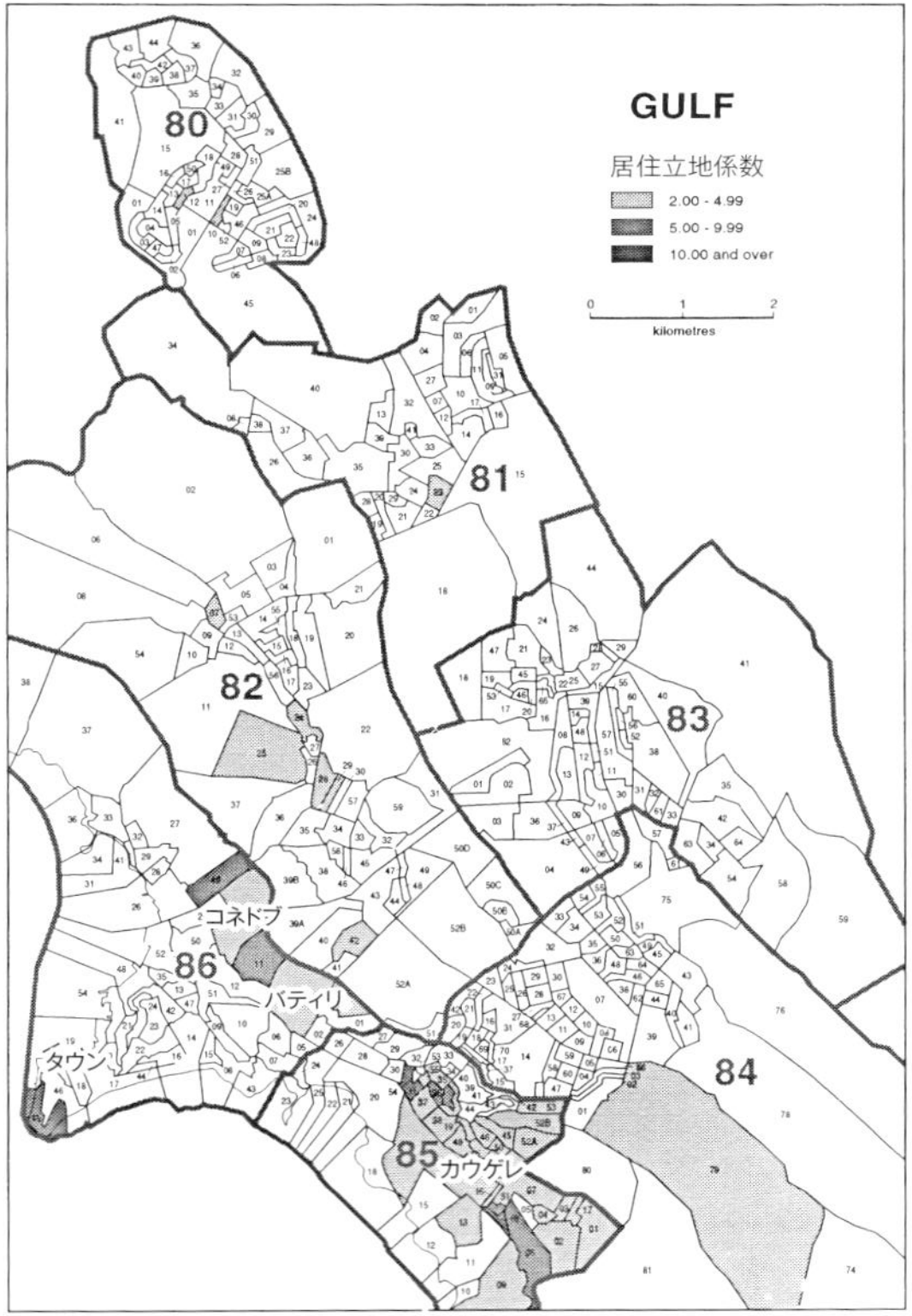

図 6-4　ポートモレスビーにおけるガルフ州出身者の分布（1980 年）

国家統計局提供の 1980 年センサスの出生州別地区別人口データ，およびセンサス区分図を用いて筆者作成／熊谷 1994：144

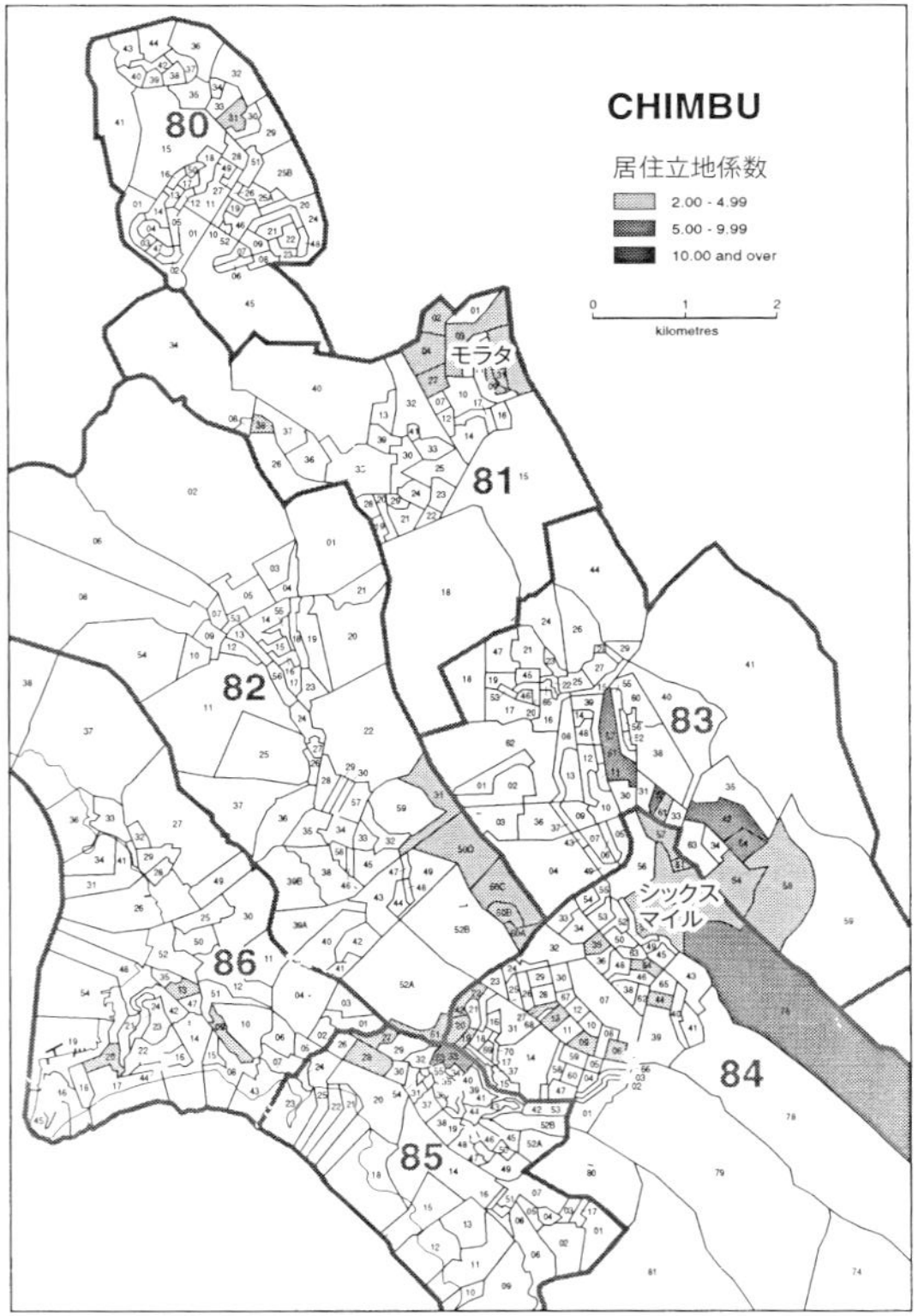

図 6-5　ポートモレスビーにおけるチンブー州出身者の分布（1980 年）

資料出所：図 6-4 に同じ／熊谷 1994：145

図6-6　ポートモレスビーにおけるイーストニューブリテン州出身者の分布（1980年）
資料出所：図6-4に同じ／熊谷 1994：146

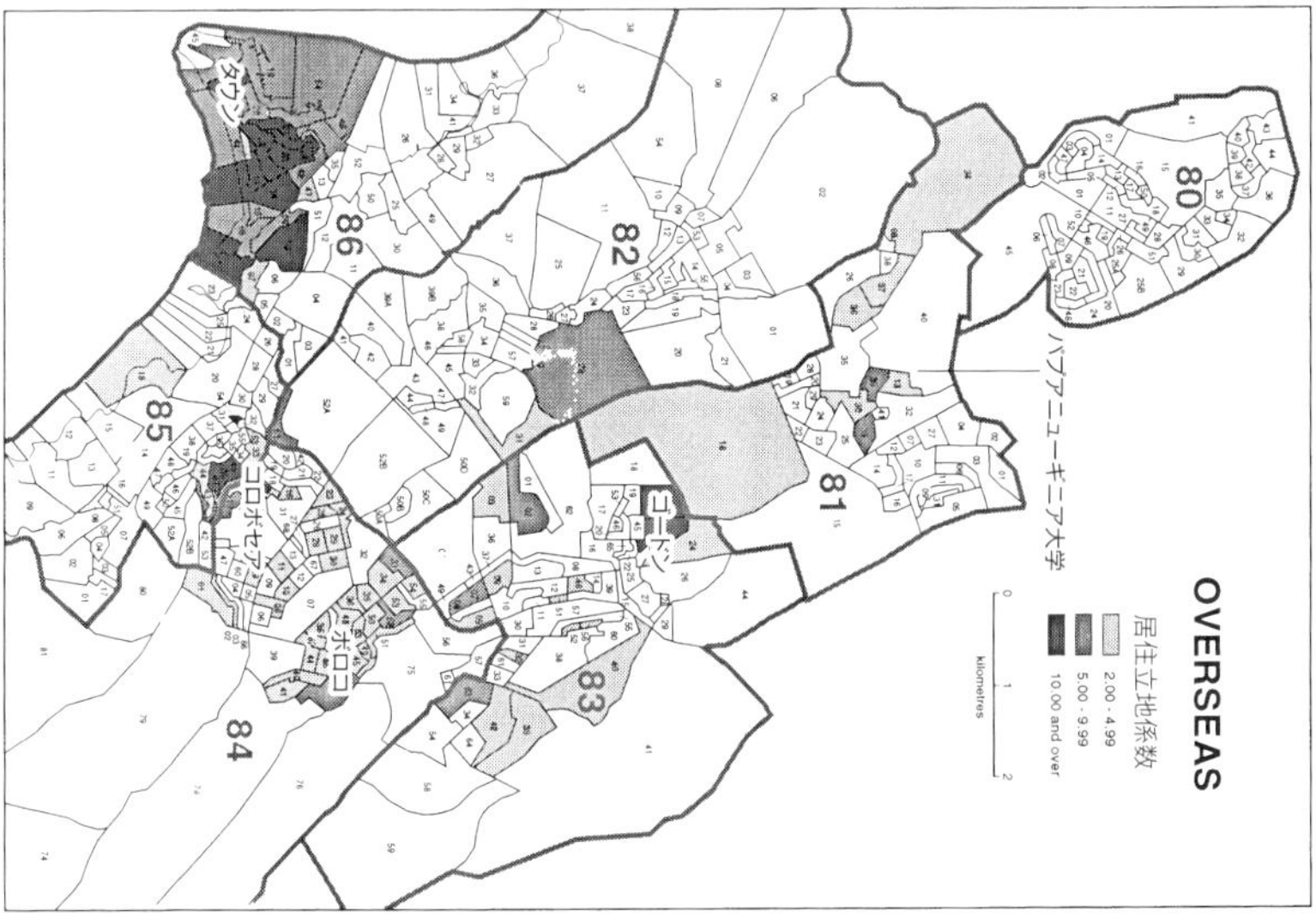

図6-7　ポートモレスビーにおける国外出身者の分布（1980年）
資料出所：図6-4に同じ／熊谷 1994：147

住宅地類型と集住パターン

まず、このような各集団の集住パターンがどのような意味を持つのかを探るために、住宅地類型との関連を見ることにしよう。一九八〇年センサスには、以下の一〇の住居タイプが設けられている。それらは、①「高級住宅」（High Cost House）、②「フラット」（Flat）、③「棟割住宅」（Duplex）、④「中級住宅」[16]（Low Cost House）、⑤「使用人住居」（Domestic or Workers Quarters）、⑥「自助住宅［高級］」（Self Help［High Cost］）、⑦「自助住宅［中級］」（Self Help［Low Cost］）、⑧「伝統式住居」（Traditional）、⑨「仮小屋住宅」（Makeshift）、⑩「寮、その他特殊な住居」（Dormitory and all Special Dwellings）、である。

「高級住宅」とは、もともと外国人向けに植民地政府または国家住宅局が建設した一戸建て住宅であり、床面積で言えば一〇〇平方メートル以上の広さを持つ。これに対し「中級住宅」とは、第二次世界大戦後、パプアニューギニア人向けに政府が建てた住宅であり、床面積は五〇平方メートル前後と狭く、設備にもかなり大きな差がある。「使用人住居」とは、通例高級住宅の敷地内に設けられた家事使用人等のための住居をさす。「自助住宅」とは、後に述べる自然発生的な移住者集落や市域内の土着部族の村落の住居のうち、近代的な材料を用いて建て直しが行なわれたものである。「伝統式住居」は、村落内の住居のうち、竹やニッパヤシなど伝統的な材料を用いて建てられたものである。しかしこれはポートモレスビー市内ではほとんど存在しなくなっている。「仮小屋住宅」とは、移住者集落の住宅中、ありあわせの材料で建てられたものである。なお、「フラット」・「棟割住宅」は、多くが民間によって建てられたいずれも二層程度の低層の集合住宅であり、一戸当たりの面積はかなり広い。なお一九八〇年の時点においては、ポートモレスビーには、高層の集合住宅はほとんど存在していなかった[17]。

さて、これらの住居タイプのうち、「自助住宅」（高級）と「自助住宅」（中級）については、その実態にそれほど大きな差がないと判断し、両者を一つにまとめて「自助住宅」とした。また「伝統式住居」はその実数がきわめて少ないので、「仮小屋住宅」に統一した。こうして得られた八つの住居タイプについて、それぞれの統計区ごとに、その住宅総数に占める比率を産出し、修正ウィーバー法を用いて分類を行なった。その結果、表6-2の右列

表6－2　住宅地類型の区分方法

住宅地区分	地区総数〔%〕	人口100人以上の地区数〔%〕	住居タイプ（A：高級住宅　B：集合住宅〈2層以上〉　C：集合住宅〈平屋〉　D：中級住宅　E：使用人住居　F：自助住宅　G：仮小屋住居　H：その他の住居〈寮・病院等〉
Ⅰ．高級住宅地区	48〔7.9〕	45〔11.1〕	A, Ab, Ac, Ad, Abc, Abd ab, ac, abc, abch
Ⅱ．集合住宅地区	58〔9.5〕	42〔10.3〕	B, Ba, Bc, Bd C, Ca, Cb, Cd
Ⅲ．中級住宅地区	154〔25.3〕	149〔36.7〕	D, Da, Db, Dc ad, bd, cd, de, dh, abd, acd, adh, abcd
Ⅳ．使用人住居を含む一般住宅地区	85〔14.0〕	78〔19.2〕	Ae, Ade, Be, E, Ea, Eb, Ed, Ecd ae, dc, be, abe, ace, ade, bcd, abce, abde
Ⅴ．自助住宅／仮小屋住宅地区	80〔13.2〕	68〔16.7〕	Dg, Df, F, Fd, Fg, G, Gb, Gd, Gf ag, df, fg, adf, bdg, bfg, bfh, abdg, adfg
Ⅵ．その他の住宅地区	163〔26.8〕	19〔4.7〕	H
Ⅶ．分類不詳	20	5	
合　　計	608〔100.0〕	406〔100.0〕	

1980年センサスに基づき筆者作成／熊谷 1994：149.

（注）アルファベットの大文字はその住居類型が当該地区内で50%以上を占めることを示す。

に示したように、合計六七の類型が得られた。さらにこの六七の類型について、その内容を考慮して、①「高級住宅地区」、②「集合住宅地区」、③「中級住宅地区」、④「使用人住居を含む一般住宅地区」、⑤「自助住宅および仮小屋住宅地区」、⑥「その他の住宅地区」の六つの住宅地類型を設定した。それぞれの住宅地類型の実数とその比率は、表6-2に示したとおりである。

次に、前節で取り上げた四つの集団について、それぞれその居住立地係数と住宅地類型の相関を見たのが、表6-3である。そこには、集団ごとに集中度の高い住宅地区類型にはっきりとした相違があるのを見出すことができる。ガルフ州出身者の場合、集中度の高いのは、「中級住宅地区」と「自助住宅／仮小屋住宅地区」である。とりわけ、居住立地係数五以上のきわめて高い集中度を示す九つの地区は、いずれも「自助住宅／仮小屋住宅地区」である。

チンブー州出身者では、五以上の集中度を示す八地区のうち四つまでが、やはり「自助住宅／仮小屋住宅地区」である。チンブー州出身者におい

表6－3　住宅地類型別に見た各集団の居住立地係数（1980年）

(a)　ガルフ州出身者

住宅地区類型＼居住立地係数	5.00以上	4.99～2.00	1.99～1.00	0.99～0.50	0.49～0.01	0	合計
Ⅰ．高級住宅地区	0	0	4	16	16	9	45
Ⅱ．集合住宅地区	0	0	8	10	18	6	42
Ⅲ．中級住宅地区	0	14	53	40	39	3	149
Ⅳ．使用人住居を含む一般住宅地区	0	2	3	10	41	22	78
Ⅴ．自助住宅／仮小屋住宅地区	9	18	12	7	16	6	68
Ⅵ．その他の住宅地区	0	1	1	8	5	4	19
Ⅶ．分類不詳	0	2	1	0	2	0	5
合　計	9	37	82	91	137	50	406

(b)　チンブー州出身者

住宅地区類型＼居住立地係数	5.00以上	4.99～2.00	1.99～1.00	0.99～0.50	0.49～0.01	0	合計
Ⅰ．高級住宅地区	0	2	1	7	21	14	45
Ⅱ．集合住宅地区	1	2	5	9	8	17	42
Ⅲ．中級住宅地区	2	17	20	22	30	58	149
Ⅳ．使用人住居を含む一般住宅地区	1	28	18	19	8	4	78
Ⅴ．自助住宅／仮小屋住宅地区	4	0	8	5	13	38	68
Ⅵ．その他の住宅地区	0	4	5	6	0	4	19
Ⅶ．分類不詳	0	2	0	2	0	1	5
合　計	8	55	57	70	80	136	406

(c)　イーストニューブリテン州出身者

住宅地区類型＼居住立地係数	5.00以上	4.99～2.00	1.99～1.00	0.99～0.50	0.49～0.01	0	合計
Ⅰ．高級住宅地区	1	15	18	6	5	0	45
Ⅱ．集合住宅地区	4	7	13	4	7	7	42
Ⅲ．中級住宅地区	1	11	23	30	30	54	149
Ⅳ．使用人住居を含む一般住宅地区	1	18	20	15	12	12	78
Ⅴ．自助住宅／仮小屋住宅地区	0	2	1	4	22	39	68
Ⅵ．その他の住宅地区	4	5	4	1	2	3	19
Ⅶ．分類不詳	0	0	0	2	0	3	5
合　計	11	58	79	62	78	118	406

(d)　国外出身者

住宅地区類型＼居住立地係数	5.00以上	4.99～2.00	1.99～1.00	0.99～0.50	0.49～0.01	0	合計
Ⅰ．高級住宅地区	8	20	14	1	2	0	45
Ⅱ．集合住宅地区	7	16	2	5	6	6	42
Ⅲ．中級住宅地区	0	7	11	12	47	72	149
Ⅳ．使用人住居を含む一般住宅地区	9	49	12	5	2	1	78
Ⅴ．自助住宅／仮小屋住宅地区	0	0	2	4	19	43	68
Ⅵ．その他の住宅地区	3	2	0	1	5	8	19
Ⅶ．分類不詳	0	0	1	1	0	3	5
合　計	27	94	42	29	81	133	406

1980年センサスに基づき筆者作成／熊谷 1994：150-151.

て注目されるのは、「使用人住居を含む一般住宅地区」にかなりの集中がみられることである。一方で「高級住宅地区」にほとんど集中がみられないことから、上記の地区に住むチンブー州出身者の多くは、使用人住居の居住者であることが想定される。これに対し、イーストニューブリテン州出身者では、集住する住宅地類型はより多様化するが、前二者と異なり、「高級住宅地区」や「集合住宅地区」への集住もみられるようになる。さらに国外出身者では、「高級住宅地区」・「集合住宅地区」・「使用人住居を含む一般住宅地区」の三類型への集中が顕著となる。

以上のことから明らかになるのは、各移住者集団の集中地区の空間パターンの差異が、その集住する住宅地類型の相違に基づいていることである。また、チンブー州出身者と国外出身者について言えば、それらがともに「使用人住居を含む一般住宅地区」にかなりの集中をみせるため、相互の空間的隔離の状況は低くなる。これは、最初の空間的相違指数を用いた分析において、チンブー州を含めた高地出身者と国外出身者との分離度が意外に小さかったという疑問に対する答である。しかし、同地区のチンブー州出身者の多くが使用人住居に住んでいるとすれば、たとえ空間的に近接していても（同一敷地内に居住していても）、その社会経済的な距離はむしろ遠いと言わなければならない。

住宅地形成過程とセグリゲーション

次に考察されるべきは、こうしたセグリゲーション――すなわち特定の移住者集団が特定の住宅地区に集住するという状況――がなぜ生みだされたかということである。そこには、前節で述べたポートモレスビーの都市形成と住宅供給の過程が大きく関わっている。

すでに述べたように、第二次世界大戦前のポートモレスビーは、もっぱら植民者である外国人のための空間であった。現在「タウン」と呼ばれる、港を中心とする半島部に形成された白人居住区は、周辺の宅地の人びとの村落とは、空間的に切り離されていた。使用人住居や労働者用飯場に一時的に居住する一部の労働者をのぞいては、市域内へのパプアニューギニア人の居住は、原則として禁止された。いわば、第二次世界大戦前までのポートモレスビーは、いわば空間的セグリゲーションが常態、あるいはむしろ規範であった社会と言える。

第二次世界大戦後、こうした状況は少しずつ変化しはじめる。前節で述べたように、第二次世界大戦後の復興と、ポートモレスビーの行政機能の拡大による市街地の拡大は、建設労働への需要を生み出した。それに引き付けられて、周辺の村落ばかりではなく、近隣のセントラル州やガルフ州の村からも移住者がやってきた。すでに述べたように、ガルフ州の中でも、東部のケレマ地域の人びとは、ヒリと呼ばれる伝統的な海上交易や通婚により、ポートモレスビー周辺に住むモツの人びとと関係を持っていたことが早期の来住につながった。これらの移住労働者は、建設現場の労働者用飯場や、市街地周辺のモツの人びとの村落などに寄宿した。これらの住居は、一時滞在者向けのものであり、家族との同居は困難であった。そのためやがてこれらの移住者たちは、モツの村落の近くや、当時の市街地の周辺の空閑地などに掘立て小屋を建てて住みつきはじめる。こうした自然発生的集落には、次々に同郷者が来住し、その規模は拡大していくことになった。このようにして形成されたのが、ポートモレスビーのセトルメントである（Oram 1976、熊谷 1985）。

現在、ガルフ州出身者が集住するコネドブからキラキラ、ヴァブコリ（Vabkori）にかけての一帯は、ちょうど第二次世界大戦前の市街地の周辺部にあたり、モツの村落が多く立地する一帯である。この一帯には、すでに一九五〇年代には、かなりの数のこうしたセトルメントが形成されていたと考えられる。

前節で述べたように、行政機能の拡大にともなって、一九四〇年代末から新たにボロコに外国人公務員のための住宅地が作られる。しかし、植民地政府によるパプアニューギニア人向けのフォーマルな住宅供給は、一九六〇年代のホホラ地区の開発を待たねばならなかった。その他の住宅地のうち、一九六〇年代に開発されたコロボセア、ゴードンの両地区はおもに外国人向けの高級住宅地であり、一九七〇年代以降開発されたトカララ、ゲロフの両地区には、高級住宅地と中級住宅地が混在している。

外国人向けに開発された高級住宅地には、しだいにパプアニューギニア人の上級官吏なども居住するようになった。すでに述べたように、こうした高級住宅地に住む外国人や、パプアニューギニア人の上級官吏などは、ほとんどの場合政府や企業から住宅費補助を受けている。これに対し、こうした特権を持たない一般のパプアニューギニア人の場合には、たとえ公営の中級住宅であっても、その家賃負担はかなりのものとなり、家賃の滞納などの問題が生じている[18]。犯罪の多発などの問題もあり、一般の公営住宅居住者層が、その居住環境に満足しているとは言い難い。

一方、高地地方出身者がポートモレスビーに来住しはじめるのは、一九六〇年代以降のことである。すでに見たように、チンブー州をはじめとする高地地方出身者の大部分は、ニューギニア沿岸地方や島嶼地方出身者と異なり、学歴や技能を持たない移住者であった。また、ガルフ州出身者のように在地の住民との結びつきもなかった。したがって、初期の移住者の多くは、労働者用住居や使用人住居などに居住する以外の選択肢を持っていなかったと言える。

高地地方出身者によるセトルメントの形成は、次章で詳しく見るように一九六〇年代後半頃からのことと推測される。高地地方出身者集落は、一部バディリからスリーマイルに至る地域の周辺にも、先住のパプア（ニューギニア島南部）地方出身者と混ざり合って立地するが、チンブー州出身者の集落を含め、より大規模なセトルメントは、シックスマイル周辺や、エイトマイル、ナインマイルなどの郊外地区に見出される。これは、市街地の開発が進行し、その外側にしか空閑地が見出しがたくなったこと、また海岸に近い地域はすでにパプア地方出身者による移住者集落が多数形成されており、参入しにくかったことによるものと言えよう。

これらを総括すれば、ポートモレスビーにおける住宅地形成過程とセグリゲーションの形成の関連は以下のようにまとめることができる（図6‐8）。第一に、ポートモレスビーにおいて、外国人は都市形成の最初から、パプアニューギニア人とは空間的に隔離されていた。その後も、一九六〇年代までは、もっぱら外国人向けの高級住宅地が植民地政府の住宅供給の中心であり、その空間的隔離の状況は維持された。第二に、これに対し、第二次世界大戦後から一九五〇年代までの大戦後初期の都市形成過程において、パプアニューギニア人向けの公的な住宅供給はまったく欠如していた。このため建設労働者などとして働いたセントラル州やガルフ州からの早期の移住者は、当

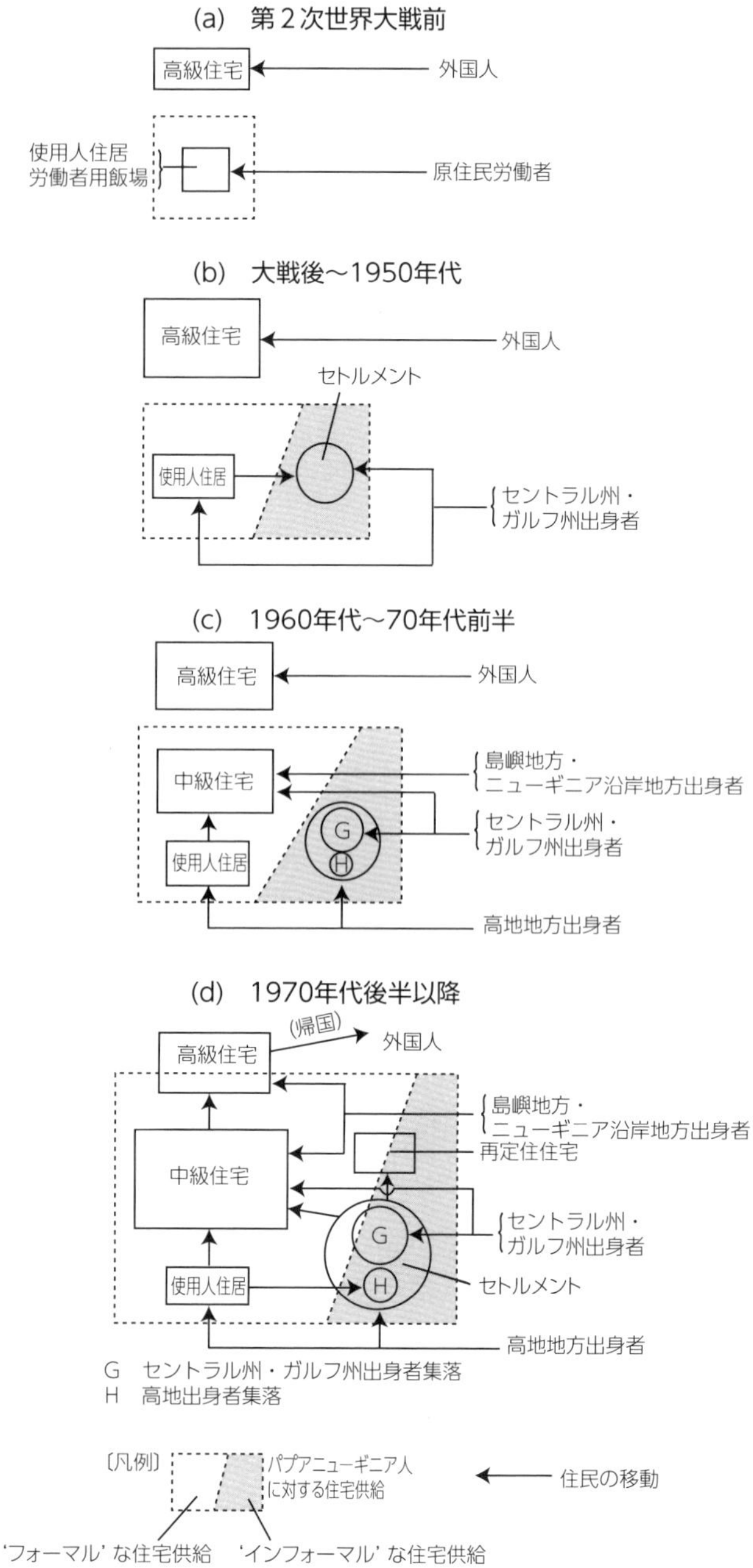

図６－８ ポートモレスビーにおける住宅供給とセグリゲーションの過程の概念図

筆者作成／熊谷 1994：156–157. を一部改変

時の市街地周辺（現在の都心周辺）地帯の空閑地に掘立て小屋等の住居を建て集落形成を行なうことになった。こうした自然発生的集落（セトルメント）は、例外なく同一地域出身者（ワントク）によって構成された。第三に、ニューギニア沿岸地方や島嶼地方など遠距離からの移住者には、学歴や技能を持ち、フォーマルな職を得ている者が多かった。したがってこれらの移住者の多くは、同郷者という基盤によらずに、一般住宅地に住居を獲得することができた。このため相互にそれほど高い分離の度合いを示すことはなかった。第四に、高地地方出身者は、一九六〇年代以降に来住した、いわば「遅れてきた都市移住者」であり、技能や学歴の低さも手伝って、未熟練の職にしか就業することができなかった。したがって一般の公営住宅への入居は困難であり、使用人住居や労働者用飯場、あるいはセトルメントに居住した。こうした高地出身者のセトルメントの多くは、セントラル州やガルフ州出身者の集落とは異なり、現在の市街地周辺に立地することになった。

最後に、こうした集団間のセグリゲーションの大きさが、ポートモレスビーの都市社会にとってどのような意味を持つのかを考えてみよう。こうした同郷者（ワントク）どうしの集住は、不安定な都市生活の中で、相互扶助や秩序維持に貢献するという利点も持っている。一方で、地域集団間のセグリゲーションの大きさは、集団相互の日常的な相互作用の機会と場所を限定してしまう。これは、地域集団を越えた全体的な都市社会の形成、あるいはまたナショナルな統合という課題の実現を困難なものとする。また集団間の他者化やステレオタイプの形成をも促すであろう。セグリゲーションが解消されつつあるのか、あるいは維持されているのかについては、一時点のデータだけで判断することはできない。しかし、ポートモレスビーの分断された住宅市場と、不安定な経済状況の中で、今後セグリゲーションが急速に消滅することはないであろうことは予想に難くない。

一九九〇年、二〇〇〇年センサスに見る空間的相違指数の変化

ポートモレスビーにおける居住地セグリゲーションの様態の変化を見るために、同様の手法で、一九九〇年センサスと、二〇〇〇年センサスにおける、出身州別集団の空間的相違指数を算出した。その結果を示したのが、表

表 6－4　ポートモレスビーにおける各出身州間の空間的相違指数（1990 年）

出　生　州	1	2	3	4	5	6	7	8	9	10	11	12	13	14	15	16	17	18	19	20	21
01 ウェスタン	*																				
02 ガルフ	52.9	*																			
03 セントラル	55.9	45.4	*																		
04 首都特別区（NCD）	52.0	34.7	31.3	*																	
05 ミルンベイ	53,8	52.1	39.9	43.1	*																
06 ノーザン（オロ）	54.7	54.4	42.6	45,6	40.8	*															
07 サザンハイランド	61.6	58.3	51.3	51.9	51.2	50.1	*														
08 エンガ	66.4	65.3	57.8	58.9	53.9	55.2	54.6	*													
09 ウェスタンハイランド	60.4	60.5	50.2	52.2	47.9	49.2	47.3	48.8	*												
10 チンブー	70.5	68.2	60.0	59.4	59.4	56.2	54.6	58.7	53.7	*											
11 イースタンハイランド	67.2	59.3	51.3	51.5	56.6	52.9	46.2	56.4	51.4	44.3	*										
12 モロベ	56.7	49.7	38.6	39.1	40.5	39.5	42.7	52.8	41.7	51.2	43.9	*									
13 マダン	55.8	59.4	47.0	49.9	41.1	44.8	51.4	56.6	47.2	58.1	55.8	43.2	*								
14 イーストセピック	56.5	60.4	48.8	51.6	40.9	43.2	54.7	56.4	47.7	64.4	63.3	45.0	38.7	*							
15 ウエストセピック（サンダウン）	64.7	69.4	64.9	65.9	57.8	59.1	66.6	66.3	62.2	74.1	73.4	62.5	52.0	49.0	*						
16 マヌス	59.9	64.8	52.3	57.1	42.3	47.0	56.4	58.3	52.5	67.1	65.5	50.4	41.4	37.4	54.0	*					
17 ニューアイルランド	63.3	67.1	54.4	59.6	48.3	52.3	60.7	61.9	55.5	68.8	68.0	51.9	42.7	42.8	52.4	39.7	*				
18 イーストニューブリテン	56.1	61.3	47.2	52.3	38.3	43.9	54.0	55.1	48.1	64.7	61.7	44.1	36.3	34.9	51.5	35.2	36.9	*			
19 ウェストニューブリテン	62.5	67.9	58.5	62.3	52.6	55.0	61.0	63.6	55.6	71.2	68.3	57.3	51.3	45.5	50.2	46.3	48.6	45.1	*		
20 ノースソロモン	59.7	61.2	49.7	52.9	40.5	51.4	54.1	57.3	52.7	65.9	63.3	48.3	44.3	44.2	57.8	41.7	42.7	35.7	52.1	*	
21 国外	76.8	79.1	69.1	74.1	62.7	71.6	69.3	73.8	69.1	73.4	73.0	66.4	63.9	67.1	74.9	64.0	63.9	58.3	66.4	59.1	*

パプアニューギニア政府統計局提供，センサス地区別の出生州別人口データを用いて，筆者作成

表6－5　ポートモレスビーにおける各出身州間の空間的相違指数（2000年）

出　生　州	1	2	3	4	5	6	7	8	9	10	11	12	13	14	15	16	17	18	19	20	21
01 ウェスタン	*																				
02 ガルフ	49.8	*																			
03 セントラル	49.8	47.4	*																		
04 首都特別区（NCD）	48.0	36.8	32.8	*																	
05 ミルンベイ	46.9	53.9	42.4	44.4	*																
06 ノーザン（オロ）	44.2	54.2	44.5	45.3	40.6	*															
07 サザンハイランド	59.1	57.1	54.0	51.1	54.2	54.4	*														
08 エンガ	58.3	56.3	52.6	50.9	54.5	55.3	42.0	*													
09 ウェスタンハイランド	53.4	57.5	49.3	48.9	49.3	49.4	39.2	37.8	*												
10 チンブー	70.0	67.3	62.1	61.2	66.2	65.7	50.9	53.0	49.4	*											
11 イースタンハイランド	66.5	59.9	56.3	54.7	63.8	62.5	47.5	50.9	45.4	40.3	*										
12 モロベ	51.6	50.4	41.4	39.9	44.5	44.8	45.5	47.9	43.2	56.5	50.5	*									
13 マダン	47.3	53.4	46.3	45.0	38.7	40.8	48.4	48.6	40.8	59.8	56.1	42.7	*								
14 イーストセピック	42.7	57.9	44.0	47.8	37.8	39.5	50.8	52.8	45.4	65.1	62.6	40.5	36.5	*							
15 ウエストセピック（サンダウン）	50.7	54.8	56.0	58.4	49.6	49.6	60.6	60.4	53.9	72.7	70.5	55.8	46.0	40.3	*						
16 マヌス	51.1	63.0	49.9	53.3	39.7	46.0	59.6	59.1	53.5	68.8	68.0	50.2	40.2	36.8	46.3	*					
17 ニューアイルランド	52.1	65.1	53.7	55.9	43.4	48.2	60.2	60.8	54.9	73.2	70.9	52.4	42.1	40.0	47.3	36.2	*				
18 イーストニューブリテン	46.3	58.4	44.2	47.8	34.3	41.5	55.2	55.7	47.5	68.2	65.8	44.2	34.3	34.1	45.6	30.8	32.9	*			
19 ウェストニューブリテン	49.9	62.0	53.2	54.7	43.6	48.8	58.8	57.6	52.8	70.4	68.5	51.9	43.7	37.1	43.8	42.2	46.2	40.0	*		
20 ノースソロモン	51.6	59.6	47.6	50.3	53.3	48.3	57.1	55.5	51.4	68.8	67.4	48.2	39.5	40.2	48.7	35.3	37.2	31.2	42.7	*	
21 国外	67.9	72.7	65.4	66.5	61.4	64.6	68.8	72.5	65.3	73.9	73.2	66.1	64.0	63.3	67.7	62.2	59.5	58.6	66.5	62.2	*

パプアニューギニア政府統計局提供，センサス地区別の出生州別人口データを用いて，筆者作成

6‐4と表6‐5である。本節の冒頭で述べたように、欧米都市におけるセグリゲーション研究の枠組みにおいては、都市の歴史が長くなるにつれて、マイノリティ集団の社会経済的地位の上昇や文化的同化に伴って、セグリゲーションの度合いは低下していくと仮定されていた。このような傾向は、ポートモレスビーにおいてもはたして見出されるであろうか。

まず、一九九〇年センサスでは、全般的に出身州間の空間的相違指数の数値は低下していることがわかる。たとえば、一九八〇年センサスで散見された八〇台の数値（国外出身者とウェスタン州出身者、ガルフ州出身者）との間は九〇年センサスでは七〇台後半に低下しており、逆に八〇年センサスではNCD生まれとガルフ州出身者、セントラル州出身者の間だけに見られた三〇台の数値が、他州の出身者の間にも出現している。

しかし、一方で州間の分離度が増加している箇所も見られる。増加が見られるのは、高地諸州と国外出身者の間の数値であり、たとえば国外出身者とチンブー州出身者・東部高地（イースタンハイランド）州出身者との間の数値は、それぞれ六九・三から七三・四へ、六七・五から七三・〇へと大きく増加している。これは、かつて外国人用の住宅の使用人住居に居住していた高地出身者が、別の住宅地区（多くはセトルメント）に移住した結果と推測される。しかしそれ以外の州間においては、おおむね空間的分離度は減少していると言ってよい。

二〇〇〇年センサスの空間的相違指数の傾向はどうであろうか。驚くのは、一九九〇年センサスに比べ、むしろ州間の分離度が増加している箇所が多く見られることである。全数値の四分の一強に当たる五三ヵ所で、分離度は上昇している。とりわけ顕著なのは、高地の諸州とモロベ州出身者であり、チンブー州出身者では、他の高地諸州との間を除き、ほとんどすべての州出身者との間の分離度が増加している。イースタンハイランド州出身者もほぼ同様の傾向を示す。国外出身者においては、五州との間が増加または不変であり、依然として四州の間に七〇台という高い数値を示し続けている。

ここから伺えるのは、都市の歴史が長くなっても、ポートモレスビーの諸集団間の空間的分離が、減少傾向を見せていないことである。むしろ諸集団間の分離の傾向はますます固定化し、顕著になっていると言える。これはすでに述べたような、公的住宅政策の衰退と住宅市場の民営化の中で、一方で外国人および上層のパプアニューギニア人が高家賃のコンドミニアム等に集中し、他方で、多数の中下層の住民、とりわけ高地地方出身の住民においてインフォーマルな空間（セトルメント）に居住する者が増加した結果と言える。ポートモレスビーの空間は、二極分解している。インフォーマルな空間としてのセトルメントは、同一地域出身者集団（ワントク）を単位として形成されることが多いから、その結果として異集団間の空間的分離は大きくなる。これは他集団（他者）との間の日常的交流が少ないままであることを意味する。このような居住分離の持続と、その結果としての社会的相互作用の低さは、犯罪の多発を含め、ポートモレスビーの都市社会のさまざまな問題に結びついている。この点については、第7章の最後の節であらためて検討する。

4　都市空間とインフォーマル・セクター

フォーマルな空間とインフォーマルな空間

前述のような、ポートモレスビーの都市空間に刻印された居住のセグリゲーションの様態は、植民地時代に形成された都市空間の「構造」に根差している。それは一言で言えば、都市における「フォーマルな空間」と「インフォーマルな空間」の二重性である。

ここで言う「フォーマルな空間」とは、政府による統制と管理が直接作用する空間を意味する。他方、「インフォーマルな空間」とはその枠外に置かれた空間である。第二次世界大戦前までの時期において、フォーマルな空間は、港を中心とする半島部と隣接する行政地区に限られていた。すでに述べたように、この空間は周辺の在地の人びとの村落とは切り離され、「原住民」がそこに立ち入ったり、労働したりすることは厳しく制限されていた。一方、その外部に置かれた在地の人びとの村落や所有地は、インフォーマルな空間であり、それらは植民地支配や植民者の生活（とりわけ衛生問題）に影響を及ぼさない限り、植民地政府から何らかの働きかけが行なわれることはなく、放置されていた。

この二項対立的構図がいくらかの変化を見せるのは、第二次世界大戦以降のことである。日本軍による爆撃は、植民者のフォーマルな空間ばかりでなく、すでに述べたようにモツの人びとの住むハヌアバタの村にも被害をもたらした。植民地政府はそれに対する補償金を支出し、ヤシの葉で葺いた村落の家屋は近代的な材料を用いた住宅に姿を変えた。大戦後のポートモレスビーの都市機能の拡大は、政府による土地買収を通じて、より多くのインフォーマルな空間をフォーマルな空間に組み込むことになった。

しかし、政府有地となった空間のすべてが自動的にフォーマルな空間と化したわけではない。計画的な市街地化が進行したのは、一九五〇年代に外国人住宅地として開発されたボロコ、同じく一九六〇～七〇年代に開発されたコロボセア、ゴードン、新たな行政地区として開発されたワイガニ、さらにパプアニューギニア人向けの住宅地として開発されたホホラ、ゲロフ、トカララなど、限られた地区にすぎない。

現在のポートモレスビーの市街地を見ると、それらはパッチワークのようにきわめて分散的に展開していることがわかる（図6-1参照）。この特異な形状を規定した第一の要因は、ポートモレスビーの自然地形による制約である。図6-2に示したように、ポートモレスビーでは、戦前からの市街地である半島部（タウン地区）のつけ根にあたる部分に、北西から南東方向にかけて急峻な丘陵が走っている。これらは、一部が植民地時代からの外国人向け高級住宅地となっているほかは、行政当局による計画的な開発の対象外に置かれている。第二の要因は、市域内における慣習法的共有地の存在である。同図に示したように、現在でも市域の西部と南東部を中心に、市域の約三割が在地の人びととの慣習的共有地として残されている。そこには、道路は存在するものの、計画的な市街地の展開は見られない。

このように見てくると、植民地政府以来、また独立後の首都特別区（NCD）政府によっても、フォーマルな空間として経済的に活用され、利用されてきたのは、政府有地でありしかも地形的に平坦な土地という、市域内の限られた空間だけであったことがわかる。それ以外の空間は、行政権力による支配と管理、およびそれに基づく開発・整備とサービス供給の対象外に置かれた[19]。逆に言えば、こうしたインフォーマルな空間は、在地の住民、および他地域からの移住者が、自らの居住と生活の場所として、ある程度自由に利用することが可能であった。そうした営みは植民地政府以来、権力によって基本的には黙認され、放置されてきたということができる。セトルメントが形成され、拡大していくのは、こうしたインフォーマルな空間においてであった。

一九七〇年代のはじめまでは、このインフォーマルな空間に対して、ポジティヴにもネガティヴにも行政権力が介入することはなかった。しかし、すでに述べたように、一九七三年の政府白書、および一九七五年の独立を境に、行政権力が政府有地に立地するセトルメントへのサービス供給や、アクセス道路の建設、住宅改築資金への融資、また都心に近い一部集落の郊外の「再定住地区」(resettlement area)への移転と、そこにおける敷地・サービスの提供(site and service scheme)、といった政策が取られるようになり、これらのインフォーマル空間は、部分的にではあるが徐々に「フォーマル化」していくことになる[20]。

こうした構造が、さらに新たな展開を見せはじめるのは、一九九〇年代後半以降のことである。その背景には、都市への人口流入の増大と移住者集落の拡大にともない、都市での生計維持の必要から、露天商などのインフォーマルな経済活動の重要性が高まったことがある。一方、パプアニューギニアの中央政府やＮＣＤ政府は、都市空間の「フォーマル化」を強く推し進めようとしている。これらの相対立する方向性がもたらすコンフリクトの様相が、以下の議論の焦点となる。

近年の都市景観と都市空間の変化

近年のポートモレスビーにおける、可視的な都市景観／空間の変容は、このインフォーマルな空間形成とフォーマルな空間形成のせめぎ合いによって生み出されている。すなわち、フォーマルな賃金雇用に就くことのできない、底辺の都市住民による都市での「生き残り」のための戦略としての都市空間の利用と、都市行政権力による都市空間の「秩序化」や「美化」という、二つの相異なる方向性と、その間の対立である。それによって生じている具体的な都市景観の変容としては、次の四点が挙げられる。

第一に、セトルメントの郊外へのさらなる拡大である。既存のセトルメントの人口増大と過密化（といっても、東南アジア都市に見られるような「スラム」的地区に比べれば、その密度ははるかに低いが）に伴って、さらなる郊外の空閑地に、新しい集落が生まれつつある。わたしの知見の限りでは、こうした集落の居住者の場合、それまでほかのセトルメントに別の家族や親族が同居していたことが、移住の契機になっていることが多い。したがって、必ずしも住民は新たな移住者ではなく、むしろ移住者の第二世代も含め、ポートモレスビーでの居住経験も長く、居住環境改善への意識も高い者が含まれていることが注目される。

第二に、丘陵の急斜面など、市域内の空閑地における「都市農業」の増大である。前述のように、ポートモレスビーは、地形的に起伏の多い土地であり、市域内に多くの丘陵地が点在する。港を見下ろす植民地時代からの市街地の背後の丘陵地トゥアグバ・ヒル（Tuaguba Hill）（写真6-1）が外国人向けの住宅地として開発されたのを除けば、これらの丘陵地のほとんどは未利用地として放置されてきた。こうした丘陵地の丘陵斜面が、セトルメントの立地のための空間を提供してきた事実についてはすでに述べたが、近年ではこうした空閑地が、セトルメント住民によってさらに耕地として利用される例が増えつつある（写真6-2）。これらの農地で作られた作物は、後に述べるように、市内の公設露天市場などで販売されることによって、これらの移住者にとって貴重な収入源となっている。

第三に、路上販売など、街頭での経済活動の増加である。後述するように、ポートモレスビーをはじめ、植民地時代のパプアニューギニア都市では、インフォーマル・セクターに分類されるような経済活動が未形成であった。しかし、一九八〇年代後半以降、こうした活動が顕著に増加している。特に新しく目につくようになった活動としては、ビンロウジやピーナッツ・煙草などの嗜好品の路上販売、靴磨き、大道芸人、物乞い、などが挙げられる。上述の都市農業を含め、これらは、フォーマルな職を持たない都市住民による生計維持のための経済活動の増大として捉えることができる。

第四に、これらとは対照的な、都市景観の「近代化」と「美化」の動きがある（写真6‐3、6‐4）。一九九七年には、市郊外のゴードン地区と都心のタウン地区を直結する新しい自動車専用道（ポレポレナ・ハイウェイ）が建設された。この道路の建設によって、これまで丘陵地を巡回して長い道程を要した都心へのアクセスが格段に短縮された。この道路は、既存の道路とは立体交差し、景観的にもこれまでのパプアニューギニア都市には見られなかった「近代都市」的なイメージを作り出している。一九九八年には、日本の円借款によって作られた新しい国際・国内空港ターミナルビルが完成した。これは、ポートモレスビーの国際的な玄関口として、文字通りグローバルなスタンダードの景観を実現するものであった。首都にふさわしい空間を実現するための「都市美化」が宣伝され（写真6‐3）、既存の道路についても、その拡幅・整備が行なわれている（写真6‐4）。新たに設けられた中央分離帯に植樹が施されたり、彫刻などのオブジェが設置されたり、道路標識や看板が整備されたり等々、近代的な都市景観づくりが、国とNCD政府によって推進されている。

都市内におけるセトルメントの拡大と、都市内の空閑地での「都市農業」の増加は、景観的には、いわば都市の「農村化」とも見える（熊谷 2001a）。インフォーマル・セクターの活動の増大と併せて、移住者の都市での「生き残り」のための都市空間の「インフォーマルな」利用が拡大している。一方、行政権力による都市整備は、いわばポートモレスビーの都市空間の「フォーマル化」あるいは「グローバル・スタンダード」の実現を目指すものである。この点で、両者は真っ向から対立するものであり、都市空間という「資源」の利用をめぐって、両者はせめぎあうことになるのである。

「インフォーマル・セクター」概念をめぐって

第1章で述べたように、第三世界都市の社会経済をめぐる議論の中で「インフォーマル・セクター」という用語が初めて用いられるのは、一九七〇年代前半のことである。すでに述べたとおり、第三世界都市に膨大に存在する、零細な小売業・サービス業・製造業などの経済活動に対し、それまでの「伝統部門」といった用語法に代わり、この語を新たに積極的に唱導したのはＩＬＯであった。「インフォーマル・セクター」については、それ以降、多くの研究や調査報告がなされてきた。しかし、それにもかかわらず、「インフォーマル・セクター」の概念規定に関しては、結局不明瞭なままである。こうした状況の中で、「インフォーマル・セクター」という用語の曖昧さを避け、「小規模事業」(small scale activities)や「零細企業」などの言葉で置き換える傾向も見られる[21](たとえば、上田 1997)。たしかに、実体的な経済活動として「インフォーマル・セクター」を定義しようとするならば、経営主体・経営規模・事業の様態といった尺度のいずれをもってしても、明瞭な線引きを行なうことは困難である。しかし本研究が、あえてこの「インフォーマル・セクター」という用語にこだわる理由は、インフォーマル・セクター概念の恣意性やその語感が、経済活動の内容というより、それを規定する外部(行政権力、資本、マスメディアや一般社会など)との関係性を象徴的に表現しているように思われるからである。「インフォーマル・セクター」は、いわば「残余」の概念であり、それをいかようにも規定でき、また権力側から見ればそれを排除したり、取り込んだりできるがゆえに、都市の政治構造と深い関係を持つことになる。

本研究では、とりあえず都市の「インフォーマル・セクター」を次のようなものとして規定しておく。すなわち、それらは「都市住民によって、自らの生計維持を主たる目的としながら、行政権力や法律・制度による承認と保護の枠外において営まれる経済的活動」である。「インフォーマル」という言葉には、権力や制度によって十分に捕捉され得ない、というニュアンスが付随する。それらは、直ちに「違法な」活動であることを意味しない。しかし、少なくとも権力や計画者からは、ポジティヴな活動として評価されない場合が多い。法律や制度による承認・保護の枠外にあるということは、言い換えれば、経済社会状況の変化に応じ、また権力の恣意によって、それらは「遅れた」、「いかがわしい」あるいは「秩序を乱す」存在として「敵視」や「排除」の対象ともなりうるということを意味する。このようなインフォーマル・セクターのポリティカル・エコノミーこそ、本研究が問題にしようとするものである。

パプアニューギニア都市とインフォーマル・セクター

パプアニューギニアの都市においては、他の第三世界都市に比べて、「インフォーマル・セクター」が未発達であるというのが通説であった。わたしが一九七九~八〇年にかけて最初にポートモレスビーを訪れた時に驚いたのは、町に物乞いの姿が一切見あたらないことだった（近年では、街頭で老人や母子による「職業化した」物乞いを時折見るようになった）。また路上での物売りも、新聞売りなどを除けば、数えるほどしか見かけなかった。パプアニューギニア都市にインフォーマル・セクターが発展しなかった理由としては、一般に次のような点が指摘できる。

第一に、他の第三世界の国々と異なり、パプアニューギニアを含むメラネシアの諸都市においては、「商業」や「商人」の伝統が存在しないことである。インフォーマル・セクターの中核を占めるのは、露天商などの零細な小売業であるが、植民地以前のパプアニューギニアにおいては、特定のローカルな集団間に交易や儀礼的な交換は存在したものの、恒常的な商取引の場としての「市」は存在せず、商業活動を専門的に担う「商人」層も形成されなかった。したがって、パプアニューギニアの人びとは、都市への移住に先立っては、商業活動の経験をまったく持っていなかった。

第二に、都市化の歴史の新しさに加え、植民地時代、政府によって、パプアニューギニア人の都市内での居住と経済活動が厳しく規制されていたことが挙げられる。先述のとおり、植民地時代のポートモレスビーの都市空間は、植民者（西洋人）のためのフォーマルな空間と、パプアニューギニアの人びとの占有する空間とに峻別された。前者においては、土地利用の純化がはかられ、住宅地区での商業活動は認められなかった。パプアニューギニアの人びとは、都市で新たに小規模な事業を興し、そのノウハウを蓄積する機会も与えられなかった。

第三に、パプアニューギニアにおいて都市人口の絶対的な規模が小さいことである（Barber 1993）。インフォーマル・セクターには、都市人口が増大すればするほど、その需要が増大し、インフォーマル・セクターの担い手もまた増加するという、いわば自己増殖的な性格がある。ポートモレスビーの人口規模はたとえば東南アジア諸国の中心都市と比べれば、数十分の一程度にすぎない。また独立以前に大きな比重を占めていた植民者人口は、インフォーマル・セクターへのニーズを持っていなかった。したがって、ポートモレスビーでは、インフォーマル・セクターを支えるだけの十分な需要が存在しなかったと言ってよい。

第四に、パプアニューギニア特有の理由としてしばしば指摘されるのは、自給的農業部門が健在であることである（Barber 1993 ほか）。地域差はあるものの、全体に、人口が希薄で、土地に対する人口圧力が小さく、土地所有の格差も少ないパプアニューギニアでは、農村で「食い詰めて」都市に押し出されるというタイプの移動はほとんど見出されない。農村から排出された人びとの「最後の拠り所」となるのがインフォーマル・セクターであるという通説にしたがえば、パプアニューギニア都市にはインフォーマル・セクター形成の切実な必然性は存在しないということになる。

これに関連して指摘しうるのは、パプアニューギニア都市においては、その都市化の歴史の新しさも手伝って、ピジン語でワントクと呼ばれる同一地域出身者・同一言語集団どうしのネットワークと相互扶助が強固に機能していることである。このワントクのネットワークを通じて、いわば最低限の所得の再配分が実現されるため、フォーマルな雇用の乏しさが、直接都市での生存の困難さにはつながらなかった。

これらの諸点は、パプアニューギニアの都市化の初期においては、確かにある程度当てはまっていたと言える。しかし、近年その状況は大きく揺らぎつつある。停滞する地方の村や小都市に比べ、ポートモレスビーの都市空間の変貌ぶりは、目を見張るものがある。先述のように、主要道路は拡幅され、丘陵を切り崩して、旧市街地と新市街地を直結する自動車専用道も作られた。日本からの円借款によって空港は拡張され、ターミナルビルも新設された。こうした新たな公共投資の背景には、海外からの援助を含め、首都に経済活動の集中があり、その税収等で首都行政府の歳入が豊かなことがある。スーパーマーケットや街の専門店には、ほとんどが輸入品で物価は高いが、豊富な食品や日用品が並んでいる。

一方、前述のようにこのようなポートモレスビーの都市空間の近代化が進むにつれ、露天商は、都市美化の理念に反するとして、排除されつつある。もともと、パプアニューギニアの都市空間政策は、植民地時代の統治政策を受け継ぎ、清潔さや秩序を重んじる傾向にある。これが、フォーマル・セクターを擁護し、資本を持たないパプアニューギニア人の事業に対しては抑制的に作用している。

インフォーマル・セクターと都市の法秩序

ポートモレスビーの露天商が最も多く扱ってきたのが、パプアニューギニア人にとってなくてはならない嗜好品であるビンロウジ[22]（ピジン語でブアイ buai）である（写真6-5）。ビンロウジは、常緑高木であるビンロウ椰子の実であるが、石灰と一緒に噛むと石灰のアルカリとビンロウジのタンニンが化学反応を起こして口の中が赤く染まり（石森 2010：279）、唾を吐くとコンクリートに赤い染みが付いて取れない。このため都市空間を汚す元凶とされ、その路上での販売が厳しく禁じられるようになった。ビンロウジを噛む習慣は、もともと海岸部や島嶼地方のものであるが、現在では内陸部や高地地方の出身者にも普及し、パプアニューギニアの人びとに共通の嗜好品となっている。ビンロウジは他の生鮮食品のように腐敗する心配もなく、最も手軽に扱えて必ず売れる商品である。したがってビンロウジ販売の禁止は、露天商に大きな打撃となっている[23]。二〇〇五年にインフォーマル・セクター法が成立して以来、露天商は、決められた空間内で営業することが義務付けられている。本来、インフォーマル・セクター奨励のために作られたはずのこの法律が、逆にその営業空間を制約し、自由な参入と顧客との出逢いの機会を減らし、利益を減退させている。

ポートモレスビーは大変治安の悪い都市として知られる。犯罪に従事するのはほとんどが比較的若年の男たちであり、組織化された犯罪者の集団はピジン語で「ラスカル」（raskals, raskols）と呼ばれる（Harris 1988, Goddard 1992, Dinnen 2000）。パプアニューギニアの都市で、住民が強盗や暴行などの犯罪被害に遭う確率は、ヨハネスバーグやリオデジャネイロより高いという報告がある（Levantis 2000）[24]。レヴァンティスによれば、独立前の一九七〇年と九〇年のパプアニューギニアの犯罪数を比べると一九・七倍に激増しており、同時期の周辺のメラネシア諸国（フィジー：三・六倍、ソロモン諸島：二・〇倍）の増加率に比べても著しく高い。レヴァンティスは、自身の調査に基づき、一九九五年のパプアニューギニア都市の未熟練「労働」市場の中では、犯罪従事者が三万二千人（成人の約一割）であり、その年収は（現物の利益を含め）三、五五〇キナに上っており、人数においても平均所得においても、インフォーマル・セクター従事者（二万八千人、二、一九三キナ）、未熟練のフォーマル・セクター従事者（一万六千人、二、九一三キナ）を上回っていると指摘している。レヴァンティスがその要因として挙げるのは、独立後のパプアニューギニア国家における法執行の弱さであり、逮捕も制裁も恐れずに犯罪が実行されてしまうという現実である。そして、警察力の強化とともに犯罪の問題解決の処方として彼が指摘するのが、インフォーマル・セクターの振興である。インフォーマル・セクターの振興が都市犯罪の減少につながるという点では、わたしはレヴァンティスと意見を同じくする。ただしパプアニューギニア都市の治安の悪さ、犯罪の多さには、若年男性と暴力の問題、都市空間構造がもたらす影響など、複合的な要因を考える必要があろう[25]（熊谷 2001c：Kumagai 2016a）

インフォーマル・セクターの実態

二〇〇五年九月五日、わたしはパプアニューギニア大学卒業生のテオ氏の助力を得て、ボロコ地区の露天商の調査を行なった。主な調査の対象としたのは、ボロコ地区にある、当時公設の露天商の営業空間としてNCD政府に割り当てられていた区画とその周辺で営業する露天商たち一六〇名である。観察と聞き取りにより、これら就業者総計一六〇名の性別、年齢（おおよその推計）、出身地、取扱商品を集計したのが、表6-6〜6-8である。

この露天商の公認営業地区は、ボロコの郵便局の裏手にあり、幅五メートル、長さ五〇メートルほどの狭小な空間だが、隙間なく露店が並び、買い手で賑わっていた（写真7-20参照）。この区画で営業している露天商すべてに、テオ氏が性別、年齢、出身地を聞き取り、取扱商品を記録した。

露天商一六〇名の性別（表6-6）は、女性が一〇四名、男性が五六名である。次章でも詳述するように、露天商においては女性が優位である。年齢（推計）は、女性は二〇代後半から三〇代後半が多い。これに対して男性は

表6－6　露天商の年齢構成

	10代前半	10代後半～20代前半	20代前半～30代前半	30代後半	40代以上	合計
女性	0	4	46	47	7	104
男性	2	8	35	9	2	56
計	2	12	81	56	9	160

2005年9月5日，テオ氏現地調査に基づき，筆者が集計

表6－7　露天商の出身地

	サザンハイランド	エンガ	チンブー	イースタンハイランド	ガルフ	セントラル	その他・不明	合計
女性	25	23	11	15	18	6	6	104
男性	26	7	12	3	2	2	4	56
計	51	30	23	18	20	8	10	160

2005年9月5日，テオ氏現地調査に基づき，筆者が集計

表6－8　露天商の取扱商品

	ブアイ	煙草	飲物	野菜	調理食品	購入食品	小物	衣料品	その他
女性	15	8	27	19	41	2	0	0	0
男性	34	41	4	2	5	5	2	0	1
計	49	49	31	21	46	7	2	0	1

2005年9月5日，テオ氏現地調査に基づき，筆者が集計

もう少し年齢が若く、二〇代後半から三〇代前半までが多い。ここから推測できるのは、男たちには未婚者も多いのに対し、女たちの多くは既婚者であり、家族を養う生業として露天商に従事していることである。

出身州（表6-7）を見ると、最も多いのがサザンハイランド州（五一名）で、それにエンガ州（三〇名）、チンブー州（二三名）が続く。これにイースタンハイランド州（一八名）を加えると、一六〇名のうち四分の三以上にあたる一二二名が高地諸州の出身者で占められている。高地諸州の中ではウェスタンハイランド州出身者だけがまったく見当たらない。これは後述するように、換金作物のコーヒー栽培からの収入があるため比較的裕福な移住者が多いこ

と、また次章で述べるようにポートモレスビーでは露天商より収入の高いＰＭＶ（Public Motor Vehicle の略：公共の乗合マイクロバス）のビジネスに従事している者が多いことによるものと想像される。高地諸州以外では、ガルフ州およびセントラル州出身者が多い。性比を見ると、サザンハイランド、チンブーの両州出身者においては男女比はほぼ均衡しているが、他の諸州では女性に偏っている。

露天商が取扱う商品（表6-8）としては、最も多いのはビンロウジ（ブアイ）と煙草（ともに四九名）そして調理食品（四六名）であり、それに飲料（三一名）、青果物（二一名）が続く。興味深いのは、取扱商品には明瞭なジェンダー差がみられることである。ビンロウジ（ブアイ）と煙草（これは一つの露店で双方商われている場合が多い）を商うのは男性が多く、露天商を営む男たちのほとんどがブアイか煙草売りである。これに対し多くの女性たちが扱うのは、調理食品である。その商品は多様であり、小麦粉を揚げたドーナツ様のスナック（ピジン語でフラワーと呼ばれる）、焼きソーセージや焼きサツマイモ、フライドフィッシュ、脂身の多い冷凍のラムチョップを焼いたもの、アイスキャンデー、などがある。女性は飲料（ペットボトル入りの水や、濃縮ジュースなど）も多く商っている。対照的に男たちは、店で仕入れた食品（飴やチューインガムなど）以外、ほとんど飲食物は扱わない。そのほか店で仕入れた小物や買い物用のプラスチック袋を並べている男たちもいた。

ボロコ地区には、この公認エリアのほかにも、旧ボロコ公設市場の近くにブアイ売りが並び、古着を売る一角もあった。また中央の広場にはビルムなどの民芸品売りが集まっていた。それらをすべて合わせると、二〇〇五年九月六日の調査時には、三〇〇名以上の露天商が営業していた。単一時点の調査ではあるが、当時のポートモレスビーにおいて、露天商が経済活動として重要な役割を果たしていたことがわかる。

この露天商の公認営業地区は、二〇〇八年までは存在したが、その後廃止されてしまった。現在ポートモレスビーでは、公共空間での露天商の営業は一部を除いて禁じられており、生業としてのインフォーマル・セクターの活動の機会はきわめて限られたものになってしまっている。

すでに述べたように外国人は、安全上の理由から、一九八〇年代後半以降は、郊外の一戸建て住宅地を離れ、都心に新しく建設された高層のコンドミニアムに集中しつつある。オートロックで、警備員が常駐する、豪奢なコンドミニアムとは対照的な空間が、電気がなく水道も十分ではない、自然発生的な移住者集落、すなわちセトルメントである。これらのセトルメントの多くは、ワントクを基礎単位に形成されている。しばしば「犯罪者の巣」・「都市の治安悪化の元凶」とされてきたセトルメントは、西洋人が作り出した都市空間の中で、住宅や雇用という限られた資源を得て生き延びる――松田（1996）の言葉を借りれば「都市を飼い慣らす」――ためにパプアニューギニアの人びとが作り出した場所と言える。

次章では、筆者が一九八〇年以来訪ね続けてきたポートモレスビーのチンブー人移住者のセトルメントに焦点を当てて、人びとの日常生活実践を語ってみたい。

第7章　ラガムガ・セトルメントとチンブー人移住者の場所

1　一九八〇年のセトルメント調査

ポートモレスビーのセトルメント

一九七五年に刊行された国家住宅委員会の『国家住宅計画・第一部』によれば、ポートモレスビー市内のセトルメントの総戸数は約二、二〇〇と推計されている（National Housing Commission 1975）。これは市内の当時の全住宅数の一七パーセントにあたる数値である。一九七九年のコミュニティ・ディベロップメント・グループ（当時セトルメント居住の環境改善の支援をしていたキリスト教系のＮＧＯ）の調査では、ポートモレスビーのセトルメントの総数は三五、うち一三が政府有地、二一が慣習法的共有地上に立地し、双方にまたがって立地する集落も見られた。

わたしは一九八〇年、パプアニューギニア大学留学中に、修士論文の執筆のため、ポートモレスビーの三つのセトルメント――①ラヌグリ集落、②タライ集落、③ラガムガ集落――を訪ね、比較調査を行なった。調査にあたっては、関係諸機関よりポートモレスビーのセトルメントに関する情報を集め、その立地、歴史、住民構成に異なる特色を持っている上記の三つの集落を選択した。以下、その概要を示しておく（熊谷 1985）。

ラヌグリ集落

ラヌグリ（Ranuguri）集落は、植民地時代の行政中心であるコネドブ地区に隣接する丘陵の斜面に立地する。中古の木材とトタン板を用いて建てられた家々は、周囲の瀟洒な街並みとは著しい対照をなしている。集落の総戸数は、一九八〇年当時約九〇戸であった。住居は、高床式で広いテラスを備える海岸地方村落に特有の様式で建てられている。セトルメントが立地する土地の半分は政府有地、半分が慣習法的共有地である。政府有地上の住戸は、政府の融資を受けて近代的な材料で建て替えられているものが多いが、慣習法的共有地上の住戸は中古の木材で作られ、外観は質素である。住宅は比較的密集しているが、家々の周囲にはバナナ、マンゴー等の樹木が植えられている。集落内に足を踏み入れると、目につくのは女性と子供の数の多さである。井戸端会議の女たちの脇を、放し飼いの鶏や犬に混じって、子供たちが走り回る光景は、他の一般住宅地区では見られないものであり、あたかも一つの村がそのまま移転してきたかのような印象を受ける。

ラヌグリ集落の住民はすべてガルフ州のケレマ郡出身者であり（言語はトアリピ語で共通）、集落の形成は一九五〇年代である。住民の談によれば、慣習法的共有地の地権者からは居住の承認を得ており、政府に土地を奪われないためにはむしろ（その事情を知る）セトルメント住民にいてもらった方がよいと言われているという。インタビューした住民の大半が集落に一〇年以上居住しており、二〇年以上定住する者も珍しくなかった。住民たちは、ポートモレスビーに早くから出てきている優位さもあり、比較的安定した職を得ている者が多く、成年男子の三分の二が賃金雇用に就いていた。職種を見ると、大工、左官、電気工など、比較的熟練を要する職が多く、政府官吏、事務職などのホワイトカラー層も見受けられた。住民は車で四～五時間の距離にある村との往復を、週末などに頻繁に行なっていた。

タライ集落

タライ（Talai）集落は、公設の大きな露天市場があり、華人経営の商店が並ぶ庶民の商業地区であるコキ／バディリ地区の北西に近接する。集落は主要道路から小路を分かれて奥に入った丘陵の谷間に位置し、家は小路の両側から丘陵の中腹にかけて広がっている。一九八〇年当時の集落の総戸数は、約六〇戸であった。住居の密集度は、ラヌグリ集落に比べ低い。集落を訪れ驚くのは、かなりの割合の家々が、一般住宅地と見まがうほどの、近代的材料を用いて建てられた住宅であることである。

タライ集落は、モロベ州、イースタンハイランド州、およびセントラル州山間部のゴイララ地区という三つの異なる地域出身者から成っている。丘陵に囲まれた中心の平坦地にはモロベ州出身者の高水準の住宅が立ち並んでいる。このほか、急傾斜の斜面上にはイースタンハイランド出身者、小路から下った窪地にはゴイララ出身者の集落が位置している。この三つの集団が占める空間はタライ集落と総称されるが、これらの三集団間の相互の社会関係は希薄である。

モロベ州出身者による集落形成は一九七〇年代初めのことであるが、住民たちはポートモレスビーに長期間居住してフォーマルな職を得ており、来住と同時に多額の資金を投資して恒久的な住宅を建てている。モロベ州出身者は、この場所をポートモレスビーの定住先として選び取ったという意識を強く持っており、慣習法的共有地の地権者に定額の地代を支払い、居住権を確立していた。

ラガムガ集落

ラガムガ（Ragamuga）集落は、市の中心部から約八キロメートル離れた（一九八〇年当時の）郊外であるシックスマイル地区に位置している。集落は、公共交通である小型バスのルートからも外れており、市の中心部に出るためには、急斜面の丘陵を越えて東ボロコ地区まで出るか、一・五キロメートルほど離れたシックスマイルの交差点まで歩かなければならない。集落は市の大きなゴミ捨て場の奥に立地しており、道路からはその存在を覗い知ることはできない。集落は四方を丘陵に囲まれ、約八〇戸（一九八〇年当時）の家々が散在していた。丘陵の斜面には、かなりの面積の畑が作られている。住宅は廃物を寄せ集めて作られたものが多く、その規模も前二集落に比べ小さい。窓はあっても小さく、通風が悪いため、日中の室内は耐え難いほど暑くなる。

ラガムガ集落の住民は、高地地方のチンブー州、グミニ郡の出身者であり、言語も、方言程度の地域差はあるものの、共通している。一九八〇年当時は、集落住民の多くは単身の男性であり、妻子がある者も村に残して来住していた。集落内には水を得る手段がなく、住民は丘を隔てたイーストボロコ地区の高校の敷地に敷設された屋外水道栓を利用するために、毎日急峻な丘陵を水汲みに往復していた。

ラガムガ集落の形成は、一九六〇年代末から一九七〇年代初めと推測される。住民の出身地であるチンブー州は、高地の中でも人口密度が高く、地域外への移住者が多い。これは傾斜地が多く、高地地方の換金作物であるコーヒーも作りにくいという土地柄も作用している。高地地方の住民と、海岸部や島嶼地方の住民の間には、容貌や体躯に大きな差がある。高地の人びとは、背は低いが、がっちりした体つきをしており、集団でのまとまりが強く、言動もエネルギッシュである。植民地化の影響が浸透した海岸部や島嶼地方にプランテーションや都市が多く、高地地方がその労働力の供給源となるという形態は、遅れた田舎者が都市の秩序を乱しているというステレオタイプを生み出しやすい構図であった。なかでも「チンブー」という呼称は、こうしたネガティヴなステレオタイプで語られる高地人の代名詞として流通してきた。したがって町外れのゴミ捨て場にあるチンブー人の掘立て小屋集落に対し、「ラスカル（犯罪者）の巣」という風評が語られるのも無理からぬところだった。

修士論文調査から明らかになったのは、ポートモレスビーのセトルメントといっても、住民の出身地、形成年代、住宅と居住環境の質、住民の社会経済的状況等に大きな格差が存在することだった。一九八四年以降、わたしは、三つのセトルメントの中で、居住環境も社会経済的状況も最も劣位にあり、問題を抱えていたラガムガ・セトルメントに対象を絞り、集落に住みこんで参与観察を行なうことにした。

2　ラガムガ・セトルメントの概観

集落の外観

このセトルメントは、一般には「ラガムガ Ragamuga」または「ラガムカ Ragamuka」という名で知られている（Norwood 1979：1984ほか）。しかし、住民自身は「シックスマイル・ダンプ（ゴミ捨て場）」あるいは単に「シックスマイル」と呼ぶことが多い。公式地名としてのシックスマイル（ポートモレスビーの都心から六マイルの距離にある地点という意味）は、都心からの道路が空港へ向かう道とセントラル州東部へと続く道（マギ道路）へと分かれるT字路の交差点とその周辺を指す（図6-1参照）。その中心には公設の露天マーケットがあり、教会や、華人が経営する小規模な商店が何軒か立ち並ぶ。このシックスマイルは、ポートモレスビーの中でも、あまり風評の良くない場所であり、中級ホテルがいくつか立地するものの白人の姿はほとんど見かけない。それはこの地域にセトルメントが集中していることが一因である。

ラガムガ集落は、シックスマイルの交差点からマギ道路を二〇分ほど歩いたところにある。途中の道の両側にはイースタンハイランド州やセントラル州山間部のゴイララ出身者などが住む多くのセトルメントが存在する。これらの集落すべてを総称してシックスマイル・セトルメント、あるいは、この地域一帯の慣習法的共有地の所有権を持つ一族の名を取ってサラガ・セトルメントと呼ぶこともある。廃物が散乱し、ゴミを燃やす煙と異臭の漂う中を通り抜け、数百メートル行くと、急峻な丘陵に囲まれた集落が姿を現わす（写真7-1、7-2）（図7-1）。

平日の昼間の集落にはけだるい雰囲気が漂っており、人影も少ない。仕事がなく居残っている人たちは、戸外の日陰で雑談をしているか、昼寝をしているか、あるいは賭けトランプに興じている。その間に、女性や老人が露天に座って、ビンロウジやバラ売りの煙草やチューインガムなどを売っている。夕方になると、学校帰りの子供たちや、仕事に行っていた、あるいは暇をつぶしに町に出ていた大人たちが戻ってきて、集落は活気を取り戻す。灯油

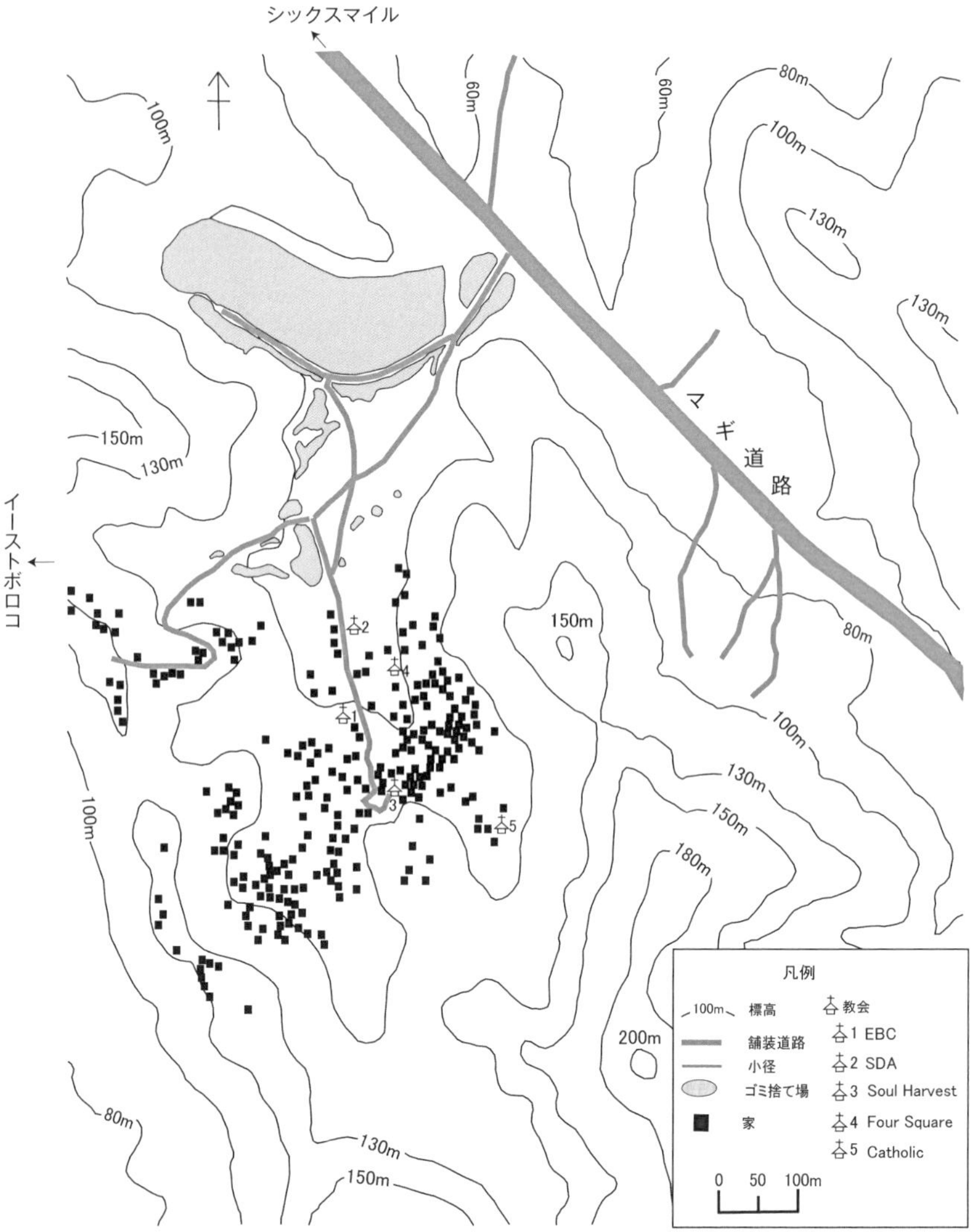

図7-1　ラガムガ・セトルメント全図（2000 年）

資料出所：ポートモレスビーの Map Maker 社に作成を依頼したラガムガ・セトルメントの 2, 000 分の 1 地図を基に，熊谷が現地調査に基づく情報を追加し，中臺由佳里が作図。

ランプの灯りの下で、インスタントコーヒーの茶店や玉突き台の周りに人びとが集まり、賑わう。教会活動に熱心な住民は、夜の集会に出て行くこともあり、その歌声が聞こえてくる。週末になるとビールを闇売りする店には、どこから金を得るのか、男たちがたむろして奇声を上げる。時には、酔っ払った男が大声でわめき散らしはじめることもある。週末を除けば、夜一二時ごろには集落は静かになる。

セトルメントの住民構成の変化（一九八〇〜八四年）

すでに述べたように、一九八〇年にわたしが最初に訪ねた時には、住民は妻子を村に置いて来住した単身の男子がほとんどだった。しかし、一九八四年に再訪した時には、女性や子供、老人の姿がかなり目につくようになっていた。集落の戸数も、一〇〇戸余りに増加していた。一九八〇年当時には集落内に水を得る手段がなく、住民は毎日丘を越えて、ボロコの東の外れにある高校の屋外水道栓まで水汲みに往復していた。住民にとって、水の問題は最も大きな生活上の困難となっていた。しかし一九八四年に再訪した際には、集落の中央に四本の屋外水道栓が引かれていた。これは次のような事情による。一九八〇年の時点ではラガムガ集落は、まだこの地への居住をめぐり、コイタの地権者からの承認が得られていなかった。その後、住民が一定額の地代を毎年支払うことで、地権者との話し合いがつき、市当局によって水道の敷設が行なわれた（写真7-3）。住民は、水道敷設のための費用を一部負担したほか、毎月共同で水道料を支払うことで合意している。そのほか四年間の変化としては、集落内に教会が二つ（カトリック教会とセブンスデー・アドベンティスト教会：SDA）新設され、集落住民の経営する小商店（トレードストア trade store と呼ばれる）[1]も大幅に増えていた。

一九八〇年にわたしが面接調査を行なった成年男子二八人（推計年齢五〇代：一人、四〇代：三人、三〇代：八人、二〇代：九人、一〇代後半：七人）について、参与観察調査を始めた一九八四年に追跡調査を行なった。その結果、四年後も集落に残っていたのは、半数の一四人にすぎなかった。

転出者のうち、ポートモレスビーの他地区に移転したのは二人だけであり、残りの一二人はすべて出身の村に戻っていた。この帰村者の割合の高さはわたしの予想を大きく超えていた。一九八〇年の調査時には、わたしは、ラガムガ集落住民の経済状況から見て、多くの住民は、出身村に帰ることもままならず、マージナルな貧困層として都市に滞留していくと推測していたからである。

職業については、一九八〇年に聞き取りをした二八人のうち半数にあたる一四人までが無職だった。職を得ている者もその大半は日雇いの単純労働者（五人）、掃除夫（三人）、警備員（三人）といった、低賃金の未熟練労働であり、その雇用は不安定であった。一九八四年においてもその状況は基本的には変わっておらず、一九八〇年に無職であった一四人のうち、四年後に職を得ていた者はわずか二人にすぎない。依然として無職のままである者が五人おり[2]、残りの七人は帰村してしまっていた。興味深いことに、一九八〇年に無職でその後帰村した七人のうち五人までは当時一〇代だった者であり、逆に中高年層の方が集落に居残っていた。また一九八〇年当時、未熟練労働に従事していた者の中で、より熟練度や収入の高い職に上昇移動を遂げ得た者は一人もいなかった。

この結果から伺えるのは、先に見たようなラガムガ集落の居住環境の改善や住民構成の変化にもかかわらず、住民における社会経済的地位の上昇移動はほとんど起こっていないという事実である。たとえ畑作物の販売というインフォーマルな収入源の存在を考慮に入れても、人びとの経済状態が急速に向上したとは言い難い。また帰村者がこれだけ多い一方で、集落の戸数も住民数も増えているとすれば、そこには恒常的に村からの流入人口が存在することになる。ラガムガ・セトルメント住民の村との結びつきの強さの背景には何があるのだろうか。またこうした不安定な経済状況にもかかわらず、人びとが都市をめざす理由はいったい何なのか。都市－農村関係の実態を知るためにも、わたしは彼らの出身村を訪ねてみる必要があると考えた。

3　セトルメント住民の出身村（チンブー州、グミニ郡）

一九八六年九月、一九八〇年のセトルメント調査で調査助手を務めてくれたベンとともに、ラガムガ集落のユ

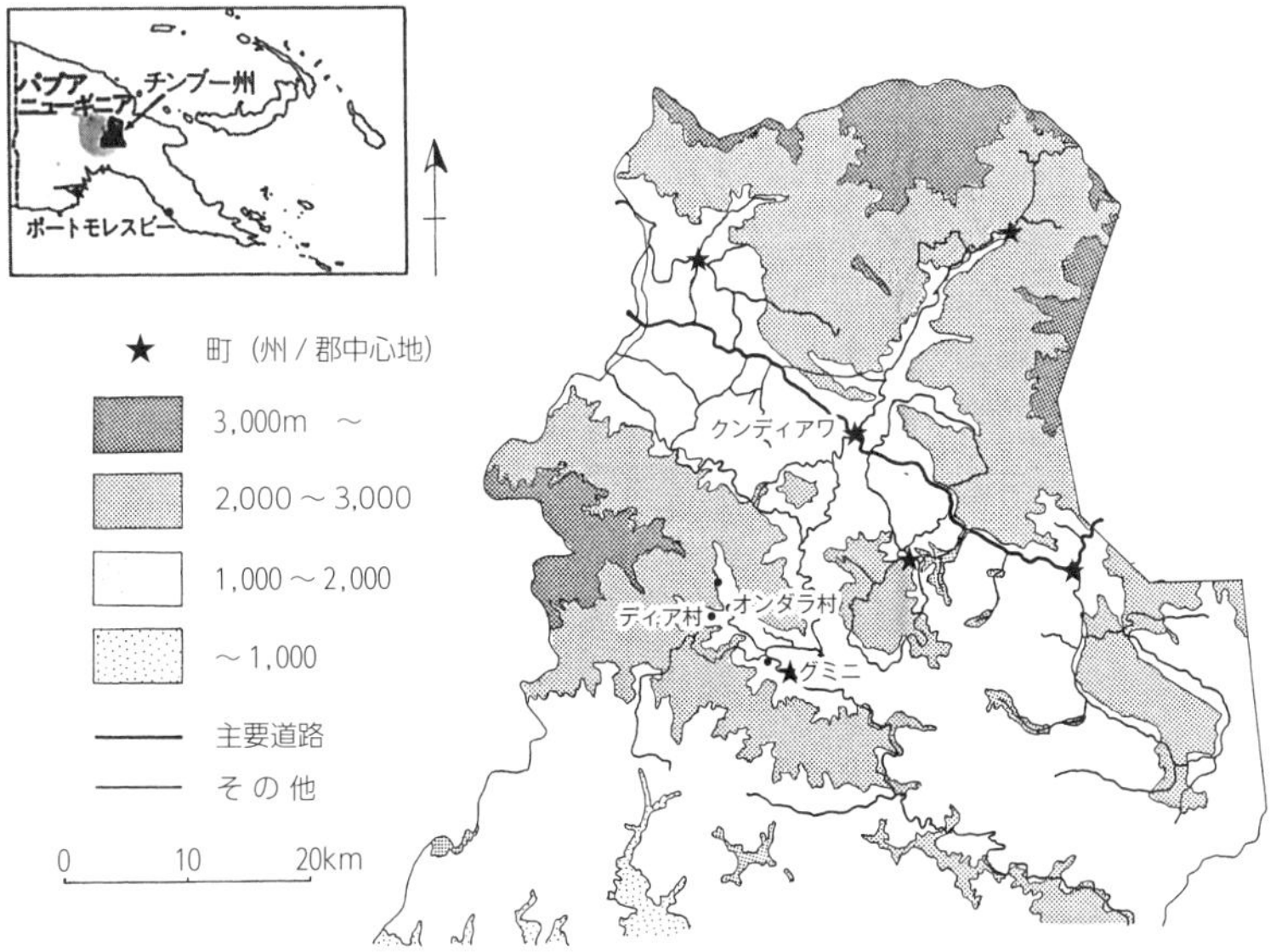

図7－2 チンブー州とディア村，オンダラ村の位置

パプアニューギニア政府地図局発行の20万分の1地形図に基づき作成／熊谷1989b

リ・グループ[3]の住民の出身地であるチンブー州、グミニ（Gumine）郡のディア（Dia）村とオンダラ（Omdara）村を訪ねた。

荷台に人を満載したミツビシのトラックが、チンブー州都のクンディアワ（Kundiawa）の町を出たのは、もう夕方四時半を回る時刻だった。舗装道路はすぐに途絶え、急勾配の曲がりくねった山道に変わる。チンブーは、ニューギニア高地の諸州の中でも、最も平坦地が少ない地域である。日の暮れかけた、ガードレールのない山道をトラックは猛スピードで突っ走る。振り落とされないよう荷台の手すりを握りしめながら、同乗の客たちとピジン語で大声を交わす。よくこれで事故がないなと言うと、ついこの間も、その先でトラックが一台谷に落ちたよとの答えが返ってくる。あたりが闇に包まれ、道はますます細く、路面は穴だらけになる。渓流を何度も越える。この辺りは手作業で切り開いた道で、雨期にはしょっちゅう車が立ち往生するという。そのうちヘッドライトが故障し、懐中電灯を何本か照らしながら進むことになる。おまけに雨が降り出し、ヤッケを着ていても震えるほど寒い。

夜八時過ぎ、何とか目的のディア村にたどり着く。ベン氏の家族の小屋に入ると、一人の老人が駆け寄り、わたしの足を抱きかかえて座り込み、泣き始める。続いて、中年の女性が、地面に仰向けにひっくり返って泣き叫び出す。久々に再会した人への、チンブー流の喜びの表現である。老人の名はマイレ、女性の名はクララ。二人ともわたしとは一九八四年にポートモレスビーで出会っており、二年ぶりの再会となる。小屋の中は煙で目が開けにくいが、汗ばむほど暖かい。二人の手渡してくれたサツマイモ（高地地方の主食）とインスタントコーヒーの甘さが体に染み透った。

村に着いた翌日から、さっそく村人の移住歴の調査を始めた。集落の多くは防衛上の理由もあって、尾根上に位置し（写真7-5）、急傾斜の斜面にはサツマイモやバナナなどの畑が作られている（写真7-6）。集落の周囲の山は、ほとんどが二次林で、短い休閑期間で耕作される。畑の周囲には柵が張り巡らされているが、これは、昼間は放し飼いにされている家畜の豚が畑に侵入して作物を荒らさないためである。新たな畑を拓くため、木を切って焼き、豚避けの柵を作るところまでは、既婚の男の仕事である。その後の、日常的な畑の維持管理・日々の収穫、そして家産である豚の飼育は、もっぱら女たちの仕事である（写真7-7）。

平坦な土地の少ないチンブーでは換金作物のコーヒーの収入は限られている。しかしコーヒー園が集落近くの条件の良い土地を占め、自給用作物は集落から遠い傾斜地に作られることで、畑に通う女性の労働はより重くなっている。未婚の若い男たちは、生産労働に関わらないが、結婚のためには、たくさんの豚や多額の現金を婚資に揃えなければならない。婚資を稼ぐためには、都市での現金収入が必要である。

一〇日間の滞在中に筆者が移住歴を聞き取った六五人の成人男性のうち、半数以上の三八人にポートモレスビーへの移住経験があった。その中には、推計年齢五〇歳以上の高齢者も多数含まれている（写真7-8）。道路があり、州都までは車で一日のうちに着けるとはいえ、ポートモレスビーまではさらに飛行機に乗らなければならず、当時でも費用は一〇〇ドル以上した。これはコーヒー以外に恒常的な現金収入がない村人にとって大金であることは間違いない。この頻繁な移動性を支えるのは、ポートモレスビーに存在する彼らのセトルメントという同郷者

（ワントク）が作る場所の存在である。村人たちは、ポートモレスビーに出てセトルメントに転がり込めば、誰かが面倒を見てくれる。運が良ければ、職場を紹介されたり、帰りの飛行機代まで工面してもらうこともできる。ワントクの場所がポートモレスビーにあり、その支援が期待できることが、移動を容易にしている。

グミニの村々が植民地政府と接触するのは一九五〇年代であり、一九八六年の調査時に四〇代以上の村人は、生まれた当時は西洋文明とは無縁だったことになる。それにもかかわらず、気軽に首都に出かける老人が多いことに驚かされた。村人たちが都市に出ていくのは、第一に「金を稼ぐため」であるが、都市生活を体験することそのものも移動の動機になっている。

たとえば、ポートモレスビーに三回出かけ、洗濯夫や港の建設現場の労働者として働いた経験を持つ四〇代（年齢はいずれも推計）の男性は、自らの移動理由について、金を得て家族を助けるためという答えとともに、ポートモレスビーから戻った村人たちがきれいな服を身に付けているのを見たからと述べている。彼は「村では身体は汚れ、重労働で身体の節々が痛くなる。町では金を得て、美味しいものを食べたり飲んだりして満足した」と言う。「村ではサツマイモしか食べるものがなく、痩せて骨と皮だけになってしまう。都会ではいろいろな食べ物が食べられ、太ることができて嬉しかった」と語るのは、別の五〇代の老人である。彼は、ポートモレスビーにとどまりたかったが、仕事を見つけるのが難しく、仕方なく村に戻ったと言う。

こうした人びとの移動性向の高さの背景には、貨幣経済の浸透と、それに伴うチンブー社会の変容がある。サツマイモを主作物とする焼畑農耕という基本的な自給生産の様式は不変であるが、村人が営む商店には、オーストラリア産の米や、輸入品の魚缶やコンビーフ缶、コカコーラなどが並んでいる。米の飯の上に、サバ缶をかけて食べるという食事は、村人が最も好む日常食の一つになっている。男たちは町に出ると「ＳＰ」（サウスパシフィックの略）と言う商標のビールを買い込む。伝統的に酒を持たないパプアニューギニアの文化にあって、飲酒の習慣は一九六〇年代に持ち込まれたものだが[4]、近年では、酔っぱらっての犯罪や交通事故の急増が深刻な社会問題となりつつある。

パプアニューギニアの中でもこうした生活の急変が最も著しいのが、高地地方である。その直接の要因は高地縦貫道（ハイランド・ハイウェイ）の建設とコーヒー栽培の普及である。道路の存在は、人びとの移動を容易にするとともに、消費物資の流入を促す。またコーヒーによって得られた現金収入は、人びとの消費欲求を掻き立てるとともに、都市への移動費用を賄う資金ともなる。チンブーの村人たちは、換金作物のコーヒー栽培の生産者として、世界市場に組み込まれている。しかしそれは、これまでのところ、自給的な生産様式の成立の基盤を完全に掘り崩すには至っていない。むしろ人びとは、消費者としてより深く世界経済に組み込まれている。村人たちは、より多くの消費機会を与えてくれる空間としての都市に依存しているのである。

　貨幣経済の浸透は、「伝統」文化や社会慣習にも大きく影響を及ぼしている。一九八六年九月の滞在中に、隣のオンダラ村（険しい山道を下って小一時間歩いて辿り着く川沿いに位置している）で開かれた村裁判[5]をのぞく機会があった。週二回村の広場で公開で開催される法廷には、朝から多くの村人が詰めかけ、午後までかかって一〇件以上の審理が、村の長老たちによって行われた。持ち込まれる紛争の内容は、夫婦関係を含む男女間のトラブル、他人の飼い豚が畑に侵入したことに対する損害賠償請求など、さまざまである。訴訟の数の多さもさることながら、何より驚かされたのは、紛争の当事者により当然のように現金の支払いが要求され、またそれによって解決が図られる事例が多いことだった。中には、川でおぼれた子供を助けた二人の若者が、子供の父親に報酬を要求し、訴えたという事例まであった。その父親に対する裁定は、二人の若者に三〇キナ（当時のレートで約三千円）ずつを支払えというものだった。

　同様の傾向は、結婚に際し夫方から妻方に支払われる婚資額の相場の上昇をめぐっても見出される。伝統的な婚資は、豚と貝殻の首飾りなどの貴重な装身具などだったが、現在では必ず現金が必要である。その相場も、五千キナから時には一万キナ（約一〇〇万円）にも跳ね上がっている。これらの金額は、村の経済循環の中だけでは賄うことができないから、若い男たちは婚資を稼ぐためにも、都市に出ていくことが必要となる（写真7-9）。逆説的ではあるが、これらの貨幣経済化に伴う変化は、親族や集団の紐帯を弱めるよりもむしろ強める方向に作用している。なぜならこうした婚資や賠償額のインフレーションは、それらを一個人や家族によって賄うことをますます不可能にするとともに、都市の雇用や農村での事業において成功した個人に対しては、集団への一層大きな貢献を求めることになるからである。

高地社会で近年深刻になっている問題に、部族戦争の頻発がある。すでに述べたように、もともと植民地化以前には、部族戦争は――とりわけパプアニューギニアの中では人口密度が高く、土地をめぐる争いも頻繁に生じていた高地地方においては――常態であった。植民地政府によって禁じられ制裁が科されたことにより下火になっていた部族戦争は、むしろ近年増加する傾向にある。それは、人びとの移動が頻繁となり、他集団との接触の機会が増大することによって、紛争のきっかけも多様化し、増加するからである。一九八六年にわたしがグミニ郡を訪れた際にも、この地域の唯一のハイスクールが、キアとゴレンコブラという二つのクランの間の紛争の影響で休校となっていた。紛争の発端は、一つの交通事故だった。ビールを飲みながら運転していたゴレンコブラの男の車が坂道で逆行してブッシュに突っ込み、同乗していたキアの男が死亡した。キアは、ゴレンコブラに対し賠償を要求したが、折り合いがつかず、戦争となった。戦闘は、キアの男たちが、ゴレンコブラの村を襲い、家やコーヒー畑を焼き払うというところまでエスカレートし、それまでにゴレンコブラ側に二人、キア側に一人の死者が出ていた。

こうした部族戦争の頻発により生じるもう一つの問題は、賠償額のインフレーションである。近年では賠償に際して、しばしば死者一人当たり数千〜数万キナ単位の金が要求される。したがっておいそれとは調停が成り立たない。いきおい紛争は長期化し、人命や財産の損害は増大する一方である。

一〇年後の一九九六年にわたしがこの地を再訪した時、ディア村は部族戦争で焼き払われ、場所を移していた。教育や医療サービスといった生活環境やインフラに大きな改善は見られない一方、戦争の武器は弓矢から銃へと「進化」し（写真7-10、7-11）、それにより死者が増していた。[6] 戦争の原因は、交通事故や些細な諍い、妬みまでさまざまである。現金収入機会が増え、人びとの接触の機会が増すことは、戦争の原因を増殖させる。現金収入機会や教育や医療サービスの不足に加え、頻発する部族戦争も、人びとを都市に押し出す要因となっていた。[7]

4 ラガムガ集落住民の生活史（一九九五年）

ポートモレスビーに早くから出てきている海岸部や島嶼地方出身者に比べ、高地地方出身者には、雇用を得るためのワントクのネットワークが少ない。学歴を持たない男たちが就けるのは、警備員、清掃夫や日雇いなどの単純労働である。男たちはフォーマルな所得を得ていても、それらをすべて家族に分配するわけではなく、ビールや賭け事などの個人的な娯楽に費消してしまうことも多い。また村で行なわれる結婚の婚資や葬儀の費用などへの援助、村へ帰る親族の飛行機代の補助や、集落内で生じる紛争の調停金など、さまざまな「交際費」のために貯えが必要となる。一方、露天商などで女性たちが得る所得は、食費や子供の学費など日常的な生活費に充てられることが多い。村との絆を維持し、そこに自らの尊厳と居場所を確保しようとするラガムガ集落の男たちに対し、日常の家族の生活や子供の教育が、女たちの重要な関心事である。

ラガムガ集落の住民たちの多様な生活世界に近づくため、以下では、一九九五年の三月と八月にセトルメントに滞在した折に聴き取った住民のライフヒストリー[8]をもとに、その一端を綴ってみたい。

クマンギ

高地からの移住者が、ポートモレスビーにやってくるようになるのは一九六〇年代に入ってからのことである。初期の移住者は、原住民労働条例に基づき、プランテーションや建設現場・港湾などで働く、契約労働者であった。

クマンギは、もう六〇代半ば、数日前、およそ五〇年ぶりにポートモレスビーにやってきたところだ。当時の移住の経緯を、彼は次のように語る。

今週の火曜日にポートモレスビーに出て来た。ポートモレスビーに来たのは、これが二回目だ。最初に来たのは、まだ若い（一五～六歳くらいの）頃だった。植民地政府の役人の呼びかけで、皆連れ立って、歩いてクンディアワ（チンブー州の州都）まで行き、そこから飛行機に乗って、ポートモレスビーにやって来た。村からポートモレスビーに来たのは、自分たちが初めてだった。船や飛行機から荷物を積み降ろす仕事などをした。二年の契約期間が終わった後は、村に帰った。賃金は月五〇シリングだった。同じ頃、ケレマやキコリ（ともにガルフ州）の連中も働きに来ていた。今回、ポートモレスビーには自分の金でやって来た。コーヒーを売った金で、航空券を買った。初めて来た頃、ポートモレスビーは、そこら中がブッシュだった。今は見違えるようだ。とてもきれいになった。

クマンギの最初のポートモレスビーへの来住は一九五〇年前後、植民地政府主導の原住民労働力条例に基づく契約労働者としてのものだった。当時はまだラガムガ・セトルメントは形成されていなかった。

トニー

トニーは、歳の頃四〇代後半、細身の物静かな男だ。夜は、自宅の軒先で、コーヒー（インスタントコーヒーに砂糖と粉ミルクを入れたもの）や小麦粉を揚げたスナックを商っている。焚き火には大きなヤカンがかけられている。彼にとって、乾季にはこの「店」の上がりが唯一の収入となる。トニーは、自分が初めてポートモレスビーに来た頃のことを、次のように語る。

最初にポートモレスビーに来たのは、一九六六年のことだ。まだ一四～五歳くらいの時だった。ポートモレスビーに行けば仕事があると聞いて、父や、マイク、ニレイらと一緒にやって来た。父たちは、ワトキンス（建設関係の会社）で仕事をし、飯場で寝泊りした。その後、港で人夫として働いた。当時の給料は［二週間で］二五キナ［ドル？］だった。食事時には大きな鍋で料理した米・サツマイモ・肉などが配給され、食べ切れないほどだった。その頃まだ物価は安く、魚の缶詰が二〇トヤ、コーラが一〇トヤくらいだった。皆は三年働いたが、港での労働は陽に照りつけられ、きついので（その後は）村に帰った。

自分は、ポートモレスビーに来たばかりの頃は幼すぎて仕事につけなかったが、来て二年目に、イーストボロコの白人の家で、ハウスボーイ（家事使用人）の仕事を見つけ、一年ちょっと働いた。（使用人住居に住みこんでいたが）ある日、ゴードンで買ってきた鶏を、仲間と一緒に料理して食べようとしていたら、主人に見つかり、ワントクを連れ込んではいけないと怒られ、追い出された。


トニーの語りからは、植民地政府主導の契約労働者とは異なる、高地地方からの自由な労働者としての移住が、一九六〇年代後半には出現していたことが窺える。また住込みの家事使用人という境遇が、雇用者の管理下に置かれた不自由なものであったこともわかる。

トニーは、ポートモレスビーに初めて来て以来、村との間を頻繁に行き来している。しかし、それが後に自らの職を失うきっかけともなっていた。


一九六八年に村に帰り一年間すごした。そのとき現在の妻（エリザベス）と結婚した。妻を連れ、再びポートモレスビーに戻った。一九七〇年に村に帰り、また一年ほど滞在した後、七一年にポートモレスビーに戻った。その時は、バディリにあった中国人の店でしばらく働いた。七四年に妻とともに二ヵ月村に帰り、その年のうちにまたポートモレスビーに戻った。

七八年の半ばに、店主の中国人が店をたたんでオーストラリアに行ってしまったため、職を失った。七八〜七九年には、市の臨時雇いの労働者として働いた。八〇年にまた妻とともに村に帰り、八一年まで滞在した。翌年妻と子を連れモレスビーに戻った。その後、八三年から八四年の間は職がなかった。

八五年に、プロテクト警備会社に職を得て、八六・八七年と働いた。八七年に叔父が病気になり、クンディアワの病院に入院した。叔父を見舞いに、三週間村に帰った。その年のクリスマスに、叔父は死んでしまった。自分は悲しみの余り指を切って、帰郷を願い出た。ボスは承諾し、往復の航空券をくれようとした。だが、その奥さんが反対した。自分は怒って会社を辞めた。八八年は一年間職がなかった。八九年に同じプロテクト警備会社から戻ってこないかと言われ、戻った。その後しばらく村には帰らず、九三年まで働いた。そして九三年の九月に帰郷休暇を申請した。けれども（四年間働いたから、当然休暇をもらう権利はあるはずなのに）認められず、ボスと喧嘩し辞めた。それからずっと定職には就いていない。

その後は、九四年の一〇月に一度村に帰っただけだ。今は、雨季には畑を作り、ピーナッツやトウモロコシなどの作物をマーケットで売る。月に四〇〇～五〇〇キナにはなる。

叔父の死に際し悲しみのあまり指を切って帰郷を願い出るというトニーの実践は、チンブーの人びとにしばしば見られる慣習だが、親族や村との絆を何より大切なものと考える彼の行動様式は、都市の雇用慣行とは相容れないものだった。

ジェリー

トニーたちが最初にやって来た頃、まだこのセトルメントはなかった。現在の集落が形成されたのは、一九七〇年前後のことと推測される。その頃のことを知る数少ない住民の一人が、ジェリーである。ジェリーも四〇代半ばで、現在は定職がない。乾季は自分の家の軒先でコーラの空き瓶に詰めた灯油を売っている。酒飲みで、よく酔っ払っては隣人に喧嘩をふっかけて言い争っているのを見かける。眼光が鋭く、集落の中では、呪力を持っている人物として、畏れられている。彼は、九五年に四回目の結婚をしたばかりで、いまは夫婦二人で暮らしている。ジェリーは、セトルメントの人びとが初めてこの場所に住みついた経緯を次のように語る。

一九七一年、父や兄たちが、まずポートモレスビーに来た。翌年、自分もポートモレスビーに来たのは、村人たちが契約労働でやってきているという話を聞いていたからだ。ポートモレスビーに出て来た。いくつかの会社を訪ね、仕事を捜したが、見つからず、空き瓶集めで金を稼いだ。ちょうどその頃、契約労働者として、ソゲリ（ポートモレスビーから数十キロメートル離れた町）のゴムやココヤシのプランテーションで働いていた村人たちが、賃金があまりに安いので嫌になって、逃げ出してきた。（契約労働を途中で止めて抜け出すのは違法なので）警官に追われ、どこか良い隠れ場所はないかと捜していた時に、コヤリの男が、このシックスマイルの（現在のセトルメントがある）場所を教えてくれる。そこには、かつてゴイララの連中が住んでいた一軒の家があったが、今は空き家になっており、連中の間の内紛で殺された親子の死体がそのまま放置されているという。それを聞いてこの場所にやって来た。白骨になった死体の骨を埋め、床土を新しく盛って、二階建ての家の階上で寝た。翌年、その家が朽ち果てたので、新たに大きな家（ロング・ハウス）を建て、皆で一緒に住んだ。その頃そこに住んでいたのは、自分たちユリ・クランの連中ばかり。他の連中は、自分たちが呼びかけ、後からやってきた。[9]

契約労働システムの崩壊と自由労働の出現が重なり合う時期に来住したジェリーが、ポートモレスビーに自分たちの住み「場所」を創成する実践を行ない、このラガムガ集落が生み出されたことがわかる。

ジェリーは、かつてホテルで働いていて、かなりの高給をもらっていた。しかし彼がその職を失ったのも、やはりトニー同様、村との縁を優先したためだった。

七三年にまずＰＷＤ（Public Work Department：公共事業省）で働いた。賃金は［二週間］三ドルだった。その頃、一緒にセトルメントに住んでいたほかの連中は、洗濯夫、草刈り・荷役労働者などとして働いていた。しかし賃金が少ないので辞め、自分で仕事を捜し、七四年にダバラ・ホテルに就職した。警備員や、バーでビールを売ったりして、給料は［二週間］一七〇キナだった。七六年まで勤め、アイランダー・ホテルに移り、七七年から七九年まで働いた。さらに転勤で、八〇年から八七年まではポートモレスビーを離れ、レイのアイランダー・ホテルで働いた。給料は、［二週間］一八〇キナだった。

一九八七年に、父が部族紛争で足に深手を負った。それで休暇を願い出て、一時村に帰った。三週間の休暇を許されたのだが、結局一ヵ月村にいた。レイに戻ってみると、自分の職にはもう別の人間が就いてしまっていた。仕方なく、その年のうちにポートモレスビーに戻った。その後、スティームシップ社で警備員、食堂の双方で働いた。しかし仕事の多さに比べ、給料は［二週間］四五～五〇キナと安いので辞めた。その後は定職には就いていない。

雨季は、ピーナッツなどの畑作物を、マーケットで売る。一日二〇～五〇キナくらいにはなる。乾季には、ブアイ（ビンロウジ）や灯油を売ったり、空き瓶を集めたりして食いつないでいる。

トニーもジェリーもかつて就いていた仕事を首になり、現在定職を持っていない。ある程度の年配になり、いったん解雇されたら、再就職はほとんど絶望的である。二人の物語からは、セトルメントの住人たちにとって、故郷の村での肉親の病気や死が、いかに重大な出来事であるかが浮かび上がってくる。そのような時、人びとは何をおいても、村に駆けつけようとする。しかし、都市の狭く競争的な労働市場においては、それは、しばしば長年築いてきた雇用関係を棒に振ることにつながる。人びとは村とのつながりを保とうとすることによって、ますます都市での生活を不安定で困難なものにしているのである。そして逆に都市の生活が不安定で困難であればこそ、村とつながろうとしている。

カウレ

現在、集落を取り巻く丘陵には、広大な畑が開かれている。もともと灌木と草原の荒れ地だったこの土地を開墾し、耕地化したのは、ラガムガ集落の住民たちである。急傾斜の斜面に畑が連なる風景は、彼らの故郷であるグミニの村の景観を思い起こさせる。住民はもともと家の近くに自給用の小さな畑を作っていたが、周囲の丘陵にこれだけ大きな畑が開かれるようになったのは、わたしの知る限り、九〇年代以降のことである。現在、これらの畑では、ピーナッツ、トウモロコシ、カボチャ、サツマイモなどが作られているが、これらはもっぱら、市内の公設露天マーケットで販売するために栽培される。村では自給用に作られるこれらの作物は、街では「換金作物」である。トニーやジェリーの話にも出てきたように、この「都市農業」は、フォーマルな賃金職を得る者の少ないこの集落の人びとにとって貴重な収入源となっている。

農耕に従事するのは、主に女性と高齢の男性である（写真7-4）。カウレは、そうした男たちの一人だ。彼は、第二次世界大戦中の出来事を鮮明に覚えており、歳の頃は六〇代の前半というところだろうか。

> 戦争の時、大きな飛行機が頭上を飛んでいくのを見た。その時自分は、まだここにいるトルバリ（一二歳）くらいだった。爆弾が落ち、それが地面で作裂した。恐ろしかった。その頃、チンブーの地には白人はわずかしか来ていなかった。クンディアワ周辺の村人たちは徴用されたが、自分たち遠い土地の人間は逃げた。一九六二年から「村長」（councillor）制度が始まり、自分は村長に任命された。
>
> その後、長女のワイが結婚して間もなく死んだ。自分は娘のことを想うと悲しくて、村にいるのが辛かった。それで他の子供たちを一緒に連れてポートモレスビーにやってきた。一九七三年のことだ。
>
> 自分はこの集落の中でもいちばん広い畑を持っている。雨季には耕作で忙しい。自分と妻はそれぞれ一シーズンに一、〇〇〇キナ以上稼ぐ。エスタ（第一夫人）は、自分の畑を一人で耕し、マーケットに売りに行く。その金は全部彼女のものになる。
>
> 最近は、雨季が終わると村に帰っている。村に帰る時はベティ（第二夫人）と一緒だ。エスタはここに残っている。一九九二年以来、四年続けて村に帰っている。これは、畑を作り始め、その収入が入るようになってからのことだ。
>
> 息子たちも、ここで、それぞれ自分の畑を耕し、その金を貯めて婚資を作った。長男のケリは、九三年に結婚した。婚資の額は一、六〇〇キナだった。次男のデリーは九二年に結婚し、婚資は二、五〇〇キナだった。三男のイワニスは九

三年に結婚したのだが、今年（九五年）別れた。妻方の親族は婚資として六、〇〇〇キナを要求していたが、妻の行ないが良くないので二〇〇キナだけ与え、送り返した。この畑作物の収入がなかったら、息子たちも結婚できなかったし、自分も腹を空かせていたことだろう。

トニーやジェリーとは逆に、カウレの場合、村で親族を亡くしたことの悲しみが、その思い出の残る場所である村を離れる動機となっている。

カウレの話からも伺えるように、「都市農業」からの収入は、街に住む日々の生計を支えるだけではない。帰村の費用を作り出し、若者たちの婚資ともなる。前述のとおり、婚資の額が年々値上がりする一方で、換金作物であるコーヒー栽培の適地の少ないグミニ郡の村々では、村での稼ぎだけで、結婚に必要な現金を作り出すことは困難である。セトルメントとそこでの稼得は、すでに村の生活の再生産にも不可欠なものとなっている。

ビリー

すでに述べたように、フォーマルな雇用以外の稼ぎの中で、もっとも大きな「利潤」をもたらすのは、押込み強盗などの、いわゆる「ラスカル」と呼ばれる活動である。わたしが最初にこの集落を訪ねはじめたとき、海岸の人びとが持つ「野蛮な」高地人イメージから来るステレオタイプに、ゴミ捨て場の奥にあるという立地も手伝って、あの集落は「ラスカル」の巣だという噂を聞かされていた。世帯調査をしている際、ラスカルの親玉であるという男にも出遭った。「職業」を尋ねると「車を盗んだり、強盗をしたりしている」という答えが返って来た。しかし、集落の中でそうした活動に従事しているのは、ほんの一握りの、それも若い男だけである。これらのギャング・グループは、一般の人びとがしばしば信じているように、セトルメント単位ではなく、もっと広い範囲で組織されている。

ある日住民が、ラスカル・ギャングの一人であるという、ビリーという男を紹介してくれた。集落の住民たちは、誰が「ラスカル」かは、皆承知している。しかし、彼らは集落の中では悪事を働かないし、その限りにおいて、住民は彼の行動を非難したり、警察に密告したりはしない。少なくとも表面的には集落の住民は、彼らの存在に無関心であり、教えられなければ誰が「ラスカル」かを外部者は判別することはできない。

ビリーは、齢の頃三〇代前半、それほど強面の雰囲気はなく、見た目にはほかの住民と変わるところはない。無口で、むしろおとなしい男だ。それが逆に、人に命じられたまま何でもやってのける人間という印象も与える。わたしの前に現われたとき、彼は、妻と喧嘩して怪我をしたといって、手に包帯を巻いていた。

村では、一九六五年から七六年まで学校に通い、第八学年まで終えた。ポートモレスビーに最初に来たのは一九七八年。まだ少年で、両親と一緒に来た。街を見てみたいと思ったからだ。たくさんの車が行き交うのを見て驚いた。

一九八一年にバディリにあるSPビール会社の食堂に勤めるが、一ヵ月で嫌になり辞めた。その次に就いたのはフォーティンマイル（14 Mile）にある電気関係のメインテナンスの仕事。給料は［二週間］五〇～六〇キナ。九ヵ月勤めたが、あまり金にならないので辞めた。八二年には、ゴードンの教員学校の食堂で六ヵ月働いた。やはり給料が悪いので、レジから七〇〇キナ盗んで逃げた。その頃パプア（旧オーストラリア領パプア地域）の女と親しくなり、リゴ（セントラル州）へ行く途中にある女の村で三ヵ月暮らした。自分が突然いなくなったので、誰かに殺されたのではないかと、親族連中が一生懸命捜しているという噂を聞き、自分から女を捨て、村を出た。

その後は定職にはつかず、もっぱらラスカルをして暮らしている。シックスマイル周辺に住むチンブー、ケレマ、ゴイララなどの連中が、一緒に「００７ボマイ」というグループを作っている。車で家に押し入り、家財道具をすべて盗み、ディーラーに安く売る。月に二～三回くらいやった。銀行に銃を持って強盗に入ったこともある。ワイガニのANZ銀行を襲った時は、奪った金は一万八千キナだった。その金は、リーダーのピート（やはりグミニ出身で、かつてこのセトルメントに住んでいた男。わたしが聴き取りをしたことがある）に渡し、彼が分配した。その金は、ビールを飲んだり、両親に渡して食物を買ったり。六千キナくらいするバスを買い与えたこともあった。もう壊れてしまったが。

刑務所には何度も入った。八一年に一年間、八二年に六ヵ月。八三年に捕まった時は、一〇年の刑を言い渡され、九一年まで服役した。しかし服役している間も、もう盗みは止めようなどとは別に思わなかった。

セトルメントがラスカル・ギャングの巣であるというのは正しくない。ビリーの語りにあるように、プロフェッショナルなラスカル集団は、特定のセトルメントやワントクの関係性を超えて組織されており、その構成員は一般住宅地にも存在するからだ。これに対し、万引きなどの軽犯罪は、もっと広範に見られる。そこには、時には女性も関わっているが、これらと組織的なラスカル・ギャングを同一視することはできない。

リサ

リサは二〇代で、夫のクリス、三歳の息子との三人家族である。リサは、自分の夫が遊び人で、家に金を入れないことにいつも文句を言っている。彼女の言葉どおり、夫のクリスは集落の中でもよくほかの男たちとビールを飲んでいる姿を見かける。リサの物語は、こんな風だ。

ポートモレスビーにやって来たのは、九〇年の六月。その頃ポートモレスビーにいた父がチケットを送ってくれた。わたしは金がなかったので、ボロコなどの店で洋服を盗んでは売って金を作った。一度捕まり、裁判で村に送り返すという判決を受けた。でも、腹違いの兄のベンがそれを止めた。クリスが自分をみそめ、帰ってほしくないと言っているという。それで九二年の一〇月に結婚した。でも、クリスは遊び歩いてばかりで、自分に金も渡さず、服も何も買ってくれない。この四月にプロテクト警備会社に就職したのに、酒を飲んで（勤務態度が悪いという理由で）二ヵ月で首になってしまった。わたしがピーナッツを売って稼いだ金も飲んでしまう。仕方がないので、時々玉突きで掛け金を稼いだりして、何とか暮らしている。

リサは、この語りを聞いた翌年の一九九六年、わたしがディア村を訪ねたとき、子供と一緒に村に戻っていた。少なくともポートモレスビーにいた時よりは、彼女の表情は明るく見えた。

サリー

サリーは、四〇代の女性。集落の中で夜、コーヒーの屋台を出している。屋台といっても、有り合わせのテーブルの上に、インスタントコーヒーの瓶と粉ミルクの缶、砂糖を入れたプラスチック容器、そしていくつかのマグカップが置かれているだけだ。前述のトニーのように、ヤカンを焚き火にかけて商う店が多い中で、サリーの店では白と青に塗り分けられた保温ジャーが人目をひく。客がやってくると、大型のジャーに貯えた湯を注ぎ、粉ミルクと砂糖入りのインスタントコーヒーを、一杯四〇トヤで供する。こうした商売を集落内でよく目にするようになったのは、九〇年代以降のことである。彼女の愛想の良さも手伝って、店はいつもコーヒーを飲みながら立ち話をする客が絶えない。サリーがこの商売を始めたのも、リサ同様、夫が頼りにならないという理由からだ。

この商売を始めたのは、今年（九五年）の五月。夫は、街のディスコなどで女の子と遊んでばかり。居所が定まらず、もう三年間も家に金を入れていない。五歳の娘を抱えているので、生活費を稼ぐためにこの仕事を始めた。店を始めるために買ったものは、保温ジャー（五七キナ九〇トヤ）とカップ（一個七〇トヤ）七個。売り上げは、多い時で一八～二〇キナ、少ない時は八～九キナくらい。

サリーの店の経常経費は、インスタントコーヒー（一瓶六キナ：客が多い時は一晩でなくなり、少ない時は二晩もつ）、粉末のミルク（一缶六キナ九〇トヤで、三・四日～一週間くらいもつ）、砂糖（二袋で二キナ九〇トヤ、一～三日でなくなる）である。純利益は、売り上げの多い日で一日七～一三キナ、少ない日で三～五キナ程度、と推計できる。仮に一晩平均七キナの純利があり、一ヵ月毎日働くとすると、その合計は二〇〇キナを少し上回る。この額は、集落の男たちのもっともポピュラーな職業である夜警の月収にほぼ匹敵する。こうした小商売に従事する女たちの所得は、けっして大きいものとは言えないが、フォーマルな職の最低線の賃金には達しており、世帯の生活費を稼ぐ意味では、大きな役割を果たしていることが伺える。

リサやサリーの例のように、夫がたとえフォーマルな職に就いていても、その稼ぎを家に入れず、そのため妻が生計を支えているという例は数多くみられる。わたしがこの集落で調査を始めた当初、世帯調査票を手元に質問しながら、世帯の代表者である夫イコール「世帯主」、すなわち世帯の生計を支える者、と当然のごとく仮定し、夫がフォーマルな職に就いていれば、その収入を「世帯所得」とみなしていた。一方、女たちに職業を尋ねても、無職という答えが返ってくる。わたしはそれを「主婦」と了解していた。それがいかに誤っていたか、そしてそれを疑わなかった自らのジェンダー・バイアスに気付いたのは、このセトルメントに何度も滞在し、女たちから自由に話を聴くことができるようになってからのことだった。

マイケル

もちろんすべての男たちが怠惰で、家族への貢献に無頓着なわけではない。マイケルは二〇代後半、歳は若いが、面倒見がよく、フォースクェア派教会の主宰者でもある。週二回の礼拝には、集落内の自分たちで建てた教会に、ギターを抱えて出かけていく。彼は、一九九五年三月には、ポートモレスビーの警備会社最大手であるプロテクト警備会社のコーディネーターという役職にあった。そのころは、よく職の紹介を頼みに来る隣人たちに、応募書類を書いてやっているのを見かけた。しかし、上司とのトラブルのため解雇され、二度目のインタビュー時（九五年八月）には、トラベルロッジ・ホテルの警備員を務めていた。

プロテクト警備会社には、九二年四月から勤めた。その年の九月にはスーパバイザーに、九四年の六月には、コーディネーターに昇進した。コーディネーターは、二人のスーパバイザーと二人の運転手を使い、六五人の警備員を統括する立場だ。会社には、自分を含め六人のコーディネーターがいた。給料は、平の警備員だった時は［二週間］七〇キナだったが、スーパバイザーになって一四〇キナに昇給し、コーディネーターの時は一八〇キナになった。プロテクトは、ポートモレスビー最大の警備会社で、千人以上を雇っている。社長は、ウェスタンハイランド州出身。ポリス・コミッショナーであった経歴を利用して、八五年以降急成長した。今ではポートモレスビーの主な大使館や大使公邸などの警備をほとんど独占している。解雇される前のコーディネーター四人のうち、自分を含め三人はグミニ出身だった。その一人のジョセフは、妻の従兄弟にあたる。そのジョセフが、会社に就職を世話してほしいという人間から、一〇〇キナの金を受け取った。そのうち、三〇～四〇キナを上役のオペレーション・マネージャーに渡し、二人でそれを着服した。（そのさらに上司にあたる）マネージング・ダイレクターが、警備員の勤務現場を見回り、何か問題がないか尋ねた時、ある警備員が、ジョセフとオペレーション・マネージャーがぐるになって一〇〇キナを懐にいれたことを語る。翌朝、四人のコーディネーター全員がオフィスに呼ばれて詰問され、四人とも平の警備員に降格すると告げられる。俺はワントクに仕事を紹介する時も、一度も金を受け取ったりしたことはないので、そのことをはっきり述べ、その処分に抗議したが、結局聞き入れてもらえなかった。

平の警備員に降格されて数日後、会社の車を運転していたら、エンジンオイルがなくなっており、それを知らずに運転を続けていたため、車が壊れてしまう。前に車を使った人間がチェックを怠ったのが原因で、自分に落ち度はなかったのだが、それでとうとう完全に首になってしまった。今年（一九九五年）の四月七日のことだ。

八月に入って、ブライアン・ベル（ボロコにある高級日用雑貨店）で、俺を首にしたマネージャーに偶然出会った。どうしているかと聞かれたので、あまり良くないと答えると、もし会社に戻る気があるのなら、二週間後にオフィスに来いと言われた。自分が辞めた後、仕事の管理がうまく行かず、（昔部下だった）警備員が皆自分に戻って来てほしいと言っているのを俺は知っていた。まだオフィスは訪ねていないが、もし彼が自分をスーパバイザーやコーディネーターに復帰させるというのであれば、戻るつもり。ただの警備員や運転手であれば戻る気はない。

現在の仕事（トラベルロッジ・ホテルの警備員）は、週五日勤務で、二日休み。夕方から夜までの勤務の時と、深夜勤務の時とがある。夕方からの勤務の時は、午後三時半までにトラベルロッジに着いて、まずシャワーを浴び、清潔なユニフォームに着替える。ホテルは、客に不快な思いをさせてはいけないので、清潔第一。一キナで結構良い夕飯を食べ、五時一五分から一一時三〇分まで勤務する。仕事が終わった後、午前一時半までホテルで待つ。その後、ホテルのトラックがポートモレスビーの市内の各地区を順番に回り、従業員を降ろしていく。イーストボロコに着くのは、もう二時半頃。そこから丘を越えて歩いて帰り、家に着くのは夜中の三時過ぎ。夜食を食べて、三時半過ぎに床につき、一一時から一二時の間くらいに起きる。水浴を済ませ、何か食べるものがあれば食べるし、無ければ食べない。深夜勤務の時は、家を出るのは夜九時頃。一一時半から七時半まで勤務。終わる頃にはもうPMVが動いているので、それに乗って帰る。

ジミー

ジミーも、二〇代の男性である。マイケルのような押しの強さはなく、静かで生真面目な印象を受ける。ジミーの場合もやはり、同様の出来事が起こり、不正を見逃すことができなかった彼は会社を首になっている。

一九九二年に小学校（六学年）を卒業した。その年の七月にポートモレスビーに出てきた。母は、自分が四歳の時に、妹のお産で死んだ。一九八三年、今度は父が部族戦争で死んだ。ゴレン・クラン内部の（二つのサブクラン間の）争いだった。父は戦いに参加し、矢を腹に受けて死んだ。父が加勢したグループから、五〇〇キナと豚一〇頭の賠償金をもらい、自分たちのグループ内で分配した。父の死後は、叔父のヌレイ（現在シックスマイルに在住）が面倒を見てくれた。ポートモレスビーに来たのは、兄や他の親類たちの多くが皆ポートモレスビーに出て来ていて、村では誰も自分に服や石鹸などを買ってくれる人がいなかったからだ。飛行機のチケットは兄が買って送ってくれた。

九二年の一〇月から一年間、プロテクト警備会社で夜警として働いた。給料は［二週間］六九キナ七二トヤだった。その後、九四年五月から、パイプ製造の会社に勤めた。その会社には従兄弟が働いていて、声をかけてくれた。しかし、マネージャーとトラブルを起こし、三ヵ月で辞めさせられてしまった。一四本のパイプを勝手に売りさばこうとしたマネージャーを見つけ、自分が取り戻した。マネージャーがそれに怒って、こいつは言うことを聞かず仕事をサボってばかりいると、上司に嘘の報告をし、それで首になった。九四年の一二月からは、ワイガニにあるEBC教会の幼稚園で教えている。教会に来ている連中のうちから仕事がない若者が声をかけてもらい、自分は算数などを教えている。給料は［二週間］五〇キナ。

現在、祖父の第一夫人の孫にあたる夫婦と同居している。九四年に来住した夫のマーティンは最近、市の（臨時雇の）雑役夫として働いたりしているが、給料は二週間一五～二〇キナ程度だ。妻のマーガレットの方は時にフラワー（小麦粉）を焼いたり、ブアイ（ビンロウジ）を売ったり。

食費のうち、米（当時一〇キロ袋入りが八・五キナ）と魚の缶詰（二～三キナ）は必ず自分が買う。もし足りなくなれば、自分がまた買い足す。彼らは、野菜やサツマイモなどを買う。月に自分が出す食費は一二～一五キナくらい。そのほか、教会までのバス代が月に一〇キナ（片道五〇トヤ）かかり、収入の一割（月一〇キナ）は教会に寄付する。洋服は、古着（一着二～五キナくらい）をマーケットで買う。あと、いろいろ（集落内で）トラブルが起こった時に支出する金を一〇キナくらい残しておかなければならない。

（町の生活と村の生活のどちらが良いかとのわたしの問いに）村の生活の方が良い。モレスビーの生活では金がないと生きていけない。村には土地はたくさんある。現在叔父が管理しているが、村に帰れば自分のものになる。

ジミーの最後の語りに代表されるような、都市生活へのアンビヴァレントな思いは、セトルメント住民、特に男たちに共通して聞かれるものである。彼らの多くはポートモレスビーの生活にはうんざりしていると語り、そこを終の棲家とは思っていない。ポートモレスビーでの底辺の生活に耐えながら、彼らはわずかな収入の中から金を貯え、親族のための婚資の支払いや部族戦争の後の賠償金支払いへの「貢献」という形での、村との「交際費」に支出する。このような実践を通じて確認される村との絆と帰属意識、そしていつかは村に帰る、あるいはその気になればいつでも村に帰って暮らせるという思いこそが、彼らに、現在の不安定で不条理なポートモレスビーでの底辺の生活に耐えさせ、自らの「尊厳」を与えているとも言える。

パウラ

こうした男たちのロマンの一方で、「都市農業」や小商売に従事する女たちは、より現実的に都市での家族の日常生活の再生産を支える役割を担っている。しかし、こうした彼女たちの実践の中で大きな位置を占めていた、街頭でのビンロウジや畑作物等の路上販売は、すでに述べたように、最近の行政権力による「都市美化」キャンペーンの中で脅かされ、危機に瀕している。

パウラは五〇代の後半、筆者がこの集落でいつも居候しているホストファミリーの母である。彼女は、一九七九年に夫や息子・娘たちと一緒にポートモレスビーにやってきた。夫のウェミンの話によれば、ポートモレスビーに出てきたのは、ちょうどその頃、部族戦争で村の学校が長期にわたり休校になってしまい、息子に教育を受けさせたいという思いからだった。現在、夫のほか、小学校に通う三男のパル、娘の長男である三歳のピレと同居している。長男のジョーは、パプアニューギニア大学を卒業し、政府の教育省（当時）に勤める自慢の息子である。ジョーは、当時未婚で（その後一九九八年八月に結婚）、一九八〇年当時は集落外の友人宅などに起居していた。隣には次男のマイケルとクリスティーンの夫婦が住んでいる。実弟のサムが集落内で酔っ払って喧嘩の上、ナイフで相手を殺して現在服役中のため、ジョーとマイケル夫婦が、その妻のドロシーとその子供たちの面倒を見ている。

（乾季の今は）主な稼ぎは、集落でのフラワー（小麦粉を油で揚げたスナック）売り。今日は、他に売る人がいなかったので、たくさん売れた。ボロコで七キナ二〇トヤで買った一〇キログラム袋入りの小麦粉を、今日一日で全部使い切ってしまった。一個二〇トヤで、売上げは全部で一八キナ（九〇個）。普段の売上げはその半分くらい。調理油代は三キナ。時々、ボロコの街に出てブアイ（ビンロウジ）を売ることもある。昨日五キナ分（一個一〇トヤで五〇個）のブアイを仕入れて、街で売ろうとしたが、最初は警官に追われ、また戻ったら今度は（市が雇った）警備員がやって来て、路上に並べたブアイを蹴散らされた。おかげで三キナ分のブアイを損してしまった。残りの二キナは、一緒に行ったドロシーが隠して売り、後で二キナを自分に返してくれた。もう街でブアイを売るのはやめようと思う。これからは、フラワー売りの方に精を出すつもり。

この話を聞いたのは、一九九五年の三月だった。当時、セトルメントの女性たちは、ボロコの繁華街の中央にあるタバリ広場などを縄張りにして、露天でブアイ（ビンロウジ）や自分たちで作った畑作物、煙草などを売っていた。しかし、その時すでにＮＣＤ政府が雇う「都市警備隊」（City Rangers）と名乗る、都市美化取り締まり運動の尖兵たちが、こうした路上販売の女たちを追い立てはじめていた。そして、筆者が九五年八月にこの集落を再訪したときには、もはや路上で公然とブアイを売る女たちは、ポートモレスビーからほとんど姿を消してしまっていた。

公共空間を追われた女たちは、今ではセトルメントの中で、同じ住民を相手にブアイやマーケットで買ってきた野菜、煙草などを売っている（写真7-12）。しかし、街で不特定多数の顧客を相手に商売していた頃に比べ、その利益は明らかに減少している。「都市美化」運動という、誰も抵抗することのできない「大義」は、インフォーマル・セクターとそれによって生計を立てているセトルメント住民の生活を圧迫することによって、直接にも、間接にも、都市空間のフォーマル化・秩序化を達成しようとしているのである。

五年後（二〇〇〇年）のセトルメント住民たち

二〇〇〇年末現在、本節で紹介した一〇人の住民のうち、クマンギ、カウレ、ジェリー、リサの四人はすでにシックスマイルのセトルメントにはいない。カウレは、一九九九年に病気にかかり、痩せ細って村に帰ったが、まもなく村で亡くなったという。三人の息子たちは、現在もシックスマイルに住んでいる。

ジェリーは、一九九六年、自らの家と土地を別の住民に売り（合法的な土地所有権はないが、住民がセトルメントを引き払う時不動産の「売買」がなされるのは、ごく普通のことである）、妻の出身地に近い、ウェスタンハイランド州のミンジの町に移った。現在は、やはり町のセトルメントに住み、畑を耕して暮らしているという。

リサは、夫をポートモレスビーに残したまま、一九九五年の末に息子を連れて村に戻り、父親のティモシーの下に身を寄せた。わたしが一九九六年八月に村を訪ねて、リサに再会した時には、皆元気であった。しかし、その直後に起きた部族戦争で、父のティモシーは、畑に出たところを銃で眼を撃たれ重傷を負ってしまう。彼は、ポートモレスビーの病院で治療を受けたが、結局、両眼を失明してしまった。ティモシーは現在そのままシックスマイルのセトルメントに残り、時折、杖を突き、手を引かれて歩いているのを見かける。夫のクリスは、その後いったん村に戻り、リサや子供たちと暮らしたが、最近また別の女を作って家を出てしまった。

マイケルは、一九九六年一月に、夜警の仕事を辞め、自営業に転じた。彼が始めたのは、道路の補修や清掃、草刈り、看板建設といった契約をNCD政府から請け負って、その都度、セトルメントの職のない人間を雇って仕事をさせるという事業だった。一九九七年〜九九年まで首相を務めたビル・スケイトは、前職のNCD知事時代、セトルメント住民への「草の根」の公共事業の下請けを積極的に行なった。マイケルは、NCD政府の担当官と仲良くなり、その関係をうまく利用して、多くの仕事を受注することに成功した。その一方で、九六年末から、マイケルは、保険会社から事故車のマイクロバスを安く（三、六〇〇キナで）買い受け、それを修理して、シックスマイルの交差点とセトルメントの間を往復するバス事業をはじめた。九五年の時点では、正規のPMVバスがゴミ捨て場の前まで運行していたのだが、運賃の不払いや時に武装したギャングによる強盗事件が起こるなど、トラブルの多いこの路線が嫌われ、バスのルートは、シックスマイルの交差点までで打ち切られてしまった。そのため、セトルメントの住民は、シックスマイル交差点までの二〇分ほどの道のりを歩くしかなくなっていた。そこに目をつけたマイケルは、運輸局から営業許可を取り付け、セトルメントの仲間のひとりを運転手、父のウェミンを集金人にして、一人二〇トヤの料金で、バスを走らせ始めた。九八年末には、バスが壊れ、競争相手の参入で稼ぎが減ったこともあり、この事業に見切りをつけた。

自営業に転じてからのマイケルは、夜警の仕事をしていた頃とはくらべものにならない大きな所得を得るようになった。一九九八年にタウン地区の歩道建設事業のうち二〇メートル分を請け負った時を例に取ると、彼の受注額は八、九〇〇キナであった。そのうち三〇〇キナを担当者にリベートとして手渡し、セトルメントの仲間六人を雇って四日で仕事を完成させた。労働者に支払った賃金は合わせて八〇〇キナ、セメント・砂・石などの材料費が約三〇〇キナだったというから、彼の懐には、七、五〇〇キナが残ったことになる。これは、夜警の給与の二～三年分に匹敵する大きな額である。彼は、その金の一部で、エイトマイルにある「ワイルドライフ」（モイタカの野生動物研究所の近くにあるためこのように通称される）セトルメントに土地を得て、家を建てた。土地の「権利」を買うのに八〇〇キナ、家の建設に手間賃・材料費合わせて二、七〇〇キナかかったが、シックスマイル時代よりははるかに立派な家だった。

しかし彼の強運は長くは続かなかった。一九九七年六月の総選挙に、同じ部族のメンバーに推されて、長兄のジョーが、地元のチンブー州・グミニ選挙区から立候補した。結果は落選に終わったが、その選挙運動を金銭的に支援したマイケルは、村での宴会の費用や、セトルメントの人びとが地元に帰って投票するための飛行機代まで工面したことで、多額の出費を強いられることになった。二〇〇〇年六月、さらなる不幸が彼を襲った。弟パルの急死である。まだ一〇代後半の若さでしかも病を患った末でもないパルの急死は、周囲に動揺を引き起こし、彼の死が呪術によるものであるという噂が広がった。そして、その犯人とおぼしき人間を見つけ出し、親類の男たちが殴り殺すという事件が起こった。マイケルをはじめ家族はそれに関与していなかったが、その事件は警察の知るところとなった。マイケルは、航空券を買って首謀者を帰村させた。セトルメントに捜査に入った警察は、犯人が逃げ去ったのを知り、代わりにマイケルを容疑者として逮捕した。その保釈金と保釈を勝ち取るための弁護士費用にまた多くの金が必要となった。さらに、殺された相手への多額の賠償金の支払いが待っていた。これらの支払いにあたっては、長男のジョーや父母をはじめ、近親者も金を出し合ったが、なかでもマイケルの負担は大きく、彼の蓄えはあっという間に底をついてしまった。さらに運悪く、殺された相手が、マイケルの新居のあるセトルメントの住人だったため、マイケルは復讐を怖れ、自らの家には戻ることができなくなった。

彼は新たに郊外のナインマイルにある別のセトルメントに土地を見つけ、そこに現在家を移築中である。慣習法的共有地上のシックスマイルのセトルメントとは異なり、その土地は政府の所有であり、マイケルはこのセトルメントへの居住が近いうちに合法化され、電気などのサービスも供給されることを期待している。しかし彼の住居建設は、二〇〇〇年秋に国会でセトルメントへの新たな建築の禁止が承認された後、行なわれている。またすでに述べたように、セトルメントをめぐる政策の行方も流動的である。一方、九九年七月にモラウタ政権が登場して以来、公共事業下請けの「草の根」受注はほとんど行なわれなくなった。そのためマイケルの仕事の機会も収入も大幅に減ってきている。彼は、ワントクの関係にはもううんざりした、これからは自分個人で生きると、語っている。

ビリーは、もうラスカル稼業からは足を洗ったが、定職にはついていない。売春で金を稼いでいたビリーの妻は、今年になって、エイズを患って亡くなってしまった。

ジミーは再び別の警備会社に務めている。

トニーは、今も変わらず、コーヒー屋台の商いを続けている。

サリーは、夫と別れ、今は小麦粉を揚げたスナックを売りながら、子供を育てている（写真7-13）。

パウラは、街でビンロウジを売ることは断念した。しかし今も、ボロコの人通りの多い店の前の、いつも決まった場所に座って、一日中、ピーナッツなどを売り続けている（写真7-14、7-15、7-16）。雨季に入った二〇〇一年一月現在、パウラは畑の植付けに忙しい。

5　ラガムガ集落住民の経済社会状況（二〇〇一年調査から）

わたしは、二〇〇一年にラガムガ集落の悉皆調査を行なった。ここではその結果の一部を紹介しておきたい[10]。すでに述べたように集落の戸数は、わたしが最初に訪れた一九八〇年には一〇〇戸に満たず、住民は単身の男がほとんどだった。しかし継続して訪ねるうちに、次第に家族単位の生活が見られるようになった。

二〇〇一年の筆者の調査では、ラガムガ集落の総世帯数は二六二（男子だけの単身世帯を含む）を数え、人口は一、〇九四人（男六二二人、女四七二人）であった[11]。年齢構成を見ると四〇歳未満が八割を超えていた。

住民の雇用状況を見ると、成人（一八歳以上・推定を含む）人口六四四人のうち、四六〇人（七一・二パーセント）が何らかの収入を得ていた。収入を得ていない一六四人は、主婦、学生、高齢者、失業、「ぶらぶらしている」（ピジン語で stap nating）かのいずれかである。失業者が多いという一般のイメージとは異なって、大部分の人が何らかの収入を得ており、「ぶらぶらしている」のは一部の若い男たちだけだった。逆に言えば、人びとは「失業」している余裕はないとも言える。

住民の所得分布は、表7-1に示したとおりである。パプアニューギニアでは、フォーマルな職に就く者は、原則として二週間（fortnight）に一回給与を得ている。月収として示したのは、すべてビレッジ・コート（village court）と呼ばれる集落裁判の世話人で、その額は月一〇〇キナに満たない。これに対し、日収として示したのは、露天商などのいわゆるインフォーマル・セクターの職種に従事する者である。

フォーマルな賃金を得る職に就く者の職種とその収入を示したのが、表7-2である。フォーマルな職に就き定収入を得ているのは二一六人（成人住民の三五・三パーセント）であり、男性だけについて見ても半分程度にすぎない。賃金職の中で最も多いのが、警備員（security guard）（男五八人、女六人）であり、掃除夫（cleaner）（男二〇人、女八人）、店員（shop assistant）（一三人）がこれに続く。これらはいずれも収入の低い職業であり、警備員の七五パーセント、掃除夫の八六パーセント、店員の一〇〇パーセントが二週間で二〇〇キナ以下の給与しか得ていない。運転手（driver）（一〇人）や公務員（government official）（八人）は、これらよりは良い給与をもらっている。三人の公務員は二週間で五〇〇キナ以上得ていると回答したが、これは例外的な存在である。

ラガムガ集落で最も多くの住民が就いている職種は、インフォーマル・セクターに属する露天商（street vendor）

表7-1　ラガムガ集落住民の所得分布（単位はキナ）

（2001年）

日収	233	月収	9
10未満	12	100未満	8
10〜20	102	100〜200	0
20〜30	62	200以上	1
30以上	57	**無収入**	**164**
2週給	**216**	**無回答**	**22**
50未満	2	**総計**	**644**
50〜100	33		
100〜150	55		
150〜200	53		
200〜300	51		
300〜400	12		
400〜500	6		
500以上	4		

筆者調査による

である（表7-3）。その数は一六五人であり、このうち女性がほぼ八割（一三二人）にのぼる。このほか、公設露天市場での販売（二六人）、セトルメント内での飲食物等の販売（三〇人）も女性が多く従事している職業である。これらのインフォーマル・セクターに分類される職の収入額の回答は一日一〇キナ未満から五〇キナ以上という者まであり、さまざまであった。この回答額は、粗収入であることが予想されるし、日（顧客の多寡）によって収入は大きく変動するので、正確な把握は困難である。また調査の時期はすでに乾季にさしかかっていたため、自ら耕した畑作物の収入はあまり含まれていない可能性が高い。

世帯レベルで見た時、収入源の組み合わせは、どのようなものであろうか。世帯員の収入源を、ⓐ高収入（二週間で二〇〇キナ以上）のフォーマル雇用、ⓑ低収入のフォーマル雇用（二週間で二〇〇キナ未満）、ⓒインフォーマル・セクター（日収）、ⓓその他の収入、ⓔ無職、主婦、学生等、に分け、世帯によるその組み合わせを見た。世帯の中でⓐの高収入のフォーマル雇用に就く男性がいる場合は妻が無職（主婦）というケースが見られたが、ほとんどの世帯では複数の稼ぎ手があった。そ

表 7 − 2　ラガムガ集落住民の主なフォーマル職と収入（2001 年）（2 週給／単位：キナ）

職　　種		総数	100 未満	100 〜 200	200 〜 300	300 〜 400	400 〜 500	500 以上	不明・他
警備員	(security guard)	76	9	44	17	3	1	0	2
掃除夫（婦）	(cleaner)	28	8	15	3	0	1	0	1
店員	(shop assistant)	13	5	8	0	0	0	0	0
運転手	(driver)	10	1	5	2	2	0	0	0
公務員	(government official)	7	0	1	1	3	0	3	0
事務員	(clerk)	7	0	3	3	1	0	0	0
教員	(teacher)	7	2	2	1	1	0	0	1
商店主	(storekeeper)	7	1	0	3	0	0	0	1
家政婦（夫）	(domestic servant)	6	1	5	0	0	0	0	0
コック	(cook)	5	1	3	1	0	0	0	0
庭師	(gardener)	4	0	1	3	0	0	0	0
日雇い労働	(NCDC contractor)	4	0	0	0	0	0	0	4
ゴミ捨て場管理人	(NCDC Dump Officer)	3	2	2	1	0	0	0	0
警官	(policeman)	3	0	3	0	0	0	0	0
鉛管工	(plumber)	3	0	0	3	0	0	0	0
販売職	(salesman)	3	0	1	2	0	0	0	0
牧師	(pastor)	3	0	1	1	0	0	0	1
兵士	(soldier (Defence Force))	3	0	0	2	0	1	0	0

筆者調査による

表 7 − 3　ラガムガ集落住民の主なインフォーマル職と収入（2001 年）
（日収／単位：キナ）

職　　種		総数	10 未満	10 〜 20	20 〜 30	30 〜 40	不明・他
露天商	(street vendor)	165	4	75	40	40	6
物売り（セトルメント内）	(settlement seller)	30	3	13	8	3	3
物売り（公設市場）	(market seller)	26	0	5	7	13	1
農業	(subsistence farmer)	19	2	5	6	0	6
びん回収	(bottle collection)	5	2	3	0	0	0

筆者調査による

の中で多数を占めるのは、ⓑとⓒの組み合わせ（六二世帯）、およびⓒとⓒの組み合わせ（四九世帯）であった。

ここから伺えるのは、典型的なラガムガ集落の世帯の家計は、夫が警備員など低収入のフォーマル・セクターの底辺の雇用に就き、妻やその他の家族員が露天商などインフォーマル・セクターの収入で補完するという形であることである。ラガムガ集落住民が、露天商などのインフォーマル・セクターに大きく生計を依存している状況は明らかである。

住宅／集落

ラガムガ集落の住宅（写真7-17）の多くは、中古の木材とトタンを張り合わせて作られているが、一軒一軒、眺めてみるとその大きさや質にはかなりの差がある。住宅の内部も何軒か覗かせてもらったが、思いのほか整えられている家が多かった（写真7-18）。

セトルメントで暮らすことの困難として、共通に挙がったのは、水道が十分ではないこと（水道栓の数が少なく、断水も多い）、電気がないこと、アクセス道路がないこと、ごみ収集がないことであった。診療所や学校などのサービスを期待する者もあった。

逆にセトルメントの良いところは「気楽な暮らし」（easy life）である。電気代や水道代を払わなくてもよく、畑を耕す土地もあり、ワントクの助け合いもある。将来の計画としては、何か自営のビジネス（養鶏、豚の飼育、小商店）をやりたいという希望が多く挙がった。村に帰る具体計画を述べた者は少なかった。

二〇一六年九月、わたしは二〇〇一年に一緒に調査をした当時の調査助手三人から、住民の行方を聞き取り調査した。その結果、当時の一八歳以上の成人住民で、現在の消息が判明した六六四人のうち、三三九人（五一パーセント）がそのままセトルメントに残っていた。そのほか、ポートモレスビー市内の別の地区に移転した者が一一人（一七パーセント）、帰村した者が六九人（一〇パーセント）、そして死亡した者が九三人（一四パーセント）であった。セトルメントに残った人口比を多いとみるか少ないとみるかは判断が難しいが、少なくとも一九八〇年代のような頻繁な帰村と住民の入れ替わりは起こっていないと言える。そこからは、セトルメント住民にとっても、実質的に都市が終の棲家となりつつある現実が伺える。

6 ワントク関係と都市公共空間の可能性

行政権力・資本によって推進されるポートモレスビーの空間のフォーマル化は、けっして公共性の増進を意味しない。むしろセトルメントやインフォーマル・セクターによって展開される新しい公共の可能性を排除する方向性をもっている。一方、ワントク関係は、一見公共とは相反するように見えるが、多文化的な公共を形成する可能性も内包している。本章の最後では、この点を論じることで、格差が広がり、それぞれのワントク集団ごとに空間と社会的相互作用が分断され（集団ごとに場所が分有され）、治安も居心地も悪い都市であるポートモレスビーにおける、新たな共同性創成の可能性について考えてみたい。

パプアニューギニア都市に「公共性」は存在しないのか？

二〇〇六年九月、ポートモレスビーで一つの事件が起こった。ＰＭＶ（Public Motor Vehicle）と呼ばれる、マイクロバスによる公共交通機関が全面的にストップしたのである。ポートモレスビーの社会経済は大きな打撃を受け、通勤や通学の足を奪われた人びとの中には、一時間以上かけ徒歩でオフィスにたどり着く者もあった。混乱は数日間続いた。

この原因となったのは、ポートモレスビーで起こった異なる出身地の集団間の対立事件だった。南部高地（サザンハイランド）州のタリ（Tari）地域出身の男が西部高地（ウェスタンハイランド）州出身者の男を殺し、その報復に西部高地州の男たちが別の南部高地出身者を襲って殺した。それに対して、南部高地出身者たちは、西部高地州出身者へのさらなる報復に出ることが予想された。そこで西部高地州の男たちが大半を占めるＰＭＶのドライバーたちが、身の安全を保証されないという理由から、ストライキを起こしたのである。この出来事は、いくつかの点でパプアニューギニア都市空間の特質を象徴している。

第一に、都市という空間においても、「部族」間戦争（tribal fight）が日常的に生じていることである。そこでは、個人的なトラブルが、しばしば部族、あるいは同一地域出身者間の紛争に発展する。その中では、直接紛争を引き起こした当事者に限らず、すべての部族集団の成員が（女性や子供も含めて）標的になりうるのである。

第二に、PMVという「公共」交通機関が、特定の地域出身者によって独占されているという事実である。わたしは一九九〇年代後半に、運輸局（Office of Transportation）から首都ポートモレスビーのPMVの所有者リストを得て、西部高地（ウエスタンハイランド）出身でPMVを数台所有する企業家を通じて、その出身地を聞き取ったことがある。それによれば、当時の全PMVの六割以上がウエスタンハイランド出身者によって所有されていた。PMVには、運転手だけでなく、集金人などのクルーにも同一地域出身者が雇われる。こうした事情により、特定の地域集団間の紛争が、公共交通を脅かすという事態が生じたのである。

第三に、「公共」交通機関が、出身地集団間の「私的な」トラブルによってストップしてしまうという事態そのものの持つ問題性である。この件に関わった人びとにとって、公共交通の運行を担っているという責任感よりも、部族間の対立という私的な事情の方が重大事であり、後者の論理が優越する。それは人びとにとって、「公」よりも「私」が優先されるということであるとともに、「公」を維持するシステムおよびメンタリティが欠如しているということを意味する。そして、そこでは治安を維持すべき、国家（警察）の力は信用されていない。

上記の出来事が示すのは、現在のパプアニューギニアの都市空間における「公共性」の脆弱さである。パプアニューギニアには、七〇〇を超える言語が存在し、民族集団間、地域間の相違は大きい。その結果、パプアニューギニアという国家および国民のアイデンティティが希薄であると言われてきた。都市は本来、異質な人びとが集まり、社会的相互作用を行なう空間である。しかし、独立後三〇年以上が経過した今も、パプアニューギニアの都市空間には「公共性」が形成されておらず、人びとは自らの出身部族や地域集団の論理の中で生きているように見える。

それでは、パプアニューギニアの都市空間に生きる人びとの日常には、「公共性」や「公共圏」(public sphere)は存在しえないのだろうか。パプアニューギニア都市において、個人と国家・政府の間に位置するのが、すでに述べたワントクという関係性である。パプアニューギニア都市における、ピジン語でワントクとは、もともと one + talk、すなわち「一つの言葉を話す人びと」という意味である。しかし七〇〇万人の人口(二〇一一年センサス)に七〇〇以上の言語が存在するパプアニューギニアにおいては、都市でのセーフティネットを提供する単位としては、同一言語集団では小さすぎる。したがって、ワントクの範囲は、同一地域出身者といった緩やかな範囲に再編される。概ね州単位くらいまでが参照されることが多いが、その範囲は文脈的であり、可変的である。

冒頭のPMVのストライキ事件のエピソードも、都市においてこのワントクの関係性が、人びとにとっていかに重要なものであるか——言葉を換えれば、ワントクの関係性の肝要さを否応なしに人びとに認識させる出来事あるいは装置が日常に存在するか——を物語っている。

これを、パプアニューギニアにおける多文化的な公共圏とみなすことははたして可能なのか。もしそれが困難であるとすれば、そこには何が欠けているのか。あるいはどのような条件が整えば、それが可能となるのか。これが本節におけるわたしの問いである。

パプアニューギニアにおける国家とワントクの形成

具体的な事例に踏み込む前に、まず第一の問いに関わる、パプアニューギニアにおけるワントクの形成の歴史的背景とその特質・機能を確認しておきたい。独立国パプアニューギニアは、ニューギニア島の東半分とそれを取り巻く島嶼から成る空間である。第4章で述べたようにこの空間は、一八八四年に北半分と島嶼部がドイツ、南半分がイギリスによって植民地化され、イギリス領からオーストラリア領への移行、第一次世界大戦後のドイツの撤退と委任統治領化を経て、一九七五年にオーストラリアから独立するという経緯を辿る。

すでに述べたように、植民地化の過程の中で、その最前線に立つ植民地政府の管区行政官（district officer）や巡視官（patrol officer）が力を注いだのは、未接触の地域に住む人びとを訓化して定住を促し、頻発する部族間の紛争を停止させることだった。しかし、最初から領域性を伴う「部族」という実態があったわけではない。むしろ植民地支配の実践そのものが、頻繁な移動や戦争による集団と領域の再編が常態であった流動的なパプアニューギニア社会を、「部族」単位に分割し固定化する結果をもたらしたのである。

それは、植民地政府の白人の権威と銃の威力がもたらした「平定」（pacification）でもあった。しかし、国連の勧告によるいわば外から与えられた独立によって誕生した政府は、国家としての凝集性と国民の一体感を作り出す力を持たなかった。独立の過程でブーゲンビルの分離独立運動を抱えたパプアニューギニアは、地方分権という理念を打ち出さざるを得なかった。それは人的資源の不足も加わって、国家・州政府の運営の破綻と人びとの不満を招いた。国家の権威の低下は、地域間、「部族」間の相違をいっそう際立たせるとともに、草の根の暴力を蔓延させる結果になった。

近代国家の主たる機能が、暴力の独占による秩序の維持、そして（それと引き換えにした）国民への安全と社会保障の提供であるとすれば、パプアニューギニアの人びとは、そのような国家を持ち得ていないし、また期待もしていないと言えるかもしれない。パプアニューギニアの男たちにとって、暴力の権利は国家の独占物ではない。容疑者を逮捕する過程で殺害した警察官に対し、その一族から復讐（ペイバック）が生じることがあるのは、その表れである。

すでに述べたように、ワントクという関係性とその集団帰属は、文脈的なものであり、都市においてはその範囲は拡大される。しかし、ワントクは、自らの集団に属する成員を防衛するという意味で、国家を代替する「公」を担っているとも言える。しかしこれは裏を返せば、ワントク以外の「他者」に対しては、国家や「社会」（自己が属する集団）による制裁をそれほど恐れずに、暴力や攻撃の対象となしうる「権利」を留保している（ワントク集団間の紛争を惹起する可能性を覚悟の上であればだが）ことを意味する。これが、すでに述べたパプアニューギニアの犯罪の多さ、治安の悪さの一因をもなしている。

一方で、雇用や住宅といった都市における希少な資源をインフォーマルに獲得するための重要な回路がワントクである。すでに述べたように、ポートモレスビーでは、総人口のおよそ三分の一以上が、セトルメントと呼ばれるインフォーマルな住宅地に居住している。こうした住宅地は、第二次世界大戦後に建設労働者等の雇用を得るため周辺の村からやってきた移住者たちが、空閑地に掘立て小屋を建てて住みつき、そこに後続のワントクたちが集住するという形で形成された。フォーマルな勤め人として職を得て一般住宅地に住む人びとは、多数のワントクを抱えているのが常である。フォーマルな雇用が少なく、現金収入を得る機会が限られるポートモレスビーの都市空間において、ホームレスの姿を見かけることがないのも、ワントクのネットワークが最低限の居場所を提供しているからである。国家の福祉サービスや社会保障制度が未整備のパプアニューギニアにあって、ワントクのネットワークは人びとが都市で生きていくために不可欠な資源と言える。

それでは国家と個人の間に位置し、ある種の「公」をも担うワントクの関係性は、パプアニューギニアにおける独自の「公共圏」と呼び得るものだろうか。形式的には、もちろんワントクの関係は、ハーバーマス（1994）の言うような「公共圏」の観念とはむしろ対極にある。ワントクは同じ言語、同一地域出身といった属性が要件となる閉鎖的な関係性であり、公共の関心事をめぐって個人が集うことによって形成され、地位に関わらず誰にでも開かれた討議の場である「公共圏」とは異なるからである。

しかし、こうしたブルジョア的「公共圏」を、国家と市民の間に単一で包括的なものとして設定するのではなく、ナンシー・フレイザー（Fraser 1992）が提起するように、マイノリティによる複数の多元的な公共圏という観念を採用するならば、その視野は変わってくる。そこではワントクは、都市空間における異なるエスニシティに基づく集団の、多元的な公共圏でありうる可能性を持つことになる。「公共性」の要件となるオープンなメンバーシップや、目的が特定の個人や集団の利害・利潤の追求ではないという点についても、ワントクの範囲が可変的、文脈的なものである限りにおいて、ある程度「開かれた」ものになりうる可能性はあるし、それぞれのワントクが雇用や住宅という、都市住民に共通の関心事（共通善）の実現をめざしていると見ることもできるからだ。西欧的な価値体系から見れば、むしろ公共性や公共圏の形成を阻害しているかのように見えるワントクの関係性が、自前の公共圏に発展し得る可能性を持つのかどうかという課題は、「公共圏」という西欧的、個人主義的な概念規定を、太平洋島嶼地域の文脈で脱構築する可能性とも関わる（柄木田・須藤 2012）。

公共圏とジェンダー

しかし、ワントクと公共圏の関係性を考える上では、西欧的／土着的という図式に加え、もう一つの評価軸を設ける必要がある。それはジェンダーの視点である。

public sphere には、「公共圏」のほかに、フェミニズムにおける「公領域」（国家、賃労働によるフォーマル経済、公的言説のアリーナ）の意味がある。上野千鶴子（2003）が看破するように、西欧の市民や市民権の概念は、きわめて男性中心的なものであり、女性を二級の市民として排除してきた。上野はまた、家族を「私」的領域として「公」から排除することによって、家庭内の男による専制や暴力が「私」的なものとしてつい最近まで非犯罪化されてきたことを指摘する。上野は、（国家とともに）家族も市民社会の外部に置かれてきたことによって、両者の暴力（国家における軍隊、家族における夫や父の暴力）が免責されてきたと述べる。

市民社会の語を「公共圏」に置き換えてみるとき、フレイザーやベンハビブらが適切に指摘するように（Fraser 1992, Benhabib 1992）、ハーバーマスのブルジョア的な公共圏が男性中心的なバイアスを持っていることに留意しておくことは重要であろう。フレイザーは、ハーバーマスのブルジョア的公共圏の概念が、現実に存在する地位の不平等をカッコに入れて単一の公共圏（の討論の場）に参加するとしていることに対し異議を唱える（Fraser 1992：118）。現実には、ブルジョア的公共圏の議論の空間とその発言の影響力は、大いに参加者のジェンダーや社会的地位を反映している（男性は女性の発言を妨げ、女性以上に長く、たくさん話すのが常である）。これに対し、対抗的な公共圏を含む多元的な公共圏は、「多様な公共性」を承認するという利点を持つ。しかし一方で、サバルタンの対抗的な公共圏は、常に「飛び地」として隔離され、分離主義的な様相を帯びる危険を孕んでいる（Fraser 1992：124）。したがって、公共圏の十全な実現のためには、単一的な公共圏においても、多元的な公共圏においても、平等主義的な（フレイザーによれば、階級・ジェンダー・人種による分業を伴わない）社会の実現が不可欠であるということになる。

フレイザー（Fraser 1997＝フレイザー 2003）は、『中断された正義』において、「正義」（justice）の実現をめぐる二つの基準として、「再分配」（redistribution）と「承認」（recognition）を挙げている。これは、ジェンダーに限らず、従属的な集団がその地位を改善していくための公準と言える。

以下の議論では、ジェンダーの視点と、「再分配」と「承認」という視点を加えながら、パプアニューギニアにおけるワントクをめぐる関係性と実践を評価しつつ、新しい「公共圏」の可能性を考察してみたい。

本節では、上記の課題を、以下の三つの具体的な事例を通じて検討したい。第一に、五年に一度行なわれる国会議員選挙であり、ここでは二〇〇七年六～七月の首都特別区での選挙運動に焦点を当てながら考察する。第二に、パプアニューギニア都市で農村からの移住者が作り出したインフォーマルな居住空間であるセトルメントにおける紛争解決の事例である。第三に、都市空間で展開されるインフォーマル・セクターの一つ露天商の経済活動と、それを抑圧する行政権力のせめぎ合いであり、「公共」空間の意味と権利をめぐる政府と草の根の人びとの「闘争」の現状である。

パプアニューギニアの国会議員選挙と男性優位の政治

パプアニューギニアの政治は、きわめて男性優位の特質を持っている。二〇〇七年の総選挙で当選した国会議員一〇九人のうち、女性はわずか一人だけである。すでに述べたように、その女性は、ポートモレスビー南地区選出のキャロル・キドゥ（Carol Kidu, Dame）という、オーストラリア生まれの白人女性であり、二〇〇七年当時、パプアニューギニア生まれの女性は一人も国会に議席を占めていなかった[12]。

表7－4　パプアニューギニア総選挙における女性候補者と当選者数

総選挙年	立候補者総数	女性候補者数	立候補者総数に占める女性比率（%）	当選した女性候補者数
1972	608	4	0.7	1
1977	879	10	1.1	3
1982	1,124	17	1.5	1
1987	1,515	19	1.3	0
1992	1,655	17	1.0	0
1997	2,371	53	2.2	2
2002	2,986	60	2.0	1
2007	2,740	92	3.4	1

1972～1992年については Sepoe（1996），1997年～2007年については Kaiku（2007）による。2007年の当選結果については筆者が加筆。

表7－4は、一九七二年の独立が決定した後の初の立法議会選挙以来、二〇〇七年の総選挙に至るまでのこれまでの女性議員の立候補者数とその総数に占める比率と当選者数を示したものである。実績を見ると、これまでの女性当選者数は延べ九人だが、そのうちジョセフィン・アバイジャ（Josephine Abaija）（セントラル州、全州区選出）およびナハウ・ルーニー（Nahau Rooney）の二人は再選されており、今回三選を果たしたキャロル・キドゥを合わせると、これまでの三五年間にわたるパプアニューギニアの総選挙の歴史の中で国会議員となった女性はわずか五人しかいないことになる。

パプアニューギニアの政治がなぜこれほどまでに男性優位であり続けているのか、また女性の国会議員が生まれにくいのはなぜだろうか。これについて、セポー（Sepoe 1996）は、次のような要因を指摘している。①パプアニューギニアの（伝統社会の）政治文化が男性優位である。②教育を受け経済的な力を持った女性が少ない。さらにそれに加え、③パプアニューギニアの政治において政党が脆弱であり、政策課題が選挙の争点とならない中で、女性の課題が矮小化されてしまっている。また政党が（勝つ見込みの少ない）女性候補を応援したがらない。さらに、④独立時に比べ女性候補が選出されにくくなっている背景に、社会の格差が広がるとともに経済的利益の獲得が政治の動機づけとなっている、ことなどである。

このうち重要なのは、①と④であろう。③の政党政治の脆弱さの問題は、いわば結果論である。むしろイデオロギー基盤を持たない政党は、票につながるのなら女性の課題を焦点化するだろうし、女性の候補者を擁立しようとするだろう。②は学歴や教育水準が立候補者や当選者を決める要因になっていない現実を考えれば、それほど大きな理由とは言えない。むしろ、重要なのは、選挙活動を行なう資金力とその運営力であり、これは④と同時に①に関わる。問題は①のパプアニューギニアの「政治文化」の中身であり、それがどのように再編されながら総選挙活動の実践につながっているかという問題だろう。

以下では、二〇〇七年の総選挙においてポートモレスビー北東地区から立候補した、わたしのホストファミリーの一員であるマイケルの選挙活動の参与観察を通じて、この点を検討し、課題に応えてみたい。

まずパプアニューギニアの現在の選挙制度を確認しておこう。議会は一院制であり、総選挙は五年に一回行なわれる。有権者は、二枚の投票用紙に記入する。全州レベルの選挙区（regional open）と小選挙区（open electorate）の二つである。選挙権資格は、一八歳以上のすべてのパプアニューギニア国民である。被選挙権資格は、二五歳以上で、その選挙区に生まれ育ったか、五年以上住んだ経験を持つか、過去二年間住んでいる者である。精神が健全で、九ヵ月以上の懲役刑を受けたことがなく、過去三年間にリーダーシップコードを侵犯して政府を解雇されたことがなく、過去九ヵ月間に選挙法に違反して有罪になったことがない者である。立候補の登録料は、二〇〇七年から一、〇〇〇キナに上がった[13]。

首都のポートモレスビー／首都特別区（NCD）には、すでに述べたように、全部で四つの選挙区が存在する。すなわち①「全州区」（NCD Regional）と、②「モレスビー北東地区」（Moresby North–East）③「モレスビー北西地区」（Moresby North–West）、④「モレスビー南地区」（Moresby South）である。

このうちモレスビー北西地区は、中流階層が多い一般住宅地が大半を占める選挙区であり、元首相で、現在の野党のリーダーでもあるメケレ・モラウタ（Mekrere Morauta）が議席を占め続けている。またモレスビー南地区は、土着の部族であるモツ・コイタの人びとの村が多く含まれ、その支持を受けた、前述の唯一の女性国会議員キャロル・キドゥ（レディ・キドゥ）という有力候補が存在する。これに対し、北東地区は、郊外のセトルメント地区に住む住民が多く、これまで当選者が頻繁に変わり続けてきた。多くが五〇年代までに形成され、近隣のセントラル州やガルフ州の出身者が多数を占める都心周辺地帯のセトルメントとは異なり、郊外のセトルメントは、七〇年代以降に形成され、規模が大きく、都市に遅れてやってきた高地からの移住者が多く居住している。このためこの選挙区のこれまでの当選者には、高地地方出身者が多いことが特徴となっている。

マイケルの選挙運動

二〇〇七年の総選挙に、このモレスビー北東地区から、わたしの長年の付き合いのホストファミリーの次男マイケルが立候補した。彼は、前節で詳述した、シックスマイルのゴミ捨て場の奥にあるラガムガと呼ばれるセトルメントで生まれ育った。これまで述べてきたようにわたしは一九八四年以来長年このセトルメントを調査地として、参与観察を行なってきた。このセトルメントは、同一地域集団・ワントクを最小基本単位として形成されることが多い（しかし通常認知される集落単位では、複数のワントク集団が混在することになる）ポートモレスビーのセトルメントの中でも、二〇〇一年時点で、二三〇戸・一、〇〇〇人を超える住民のすべてが、チンブー州のグミニ郡（district）の出身者あるいはその縁者であり、ローカルな言語を共有するという点で、際立った性格を持っていた。ラガムガ集落は、その中でさらに、四つの地域集団（ユリ、ゴレン、エラ、ユイ／ケリ）に分かれていた。

マイケルは、現在はそこを離れて自分の家族・両親・親族と郊外のナインマイル地区のマカナ（Makana）集落に住んでいる。この家族の中では、パプアニューギニア大学を出て、国家計画庁に勤める長男のジョーが、一九九七年に出身地であるチンブー州のグミニ選挙区から立候補して落選している。次男のマイケルは、自営業者であり、政府の小規模な公共事業の下請けを不定期に受注して、生計を立てている。妻クリスティーンは郊外の中心地ボロコで露天商を営み、実質的に家族の生活を支えている。二人の間に実子はなく、妹の連れ子を含む七人の養子の面倒を見ている。マイケルの選挙への立候補の意思は、以前からあったようだが、前節で述べた二〇〇〇年の三男の突然の死などのトラブルで、実現できなかった。

この選挙で、ポートモレスビー北東地区から立候補したのは、合計三一人である。うち女性候補は二人だった。マイケルからの聞き取りにより、候補者の出身地を特定していくと、三一人のうち二五人までが高地地方出身者だった。さらにそのうち一四人までがチンブー州出身者であった。その他、重機・不動産などの事業を行なうインド系の実業家（三回目の立候補）や、有力スーパーマーケットチェーンのオーナーである中国系の実業家なども含まれていた。三一人のうち、政党の公認を受けた候補者は八人であった。

二〇〇七年総選挙は五月中旬に公示され、七月六日（金）・七日（土）の両日が投票日であった。以下の記述は主に、①二〇〇七年六月一六日～二三日（選挙期間中）における聞き取りと選挙運動の参与観察、②選挙後の二〇〇七年八月における聞き取り、③二〇〇八年九月における聞き取りに基づいている。

マイケルが、二〇〇七年総選挙への立候補を決め、実質的な選挙運動を始めたのは二〇〇五年の後半のことである。この事前運動は、候補者として認知してもらうための運動（awareness campaign）と呼ばれる。その中で彼が行なったことは、選挙区の人びとの日常生活へのこまごまとした援助である。それは、大きく三つに分けられる。第一に、個々の家族に対する日常的な私的出費への援助である。たとえば、家族が病気である、食物がない、学費が払えない、裁判費用が足りない……といった時に、少しずつ援助をしてやる。第二に、非日常的な、共同体的イベントへの出費の援助である。これは、婚資の支払い、賠償金、遺体を村に搬送する費用の手助けといったものが含まれる。第三に、コミュニティへの援助である。これは、選挙区内におけるスポーツ大会、教会の建設への援助、などがある。

政党の支援を受けずに無所属（independent）候補として立候補したマイケルにとって、こうした選挙運動の資金は、すべて自前で賄わなければならなかった。その原資となったのは、マイケル自身と妻らの貯えと、何度か開いた資金集め（fund raising）のためのパーティーなどだった。彼は、支出の記録を付けていたが、二〇〇五年以来の事前運動で、すでに約二万キナ（当時のレートで約八〇万円）を使っていた。
これについてのマイケルの認識は次のようなものだった。

これらは、買収行為ではなく、自分のリーダーとしての資質を示すためのものだ。リーダーになるためには、特に高地地方の場合「何かをなす」ことが重要。「口先だけ」（ピジン語で tok nating）では信用されず、「リーダーになる気がある」ことを示す必要がある。パプアニューギニアでは、政策よりも実践が信用される。
（政策はどのように訴えるのか?というわたしの問いに）これまでビラ、パンフレットを作り、五～六千枚撒いた。効果的なタイミングを見計らって行なう。選挙資金に、公的な補助などはない。

パプアニューギニアでは、候補者名を連呼する選挙カーもなければ、公的なポスター掲示板も複数の候補者による立会演説会もない。マイケルの選挙運動は、次の二つの方法で行なわれていた。第一に、地元のセトルメント地区であるマカナの入り口に、選挙本部（青いビニールシートの屋根をかけた小屋）を作り、そこを支持者たちの集まる場所として開放すること。第二に、選挙区内の支持者にセトルメントの広場等にあらかじめ聴衆を集めておいてもらい、そこを車で訪ねて、演説をすることである。

セトルメントの遊説に集まる人はそれほど多いとは言えず、わたしが同行した二回の事例では一度目（日中の夕方）が十数人程度、二度目（夜八時～九時頃）が三〇人程度であった。後者には選挙小屋から二台のトラックに分乗して支持者の男たちが同行した。途中、ビックマウス（大声で唱和して気勢を挙げるパフォーマンス）を繰り返しながらの移動は、祭や戦争に出かける高揚を感じさせた。マイケルはもともとそれほど雄弁な男というわけではなかったが、演説を繰り返すうちに次第に様になってきた。演説で彼は、自分はセトルメントで育った候補者であり、「正直者」（honest line）――ピジン語では「本当のことを言う」（tok tok streit）人物――であることを強調しつつ、セトルメントの土地や居住権を保証すること、また当選後も、セトルメントに住み続ける（ほかの候補者のように豪勢な生活をして、庶民に背を向けたりしない）と強調した。

選挙小屋は毎晩、支持者たちの溜まり場となっていた。そこにはマイケルの家族によって、インスタントコーヒーやスコーンが運び込まれた。金曜日の夜は、とりわけ選挙小屋が賑わった。わたしの滞在中の金曜日は、夜が更けるほどに人びとは増え、トラックに乗って近在のセトルメントから支持者たちがやってきた。支持者（多くは男たちだったが女性も含まれていた）は、彼の出身州のチンブーばかりでなく、サザンハイランド（南部高地）やウェスタンハイランド（西部高地）、モロベなど、マイケルのワントクの範囲を越えていた。選挙小屋を埋めた支持者たちは、ワントクごとに車座になり、自分たちの歌を唱和した。夜中の二時過ぎ、支持者のリーダー的存在の男たちが、次々に立ち上がって、マイケルへの支持を呼びかける演説をピジン語で行なった。これはすべて男たちで、しかも短い時間で要を得た見事なスピーチだった。最後にマイケルの選挙参謀を務めるイースタンハイランド出身のネルソンと、マイケル自身が感謝のスピーチをした。その間、選挙小屋の一角に設えられた竈では湯が沸かされ続け、マイケルの家族や親族の女性たちは、客人たちにインスタントコーヒーを振る舞った。やがて家族たちの手で夕食が運び込まれたが、それが終わっても人びとの熱気は続いた。

投票日まであと三週間を切った選挙戦の最終段階になって、彼はわたしにこう語った。


選挙戦で最も大事なのはこれからだ。最終段階で買収が行われる。（地区の住民を使って）一家族に一〇〇～二〇〇キナくらい手渡される。自分はそれに反対だが、マカナの選挙本部から、御馳走を振る舞うか、現金を配るかの用意があるか問われている。皆に金を渡すことは（資金的にも）できないが、（票が逃げないように）大きなパーティーを開いて皆に御馳走することはできる。自分には最後の選挙戦を支えるだけの金がない。

一九六〇～七〇年代までは、こうした買収や賄賂のシステムはなかった。八〇～九〇年代から急増した（選挙だけではなく、職の獲得においても）。（いろいろな候補者から）六回も供応を受けたというやつもいる。金を貰ったら三人に一人はそいつに入れるだろう。

女たちは、男たちの選挙活動を支える裏方の役回りに徹していた。表向きは、マイケルの母パウラも妻クリスティーンも、マイケルの立候補に賛成し、喜んでいた。しかし、選挙への出費が嵩んだ上、この年の選挙公示直前の五月七日にマイケルの父ウェミンが急死したことも加わり、家族と家計の状況は困難さを増していた。

わたしが運転して、マイケルと妻の三人だけになった車内で、わたしは妻のクリスティーンに、最近露天商の商売の方はどうかと尋ねた。するとクリスティーンは、堰を切ったようにこう語った。

（かつては、冷蔵庫を使って、郊外の中心地ボロコでアイスブロックなどを売っていたが）最近、露天商の方はやっていない。自分の金も、みな選挙運動資金につぎ込んでしまい、仕入れの金がない。お父さん（マイケルの父・ウェミン）が生きていたころはよかった。家族のそれぞれが、露天商をやり、金を得ることができていた。お父さんが死んだあとは、皆でハウス・クライ（haus krai：死者の家族が肉親の死を悼んで籠る場所）に籠ることになり、商売はできなかった。子供たちも、PMV代がないときは、学校に行かせられない。

マイケルの選挙結果は、北東地区の第七位だった。マイケルの得票数は、一、七六七票で、うち一位票は一、八六〇票だった。マイケルの票読みによれば、マカナ地区の（有権者）人口は一、五〇〇人であるが、うち一、〇〇〇票が彼に集まったという。しかし残りの一、五〇〇票は外に流れてしまった。彼は、一位票が三千～四千票は欲しかったところだったが、最後の買収にやられた、と語った。

マイケルは、ワントクの関係は、政治には向いていないと言う。自分の仲間が偉くなると妬む傾向が強いからだ。近い関係の人間ほど妬むという。ワントクの関係は、結婚のときに婚資を集めたり、賠償金の支払いや、部族戦争などのときには有効だが、政治やビジネスの世界は別物だという。

セトルメントの紛争とその調停

すでに述べたように、自然発生的な住宅地であるセトルメントは、もともとワントクを基礎単位として形成される場合が多い。たとえば、わたしが長年参与観察を行なってきたシックスマイルの市のゴミ捨て場の奥に位置するラガムガ・セトルメントは、一、〇〇〇人以上の人口をもつが、すべての世帯がチンブー州のグミニ郡の出身者またはその縁者で構成されている。道路を挟んだ向かい側には、セントラル州の山間部出身のゴイララの人びとのセトルメントが位置しており、両者はゴミ捨て場を挟んで常に対立関係にある。ゴイララの人びとは豚の飼育を行なっており、ゴミ捨て場の残飯をその餌として利用している。グミニの人びとからは彼らが残飯を漁っていることが差別の対象ともなる。

二〇〇三年一月に、この道路で、殺人事件が起こった。帰宅途中、夜半に道に車を止めてタイヤの交換をしていた家族の車がゴイララの若者の集団とトラブルになり、家族の父がナイフで刺し殺された。その報復として、セントラル州の被害者家族の一族がゴイララのセトルメントに報復に押し掛けた。それにラガムガ集落の住民たちが加勢（便乗）して、弓矢を持って押し掛け、豚小屋を焼き払い、多数の豚を奪うという事件が起こった。二つのセトルメントにはさらなる報復の応酬の危機が漂った。常日頃から治安が悪いという評判だったシックスマイルでの出来事だっただけに、警察が大規模に出動し、新聞の一面を飾る大きなニュースとなった。ゴイララの人びとには殺人事件の犯人を警察に引き渡すこと、ラガムガのチンブーの人びとには、豚小屋の破壊と豚の略奪の賠償金を、ゴイララの人びとに支払うことで解決がなされた。

その記憶もまだ新しい同年の七月に今度はラガムガ集落内で、大きな事件が起こる。ラガムガ集落内の酔っぱらった男の暴力が、暴力をふるわれた男による手製の銃での報復殺人に発展した。この二人は、ラガムガ集落内の別々のサブグループに属していたため、殺人の被害者・加害者の二つのクランとそれを支援するグループの間に、弓矢と銃を用いた「部族戦争」が勃発してしまう。勢力が弱かった加害者側のグループが、しばらく、セトルメントを離れ、近隣のセトルメントで難民生活を送ることになった。ここでも警察が出動し、国会議員や警察長官が出席して、シックスマイルの広場で部族間の紛争を戒める大きな集会が開催された後、両グループの調停が行なわれた。わたしも参加した手打ちの儀式（ピジン語で「サトウキビを断ち切る」brukim suga）では、数頭の豚が地炉で蒸し焼きにされ、缶コーラが振る舞われ、ワントクの間で少額ずつ徴収された賠償金が手渡された。

これらは典型的なワントク間の紛争とその調停の事例であるが、いずれの事例においても、ワントクのシステムの中には、個人間の暴力が集団間の紛争へと発展することを抑制するメカニズムが欠如していることが特徴である。紛争の調停も、ワントク間だけでは十分になし得ず、警察という外部の「公」の介入を許してしまっている。そこにはワントクという関係性の持つ、暴力を制御するという意味での「公」の限界が現れている。

新たに形成された郊外型のセトルメントでは、先のマイケルの選挙運動の例で紹介したように、異なるワントク集団が近接して、混ざり合いながら、セトルメントを形成している。こうしたセトルメントでは、ワントク間の対立はどのように抑制・調整されているのだろうか。

マイケルが選挙地盤としたナインマイルのマカナ・セトルメントの中で最も多数を占めるのは、イースタンハイランド（東部高地）出身者であり、それに次ぐのがチンブー出身者である。そのほか、ウェスタンハイランド（西部高地）、エンガ、サザンハイランド（南部高地）、マダン、セントラル州のリゴ地方の出身者も含まれている。それぞれのワントク（出身州単位）ごとにリーダーがおり、ワントク内部の揉め事については、基本的にはそのリーダーが収拾にあたる。

このマカナ・セトルメントにはさらに、三人の「コミュニティ調停者」（Community Mediator）と呼ばれる、インフォーマルなリーダーがいる。このうちオレイとクマンの二人は、チンブー州のグミニ郡出身（ただしサブグループは異なる）であり、ジェフ氏はエンガ州出身である。彼らは、コミュニティ全体で何か問題が起こったときに、解決に当たる。

これまでワントク間の争いは、しばしば起こった。しかし、セトルメントの分裂につながるほど大きくなる前に収拾したという。

コミュニティ調停者の一人オレイは、一九七〇年生まれで、聞き取り当時三八歳だった。物静かな男で、独身である。定職を持たず、金がないので結婚できないと彼自身は言う（コミュニティ調停者の仕事はボランティアで、給与はもらっていない）。彼は、一九九四年にポートモレスビーに来住した。最初の四年間は、警備員の仕事に就く。これは、すでに述べたとおり治安の悪いポートモレスビーで多くの需要があり、学歴を持たない男性（とりわけ高地出身の）が最も就きやすい職業である。当時の給料は二週間で一五〇キナ（現在のレートで六、〇〇〇円程度）だった。すでに述べたように、都市の日常食である米一キログラムと魚の缶詰一缶を買うと、それだけで一〇キナ近くになるから、独り身の食費にも満たない額である。しかし同僚のトラブルに巻き込まれて首になり、以来、フォーマルな職には就いていない。

オレイは、それ以前は、より広域の行政地区単位に設置された「村裁判制度」（village court system）の中で、ビレッジコート・オフィサーを務めていた。これはすでに述べたように、植民地時代に導入された村の自治制度が、都市のコミュニティにおいても適用されたものであり、少額の手当てが月単位で支給される。彼は、弁舌を買われて、一九九四年に村から出て来てすぐに就任し、一九九四〜二〇〇二年まで（前半は警備員の仕事と並行しながら）務めていた。これに対し、コミュニティ調停者は、セトルメントの住民たちがインフォーマルに作った制度であり、無給だが、調停がうまく解決すると、当事者から謝礼として五キナ、一〇キナ、二〇キナ程度をもらう。

コミュニティ裁判は、毎週末開かれ、さまざまな問題が持ち込まれる（金銭をめぐるトラブル、飲酒の上でのトラブル、他人の財物を侵害したり、レイプ、盗み・強盗など）。ここで解決しない場合、次は公的な「村裁判」（Village Court）、さらには地方裁判所（District Court）に行くことになるが、そうすると大変金がかかる。コミュニティのレベルで解決すれば、費用が少なくて済む。政府は自分たちの生活の面倒を見てくれない。他に調停の場がないので、自分たちで何とかしなければならないというのが、コミュニティ裁判という場が設置された理由だという。

聞き取りを行なった当日行なわれた紛争の一件は次のようなものだった。結婚している男が、妻とは別の女（同じ言語グループに属する）にチケットを送り、ポートモレスビーに来させた。これに対し、正妻（ピジン語では「ナンバーワンメリ」nambawan meri）が、「自分だけに、鶏の世話をしたり、畑の世話をしたりといった、辛い仕事をさせておいて、自分には黙って別の女をつくったことは許せない」と夫を訴えた。それに対し、「パプアニューギニアでは、男が複数の妻を持つことは許されている。しかし夫は、二人の妻の間のバランスを保たなければならない。今回はそれに反した」ということで、「夫は妻に二五〇キナを支払うべし」という裁定を下したという。

　異なる出身地をもつグループ間の争いの調停事例としては次のようなものがある。二〇〇六年、サザンハイランド州のタリの人びととチンブー州出身者の争いだった。彼によれば、タリの人びとは「田舎者」なので、町の作法を知らない。トラブルが起こるとすぐにブッシュナイフや斧を持ち出して、相手に切りかかるという。この時は、ビールを飲んでいるうちに口論となり、タリの男が、ブッシュナイフを持ち、相手のチンブーの男に切りつける。怪我をするが、死にはしなかった。それに対し、チンブーの人びとの側は、弓矢を持って、タリのグループの男を矢で射た。一人のタリの男が、矢を受けて傷を負った。調停人が間に入り、その週末に裁判を行なうことになった。この時の裁定は、最初にブッシュナイフを持ち出したタリの男に、紛争の原因を作ったということで五〇〇キナの支払いを命じ、後から矢で射て傷を負わせたチンブーの男に三〇〇キナの支払いを求める、というものだった。こうした部族を越えた紛争の調停の際には、当事者のチンブーとタリの人びとだけではなく、セトルメントのすべての集団が集まるという。

　もう一つは、二〇〇七年に起こった事例であり、イースタンハイランド州出身の三人の男が共謀して、タリの男が経営するセトルメント内の小商店に力づくで壊して押し入り、商品（ステレオラジカセや、魚や肉の缶詰など）と現金三〇〇キナを盗んだという事件である。これに対しては、被害額は九〇〇キナだったが、商売を脅かしたということで一、一〇〇キナを上乗せし、罰金二、〇〇〇キナの裁定を下したという。

　オレイは次のように語った。

紛争が起こったときには、素早く裁判し、裁定するのが大事。解決が遅れると、コミュニティの緊張関係が長引き、分裂してしまう。このセトルメントは（コミュニティがうまくいっているお蔭で）二四時間自由に歩ける。他のセトルメントではそうはいかない。

異なるワントク同士が共住し定住をめざそうとするこうした郊外型のセトルメントにおいては、ワントク同士の対立を調整する仕組みと協同の場所が創りだされている。これは、ワントクの共同性という日常の上に構築されながら、それを超えた新たな公共性の萌芽といえよう。

露天商と公共空間

前章で述べたように、パプアニューギニアの都市では、東南アジアの都市のように、インフォーマル・セクターの活動が盛んではない。これは、植民地時代に作られた都市が、西欧人のための空間であり、パプアニューギニア人の生活の場所ではなかったことに端を発している。たとえば、ポートモレスビーの空間設計では、オーストラリアの都市計画がモデルとされている。商業地と住宅地を線引きしたゾーニングが徹底される一方、散在するそれぞれのタウンシップの間には空閑地が残され、人びとは車でなければその間を移動できない。公共交通のＰＭＶは日中しか運航していないから、このような空間づくりは、自家用車を持たない人びとにとって、大変暮らしにくいばかりでなく、中間の無人の空間における犯罪の危険をもたらすものとなる。また都市での自営業についてはさまざまな制約があり、営業場所が限られる上、食物の販売には衛生基準が厳しいため、屋台などを出すことはできない。

こうしたインフォーマル・セクターとしてのパプアニューギニアの人々の経済活動の創意を摘み取る都市空間管理は、結果的に大規模資本によるスーパーマーケットや、中国系住民が経営する小規模な商店やピジン語で「カイバー」（kai bar）と呼ばれる軽食店などのフォーマル・セクターを保護する役割を果たし、庶民の不満や困窮をいっそう募らせている。

インフォーマル・セクターをめぐっては、政策的にはその奨励が謳われ、二〇〇五年にはそれをめぐる法律も整備された。しかし、実際には、インフォーマル・セクター法は、都市自治体にその営業場所等を規定する権利を与えることによって、むしろ活動を制約する方向へと向かっている。さらに、すでに述べたように、一九九〇年代後半から、ポートモレスビーが「都市美化」のキャンペーンを始め、首都にふさわしい空間づくりを進めていることも、路上販売や露天商の排除へと結びついている。

ポートモレスビー郊外の中心地であるボロコ地区では、チンブーをはじめとする高地地方出身者（多くはセトルメント住民で、女性）による街頭でのビンロウジや煙草等の路上販売が、さまざまな規制や警察官・首都特別州が雇った警備員（シティー・レンジャースと呼ばれる男たち）による妨害やハラスメントを伴いながらも、続けられていた（写真7-19）。しかし、インフォーマル・セクター法の施行後は、路上での営業は禁じられ、ボロコ郵便局の裏手に設けられた、露天商用の営業場所でのみ可能となった。これは、通りがかりの客を相手に商売していた露天商にとっては大きな制約であったが、二〇〇八年までは、その区画の中に、ビンロウジや煙草売りだけでなく、清涼飲料や自家製の弁当などを売る露店が並び、賑わいを見せていた（写真7-20）。

先述のマイケルの妻クリスティーンは、この公認区画での露天商で、家族の生活を支えていた。二〇〇八年のわたしの観察と聞き取りによれば、クリスティーンの商品は、①五〇〇ミリリットルのペットボトル入りの水（自宅の水道水を詰めたもの。売値五〇トヤ）と、②コーディアル（濃縮ジュースを水で薄めたもの）（売値一キナ）と、③コカコーラ（売値二・五キナ）であった。

クリスティーンは日曜を除く毎日、この場所で営業していた。売上げは日によって違い、週の後半（木曜日・金曜日）には多くなる。わたしが推計したクリスティーンの露店の原価と利潤は、次のようになる。

まず①のペットボトル入りの水だが、中身は水道水なので原価はほぼ無料。使い古しのペットボトルの仕入れ値が若干かかるだけであり、売上高イコールほぼ純利と見てよい。毎日用意するペットボトル水の量は八〇本、全部売り切るのは日によっては難しいとのことなので、平均六〇本として、純利は三〇キナ程度となる。
②のコーディアルは、一本の濃縮ジュースの原価が九キナで、一本の濃縮ジュースから二五〜二六本取れるので、原価〇・三六キナ。売値は一キナなので、純利は一本〇・六キナ程度。一コンテイナー（八〇本）を売り切れば、四八キナ程度の純利が上がるが、やはり六〇本として三六キナ程度ということになる。
③のコカコーラは仕入れ価格が一本二キナであり、販売価格が二・五キナ。一日の売上げは、二カートン（四八本）くらいなので、利益は二四キナである。
これらを合計すると一日の純利は、①三〇キナ＋②三六キナ＋③二四キナで、九〇キナ程度ということになる。最近、競争相手が増え利益は減ってきていると、クリスティーンは語ったが、これは、二週間単位（一二日）にすると一、〇〇〇キナを超え、先述の警備員の給与などに比べれば、はるかに大きな収入である。

彼女は、この収入を基に、当時夫、母、七人の子供、三人のワントクの成人親族を加えた一三人家族の生計をやり繰りしていた。食費はだいたい一日で、米が二・五キログラム（一キログラム袋四・五キナ×二＋五〇〇グラム袋二・五キナ×一で、合計一一・五キナ）。缶詰は、サバ缶が二個程度（一缶四・七キナ×二＝九・四キナ）。そのほかに、露天市場で買う野菜やココナツなどが、五〜六キナ程度で、合わせて二五キナ程度になる。そのほか、家族一人一人に毎日交通費と小遣いを手渡す。たとえば、トカララの中学校に通う子供三人には、往復のPMV代二・八キナと昼食代合わせて五キナずつ、学校が近くにあり歩いていける子供たち三人にはそれぞれ昼食代の二・五キナずつ、成人の居候にも一キナずつくらい渡し、夫にも五〜六キナ手渡す。合わせて三五〜四〇キナ程度がそれに消える。このほかの出費としては、露店の出店料が一日二キナかかるほか、電気代が毎週一〇キナ、そのほかに日用品の石鹸や灯油、塩、砂糖、紅茶などを買うと、露天商の収入はほぼ毎日の生活費で消えてしまう。このほかに子供たちの学費の支払いもある。

クリスティーンには、かつては、五、〇〇〇キナ程度の貯えがあったという。しかし、すでに述べたようにこれはすべてマイケルの選挙運動、とくに選挙期間中、選挙小屋に集まる人たちへの食事やビール、煙草などの提供、一日一〇〇～一五〇キナにも上る）に消えてしまう。一方で選挙運動期間中（その前後も、義父の死去によって）露天商はできず、収入は得られなかったと彼女は嘆く。

かつて、貯えがあったころ、クリスティーンは露店で金貸しもしていた。一〇〇キナ貸して、返済は一五〇キナ（利息は五〇パーセント）という高利である。最初のきっかけは、ワントク以外の一人の顔見知りの男に「金貸し」を依頼されたことがはじまりだった。そのうちに、それを聞いた彼の同僚たち、その他近隣のオフィスに務める人たちにも、口コミで顧客が広がっていった。いまでもこれらワントクではない顧客との関係は続いていて、現在の苦しい境遇を話すと、同情して四〇～五〇キナくらい与えてくれたりするのだという。

一家の生活を支えていたクリスティーンの露天商商売だが、二〇〇九年八～九月に再訪した際には、周囲の環境を汚すという理由でNCD政府により、ボロコの露天商営業エリアは廃止されてしまっていた。セトルメントの中で、クリスティーンの家族は、文字通り干上がってしまっていた。

州知事のインフォーマル・セクター観

二〇〇八年九月九日、首都特別州（NCD）知事のポウス・パルコフ（Paus Parkop）に個人的に面談の機会を得ることができた。パルコフは、マヌス州出身で、人権派弁護士として知られ、前年の総選挙区で首都特別区の全州区（Regional Seat）で当選したことにより、知事に就任した。わたしは、自分自身のこれまでの研究者およびJICA専門家（二〇〇〇～〇一年、都市貧困対策に関わる社会調査）の経歴を説明した後、知事のセトルメント、インフォーマル・セクターへの政策について尋ねた。パルコフは、わたしが関わって当時も継続していたJICAのセトルメント・コミュニティ開発プロジェクトについては評価している、と述べた上で、次のように語った。

セトルメントを潰して追い出す（mobilizing）つもりはない。彼らには行くところがない。ただしその条件は、彼らがきちんとコミュニティに貢献することだ。ナインマイル、エイトマイルのセトルメントは、郊外住宅地に変える。ただし、問題を抱え、改善の余地のないセトルメントについては、移転（relocation）させるという方向で考えている。

住民には対等なパートナーとして貢献してもらいたい。問題は、セトルメントの住民が、時に（政府に）「依存しすぎる」（too dependent）こと。すべてのサービス（水道・電気）が無料で提供されることを期待し、コストを払わない、など…。

セトルメントも豊かになっている。たとえば、モラタ（一九七〇年代後半に作られた、site & service［サイト&サービス：敷地とサービスだけを提供し、住宅は自分で建設させる］方式の住宅地。ポートモレスビーの中でも治安の悪い地区として有名だった）に昔、車で入ると、車を取られてしまったもの。今はそんなことは起こらない。ちゃんと車で帰って来れる。

インフォーマル・セクターについては、問題は立地（location）だ。道端でどこでも営業させるというわけにはいかない。衛生上の問題がある。売り子たちは、「ゴミをそこらじゅうに捨て」（ピジン語でtromoi pipia tasol）、汚くし放題。自分できれいにしようとしない。これは、パプアニューギニア人の精神が未成熟ということ。

（――セルフコントロールをさせればよいのでは？）

それは難しい。何度いろいろな言葉で説明しても、無駄だった。

都市をきれいにするのは、われわれの仕事。年間七〇〇万キナ（二億八千万円）も、街の清掃に費やしている。


州知事の語りが示すのは、行政権力にとってインフォーマル・セクターは無秩序の象徴であるとともに、パプアニューギニアの草の根の人びとが自治能力を持たない無力な存在として眼差されていることである。わたしは、パルコフ氏にパプアニューギニアの都市空間がオーストラリアの都市計画をモデルにしすぎており、ダイナミックなアジアの都市をもっと見習うべきではないかという意見を伝えたが、氏は総論としてはそれに同意したものの、現実は困難だという見解を繰り返した。

パプアニューギニア都市におけるワントクと公共空間の行方

本節の冒頭に、ワントクの関係性は、パプアニューギニアにおける多文化的な公共圏たり得るかという問いを掲げた。最後にこれまでの考察の中で、明らかにし得たと思われる点について整理し、提示してみたい。

ワントクは、血縁・地縁という疑似伝統的な結びつきをイデオロギー的基盤とするが、その範囲は、都市の文脈では可変性を持っている。それは、第二次世界大戦以降のプランテーションや都市への人口移動に伴い構築された、都市の希少な資源（所得、住宅、雇用等）に接近するための相互扶助的な関係性とみなすことができる。

このワントクは、都市生活の基盤を持たない新たな移住者に対し、最低限のセーフティネットの提供と資源を配分する回路——「再分配」のシステム——を提供してきた。その中では、ワントクであるから助け合うのが当然という、強固なイデオロギーが再生産されてきた。

こうしたイデオロギーの再生産を促すいわば仕掛けとして、時折噴出するワントク間の対立と紛争が存在する。日常的に交渉の機会が制約される中で、ワントク間の紛争が頻発することにより、他の「部族」の「他者化」（野蛮で、都市生活に適応できない〇〇の奴ら）と排除が強まる。ひとたび紛争が生じれば、都市空間においても、男たちは闘争に動員され、当事者のワントクの一員であれば老若男女の区別なくそのターゲットとなる危険にさらされる[14]。紛争中の緊張と暴力の誇示、紛争終結後の賠償金支払いへの貢献（資力に応じた金額が期待される）、手打ち式における豚の供犠やリーダーの男たちの演説など、そこにはワントクの絆の強さを確認し、それを担う男たちのパフォーマンスと自己確認の舞台がさまざまに存在する。これは、都市の中で定職を得られず、不遇を囲う男たちにとって、絶好の「承認」獲得と（限定的かつネガティブな形ではあるが）「再分配」の機会でもある。

しかしワントクの矛盾は、都市と農村の格差が拡大し、いずれは還るべき場所としての村の幻想が崩壊しつつある中で、それが互酬性の裏付けを欠くものとなっていることである。資本主義的な市場経済メカニズムの浸透と、消費単位の「私化」（核家族化、個人化）の中で、ワントクの相互扶助理念と現実との間の齟齬は拡大している。都市において自前の所得や居住の場を持ちえないワントクによる際限ない再分配への期待は、都市の限られた資源に依存する勤労階級にとって重荷であり、結果として「貧困の共有」(Geertz 1963a) をもたらすものでしかない。ジェンダーの視点を加えるなら(将来の帰村の可能性に備えて)ワントク集団の中で権威ある地位を確保しようとする男たちと、都市での日常の生計の維持と家族を養うことに切実な関心がある女たちの間には、意識のギャップが存在する。一方で、ワントクをめぐる理念と現実の齟齬に由来する再分配の限界への認識が「妬み」やそれによる報復(呪術)、あるいはその疑念へとつながり、新たなトラブルの種とそれによる蓄積の費消という事態も生み出している。

パプアニューギニアの総選挙の男性支配の選挙活動について言えば、それはもっぱらワントク間の競争の上に立った候補者とその支持者たちの「承認」の欲求(カタルシス)を満たすものとして機能している。本来総選挙は、パプアニューギニアの人びとが抱える葛藤と格差の構造を制度的に変革し、再分配を実現する最大の機会であるはずだが、そこで現実化するのは、選挙運動の過程における、候補者から有権者への買収という形でのその場限りの「再分配」に過ぎない。一方で国会議員は、国家の再分配システムと結びつくことにより獲得した金と権力を私的に占有し、少数の自らの支持者以外の選挙区の有権者への再分配はほとんど行なわない。それは敗れた支持者たちに、次の選挙におけるリベンジを期させるだけで、草の根の人びとの不満と階級間格差はいっそう増大することになる。つまり、総選挙はワントクの男たちの結束とその関係性を通じた再分配のチャンスという幻想をふりまきつつ、現実にはむしろ公正な再分配の機会を妨げるものとして機能している。

注目すべきは、マイケルの選挙運動やセトルメント内の紛争調停において、ワントクを超えた関係性が実践されていることである。ポートモレスビーの郊外に立地するセトルメントの住民は、都心周辺や市街地周縁部のセトルメントに比べ、安定・定住志向が強い。こうした住民に支えられた、マカナという多文化コミュニティに生まれた紛争解決のインフォーマルな制度が「コミュニティ調停者」であり、それは有効に機能している。空間を共有する者たちが、紛争を回避し、都市に安全な居住の場所を安定的に構築するという共通善に向けて実践するところに、パプアニューギニア都市における、ローカルな場所に根ざした新たな「公共圏」の萌芽が見出される(Kumagai 2016a)。

露天商というインフォーマル・セクターの経済活動について言えば、パプアニューギニア都市におけるフォーマル・セクターの雇用と所得の少なさを補う新たな所得機会を創出していること、またその従事者の多くが女性たちであることから、「再分配」と「承認」の双方にとって重要な機会であるといえる。インフォーマル・セクターの活動を通じた売り子と顧客との関係は、当然ワントクを越える。クリスティーンの金貸し業の実践に見るように、両者の間での相互依存関係・信頼関係の醸成は、新たな民衆レベルの公共圏創出につながる可能性を持っている。しかし、それが「公共空間」で行なわれることにより、公権力の規制の対象となり、その機会と発展の可能性を剥奪されている。パルコフ知事の語りに見られるように、庶民派の知事も（また草の根の人びと自身さえも）強固に持つ、パプアニューギニア民衆の公共性の欠如というポストコロニアルなメンタリティからの脱却は容易なことではない[15]。

ワントク関係が多文化による多元的公共圏へと展開し得る可能性を探るとすれば、その条件となるのは、現在のワントク間の相互作用の制約の原因でありまた結果でもある、他のワントクの「他者化」と排除を乗り越える実践だろう。そのためには男たちが、承認の場としての総選挙や紛争を通じたワントク・イデオロギーの実践とその共同幻想への依存から、女性たちがより中心的な担い手となっている日常生活実践へと自らの価値基準をシフトすることが要件となるように思われる。他者化と排除を基盤とした論理と実践を乗り越えるための空間的な基盤をなすのは、コミュニティにおける協同の実践、ワントクに閉じるのではなく開かれた多元性を組み込む場所づくりである。それとともに、それを金銭的に支える公共空間におけるインフォーマルな経済活動が、空間の自主管理の実践を伴いながら発展することであろう。治安の悪さと経済機会の少なさの悪循環に悩むパプアニューギニアの都市空間を、承認と再分配の機会を創出する公共空間、そして他者との交渉と相互作用を生み出す場所へといかに変容させていくのか、それはパプアニューギニアの将来を左右する課題であることは疑いない。そしてそこにはジェンダーの問題が深くかかわっている。

第8章　ブラックウォーターの人びとと場所

本章では、わたしが一九八六年以来フィールドワークを続けている、パプアニューギニア、セピック川南部支流域のブラックウォーターの人びとと場所について語る。この章では、さまざまな資料に基づきながら、各節ごとに異なるアプローチと語り口を試みている。第1節で対象地域を概観した後、第2節では、観察と聞き取りからブラックウォーター（主にカプリマン）の人びとの場所をめぐる知の要素について記述する。第3節では、ブラックウォーターとその周辺の社会集団の口頭伝承をもとに、この地域の歴史と風土を再構成する。第4節では、ブラッククウォーターの人びとの外部世界との接触の過程を、植民地政府、日本兵、秘境観光との出会いを通じて語る。その資料となるのはそれぞれ、植民地政府の巡視報告、クラインビットの村人と元日本兵双方からの聞き取り、およびわたしの観察と聞き取りである。最後の第5節では、クラインビット村に焦点を当て、人びとのローカルな場所の知の変容について論じてみたい。

1　地域の概観

イーストセピック州

ブラックウォーター（Black Water）が位置するイーストセピック州（East Sepik Province）は、ニューギニア島北部の州であり、面積四万三、四〇〇平方キロメートル、人口四五万人（二〇一一年）である。州都はウェワク

（Wewak）で人口は三万八千人である。州の領域は、セピック川（Sepik river）流域の大半を含み、パプアニューギニアの州の中で二番目の面積を持つ。マプリク（Maprik）、ウェワク、アンゴラム（Angoram）、アンブンティ（Ambunti）、ウォセラ（Wosera）、ヤンゴール（Yangoru）の六つの郡があり、州内には約六〇の言語集団が存在する。州の地勢と生態環境は大きく四つに分けられる。すなわち北から、①北部海岸、②北部丘陵地域（アレクサンダー山脈）、③セピック川流域（北部草原、チャンブリ湖 Chambri Lake を含む、④セピック川南部支流域（セピック丘陵）である。セピック川とその支流域には湿地やサゴヤシ林が広がる。

自給用作物は、タロイモ、ヤムイモ（とりわけ北部丘陵地域）およびサゴヤシ（とりわけセピック川とその支流域）である。セピック川河口のムリック湖（Murik Lake）は、マングローブの湿地であり、初代首相のソマレの出身地としても知られる。州第二の町マプリクは、バニラなどの換金作物の集産地として近年繁栄している。

セピック川流域は、ピジン語でハウスタンバラン（haus tambaran）と呼ばれる大きな精霊堂や、動物と人、精霊が混淆した造形・木彫などの伝統文化で世界に知られる。セピック川流域にあるアンゴラム、アンブンティの町はセピック観光の拠点ともなっている。中央高地からセピック川に流れ込む主な支流としては、西からメイ（May）川、フリエダ（Frieda）川、レオナルドシュルツ（別名ワリオ）（Leonard Shultze / Wario）川、ウォゴムシュ（Wogamush）川、エイプリル（April）川、サルメイ／コロサメリ（Salumei / Korosameri）川、カラワリ（Karawari）川、ユアット（Yuat）川などがある（図8-1）。高地とセピック川の間に位置するこれらの支流域には、多数の小規模な民族／地域集団が散在し、人口は希薄であり、道路はなく、モーターカヌーや小型飛行機しか移動手段がない。州域が広大なため道路や交通手段などのインフラ整備が十分ではなく、教育や保健医療などのサービスも奥地までは行き届かず、開発は遅れている。第4章で述べた通り、ドイツによる植民地化の開始は一八八四年のことであるが、この地域にはほとんど開発がなされず、住民の一部が島嶼部のプランテーション労働者として徴用された程度であった。一九一二年には、カトリックの教会がウェワクに設立されている。

第二次世界大戦中は、日本軍が北部海岸を中心とするこの地域（現在のイーストセピック州とサンダウン州）に大

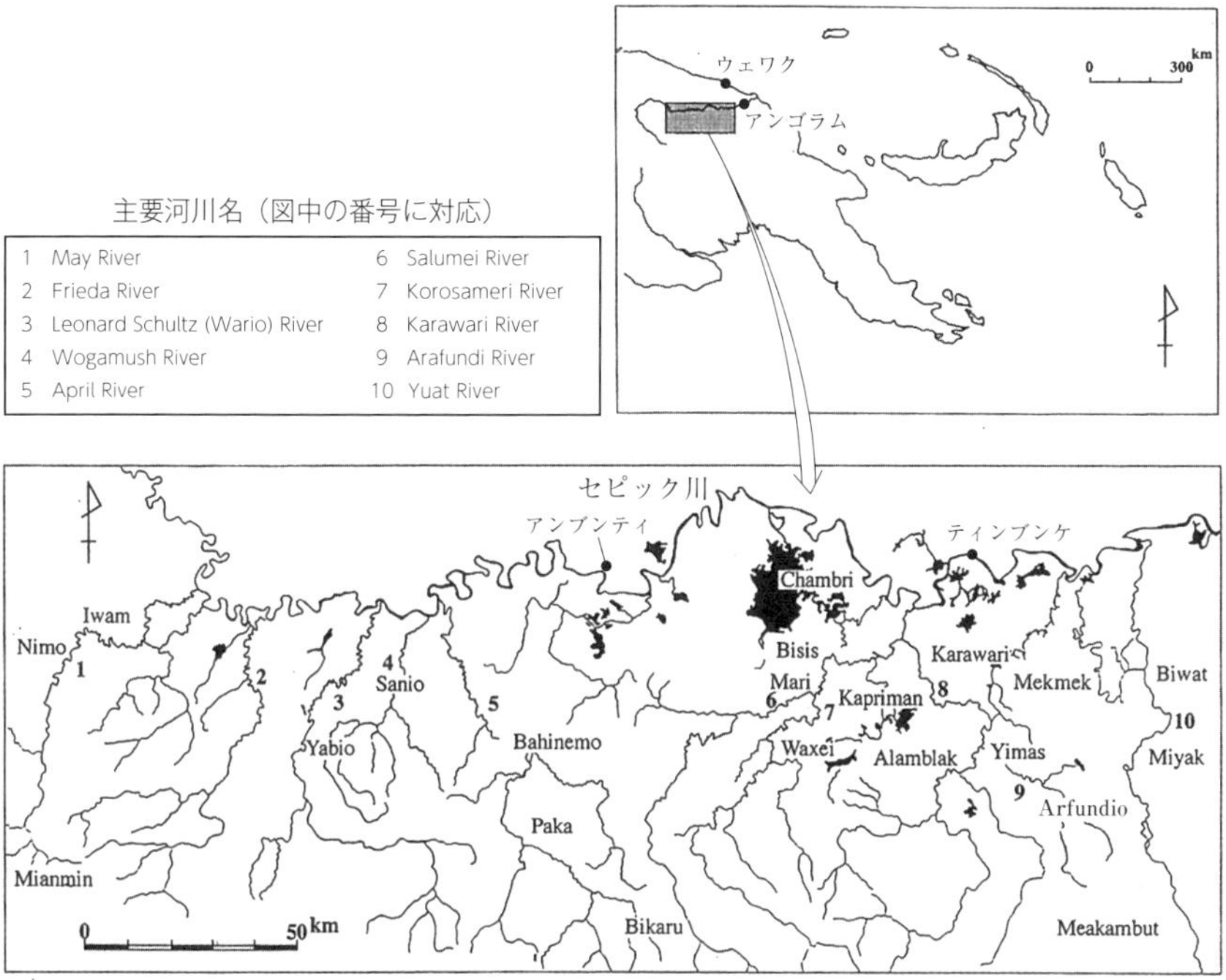

Kumagai 1998b : 44

図8-1 セピック川南部支流域と主要な民族／地域集団の分布

規模に侵攻し、激しい戦場となった。爆撃や日本兵による食物の掠奪、病気の蔓延などで地元の住民も多大な被害を受けた。この地には、後に詳述するように日本兵との出会いを記憶する村人も多く、日本から訪れる遺族団や戦跡巡礼の人びとも絶えない。

セピック川南部支流域

セピック川は、パプアニューギニア中央山系に源を発し、北部海岸（ビスマルク海）に注ぐ、パプアニューギニア第二の大河である。長さは一、一二七キロメートルで、フライ川に次ぎパプアニューギニア第二位だが、集水域は七八、〇〇〇平方キロメートルで、パプアニューギニア最大である。源流はヴィクトー・エマニュエル（Victor Emmanuel）山脈で、まず北流してサンダウン州（一部インドネシア領西パプア）を流れ、ヤプシ（Yapsiei）（別名オーガスト August）

川との合流点付近から東に向きを変え、イーストセピック州をほぼ西から東に貫く形で流れる。蛇行を繰り返しながら、広大な氾濫原、後背湿地、三日月湖を形成し、州都ウェワクの東八〇キロメートル付近で海に達する。水位は降水量によって大きく変動する。

このセピック川と中央山脈にはさまれた、東西約三〇〇キロメートルに及ぶセピック川南部支流域（セピック丘陵）には、多数の民族言語集団が散在している（図8-1）。これらの集団は、数百人から大きいものでも数千人程度と、いずれも規模が小さいことが特徴であり、各集団の領域の人口密度は一平方キロメートル当たり一人に満たない地域が多い。集団の分布は、西に行くほど疎らになり、集団の規模も小さくなる。これらの集団の多くがサゴヤシから採取する澱粉を主食としている。[1]第4章で示したパプアニューギニアの生態的地域区分でいえば、セピック川南部支流域は、高地周縁部と低地の性格を併せ持つ、あるいは高地周縁部から低地へと移行していく遷移地帯にあたるといえる。

ブラックウォーター

チャンブリ湖の南東、カラワリ川とコロサメリ川にはさまれた位置に、ブラックウォーターと呼ばれる川と湖がある。ブラックウォーターの名は、泥炭湿地特有の、澄んでいるが黒く沈んで見える水の色からきている。湖水域は、雨量によって頻繁にまた大きく変動し、湖というよりむしろ氾濫原に近い。海岸の州都ウェワクからは、まず車で四～五時間走ってセピック川までたどり着き、そこから、モーターカヌーで四～七時間ほどの距離である。セピック川からブラックウォーターへの航路の起点は三つある。セピック川中流域のティンブンケ（Timbunke）、中下流域のアンゴラム、中上流域のパグイ（Pagwi）である。ブラックウォーターへの距離はティンブンケが最も近く（直線距離で約四〇キロメートル、モーターカヌーで三時間ほど）、パグイからは四時間、アンゴラムからは六～七時間の道程である。しかしウェワクからティンブンケへの道路は悪路で、整備が行き届いておらず、閉鎖されていることが多い。ウェワクからアンゴラム、パグイまでの道路は日常的なＰＭＶ（乗合トラック）のルートにもなっており、三時間半から四時間程度で到達することができる。二〇一六年以降は、アブラヤシのプランテーションの開発のために道路が敷かれたことにより、ティンブンケから直線距離で二五キロメートルほど下流に位置するカンドゥアヌム（Kandunum）が起点として利用されることが多くなっている。セピック川からコロサメリ川に入り、カラワリ川との分岐点を通過して、ブラックウォーターの水路に入るまでは、およそ一時間半の道程である。

ブラックウォーターの水路とそれを取り巻く氾濫原および湿地林からなるブラックウォーターの領域の大部分は、標高五〇メートル未満の平坦な土地によって占められる。ブラックウォーター湖は東西・南北およそ八キロメートル四方の領域に広がるが、雨の降り方によって水位は大きく変化し、その景観も大きく変わる（写真8-1）。雨が少なければ、カヌーはブラックウォーターの曲がりくねった水路をたどって進んでいくが、降雨により水位が上がっていると、直線距離で進むことができ、所要時間は大幅に短縮される（写真8-2）。ただし夜になってから増水したブラックウォーターに入ると、地元の人でも水路を見失って、浅瀬に乗り上げてしまい、難渋しながら進むことになる。水路を一時間ほど進むと、広い湖面が姿を現わす。遠景には中央山脈まで連なる山々のシルエットが重なり、湖面には水鳥が飛び交う景観が広がる。夕暮れ時に差し掛かると、湖面に夕陽が映え、何度訪ねても印象づけられる風景である。

ブラックウォーターには、二つの集団が暮らしている。カプリマン（Kapriman）の人びとと、カニンガラ（Kaningara）の人びとである（図8-2）。カプリマンの人びとは、ブラックウォーターの水路をハルマリオ（Halmario）、湖をオロップ（Orop）と呼ぶ。カプリマンには六つの村――下流から、サングリマン（Sangriman）、イェシンビット（Yesimbit）、トゥンギンビット（Tungimbit）、カンブラマン（Kambraman）、クラインビット（Kraimbit）、ガバマス（Gavamas）――があり、ブラックウォーター川と湖の周辺の低湿地に点在する（図8-3）。カニンガラには、二つの村――カニンガラ、ヤマンダナイ（Yamandanai）――があり、湖の南に位置する小高い丘の上に立地している。この丘は、この地域を管轄するカトリックの布教の拠点となった。このため、カニンガラには現在も大きなカトリック教会と診療所、小学校などがあり、地域の中心地となっている。さらに、この二つの集団の南に、ア

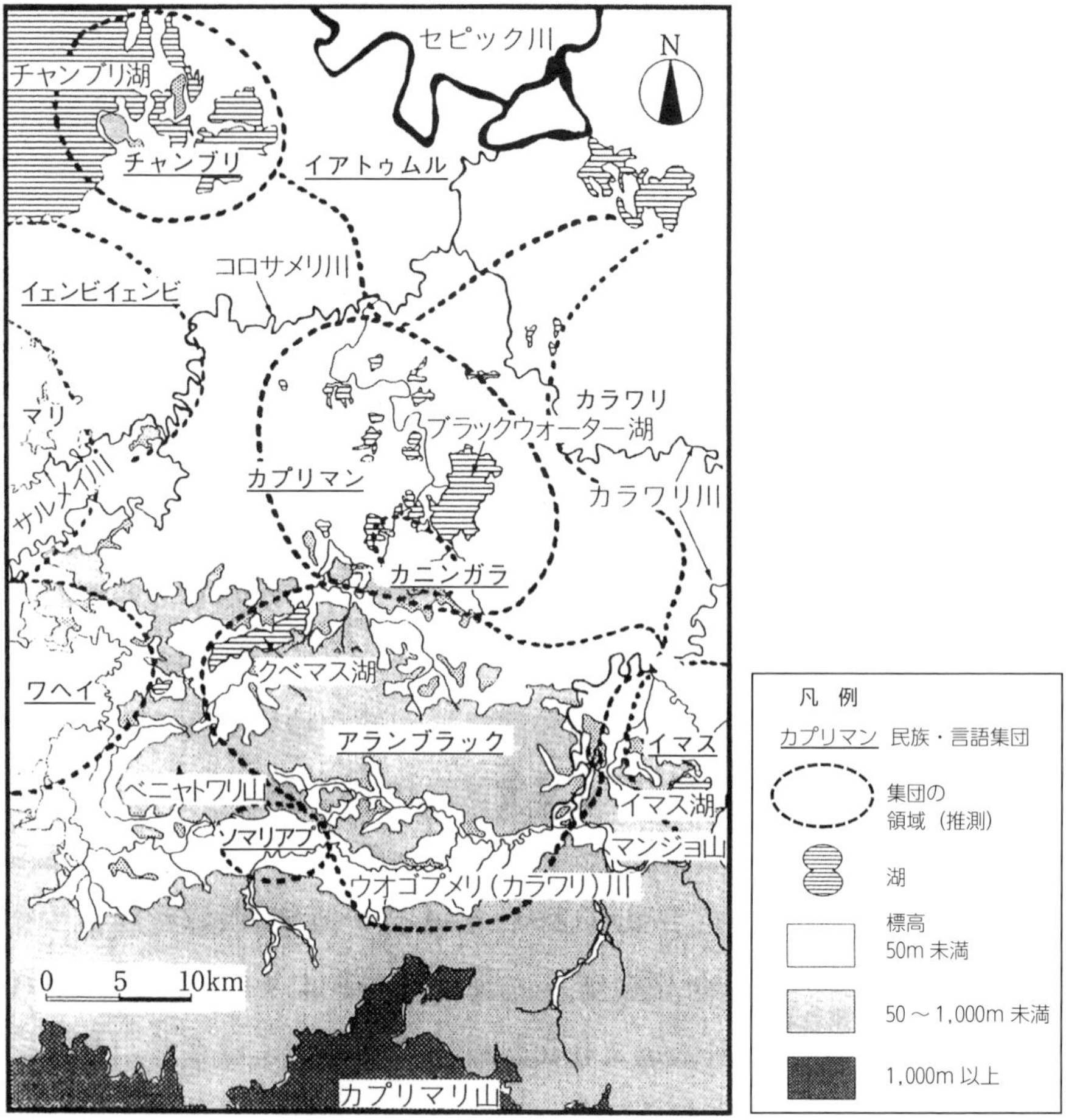

図8－2 ブラックウォーターと周辺の社会集団と村落の分布

パプアニューギニア地図局発行の25万分の1地形図を基に，筆者のフィールドワークのデータを加えて作成／熊谷 2000a：9

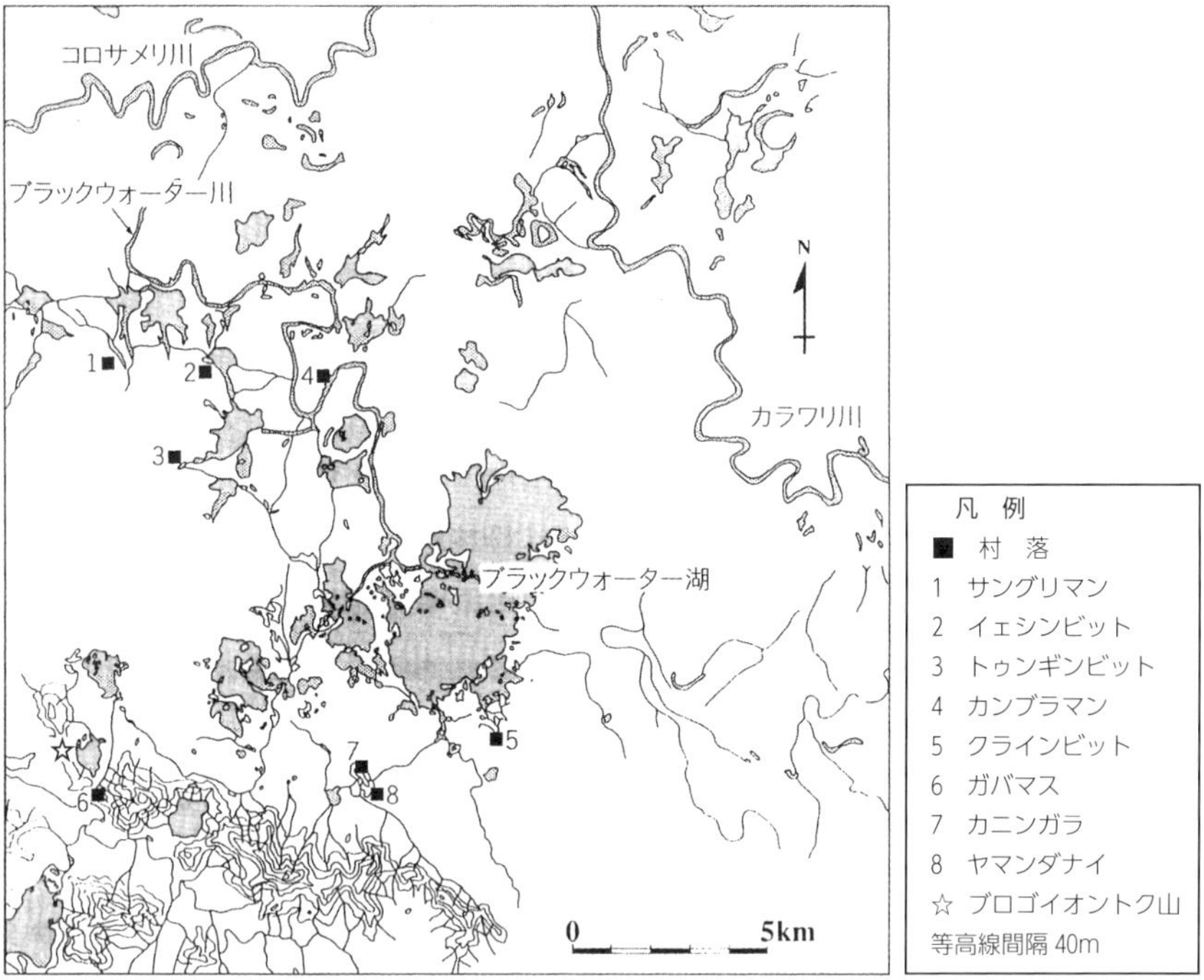

図8-3 ブラックウォーターにおける村落の分布

パプアニューギニア地図局発行の25万分の1地形図を基に，筆者のフィールドワークのデータを加えて作成／熊谷 2000a：13 を一部修正

ランブラック（Alamblak）と呼ばれる人びとが住んでいる。これらの諸集団は、言語的には、いずれもセピック丘陵語群（Sepik Hill Language Stock）に属し（Laycock 1981）、サゴヤシから採集する澱粉を主食とする生活様式において共通する。

カプリマンの人びとは、さらにセピック本流を領域とするイアトムル（Iatmul）の人びと、チャンブリ湖に住むチャンブリの人びとに隣接しており（図8-2参照）、これらの集団間には、交易を通じた交流がある。湿地帯で畑作物を得られないカプリマンの人びとはサゴヤシの澱粉を交易品として、イアトムルからタバコやバナナ、タロイモ、ヤムイモなどを得ている。またチャンブリの人びとからは、やはりサゴ澱粉を交易品としてサゴ澱粉を焼くフライパンや、サゴ澱粉を保存する壺などの土器を得ている。またアランブラックの人びとからは、魚や籠などを交易品として、嗜好品のビンロウジやダガ（香りのある木の皮）などを得ている。通婚は多くがカプリマンの集団内で行なわれるが、カニンガラやアランブラックとの間の通婚もある。

カプリマンの六つの村の人口は、二〇〇〇年現在四〇〇~五〇〇人前後であり、南のアランブラックなどの村に比べ人口規模が大きい。いくつかの村にはハウスタンバラン（精霊堂）（カプリマン語でルモンズ *rumons*：以下、カプリマン語での表記には、地名以外すべてイタリックを用いる）があり、そこには成人儀礼を受けた男しか入ることができない。成人儀礼は、小さなナイフで背中と腹に模様を刻む（瘢痕文身を施す）形で行なわれる。このほか二メートル近くある秘密の竹笛（ナドバス *nadbas*）や、タジャオ（*tajao*）と呼ばれる水の中にいる精霊（ワニのような鼻の長い被り物をし、新しいサゴヤシの葉で編んだ衣装を着る）のパフォーマンスなど、伝統的な男だけの秘儀が存在する。こうした成人儀礼や「呪物」は、プロテスタントが布教したアランブラックの村々では失われてしまっており、カトリックが最初に入ったカプリマンとカニンガラの人々だけに残されている。[2]

カプリマンや、カニンガラ、アランブラックなどの集団を独立した民族言語集団とみなすかどうかについては、議論の余地がある。言語学的には、カプリマンの人びとの言語は、他の二つの集団との差異が大きく、空間的に隣接するカニンガラの人びとの言語は、むしろアランブラックの人びとに近い（Laycock 1981）。しかし、これらの三つの集団は、お互いの言葉を理解し、相互に意思疎通することが可能である。またいくつかの基本単語を比べた時に見出される類似性は、独立した言語というより、「方言」のレベルに近いようにも思われる。

しかし重要なことは、これらのグルーピングは、単に外部から与えられたカテゴリー（名付け）ではなく、人びとの帰属意識の基盤（名乗り）として実体を持っていることである。森林や水域の所有においても、これらの集団の間には明確な境界が意識されており、その侵犯は紛争の原因となる。こうした意味で、本章ではこれらの集団を（少なくとも現在においては）それぞれ独立した民族言語集団あるいは領域を持つ地域集団としてみなすことにする（ただし、第5章でも述べた通り未開の民族や部族を想起させる「……族」という表現は避け、「……の人びと」という表現を用いる）。しかしながら、後に詳しく述べるように、これらの社会集団、およびその領域は、昔から自明のものとして存在し続けてきたのではない。歴史的なプロセスの中で生み出され「実体化」されたものである。

2 「場所の知」の構図

サゴ澱粉の採取

ブラックウォーターの人びとの暮らしは、圧倒的にサゴ澱粉の採取に依拠しており、農耕はほとんど行なわれていない。サゴヤシ（*Metroxylom sagu*）は、ヤシといってもココヤシとは大きく形質が異なり、泥炭湿地に自生する、棘だらけの木である。成長すると一五メートル以上になる。サゴヤシの生育する土地は、クラン単位で所有されており、自らのクラン内の土地に生育するサゴヤシが利用できる[3]。

サゴヤシは大きく二種類に分けられる。カプリマンの言葉でナール（*naar*）と呼ばれる「食用の」（澱粉を含む可食部分の多い）種類と、ゲール（*geer*）と呼ばれる（澱粉を含む可食部分が少ない）「野生の」サゴヤシである[4]。もともと食糧用には前者だけが用いられ、後者はもっぱら家屋の材料や、ピジン語でビナタン（binatan：「虫」の意味）、カプリマン語ではゲブカ（*gebuka*）と呼ばれるゾウムシ（ヤシオオオサゾウムシ）の幼虫の繁殖・採取用に利用されてきた。しかし近年ではサゴヤシの不足により、後者も食糧として利用されるようになっている[5]。

サゴヤシは基本的に自然に生育する。したがってサゴ澱粉の採取を農耕とは呼べない。しかし挿し木のような形で増やすことも行なわれ、単なる採集でもない[6]。移植をした場合には、植えた者が所有権を持つ。木の所有者は決まっており、父系クランの土地に植えられたサゴヤシが、そのクランのメンバーの所有となる。一五～二〇メートルに成長し、開花する前後のサゴヤシが最も澱粉を含んでいる。

サゴ澱粉を採取することをナタ（*nata*）という。一本のサゴヤシから澱粉を採取するには、いくつかの段階がある。まず目当てのサゴヤシを鉄斧で切り倒し（ナウォ *nawoh*）、鉄パイプ等を使って皮を剝ぐ（ネヨ *neyoh*）。これらは男の仕事である。それから木を切り開いて、澱粉が含まれる髄の部分を叩いてほぐすサゴ打ち（ナバタトゥ

nabatatu）の作業を行なう。このサゴ打ちには、男も女も、子供も皆加わる（写真8-3）。簡単なようだが、力を入れすぎると、サゴヤシの中身が外に飛び出してしまい、力加減が難しい。サゴ打ちを終えたサゴヤシの中身を籠（イシェー *ishe*）に入れ、サゴヤシの葉柄を折りその場で即席で作った台（タシェス *tashes*）の上に置いて、上からヤシの実の殻を棒に結びつけて作った柄杓（トゥカール *tukar*）で水をかけ、手と二の腕を使って絞る（これもイシェーと呼ぶ）（写真8-4）。これは女の仕事である。

サゴ絞りの台はサゴヤシの葉柄を折りまげて作ってあるだけなので、力を入れすぎると壊れてしまい、こちらも微妙な力加減が必要である。水に溶けだした澱粉はサゴヤシの皮をつないだ樋を流れて、下にたまる。水に溶けだしたサゴ澱粉を受ける容器には古くなったカヌーなどが用いられることが多い（写真8-4）。絞り終わり、たまった水を空けると、容器の底にびっしりと、白く密な、片栗粉や葛粉に似たサゴ澱粉（塊のままのサゴをノハス *noghas*、ほぐしたものをナヴァ *nava* という）が堆積している。採取した澱粉は別の籠（アドゥォル *adwor*）に入れ、分配され、女性が籠のロープを額で支えながら担いで家まで運んでいく。サゴ澱粉は固めて、チャンブリ湖の人びとから交易で入手した高さ六〇センチメートルほどの壺（サンボンス *sanbons*）に保存される。少ないときは四～五個、多ければ一〇～一二個くらいの塊（一つの塊は高さ三〇～四〇センチメートルほどの大きさ）が採れる。八から九個の塊（ノハス）があれば、大家族なら二週間、小家族なら一ヵ月くらいもつ。

サゴ澱粉の採取（ナタ）には、だいたい二～三家族で連れ立って出かけることが多いので、実際には一〇日から二週間に一回程度、サゴヤシを切り出す必要があることになる。朝から作業をすれば、切り倒してからサゴ澱粉の採取まで一日のうちに完了する。サゴヤシはその生育過程ではほとんど労働投入の必要はないから、労働生産性は高い。[7]

サゴ澱粉の調理法は、大きく言って二つ――「焼く」（ピジン語でフライム fraim）か、「茹でる」（ピジン語でターニム tanim）か――である。焼きサゴ（カプリマン語でアラムス *aramus*）は、チャンブリとの交易で得てきた素焼きの土器のフライパン（ワルス *warus*）を用いて、女性が調理する（写真8－13）。最も一般的なのは、水を加えて湿らせたサゴ澱粉を、フライパンの上に薄く延ばして焼き上げる方法である。他の地域で一般的な焼きサゴはぱさぱさしているが、クラインビットでは、焼いたアラムスの上にまた水を垂らして、しっとりと焼き上げる方法が好まれる。もちもちした食感になり美味しい。後者の茹でサゴはナウォス（*nawos*）と呼ばれ、葛湯のような食感である。野菜や食用の木の葉（ピジン語でツーリープ tulip）などと一緒に煮て、パンダナスの実の汁などで味をつけて食べる（ウサギム *usagim* と呼ぶ）ことが多い。

サゴヤシは、主食として以外にも、さまざまな利用価値がある。新芽（ピジン語でクルビロンサクサク kuru bilong saksak、カプリマン語ではグス *gus*）がそのまま食用になるほか、樹皮（ナグミ *nagumi*）が家の壁や床材に用いられる。屋根を葺くのも、サゴヤシの葉（ピジン語でリプモラタ lip morata、カプリマン語でコタタ *kotata*）である。

採取されたサゴ澱粉は、自家消費される以外に、すでに述べたように、セピック川本流に住むイアトムルの人びとやチャンブリの人びととの交易にも用いられる。近隣までは、片道一～二日かけて手漕ぎのカヌーで売りに行く。これは大変な労力である。このほか、時には船外機付きカヌーで、サゴ澱粉をアンゴラムやウェワクといった近在の町まで運び、売ることもある。高い値段で売れるが、ガソリン代や乗合トラック代を差し引くと、ほとんど利益は残らない。

ビナタン（サゴ虫）

サゴ澱粉は、米やイモなどと異なり、ほとんど一〇〇パーセント澱粉のため、それだけで生きることはできない。必ずタンパク質が必要となる。最も日常的で確実なタンパク源は、湖で獲れる魚であるが、そのほかに森で狩猟で得られた動物、昆虫などがある。しかしもっとも熱意を持って集められる食材は、ビナタン（カプリマン語でゲブカ）と呼ばれるゾウムシの幼虫である。

ゲブカは、クラインビット村の人びとの大好物であり、日常食である魚に対し、ちょっとしたご馳走というイメージがある。ゲブカの採取方法は次のようなものである。ゲールと呼ばれるでんぷん質の少ないサゴを、花が咲いたら切り倒し、まず澱粉を取る。その後、小さな穴をあけて放置しておく。そこにゾウムシが卵を産む。二週間くらいして、木を砕き、サゴ虫を取り出す（写真8-5）。二〇一一年八月の筆者の観察時には、一本の木から一五〇匹ほどのゲブカが採取できた。サゴ虫の生育段階は次の四つに区分されている（写真8-6）。①ゲブカ *gebuka*：体長四・五センチメートル：重さ六グラム。コロコロしていて白く柔らかく脂がのっている、②ロジュナ *rojuna*：二・五センチメートル：三グラム。やせて茶がかった色に変わる、③ファドス *fadus*（さなぎ）：二センチメートル：二グラム、④グヌス *gunus*（成虫）：二センチメートル：二グラム。硬くなった成虫以外は食べるが、村人がやはり一番おいしいと認識しているのは①のゲブカである。葉に包んで蒸し焼きにしたり、煮たり、米と一緒に炊き込んだりして食される。

漁撈

ブラックウォーターの人びとは、動物性タンパク質の多くを、魚に依存している。魚の総称はアマラス *amalas* であるが、これは魚だけでなく調理する前の肉一般をさす言葉でもある。魚獲りのことをアマリア *amalia* と言う。クラインビットの世帯の多くは、ほぼ毎早朝、手漕ぎのカヌーで湖に魚を獲りに出かける。夫婦で出かける場合もあれば、女だけ、男だけの場合もある。漁法は、現在では化学繊維の網を使った定置網（刺し網）が多く使われ、網を掛ける場所は決まっている（写真8-7）。仕掛けてあった網に入っている魚を得ると、まずカヌーの中で鱗と内臓を取り除く。このほかに筌、ヤス（ハーブラフ *herblaf*）を使った伝統的な漁法がある。筌にはナメニュガ *namenyuga* とタソウェイ *tasowei* の二種類があり、前者は単純な形だが、後者は先が絞ってあり、少しつくるのに手間がかかるが、入った魚は出られない。釣りには、サゴのトゲなどを使った伝統的なものもあるが、釣竿を使っての釣りは比較的新しい[8]。

獲得される魚の種類は、わたしが通うようになったこの三〇年間の中でも変化してきている。固有種としては、ピジン語でビックマウス bikmaus（カプリマン語でオグル *ogur*）（カワアナゴ）、ニルフィッシュ nilpis（バティル *batir*）（ナマズの仲間）が代表的なものである（写真8‐8）。外来種としては、マカオ（makao）、ティラピア、ラバマウス rabamaus（インドゴイ）、コルフィッシュ kolpis（コイの仲間）などがある（池口ほか 2012）。一九八〇～九〇年代には、鯛に似た味のマカオが最も多く獲れたが、現在ではラバマウスの漁獲がもっとも多い。

魚は焼く、煮る、燻製にする、の三つの調理法がある。炉の上に置かれた網に魚が置かれ、余った魚は燻製にすることが多い。燻製にした魚は数週間は保存が可能である。アランブラックなど他集団との交易会がある時などは、燻製にする魚の数が大きく増える。

狩猟

狩猟は、アトガイ（*atogai*）と呼ばれる。これは男の仕事である。日常的なタンパク源は魚で充足されているから、狩猟は生業というよりは、男たちの楽しみであり、リクリエーションに近い。鉄砲は普及しておらず、狩猟には主に槍（トカ *tokar*）が用いられる。狩猟動物としては、野豚（フォーゴル *fogor*）（写真8‐9）、ヒクイドリ（ウロシュ *urosh*）、バンディクート（ティル *tir*／ウエィジャス *weijas*）（写真8‐10）、クスクス（ピジン語でカプール kapur、カプリマン語でガイヌム *gainum*）などがある。

野豚の場合、犬を連れ、多数の人間で行なわれる追い込み猟と、サゴ澱粉などを撒いて豚をおびき寄せる仕掛けを用いる猟がある。後者の場合、野豚の足跡などから、行動範囲を予測し、そこに仕掛けを置き、柵の陰に隠れて待つ。食べに来た豚を、槍で仕留める、という方法である。仕留めた豚は、斧とナイフで解体され、肉は分配される。

ワニ（ピジン語でプクプク pukpuk：カプリマン語でモーグル *mogor*）猟も行なわれる（写真8‐11）。夜にカヌーを出し、懐中電灯で照らしながら反射する眼の光を狙って行なう場合もあれば、昼間に叢や浅瀬にいるところを狙う場合もある。鋼のロープの付いた銛を投げた上で、命中したらゆっくり引き寄せ、棍棒や鉈などで仕止める。体長一～一・五メートル程度の小さなワニは、定置網に引っかかることもある。いずれも、まず丁寧に小刀で皮を剥いでから、販売用に皮を塩漬けにし、その後で肉を切り分ける。狩猟については、クランごとの領域や制約はない。

クラインビット村には、商店はなく、町の常食である米や魚・コンビーフの缶詰などの購入食料は日常の食卓にはのぼらない。

住居

結婚すると、両親と離れて、新しい家を建てて独立することが原則である。家には二種類ある。拡大家族が居住する「大きな家」（ウヌル *wunur*）と、核家族が住むような「小さな家」（ウヌス *wunus*）である。隠居した女あるいは男が、母屋とは別に小さな家を建てて煮炊きし、起居することもある。こうした家は、アマジャラ・ウヌス（*amajara wunus*）（料理の家）と呼ばれる（写真8-12）。

家の中には、かまど（フンブンブス *humbunbus*）が置かれている。これは、サゴ澱粉を焼くフライパン（ワルス *warus*）とともに女性が結婚の際に嫁入り道具として持参したものである。拡大家族で、調理をする女性が何人かいれば、その女性ごとにかまどがあることになる。家の隅に置かれた女性が調理をする場所をリバブス（*ribabus*）と呼ぶ（写真8-13）。これは既婚女性にとっての自らの場所である。調理と調理された食物の分配は、女性の仕事であり、家族の共同性を作り出す重要な日常実践である。

精霊堂（ルモンス）

二〇〇一年までは村の中央に、精霊堂（ハウスタンバラン／カプリマン語ではルモンス rumons）が存在した（写真8-14）。幅が一〇メートル、奥行きは二五メートル、高さも二〇メートル近くあり、文字通り村のシンボルであり、ランドマーク的な存在として聳え立っていた。精霊堂は高床式で、床上の壁にはタジャオと呼ばれる水の中に住む精霊や、動物と人間が混淆した図柄の伝統的な絵が描かれ、柱にもびっしりと彫刻が施されていた（写真8－15）。タジャオの仮面や、秘密の竹笛といった呪物も置かれていた。床下には、男たちが座る長い縁台（セボル *sebor*）が設えられていた。縁台は、クランごとの空間に分かたれ、地面にはやはりそれぞれのクランごとに男たちが囲む小さな焚火（トゥコルフェス *tukurfes*）があった。精霊堂の中に入ることができるのは、成人儀礼を終えた男だけである。村の道路は、精霊堂の前で二股に分かれ、村の奥へと導かれており、女や子供たちは、精霊堂に近づくこともできなかった（図8－5参照）。

精霊堂の中では、さまざまな慣習、伝統（ピジン語でカストム kastom あるいはパシン pasin ／カプリマン語でテジャスガフナ *teja sughafna*）が、若者に教えられた。割れ目太鼓（ピジン語でガラムート garamut ／カプリマン語でミヨル *miyor*）の叩き方、踊り方、竹笛（ナドヴァス *nadvas* と呼ばれる秘密の竹笛）の吹き方、タジャオ（*tajao*）の彫り方、などである。教わったことを、女に教えることはタブーだった。イニシエーションを受ける男たちは、村の男が仮面をかぶり、サゴヤシの葉で作った衣装を身に着けて演じるが、女子供には秘密にされている）、木彫

それまでの一～二年間をかけて、これらのことを学んだ。

かつての精霊堂は、老朽化により二〇〇一年に取り壊され、彫刻を施された柱はバイヤーに売り払われてしまった。その後、二〇〇二年に以前の精霊堂に比べれば高さも間口も半分程度の小さな精霊堂が建てられ、二〇〇八年まで使われていた。現在は精霊堂はないが、小さな「男の家」（ルモン・タモガス *rumon tamogas*：「小さな精霊堂」の意）はいまも存在する。そこには女性は入ることはできず、内部にはタジャオの仮面や秘密の竹笛などが安置され、そこで男だけの集会や、竹笛の演奏がなされる。

タジャオ

タジャオと呼ばれる水の中にいる精霊を模した存在は、ブラックウォーターの人びとに独自の観念であり、造形である。必ず二つのタジャオがペアで現れる（写真8－16）。名前はウォリアガメイ（*Woriagamei*）とウォリマ

（*Worima*）、兄と妹である。ウォリアガメイは、現在のクラインビット村がある場所の地名でもある。黒い土で染められ、目や口を白と赤の土で描いたマスクをかぶり、身体にはサゴヤシの若葉でできた衣装を身にまとっている。時折不意に（必ず湖の側から）登場し、ガラムートの音に合わせて踊ったり、子供たちを追いかけたりする。中に村の男が入っていることは女・子供には秘密である。子供は遠巻きにして、こわごわ見守っているが、何人か捕まって、尻を叩かれることもある。これは、お仕置きの場合もあるが、弱い子供を強くする意味もあるという。

祖先の石

精霊堂の前には、三〇センチメートル〜一メートルほどの高さのある石が五本立てられている（写真8-17）。これは祖先から伝わるそれぞれのクランの所有物である。これらは彼らの祖先の地とされるブロゴイオントク（Brongoiomtok）から持ってこられたものであり、村を移す時には必ず携えていく。このような石は、カプリマンの人びとが現在生活している低湿地には、見ることができないものであり、彼らが山に住んでいた記憶を伝える記念碑的な呪物と言える。かつて、周囲の集団と戦争をしていた時代には、敵を殺したとき、死体を石の上に置き、その血を石に塗りつけ、割れ目太鼓（ガラムート）を叩いて、踊った。この石は、戦争の時に、敵を負かすのを助ける呪力を持っていて、ビンロウジや鶏、ココヤシなどを供えた。殺した敵の頭は湯で煮て、肉を取り去り骨だけにして乾かし、頭蓋骨を白・黒・赤の三色で塗り、精霊堂の柱の下に並べたという。

成人儀礼（カッティムスキン／ナンソト）

ブラックウォーター（カニンガラ、カプリマン）の人びとには、ピジン語でカッティムスキン（katim skin）、カプリマン語でナンソト（*nansotu*）と呼ばれる瘢痕文身（写真8-18）を施す成人儀礼がある。現在でも続いていることの地域のもっとも重要な儀礼であり、昔からの精霊堂の作法にしたがって行なわれる。儀礼を受ける年齢は、特に定まっておらず、第二次性徴に達した年齢であれば、いつでも構わない。ただしカッティムスキンを受けるためには、その若者の面倒を見る母方の親族（母の兄弟であるマームル *mamur* や母の父であるバーブル *babur*）に両親が贈り物と現金（一〇〇キナから数百キナくらい）を用意する必要があり、その準備が整うことが条件となる。ある程度まとまった数の若者が揃い、準備が整った時点で、儀礼が行なわれることになる。

成人儀礼を受ける若者は、まず何か月か精霊堂の中に籠る。精霊堂入りをする時は、儀礼を受ける若者の前後を、彼の守護者を務めるウォリニョール（*worinyor*：母の姉妹の息子）がはさむ形で、列を組んで入っていく。中では男たちが棒で音を立てながら、待ち構えていて、入ってきた若者たちを叩きまくる。手荒い歓迎が終わると、竹笛の演奏が始まる。奏者たちは輪を描いて回りながら、延々と曲の演奏を続けていく。

若者が精霊堂に籠っている間は、食べ物はマームルが届ける。届けられた食べ物を食べる時は、精霊堂の中心に背を向け、壁を向いて食べる。この時、話すことは許されない。水浴や便所に行く時は、頭から布をすっぽり被り、周囲に見えないようにして外に出る。すでに述べたとおり、精霊堂の中では、割れ目太鼓の叩き方、結婚の規則など、さまざまな、伝統的な知識や慣習（カプリマン語でテジャスフナ **tejasughna**）が教えられる。カッティムスキン（ナンソト）が行なわれる当日は、まず精霊堂の中で、マームルまたはバーブルが抱きかかえる中で、執刀に熟練した男が、小刀で胸の部分を彫る（これはソトモニカ *sotuf muika* と呼ばれる）。二〇〜三〇分くらいで終わるが、これは女性は見ることができない。次に精霊堂の外に出て、背中を彫る（ソトモグム *sotuf mogum*）。その間も、マームルが抱きかかえている。これは三〇分〜一時間程度かかるが、女性も遠巻きにしながら見ることができる。これらは、朝のうちに行なわれる。その後、村の入り口の岸辺で、身体を洗い、樹の脂（ワーグム *waghum*：ワグス *waghus* という木の脂）を傷に塗る。その後さらに赤い土（モフィジャイム *mofijaim*）を身体に塗る。休憩した後、午後になって若者たちを伝統的な装いで飾らせて、精霊堂の前に一列に並べた椅子に座らせる。そしてリーダーや他の大人たちが、大人としての心得を語ってきかせる。傷はおよそ二〜三週間から一ヵ月くらいで回復する。

カッティムスキン（ナンソト）を終えた若者たちには、翌朝まずサゴの新芽、ツーリープの葉、乾いたココナッツを入れた茹でサゴ（ウサギム）を与える。その後は、ウォリニョールが、魚や水鳥などを与える（カメ、ワニ、ウナギ、クスクス、ヒクイドリ、ゲブカなど、その他の肉類は与えない）。

数週間後、精霊堂の前で、儀礼を締めくくる会食が行なわれる。この最後の会食は、イシュングブジョタ *ishungubujota*（イシュンは伝統的な塩、グブジョタはラウラウの木の葉の意味）と呼ばれる。その際には、まずサゴを切り倒し、サゴの新芽を取り出して、モラタの葉に包んで焼く。そしてそれまで控えられていた肉類を伝統的な塩やココナッツで味つけし、男たちが全員集まって食事をする。ウォリニョールが、精霊堂に向かって立ち、精霊堂の名前を唱えて、「われわれは今この男に食べ物を与える」と言いながら、彼らの口に食べ物を入れてやる。精霊堂はそれを見ている。必ず精霊堂の目の前で食べなければならず、隠れて食べると傷が悪化して、死ぬという。

元村長のＢＮによれば、ナンソトの意味は三つあるという。第一に若者が母から受け継いだ血を流す（外に出す）ことで男になることである。母の兄弟（マームル）が抱きかかえる（血を浴びる）ことも、これに関わっている。第二にナンソトという苛酷な儀礼を乗り越えることで初めて、強い男になれるということである。第三に、ワニの模様を身体に刻むことで、ワニのような猛々しい力を持った男になるという意味がある。いずれもこの地で「男」になるとはどのようなことか、男性性とはいかなるものとして観念されているかを表している（ナンソトの詳しい記述については、第10章7節も参照）。

女の家

精霊堂（男の家）に比肩するような、恒常的な「女の家」はない。しかしかつては初潮を迎えた女性が数ヵ月間籠る慣習があった。家の中に作られた囲い（サマルーブル *sama rubur*）の中に籠る。ナンソトを受ける男と同様に、食べ物は家族の女性に運んでもらい、外に出ることはできない。一人の娘が籠り始めると、初潮を迎えたほかの娘も加わることが多い。そこに年配の女性たちが来訪してさまざまな知や、女性の心得などを教える。そこに一つの場所が生まれる。それを「女の家」（サマウヌール *sama wunur*）と呼んだ。こうした初潮時の籠りは、一九九〇年代頃まではよく行なわれていて、わたし自身も目撃したことがあるが、現在ではあまり行なわれなくなった。

女たちは、水辺に生える草イジェブル（*igebur*）を干し、なめして編んで籠や敷物を作る。その時に何人かが集まって、車座になって行なうことがある（写真8-19）。言葉が交わされることも、無言のままのこともある。男たちの場所を彩るような派手な仕掛けはないが、そこにも女たちの場所が生成していると感じる。

3　歴史と風土

歴史・記憶・伝承

パプアニューギニアにおいて、人びとの歴史をローカル・レベルで語ることは難しい。文字を持たなかったパプアニューギニアの人びとにとって、文書に残された「歴史」は存在しない。したがって、西洋文明との接触以前の彼らの営みは、それがわずか五〇年ほど前の出来事であっても、「先史」時代に属することになる。植民地政府との接触以後は、政府の巡視官（パトロール・オフィサー）が残した記録（巡視報告）が利用できる。しかし、それらは遠隔地の人びとに関しては断片的であり、また植民者の価値観に根ざした情報であり、さらにその保存も十分とはいえない。本節ではそれに代わるものとして、カプリマンの人びと、およびその周囲のカニンガラやアランブラックの人びとから聞き取った伝承や人びとに記憶され語り継がれた物語（口述史）を中心に、ブラックウォーターに暮らす人びとの歴史を再構成していくことにする。

「伝承」は人びとが語り継ぐことによって共有された集合的記憶の物語である。あらゆる「伝承」がそうであるように、それは、客観的事実を忠実に再現するものではない。そこには語り手を含む、人びとの価値観や世界観（cosmology）が色濃く反映されている。しかし、「歴史」が常に、後の時代の人びとによって解釈され、意味づけされるものであるとすれば、「歴史」とは、今、人びと自身がなぜそこにそうあるのかを理由づけ、正当化するものとしても捉えることができる。そう考える時、「歴史」と「伝承」との境界は絶対的なものではない。パプアニューギニアの村では、「記憶」は、人びとの間で繰り返し語られることによって再現され、人びとに共有され、ローカルな人びとにとっての主体的な「歴史」となっていくのである。村々に存在する精霊堂は、こうした「語り」が共有されるための重要な場所である[9]。

精霊堂はもともと、イニシエーションを終えた、成人男性だけの場所（「男の家」）である。クラインビット村で調査を始めた頃、わたしは毎晩、村人の好物である刻みタバコと新聞紙を持参して、精霊堂を訪れ、長老で元村長のガロアから移住伝承などの話を聞いた。精霊堂は日中は男たちが昼寝をしたりして、気怠い空間だが、夜にランプが灯されると、その相貌を変えた。男たちの一人が、新聞紙を丁寧に切り分け、一人一人に煙草を配り終えると、ガロアの話が始まった。ガロアの語りには、独特のリズムと節回しがあり、惹きこまれる力があった。

祖先の地と集落の移動

カプリマンの人びとは、現在ブラックウォーターとその周辺の地域をその領域としている。図8-3に示したように、そこには六つの村が存在し、その人口は四〇〇～五〇〇人前後である。これらの村は、それぞれ日常的な生活領域を持つとともに、婚姻も村落内で行なわれることが多く、かなり独立した地域集団をなしている。

カプリマンの人びとは、実は昔からこの場所に住み続けていたわけではない。カプリマンという名称は、「カプリマリ山」に由来し、セピック川流域の人びとから与えられた「カプリマリからやってきた人びと」という他称である。この山はカプリマンの現在の支配領域から三〇キロメートルほど南にある標高一、五〇〇メートルほどの山である。しかし彼ら自身の移住伝承の中には、この山は登場しない。カプリマンを含む周辺の諸集団――アランブラック、カニンガラなどの共通の祖先の地として言及されるのは、アランブラックの領域の西にあるベニャトワリ（Benyatowari）山である（図8-2参照）。

カニンガラの人びとの伝承によれば、ブラックウォーターからカラワリ川に至る地域に住む人びとの祖先は、昔、ベニャトワリ山に住んでいたという。カラワリ川の源流に位置するベニャトワリ山は、現在のアランブラックおよびワヘイの人びとの領域の間に位置する。物語の粗筋は次のようなものである。

ある時、二人の兄弟の間に大きな争いが生じ、一族は二つに分かれた。兄のイダウマの一族は、ブロゴイオントク山に移り、ブラックウォーターの人びとの祖先となった。弟のエモンとその一族は、カラワリ川の方向へと移り、現在のアランブラックの人びとの祖先となった。カニンガラの祖先は、マンボンガイである。彼はブロゴイオントク山を離れ、このカニンガラの地にやって来た。その後、エモンの一族にあたる、サンギモナゴンとグンドゥの親子が、ある日カラワリ川の近くの山を下りて、ヒクイドリを狩りに出かけた。矢で射たヒクイドリの後を追いかけるうちに、現在のカニンガラの地にまでたどり着き、そこでマンボンガイに出会った。マンボンガイは彼らを受け入れ、二人は、カニンガラのすぐ後ろに続くヤマンダナイの丘に住むことになった、その時から、マンボンガイは、自分の言葉（すなわち現在のカプリマンにつながる人びとの言葉）を捨て、彼ら（アランブラックにつながる人びと）の言葉を用いるようになった。マンボンガイが、新しく来た兄弟たちの言葉を受け入れたのは、新しい言葉がより魅力的に見えたからだ。

この伝承によれば、カプリマン、アランブラック、カニンガラという三つの集団は、もともと同一の起源を持つことになる。ここでは、人びとが山を離れることになった争いの原因は明示されていないが、やはり山から低地へと移動してきたことがわかる。そこでは、カニンガラの人びとは、カプリマンとアランブラックという二つの集団の「混淆」によって生まれたことが語られる。さらに、カニンガラの人びとが、空間的にはカプリマンの人びとに隣接するのに、言語的にはむしろアランブラックの人びとに近いという、冒頭に述べた、一見すると不思議な事実が、新しいものへの好奇心（あるいは新参者の優位性）の所産として説明されている。

祖先の地・ブロゴイオントク

これに対し、カプリマンの人びと自身が自らの共通の祖先の地として語るのが、カプリマンの領域の南端、ガバマス村に近い位置にあるブロゴイオントク（Brogoiomtok）山である。「山」といっても、標高からいえば数十メートルの小さな丘にすぎない。「オントク」（*omtok*）はカプリマン語で「村」を意味するから、ブロゴイ村というのがより正確な表現かもしれない。このブロゴイオントクは、背後の山や丘陵地帯から見れば、ブラックウォーターの湖と周辺の湿地林を望む場所にあり、ちょうど低地に張り出した最後の前線ともいうべき位置にある（図8‐3参照）。系譜をたどって推測すると、カプリマンの祖先がこの地を離れたのは、おそらく七〜八世代くらい前のことと推測される。

ブロゴイオントクの尾根上にあるかつての集落跡とされる場所を訪ねると、明らかに人為的なものとわかる丸い穴のくりぬかれた大きな石を含め、多数の石が散乱し、あるいは環状に並んでいる（写真8‐20、8‐21）。それらは、ブラックウォーター周辺の低地では自然には見かけることができない種類のものであり、彼らが山棲みの人であったことを伺わせるとともに、移住の伝承を裏づけるものと言える。

人びとが、ブロゴイオントク山を離れた最大の理由は、主食料となるサゴヤシの不足であった。ガバマス村で聞いた移住伝承によれば、その経緯は次のようなものだった。

ガバマス村の祖先はウォンマリである。彼はヌムニヤ（ブロゴイオントクの創始者）の五番目の息子である。結婚し子孫が増えていった。人口が増えるにつれて、だんだんサゴヤシが足りなくなり、子孫たちはお互いに争うようになった。お互いの頭に流れる血を見て、新しい場所を探さねばならないと悟った。

最初にブロゴインオントクを離れた祖先は、アグンドゥミだった。アグンドゥミは、まず現在のサングリマンの村がある場所に何人かの人びとを連れて行きそこに住まわせた。この人たちが現在のサングリマンの祖先となった。アグンドゥミはブロゴイオントクに戻り、また別の人びとを連れて、現在のイェシンビット村のある場所に連れて行き、自分もそこに住んだ。この人たちが現在のイェシンビット村の祖先となった。

もう一人の祖先、タルマビが、別のグループを連れて現在のトゥンギンビットの村がある場所に行った。この人たち

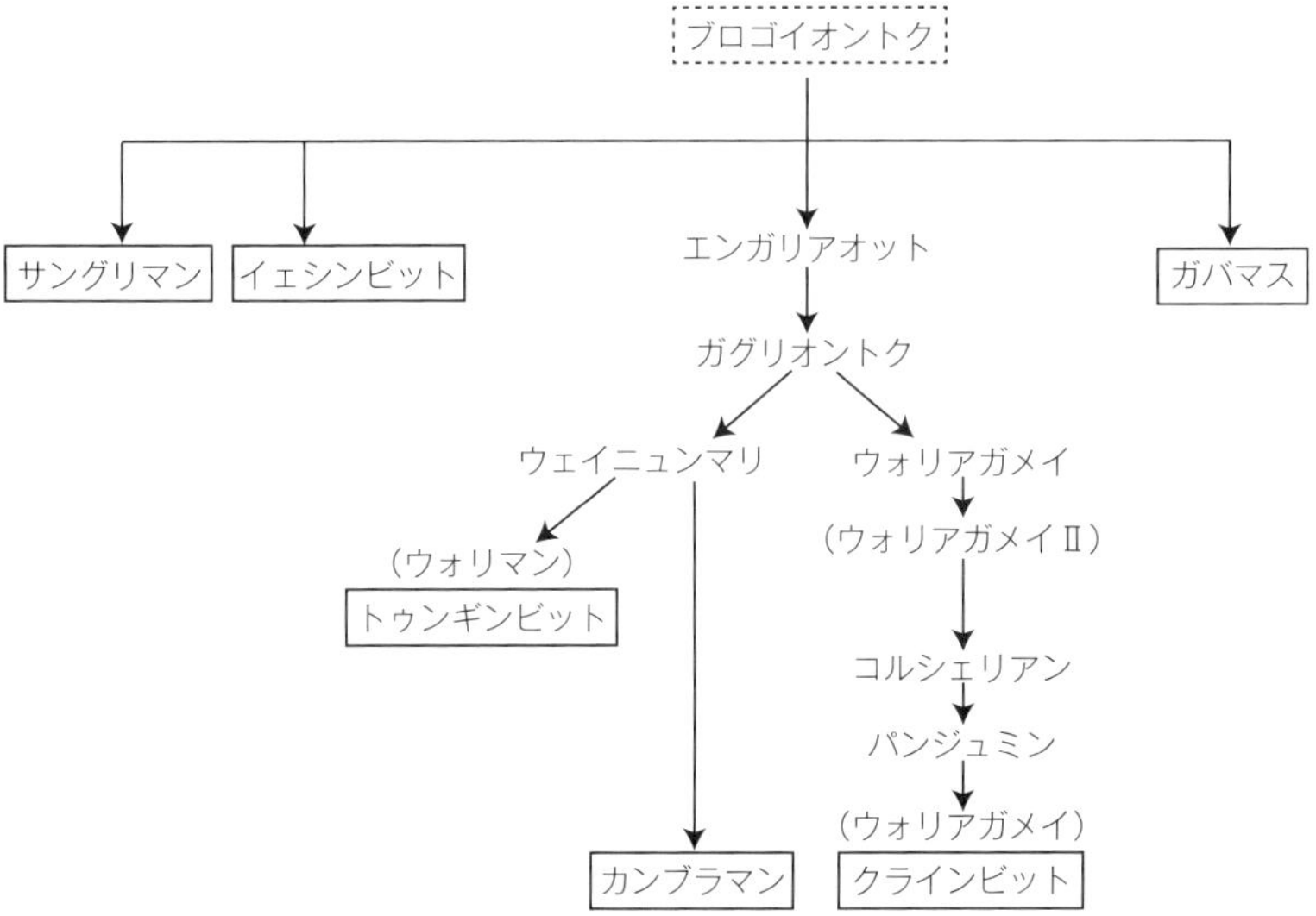

図8－4　カプリマンの集落の分化と移動の過程

クラインビット村での聞き取りにより筆者作成／ Kumagai 1998b：52 を一部修正

が、現在のトゥンギンビットと、カンブラマンと、クラインビットの祖先となった。それ以外の人びとは、ブロゴイオントクに残り、ガバマス村を作った。

この物語から、ブロゴイオントクに住んでいた現在のカプリマンの人びとの祖先は、まず四つの場所に分かれて移住したことがわかる[10]（図8－4）。その移住の理由は主食であるサゴヤシの不足だった。クラインビット村で聞いた移住伝承によれば、最後の三つの村の祖先の地の名は、エンガリアオットであった。しかし移住してしばらくすると（同じ世代のうちに）、やはりサゴヤシと魚の不足のために、新たな場所ガグリオントク（すでに述べたように「オントク」は「村」なのでガグリ村）に移住する。ガグリオントクは、現在のトゥンギンビット村とイェシンビット村の間にあるヤンブルサギッシュ（Yambursagish：サギッシュ *sagish* は増水時には水没するような水際の土地を意味する）に面していた[11]。そして一世代の後に人びとは再び集落を分かつことになった。その経緯は、クラインビットの村人によって次のように語られる。

ガグリオントクで、人びとは大きなハウスタンバランを作った。ウォリンブルモンという名で、現在のクラインビット村にあるものより大きいくらいだった。しかし人口が増え、サゴヤシは十分にあったが、魚や豚やヒクイドリなどが足りなくなり、大人だけが食べて、子供が食べられないということが何日も続いた。そこで、ウルップ（ウルップナイ）が、盟友のヤンブンを呼び、こう告げた。「わたしはハウスタンバランを二つに分ける。お前は前半分を取れ。わたしは後ろ半分を取るから」。それからヤンブンは、ガグリオントクと現在のトゥンギンビットの中間にあるウェイニュンマリにまず移り、その後、現在のトゥンギンビットのある場所（ウォリマン）に移った。一方ウルップは、やはりヤンブルサギッシュから、現在のクラインビット村が位置する場所（ウォリアガメイ）に移った。

ウォリアガメイを選んだのは、そこが大きな湖（オロップ）に面し、たくさんの魚が獲れ、背後にはサゴヤシが採れる森があるからだ。ウォリアガメイでは、アングルモンという名の大きなハウスタンバランを作った。人口が増え、村が狭くなり、洪水の被害などもあったので、そこより少し奥（ウォリアガメイⅡ）に村の場所を移した。そこでは三つの精霊堂を建てた。ボウインブルス（所有するクランはフォトクメイ）、ハフリブルモン（アドマリ・クラン）、ドゥニアオゲ（マンブロコン・クラン）の三つだ。その頃の村の人口は今より多いくらいだった。

ウェイニュンマリに移った人びとは、その後さらに二つに分かれている。その一キロメートルほど北の現在のトゥンギンビット村のある場所に移住した人びとと、直線距離で四キロメートルほど北東の現在のカンブラマン村のある場所に移住した人びとである。こうして現在のカプリマンの六つの村が生まれることになったのである（図8−3、8−4参照）。

人々の環境認識と「風土」的関係

ブラックウォーターの人びとと環境との関係（「風土性」）を考える上では、サゴヤシや狩猟動物といった「資源」としての自然環境の利用ばかりでなく、認識や観念のレベルにも目を向ける必要がある。

新たな風土論を展開しているフランスの文化地理学者オギュスタン・ベルクが主張するように、人間は自らを取り巻く環境に対し、物理的な働きかけ（利用や改変）を行なうとともに、それらを認識し、価値づけ、表象する。両者は相互に関連していると同時に、その舞台となるフィジカルな自然環境の特質によって喚起され、影響を受けることになる。こうした「風土的関係」（ベルク 1988）の視点で見たとき、興味深いのは、ブラックウォーターの人びとが、周囲の森や水に棲息する動植物を、自らの生活の糧として利用するだけでなく、それぞれのクランのシンボルとして「保有」していることである。シンボルとなっている代表的な動物としては、ワニ、野豚、ヒクイドリ、ワシ、オウム、インコ、サイチョウ、カンムリバト、コウモリなどがある。これらは周囲の自然環境の中にあって、人びとの「視線を集める」鳥や動物たちである。

これらのシンボルを保有する集団のメンバーは、それらの動物に対し、特別の実践を行なったり、タブーが課せられたりするわけではない。したがって、いわゆるトーテムとは少し異なるが、このような慣習はセピック川本流域に至るかなり広い地域で共有されている。友好関係にある別の民族言語集団の村を訪ねた時には、同じシンボルを持つグループの人びとから、食物や宿の提供を受けることもあるという。

わたしの知る限り、クラン・シンボルの動物が直接自らの祖先神話に登場するのは、豚（フォゴセイ）クランの例だけである。それは次のような物語である。

われわれ「豚」クランの祖先の一人は、コムジュロフである。彼は、人間ではなく豚だった。コムジュロフは、（ブラックウォーターとカラワリ川の間に広がる湿地帯の中にある）コンビヤゲという土地に住んでいた。彼は、フオコシャインビウスという人間の女を妻にしていた。彼女が生んだのは、仔豚だった。もう一人の祖先は、フンブロメングという人間の男であり、彼は、(カラワリ川とイマス湖の間にそびえる) マンジョ山に住んでいた。ある日、フンブロメングは、山を降り、コンビヤゲの近くまでやってきた。そこで、彼は、小川で魚を捕まえようとしている仔豚 (実はコムジュロフとフオコシャインビウスの息子) を見つけ、矢で射た。矢を受けた仔豚は、母親の住む家までたどり着くと、そこで息絶えた。足跡を追いかけていったフンブロメングは、そこで母親のフオコシャインビウスに出会った。彼女は、彼が射たのは豚ではなく自分の息子だったことを告げ、フオコシャインビウスは最初はフンブロメングを責めた。しかし最後には、フンブロメングに息子 (仔豚) を食べるように言った。そこにコムジュロフが戻ってきた。激怒した彼は、フンブロメングを殺そうとしたが、フオコシャインビウスは夫を止め、フンブロメングは自分の一族であると告げた。コムジュロフは怒りを静め、フンブロメングに妻と結婚するよう求めた。二人は結婚し、七人の子供が生まれた。これらの子供たちが、自分たちの祖先となった。

この物語は、ブラックウォーターの人びとの風土観について、さまざまなことを語ってくれる。まず明瞭なのは、「山 (高地)」対「湿地 (低地)」、「人間」対「動物」、「文化」対「自然」、「男」対「女」、という、二項対立的な図式である。すでに述べたように、この二項対立的なシンボリズムは、第5章で論じたミアンミンの人びとと共通している。人間の住む「山」に対し、「低湿地」は動植物の溢れる、多産で豊穣な土地である。山から降りてきた人間 (男) が、仔豚を介して、豚と暮らしていた女と出会い、結婚する。そうして生まれた子供たちが、現在の自分たちにつながっている。重要な点は、ここでも、これらの二つの異質な世界の出会いと「混淆」が人びとを創り出したことである。

これとほぼ同一の神話が、筆者が一九八六年に訪ねたアランブラックの人びとのムラオ・クランの祖先神話にも見出される。それは以下のようなものだった[12]。

ムラオカという名の豚が、人間の女と結婚し、バリゲの地に住んでいた。子供は豚だった。ある日グバルマクという男が、山を下りてやってきて、（ムラオカの子供である）豚を射て、その跡をたどってムラオカの家にやってきた。ムラオカはグバルマクを責めず、自分の妻と結婚させた。二人の子供（ムラユエンという男の子とムラソワという女の子）が生まれた。この二人が結婚して、現在のムラオ・クランの祖先となった。

この二つの神話の相同性は、まったくの偶然あるいは伝播したものと考えることもできるがこうした共通の神話を持つクランが、現在カプリマンとアランブラックに分かたれている社会集団に共通する構成要素となっている――言い換えればこの二つの「民族集団」の境界はもともと流動的なものだった――と解釈することもできるだろう。

このように、現在ブラックウォーター周辺に住む人びとは、最初からそれぞれ独立した領域とアイデンティティを持つ民族集団として、そこに存在してきたわけではない。むしろ高地から低地へと、言い換えれば、資源の少ない土地（山）から、サゴヤシや狩猟動物といった資源の豊富な土地（低地）へと移動するそのプロセスにおいて、ダイナミックな集団の再編成を伴いながら、現在の社会集団とその空間的な領域性が創り上げられていったと推測される。これまで述べてきたように、資源利用や表象作用を通じたブラックウォーターの人びととその自然環境との相互作用――「風土的関係」――は、それぞれの集団に本質的なものというよりは、空間的にも時間的にもきわめてダイナミックな生成と流動の過程を経て生み出されてきたものである。植民地化や西欧の影響を受ける以前の「伝統」世界においても、人びとは常に周囲の環境に眼差しを向け、より豊かな資源を求め、移動し、争い、結びつきながら生きてきた。こうしたダイナミズムを捨象し、パプアニューギニアの人びとの伝統的な生活を、環境に「調和」し、空間的にも時間的にも「動かぬもの」として理解してしまうことが、いかに誤りを含むものであるかは言うまでもない。

表8－1　クラインビット村のクラン構成とトーテム的動植物

大クラン	小クラン	クランのトーテム的動植物（イタリックはカプリマン語：［　　］内はピジン語：（　　）内は英語）		
		鳥	その他の動物・魚	植物
MAMBROKON マンブロコン	Davijokon ダヴィジョコン	チャバラワライカワセミ *Gutobish*［Kokobara］（Rufous-bellied Kookaburrae/Kingfisher）	ワラビー *Korwer*［Sikau］（Wallaby）	パンダナス *Bakras*［Karuka］（Pandanus）
	Mofai モファイ	ヒクイドリ *Urosh*［Muruk］（Cassowary） ブッポウソウ *Mboenyatobish*（Dollarbird）		*Mabish*（木：筏を作るのに用いる） センネンボク *Munur*［tanget］（Cordyline terminalis）
	Homari ホマリ	オオハナインコ *Mambogor*［Kalangar］（Eclectus Parrot） アオグロショウビン *Sakichara*（Blue-black Kingfisher） チャバラワライカワセミ *Gutobish*［Kokobara］（Rufous-bellied Kokobara/Kingfisher） ムナジロオウギビタキ *Sentchakli*（White-bellied Thicket-Fantail）	ヘビ *Meichas*［snek］（Snake: short, non-poisonous, living in the ground） ゲブカ（ヤシオオサゾウムシの幼虫）*Gebka*（beetle larvae: living in the trunk of wild Sago）	*Wangrams*（木：実は可食だが渋い） *Murias*（木：硬質。建材として利用） *Aiyas*（木：硬質。黄色い樹液，建材に利用） *Komdish*（木：薪として利用） *Ger*［wail Saksak］（野生のサゴヤシ）
SAMANIYOK サマニヨーク	Dumiauru ドゥミアウル	オオハナインコ *Rumu / Mambogor*［Kalangar］（Eclectus Parrot）	ナマズ類 *Pongondumi*［Nilpis］（Catfish）	タマゴノキ *Dogamus*［Laulau］（Malay Apple Tree） *Yambosa gomata*（木：実は可食）
	Hanogura ハノグラ	オオハナインコ *Rumu / Mambogor*［Kalangar］（Eclectus Parrot）	ナマズ類 *Iwondumi Botir*［Nilpis］（Catfish）	*Barabus*（木：硬質。建材に利用） *Fias*（木：カヌーや建材として利用）
FOTKUMEI フォトクメイ	Sambunmari サンブンマリ	キバタン（白オウム） *Galsh*［Waitpela Koki］（Sulphur-crested Cockatoo） カワウ *Kabri*［Blakpela Sela］（Cormorant） シロアジサシ *Worimonyonbun*（White Tern）		*Datmu*［Laulau］（Malay Apple Tree）（森に成育） *Tunebish*［Laulau］（Malay Apple Tree）（村に成育）
	Karinyei カリニェイ	サイチョウ *Bari*［Kokomo］（Blyth's Hornbill） パプアオウギワシ *Nabangoui Dobir*［Taragau］（New Guinea Harpy-Eagle） アジサシ *Wormaonyombs*（Tern）		*Numbs*［Garamut］（木：非常に硬く，柱やガラムート，彫刻に利用） （食用のサゴヤシ）*Nar*［Saksak bilong kaikai］（Sago Palm） （食用のサゴヤシ）*Fujua*［retpela Saksak bilong kaikai］（Sago Palm）

	Fogosei フォゴセイ	カンムリバト *Duor* [Guria]（Crowned Pigeon） アカメミカドバト *Monkish* [Balus]（Pinon Imperial Pigeon） キジカッコウ *Korosube* [Kotkot]（Long Tailed Koel）	ブタ *Fogor* [Pik]（Pig） バンディクート *Tir* / *Weijas* [Mumut]（Bandicoot） ニシキヘビ *Tunbiha* [bikpela Moran]（Python, brown, poisonous ?） ニシキヘビ *Abiymeicha* [bikpella Moran]（Python: often eats a duck, phalanger or piglet） カエル *Kisiba* [rokrok]（frog）	*Kombish*（木：硬質。薪として利用） *Motrums*（木：村に成育。実は可食） *Yabrums*（木：森にも村にも成育。実は可食）
ADMARI アドマリ	karinyei カリニェイ	ヤシオウム Habogaish（blakpela Koki]（Palm Cockatoo） セイケイ Udas [Purple Swamphen, black-coloured, living in swamps） ヨヨコフリオウギビタキ Fogliba（Willie Wagtail） リュウキュウガモ *Momeyabi* [Pato]（Whistling Duck） サンショウクイ *Gombur*（Black-browed Triller） フクロウ Ningor ／ Wagons（Owl） Wombae（Comb-Fcrested Jacana）	ネズミ *Abur* [rat]（Rat: white-bellied and brown-backed） カワアナゴ *Ogs* [Bikmaus]（Sleeper Goby） ヘビ *Dukinour* [snek]（Snake: black and yellow coloured） シロアリ *Anuwogas* [anis bilong kaikai haus]（Termite）	グネモン（葉は食用）*Rugems* [Tulip]（Gunetum Gunemon） *Tarus*（木：カヌーの材料として利用） *Bos*（木：屋根の材料に利用） *Waghus*（木：脂を身体に塗る） *Kaus*（木：脂を体に塗る。カヌーにも利用） スイレン *Kujorgos*（Water lilies）
	Hombiyonga ホンビヨンガ	極楽鳥 *Kor* [Kumul]（Bird of Paradise）	コウモリ *Kobish* [Blakbokis]（Flying Fox） クスクス *Wabus* [Kapul]（Cuscus）	*Ikaish* [Kwila]（the Ironwood Tree）（建材，櫂，彫刻にも利用） パンノキ *Rinjoms* [Kapiak]（Breadfruit）
	Agundumi アグゥンドミ	サギ *Sonur*（Egret） ハシブトゴイ *Sokur*（Rufus Night Heron） オーストラリアヅル *Koun*（Brolga） マミジロクイナ *Saruofas*（White-browed Crake）	ワニ *Mogor* [Pukpuk]（Crocodile） カメ *Tokaish* [Trausel]（Tortoise） トカゲ *Arams* [Grinpela Palai]（green Lizard） 蚊 *Us* [natnat/moskito]（Mosquito） ムカデ *Inyur*（Centipode）	ビンロウジ *Yobur* [Tri Buai].（Betel Nut tree, Areca Catechu） ココヤシ *Tiams* [Kokonas]（Coconut Palm） *Kobinyums*（木：カヌーや彫刻に利用） *Gugeish* [Daga]（ビンロウジと一緒に噛む）

（クラインビット村での聴き取りにより筆者作成。いずれも厳密な同定を経たものではない。動植物名のイタリックはカプリマン語，[　] 内はピジン語，（　）内は英語。鳥の名称については，Beehler, Oratt and Zimmerman (1986）に基づき推定し，その英語名を採用。日本語名称については，ニューギニアおよびパプア諸島鳥類図譜 http://j-gould. tamagawa. jp/Japanese/icons/newg/newg. htm，オーストラリア鳥類図鑑 http: / / j-gould. tamagawa. jp/ japanese/ icons/ aust. 動植物名については，html，http: //gkzplant2. ec-net. jp/mokuhon/syousai/kagyou/ku/kudonndonn.html　ほかを参照／ Kumagai 1998b. 折込表を一部改編）

クランの編成と動植物

すでに述べたように、ブラックウォーターの村々は、それぞれいくつかの異なるクランから構成されている。このクランは、父系的に継承される外婚単位である。

クラインビット村には、マンブロコン（*Mambrokon*）、サマニョーク（*Samaniyok*）、フォトクメイ（*Fotkumei*）、アドマリ（*Admari*）の四大クランが存在する。さらにその中にいくつかのサブ（小）クラン――ダヴィジョコン（*Davijokon*）、モファイ（*Mofai*）、ホマリ（*Homari*）、ドゥミアウル（*Dumiauru*）、ハノグラ（*Hanogura*）、サンブンマリ（*Sambunmari*）、カリニェイ（*Karinyei*）、フォゴセイ（*Fogosei*）、カイングノグン（*Kaingnogun*）、ホンビヨンガ（*Hombiyonga*）、アグンドゥミ（*Agundumi*）――がある。実質的な外婚単位となるのはこのサブクランである。

クランのメンバーは、自らのクランに属する土地や水域を利用する権利を持つ。そして各クランは、鳥や動物などを、自らのトーテム的なシンボルとして保有している（表8-1）。トーテム的なシンボルになる代表的な鳥・動物と各クランの結びつきとしては、豚（カプリマン語でフォーゴル *fogor*）とカンムリバト（ドゥオル *duor*）とバンディクート（ウェイジャス *weijas*）がフォゴセイ・クラン、ワニ（モーグル *mogor*）がアグンドゥミ・クラン、インコ（マンボゴール *mambogor*）がマンブロコン・クラン、サイチョウ（バリ *bari*）がカリニェイ・クラン、オウム（ガイシュ *gaish*）がサンブンマリ・クラン、ココバラ（カワセミの一種）（グトゥビシュ *gutobish*）がダヴィジョコン・クラン、極楽鳥（コル *kor*）とクスクス（ワブス *wabus*）がホンビヨンガ・クラン、などがある。

すでに述べたように、この中でクラン創成神話と動植物のかかわりが明白に語られるのは、豚をシンボルとするフォゴセイ・クランのみである。フォゴセイ・クランは、野豚やバンディクートといった森の動物を多く保有しているのに対し、最初にブロゴイオントクを離れた祖先を持つアグンドゥミ・クランは、ワニをシンボルとし、水域・水路を多く所有していて、水とのかかわりが深いといった特色も見出せる。トーテム的なシンボルといっても、前に述べたように各クランが自らのシンボルとなる動物を食べてはいけないというタブーは存在しない。フォゴセイ・クランも野豚を狩り、食べるし、アグンドゥミ・クランも、ワニを捕獲し、食べることができる。

すでに述べたようにこうしたトーテム的なシンボルはセピック川流域の諸集団にも共有されており、「同じ鳥」を持つ関係性は、言語集団を越えても、仲間意識を与え、異なる集団を訪ねた時に、食事や宿の世話をしたりする関係ともなるという。面白いのは、こうしたシンボル的な鳥や動物以外にも、樹木や草などさまざまな植物、そして蛇、蚊、ムカデなど、人間にあまり好かれない害獣や害虫に至るまで、ローカルな自然に存在するほとんどすべての動植物が、いずれかのクランの「保有物」とされていることである。[13] こうした各クランの動植物の「保有」の起源と意義がどこにあるのかは、定かではない。しかし、自らの生きる場所に存在するあらゆる自然物をクランの保有物とみなし、系譜として受け継ぐことで、人びとは自らと「自然」との結びつきを緊密なものとし、いわば風土的関係性を身体化しているとも言える。

集落移動と集団の再編成――系譜から場所へ

ここでは、先に概観した植民地化以前におけるカプリマンの人びとの集落移動と集団の再編成の過程を再構築し、その意味を考察してみたい。

すでに述べたように、カプリマンという名称は、カプリマリ山に由来し、セピック川流域の人びとからの「カプリマリからやってきた人びと」という他称である。これに対し、前述のとおり、カプリマンの人びとが自らの共通の祖先の地として認識しているのが、ブロゴイオントクである。ブロゴイオントクを離れた現在のカプリマンの祖先が、六つの村に分かれた経緯はすでに述べたとおりである。

その後、クラインビット村の人びとは、カンブラマン村との間に生じた紛争により、一時、集落をコルシェリアン（Korshelian：ブラックウォーターの北東一五キロメートルほどの距離にある、別言語集団のマサダナイ Masadanai の人びとが住む土地）に移している。その経緯は、村人の語りによれば次のようなものだった。

クラインビット村に、プリガビンジャという名の美しい女がいた。彼女はスムングという男（ウルップの一族でフォトクメイ・クランに属する）と結婚した。同じクランの別の男、ラグインジュミが彼を妬み、隣のカンブラマンの村に行き、同じクランに属する男たちに、スムングを殺すよう頼んだ。カンブラマンの男たちはスムングに、ミンディンビット Mindimbit 村（コロサメリ川の入り口のイアトゥムル族の村。カプリマン族の交易相手）の人たちから、彼にサゴを持ってきてほしいと頼まれたと嘘をついて彼を誘い出した。それを聞いてスムングはミンディンビット村を訪ねた。その帰り道、カンブラマンの男たちは彼を待ち伏せし、槍でスムングを殺してしまった。彼に同行していた親戚の男がクラインビットに戻り、スムングが、カンブラマンの男たちに殺されたことを伝えた。そして、クラインビット村とカンブラマン村の間に戦争が始まった。トゥンギンビット村の人びとも、カンブラマンに加勢した。この紛争のために、クラインビットの人びとは、ウォリアガメイの地に居られなくなり、コルシェリアンに移ることになった。その近隣のマサダナイの人びとが、コルシェリアンへの移住を助けてくれた。

この紛争の最初のきっかけは、一人の女性をめぐる嫉妬に根ざした、クラインビット村内の同一クラン（フォトクメイ）内部の個人間の争いであった。しかし興味深いのは、それが村を超えたクラン・メンバーの共謀を経て、当事者間の抗争ではなく、カンブラマンとクラインビットという村落間の争いへと展開したことである。カンブラマンとトゥンギンビットという二つの村（もともと一つであった）が連合して、クラインビットと戦ったため、クラインビットの人びとは領域外のコルシェリアンに避難せざるを得なかった。そこには、おそらく広範な領域を持つクラインビットに対する、他の村々の羨望も作用していたことが推測される。いわばこれは新たな（資源をめぐる）集団間の争いと集団再編成の動きでもあったと言える。

クラインビットの人びとは、このコルシェリアンで、初めて植民地政府の巡視官（J・K・マッカーシー）に接触することになった。巡視報告によれば、これは一九三〇年三月前後のことである（McCarthy 1963）。植民地政府との接触と後に述べる部族間戦争への制裁の結果、カプリマン内部の抗争は止み、クラインビットの人びとは元のウォリアガメイの地（現在のクラインビット村がある場所）に戻ることになったという。

すでに述べたようにカプリマンの人びとの中では、原理的には、陸域や水域の所有と利用の権利は、最初にその領域にやってきた(と観念される)祖先に連なる人びと、すなわちクラン単位で保有されている。興味深いことに、一つの村の中に複数のクランが存在するが、そのクランの中には村の領域の中には自らの土地を持たないクランもあることだ。

たとえばクラインビット村のマンブロコン・クランの人びとは、自らのクランに属する土地は、祖先の地であるブロゴイオントク(ガバマス村)の周辺に存在しており、クラインビット村の領域内には土地を持たない。原理的には、これらのクランは、別の村の領域内にある自身のクランの土地や水域を利用可能だが、少なくとも日常的にはそのようなことが行なわれることは稀である[14]。

ここから推測できるのは、もともとクラン単位であった(すなわち系譜=時間に由来した)土地・水域の所有と利用の権利が、(定住の継続によって)実質的に村落(場所=空間に由来する)単位の利用へと移行していったことである。それは、時間の経過とともに、人びとの関係性が、系譜原理から場所原理に移行していったことを意味する。言い換えれば、同じ場所に共住することを通じて、もともと可変的・流動的であった集団(社会)と領域(空間)の関係性が固定化していったと考えることができるだろう。

カプリマンという集団の凝集性を支えているものは、おそらく三つある。それは言葉、歴史、そして地理である。しかしそれらは絶対的に固有なものではなく、現実には重なり合いつつ、相互に矛盾し、相克してもいる。第一の要素、言葉について言えば、すでに述べたように、もともと似通っていた言葉が、移住を繰り返す中で、社会/地域集団が構築され、差異化してきたものである。第二が、共通の祖先と伝承を持つという系譜の物語(歴史)であるが、これもそれほど明白なものではない。たとえば前述の豚クランの神話では、豚クランの祖先の一人がカラワリ川の近くにあるマンジョ山からやってきたと語られている。この山は、アランブラックの祖先の地の一つであり、現在のアランブラックとカプリマンの人びとは、もともと独立した集団であったわけではなく、低地への移動の過程で、相互に混淆しながら現在の集団が形成されたことを示唆している。しかし、そうした集団間の混淆と流動性の物語は、カプリマンの人びと自身によっては積極的に語られることはない。

そして、第三に挙げられるのが、自らの領域内に共通の祖先の地を持つという場所の物語（地理）である。上述のように、各クランの祖先の地は実は一つではないが、現在のカプリマンの人びとは、どの村で尋ねても、自分たちはブロゴイオントクという共通の祖先の地からやってきたのだという公の「歴史」を語る。そこには、ブロゴイオントクを共通の「祖先の地」（共有する場所）として仮構しなければ、「カプリマン」という民族／地域集団としての凝集性、あるいはアイデンティティが失われてしまうという人びとの思いが反映されているように思われる。

流動的に生成する「場所」は、日常の生活実践によって維持再生産され、やがて「民族」あるいは「地域」として凝集される。そのようなダイナミズムの中で、ブロゴイオントクという祖先の場所は、記憶や歴史を再現し、再主張するマーカーとして機能し、人びとに共有されているのである。

4 外部世界との出会い

植民地政府との接触

前節では、もっぱら口頭伝承に基づきながら、ブラックウォーターの人びとの歴史と場所の生成について語ってきた。本節では、まず植民地政府の巡視報告に依拠しながら、植民地化の歴史を提示してみたい。すでに述べたように、ブラックウォーターの人びとが、植民地政府と初めて接触するのは一九三〇年のことである。この地を最初に訪れたのは、巡視官のマッカーシーだった（McCarthy 1963）。この時、クラインビットの人びとは、カンブラマンとの抗争中で、ブラックウォーターを離れ、コルシェリアンの地に避難しており、そこで巡視官と出会っている。

植民地政府との接触は、まもなくブラックウォーターの人びとにとって苛酷な体験をもたらすこととなった。植民地政府は、最初の接触を終え「統治」下に入った地域の人びとに対し、「部族間戦争」を禁じた。しかし、それは第5章のミアンミンの人びとの例で見たように、ローカルな空間とその論理に生きる人びとにとって、容易に了解可能なものではなかった。すでに述べたように、カプリマンの人びとは、ブラックウォーターへの移動と定住の過程で、コロサメリ川流域など周辺の人びとと争い、その抗争は植民地政府との接触後も散発的に続いていた。

一九三二年二月、植民地政府の巡視官ロビンソンらの一行が、ガバマス（巡視報告ではクヴァンマス Kuvanmas と表記されている）村を訪れる。その目的は、クプガリオン（集落の位置等は不分明だが、アランブラックに近い集団と推察される）の人びとが、ガバマス村を襲撃して女性を殺した事件の検分のためであった。この訪問では、ガバマス村の人びとは巡視官には協力的であったが、女性の死体を引き渡すことは拒む。巡視官たちは、その後、標高数百メートルの山の上にある（植民地政府と未接触の）クプガリオン村を訪ね、敵意を持って攻撃してきた村人の一人を射殺するが、その後村人との話し合いの中で、これ以上の戦争行為を行なわないこと、ガバマス村への調停のメッセージを送ることを約束させている（Robinson 1933）。

ガバマス村の男たちによる襲撃と植民地政府の対応

翌一九三三年の一二月、今度は、逆にガバマス村の人びとがカブリマン（Kabriman）[15]と協同して、植民地政府が未接触の内陸の村を襲撃し、何人かの男女を殺したとの報告がアンブンティの植民地政府の駐在所に届く。翌一九三四年一月に、巡視官たちの一行がアンブンティを出発する。キーオ（Keogh）による巡視報告には、次のような検分と逮捕の過程が記されている。一行は、まず途上のコロサメリ川の村々で聞き取りをし、襲われた村の名（モゴムテ）と殺された村人の数（成人男子一人、成人女子三人、子供男女一人ずつ）を特定する。その後、カブリマンの村で検分を行ない、モゴムテの襲撃にはガバマス村とカブリマン村の男すべてとトゥンギンビットの六人の男が加わったことを確認し、カブリマン村のパランゴウイ、アンジャノウィ、トゥンギンビット村のバラングンドゥマという男が、それぞれモゴムテで一人ずつの男の子を殺したことを認めた。三人とも、この襲撃はクヴァンマス（ガバマス）を防衛するためだったと主張した。一行は三人を逮捕するが、途中でパランゴウイが逃亡し、同行の警官に射殺されるという出来事が起こる。

パランゴウイの遺体と二人の逮捕者を連れてアンブンティに戻った一行は、一月中に再度巡視を行ない、まず襲撃されたモゴムテ村を訪ねる。四つの樹上家屋を含む村の家はすべて空であったが、そこに首を切られた白骨化した二つの遺体を発見する。次にガバマス村を訪ねるが、村人は奥地に逃げ込んでしまっており、接触は失敗する（Keogh 1934）。

一九三四年三月に一行は再度、カブリマンとトゥンギンビットの村人を伴ってガバマス村を訪れる。原住民警官五人とカブリマンの村人が、グベマス湖の山の奥に隠れていたガバマスの村人を連れ戻して、検分が実現する。村人たちは、巡視官の一行の目的が、殺害に関わった犯人だけを逮捕することにあると理解して、協力的になる。その結果、ヤビアマン、バグシメン、そしてヤグラという三人が襲撃と殺害を認めたため、彼らを逮捕する。このヤグラという男が襲撃の首謀者だった。ヤグラはもともとモゴムテ村に住んでいたが、妻と子が殺され、ガバマス村に逃げてきて、そこで妻を得て定住していた。このヤグラが、一九三三年七月（植民地政府との接触後）に、生まれ育ったモゴムテ村を訪ねる機会を得た後、ガバマス村に戻って、モゴムテの人びとがガバマスを襲撃しようとしているという（偽の）情報を流したことが、襲撃のきっかけだった（Keogh 1934）。

射殺された一人を除く合計五人の襲撃犯は、その後、ラバウルに送られて裁判を受けた。その判決は死刑であった。一九三五年一月、五人は、わざわざガバマス村に戻された上、部族間戦争を止めさせるための見せしめとして、植民地政府の「力」を誇示するために、大勢の村人たちが見守る中で絞首刑に処せられる。管区行政官（district officer）のタウンゼントは、自書の中で、この出来事について次のように記している。

彼ら（襲撃・殺人犯）は、セピック川の反対側、チャンブリ湖の南にある、カヴァンマス（Kavanmas）（＝ガバマス）と呼ばれる場所の出身だ。その前年にわたしは、彼らが精霊堂に飾る首を求めて襲撃を企てていると聞き、もしそうしたら首謀者を捕まえて縛り首にしてやると個人的に警告しておいたのだった。

しかし彼らは実行した。首謀者たちは逮捕され、ラバウルに送られ、有罪となった。今やセピック川にいる何千人もの潜在的な首狩り族が、政府がその脅しを本気で実行するかどうか見守っているのだ……。

テティス号（行政官の船）で二日間川をさかのぼり、われわれは絶対失敗しないようなきちんとした新しい縄を引きずっていった。誰も逃げられないことを見せてやることが重要だったからだ。（カヴァンマス村で絞首刑が実施されるという）ニュースは野火のように広まった。一九三五年の元旦、カヴァンマス（ガバマス）村に集まった何千人もの思慮深い村人たちの前で、それは実行された（Townsend 1968：222–223）。


死刑が実行された後のカプリマンの人びとのリアクションについては、タウンゼントはなにも記していないし、また関係する巡視報告の存在も確認できていない。しかし元村長のBNによれば、これを機に部族間の戦争は止まった。争えば、同じ目に会うことがわかったからだという。第5章で述べたミアンミンの例（死刑が懲役刑に減刑）と比べ、ブラックウォーターでの部族間戦争に対する懲罰が死刑（しかも地元の村人の面前での）というきわめて残酷な形をとったのは、両者の間の二〇年という時間的差異も一因だが、この管区行政官タウンゼントの原住民への懲罰的姿勢によるところが大きいと想像する。タウンゼントは、「首狩りを行なった犯人は吊す」という原則を強調し、合わせて三回、首謀者の処刑を地元の村に送り返して実施したと述べている（Townsend 1968：153）。

植民地政府による「部族間戦争」の停止と「定住」の促進は、これまで人びとの間で続いてきた、土地・水域と資源をめぐる集団間の闘争を停止することで集団成員の流動性を奪うことになった。ブラックウォーターの人びとが利用し、支配する空間は、「民族集団」あるいは「村落」単位で固定化され、領域性を伴う集団原理が顕在化し、その集団への帰属もまた固定的なものとなっていった。すなわち、資源利用や領域支配というレベルでも、人びとの帰属意識というレベルでも、「民族集団」の実体化がもたらされることになったのである。このように、「民族集団」や「地域」は、植民地統治の結果として、新たに創り出されたものにほかならない。

日本兵をめぐる記憶

ブラックウォーターの人びとが、次に外部世界とその「力」と出会う機会となったのは、第二次世界大戦だった。戦争末期、日本軍がブラックウォーターにやってきて、村々に「駐留」するという出来事が起こったのである。村人は、その体験を現在でも鮮明に記憶し、伝承している[16]。

わたしがおもに滞在したクラインビットの村人たちの、日本兵についての「記憶」の語られ方を紹介してみよう。まず村人の口を突いて出てきたのは、自分やその父母たちが出会った日本兵たちの「名前」だった（「アラキ・キャプテン」「ナカノ・キャプテン」「イトウ・キャプテン」「オノデラ・キャプテン」「モモリ（ノモリ）キャプテン」……）。村人たちは五〇年を経ても、自分たちがかかわった兵士たちの名前を語り継ぎ、記憶していた。そして、多くの日本兵の言葉（「ヤシ」「ワニ」「ブタ」「サービス」「アリガトウ」「ゴクローサン」「オーライオーライ」「ベリーグッドボーイ」……）や、日本兵に教えられた歌（「もしもしカメよ」「日の丸」「木曾節」「酋長の娘」など）も再現された。

日本兵たちについての記憶の中で、村人からわたしに対してまず語られたのは、どちらかと言えば「楽しい思い出」だった。それまで釣り針というものを知らなかったので、日本の兵隊が釣りをし、たくさん魚を捕るのを見て驚いたこと、日本兵がドラム缶に湯を沸かして風呂に入っていたこと、手品のうまい兵隊がいて、新聞紙を丸めて火をつけるとその中から時計が現われたり、一本の縄を切り刻んだのにまたつながっているといった技を見せてくれたこと、村人が日本兵のために豚を獲ってきた後、村人と同じ装束をつけて兵隊たちも一緒に伝統的な踊り（シンシン）を踊ったこと……などである。これらの語りには、わたしが日本人であることへの配慮がなされていることは言うまでもない。しかし、苛酷な戦場となったニューギニアの他の地域とは異なり、幸いにも地上での直接の戦闘行為がなかったこの場所で、村人と日本兵の間に、つかの間であれ人間的なふれあいの機会と相互の信頼関係が構築されたことを示している。クラインビット村では、この地に駐留した斎藤宗寿氏（後述）からも、また村人からも、村人に銃を与えて豚を獲りに行かせたという証言が得られて、驚かされた。村人が日本兵に銃を向けるであろう危険が少しでもあれば、そのような真似はできないだろうからだ[17]。

しかし、繰り返しさまざまな村人たちからの話を聞くうちに、次第に人びとの「語り」は一点へと収斂していった。それは、日本兵たちが村人に要求した食料調達労働の労苦の大きさである。日本兵たちは、最初やってきた時、自分たちが戦争に勝ったら、お前たちにたくさんの礼をするからと約束した。そして村人たちは、毎日森に入って、「ブタ」や「ワニ」や「サゴ」を獲ってくることを命じられた。村人たちは、「イチロー」「ゴロー」「トラゾー」「イシマツ」といった日本名を与えられ、当番制で荷運びや食料の調達をさせられた。それは大変な「ハードワーク」であったが、最後まで一生懸命日本兵の面倒を見た。そのおかげで、ほとんどの日本兵たちは、「戦争が終わるまで」無事生き延びることができたのである。

斎藤宗寿氏の記憶と語り

元見習い軍医士官の斎藤宗寿氏（1915–2006）は、クラインビット村に駐留した日本兵の一人である。わたしがクラインビット村で住込み調査を始めた一九八八年のこと、村人からお前はこの村を訪ねた最初の日本人ではないと言われた。こんな奥地まで日本軍が来たとは想像しなかったから、最初はその言葉を信じられなかった。しかし村人の一人が、日本語の名刺をわたしに見せてくれ、それが真実だったとわかった。帰国後、その名刺を頼りに、斎藤氏に電話をかけ、当時横須賀で耳鼻科の医院を開いていた氏から従軍の話を聞き取ることができた。

斎藤氏の語りの概要は、次のようなものだった（斎藤（1999）により一部、補足修正）。

昭和一八年（一九四三年）一月一五日に召集を受け、二月一一日に内地を出発した。スマトラ、メダン、クアラルンプルを経て、シンガポールに到着した。そこで四個大隊が編成された（われわれは第一八中隊だった）。一中隊あたり、日本兵六〇人（うち将校五人）、インド人捕虜が五〇〜六〇人という構成だった。インド人捕虜の中にイギリスの士官学校で教育を受けたハナワールという名の中尉がいた。彼からインドの宗教の話などを聞かせてもらい面白かった。

昭和一八年五月初めにシンガポールを出港し、五月一六日にウェワクに上陸した。ウェワクでは揚陸作業に当たり、インド人捕虜を使役した。われわれが行ったとき、すでにニューギニアは負け戦だった（山本五十六は五月に死んでいた）。着いて三ヵ月目くらいに敵機が低空でやってきて落下傘爆弾を落としていった。自分はその時、海で釣りをしていたが、顔が見えるほどの低空でやってきたのはアメリカの飛行機で、驚いて防空壕へ逃げ込んだ。その爆撃で大半の飛行機はやられてしまった。

その頃、すでに日本軍は敗色濃く、司令部はラエ（レイ）からマダン、ウェワクへとどんどん後退していった。西イリアンのホーランジャヤの方へ舞台を移そうということで、自分たちはウェワクを離れ、一八年の一一月頃、ブーツ（But）（ウェワクの西五〇キロメートルくらいに位置し、飛行場があった地）に移動した。一九年四月、アイタペ（Aitape）（ブーツのさらに西一〇〇キロメートルに位置する町）に敵軍が上陸した。ブーツも艦砲射撃を受け、飛行場も使用不能となった。司令部からお前たちはインド兵を連れているので、奥地に行って軍に糧食のサゴヤシを供給するよう命令を受けた。ブーツからロアンを経て、アレキサンダー山系に入り、ミコウ、ジャマなどの部落に滞在しながら、マンジャに少し長く（二ヵ月ほど）滞在し、昭和二〇年を迎えた。マンジャに滞在してしばらくたって、クラインビットに行けという命令を受けた（そのあたりの村については事前に偵察隊が回っていて、この村には何人くらい生活できるといったことを調べていた）。クラインビットに着いたのは、昭和二〇年の三月。それから七月までクラインビット村に滞在した。

クラインビットに駐留したのは、三〇人くらい（キャプテンが三人いて、No.1キャプテンが中隊長の荒木中尉、No.2キャプテンが野守中尉。ボスボーイも三人いて、No.1ボスボーイが私だった）。日本兵一人にそれぞれに（世話係の）村人（ブラタと呼んだ）を一人ずつ付け、食べるものを持ってこさせた。食べ物は三度三度サクサク（サゴ澱粉）で、（副食は）たまにビナタン（サゴ虫）くらい。ろくなものがないので、毎日一人でカヌーで釣りをした。餌のミミズは土を掘れば簡単に取れた。敵の飛行機が偵察に来ると、舟から水中に隠れた。今から思えばワニがいるのに、よくあんなことをしたものだ。

七月の中頃、前線に出ろという命令が来た。その当時一七中隊はガバマス村にいたが、遠かったのであまり交流がなかった。ヤンゴール（ウェワクの南西四〇キロメートル）の近くのヌンボクに軍司令部があった。サイゴールで、川を挟んで敵軍と対峙した。距離にして三〇〇～四〇〇メートルくらい。夜など敵が飯盒を洗っている音が聞こえるくらいだった。自分たちの中隊（第一八中隊）は、二三七連隊（一九四四年七～八月のアイタペの決戦に参加した部隊）に編入された。連隊は四、〇〇〇人くらいだったが、その時は生き残りは四〇〇人くらいになっていた。われわれ中隊の生き残りは三五～六人だったが、さらにサイゴールで三人が銃撃で死んだ。

八月一五日、敵が移動を始めた。包囲されると思い、川べりの農園にあった小屋に逃げた。敵が擲弾筒を打ってきたが、爆発せずに赤や黄色の煙が上がる。おかしいと思って近づいてみると、日本の降伏を知らせるビラがある。半信半疑だった。八月一七日軍司令部から将校伝令が来て「無条件降伏だが、国体は維持できる」と伝えてきた。ほっとした。食べるものはなかったが、これで内地に帰れるという思いが沸いてきた。終戦があと一週間か一〇日遅かったら総攻撃の命令が下って、自分は死んでいたことだろう。日本に原爆が落とされなかったら、われわれは死んでいた。

軍は終戦処理のための通訳を探していたらしく、自分にヌンボクの司令部に来るように伝えられ、一晩泊まりで出かけて行った。自分がインド人将校と英語でしゃべっていたのを聞いていた誰かが推薦したようだ。軍司令部付の軍医となった。降伏した日本軍は、ボイキン（ウェワクの西二〇キロメートル、北部海岸）で武装解除を受け、ムッシュ島（ウェワクの対岸の島）に集結させられた。一万人以上の生き残りの部隊が、海岸に引き揚げてきたが、途中食糧もなく、大変苦労したようだ。ムッシュ島には一万四～五千人が集められたが、毎日二〇人くらいずつ栄養失調で死んでいった。

斎藤氏の苦難は、終戦で終わらなかった。インド人捕虜の虐待・殺害をめぐり、戦犯の容疑をかけられた斎藤氏はラバウルに送られ、裁判を受ける。幸い斎藤氏は、オーストラリア人弁護士の働きもあって無罪となるが、現地で処刑された者も多くあった。

一九九九年に自費出版された斎藤宗寿氏の著書『私のニューギニア』（New Guinea bilong mi というピジン語の副題

が付けられている）は、出色の人間的エッセイである。数多くあるニューギニアを舞台にした戦争記録の中でも、戦争という行為の空しさと軍への不信を素直に述べ、ニューギニアの住民に対しても同じ目の高さで共感的な理解が示されている。そのあとがきに斎藤氏は次のように書いている。

わたしは戦後三回ニューギニアに行っている。亡き戦友の慰霊が目的であるが、いまになって考えてみると、命がけで過ごしたニューギニアがなつかしく、理屈なしによくよくかの地が好きなのだ。性に合うのだ。

他国の者たちが、自分の土地にやってきて、勝手に戦争を始めた。現地の人たちは大変な被害者であるにもかかわらず、言葉では言えないほどの厚意をわたしどもに寄せてくれた……（中略）……一方、日本軍の上層部からは、飯もろくに与えられず、捕虜になるな、なったら死ね、食べるものは自分で探せと命令されるから、結果は餓死、自決、玉砕、はてはマンカイカイカイ（「食人」のこと。カイカイはピジン語で「食べる」あるいは「食べ物」）に及び、さらに熱病が加わり、多くの尊い命がみじめに失われた……（中略）……われわれは労務用にインド人捕虜を預けられた。敗戦になってこんどはわれわれが豪軍の捕虜になり、戦犯の烙印を押された。そういうニューギニアでのもろもろの体験から、捕虜という視点で、日本の軍隊や戦争にたいし、言いたいことを言わせてもらった（斎藤 1999：241–242）。

斎藤氏の著書には、前述の語りのほかにもいくつか、クラインビット村での村人との交流のエピソードが登場する。

村の中央にある「マロロハウス」（「男の家」のことであろう）で、集まってくる村人と一緒にビンロウヤシの実を噛みながら、ピジン語で猥談をして、朝から笑いが絶えなかったこと。青年に銃を貸して獲ってこさせた豚を囲んで、化粧をし着飾った村人と一緒になって、郷愁を忘れてシンシンを踊ったこと……（斎藤 1999：127–128：130–131）。

こうした人間的関係の出現には、駐留した兵隊たちの人間性もさることながら、数ヵ月間クラインビット村に起居し、村の食べ物を食べるという「場所」の共有体験が大きく作用していると言えるだろう。村人にとってこうした場所の共有は、それまで彼らが接触した西洋人（キリスト教の宣教師や植民地政府の巡視官たち）との間には、およそあり得なかったものだったからである。

長老ガロアの語り

クラインビットの村人は、日本兵の駐留と場所の共有体験を、どのように見ていたのであろうか。一九九三年九月、ビデオカメラを携えて、クラインビット村に行き、戦争体験の語りを録画した。わたしがこれまでインフォーマントとして移住伝承を聞いてきた元村長のガロアは、日本兵が駐留していたとき、成人儀礼を終えた若者（おそらく一五歳前後）だった。彼は一時間近くかけ、詳細に自身の体験を語ってくれた。

自分たちは、番号を与えられ（イチバン、ニバン、サンバン……）、日本兵の世話をした。自分たちはそれぞれの担当の家に食べ物を用意した。朝、昼、晩三度三度、サゴを焼いて届けた。彼らの台所に、薪がないときは、薪を足した。日本兵に「豚が食べたい（ミペラ　ライク　カイカイ　ブタ）」と言われれば豚を獲りに行った。夜に森に行き、バニスサクサク（サゴヤシを砕いて仕掛けた罠の近くに隠れて豚を仕留める方法）で豚を獲ってきた。

ガロアが最も長い時間をかけて語ってくれたのは、日本兵が演じた手品の話だった。

ブアイ（ビンロウジ）を目にごりごりこすり付けたと思うと、突然ぱっと消えた。「そこだ」と言われ、振りかえると、遠くに座る女のビルムの中から現われた。一本のロープを細かく切り刻んだ。しかし切ったはずがつながっていた……

日本兵は村に祠も作った。

日本兵は、ハウスカミサマを作った。女が魚を獲りに湖に行くなら、パパイヤ、パイナップルを持ってきて供えて、そこに敬礼してから行くようにと教えられた。そうすると魚がたくさん獲れた……

一時間ほどの問わず語りの後、わたしがガロアに尋ねた。

――あなたたちは戦争のとき、日本兵の面倒を見た。あなたはいま日本兵の時代をどう思っているか？

（日本兵は）もし日本が戦争に勝ったら、自分たちを助けてくれると語った。一つ一つの村によいサービスを届けてくれる、と。自分たちはその言葉を信じて日本兵たちを助けたのだ。

――でも日本は負けて、帰ってしまった

そうだ。だから「われわれのこのハードワークは、無駄になってしまった」（Dispel hadwok bilong mipela lus nating……）

日本兵たちは、こう言った。（日本が戦争に勝ったら）お前たちはトーキョーに来て、自分たちはニューギニアに来るようになる。自分たちはニューギニア人と結婚し、お前たちは東京で（日本人と）結婚するようになる……と。

――それは結局、「グリス」[18]（gris：村人を喜ばせるためのお世辞）にすぎなかった？

そうだ。言葉だけだった…

——それをどう思うか？

それは「彼ら（日本人）の考え次第だ」（tintin bilong ol）。

もし「彼らがわれわれの大変なハードワークに心を痛めるなら」（Sapos oli wari long hadwok bilong mipela…）（何をすべきかは）「彼ら次第」だ（Laik bilong ol）。

われわれに何か助けを与えるべきか…それは彼らが考えることだ。

夜でも雨の日でも日本兵のために食料を探しに行った。そのハードワークをどう思うか？

そのハードワークを知った上で、（われわれに）どんなヘルプ、サービスができるか？

どんなサービスを与えるべきか？　それを考えるのは日本の政府の仕事だ…

そしてガロアは最後に次のように言葉を結んだ。

自分は戦争時代の話を語った。話はこれでおしまいだ…

サンキュー、ゴクローサン……、アリガト。

村人たちの葛藤

戦争体験の語りを通じて、村人たちが（日本人としてのわたしに）共通に示すのは、日本兵を助けた自分たちの労苦が現在もなお報われていないという強い感情である。村人たちは戦争に負けた日本が、戦勝国のオーストラリアよりも経済的に発展し、豊かな国になっていることをよく知っている。その一方で、「発展」から取り残された自分たちがいる。その歴史の「逆転」が、戦争の記憶を語る人びとの心の底に「葛藤」を生み出している。

村人たちの日常生活には、それほど多いとはいえないが日本製品が入っている。たとえば、ヤマハの船外機であり、セイコーの時計であり、サンヨーのラジカセである。町に出た村人は、トヨタやダットサンの自動車が走っているのを見る。それらは村人の憧れの品ではあるが、現金収入のない彼らにとっては手が届くものではない。

わたしが一九八八年に、カプリマンの人びとの村の一つ、サングリマン村を訪れた時のことである。移住伝承についての聞き取りを終え、帰ろうとするわたしを呼び止めた村長は、今の日本の首相は誰だと訪ねた。「竹下」だと答えると、彼はちょっと待っていてくれといって、ピジン語で手紙を書き、わたしに手渡した。"Tagia Sta" (竹下) という宛名が綴られたその手紙 (括弧内は筆者補足) は、次のようなものだった。

竹下首相殿

わたしはあなたたちにお尋ねしたい。日本の人たちが、第二次世界大戦中の一九四六年から一九四八年まで(ママ)(この地で) 暮らしました。ビッグキャプテンの名は、ナサキキャプテンとイトウキャプテンでした。わたしはあなたにお尋ねしたい。むかし彼らは、このサングリマンの村で暮らしました。日本の町はすばらしいです。わたしたちは、第二次世界大戦の時にやって来た人たちの面倒を見ました。その頃の (日本兵たちの世話をした) 人たちの多くはもう死んでしまいました。わたしのサングリマンの村には、何のサービスもありません。

あなたに神のご加護がありますように

アンドリュー・ツマ

サングリマン村　村長

そこには直接的な要求の言葉はない。しかし、自身のノートの一ページを破り取って書かれたその手紙には、「発展」した日本に対し、戦時中の労苦への報償を手にすることもできずに、「伝統的な」生活に甘んじる自分たちという不条理な対照への認識と、無念さが惨んでいるように思われる。その重たい手紙を、わたしは約束通り首相に送ることもせず、今も持ち続けている。それは、わたし自身にとっての「負債」でもある。

秘境観光に眼差される人びと

現在のブラックウォーターの人びとが、最も直接的に外部の人間と接する機会として、「秘境観光」がある。セピック川にはトランス・ニューギニー・ツアーズという会社が扱う、セピック・スピリット号という客船でのクルーズがある。これはかなり高額のツアーであり、乗船した観光客に船内で宿泊と食事を提供した上で、セピック川流域や支流の村々を訪ねる日帰りのツアーが用意される（豊田 2004）。

これらの観光客を村人はどう迎えているのだろうか。わたしのクラインビット村での観察を記してみよう[19]。観光客がやってくる日の午後になると、観光客用にシンシン（歌と踊り）を披露する村人は、Tシャツに短パンという日常の服を脱ぐ。そして上半身は裸で、腰蓑、身体に色を塗り、頭や腕に羽根飾りをつけるという「伝統的」な装いに姿を変える（写真8-22）。それ以外の男たちは、精霊堂の床下の木彫りの仮面などが並んだ空間に設えられた縁台に腰を下ろして待ち構える。やがて、村の入り口にスピードボートが着き、ザックを背負い、カメラをぶら下げた、ジーンズや短パン姿の白人の観光客が村に入ってくる。一度にやってくる観光客の数は、六〜七人から十数人程度である。観先客の中には、女性が半分近くを占め、かなりの高齢者もめずらしくない。出身地は、オーストラリア、アメリカ合衆国が多数を占めるが、フランス、ドイツなどヨーロッパからの客も多い（写真8-23）。

観光客たちは、まずサゴヤシの葉で作った囲いの中に案内され、伝統的な衣装に着飾った村人たちのシンシンを見る。この際、一人が入場料三キナ（一九九〇年当時一キナはほぼ一米ドル）を支払う。次に村の中央の精霊堂に案内され、入り口で靴を脱いだ後、階段を上り、壁や柱にびっしりと彫刻が施された精霊堂の中を見学する（本来、精霊堂に女性が近づくことはタブーのはずだが、外国人の女性観光客の場合は、例外である）。その後、村人が土産物用に彫った木彫が並ぶ精霊堂の床下を一巡りする。村人は、観光客が自分たちの木彫を眺める様子を、期待のこもった視線で追っている。しかし、たいていの場合、観光客は、せいぜい小さく安価な彫像をいくつか買い求める程度である。観光客の村への滞在時間は、正味三〇分程度にすぎない。

観光客たちが帰った後、村人たちは口々に彼女らの悪口を声高に語りはじめる。曰く、「全然土産物を買おうとしない」「ケチだ」「自分の木彫を値切ろうとした。失礼な奴だ」……といった具合に。それまでの村人たちの静かな期待は満たされることはなく、欲求不満だけが残される。

村人たちの「観光」への態度は、矛盾した側面を含む。精霊堂の下に並べられた木彫は、その大半が実質的に「土産物」用に作られているにもかかわらず、それを安く値引いて売ることはしない。「値切られる」ことは、自分がこれだけの価値があると決めたものに対し、ケチをつけられる、あるいは自分自身が貶められることを意味する。一方これらの木彫は、完全に「土産物」化したわけではなく、まだ女性や子供にはおおっぴらに見せてはいけない、というタブーが残っている。暗い床下から木彫を外へ持ち出して品定めをしようとした観光客を村人が叱る光景を見かけたこともある。そこから窺えるのは、クラインビットの村人にとって、商品であるはずの木彫と作り手およびその社会が完全に切れていない、言い換えれば完全に「商品化」されていないことである。

一方で、村人たちは、観光客に「売り物」にする文化と、村人自身が大切にする「本物」の文化を区別している。後者は、観先客の前では披露されることはない。その代表は、タジャオや、精霊堂の中だけで吹かれる（村の女性や子供たちにも秘密の）竹笛である。

クラインビット村の精霊堂の隅に安置してある三本の竹笛は、二メートル近くある長いものである。これらの笛は、遠い昔から伝えられていて、かつて精霊堂が火事になったときにも、自分から水の中に飛び込んで焼けなかったという伝説がある。一つの穴しか開けられていない笛は、それぞれ少しずつ長さを異にして作られている。三人でゆるやかに輪を描きながら合奏すると、微妙に揺らぐ和音が、幻想的な雰囲気を醸し出す。しかし、一九九〇年代当時この笛を吹けるのは、村では六〇代の長老たちだけになってしまっており、若い世代はそれを受け継いでいなかった。したがって、竹笛の演奏という観光化されない「本物の伝統文化」は、その秘儀性のゆえに、再生産されず、消えゆく運命にあった[20]。

この「秘境観光」は、村人にさまざまなアンビヴァレントな思いをもたらしている。それは、より直接的に、村人に自らがグローバルな世界の一員であることを認識させる。村人は、観光客から奥地の「文明に汚染されない無垢な人びと」の役回りを要求され「真正性」を待った文化の提示を期待される。そうしたロマンティシズムやエキゾティシズムのまなざしは、カメラとともに一方的に「観る者」から「観られる者」へと向けられる（写真8-23）。観光客を受け入れ、ツアーを組織するのは、白人経営の観光業者であり、ツアーガイドはセピック川本流の人間である。現在のこの秘境観光のシステムにおいては、村人たちが観光客との間に期待するような双方向的なコミュニケーションは、得られるべくもない[21]。

5 「場所の知」とその変容

人口動態と世帯

植民地政府の統治下に入ると同時に、ブラックウォーターの人びとの、ローカルな空間を超える移動が開始される。第二次世界大戦前は、もっぱら島嶼地方のコプラや茶などのプランテーションへの契約労働者としての移動であった（プランテーション労働者として、ラバウルで大戦を迎えた村人の一人は、日本軍の軍荷運搬人として徴用され、ポートモレスビー攻略作戦に参加している）。それらは、植民地政府も加わった奥地住民の低賃金労働力としての徴集と搾取の過程としても捉えることができる。しかし、人びとは、一方的に植民地政府の意思に従属させられたわけではなく、自らの意思で新たな機会の獲得をめざした側面も存在することを見逃してはならない。それは、植民地政府との最初の接触前に、すでに何人かの村人が（おそらくは周辺の人びとからの噂を聞いて）プランテーション労働者として他出していたという事実（McCarthy 1963）からも伺うことができる。

わたし自身の調査によれば、クラインビット村の一九九三年の人口は、二六六人（うち成年男子六八人、成年女子六七人）であった。これは一九九〇年の人口（二六九人）とほとんど変わっておらず、その間に二四人の自然増があったにもかかわらず、二七人の社会減がそれを相殺していた。当時の村では、サゴヤシや魚の不足という状況は見られず、自給用食料資源の不足が移住を促しているとは言えなかった。したがって、この他出者の多さは、ナショナル・レベルの「開発」と経済機会の地域間格差の存在という構造、それに対する人びとの主体的な対応が動機となっていると考えられた。

一九九〇年の聞き取りでは、少なくとも四九人の他出者（その子供たちは含まない）が確認できた。他出先として最も多いのがモロベ州のブロロ（Bulolo）の町である。この町ではかつて鉱山労働者として多くの村人が働いていたが、現在では製材所や商店などで働く者が多い。村を離れて一〇年以上経つ人は当時で一六～一七人にのぼり、すでに両親が死去してしまっている場合は、村との絆も希薄化する傾向にある。州の中心地であるウェワクでは、警官などとして定職を得ている者もあるが、単なる訪問者として一時滞在している者が多い。ウェワクには「カニンガラ・キャンプ」と通称される、ブラックウォーターからの移住者のセトルメントがある。しかし全体としては、「出稼ぎ」による移住者から村への送金や経済的還流が起こることは少なく、村の生活そのものに大きな変化をもたらすものとはなっていない。

しかし二〇〇二年に九年ぶりにクラインビット村を再訪した時には、村の人口は五〇〇余人に倍増していた。人口増の背景には、町から村に帰ってきた人が増えたこと（社会増）と、子供の数が増えたこと（自然増）の双方がある。かつては、子供が一人で歩けるようになるまでは性交渉が控えられ、間隔をあけて出産するのが慣習だった。しかし、現在では年子で子供を産み、七～八人の子供を抱える世帯も珍しくない（写真8‐24）。ブラックウォーターの村々からは、前述のように州都のウェワクのほか、ブロロに移住する者が多く、双方に移住者のコミュニティが存在する。しかし、近年の物価高や雇用の得にくさから、都市から村に帰る単身の男や家族が増えている。これまで十分に余剰があると信じられてきたサゴヤシについても、資源の逼迫の兆しも見えはじめている。

二〇一三年のわたしの調査では、クラインビット村の人口は、五五六人（他出者、二地域居住者を含む）であった。二〇〇〇年代後半以降の人口は、ほぼ五〇〇～五五〇人程度で安定している。しかし郡の中心地アンゴラムとの間を往復しており、二地域居住のような形を取っている世帯も相当数あるから、村の定住人口を算定することは容易ではない。アンゴラムには郡役所のほか、高校もあり、子供を通わせている村人も多い。

集落の空間形態の変化

人口とともに、クラインビット村の空間形態も変化している。一九九〇年代には、精霊堂を中心とした村の中心線が明確だった。船着き場から湖を背にし、精霊堂に向かって歩いていく北西方向から南東方向に向かう路を軸に、過半の住居が連なっていた（図8-5）。しかし現在では、人口増に度重なる浸水が加わり、村の領域は拡散している。それにより①精霊堂跡地とその周辺（旧中心地）のほかに、②内陸部（東部）、③南部、④北部に、湿地林を切り開いて新たな住居が作られている（図8-6）。

かつては、村の中央に位置する精霊堂と西北の船着き場を結ぶエリアがクラインビット村の中心地で、全村集会などもそこで行なわれていた。二〇一〇年代以降は、新たに作られた小学校がある北部地区に村の重心が移りつつあり、独立記念日などの式典や全村の集会も、国旗掲揚のポールがある小学校の校庭で行なわれるようになっている（写真8-25）。これはクラインビット村という場所の関係性の変化を象徴している。

そこには三つの要素がある。第一に人口の増加により、周辺部に住戸が増え、村の空間的範囲が拡大したこと、第二に精霊堂が取り壊されたことにより、村の象徴的な中心が失われたこと、第三に、それに代わり、新たに建設された学校が、村の中心的な存在となりつつあることである。これは言葉を換えれば、村の求心力が、男が支配する儀礼的世界から、女性や子供を中心とする家族の日常的世界へと移行したことを意味する。学校の校庭で、独立記念日をはじめとするイベントの度に掲げられるパプアニューギニア国旗と国歌の斉唱は、教室で教えられる全国一律の教科内容とともに、クラインビット村がパプアニューギニアという国家の末端にあることを意識させるのである。

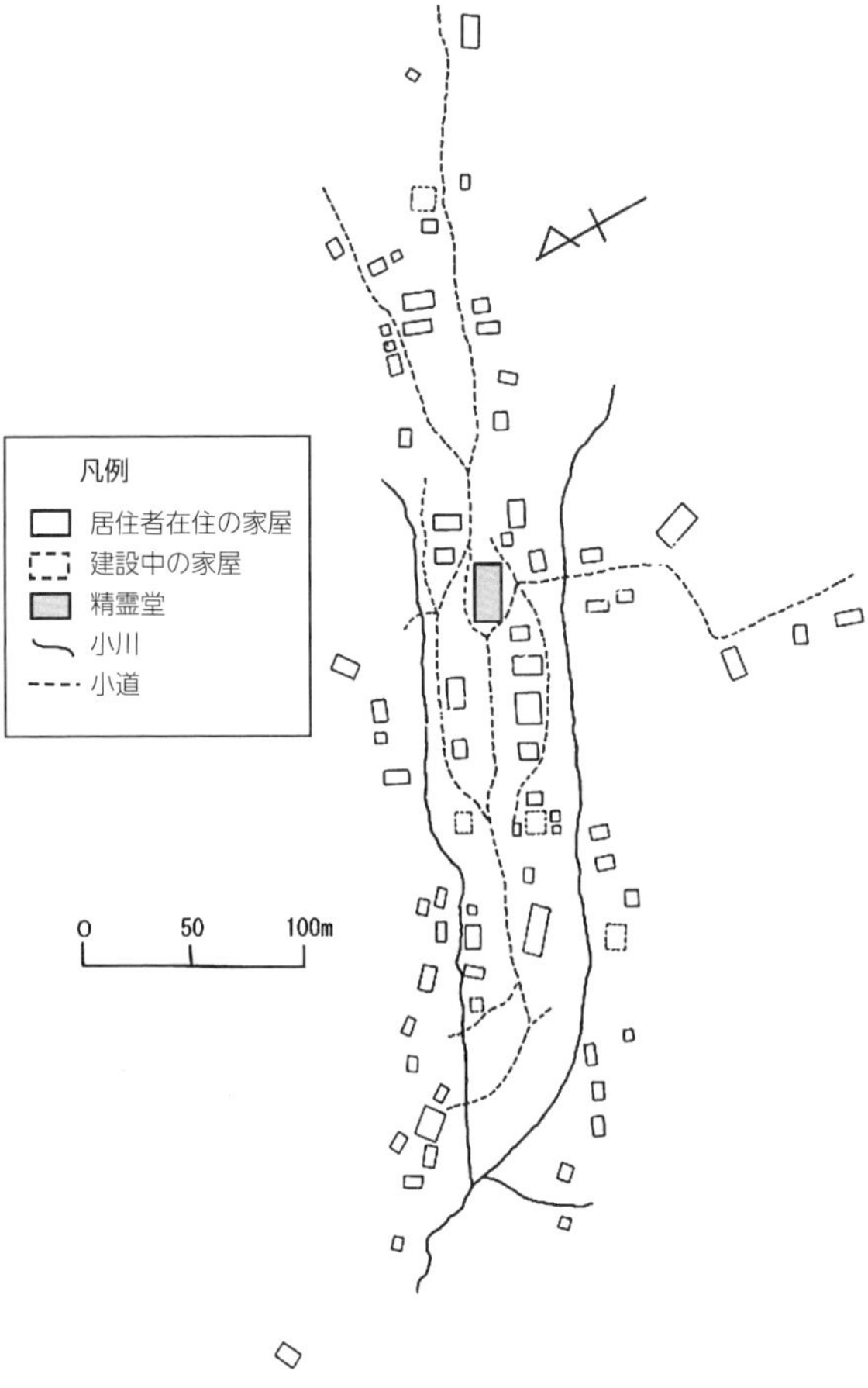

図 8-5　クラインビット村中心部（1993 年）

1993 年現地測量により，中島弘二が作成した原図を，中釜由佳里が補足修正。

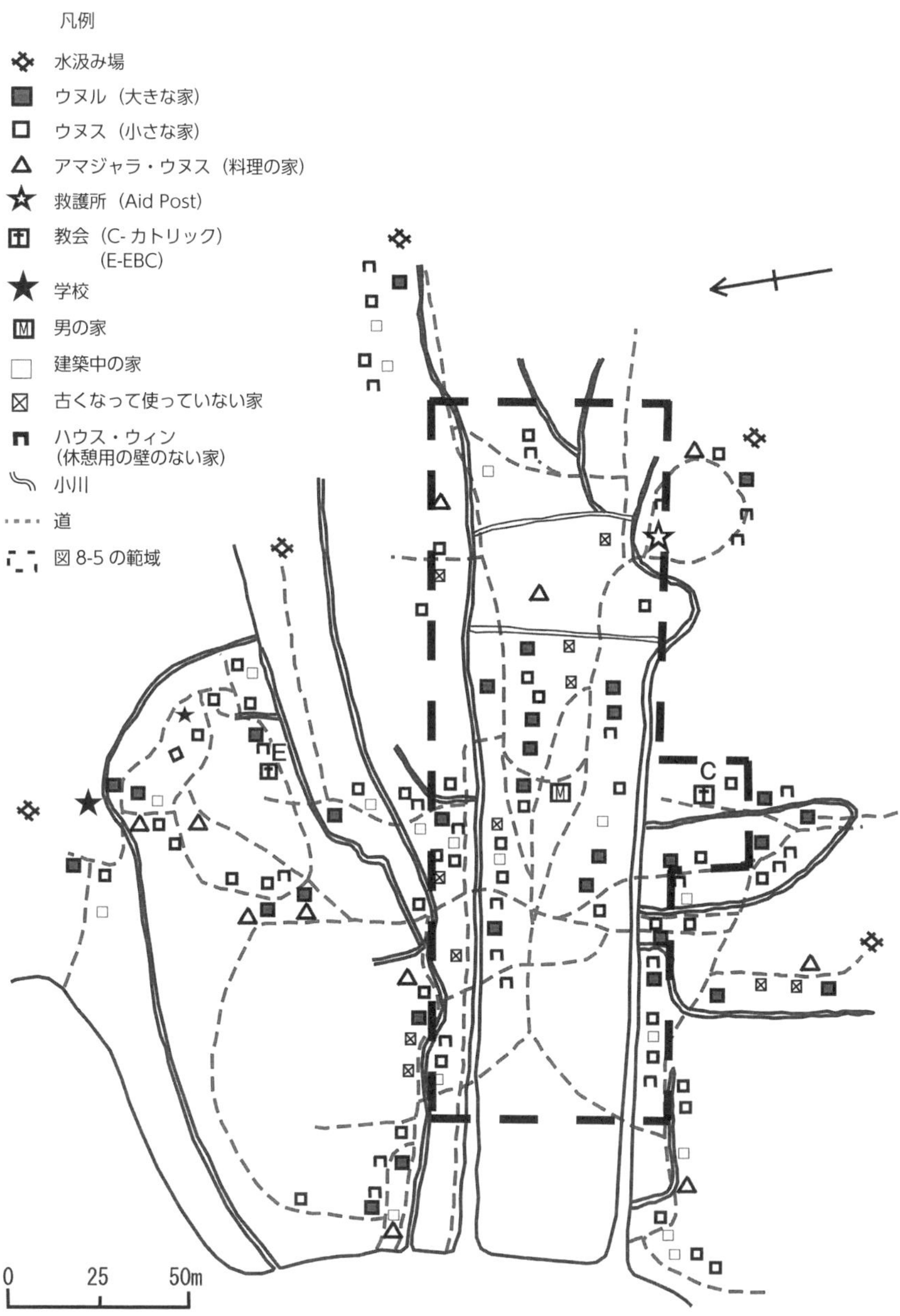

図8－6　クラインビット村全図（2006 年）

2006 年現地調査により，新本万里子が作成した原図に基づき，中薹由佳里が修正・作図。図中央の太破線の枠内が図 8-5 のおよその範域にあたる。

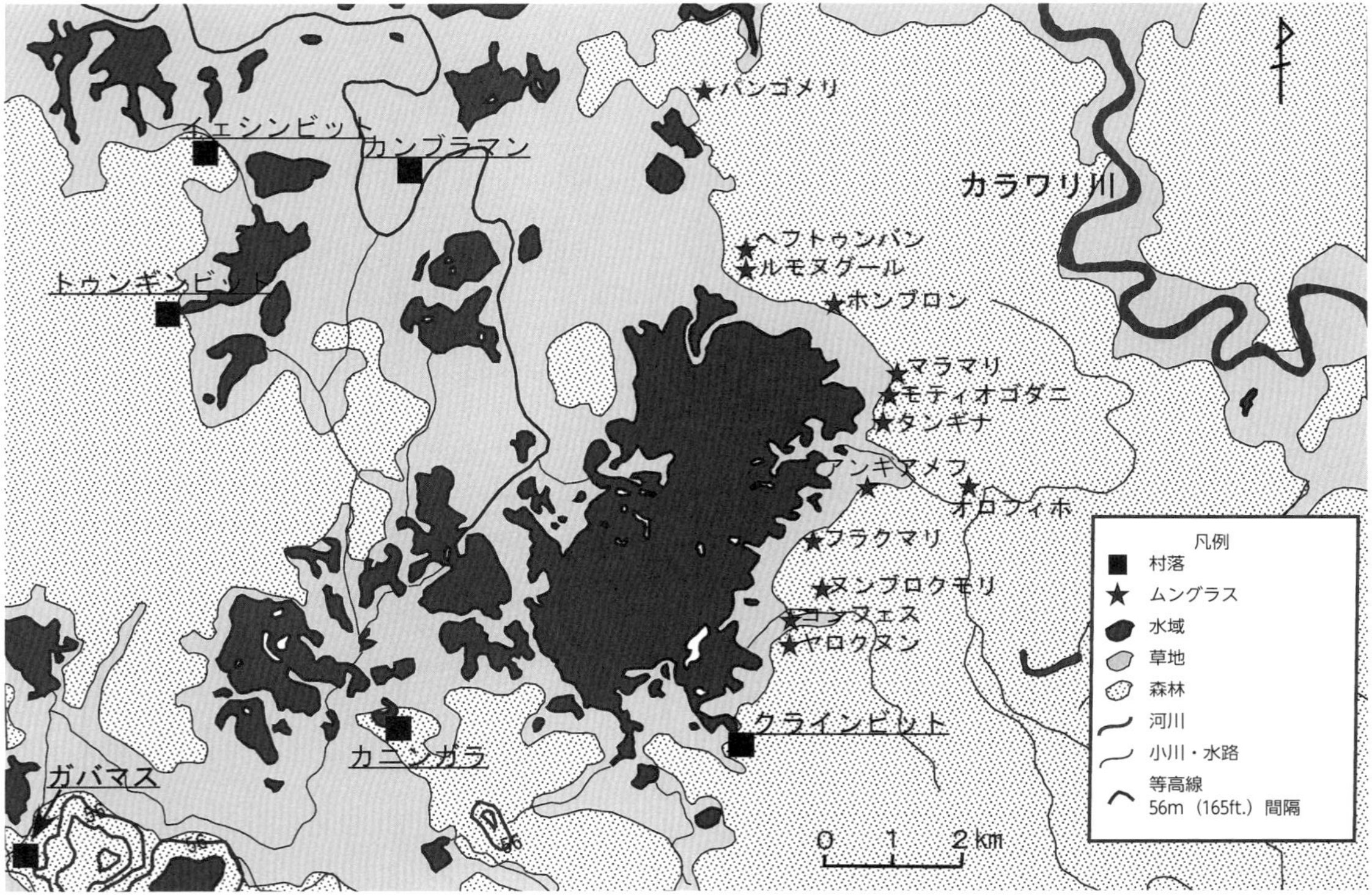

図8－7　クラインビット村のムングラスの分布（2012年）

地図中の下線は村落を示す。パプアニューギニア地図局作成の25万分の1地図 Ambunti を基に，池口明子が作成した原図を，中臺由佳里が修正作図。

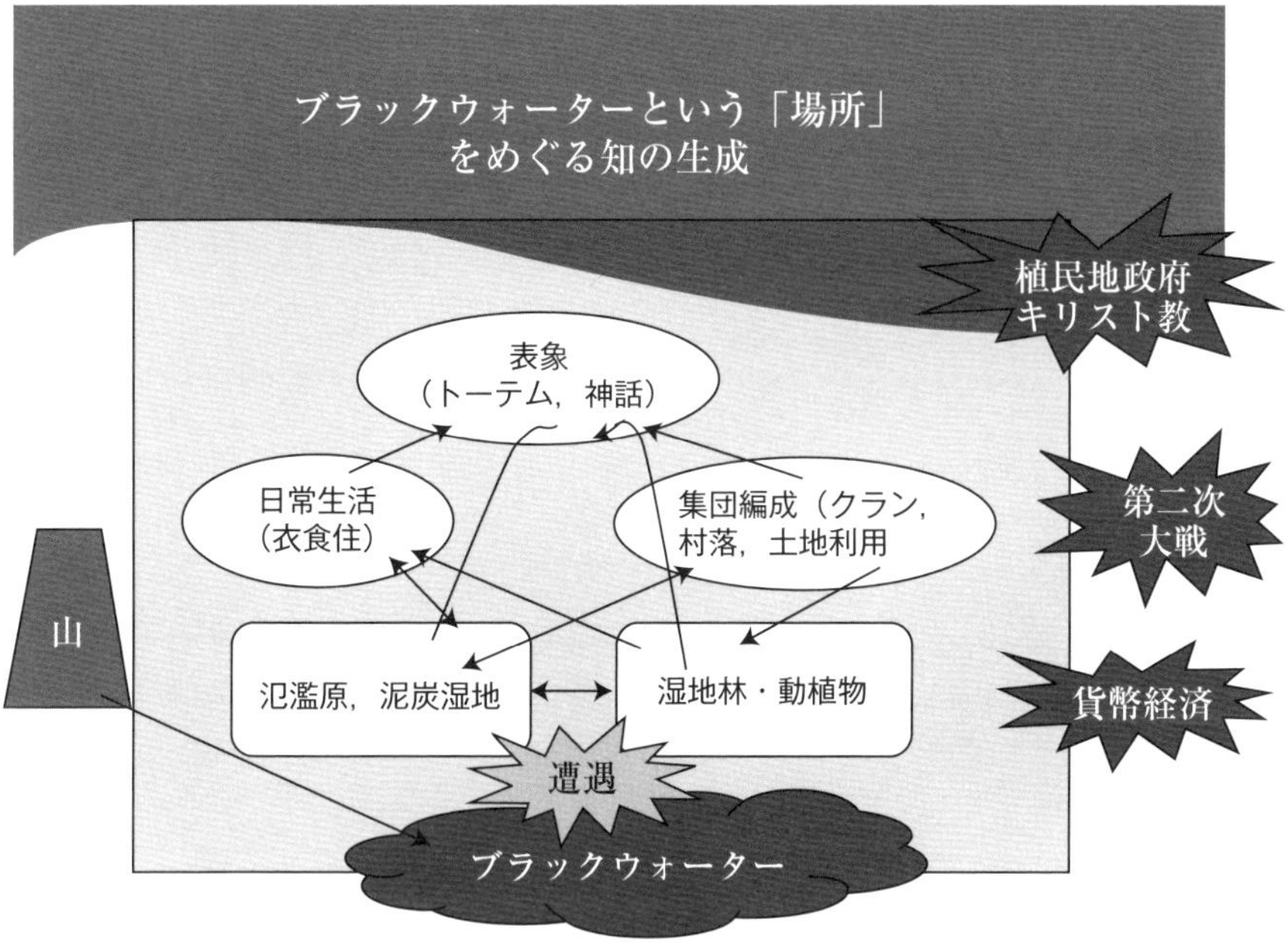

図8-8　ブラックウォーターという風土をめぐる「場所の知」の生成

筆者作成

ムングラスとその機能

クラインビット村のいくつかの世帯は、本村の住戸以外に、出作り小屋（garden house あるいはbush house）（カプリマン語ではムングラス *mungras* と呼ばれる）を持っている。オロップの周囲（東半分）には、少なくとも一三のクラインビット村のムングラスが存在する（図8-7）。ムングラスが立地するのは、自分が属するクランの領域であり、サギッシュと呼ばれる水と陸が交錯する場所である。狩猟採集活動にとっては、村に定住することは、資源の獲得可能性を減らし、効率がよくない。ムングラスでは、たっぷり狩猟に専念でき、畑を作ったりもできる。またプライバシーも確保される。ムングラスの存在は、いわば村での定住と移住を両立させる仕組みである。また定住によるコストを軽減し、移動することによって資源利用を最大限にする仕掛けでもある。さらに村に居続けた時に高まる社会的な緊張も緩和する重要な装置となっている。[22]

場所の知と風土

これまで述べてきたように、クラインビットの人びとは、精緻な「場所の知」を有している。第2章で述べたように、場所とは、「空間的な近接性を契機として生み出される人と人、人と事物、事物と事物の関係性の束」である。クラインビットの人びとは、ブラックウォーターという水と陸が交差する自然環境、氾濫原と湿地林、そこに棲息する動植物、それをトーテム的に保有するクラン、人と動物が交差する彫刻や精霊堂、ワニの皮膚に相似する瘢痕文身の儀礼、山からの移住の記憶を示す祖先から伝わる石、秘密の竹笛、水の中に住む精霊を模したタジャオ……等々、この場所に構築されたさまざまな人と事物の濃密な関係性の中で生きている（図8-8）。

それを分析的に分類すれば、次の三つのレベルに区分できる。第一に、日常生活＝生業（経済）のレベル、第二に、集団編成や土地所有といった社会のレベル、そして第三に、表象や観念のレベルである。生業レベルでは、人びとは、氾濫原と湿地林に存在するサゴヤシ、魚、鳥、野生動物を詳細な知識と卓抜した技能で獲得し、自らの生活を維持している。社会レベルでは、祖先神話やシンボルとしての動植物と結びつきながら、現実の環境や資源の利用を編制し、また活性化している。そして表象レベルでは、神話、水や土地の精霊、トーテム的な動植物の保有などの観念が人びとの存在と尊厳の基盤となっている。しかし重要なのは、これらが個別・独立に存在するのではなく、ブラックウォーターという場所を通じて不可分に結びつき、常に具体的な場所を参照しながら、相互に志向しあっていることである。

これはオギュスタン・ベルクの言う、風土を構成する諸項間の相互生成あるいは「通態性」（ベルク 1988：161）にほかならない。ブラックウォーターという場所に構築された関係性は、世代を超えて構築された、場所に根ざした、自然と文化、個人と社会、精神と身体、人間と人間、人間以外の事物との間の、称揚される関係性であり、まさに風土的な関係性と呼びうる。ブラックウォーターの人びとは、自らの風土とそれを支える場所が緊密なものであることによって、あるいはそのような場所を再構築し続けることによってそこで生きている。驚くのは、すでに述べたように、カプリマンの人びとがこの低湿地に下りてきたのはわずか七〜八世代前のことにすぎないということであり、その間にこれだけの精緻な風土的関係が構築されたことである。

しかし、それは閉鎖的なものではありえない。そこには、植民地化や、日本兵との出会いなどをはじめ、さまざまな外部の力の影響も働いているからである。近年の貨幣経済の浸透は、あるいは現金収入を作り出す機会としての「都市」に人びとを引き付けてきた。今日では、村で暮らしていくためにも、いくばくかの現金が必要である。とりわけ、塩（料理の味付けに不可欠）、石鹸（水浴に不可欠）、灯油（ランプの明かりを灯すのに不可欠）の三つのアイテムは、村の暮らしにもなくてはならない品物である。しかしそれは村では作り出すことができない。人びとが金を得ようと都市に行けば、ブラックウォーターで培った精緻な場所の知は無力になる。そしてピジン語で、"Mipela kanaka stret"（自分たちは田舎者だ）と思い知らされることになる。

クラインビットの人びとに、村と町のどちらがよいか（どちらで暮らしたいか）を尋ねると、老若男女問わずほとんどの人が「村の方がよい」と口を揃えて答える。金がないと暮らせない都市は厳しく、安心できない場所である。しかし、村にいるだけでは、村の日常の暮らしに必要な品物を入手するための現金収入を作り出すことはできない。彼らの資源であるサゴ澱粉や魚は、町に行けば売れるが、カヌーのガソリン代の方が高くついてしまい、儲けは出ない。「わたしたちは祖先と同じ暮らしをしている」（Mipela stap olsem tumbuna）というのは、ある四〇代の女性の言葉である。これはけっして伝統を守っている誇りを示す言葉ではない。自分たちが、現金がなく、生活に必要な品も洋服も買えず、昔と同じ暮らししかできないという慨嘆にほかならないのである。

第II部の小括

「ネイティヴ化」の実践と周縁化される人びと

第II部では、これまでわたしがフィールドとしてきた三つのローカルな場所の物語を提示した。そこから浮かび上がってきたのは、植民地化の中で、あるいは（ポスト）コロニアルな都市政策の下で、そしてまた都市と農村の格差の間で、「周縁化」・「辺境化」された人びとの葛藤だった。

植民地化とは、言葉を換えれば「ネイティヴ化」という表象と実践であると言えるかもしれない。ネイティヴ化とは、植民地支配者、あるいは権力や支配的な力から、特定の場所に根ざした不動で不変の存在として眼差されることである。それは、本来流動的で可変的な人びとから、移動と空間の再編成を通じた《開発》の力を奪い、固有の場所に閉じ込めることであり、自ら変わる／変える力を持たない存在に貶めることでもあった。すなわち、野蛮な略奪者であるミアンミン族を平定して辺境に押し込めることであり、ポートモレスビーのチンブー人移住者とそのセトルメントを、誤って都市に出てきた田舎者で、「ラスカル」（犯罪者たち）の巣であるとみなし、彼／女らの露天での商売を都市の秩序と美化を妨げるものとして排除することであり、ブラックウォーターの人びとに、何の商品もサービスも与えられず「祖先と同じ暮らしをしている」存在として自らを眼差させることだった。わたしが見てきたのは、そのようにして自らの意思に反して「ネイティヴ化」された人びとの葛藤であった。

ミアンミンの人びと、ブラックウォーターの人びとに見るように、もともとローカルな場所と地域は、常に変容し、再編成の過程にあった。パプアニューギニアの人びとから、移動による場所の再編成、それを通じた自前の《開発》の可能性を奪う力は、まず植民地化とキリスト教化によってもたらされた。移動が限られ、定住が促され、部族間戦争が禁じられることによって、ダイナミックなものとして存在していた場所と地域の再編の過程は、封じ込められることになった。そして「民族集団」が出現した。それは、物理的な「暴力」とともに、移動すなわち

「旅」の実践とそれによる《開発》、そして地理的な想像力とを、ローカルな人びとから奪い、植民地権力＝西洋文明の側に独占する企てでもあった。それにより、パプアニューギニアは、「野蛮」を脱し、「秩序化」が図られたのである。

独立以降、政府は西洋文明という絶対的な「力」（＝［開発］）の行使者／代弁者であることをやめた。移動の自由が生まれた一方で、人びとは、西洋文明の力に代わるべきナショナルな幻想を欠くパプアニューギニアという国家を信用しなくなり、警察力は低下した。それは、一面では、「暴力」と「旅」の権利を、人びとの手に投げ返す（しかしそれはけっして人びとが「勝ち取った」ものではない）ことでもあった。それにより、現在のパプアニューギニアで、都市においても、農村においても、制御困難な草の根の暴力が蔓延することになったのは、皮肉というにはあまりに酷い結果と言わねばならない。

現代の貨幣経済化と資本主義化の中で、彼／女らは、周縁化され、［開発］から取り残された、遅れた人びととして位置づけられている。ミアンミンの人びとの飛行場建設や商店の経営に象徴されるように、自らの境遇を解釈し、西洋文明やその所産に接近しようとするパプアニューギニアの人びとの地理的想像力とそれに基づく実践は、彼らが期待するような見返りを与えられず、空虚なものとなっている。

首都ポートモレスビーでは、植民地時代の価値観と様式を内在化した、ポストコロニアルな都市計画の理念と、グローバルな環境問題を「借用」した「都市美化」政策によって、都市エリートによる空間整備が進められている。都市に旅してきた移住者たちは、ワントクのセイフティネットにかろうじて守られながら、女性たちを中心に、都市の空閑地を畑として耕したり、路上でビンロウジを売ることで生き延びている。しかし、彼女たちの路上での商売は、都市美化の妨げになるとして追い立てられ、彼／女らの住むセトルメントも排除されようとしている。彼らは、都市暴力の源泉であり、誤って都市に出てきた人びとであり、彼／女らの「本来の場所」である村に送り返すべきであると言う言説が喧伝される。ポストコロニアルな統治者にとって、彼／女らは、今も本質的には「ネイティヴ」なのである。そして、彼／女らに真に自由な「旅」は許されていない。

日本兵との場所の共有体験を今も語り継ぐブラックウォーターの村々では、日本が戦争に勝ったら開発をもたらしてやるとの約束（宣撫）は不履行のままであり、日本兵の面倒を見た労苦は報われていない。日本製のヤマハの船外機やトヨタのランドクルーザーは、日常の移動手段として不可欠だが、村人には高嶺の花であり続けている。料理に必須の塩、水浴のための石鹸、ランプに使う灯油というささやかな生活の必需品も、現金がなければ手に入らない。「わたしたちは祖先と同じ暮らしをしている」という言葉は、伝統を守る誇りではなく、昔と変わらぬ場所に閉じ込められている、村人の慨嘆である。

パプアニューギニアの人びとは、けっして「ネイティヴ」でもなければ、ひとところに収まる存在でもない。常にダイナミックに動く人であり、現在もそうあり続けようとしている。しかし彼／女らを取り巻く構造は、彼／女ら自身による《開発》を挫く。そして現代のパプアニューギニアのローカルな空間は、失望と欲求不満に覆われている。これがネイティヴ化・周縁化の現実である。

チンブーの人びとのセトルメントにおいても、またブラックウォーターの人びとにおいても近年、都市から村に帰る、あるいは町と村の間を往還するという実践が見られる。これは、ネイティヴたちが「旅」を終えて、自発的に自らの帰属する本来の場所に帰っていったというハッピーエンドの物語ではむろんない。彼／女らの地理的想像力とそれに基づく旅＝移動と、セトルメントや露天商に見られるような都市空間における新たな場所構築の実践が、今も彼／女らにとって厳然と「異邦」であり続ける都市空間と行政権力・資本から、経済的にも社会的にも排除され、夢破れての結果にすぎない。

しかしもしそこに少しでも希望を見出すとすれば、彼／女らの帰っていった先に、あるいは移動を繰り返す中で、あらたな場所構築の可能性が生まれることだろう。それは、場所の知に根ざした地理的想像力と《開発》の実践が効力を取り戻すことである。それはいかにして可能になるのだろうか。

フィールドワーカーの位置

第II部の諸章では、わたしがパプアニューギニアの様々な場所において、わたし自身のフィールドワークという「旅」を通じて見た（見たと信じた）ものを語ってきた。それは、わたし自身の目に映ったものを、わたし自身が解釈し、表象した物語であり、これまでのわたしたちのパプアニューギニアの地理的想像力を改変しようとする試みでもあった。フィールドワーカーとしてのわたしが、わたしたちの世界によってなされてきた彼／女らに対する表象のあり方について、批判し、異議申し立てを行なうということは、いったいどういう意味を持つのだろうか。それは、わたしが（勝手に）引き受けた彼／女らの代弁者としての役割の責任感ゆえなのか、それとも、わたしたちの世界（学問研究という世界を含む）の中で、よりよき理解者としてのわたし自身の「優位性」を確認したいだけなのか。

フィールドワーカーとしての調査研究者は、いったいどんな場所にいるのだろう。フィールド（現場）と自らのホームの間を旅しながら、フィールドにあるときは、そこに溶け込んだふりをしつつ、常にどこかで違和感を覚え、ホームにあるときは、大学や学界といった自らの制度に居心地の悪さを感じつつも納まっている。フィールドワーカーは、どちらの場所にも完全には帰属していない。彼／女がいるのは、その間――「あわい」（in-between）の空間である。

旅人が旅の物語を語って聞かせるように、フィールドワークで得たものを、自らの解釈を交えて、「地誌」や「民族誌」としてわれわれ自身の世界（ホーム）に伝えることだけが、フィールドワーカーの役割なのだろうか。とすれば、われわれの地理的想像力の豊富化には寄与できるかもしれない。ただし、それは「最上でも」ということであって、大部分は単なる第三世界（南の世界）のカタログ作りに貢献するだけだ。しかしそのカタログは、われわれが彼／女らを政治経済的・知的に「支配」するための道具としては十分に役に立つのである。

一方で、彼／女らの「地理的想像力」は貧しいままとどめおかれる。そして空間の再編成と、「旅」する力をめぐる、われわれと、彼／女らの格差はますます開くばかりだ。わたしたちは、パプアニューギニアへ旅し、その場所をフィールドワークする。しかし、「周辺」の「周辺」に位置するパプアニューギニアの人びとにとって――たとえ低賃金出稼ぎ労働者としてでも――自らの意思で、日本を「旅」することなど望むべくもない。

このような現実世界の落差を眼前にして、調査研究者がなすべきこと、できることは、いったい何だろうか。二つの世界を対比し、分節化し、分析して、理解することだけでは、二つの世界は切断され、対立するばかりだ。調査研究が権力的であるのは、単に調査者と調査対象の間に経済格差があるためだけではない。調査研究が、調査する者の世界と調査されるものの世界を切り離し、前者の側にのみ知を積み重ねていく構造を持つからだ。そして知の権力は一方的にわれわれの世界に蓄積される。

それを乗り越え、逆に二つの世界を結び合わせ、つなげるためにはどうしたらよいのか。そのためには調査研究者が、調査研究という枠組みを意図的に超えた何らかの実践を行なうことが求められるだろう。振り返ってみれば、わたしがフィールドワークでのかかわりを通じて行なってきたのは、パプアニューギニアの人びとの移動と開発をめぐる飽くなき実践を記述するとともに、そこに積極的に自らを巻き込みながら、人びとによる新たな場所構築のささやかな手助けを構想するための実践を行なうことだったと言えるかもしれない。

続く第III部では、このわたしの三九年間の試行錯誤の実践を対象化し、反省を込めながら描いてみたい。

第 III 部

フィールドワークと場所構築

扉写真：クラインビット村のシンシンに加わる（2001年，原口昌樹撮影）

第9章　フィールドワークから開発実践へ
——ラガムガ・セトルメントでの実践——

フィールドワークでは、調査研究者が自分自身を研究対象の存在する場所に現前させている。それは、フィールドワークにおいて調査研究者とフィールド、すなわち調査対象となる場所や社会や個人との間に、相互作用が生まれる契機を意味する。言葉を換えれば、フィールドワークを行なう調査研究者は、常にフィールドとの相互作用の中で、何らかのかかわりを引き受けることになる。そのかかわりはフィールドワークのあり方とフィールドワーカー自身にも影響を与え、また調査研究者（主体）と調査対象（客体）という二項対立的な境界を揺るがすものともなる。第Ⅲ部をなす本章と次章は、このテーマについてのわたし自身の試行錯誤の過程を語るものである。

1　パプアニューギニアとの出会い

パプアニューギニア大学への留学

わたしのパプアニューギニアとのかかわりは、一橋大学大学院修士課程在学中、文部省の交換留学生として、一九七九年一二月から一九八〇年八月までの九ヵ月間、パプアニューギニア大学（University of Papua New Guinea：UPNG）に在籍したときに始まる。指導教員の竹内啓一教授からは、修士の間に海外に出るようにと言われ、パプアニューギニアが面白いのではと勧められる。第三世界の都市研究をめざしていたわたしには、パプアニューギニアに都市などあるのかというのが正直な認識だった。当時の学生にとって海外旅行は身近なものではなく、わたしにとって初めての海外体験がパプアニューギニア、しかも長期の滞在だった。当時ガイドブックはおろか、パプアニューギニアについて書かれた日本語の資料はほとんどなく、どんな暮らしが待っているのか想像もつかない不安に押しつぶされそうになりながら、飛行機に乗り込んだことを覚えている。

ポートモレスビーに着いたのは、一九七九年の一二月一四日だった。UPNG地理学科の白人の若いスタッフ（当時のUPNG教員にはまだパプアニューギニア人はいなかった）二人が空港まで迎えに来てくれた。ホテルの近くで夕食を共にした後、歩いて目と鼻の先のホテルに帰るのに、また車に乗れと言われる。歩いて行けるからと言うと、今日は金曜日で酔っ払いがたくさん歩いているから危ないという。パプアニューギニアの都市がそんなに治安の悪いところとは知らなかったから、最初のカルチャーショックだった。

大学では寮に入った。パプアニューギニアの公用語は英語で、小学校から英語で教育を受けているので、学生たちは皆わたしよりはるかに英語がうまい。英語の練習を兼ね、食堂で同席した学生にこちらから話しかけた。学生は、親しくなるとすぐ自分の村へ来いという。それはけっして社交辞令ではなく、何度か実際に大学の友人の村を訪ねた。村では、日本人など初めてに違いない家族や親戚たちが、外国人への戸惑いやあらたまった感じもなく、当たり前のように親しくもてなしてくれた。そうして親しくなった学生からは、いろいろ頼みごとを受けることもあった。滞在の終わりごろ、わたしが地理学科のオーストラリア人の主任教授の日本ではとっくに廃車になるようなお古の車を借りていた時（それでも駐車の時はフロントカバーを開けてエンジンの部品を外すよう指示されていた）、親戚の葬儀の棺桶探しに付き合わされ、ポートモレスビー中を走り回ったこともある。しかし、留学生として過ごした最初の一年は、圧倒的にこちらが世話になることの方が多かった。パプアニューギニアは持てる者が持たざる者をとことん助ける社会である。わたしが持たざる者としてパプアニューギニアを最初に体験したことが、その後のパプアニューギニアとわたしの付き合い方を決めた理由のひとつかもしれない。

修士論文の具体的なトピックを決めたのは、もう滞在も後半に入ったころだった。ポートモレスビーを乗合バス（PMV）で歩いていると、ところどころに並び方が不ぞろいな住宅が目に入った。それがいわゆるスクォッター

（不法居住者）集落だった（ただしパプアニューギニアでは、土地の大半が慣習法的共有地だったから、厳密な意味で「不法」とは言えず、わたしは初めての活字論文では「自然発生的集落」（spontaneous settlements）という言葉を採用した）。こうした集落は現地では単に「セトルメント」と呼ばれていた。当時こうしたセトルメントの支援をしていたキリスト教系のＮＧＯ（コミュニティ・ディベロップメント・グループ）があり、その助力を得て、いくつかのセトルメントを回った。そして数多いセトルメントの中から、立地、住民の出身地、成立時期などにおいて異なる属性を持つ集落を三つ選びだして、手探りのフィールドワークを始めた。

修論のフィールドワークは「通い」で、調査票を使っての世帯調査だった。この時通った三つのセトルメントのうちの一つが、後にポートモレスビーでのフィールドとなる、シックスマイルのゴミ捨て場（シックスマイル・ダンプ）の奥にあるラガムガ集落だった。このラガムガは、高地地方のチンブー州出身の住民たちの集落だった。ほかの二つの集落と異なり当時のラガムガの住民は単身男性がほとんどで、集落内に水もなく、居住環境は悪かった。ありあわせの木材とトタン屋根の家の中には日中暑くていられず、皆集落外に出ていってしまうので、ポンコツ車で夜に訪ねることが多かった。地理学科の教員からは危ない場所と言われ、今思えばよく通ったと思うが、この当時はこんなところに住み込んで参与観察する勇気は自分の中にはなかった。パプアニューギニアでは、都市で強盗などに手を染める犯罪者たちをラスカルと呼ぶが、そんなラスカルの頭目の一人に出会い、聞き取りしたこともある。しかし大半の住民は真面目で堅気の人たちで、金を得たいという理由で妻子を村に置いてポートモレスビーにやってきていた。

ミアンミンでの参与観察調査

帰国して四ヵ月で何とか不出来な修論を書きあげ、一九八二年四月から、わたしは縁あって九州大学の地理学研究室の助手として勤めはじめた。しかし、なかなか修論を活字にできず苦しんでいた。そんな折、文化人類学の畑中幸子教授（当時、金沢大学）から、民博（国立民族学博物館）でパプアニューギニアの共同研究会を組織するからメンバーに入らないかという誘いを受けた。畑中氏は、ニューギニア研究のパイオニアで、奥地のフィールドに単身入り込みエネルギッシュな調査をしていた（畑中 1982：2013）。畑中氏とはパプアニューギニア大学留学中に一度出会っていた。思いがけぬ誘いに喜び、年に何度か民博に通った。わたしにとってこの研究会での一番の収穫は、民博の故吉田集而助教授（当時）との出会いだった。わたしが最初に共同研究会でポートモレスビーの調査の成果を報告したとき、吉田氏からは「何が面白うて、何が悲しうてそんなことやってるのかわからん」とばっさりやられた。

その吉田集而氏が代表者になった高地周縁部の科研調査が一九八四年に始まり、東京都立大学助手（当時／現中京大学）の斎藤尚文氏とともにわたしもメンバーに加わることになった。当時ニューギニアの文化人類学的調査は国際的に活発だった。しかし低地と高地にはさまれた高地周縁部は、民族集団の数も人口も少なく、遠隔地でアプローチが難しいこともあって、ほとんど研究が進んでいなかった。京大探検部出身の吉田氏には、まだ外部の影響を受けていないところに行きたいというロマンがあった。しかし村での参与観察に基づくフィールドワークを体験したことのないわたしは、内心は恐々だった。

最初に選んだのは、インドネシアとの国境に近い、セピック川の支流メイ川の流域だった。村に入るための交通手段は、小型飛行機しかない。ニューギニア島には、キリスト教の宣教師が布教のために奥地に入っており、必要な物資輸送のために作った滑走路がたくさんある。無線もなく、事前のコンタクトは困難である。いきなり飛行機で舞い降りていき、しばらくここに住まわせてほしいと交渉するのである。

吉田氏はメイ川の下流で先に降り、わたしと斎藤氏が降り立ったのは、イーストセピック州とウエストセピック（サンダウン）州の境界に近いホットミンという村だった。ジャングルの中に、ようやく一筋刷毛ではいたような滑走路が見えてくる。そこに降り立つと、村人が近寄ってくる。大人たちはぼろぼろだが衣服を身に纏っている。子供たちはほとんど裸だ。ピジン語でやり取りして、こちらの意図を伝え、何とか村においてもらうことになる。

翌朝、斎藤氏は道案内の村人を連れて、歩いて半日以上かかる隣の村へとさっさと移動してしまう。独りぼっちになった時の心細さは忘れられない。ここで飛行機が迎えに来るまでの五～六週間をどうやって生き延びたらよいのか、目の前が真っ暗になる思いだった。まっさきにしたことは、火をおこし、小麦粉を溶かして焼いて食べたことだった。満腹になって少し落ち着いた。食べていれば何とか生きられるという原初的・身体的な実感だった。手持ちの食料を計算し、一日に米と缶詰をどれだけ食べるかを決めた。

高地周縁部はパプアニューギニアの中でも最も雨の多い地域だ。夜になると必ず雷鳴が轟き、空の底が抜けたような雨が降った。村にはまったく現金収入はなく、タロイモの簡単な農耕と弓矢を使っての狩猟という自給自足の暮らしだった。しかし人びとは伝統的な姿（男はペニスケース、女は腰蓑）をやめ、ぼろぼろの洋服を着ていた。なぜ昔の服装をしないのかと問うと、それは遅れた格好で恥ずかしいという。自然に囲まれ、外部の影響を受けない人びとの暮らしを思い描いていた自分にとって、大きなカルチャーショックだった。

初めての村でのフィールドワークは困難と戸惑いの連続だった。到着早々村のリーダーらしき男から自分を金で雇えという要求を受けた。結局、その男Bの申し出は、自分は金を持っていないという理由で断った。あとで分かったことだが、彼は村長ではなく、村の教会の牧師だった。弁が立ち外の世界とのパイプ役も果たしていて、村人からは一目置かれていたものの、人望は薄く煙たがられてもいた。Bがある日わたしのところにやってきて、これから自分の言うことを書きとめろと言う。政府や教会が自分たちの村にもっと金を出すべきである、というのが彼の主張だった。Bが援助を要求する対象の中には、自分が経営する小さな商店も含まれていた。ニューギニアの人びとの「公私混同」ぶり（これは草の根の人びとから国会議員まで共通する）とともに、彼らが自らを無力だと考え外部に救いを求めようとしている姿にショックを受けた。そしてこんな奥地にまで「開発」の欲求が浸透していることに強く印象づけられた。

フィールドワーク中、別の村で暮らすほかの二人の噂話が伝わってきた。「ヨシダ（カヌーで一日下ったイワムの人びとの村に入っていた）は村人を金で雇っている」（それなのになぜお前は金を払わないのか）とか、「サイトウは自分の持っている食料をすべて村人に渡してしまった」（それなのにどうしてお前は自分だけで食べているのか）といった噂が伝えられ、プレッシャーをかけられた。そのたびにわたしは、申し開きを考えさせられることになった。フィールドワークとは、常に「いま、ここ」で起こることに即座に対応し、実践することだと学んだ。

一ヵ月半ほどの滞在を何とか生き延び、村人とともに、川を渡り熱帯雨林を抜けて一日かかる奥地の村も訪ねた。そこにも村人が七年かけて（チェーンソーも機械もないので）文字通り手作りで完成させた飛行場があった。ホットミンに戻ると、吉田氏が下流の村から様子を見にやってきていた。よほど心配だったのだろう。隣の村に行くくらい元気があって安心したと言って、またカヌーで去っていった。

村を出る日、隣村から戻ってきた斎藤氏と二人で、朝から滑走路の脇に座って、飛行機が迎えに来るのを待った。時間は指定されていないし、無線もないから、いつ飛行機が来るかはわからない。照りつける日差しの中、延々と待ち続け、夕方になって雨が落ちてきて、もうあきらめかけた頃、爆音が響き、雲の向こうから飛行機がやってきた。飛行機に乗り込むと、一時間半くらいでウェワクの町に着き、その晩はホテルの食堂でビールを飲んでいた。その落差にあっさりと馴染んでしまう自分がいた。

セトルメントでの参与観察調査

一九八四年、初めての高地周縁部の調査からポートモレスビーに戻り、セトルメントの調査を再開した。ゴミ捨て場の奥のラガムガ集落を四年ぶりに訪れると、わたしを覚えている人たちが親しげに近寄ってきた。そのうちの一人が、自分の家に泊まってもよいと言う。長年のホストファミリーとなるウェミン氏との出会いだった。ゴミ捨て場の奥の掘立て小屋とはいえ、ポートモレスビーの町中である。修論調査の時には想像できなかったセトルメントへの住み込みが、この時は苦もなく感じられた。ウェミン家の二畳ほどの部屋に、ウェミン氏がゴミ捨て場から見つけてきてくれたベッドを持ち込んでくれ、そこに居候することになった。

その後、高地周縁部の科研調査の度、その帰りにラガムガ集落に泊まり込んだ。一九八〇年に最初に訪れた時には集落内に水道がなく、住民たちは丘を越えてイーストボロコ地区にある学校の屋外水道栓まで水汲みに行っていた。しかし八四年の再訪時には水道栓が一本引かれ、同時に八〇戸程度だった家の数も次第に倍以上に増え、集落の領域も広がっていた。住民構成もかつては単身者がほとんどだったが、家族単位の生活が目につくようになった。セトルメント自体のライフサイクルを見る思いだった。

「危ない場所」とされるセトルメントだが、わたしにとっては、治安の悪いポートモレスビーの中で、実は最も安全な場所だった。ゴミ捨て場の奥という立地だから、よそ者は入ってこない。集落住民と皆顔見知りになり、入っていくと「ケイチ」「プロフェッサー」と、子供たちも迎えてくれる。ホストファミリーの庇護下にあるから、盗みの心配もない。悩みは、時折の夜の騒音と、水があまり得られないことくらいだった。

調査票を持っての聞き取りから、次第に参与観察とインフォーマルなインタビューが中心となった。最初は男性しか近づいてこなかったが、だんだん女性たちも話に加わってくれるようになった。それに伴って新たな発見も生まれた。たとえば、調査票に基づいてフォーマルに尋ねていた時、女性に「世帯主」を尋ねると、夫である男性の名前が挙がる。本人に「あなたの職業は」と問うと、「ない」という答えが返ってきて、それを「主婦」と記載していた。しかし、それはとんでもない間違いだった。下宿している家の前でくつろいでいると、女たちの雑談が聞こえてくる。「うちの亭主は給料をもらってもすぐビールを飲んで使っちまう」という声を聞いてはっと気づいた。男性は、フォーマルな職（といっても、すでに述べたように警備員や清掃夫といった低賃金の職がほとんどで、定職があるのは半分ほど）に就いていても、その金をすべて家族のために使うわけではない。自分の娯楽に費消したり、村の冠婚葬祭への送金などの交際費に取っておいたりする。一方女性たちは、露天で物売りをして小金を稼ぎ、子供たちを学校に送り出して、生活を支えていた。しかし彼女たちは、露天での物売りを自らの「職業」とは言わない。そこにはさらに「男が稼ぎ手」であることを疑わなかったわたし自身のジェンダーバイアスが横たわっていた。

クラインビット村との出会い

わたしが初めてイーストセピック州のクラインビット村を訪ねたのは一九八六年のことだ。前述のとおり、一九八四年から民博の吉田集而氏を代表者とする高地周縁部の文化人類学的調査が始まった。この科研調査は八六年、八八年、九〇年と続き、メンバー（わたし以外は皆文化人類学者）も次第に増えた。この調査では、セピック川と高地の中間に位置するセピック川南部支流域（高地周縁部）のそれぞれ別の川筋の村を選び、単独で参与観察的調査を行なった。わたしは一九八六年に、カラワリ川のアランブラックの人びとの村を訪ね、その後そこの村人とともに別の川筋にあたるブラックウォーターからその奥のグベマス湖まで周遊し、一〇以上の村を訪ねてみた。一九八八年から、その中でもっとも居心地がよさそうに感じたクラインビット村を拠点にすることにした。

一九八八年にクラインビット村を再訪したとき、「帰ってきた」わたしを、村人たちは盛大な歓迎の踊りで迎えてくれた。一九八六・八八年の宿泊場所は、村の中央にある精霊堂だった。ここは瘢痕文身の成人儀礼を終えた男だけの場所だった。日中は何人かの男たちが床下で昼寝をしているだけだったが、夜になると次々に村中から男たちが集まってきて、相貌を変えた。高床式の立派な精霊堂は、幅一〇メートル、奥行き二〇メートル以上、屋根の高さも一〇メートル以上はあり、支柱にはびっしり彫刻が施されていた。床下ではクランごとに焚かれた火を囲み、青年や老人が集う。床上では、支柱を背に長老が座り、わたしが町で買った缶入りの刻みタバコと古新聞を差し出すと、別の男がそれらをひとりひとりの男たちに丁寧に平等に分配した。わたしはそこで、毎晩長老たちから、村の移住伝承や神話などを聞き取った。長老ガロアは記憶力がよく、卓抜した語り部だった。

精霊堂の中に起居していると、人びとの日常生活が見えないので、一九九〇年に三度目の訪問をしたときには、村の家に泊まりたいと願い出た。わたしの村での里親となったアントンがそれを引き受けてくれ、九三年からは本格的にアントンの家族の家に寝泊まりした。家に間仕切りはなく、大部屋に十数人の家族が寝起きしていた。蚊帳の中だけが唯一のプライバシーが保てる空間だった。家族から主食のサゴ澱粉を焼いたものと魚の食事をもらうこともあった。夕食は、自分で持ち込んだ米やコンビーフの缶詰、サバ缶などを使って自分で作り、自分の皿にしっかり盛りつけた後、家族に渡して、夕食時をめざして集まってくる客人にも分配してもらった。

再訪したクラインビット村でわたしが聞かされたのは、「お前が初めてこの村に来た日本人ではない」という言葉だった。村人から一枚の日本人の名刺を見せられ、それが真実であることを知った。日本に帰って、その名刺を頼りに、戦争中見習い軍医士官だった斎藤宗寿氏の自宅を訪ね話を聞いた。村人から三年と聞かされたクラインビット村への日本軍の「駐留」が、実際には三ヵ月余りだったこともわかった。

クラインビット村での日本兵と村人との関係は比較的平和なものだったようだ。日本兵がドラム缶で風呂に入ったり、釣りをして魚を獲ったりするのを見て驚いたり、日本の歌を教わったりといった思い出が村人の口から次々と語られた。手品の巧い兵隊がいて、村人を驚かせたその様子を、身振り手振りたっぷりに長老ガロアが再現してくれた。

しかし毎日、雨の日も休みなく日本兵のために森にサゴヤシや豚を獲りに行くのは「ハードワーク」だった。日本軍は村に入る時、宣撫のため日本が戦争に勝ったら、村にさまざまな恩恵をもたらしてやると約束していた。村人たちがその言葉をどこまで本気で信じたかはわからない。しかし、こうした歴史を持つパプアニューギニアの村に関わった日本人として、自分が何らかの責任を負っているとも感じた。

わたしがまずやっておかなければならないと思ったのは、戦争中の村人の体験に基づく証言を記録することだった。一九九三年には、村にビデオを持ち込み、村人の語りを録画した。長い語りを終えた後、長老のガロアは、戦争中の日本兵たちの約束が果たされず自分たちの労苦が報われなかったことをどう思っているかというわたしの問いに、「それは日本の人びと自身が考えることだ」と答えた。そして最後に「ゴクローサン、アリガト」と日本語で自らの語りを結んだ。

四度目の訪問となった一九九三年には、当時の村長Wから、次のように問われた。「おまえがこの村に来て何年になる。その間にお前はこの村のことを本に書いたりして出世したことだろう。だがこの村を見回してみろ。お前が最初に来てから何か変わったか。何も変わってはいない。お前はそれをどう思うんだ」。わたしには答えることができなかった。そしてこうした問いにいかに応えるべきかを考えることになった。

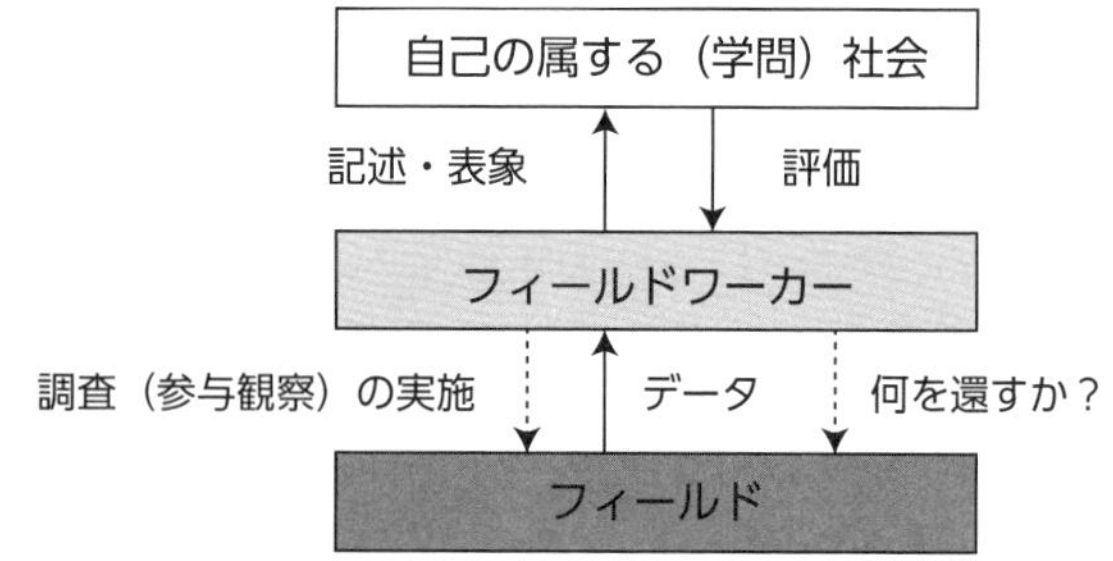

筆者作成／熊谷 2013a：23

図9-1　フィールドワーカーとフィールドとの間の不等価交換

フィールドへの貢献という課題

前述のような体験を直接の契機として、わたしはフィールドへのかかわりと自らの貢献可能性を反省的に考え始めた。それを語る機会となったのは、一九九四年一一月に奈良女子大学で開催された人文地理学会の地理思想部会だった。発表の機会を与えられ、「第三世界研究と地理学――『地理学という不幸』からの脱却のために」と題し報告した。そこでは、戦後の日本の地理学界の中で第三世界研究が周縁的な位置しか占めてこなかったことを、地理学教室という制度の問題と、フィールドワークを単なる事実としてのデータ収集の手段としてしか捉えてこなかったところに求めた上で、「参与観察における『不等価交換』」と題した上のような図式（図9-1）を提示した。

調査研究者は、フィールドワークを通じて、自らが必要なデータを得る。その調査データをもとに、学会で発表したり研究論文を書いたりして、自らの研究者コミュニティから評価を受ける。つまり研究者と研究者コミュニティの間には「等価交換」（よい仕事をすれば、よい結果が返ってくる）が成り立っている。しかし一方で、たとえ村に住み込んで長期に「参与観察」を行なったとしても、フィールドワーカーはそのフィールドに「参加」しているわけでもなければ、貢献しているわけでもなく、ただ厄介になっているだけである。したがって、フィールドワークの直接的な過程の中では、調査研究者とフィールドとの間には「不等価交換」しか存在しない。だからフィールドワーカーは、研究成果発表の後、フィールドに「何を還すか」が問われることになる。

対象社会への「貢献」は何によって果たされるのか。一九九四年の報告でわたしが挙げたのは、以下の四つだった。

①研究の「成果」を対象社会においても公表する（対象社会の言語で）。②調査研究者自身が、対象社会に直接物質的利益を与える（手土産の持参から、「開発」への協力までを含む）。③研究の「成果」を調査研究者の社会において公表し、アピールすることによって、対象社会に間接的に何らかの利益（理解の増進、共感の形成、経済的支援など）がもたらされることを期待する。そして④調査研究者を成り立たせ、また同時にその根源的な他者理解を阻む力ともなっているところの自己の社会／制度を批判的に対象化するとともに、その変革のための努力を試みる。わたしは、この①〜③を行なうことを前提として、さらに④が模索されねばならないと述べた。この時わたしが強く影響を受け、意識していたのは、夭折した丹羽弘一の寄せ場研究者としての論考（丹羽 1993）と実践だった。

2　ポートモレスビーのセトルメントをめぐる状況とその変化

JICAとの接触

一九九〇年代以降、都市のセトルメントを取り巻く状況は困難さの度を増していた。一九七五年の独立当初は、セトルメントへの公的支援（自助的集落改善計画に基づく道路建設や住宅改善の資金援助など）が存在し、わたしが修論調査の仲介を得たNGOもセトルメントを支援していた。しかし八〇年代以降都市の住宅政策が変化し、公営賃貸住宅の建設が減り、既存の賃貸住宅のストックについては持ち家化の政策が取られるようになる。それとともに、セトルメントに対する政策も不寛容なものになっていった。

新聞などでは、セトルメントが犯罪の温床であり、都市の治安を悪くしている元凶であるという論調が支配的だった。そこにはさらに、モツ＝コイタなどの、ポートモレスビーに古くから住む海岸部の人びとと、一九六〇年代以降この地に移住してきて、新たに形成されたセトルメントの大半を占める高地地方出身者との間の軋轢が重なり合って存在していた。高地の人びとは、西洋文明との接触の歴史は一九三〇年代以降と新しいが、エネルギッシュで集団の凝集力が強く、海岸部の人びとにとっては脅威だった。高地出身者はポートモレスビーの丘陵斜面を畑に変え、作物を作った。こうした中で「野蛮な」高地人が自分たちの領域を侵しているというイメージが形成されることになる。九〇年代に入ると、ポートモレスビーの都市空間の近代化が進み、道路が拡幅され、高層ビルが増えて、街の外観も変貌していった。そうした中で、街頭での物売りは、都市の美観をそこねるという理由から次第に排除されるようになった。とりわけ、露天商の最も実入りのよい商品であるビンロウジが、環境を汚す元凶として非難された。路上で物を売っている女性を、首都庁（NCD）が雇った警備員が殴りつけ、売り物のビンロウジを蹴散らすといった暴挙も横行していた。セトルメント住民の苦境は増していた。わたしは、そうした状況に対して研究者としての自らの知見が何か役に立たないだろうかと考えるに至っていた。

わたし自身は、もともととくに国際協力や開発援助にそれほど関心を持っていたわけではなかったし、JICAや日本大使館なども素通りしていた。しかし一九九〇年代の半ば頃から、意識的にJICA事務所や大使館を訪ねて挨拶し、自分の調査研究について話したり、職員と接触したりする機会を作るように心がけた。一九九八年の訪問の際、JICAから出向して大使館に勤務していたE氏（現在は弁護士）に出会った。レストランで昼食をとり、セトルメント調査の話をすると、E氏はぜひそこに連れて行ってほしいと言う。すぐに車でラガムガ集落に案内した。大使館員といえば、本省の方ばかり向いていて、現地には関心がない人を多く見てきたから、彼の振る舞いには驚いた。そしてこんな人がいるのなら、JICAや大使館と一緒に仕事ができるかもしれないと思った。この年、JICAから在外プロジェクト形成によるセトルメント調査への助言を求められ、水道会社のコンサルタントとして独自にセトルメント調査を始めていたパプアニューギニア大学のジョン・ムケ講師（考古学・人類学）を推薦するという縁も生まれた。

インディペンデント／ワントク紙の記事

一九九八年、環境をめぐる国際シンポジウムを傍聴して、会場から発言したことが縁になって、わたしの仕事に関心を持ったインディペンデント（Independent）紙（週刊英字新聞。現在は廃刊）／ワントク（Wantok）紙（同じ社が刊行する週刊ピジン語新聞。現在も続刊）の記者にインタビューを受け、八月二一日付同紙に一面大の記事が掲載された（資料9‐1、9‐2）。わたしにとっては、自らの研究者としての言論が、初めて現地の社会に伝えられた機会だった。

インディペンデント紙に掲載された記事の内容を、以下に簡潔に要約してみよう。

見出しは「政府は、スクォッターの面倒を見るべきである」（Government challenged to look after squatters）であり、わたしがラガムガ集落の女性や子供たちと一緒に写っている写真（わたしが乞われて提供したもの）が配されている。記事全体の要約とわたし自身についての紹介に続いて「熊谷教授の研究」（Professor Kumagai's research）として、修士論文での三つのセトルメント（ケレマ出身者、モロベ出身者、グミニ出身者）の調査とその差異を紹介している。次に「熊谷の発見」（Kumagai's findings）として、セトルメントの中にも多様性があること、多くの人が実は働き者だが学歴などのために雇用機会を得られていないこと、セトルメントの人口は増えているがその環境は改善されていないことが、紹介される。次に「農村‐都市人口移動の理由」（Reasons for rural urban migration）として、構造的には農村と都市の格差（現金収入機会、インフラ整備など）があり、主体的には、人びとが村での生活に飽き足らず都市に出て自らの暮らしを改善したいと願っていること、また婚資や部族戦争の賠償金の高騰などで伝統的な暮らしも変化し、現金が必要になってきていることなど、わたしの見解を指摘する。次に「熊谷の強調」（Kumagai's emphasis）として、セトルメント住民が、十分な収入を得られず、露天でのビンロウジ売りなどインフォーマル・セクターに生計を依存していること、犯罪者の巣というステレオタイプとは異なって、住民の多くは善良な人たちであり、犯罪に関わるのは一部の者だけであること、農村の生活水準を改善できないことが人びとを都市に追いやる結果となっているのであり、政府はこれらのセトルメントの改善に責任を負っているというわたし

August 21, 1998 **News** The Independent 7

Government challenged to look after squatters

by WENCESLAUS MAGUN

THE NATIONAL and provincial governments throughout the country have been challenged to take on the responsibility to look after squatter settlers in urban centres.

This concern was raised by both the member for Moresby South, Lady Carol Kidu and associate professor for the department of geography at the Ochanomizu University in Japan, Keichi Kumagai who was the first Japanese student to study at the University of Papua New Guinea as a post graduate student doing his research on rural urban migration or urban problems in PNG in 1979. He successfully completed his thesis in 1981 and obtained his masters degree on that subject at the University of Hitotsubashi in Japan.

Since 1979 until this year Mr Kumagai has been studying three different groups of people living in different locations in Port Moresby.

Professor Kumagai's research

He found that there were settlements in Port Moresby already in existence in the early 1950's. He started visiting three particular settlements and made comparisons on their history, living environment, socio economic, employment, and people's attitude towards urban life and their relationship with their home village.

He visited the Kerema settlement which is located at Konedobu behind the former government buildings, that of the mainly Morobe people and a few people from the Eastern Highlands and the Goilala people located near Badili and the Gumine (Simbu) settlement located near the six mile rubbish dump.

In his study he found that there is much variety within settlements. The Kerema settlement was established in the 1950's. They had a long urban experience and were in close contact with their village. He gained the impression that these people had a life that was relatively stable. They had many wantoks from their same area who were employed by the government and in the private sector so it was easy for them to get jobs. The land they occupied was partly owned by the customary landowners and partly by the government. Mr Kumagai said those Keremas living on government land have a better chance of improving their living conditions if the government takes on the responsibility of looking after them.

The Morobe settlement was established in the early 1970's. Mr Kumagai found this group of people very enthusiastic to improve their living conditions. Their standard of houses was almost similar to housing commissions houses. They spend a huge amount of money to build houses.

The Gumine settlement was also established in the early 1970's. They however came from a lower economic status and had very poor living conditions. He said when he visited that settlement in 1980, there were no water provisions. The settlers would go up and down the mountain to get water outside of the East Boroko high school. He also found that the adult male population was very dominant. Most of them left their families at home. There were only a few women and children.

Kumagai's findings

He found that there was a very big variation within these settlements. Many people regarded settlements as breeding grounds for criminals and bad people which according to Mr Kumagai is not true. On the contrary he found them to be decent hard working people who cannot make ends meet because of their educational background and lack of employment opportunity.

The settlers from Morobe were former employees of the government and private sector so they could afford to build good houses. This was however not so for the Simbu settlers. Almost half of them are unemployed and half are employed in the lower status jobs as security guards, cleaners, etc because they do not have good skills, educational background and wantoks to be employed.

In 1980 he ended his research but he returned in 1984, 1986, 1988, 1993, 1995, 1996, 1997 and this year to monitor the situation. Unfortunately he said he could not find much improvement in the settlements.

He found the population in the settlements have increased rapidly yet the living conditions have remained the same. For instance in 1980 he found that there were less than 100 houses in the Gumine settlement. By 1995 there were 230 houses and the number of women and children had increased.

Reasons for rural urban migration

Mr Kumagai said it is hard to pick out one reason for these people to leave their villages and migrate to urban centres. He said there are several reasons interrelated.

In the social context he found that many of these people had a disadvantage of their living conditions in their villages. There were no infrastructure services, no proper educational and health services and in general the circumstances and surroundings could not make their life in the village easy and pleasant.

In the structural context he said back in the village some of these people had very little income earning opportunities partly because of poor infrastructure and partly because there was not much suitable land for growing crops and not a good geography. He particularly highlighted the situation of the Gumine people.

In the subjective point of view he said, most of these people had high expectations to go to urban centres in order to improve their life. They are not satisfied with their present conditions back in their villages. They also do not want to sit down and do nothing in their villages.

He also found that their traditional life was affected by the economic situation. For example in the Gumine area the bride price ranges from K5000 to K10,000. This is too much for any ordinary villager. They could not afford to get this money in the village. Therefore, they had to migrate to urban centres and to places were they could find employment earn money and send some money home to their relatives to meet this economic demand.

Another economic constrain was compensation payment. This is quite common in the highlands region. And villagers are forced to go to urban centres to make ends meet.

❑ **Professor Keichi Kumagai posing with some children during one of his field trips to the six mile settlement.**

Mr Kumagai said in order for these people to maintain their traditional culture they needed cash and they thought they could achieve that by moving to urban centers where they could find employment.

Tribal fighting is another common reason that has pushed the people from their villages to urban centres.

Kumagai's emphasis

Mr Kumagai said people living in settlements are maladaptive or are not well adaptive in urban life. From his observations he found that most of the people in the settlement are very hard working and sincerely making efforts in a very difficult situation to earn their living.

The amount of money they get from their wages are low and it is very difficult to live in urban centres. Most of the unemployed settlers go into informal economic sector through buying and selling betelnut on the streets, in front of offices and in public places so they could supplement their needs.

He said we should get rid of the stereo type attitude of thinking that settlements are the source of crime and disorder in city life. He said that is not true. Most people are good people. They try to work hard but do not have the chance to. However he said that some of the frustrated ones are engaged in criminal activities.

Mr Kumagai suggested that the government should find suitable means to upgrade settlements in urban centres especially settlements that are situated on government land. He said it is not the settlers' responsibility to live in settlements but the government's responsibility for failing to improve their living standard in the rural areas and other interrelated factors that have forced these people to migrate to urban centers. Therefore it should be the government's responsibility to look after the settlers in the urban centres.

"I believe if we give them chance to improve their lives, they can improve," said Mr Kumagai.

Repatriate settlers: Kidu

In a separate submission to the state, Lady Kidu called on the national government and particularly the National Capital District Commission (NCDC) to immediately repatriate settlers who wish to return to their home provinces on voluntary basis.

Lady Kidu wanted the government to conduct a repatriation exercise in conjunction with a rural development program with relevant provincial authorities. She also wanted the government to prepare a settlement policy for NCD addressing the issue of settlements both on government and traditional lands within NCD.

She recommended that:

- A task force committee be put in place to initiate a repatriation package for a list of names of the settlers and their families to their original place of residence and have them sent home immediately;
- To liaise with relevant provincial authorities to carry out a voluntary repatriation exercise for those residing in unplanned settlements in and around NCD; and
- For NCDC to support a white paper policy on the control of urban squatters and enforce the building regulations to self help housing schemes.

Background of rural urban migration in Port Moresby

Lady Kidu in her submission pointed out that Port Moresby like many other urban centers has experienced a proliferation of squatter settlements that have sprung up uncontrollably. The efforts by NCDC in the past to forcibly remove the illegal occupants have led to ugly confrontation between the officers and the settlers.

She said no repatriation has ever eventuated. Instead, the displaced settlers have relocated themselves to unoccupied land around the nation's capital. Others have taken up residence with "wantoks" and relatives who are under similar circumstances and are causing an undue burden on everyone concerned.

Lady Kidu said the influx of migrants from the outer provinces and process of natural birth growth exacerbate NCD's population. The high population density in NCD indicates undue pressure on land availability and scarce government resources such as water, power and basic services in health and education.

In view of this predicament, she said most settlers are denied such services simply because they are squatting on unplanned locations or cannot reach their places of residences due to lack of logistics and finance.

"According to the 1990 population census, NCD population stood at 195,570 with the highest growth rate of 4.7 per cent compared to the nation's average of 2.30 per cent. The land area for NCD is 240 square kilometres catering for a crude population density of 815 compared to the average national figure of 8.0 persons to a land mass of 22,677 square kilometer," source: Department of Health, district & provincial health profiles 1995.

Consideration

According to Lady Kidu the NCD should now:

- Take controlling measures to ensure that no further unplanned settlements should take place;
- The request made by the settlers to leave Port Moresby on their own accord, should be regarded as an interim message for the NCD authority to alleviate the immediate problems confronted by the unemployed settlers and their families; and
- In the long run, there is a need for assisted repatriation in conjunction with rural development packages in cooperation with relevant provincial governments.

Constitutional implications

Lady Kidu said the issue of human rights in relation to the freedom of movement is guaranteed under the national constitution. However, if those who are guaranteed this freedom do not respect these rights, such persons who violate the laws of the land will be dealt with accordingly. She said as such prosecution of illegal occupation of property and land has resulted in eviction notices served by provincial authorities and private companies in the past.

She said the right of the landowner or its agents to carry out its evictions governs the squatters illegally occupying unauthorised land.

"To evict by force can lead to an irreconcilable situation, which would raise questions in relation to social and humanitarian grounds to such evictions," she said.

She said although the national land act empowers the landlord to evict, there are extenuating circumstances such as the question of relocation of the illegal tenants that create greater problems for the authorities to solve amicably and quickly.

Lady Kidu said while the concerned settlers are willing to voluntarily return home, authorities such as NCDC should be prepared with a repatriation package with the airline agencies such as MBA and Air Niugini or shipping agencies. She said such action may trigger others to follow suit.

Political implications

Lady Kidu also said that the issue of squatter eviction is also politically sensitive. Therefore all relevant provincial authorities should assist with repatriating their people home, as part of the provincial responsibility to ensure their welfare and safety.

資料9－1　インディペンデント紙　1998年8月21日掲載記事

pes 18 Ogas 20, 1998 LAIPSTAIL WANTOK

Gavman i gat wok bilong lukautim ol setelmen

ANTAP: • **Taim asples i nogat gutpela savis na divelopmen, ol manmeri i save go long taun. Nogat hap bilong stap orait ol i save wokim ol haus wantaim ol hap hap samting na kamapim setelmen na stap.**

LEPHAN: • **Profesa Keichi Kumagai i mekim wok painim long Gumine (Simbu) setelmen long sik mail long Mosbi taim sampela yangpela pikinini i bungim em.**

WENCESLAUS MAGUN
i raitim

NESENEL na ol provinsel gavman i gat wok blong lukautim ol kam manmeri husat i sindaun long ol setelmen insait long ol taun na siti blong Papua Niugini. Dispela em tingting blong wanpela Yunivesiti Profesa blong Japan, Keichi Kumagai.

Mista Kumagai i save tis long Dipatmen blong Jiografi long Ochanomizu Yunivesiti long Japan tasol i kam stadi wantaim Dipatmen blong Jiografi long Yunivesiti blong Papua Niugini long 1979.

Stat long 1979 i kam inap tude, Mista Kumagai i bin mekim wanpela wok painim o stadi i go insait long sindaun na laip bilong ol pipel long ol setelmen insait long Mosbi. Insait long dispela stadi em i glasim histori blong ol dispela setelmen. Ol pipel long setelmen i sindaun olsem wanem. Ol i gat wanem kain haus. Ol i save kisim kaikai na wara o helt na edukesen sevis olsem wanem. Wanem kain rot blong mekim mani. Na wanem tingting na pasin blong ol long sindaun long ol taun na siti wantaim laip long ples.

Mista Kumagai i bin raitim wanpela ripot long dispela stadi bilong em bilong kisim mastas digri long Yunivesiti bilong Hitotsubashi long Japan long 1981.

Wantok i bin laki long bungim Mista Kumagai bipo long em i lusim PNG na i go bek long Japan long dispela wik long kisim sampela ol gutpela tingting na wok painim bilong em long ol setelmen.

Mista Kumagai i bin glasim sindaun blong ol pipel long Kerema setelmen long baksait blong Konedobu gavman stesin, ol pipel long Morobe setelmen long tu mail maunten na ol pipel blong Gumine insait long Simbu Provins long siks mail rabis dam setelmen.

Mista Kumagai i tok planti samting em i lukim long ol dispela setelmen i no wankain. Dispela em i liklik ripot long tokaut klia long wanwan blong ol dispela setelemen:

• Setelmen blong ol pipel blong Kerema i bin kamap long 1950. Ol lain long Kerema i save go kam long Kerema na i no lusim ples tumas. Ol i gat planti wantok long Mosbi na ol i no painim hat long kisim wok. Hap graun we ol i sindaun em i blong gavman na hap graun em i blong ol pipel long ples. Em i ting ol lain i sindaun long graun blong gavman i gat sans long kisim sampela gutpela sevis long gavman blong stretim sindaun blong ol.

• Setelemen blong ol pipel blong Morobe em i gutpela. Planti blong ol i bin wok long gavman olsem na ol i gat mani blong wokim ol gutpela haus wankain olsem blong Hausing Komisen. Ol i bin kamapim dispela setelmen long stat blong 1970.

• Setelmen blong ol pipel blong Gumine em blong ol lain i nogat mani o i save mekim ol wok olsem ol klina, ti boi, sekuriti gad o salim ol kaikai long maket o buai long pes blong ol stua na pablik hap. Olsem na ol i nogat gutpela ol haus na sindaun blong ol i no gutpela tumas. Ol tu i statim setelmen blong ol long stat blong 1970.

Taim Mista Kumagai i go glasim Gumine (Simbu) setelmen long 1980, ol i nogat wara saplai. Ol i save go antap long maunten na kisim wara long Is Boroko Hai Skul. Em i painim aut tu olsem long dispela taim i nogat planti meri na pikinini long dispela setelmen. Planti em ol man tasol husat i lusim ol meri pikinini long ples na i kam long Mosbi blong painim wok, painim mani na salim i go bek long ples blong lukautim ol famili blong ol.

Em i glasim Gumine setelmen long 1984, 1986, 1988, 1993, 1995, 1996 na 1998. Olgeta dispela ol yia em i painim olsem laip blong ol i wok long senis. Em i sori long tokaut olsem nogat wanpela gutpela senis i kamap. Mosbi siti kaunsel i putim tripela wara saplai tasol wanpela i bagarap na tupela i wok tasol i no gutpela tumas blong kisim inap wara long ol pipel long setelmen.

Long 1980 i no bin gat moa long 100 haus. Long 1995 em i kaunim 230 haus. Namba bilong ol pipel i go antap tasol ol i nogat gutpela haus, wara blong dring na kaikai blong kaikai. Nau i gat moa meri na pikinini long dispela setelmen. Na sindaun i senis olgeta tasol i no kamap gut.

Wanem as blong ol pipel i lusim ples na kam sindaun long ol setelmen

Mista Kumagai i tok i nogat wanpela astingting long dispela askim. I gat planti as na olgeta i kam bung long kain ol tingting olsem:

• Long ples ol i nogat gutpela rot, gutpela wara saplai, gutpela helt sevis, skul na ol arapela infrastrasa sevis;

• I nogat gutpela rot blong mekim mani long ples. Long Gumine ol i nogat gutpela graun blong planim kaikai na wokim bisnis blong kisim mani. Ples i maunten tumas na i hat long wok.

• Ol i ting taim ol i kam long siti bai ol i painim wok, kisim mani na salim i go bek long ples blong stretim sindaun. Ol i ting ol bai painim gutpela sindaun long ol siti na taun we i gat skul, haus sik, wara saplai na ol arapela sevis ol i nogat long ples.

• Kastom pasin i fosim ol long kam long taun na painim mani blong baim pe blong ol meri. Long Gumine pe blong ol meri i stat long K5000 i go long K10,000. Na planti ol lain long ples i no inap painim kain mani olsem long ples. Ol lain long setelmen i wok mani bungim na salim i go bek long ples. Long strongim pasin tumbuna ol i mas yusim mani.

• Kompensesen pe i fosim ol tu long go long ol siti o taun na painim wok mani blong baim kompensesen pe.

• Traibel fait o pait wantaim ol narapela traib em wanpela bikpela hevi long hailens. Planti i ranawe long ples bikos long traibel fait. Planti ol gutpela famili i mas lusim ples na i kam long Mosbi o go long ol arapela siti na taun.

Wanem kain tingting blong pablik long setelmen

Mista Kumagai i tok ol pipel i stap long ol setelmen i no redi long sindaun long siti o taun. Ol i save long laip blong ples olsem na ol i painim hat long bihainim laip blong siti o taun.

Em i tok planti ol pipel long PNG tude i no save gut long hevi blong ol lain long setelmen na i save ting olsem:

• Setelmen em i ples blong ol raskol, ol lain blong brukim lo na oda na wokim bikhet pasin;

• Gavman i mas rausim ol i go bek long ples blong ol;

Wok painim i soim

Mista Kumagai i tok insait long wok painim blong em, em i painim olsem planti ol lain long setelmen ol lain blong wok hat tru. Ol meri i save wok hat long wokim gaden na painim kaikai long stretpela rot blong lukautim famili blong ol.

Ol man bilong ol i save wok hat tu long ol kampani na gavman tasol liklik pe ol i save kisim i no inap bungim prais blong kaikai i dia tumas. Olsem na wanem mani ol meri i kisim long salim kaikai long maket o long salim buai long rot em ol i save yusim gen long baim klos na ol arapela samting ol i mas gat long stap laip.

Ol i no save stil. Ol i no les lain. Em i tok planti ol lain long setelem em ol i gutpela pipel. Tasol ol i nogat gutpela wara blong waswas, kuk na dring. Ol i nogat skul na haus sik long ol setelmen na i nogat gutpela haus blong slip.

Mista Kumagai yet i save go slip wantaim ol pipel long setelmen na em i tok nogat wanpela taim ol raskol i bagarapim em. Em i tok pasin raskol i save kamap bikos wanwan blong ol lain long setelmen i no amamas long ol besik sosel sevis gavman i no luksave na i no givim long ol.

Tasol sapos gavman i luksave long dispela na i bringim gutpela wara saplai, skul, haus sik, na teknikel skul i go insait long ol setelmen planti lain bai i amamas na bai yusim ol dispela sevis long lukautim laip blong ol na sindaun gut long ol siti na taun.

Pinis blong dispela ripot

Dispela wok painim blong Mista Kumagai i kamapim sampela blong ol dispela tingting:

• Em i painim olsem klostu olgeta dispela setelmen i no wankain hevi, wankain laip stail na wankain as blong kam stap long Mosbi;

• Em i no gutpela long ting olsem ol setelmen em ples blong ol raskol o ol lain nogut. I gat planti ol gutpela pipel i stap long setelmen;

• Ol i gat kainkain save. Sampela i no winim bikpela skul na olsem ol i no inap painim ol gutpela wok. Planti em ol lain long ples.

• Ol lain long Morobe setelmen i orait. Planti blong ol i go long skul na i gat kainkain teknikel save. Olsem na ol inap long painim ol gutpela wok na bungim mani blong wokim ol gutpela haus.

• Simbu setelmen em i nogut. Hap ol lain i stap long dispela setelmen i nogat wok. Na hap ol lain i kisim ol wok olsem ti boi, klina, rabis kolekta, sekuriti gad, na ol leba woka, bikos ol i nogat gutpela save blong kisim ol gutpela wok. Na moa yet ol i nogat ol wantok long Mosbi blong givim ol wok.

Mista Kumagai i tok em i wok blong gavman long go pas long bringim ol gutpela sosel sevis i go insait long ol setelmen na kamapim gutpela sindaun blong ol pipel. Maski long tingting long rausim ol i go bek long ples bikos dispela bai i no inap wok.

Em i bilip sapos gavman i givim ol sans blong stretim sindaun blong ol, ol inap long stretim sindaun na kamapim gutpela famili laip long ol setelmen insait long ol siti na taun long PNG.

資料9－2　ワントク紙　1998年8月20日掲載記事

の主張を紹介し、「もしわれわれが彼ら（セトルメント住民）に自らの生活を改善する機会を与えさえすれば、彼らは改善できる」というわたしの言葉を引用して結んでいる。

紙面のおよそ三分の二にあたるここまでがわたしの見解なのだが、この後に、首都特別区選出の国会議員のレディ・キドゥの見解が紹介されている。その内容は、首都へのこれ以上の人口流入を食いとめるべきである／新たな違法なセトルメントの拡大を防ぐべきである／憲法による移動の自由と人権の間にコンフリクトがある／しかし強制的なセトルメント撤去は問題が大きい／ことなどを指摘し、政府はこれらセトルメント住民が希望すれば村への帰還事業（**repatriation**）を行なうべきであると主張していて、前半のわたしの記事とはトーンが異なるものになっている。

興味深いのは、ワントク紙（ピジン語新聞）（資料9-2）の方は、同じ見出し（**Gavman i gat wok bilong luikautim ol setelmen**）と写真（ただしセトルメントの住宅の写真が一枚追加されている）を使いながら、レディ・キドゥの見解は添えられておらず、わたしの見解（内容は同じ）だけで一面が構成されていることである。そこには、セトルメントの問題が、デリケートな政治問題であり、セトルメント住民の立場に立ち政府を批判するわたしの見解が、英字新聞の読者にはバランスを欠くものと映ったという事情がある。[1]

翌一九九九年、ＪＩＣＡパプアニューギニア事務所長のＩ氏との話し合いの中で、わたしを専門家として迎える可能性が示唆された。現地事務所の推薦を得て、わたしの長期派遣専門家としての派遣が決まったのはその年末だった。

3　ＪＩＣＡ専門家としての活動

ＪＩＣＡ専門家としての派遣

わたしは、国際協力事業団（Japan International Cooperation Agency：JICA）の専門家として、二〇〇〇年九月から一年間の任期で、パプアニューギニアに派遣された。ＪＩＣＡ専門家としてのわたしの職務は、「社会調査手法（都市貧困対策）」というものである。カウンターパートは、先述したパプアニューギニア大学（UPNG）の社会学・人類学科の考古学部門のジョン・ムケ（John Muke）氏であり、わたしの配属先もパプアニューギニア大学である。ただし大学で学生に社会調査法を教えるわけではない。わたしに期待されている役回りは、首都ポートモレスビーの自然発生的な移住者集落（セトルメント）に関するわたしのこれまでの調査研究の経験と知識を生かして、カウンターパートのムケ氏とも協力しながら、セトルメントの実態を把握し、それに基づいて「都市における貧困の軽減」という課題に資するような具体的なプロジェクトを構想することである。すでに述べてきたとおり、ポートモレスビーのセトルメントは、わたしが修士課程在学中の一九七九～八〇年、パプアニューギニア大学に一年間留学して以来、自らの中心的な研究テーマとしてきた問題である。セトルメントを取り巻く状況は、急速に変化しつつあり、それらを増加する一方の都市犯罪や都市の法・秩序を脅かす元凶としてみなし、敵視し排除しようとする傾向が強まっていた（熊谷 2000c）。わたしがＪＩＣＡの専門家として赴くことになった動機は、自らがそれまで二〇年間研究対象として関わってきたセトルメントが存在の危機にさらされる中で、自らの研究者としての「位置性」を問い直さざるを得ない思いが生まれてきたことによっていた。それは、セトルメントとその住民たちの苦境を「観察」し、「報告」することだけが、研究者としての自らの役割なのだろうか、という疑問と葛藤である。そうした思いに突き動かされながら、自らの仕事の成果についてＪＩＣＡに伝えるとともに、何か役に立てることはないかと、積極的に働きかけた。その結果、わたしの考えが、ＪＩＣＡが近年関心を持ちはじめている都市社会問題や貧困軽減というテーマにうまく合致したこともあり、専門家としての派遣が決まった。

「ＪＩＣＡ専門家」という制度

ＪＩＣＡの専門家派遣とは、いったいどのような事業なのかを説明しておこう。日本が国家として行なう政府開発援助（ODA）のうち、ＪＩＣＡは「技術協力」を担当している。「技術協力」の目的は、途上国の人材育成である。「技術協力」事業の中に、途上国から日本への研修生の受け入れとならんで、日本から途上国への「専門家」の派遣がある。つまり、日本がＯＤＡ予算を使って、パプアニューギニアに対して行なう援助の中に、わたしの専門家派遣も含まれている、ということになる。ＪＩＣＡが作成した『長期派遣専門家の手引き』によれば、専門家派遣は、「専門家が保有する知識及び技術を、指導、調査、研究等を通じて相手方に伝達し、開発途上地域の人材養成に資することを目的とするもの」（p. 1）とある。細かく言えば、わたしの立場は、「個別派遣専門家」であり、「開発途上国政府及び国際機関からの個別の要請に応じ、事業団が専門家を開発途上国の政府関係機関、試験研究機関、国際機関等に派遣し、指導、助言、調査、研究に携わっていただく」（同上）ものである。

ＪＩＣＡパプアニューギニア事務所がわたしの専門家派遣要請を実質的に決めたのは、わたしがパプアニューギニアを訪問していた一九九九年の八月である。派遣先（パプアニューギニア大学）からの要請を受け、ＪＩＣＡ本部が、関係省庁（わたしの場合は文部科学省）との折衝を行ない、わたしの派遣が確定したのは、年の瀬も押し詰まった頃であった（正式な委嘱状が大学に届き、わたしの派遣の件が教授会で了承されたのは、出発直前の二〇〇〇年七月だった）。その頃には、すでに、翌年度のカリキュラム等は確定しているから、迷惑をかけないため、あらかじめ周囲には、翌年度の後期から留守にする可能性があることを、内々に伝えておく必要があった。わたしが勤めるお茶の水女子大学は半年単位の授業が大半であるため、二〇〇〇年度の前期と、二〇〇一年度の後期にある程度授業を集めることが可能だったが、前期・後期の配当が決められている科目（コア科目と呼ばれる旧教養科目など）は、教室の同僚に担当を代わってもらわなければならなかった。また卒論指導は両年度とも担当せず、指導中の大学院の学生についても、他の教員に指導をお願いした。

フィールドワーカーとＪＩＣＡ専門家のはざまで

成田を発ったのは、二〇〇〇年九月一〇日の夜のことである。空港には、ＪＩＣＡ指定の旅行代理店の人が待っていて、同時に持ち込む大量の携行機材の運び込みなど、チェックインの世話を焼いてくれた。席も、これまでの自分の調査研究では乗る機会などなかったビジネスクラスである。当時、日本からパプアニューギニアへの直行便はなかった。飛行機は、いったんパプアニューギニア上空を通り過ぎた後、翌早朝オーストラリアのケアンズに着く。そこでニューギニア航空の飛行機に乗り換え、一一日の朝、ポートモレスビーに到着した。空港には、JICAパプアニューギニア事務所の日本人スタッフであるHN氏がパプアニューギニア人のローカル・スタッフを伴って迎えに来ていて、携行機材の通関手続きなどをスムーズに済ませてくれた。

翌日、JICAパプアニューギニア事務所で、わたしと同じく新任のJICA事務所の調整員（青年海外協力隊員のサポートが主な職務）とともに、所長からオリエンテーションを受けた。さらに、治安の悪いパプアニューギニアということもあって、元管区警察局長という安全対策担当のローカル・スタッフが、強盗に遭ったときの対処法（といっても、要するに、とにかく抵抗せずに金品を渡せということだったが）などを講義してくれた。到着当日の午後から、早速家探しを始めた。外国人が住むような高級集合住宅をいくつか見てまわったあと、勤務先であるパプアニューギニア大学にも、JICA事務所にも、政府のオフィスにも、車で七〜八分以内で着ける好立地にあり、これまで訪ねて来た郊外のセトルメントからもそう遠くないという理由で、ワイガニにある住宅に決める。家具付きで、家賃は月額五、二〇〇キナ（約二〇万円）。これは、JICAの住居手当でまかなわれる。パプアニューギニアに住む外国人の住まいとしては、標準的な水準らしい。しかし床面積一〇〇平方メートル以上、二〇畳近いリビングルームとキッチンに寝室が三つもある、日本ではとても住めない豪邸である。もちろん今までセトルメントに住み込んだり、せいぜい一泊二、〇〇〇円以内の安宿に泊まってきたこれまでの自分の境遇に比べれば、別世界だった。

ホテルに一〇日ほど滞在した後、新居に引越した。まもなく日本から送った荷物が届き、徐々に生活の態勢が整ってきた。申し込んでいた電話がつき、電子メールが使えるようになったのは、着いてほぼ一月経った頃だった。

電子メールの存在は、パプアニューギニアにいながら、日本やその他の国々の人びととの間でリアルタイムで交信ができるという点で、精神的な支えにも大変役立った。もちろんパプアニューギニアで電子メールが使えるのは、ポートモレスビーという首都に滞在しているからである。ひとたび村に入れば、電気もなく、電話も通じていないため、外部との連絡は困難である。これはポートモレスビーのセトルメントでも同様である。

以下は、赴任後一ヵ月たった時点で、親しい友人や学会仲間などに送った近況報告のメールである。

パプアニューギニアに着いて、ちょうど一ヵ月が経ちました。

普段であれば、一ヵ月というのは十分にいろいろ仕事ができるほどの長い時間なのですが、わたしがこの間やったことといえば、住居を見つけ、引越し荷物を整理し、日本の免許をパプアニューギニアの免許に書き換え、車の登録をし、大学の研究室を確保し、最低限の生活用品をそろえ、一昨日ようやく電話がつき、昨日メールが使えるようになった、といったところで、ようやくこれから仕事をする態勢が整ったというところです。

それだけのことをやる中でも、結構いろいろな出来事がありました。まず住居ですが、わたしのような個別派遣の専門家の場合、カウンターパートと働く職場（わたしの場合は、パプアニューギニア大学）が、住居を提供するのが原則らしいのですが、これは実際には難しく、現実にはＪＩＣＡが住居を借り上げる形をとることが多いようです。

パプアニューギニアの都市、とりわけポートモレスビーは治安が悪いことで定評があります。といっても爆弾テロがあったり、白昼銃撃戦があるというわけではなく（後者はたまにあるようですが）、銃などで脅し車を止めてのホールドアップや、押し込み強盗の類ですが、新聞には報道されないほど、日常茶飯事になっています。そのため、一般住宅地の家でも、周囲は高い金網で囲まれていて、その上に有刺鉄線が張ってあり、なおかつよく吠える獰猛そうな犬を何頭か飼っているというのが、普通です。そのため、外国人や、ニューギニアの人でも裕福な人は、より安全対策が保証されている集合住宅に住むようになっています。

そんなわけで、わたしが借りることになった家も、そうした外国人向けの高級集合住宅ですが、家具付きで、広い居間のほかに寝室が三つもあるという、日本では考えられない贅沢な家です。下の階にはオフィスが入っているのですが、特別の鍵を持っている住人以外は、エレベーターに乗っても上階の住居部分には上がってこられないような仕組みになっています。玄関には二四時間、二人以上の警備員が常駐していて、そのうち一人はハンディトーキーを持って、夜中でも建物の中を巡回しています。地下の駐車場も、鍵を持った住人以外は車を入れられないように設計されています（他の外国の事例はあまり知らないのですが、こうしたセキュリティシステムに関してだけは、悲しいことにパプアニューギニアは「先進国」です）。

車の方は、わたしと入れ違いに帰国した知り合いの大使館の人の車を譲り受け、早速、車の登録に出向いたのですが、車のチェックは、ボンネットを開けるわけでもなく、ウィンカーを左右に出し、ワイパーを動かしただけでＯＫとなりました。街には、美しい日本車がたくさん走っていますが、それと並んで、リヤガラスがなくてシートを張っていたり、ボンネットが潰れていたり、明らかに整備不良で黒煙を上げて走っている車が堂々と闊歩しています。その理由が、この「車検」のシステムで納得できました。

ところで、その新しく登録してナンバープレートをもらった車ですが、それから一〇日も経たないうちに、露天の駐車スペースに停めていたわずか二〇分くらいの間に、見事にナンバープレートを盗まれてしまいました。盗難車に付け替えるか、それを使って犯罪に使うためだろうということで、早速「事件」の報告のため、警察のお世話になることになりました。そんなわけで、現在は付け替えた二代目のナンバーで走っています。

大学の研究室は、引出しの全部はずされたファイリングキャビネットが一個、それに電話があるだけで、ブロック塀に囲まれた、独房のような殺風景な部屋ですが、これはほかのスタッフも大同小異で、ともかくも個室をもらえたというだけでありがたく思っています。

ＪＩＣＡの専門家としてのわたしの仕事は、「社会調査手法」（都市貧困対策）ということになっています。したがって、形式的にいえば、わたしは「社会調査手法」という「技術」を「移転」する仕事をするということになるのですが、実際には、もちろん「移転」できるほどの技術がわたしにあるわけもなく、カウンターパートの、パプアニューギニア大学の人類学・社会学科の講師であるジョン・ムケ氏（ニューギニアの高地出身で、まだ若いのですが、ケンブリッジで学位を取った、大変頭の切れる、人間的にも信頼できる男です）と協同して、ポートモレスビーの移住者集落

（セトルメント）の調査研究を行ない、その実態を把握した上で、ＪＩＣＡに対し、セトルメント住民の生活改善と「貧困対策」につながるような、具体的なプロジェクトを提案する、というものです。とはいえ一年間という限られた時間では、実際には、その手前までこぎつけて「後任」にバトンタッチするのが精一杯のところだろうと思っています。ムケ氏には、去年初めて出会ったのですが、もともと考古学出身ということもあってか、水道会社のコンサルタントとして請け負った仕事をもとに、ポートモレスビーの多数のセトルメントの包括的な実態調査をすでにかなり進めていました。僕がまさっているのは、このテーマに付き合ってきた二一年という時間の長さくらいのもので、その意味でも、本当に対等の「カウンターパート」と呼べる研究者です。

そもそもなぜ僕が、こうした立場でここにいるのかといえば、自分がこの二一年間やってきた「研究」という仕事の「意味」を、現実に少しは関与する形で問うてみたかったということにつきます。この何年か、自分の中にそんな思いが募ってくるのと同時に、セトルメントを取り巻く状況が厳しくなり、ポートモレスビーの都市景観の整備と美化が進行する一方で、セトルメント住民の生活の糧である路上での物売りや、生活の場であるセトルメントの存在そのものも、「犯罪の温床」や法と秩序を乱す元凶として、排除される傾向が強まってきました。それを横目で見ながら、その状況を「記述」し、外部から「批判」しつづけることがもし「研究」であるとするなら、（少し格好つけていえば）自分はむしろ積極的にそこから逸脱してみたいと思ったのです。

しかし、ＪＩＣＡや大使館という既存の「回路」にそれほど期待していたわけではないし、また、自分がそこに関与しうるとも考えていませんでした。今までの自分の限られた体験の中では、こうした組織にいる人たちが、自分の仕事に興味を示してくれたという覚えもなければ、一緒に仕事ができる存在とも思えたことがなかったからです（その逆の反応を感じることはしばしばありましたが）。そうした僕の「偏見」を変える最初のきっかけは、ＪＩＣＡから出向してパプアニューギニアの日本大使館に勤務をしていた一人の人との出会いでした。その人と、昼食を一緒にして、僕の仕事の話をしたら、そこにぜひ行ってみたいので連れていってほしい、と言われ（その集落は、郊外の広大なごみ捨て場の奥にあるという立地も手伝って、地元の人でもふつう近づかないところだったのですが）、早速案内しました。それほどショックを受けた様子でもなく、自然に振る舞いながら、住民と握手をしているその人を見て（ニューギニアのような僻地に飛ばされた不幸を耐え忍びながら、次のもっとまともな任地に行くまで余計なトラブルを起こさないように、ことなかれ主義で振る舞っているかのようにさえ思える――これも、僕の偏見です――大使館員の中では、その人はとてもよい意味で「外れた」人であったのですが）、こういう人がいるのなら、もしかして一緒に仕事ができるかもしれないと感じました。

それから、こちらの仕事を積極的に「売り込む」ような形で、大使館やＪＩＣＡの人たちと接触を持つようになったわけですが、こんなに早く、そうした「夢」が実現するに至った背景には、おそらく僕の仕事が「買われた」ということ以上に、インフラや産業だけでなく、社会開発に目を向けていこうという、ＪＩＣＡという組織の志向性自体の変化（あるいは多様化）があったことは間違いありません。ともあれ、すぐには形や数字になりにくいこうした分野を手がけようというＪＩＣＡの側の意欲や期待を損なわず、（しかし時間がかかる仕事であることは間違いないので）継続的なプロジェクトとして根付かせるために少しは貢献できればと思っています。

さて、「建前」の話はこのくらいにして、最後に「本音」（弱音？）を少し吐いておきます。

これまで僕がポートモレスビーでフィールドワークをするときは、安宿とセトルメントの掘立て小屋の間を行き来するのが常でした（しかし安宿とはいえ、電気もなく、二〇〇軒以上の集落に屋外水道栓が二本しかなく、それもしょっちゅう断水するというセトルメントの環境から比べれば、シャワーがつかえるだけでも天国なのですが）。そして最近では、「調査」というより、たとえば、夕食後、いつのまにかまわりに集まってくるセトルメントのおばさんたちの井戸端合議での噂話や愚痴（うちの亭主はろくでなしで、給料を全部飲んでしまったり、ディスコで遊んでばかりいて、ぜんぜん家に金を入れない……といった類の）を聞きながら、人びとの生活世界の「リアリティ」を共有した気分になっていました。

しかし、この一ヵ月、ポートモレスビーという空間に身を置きながら、そうした生活からは、遠ざかり続けています。到着した当日には、空港にわざわざ迎えに来てくれていた家族たちと「感激の再会」をし、その夜はセトルメントで一緒に夕食を食べました。その後も、集落を何度も訪ねてはいます。しかし、今までのように寝泊りすることはしていません。先週は集落の中で、女性をめぐっての些細なトラブルがこじれて、弓矢や手製の銃まで持ち出しての集落全体を巻き込んだ大きな争いが起こりました。幸い死者は出ていませんが、弾を受けて重傷を負い入院している人が何人かいます。僕のもう一七年間付き合っている家族も、現在そのセトルメントを離れて、もっと郊外のワントクの家に「疎開」中で、そんな理由も手伝って、近づけなかったという事情もあります。

この日曜日には、久しぶりにその家族を訪ねて、一緒に飯を食べました。慣れ親しんだ雰囲気に身を置いているためだけでなく、そうしたこれまで自分にいわば「課してきた」行ないを果たしているということによって、何か安堵している自分がいました。

そして次の日、車でＪＩＣＡの事務所に向かう途中のことです。何だか外の風景と、自分の間に、ガラスのフィルターが隔たっているような、外の世界に現実感が持てないような、奇妙な疎外感を覚えたのです。

分不相応な「豪邸」での暮らしが、今までのようなフィールドワークの身体感覚を狂わせてしまっていることは間違いありません。「特権階級」（まさに「援助貴族」！）の生活を享受しつつ、底辺の人びとのリアリティを共有しようなどというのは、セトルメントを日常生活の場としながらよりも、はるかに困難である（不可能である）し、傲慢であることは言うまでもありません。

しかし考えてみれば、実は、自分が今まで日本とニューギニアの間でやっていた二つの世界の間の往還を（日本ではこんな高級住宅には住んだことはありませんが）、ポートモレスビーという同一の空間の中でやっているだけのことにすぎません。それは、予想はしていたもののそれ以上に、落ち着かない（自分の中でまだ調整がつかない）気分です。

おとといのことです。わたしの新居を訪ねてきた「お父さん」と次男のマイケル（三〇近くで、もう結婚もしています）を部屋に招き入れ、朝食を振る舞いました。広々とした居間のソファーにすわり、なんとなく落ち着かない雰囲気のマイケルの表情やしぐさ、そして、調子の悪い（もう日本ならとっくにスクラップになっているような）ワゴンをだましだまし運転してきたマイケルが、わたしの車（高額で買ったことは言い出せず、知り合いからの借り物ということになっています）を運転しているときの、快感と違和感が入り混じった彼の表情が心に引っかかっています。

それは、僕の勝手な思い込みを含めて言えば、「なぜお前だけが……」という心情であったように思います。この「なぜお前だけが……」（いい思いをしている、あるいはこんなにすばらしい物を持てるのに俺たちには何もないんだ）

という感情は、大げさに言えば、西洋人とその物質文明と出合って以来、ニューギニアの人たちが持ちつづけている、やりきれない「不条理」にほかなりません。

そしてこの思いを含んだ視線は、年に何回しか飛行機がおりてこないような外部と隔絶された奥地の村の人であれ、首都のポートモレスビーを歩いている人であれ、僕がこれまでいつも感じてきたものです。

そしてそれこそが「現実」なのであり、今までセトルメントや村で、つかの間の「共同生活」をしていた自分の存在や行ないこそが、（欺瞞を含んだ）演技（フィクション）であったということなのでしょう。

そんな当たり前のことに、今あらためて気づいて当惑している自分は、「フィールドワーク」の問題性や調査研究者の「位置性」などということを、えらそうに言い立てながら、実はやはりその「共同幻想」に自ら酔っていたのかもしれません。

とすれば、このポートモレスビーという空間の中での、厳然とした「格差」と「隔離」（セキュリティに厳重に守られた要塞のような家に住み）、そして「上下関係」（文字通り街を上から見下ろしている自らの視線）こそが、自らの見据えるべき「現実」なのだろうと思います。

そして、結局はそこからしか、自分は何も発言したり行動したりすることはできないのだということを確認すること、しかし、それは自分が発言したり行動したりすること自体が無意味であるということでは決してなく、そうした現実を直視した上で、そこからどこまで、何ができるのか（できないのか）を自らに問うというところから、自分のこの一年の仕事（すくなくとも「開発」という名に関わる、偉そうで、怪しく、危うい仕事）が始まるのだとあらためて思ったことでした。

とりあえずの近況報告のつもりが、つい長くなってしまいました（話の長いのだけは、どこにいても変わらないようです）。ご迷惑でなければ、また時折、近況報告を送らせていただきます。

どうかお元気で

こうした葛藤はあったものの、研究者としての領域にとどまっていては、現実の都市貧困対策につながる仕事はできないことは明らかだった。前述のように、パプアニューギニア都市では、移住者集落（セトルメント）やその住民が従事する露天商への政府の圧力が強まっていたからだ。わたしはこれまで研究者として、そうした政策に自らの調査研究の知見を対置し、外部から批判することはできたし、これまでも行なってきた。しかし、それだけでは政治や政策の流れを変えることはできない。政策決定に影響力を持つ国会議員や行政担当者、マスメディア関係者との間にパイプを作りながら、調査研究者としての知見を共有してもらうとともに、その現実への適用可能性を議論するような公共の議論の場を作ることが不可欠であると考えた。

生活基盤が整う頃から、本格的な活動を開始した。まず着手したのは、セトルメントに関わる政策を形成する主体となっている、国会議員や行政関係者と接触し、情報を収集するとともに、個人的な縁を作ることだった。それによって自らの存在を認知してもらうとともに、わたしがこれまでの調査研究で獲得してきたセトルメントの現実への認識を、そこに幾ばくかでも反映させたいと考えたからだ。

都市住宅供給の主体となるはずの国家住宅局は、もともと都市住民のための公営賃貸住宅の建設とその維持管理を主な役割として設立された。しかし、一九八〇年代半ば以降は、賃貸料の回収の滞りや維持コストの増大による採算の悪化から、既存の賃貸住宅をその居住者に売却する「持ち家政策」（Home Ownership Scheme）に転じた。その結果、運良く、住宅を取得できた階層と、それが困難な層、あるいは新たな移住者たちとの格差が開くことになり、フォーマルな雇用を得ていてもセトルメントへの居住を余儀なくされる住民も多く生まれている。このように、セトルメントは、都市のフォーマルな住宅供給が限定される中で、実質的なオルタナティヴを提供してきた。しかしながら、一九七三年の「自助的住宅」についての政府白書で提言されたようなセトルメントへの公的援助は、前述のような住宅局の採算の悪化と効率重視の傾向の中で、八〇年代後半以降はストップしてしまっている。その一方で、冒頭に述べたように、近年、セトルメントに対する政府の態度は明らかにネガティヴな方向性を強めている。九〇年代後半以降、こうした住民にとって重要な収入源となっている路上での物売りの摘発や排除なども、「都市美化」の名の下に頻繁に行なわれている。新聞などマスメディアの論調もこうした方向性に追随していて、都市への無規制的な移住者の流入とセトルメントの拡大が都市の犯罪や治安悪化の主因であるかのような議論が支配的となりつつあった。

パプアニューギニアにはこれまで、中央政府レベルでも、州政府、都市行政府レベルでも、明確で体系的な都市政策というものが存在してこなかった。その中で、都市の移住者集落（セトルメント）をめぐる問題も、事実上放置されてきたと言ってよい。しかし、一九九九年に、国会に、パプアニューギニアの都市問題に関する基本政策を提言する特別委員会（Special Parliamentary Committee on Urbanization and Social Development）が創設された。その座長を務め、実質的にも主導的役割を果たしているのは、ポートモレスビー南地区から選出された、白人女性のキャロル・キドゥ（Carol Kidu）である（彼女は、Lady Kidu と呼ばれる。Lady は敬称）。この委員会からは、すでに二編の報告書が答申され、急ピッチで新たな都市政策の策定が進みつつあった。レディ・キドゥは、首都特別区（NCD）の、同趣旨の委員会の座長も務めており、国家レベル・首都レベル双方の都市政策を仕切る人物だった。

わたしは、セトルメントの問題に長年関わってきた研究者として、こうした風潮が、セトルメントの存在の実態と現実を踏まえておらず、またそこにセトルメント住民の声がまったく反映されていないことに、危惧を抱いていた。しかし一外国人研究者としての発言や行動の力には限界がある。それが、今回ＪＩＣＡの専門家という立場でこの問題に関与しようと考えた動機でもあった。

ＪＩＣＡがセトルメントを含めた、都市貧困対策プロジェクトを実施する上では、政府の都市政策がどのように定められるかが大きな問題となってくる。外部者であるＪＩＣＡは、当然のことながら、当事者である国家や自治体の政策の枠内でしか活動できないからである。したがって、都市政策の策定に関わる国会議員や行政関係者たちが見ていない（見ようとしない）セトルメントの現実を提起することは、単に研究者としての自分の「良心」に基づきながら、自らが長年関わってきたセトルメント住民の「代弁」をするという意味を持つだけではない。自らの、JICA専門家としての活動の可能性をできるだけ広げ、その「貢献」の可能性を大きくしたいという思いとも結びついていた。

UPNGでの講演会

一〇月の半ばに入り、わたしの配属先のパプアニューギニア大学の人類学・社会学科の学科長から、わたしが報告する講演会を開催したいという要請があった。わたしはそれを快諾するとともに、自らのこれまでの研究成果をアピールする機会として最大限利用しようと、前述の委員会メンバーや、マスメディアにも声をかけ、自分で宣伝のチラシも作り、広報活動を行なった。そして、「ポートモレスビーのセトルメント：都市の癌か、希望のスラムか？」（Settlements in Port Moresby : Cancer in the City or Slum of Hope?）と題し、長大な英文原稿と、これまでに撮りためた多数のスライド、OHP、新たに作ったパワーポイントのスライドを用意して臨んだ。

一一月一五日の講演当日の参加者は、四〇人弱で、その出席者の多くは、大学の同僚らスタッフ（学期末試験が近かったこともあり学生の参加は少なかった）と、JICAおよび大使館関係者を中心とした日本人だった。残念ながら、レディ・キドゥも含め前述の都市問題委員会メンバーはほとんど顔を見せなかった。階段教室にはマイクがなく声を張り上げねばならなかった上、冷房のない教室はスライドやOHPを見せるためドアを閉めると耐えがたいほど暑くなり、聴衆の集中力も途切れがちだった。そんなわけでプレゼンの出来は、いまひとつだったが、パプアニューギニアにある老舗の日刊英字新聞であるポスト・クーリエ紙の若い女性記者がセミナーに参加してくれ、請われてわたしの口頭発表原稿を渡した。その二日後、同紙に、セミナーの内容を紹介する記事が掲載された。それほど大きな扱いではなかったが、わたしの主張の基本線は的確に紹介してくれていた。それは、①犯罪者はセトルメントにも、普通の住宅地にもいるので、セトルメントのみを犯罪の元凶とするのは誤っている、②もし人びとが本当に犯罪を撲滅しようとするならば、コミュニティレベルでの取り組みが肝要である、③セトルメントの住民は単に考えなしに都市の魅力に惹かれて出てくるのではなく、その背景には、現金収入機会や教育サービスをはじめ、都市と農村との厳然とした格差が存在するのであり、人びとはより良いチャンスを求めてやってきている、そして、④この格差が解消されない限り、「農村への送還」(repatriation)は、問題の解決にならないだろう、といった内容だった。

小さな記事だったが、目に留めた人は多く、意外な人から記事を読んだとの感想をもらった。しかし、わたしにとって何より嬉しかったのは、その後ラガムガ集落を訪ねたとき、リーダーの男の一人が近づいてきて「よく言ってくれた。お前は俺たちの気持ちをよくわかっている」と固く握手されたことだった。自らが研究対象としてきたその当事者から評価されるというのは、今まで経験のないことだった。そこには、セトルメントの住民たちが、自分たちに風当たりの厳しい現在の風潮の中で、声を持たない自分たちの代弁者を得た、というポリティカルな評価が良くも悪くも含まれていることは間違いない。わたし自身について言えば、とりあえず自らの仕事がセトルメントの人びとの表象／代弁行為として意味を持つのは、現在のいろいろな意味での過渡的状況の中でのことだと自覚しつつも、その中で自らのできることを追求していくべきだとあらためて確認した瞬間だった。

二〇〇〇年一一月には、前述のレディ・キドゥが主宰する国会の「都市化と社会開発」特別委員会が、「都市の地権者のための実行可能な未来の確立と、慣習法的共有地の都市の開発目的のための利用可能性」と題した報告書(パート2)を国会に提出している。その構成は、第1章：イントロダクション、第2章：伝統的なモツ・コイタ村落、第3章：土地接収――歴史的視点、第4章：主要な問題、第5章：今後の方向性、第6章：提言、となっている。第2章・第3章でNCDの慣習法的共有地の地権者であるモツ・コイタの人びとの伝統的土地制度から説きおこし、植民地政府による土地の不当性を指摘しているところからも明らかなように、この報告書は明らかに、レディ・キドゥの支持基盤である慣習法的共有地の地権者の立場に沿って起草されており、セトルメントとその住民には敵対的である。第4章の「主要な問題」の中では、「違法なスクォッター・セトルメント」(スクォッターとは不法居住者のことだからこの表現自体がトートロジーであるが)と題された項があり、彼らが「生活水準を改善しようという意欲を欠いており、職がないために、働いている親族に頼るか、他人から盗みを働くしかな」く、「他人を気にかけず、犯罪によって生きることを厭わない」人びとであると断じている（Kidu 2000：11）。

レディ・キドゥにはその後会う機会があり、UPNGのセミナーの発表原稿を渡しておいた。その後に開催された日本大使館主催のパーティーで、レディ・キドゥに再会した時には、わたしの原稿を読んでくれていて、セトルメントの問題と犯罪対策を同一視すべきではないというわたしの考えには自分も賛成すると語った。自分はセトルメントをブルドーザーで潰すつもりはないのだと彼女が繰り返していたのは、わたしのセミナーの内容が、現在の都市政策への批判であることを了解していたからだろう。

4　ワークショップ開催とその波及効果

ワークショップの構想

二〇〇〇年末から取り掛かったのは、セトルメント問題をテーマにしたワークショップの企画とその準備だった。このワークショップは、カウンターパートのムケ氏らのグループが、JICAから委託されたセトルメント調査の報告書が完成に近づいたのを期に、その内容を報告し、それに対するコメントを受けて、報告書の最終版を作ろうというのがそもそもの趣旨だった。ムケ氏らのセトルメント調査は、エダラヌ（EDA RANU）（民営化された首都の水道供給会社）の委託を受けた一九九八〜九九年の調査を基に、新たにいくつかのセトルメントを調査対象に加え、また社会経済的な実態についての調査項目を追加したものであり、ポートモレスビーに存在するセトルメントの総人口のほぼ半分をカバーする包括的なものとなっていた。ムケ氏らの調査研究は、政策決定を行なう政府の都市問題委員会を含め、今のセトルメントをめぐる議論に欠けているセトルメントの正確な実態の把握と、それをふまえた提言を行なおうとしていた。わたしは、このワークショップを、内輪の報告会ではなく、こうした事実と提言を核に、セトルメント問題へのよりオープンな議論を喚起する機会にしたいと考えた。ムケ氏らも、それに積極的に賛同してくれた。

クリスマス休みに入り人気のなくなった大学の考古学実験室で、大学の仲間たちと、何度かワークショップの構想を練りあった（本書四〇五頁の写真）。一日（全日）のワークショップとし、午前中に、報告書の著者たちとわたしが、それぞれ報告を行ない、午後に関係者によるコメントを並べるという構成、およびコメンテーターの候補、日取り、などのアウトラインが決まった。ワークショップと言いながら、なかなか議論がかみ合わず、参加者が各自の意見を言いっぱなしで終わってしまう会が多いことから、きちんとしたコメントを用意してもらうため、報告者の報告要旨を一週間前に、コメンテーターに届けるという申し合わせもした。

二〇〇一年一月の終わりには、ラガムガ・セトルメントの女性たちに集まってもらい、現在の生活にどのような困難があるかを聞き取った。そこでは、三つの問題が挙がった。最も大きな問題として挙げられたのが、彼女たちの多くが関わる露天商が、首都政府や警察から敵視され、追い立てられたり、売り物を奪われたり、殴られたりする目に遭っているという事実だった。第二に挙げられたのは、学校だった。子供たちを学校に通わせたいが、学費のほか、学校までPMVに乗らなければならずそのバス代、昼食代、制服代などがかかること。バス代が工面できないときには休ませなければならないので、セトルメントの中に学校があるとよいという意見が多く寄せられた。第三に挙がったのは、自分たちチンブー（グミニ）のセトルメントとその住民たちが、ポートモレスビーの人たちから、犯罪者の集まりであるというような悪い評判を立てられている、ということだった。こうした女性たちの思いに応えるような、セトルメントのワークショップにしなければならないと、あらためて確認した機会だった。

キドゥ氏との会談

具体的なワークショップの準備は、ほとんどわたしが一人で請け負った。真っ先に行なったのは、国会と首都特別区（NCD）双方の都市化委員会の座長を務める国会議員のレディ・キドゥをコメンテーターとして引っ張り出すことだった。セトルメントをめぐる政策決定に大きな影響力を持つ彼女の参加なしには、このワークショップの議論の有効性と現実への訴求力が半減してしまうと考えたからだ。キドゥ氏には、「天皇誕生日祝賀」の日本大使館主催の立食パーティーの席で、ワークショップへの参加を口頭で依頼し、前向きの感触を得ていたが、その時点では日程は決まっていなかった。

年明けの一月一五日、ワークショップへの招聘状と、仮のプログラムを持って、国会議事堂内のレディ・キドゥの事務所を訪ね、あらためて趣旨説明と正式な参加依頼をした。キドゥ氏は、ワークショップの意図への懐疑と、それが自分たちの政策形成に介入するものになるのではないかという危惧の念を抱いている様子だった。オフィスには、国会の委員会で彼女の参謀的役割を務めるヴィリ・マハ（Vili Maha）氏（地元の地権者）も同席し、二対一で、かなり突っ込んだやり取りが行なわれることになった。わたしは、ＪＩＣＡもわたし自身も、政府の頭越しに何かをやろうとしているわけではないし、それができるわけでもないこと、このワークショップは、政策を論じたり批判したりするのが目的ではなく、あくまでわれわれが調査して得たデータや事実に基づいて報告し、それについてコメントしてもらうというのが主目的であると説明した。最終的には、招聘状の文面の一部を修正し、同席のマハ氏をコメンテーターに加えることで、キドゥ氏の出席の約束を取り付けることに成功した。

一時間あまりの会談だったが、やり取りの中では、キドゥ氏のこの問題に対する基本的な姿勢があらためて明らかになった。彼女が言うには、地権者の中には、セトルメントを追い出すべきだという意見も強いし、一部の住民を別の場所に移したり、村に帰すという方向性も考えられること、自分は最終的にはこうした慣習法的共有地上のセトルメントを区画し、「フォーマル化」する（慣習法的共有地は、土地登記がなされておらず、法的な権利が存在しないため、まず土地の所有関係を確定し、登記を行なった上で、セトルメント内の敷地を区画し、その居住権を確定するという段取りになる）ことが必要だと考えているが、すぐに何かできるなどという甘いものではなく、最終的にセトルメント住民の土地占有権を認めることに合意がなされ、地代の話し合いがつき、政府がサービスを提供するというところまでたどり着くには、一〇年くらいはかかるのではないか、というものだった。

会談の中では、キドゥ氏は、発表者（つまりこの報告書の執筆者）たちがいずれも高地地方出身者であるのが気になる、とも洩らしていた。キドゥ氏は、明らかに、自らの前夫が属していた、慣習法的共有地の地権者たちの意見を代弁していた。すでに述べたように、ポートモレスビーの初期のセトルメントは、モツやコイタなど慣習法的共有地の地権者たちと伝統的な交易関係を持っていた、海岸部の出身者たちによって形成された。しかし、その後高地地方からの移住者が増加する中で、セトルメント人口の中に高地出身者の比重が大きくなっている。海岸部の人びとと、高地の人びととでは、もともと顔つきや体躯も異なり、文化や気質にも大きな差異がある。植民地政府との接触の時期は遅いものの、エネルギッシュで、活動的な高地の人びとに対し、海岸部の人びとの間には、差別と怖れの入り混じった感情がある。セトルメント問題の背後に、こうした民族的ステレオタイプや対立感情が重なり合っていることに、わたしは、専門家としての活動を始めるまではまったく気づいていなかった。ムケ氏たちとの議論の中では、地権者たちが、高地出身者に対し差別的感情を持っているという意見が支配的だった。わたしは、この問題が、高地からの移住者と、海岸の地権者たちの、地域・民族対立につながることを懸念し、そうした意見は、報告書にはストレートに書かないほうがよいという助言をしたばかりだった。当時ソロモン諸島で起こっていたような、首都のある土地の古くからの住民と移住者たちの民族対立が激化するような事態は避けたいという点では、結果的には、わたしはキドゥ氏と見解を共有していた。

この会談ではからずも気づかされたのは、都市貧困問題に関わるＪＩＣＡ専門家という自らの立場が、好むと好まざるとにかかわらず、政治的な力関係に結びついているということである。自らが研究者としての知識や経験に基づいた見解を述べたり、行動をしたりしているつもりが、キドゥ氏が警戒したように、それ以上の影響力を持ってしまうのは、わたしがＪＩＣＡという日本の政府とその資金という権力をバックにした存在だからである。一方、キドゥ氏がワークショップへの参加を最終的に承諾したのも、わたしの研究者としての実績や人柄や弁舌の力（と思いたいところだが）ではなく、将来、彼女が考えているような事業を行なっていくためにも、ＪＩＣＡの支援が不可欠と判断したからだろう。言い換えれば、ＪＩＣＡの専門家という立場は、自らの立場の持つ影響力や「権力性」を自覚しながら、自らの行動の持つ意味を常にチェックしていくことが必要とされるということである。

ワークショップの最終準備

ワークショップのコメンテーターは、キドゥ氏と、先述したヴィリ・マハ氏のほか、次の六人に依頼した。ポートモレスビー「市長」（City Manager）（当時はまだ公選制ではなく任命制）のバーナード・キピット（Bernard Kipit）氏、エダラヌ（EDA RANU）（首都水道会社）の代表で、前ポートモレスビー市長を務め、大きな政治力を持つと言われるジェイミー・グラハム（Jamie Graham）氏、首都政府の「法・秩序」部門のダイレクターで、都市問題委員会のメンバーでもあったイス・アルブラ（Isu Aluvula）氏、国家住宅局のスタッフで、セトルメント問題を長年担当してきたシシリア・ケマウ（Cecilia Kemau）女史、地権者の代表としては、キドゥ氏から推薦のあったサレ・ホモカ（Sale Homoka）氏、そしてセトルメント住民の代表として、わたしが長年付き合ってきた家族の長男で、当時、中央計画省に務めていたジョー・ウェミン（Joe Wemin）氏である。これらのコメンテーターについても、わたしが、直接オフィスを訪ねるなどして依頼し、全員の快諾を得ることができた。この人選と交渉にあたっては、これまで自分が築いた人脈が役立った。

これと前後して、ＪＩＣＡ事務所に、ワークショップの企画書を提出し必要経費の申請を行なった。当日の会場費（ホテルの会議室）のほか、会議記録のテープ起こし等の人件費、記録の印刷・製本費など、あわせて五、〇〇〇キナ（二〇万円）ほどである。幸い全額が申請どおり認められ、全面的なサポートが得られた。

その後、ワークショップのプログラムを確定し、関係者に配る案内状を作成した。招待者のリスト作成にあたっては、日本大使館と、国連開発計画（UNDP）の代表の坂口氏の協力と助言を得た。おかげで、各国の大使館関係者、国連機関関係者の参加を得ることができた。このほか、政府の関係各省庁、大学や研究機関、新聞社等のマスメディアに招待状を送った。会場の収容力に限界があったのと、昼食の準備の関係上、新聞広告等でまったくオープンに参加を募ることはできなかった。案内状の配布と出席確認の作業には、前日ぎりぎりまで追われたが、幸いＪＩＣＡ事務所の二人のローカル・スタッフが献身的に手伝ってくれ、何とか終えることができた。コメンテーターに届ける報告要旨は、報告書の抜粋版に変わったが、これもローカル・スタッフの手で、コメンテーターに届けられた。また、当日の参加者に配布する分を、コピーして用意した。

ワークショップ当日

ワークショップ開催の準備作業に追われたため、自分自身の報告の準備には、ほとんど時間を割くことができなかった。最後の数日で構成を考え、データを整理し、前日の夜中までかかって英文原稿を書き上げた。当日は、睡眠不足で、まともに声が出ないという最悪のコンディションで朝を迎えた。会場に到着すると、机の配置が注文していたのとは異なり、スライドのプロジェクターもセッティングされていない。ぎりぎりまで会場係として走り回る羽目になった。結局、参加者も八時半を過ぎる頃からぼちぼち集まり始め、八時開始予定が、四五分ほど遅れて開会となった。座長を頼んだＵＰＮＧ社会学・人類学科の同僚、ジョー・ケタン（Joe Ketan）氏の横で、進行係とテープ録音係も務めた。ビデオ撮影は、ＪＩＣＡのＨＮ氏が担当してくれた。自分の報告の番になり、いざ聴衆の前に立つと、気分が落ち着き、終始リラックスして話を終えることができた。参加者の顔を見ながら、自分の言葉が、ぴしりぴしりと聴衆に染み込んでいくのがよくわかった。このテーマに関心を持ってきた参加者の思いと、自分のメッセージが幸運にも合致した瞬間だった。今まで何度となく繰り返してきた学会報告では味わえない、緊張を伴う快感だった。

ワークショップの出席者は、午前だけ、午後だけという出席者を含め、総数ほぼ四〇名。会場の収容力と昼食の注文数にちょうど合致していた。午前のわれわれの報告（ケタン氏、ムケ氏とわたしの三名）に対しても活発な質疑応答があった。午後には、五名のコメンテーター（当日欠席のイス・アルブラ氏と、午前中の質疑応答だけに参加したヴィリ・マハ氏を除く。ポートモレスビー市長のキピット氏は出張のため、委員会メンバーでもある都市計画担当のスタンリー・ハル氏が代わって報告）が順にコメントを発表し、最後に総括の議論を行なって、予定の午後四時を三五分オーバーして閉会となった。キドゥ氏をはじめ、多くの出席者が最後まで参加してくれ、議論のテンションも落ちなかったのは、この手の会合としては珍しいことであった。参加者には、名前・連絡先とともに、セトルメントへの関わりあるいは関心の所在、そしてこのワークショップへのコメントを書いてもらうフォームを配布した。参加者の反応は上々で、大変有意義なワークショップだったというコメントが多く寄せられた。とくに、各国の大使館や援助担当者、国連関係者などの中に、これまで関心を持ちながら情報を得る機会がなかったこの問題について、多くの示唆を得たという声が多かった。

ワークショップ以後

翌日、二つの日刊英字紙、ポスト・クーリエ（Post Courie）紙と、ナショナル（The National）紙[2]は、いずれもこのワークショップに関連する記事を載せた。しかし、それらは残念ながら、ワークショップの内容や意図を正しく伝えておらず、かなり問題のあるものだった。

ナショナル紙は、「貧困に取り組むシステムが必要」というタイトルの、当日来席した記者の署名記事であった。JICAがこのワークショップを主催したことは記しているものの、われわれの名前はなく、主語はすべてレディ・キドゥになっていて、あたかもキドゥ氏が呼びかけた会議であるかのような印象を与えるものだった。

ポスト・クーリエ紙の方は、さらにひどかった（資料9‐3）。当日会場に姿を見せていたのは、以前、わたしが大学で行なったセミナーにも出席して記事を書いてくれた、若い女性記者だった。しかし、翌日の記事には、その記者の名前はなかった。そして、「セトルメントはますます『暴力的』になる」という、とんでもないタイトルがつけられていた。記事は、やはりキドゥ氏の発言を中心に、数名の参加者のコメントを紹介しただけで、ワークショップの主催者やその意図、ムケ氏らの報告書とその内容については、まったく言及されていなかった。記事の本文には、キドゥ氏の発言として、独立以来、これらのセトルメントに何の施策も取られなかったことが、これらのセトルメントにおける暴力を生み出している、という言葉が紹介されている。しかし、後にテープ起こしをした記録によれば、キドゥ氏が「暴力的」という言葉を使ったのは、ただこの一回のみであり、他の参加者の誰もそのような表現は使っていなかった。むしろ、ムケ氏らの報告を含め、当日の議論は、このようなセトルメントへの偏

Post-Courier, Thursday February 8, 2001

HOME NEWS

Settlements more 'violent'

PEOPLE living in settlements in Port Moresby will continue to live in poverty unless service providers including the Government work together to meet their real needs.

Speakers raised this view at a workshop on poverty alleviation of urban settlements in Port Moresby yesterday.

Since the launch of the Government White Paper 1973 on "Self-Help Housing Settlements for Urban Areas", not much had been done to address the real issues affecting people living in various settlements in the city, the meeting was told.

The chairwoman of a special Parliament committee on urbanisation and social development and urban community development committee of NCDC, Lady Carol Kidu, said that since the 1973 report, the years of neglect had led to overall violence in settlements.

Lady Kidu said issues relating to good governance, gender, poverty, land ownership and children were long overdue and needed to be seriously looked into.

She said to make a true social environment for people living in settlements, a unified system of government in NCD was needed so that through good governance settlers and landowners could reach certain agreements.

Lady Kidu said the effect of urbanisation was felt everywhere but no pilot projects would be set up in city settlements unless all necessary arrangements were in place.

The Secretary for Social Welfare and Development Joseph Sukwianomb said institutions, including the University of Papua New Guinea and the National Research Institute, should work closely with donor agencies and groups interested in correcting problems city settlers faced.

"We all need to work together, we may have the funds and have consumed so murh time and energy but we have not addressed the issue of people.

"People are running away from their home provinces because of tribal fights or maybe their land is not sufficient to sustain them," he said.

VILLAGE life in settlement: While many settlements are getting more violent, Kesi settlemen Taurama Rd, looks a picture of happiness. Picture: AURI EVA.

資料9－3　ポスト・クーリエ紙　2001年2月8日掲載記事

見を脱し、もっときちんと現実を見据える必要があるという方向では一致していたから、この見出しは、当日のワークショップ全体の議論とその意図と正反対の方向に読者を導くものだった。奇妙なことに、そこに配された写真は、見出しとは対照的に、セトルメントにも村のような平和な生活が見出されるという矛盾したものになっている。おそらくは、記事を書いた記者の意図とは別に、編集担当者が、見出しと写真を配し、センセーショナルに仕立て上げたのであろう。

これは、まさにわれわれが批判してきた、メディアによって再生産されるステレオタイプという構図の典型であって、許すことができなかった。そこで、当日夜中までかかって、ポスト・クーリエ紙の編集局長宛に抗議文をしたため、電子メールで送り付けた。その中では、①ただちにより正確にワークショップの内容を伝える記事をあらためて掲載すること、さらに、②われわれの見解を直接述べる頁を提供すること、を要求した。この抗議は、ＪＩＣＡやＪＩＣＡ事務所ではなく、あくまでＪＩＣＡ専門家としてのわたし個人の名前と責任で行なった。ようやくポスト・クーリエ紙の編集局長との面会が実現したのは、二月二三日のことだった。ムケ氏とともに新聞社を訪ねると、すでに先方は結論を出していたようで、われわれの見解をきちんと紹介する記事を、一～二本載せるということで、あっさり決着がついた。担当者に紹介され、その場で写真を撮られて、今後の段取りを打ち合わせた。その結果、三月一二日に「フォーカス」という論説欄に、ムケ氏の大きな写真入りで、ＪＩＣＡの委託研究報告書の内容を詳しく紹介する担当者の署名記事が掲載された。ワークショップの事後処理としては、テープ起こしをして、ワークショップの記録を作成するという大きな仕事があった。これについては、ワークショップに参加していたムケ氏の指導する院生たちが担当してくれることになり、テープ起こしの素原稿をもとに、意味が通らない部分を修正したり、繰り返しを削除したりする編集作業を根気強く行なってくれた。それに、わたしが一通り目を通し、何とか原稿が完成した。印刷屋に超特急で仕上げてもらい、現物が完成したのは三月一五日、わたしの一時帰国の直前だった（Kumagai, Boma and Walpe 2001）。

パプアニューギニアを離れる数日前に、わたしは、ワークショップでの報告を基にした新聞記事用の原稿を書き上げて、担当者に渡していた。一時帰国中の三月二三日に、わたしの原稿を使った一面大の記事が掲載された（資料9-4）。その中で、わたしは、まずポートモレスビーにおけるセグリゲーションの傾向について語り、持てる者と持たざる者との間の格差が広がり、その居住空間も分化していること、空間的な隔離が社会的な相互作用を減じさせ、ステレオタイプや差別を強めさせている、と指摘した。そして、周囲から隔離されたセトルメントの典型として、ゴミ捨て場の奥に立地する、自分が二一年間通いつづけているシックスマイルのチンブー出身者のセトルメントを紹介した。そこでは、公的サービスは欠如し、居住環境にも改善が見られない。住民は働く意欲を持っているが、ポートモレスビーの限られた労働市場では、フォーマルな雇用は得られず、集落の周囲に作った畑で獲れた作物を販売したり、女性たちが路上で物を売ったりして生計を立てている。しかし、首都政府の取締りが厳しくなり、人びとの生活はますます困難になっている、といった事実を指摘した。最後に、こうしたセトルメントの存在を、マージナルなものとして排除するのではなく、都市空間や社会に統合していくことが必要であると述べ、そのための方策として、次の五点を指摘した。①セトルメント住民と地権者との間に対話の回路を開く。②地権者が受け入れるならば、セトルメント住民と地権者と政府との間で何らかの合意を結ぶ。その上で、③住民がコストを支

Weekend Magazine

Port Moresby: Divided city

Keichi Kumagai tells of 'My 21 years with settlements' in Port Moresby

PORT MORESBY has been a discrete or divided city between colonialists and "native" people; among migrants from different origins and between the ones who have and who have not.

A number of sociological and geographical studies have discussed the theme of segregation between different social and cultural groups in urban space. Their basic presumption is that spatial distance reflects social distance between the groups because spatial segregation results in little social interaction between these groups.

What about the Port Moresby's case? I have calculated the degree of segregation among the groups from different provinces of origin. The analysis was based on the smallest census unit date of NCD in 1980 and 1990. As a result of that I found the following facts..
Firstly, a fairly high level of segregation was maintained between these groups.

Secondly, the people born outside PNG or the expatriates are far more segregated from any other groups.
Thirdly, while the extent of segregation has generally decreased between 1980-90, in a few particular groups, the indices of segregation haye partly increased. They are the people born in Chimbu and Eastern Highlands provinces and those born overseas. The foreigners have retreated from formal high covenant residential areas such as Boroko, Korobosea or Gordon. They have concentrated in the area surrounding town and Waigani. There are a lot of highrise flats or newly developed residential enclaves that are fully guarded by security service in these areas.

Migrants from the Eastern Highlands and Chimbu provinces comprise the majority of the highland population living in urban settlements. Thus the increase of segregation in these two groups should be the result of residing in the settlements instead of formal residential suburb. This tendency tells us the reality of Port Moresby as a "divided city".
Foreigners and political elites with higher income are segregating themselves from other people and concentrating in luxurious flats or housing enclaves. On the other hand, more and more people are residing in the settlements. Here the polarisation process is accelerated between the privileged and the depressed. This is not only ethnic segregation, but also class segregation between the one who has and the one who has not.

Settlements are invisible realities. The people living in settlements are more and more segregated from other people in the formal suburbs. This situation surely enhances the negative image and attitudes towards the settlements with prejudice, fear and discrimination.
Discrimination comes from fear and fear comes from not knowing them well. It is often unreasonable fear without proper investigation and understanding the reality of lives in the settlement.
Segregation is both a cause and a result of misconception or discrimination. This is one of socio-cultural results of "divided city" of Port Moresby today.
Since 1979 I have been visiting one of the most marginal and segregated settlements in Port Moresby. That is a Ragamuga or Six-Mile Dump settlement. There are several reasons I highlight this settlement as "most segregated" or "marginal" one.
It is a so-called squatter settlement on customarily owned land, although the settlers pay some amount of rent to the landowner. The settlement is located behind the NCDC's big rubbish dump, which presents a desolate landscape. As this settlement can be reached through this rubbish dump, the settlers' lives are hardly recognised. They are invisible from outsiders. The population is nearly 1000. Almost all the settlers are from the Gumine area in Chimbu province.

The physical environment of the settlement is inferior compared to other migrant settlements in Port Moresby. The houses were built by the settlers themselves. They used second-hand timber for frames and covered by galvanised iron sheets or any other sheet metals mostly collected from the adjacent rubbish dump.
When I first visited the settlement, there was no useable water in the settlement apart from the two standpipes laid by the City Council in 1981. It was a great improvement for the settlers who had no means of access to water within the settlement.
Since that time, however, there has not been any other noticeable improvement in the settlement provided by either the government or the settlers themselves. There is neither electricity nor garbage collection.
The settlers are not lazy people but hard-workers. However, their formal employment opportunities are limited because most of the settlers lack skills and educational qualifications. As well, they have few influential "wantoks" to help find employment. Therefore, most settlers are engaging in only unskilled and lower status jobs such as security guards or laborers. To supplement the insufficient formal employment, the settlers are trying to find their own means of income.
Among them, urban gardening is a major one during the rainy season. The steep slopes of the hills surrounding the settlement have been totally converted into cultivated land. A number of crops such as peanuts, corns, pumpkins or sweet potatoes are growing for sale at open market in the city. Women and elderly men are engaged in cultivation. Income from selling garden crops greatly contributes to their household economy.

Street vending is another major source of income mainly engaged by women. Many women in the settlement once used to sell betelnuts in the public open space or on the street until early 1995. However, harsh control of betelnut vendors on the street by NCDC, under the slogan of urban beautification or "Keep Moresby clean and green" campaign chased those vendors away from the street. Their negative and sometime violent attitudes towards street vendors make women, who actually support their family and children, suffer.
What then is the solution?
It is not fair that only settlers are accused of occupying the land without any legal rights. This partly reflects a failure of an urban housing policy to accommodate ordinary people at a reasonable cost. Many people, even with formal employment, reside in the settlements due to lack of affordable housing.
It is a human rights issue when more than 30 per cent of urban residents in Port Moresby are staying in depressed living environments without the provision of basic services and good support from the Government. A poor physical environment, insecurity of residential tenure on account of being "illegal" squatters together with economic difficulties make life in the settlements difficult.

To alter the situation, it should be necessary to integrate the settlements and their inhabitants into urban space and society instead of marginalising them. I would like to suggest the following way forward for this purpose.
1. Proper dialogue should be established among all the stakeholders including the settlers and Motu Koita people to find a suitable solution;

2. In case of the settlements on customary land, some kind of agreements between settlers, landowners, and government should be entered into if the landowners could accept the settlements to give the settlers residential rights under certain conditions and circumstances;

3. Proper services should be provided to the settlements as well as proper assistance to the settlers to improve their living environment. Of course it should be also emphasised that settlers themselves must bear the responsibility to pay fair costs;

4. To improve the settlers' economic situation so as to pay the proper costs, they need informal means of income supplementing insufficient urban job market. Informal sector activities such as vending or cottage industries must be promoted instead of eliminating this potential by the city authorities. It must be beneficial not only to the settlers but also other citizens including Motu Koita villagers by giving more business opportunities and supplying cheaper goods than the ones available in supermarkets.
5. Community based development must be the key role to take these steps successfully. Sound and firm community organization should be promoted. Especially women's participation and their empowerment should be crucial because women actually support their family and they should know real family needs. The women also hate violence both within family and in the community.

– Keichi Kumagai is a JICA poverty alleviation expert and a visiting professor at UPNG

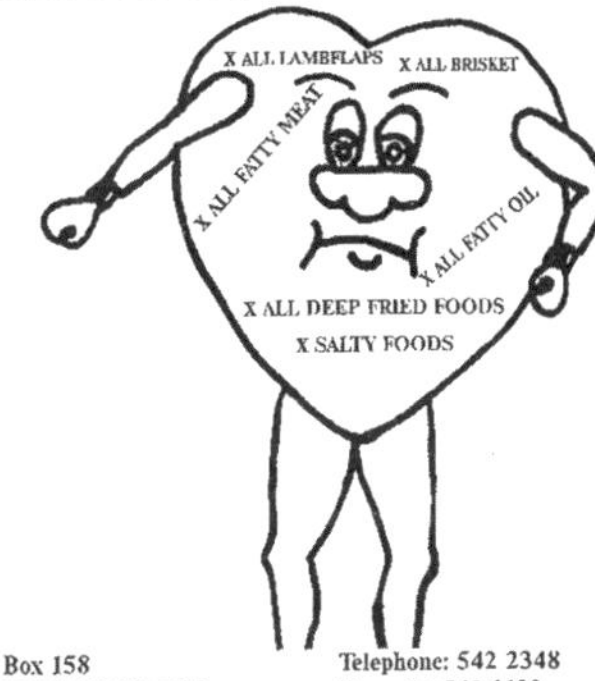

資料9－4　ポスト・クーリエ紙　2001年3月23日　掲載記事

払うことを条件にして、セトルメントに適切なサービスを提供する。④これらのコストをセトルメント住民が支払えるようにするためにも、インフォーマルな雇用機会が重要であり、それらは抑圧されるのではなく、むしろ奨励されるべきである。⑤こうした過程をうまく進めていくためには、セトルメントの中にきちんとしたコミュニティを発展させていくことが必要であり、そこでは特に女性の役割が重要である。なぜなら女性が実質的に家族の生活を支えているし、家庭でもコミュニティでも暴力を否定するのは、女性だから。

この文章は、この半年間の活動のひとつの到達点でもあった。前半のセグリゲーションの事実やセトルメントの描写は、これまでのわたしの研究ですでに語ってきたものであり、特に新しいことは付け加わっていない。しかしそうした事実を、いかにしてその対象が存在する現実社会に対し影響力を持つべく発信していくかという発想は、それまでの研究者としてのわたしの中にはなかった。この文章では、政府を声高に批判したり、一方的にセトルメントの肩を持つことは避け、異なる立場の人にも理解し共感してもらえるような語り口を心がけた。研究者として追求してきた「正しさ」とは少し異なる位相での、現実への「構え」のようなものが少しは身に付いたと言えるだろうか。

5　NCDのパイロットプロジェクトと住民委員会

パイロットプロジェクトの公表

二〇〇一年四月、キドゥ氏を座長とする首都庁（National Capital District Commision : NCDC）の都市問題委員会が、パイロットプロジェクトの構想を公表した。これは、これまで顧みられてこなかった慣習法的共有地のセトルメントの居住環境改善をめざす、画期的なものだった。その手順は、①住民の定期的な地代支払いを条件として、②地権者が居住権を公認し、③それを受けて行政当局が上水道・電気などのサービスを提供するというものである。このプロジェクトの内容は、わたしがワークショップとポスト・クーリエ紙の署名原稿で述べた主張とも合致していた。そしてこのパイロットプロジェクトの実施予定地区には、わたしが長年通ってきたラガムガ（シックスマイル・ダンプ）セトルメントも含まれていた[3]。

パイロットプロジェクトの決定を受け、わたしは早速、ラガムガ集落の住民委員会の立ち上げに協力した。委員には、地区内の四つのクラン集団、教会、警官、女性、若者グループといったカテゴリーの中から数人ずつ、合計二八人が選ばれ、互選により委員長ＪＭ（本職は警官）が決まった（写真9-1）。五月に集落内で行なわれた住民説明会には、キドゥ氏、首都庁（ＮＣＤＣ）のプロジェクト担当者も参加した。その中ではＮＣＤＣのメンバーから、掘立て小屋のセトルメントに電気が引かれ、住宅も改善されて郊外住宅地のようになるというバラ色の未来が語られ、住民たちは高揚した。

ラガムガセトルメントの社会調査と開発福祉支援事業

五月に入り、わたしは住民委員会の五人の若手メンバーとともに、集落の社会調査を開始した。このころからわたし自身も週に何度かラガムガ集落に泊まり込むようになった。メンバーが、自分のクランを中心に各戸を回り、調査票に記入する。それをわたしがチェックして不明な箇所を確認した後、再度その調査票を持って全戸を訪ねて、記載内容の確認、世帯写真の撮影、地図へのプロットなどの作業を実施した。これらの作業はもっぱら週末を利用して行なった。

一見同じようなセトルメントの住宅の規模や質にかなり差があり、屋内は結構きれいに整えられていること（写真7-17、7-18参照）など、調査の過程ではいろいろなことが見えてきた。調査の結果、あらためて浮かび上がってきたのは、ラガムガ集落の男性住民の多くが夜警や清掃夫など、フォーマル・セクターの底辺の職に従事し、女性は路上販売などインフォーマルな職に就いてそれを支えているという構図だった（第7章第5節参照）。所得額が低く不安定なこの経済状況では、セトルメントが公認されても、地代や電気代・水道料などのサービスの対価を恒常的に支払うことは難しい。パイロットプロジェクト実現のためには、新たな所得の創出が不可欠だった。ＪＩＣ

A事務所の担当者HN氏に相談したところ、開発福祉支援事業（Community Empowerment Program）への申請を勧められた。このプログラムの受け皿として、実績のあるローカルNGOを選び出し（住民組織が直接事業主体となることはできない決まりであった）、その代表者にラガムガ集落に一緒に足を運んでもらって住民に紹介し、プロジェクトの意図を説明するところまで行なってわたしの任期は終了した。

帰国の前日、ラガムガ集落の住民委員会が主催し、わたしのお別れパーティーを開いてくれた。JICAのHN氏、後任の派遣専門家のSM氏とともに集落に着くと、広場に舞台が設えられ、印刷したプログラムが用意されていた。広場に集まった大勢の住民たちを前に、委員会のメンバーがかわるがわる語った。「プロフェッサーがなぜ長年こんなところにわざわざ通っていたのか、その訳がようやくわかった。プロフェッサーは、自分たちを助けるために長年調査をしていたのだ……」と。最初からそのような意図があったわけではないから、面映ゆかったが、これまでのわたしの長年のフィールドワークが、研究のための研究ではなく、調査対象となった人びとの役に立つものであることがその人びと自身から認められたと感じた瞬間だった。

開発実践者のはしくれとしてフィールドにかかわったことで、調査研究者としてのわたし自身にも新たな理解の回路が開けた。これまで、長年セトルメントに住み込みながら、住民がコミュニティの自治や、居住環境の改善には熱心でないと感じてきた。しかし居住権が与えられる可能性が出てきたことで、人びとの態度は大きく変わった。パイロットプロジェクト決定以後の住民委員会の熱意には驚かされた。討論の進行も民主的であり、議論を仕切る男たちにまじって、女性も臆せず積極的に発言していた（写真9-1）。わたし自身の位置性とかかわりの変化が、「やる気がなく」「まとまりのない」セトルメント像を変え、フィールドの新たなポテンシャルを引き出すとともに、わたし自身の対象へのより深い理解を可能にすることになった。

わたしの理解の深化は、次のような図式（図9-2）で示すことができる。ラガムガ・セトルメントの住民たちにとって、ポートモレスビーの自らの集落を安住の場所とするためには、四つの制約があったと言える。すなわち、第一に、慣習法的共有地上にある自らの集落の居住権が保証されておらず、立ち退きを迫られても文句を言え

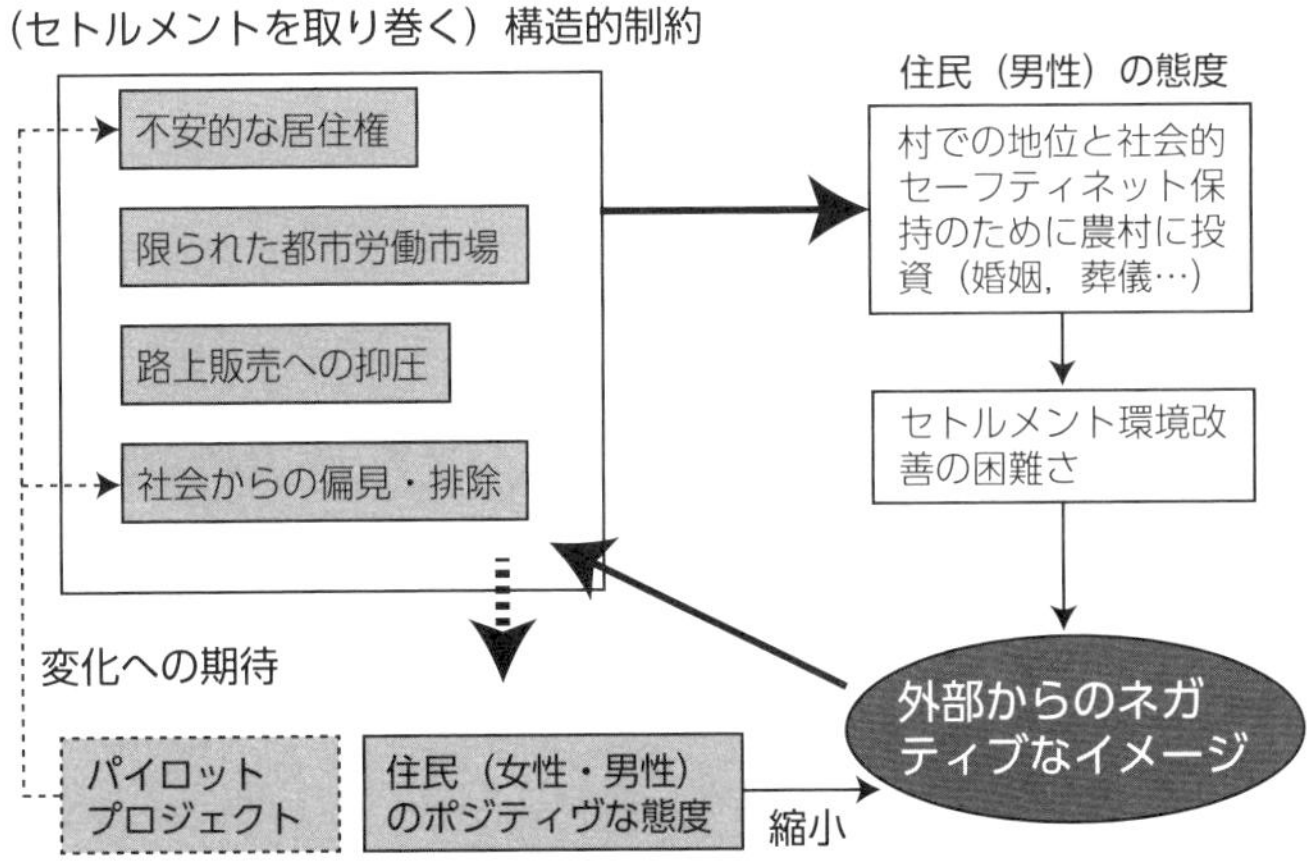

図 9-2　セトルメント住民の構造的制約とその変化

ないこと、第二に、都市のフォーマルな労働市場が限られており、定職を得ることが難しいこと、第三に、それを補うためにもっぱら女性たちが従事する露天商の活動が、ポートモレスビーの都市空間の整備と都市美化政策に伴い、次第に維持困難なものになっていること、そして第四に、彼ら高地地方からの移住者が、地元の（海岸部）住民から偏見と差別の眼で見られていること、である。

異邦としての都市空間にチンブー出身者が築いた場所である都市のセトルメントが、安住の場所ではなく、終の棲家たりえないことは、人びとにいずれ故郷に帰ることを余儀なくさせる。そのため人びとは、村との緊密な関係を続けておかねばならない。そのためには、村で現金が必要な機会――親戚の婚礼や葬儀、部族戦争後の賠償金の支払いなど――に、自らがポートモレスビーで得た現金を拠出することが必要となる。それによって、自らの村での地位を確保することができる。それは裏返せば、人びと（特に故郷に強い帰属意識を持つ男たち）にとって現在の自身の居住環境改善への意欲を持ち、将来を見据えた持続的な開発の実践を行なわせることを妨げることになる。そのような状況は、社会からの偏見や差別を一層強めるという悪循環がある。（図9-2）

パイロットプロジェクトは、こうした社会のラガムガ・セトルメントへの眼差しを大きく変えるきっかけを生み出した。自己の居住権が保証され、セトルメントが自らの安住の場所となるかもしれないという期待は、人びとを団結させ、さまざまなポジティヴな実践をも生み出すことになった。わたしが研究者の領域を踏み越えて、開発実践に関わったことで、研究対象への理解が深化した。それとともに、「研究対象」であった人びとと場所自体が変化し、進化することになったのである。

6　専門家離任後の展開

小規模融資計画（KK Dinau Scheme）とその展開

お別れパーティの返礼の演説の中で、わたしはこれまで世話になったコミュニティへの寄付の意志を伝え、その金を小規模融資の資金として使ってほしいと語った。セトルメントの長年のホストファミリーの長男で、パプアニューギニア大学を卒業し、政府の国家計画省に務めるジョー（彼自身は二〇〇一年からフォーマルな住宅地区に転出していた）が、その細かな規定を作ってくれた。

わたしの帰国後の二〇〇二年一月、住民委員会主催で、キドゥ氏やＪＩＣＡ関係者も出席して、この小規模融資事業の設立式が開催された。この融資事業はわたしのイニシャルを冠して「KK Dinau Scheme」（dinau はピジン語で借金の意味）と命名された。二つの日刊英字新聞が翌日このニュースを速報した。さらに週末版にも両紙が一頁大の記事を掲載した。

ナショナル紙の週末版の記事には、ホスト家族のわたしの父ウェミン、大使館のＥ氏（説明にはわたしの後任のＪＩＣＡ専門家ＳＭ氏と誤って記載されていた）と笑顔で肩を組むわたしの写真（ジョーの提供による）とともに、次のようなわたし個人の物語が紹介されていた。

ラガムガ集落は、シックスマイルのゴミ捨て場を抜けた場所にあり、街のまっとうな暮らしをする住民たちなら誰もその悪名を恐れて近づかない。セトルメントの住民はゴミ漁り人や危険な犯罪者たちであり、彼らを邪魔する者には容赦しないとみなされてきた。しかし、この日本人の教授、クマガイケイチは、豊かな西欧流の生活をしてきた人間であるにもかかわらず、一九七九年学生時代に訪れて以来、彼にとってこの集落は「第二の故郷」となった…。

そして住民の女性の言葉（「彼は日本に帰ったけれど、わたしたちのことを忘れていない」）や住民リーダーの語り（「彼は外国人だが、政府に見捨てられてきた自分たちに対して『大きな心』（big heart）を持っている」）に続いて、設立式のためにわたしが電子メールで日本から送ったピジン語のメッセージ（「この事業が成功すれば、ほかの人たちがこのセトルメントを見る目が変わる。貧しい人や犯罪者の巣ではなく、一生懸命働く人たちのコミュニティなのだということがわかるだろう」）などが紹介されていた。いささか英雄譚のような仕立てが気恥しかったが、何よりうれしかったのは、これまで悪評の高かったラガムガ・セトルメントが、社会の中で注目され、承認される機会を得たことだった。

融資にあたっては、居住年数や所得額、融資の使途などを明記した申請書を住民委員会が審査し、決定を行なうことになっていた。わたしが二〇〇二年三月末にセトルメントを再訪したときには、融資を受けた者のうち八割が完済していた。しかし四月に行なわれた第二回目の融資では、その返済率は著しく低下した。その理由として、住民委員会のメンバーが挙げたのは、乾季に入り畑作物からの収入が途絶えて生活が苦しくなったこと、そして六月に総選挙があり、候補者による金のばらまきが行なわれたため、その悪影響で「もらった金は返さなくてよい」という気分が生じたことだった。この融資事業は、住民委員会が自分たちで規定づくりを行ない、社会からの注目を集めたことで、これまで陽があたらなかったセトルメントの「承認」につながる効果を持った。しかし融資事業そのものは、二〇〇二年六月からそのアドバイザーだったジョーが家族とともにシンガポールに長期赴任したこともあって、その後結局立ち消えになってしまった。後任の派遣専門家SM氏からは、小規模融資の実現と運営に不可欠な草の根レベルの住民の意識改革とそのための準備が不十分な中で、上から個人の「寄付」として資金が与えられ事業がスタートしたことは、セトルメントにおける住民主体の開発を実現するための地道な努力を阻害するものであるという手厳しい批判を受けることになった。

ラガムガ・セトルメントの転落

一方首都庁のラガムガ集落へのパイロットプロジェクトも中途で頓挫してしまうことになる。最大の原因は、地元住民（コイタの人びと）の中の別の一族が、植民地政府の測量図を証拠に、自分が真の地権者だと名乗りを挙げたことだった。これまでセトルメント住民とかかわりを持ちインフォーマルにセトルメントの地代を獲得していたのは、近くに住む別の地権者（サラガ一族）だった。しかしパイロットプロジェクトが軌道に乗り、地代支払いが制度化されれば確実な収入源になる。この好機を見逃すはずがなかった。首都庁の側は、どちらが真の地権者かを判定することができず、プロジェクトは暗礁に乗り上げてしまった。

いっこうに実現しないプロジェクトに住民がフラストレーションを強める中、二〇〇三年にラガムガ集落を巻き込む二つの大きな暴力事件が起こる。二〇〇三年の一月の夜、シックスマイル・ダンプの前の道路で、パンクした自動車のタイヤを交換しようとしていたブーゲンビル出身の元外交官が、ラガムガの向かいのゴイララ（セントラル州山間部）出身者のセトルメントの若者たちに襲われ殺されるという事件が起こる。これに憤激した殺された男の妻の出身地であるセントラル州の村の一族が、翌朝ゴイララのセトルメントに殴り込みをかけ、集落を焼き討ちする。この襲撃に加勢したのが、日頃からゴイララの連中と敵対しているラガムガ集落の男たちだった。さらに七月には、ラガムガ集落の中で殺人事件が起こる。これは集落を二分するクラン間の紛争にまでエスカレートし、家や車が焼かれてしまう。手打ち式が終わって、別の場所に避難していた劣勢のグループが集落に戻った後も、いったん崩れたセトルメントの団結は取り戻せなかった。住民委員会で活躍していた女性リーダーのひとりも家を焼かれ、セトルメントを出ていってしまった。これらの出来事は、もともと根強かった「シックスマイル＝暴力的で危ない場所」というイメージを復元する結果となり、ＪＩＣＡや他のドナーたちに芽生えかけていた期待と信頼感も損なわせることになった。

二〇〇三年九月に東京のＪＩＣＡ本部の社会開発部で行なわれたプロジェクトデザイン会議では、まだシックスマイル・ダンプ地区（ラガムガ集落）を中核とした、都市貧困地域の開発モデル事業が描かれていた。しかしその中にはプロジェクトを規定する外部条件のひとつに「モデル地区で大きな紛争が起きない」という一項が含まれていた。二〇〇四年一二月には、ＪＩＣＡとパプアニューギニア首都庁の間で、セトルメントを対象としたコミュニティ開発プロジェクトの調印が行なわれる。その目的は「セトルメント開発のための示唆を得る」ことであり、インフラ整備などはその中には含まれず、もっぱら主に住民と首都庁の行政担当者の能力開発がめざされていた。

ＪＩＣＡプロジェクトの候補地区には、ラガムガを含む市内の一二のセトルメントが挙がっていた。プロジェクトは、参加型開発の手法に基づき、各セトルメント住民と議論しながら、進められた。しかしラガムガ集落の住民委員会の委員長をはじめとする幹部たちには、ＮＣＤＣのパイロットプロジェクトの余韻から自分たちが本来のプロジェクト対象であるという意識が強く、話し合いはうまく進まなかった。二〇〇四年九月、プロジェクトから外れかけたラガムガ集落プロジェクトメンバーが説明に訪れたその帰途、シックスマイル・ダンプを出る途中に、一行の車が襲われるという事件が起こる。この事件の首謀者と真相は定かではない。しかし、セトルメント改善の夢が実現されない住民たちの不満と、その責任をＪＩＣＡに転嫁しようとした委員会幹部たちの態度がその背景となったことは間違いない。これが最後の決定打となって、ラガムガ集落は、ＪＩＣＡのプロジェクトから完全に脱落してしまった。

わたしが先鞭をつけたＪＩＣＡの都市貧困対策としてのセトルメントの改善は、その後二〇〇四年～二〇〇七年まで、ポートモレスビーのコミュニティ開発プロジェクトとして展開し、いくつかのセトルメントでは住民主導による計画が遂行され、集会所の建設などが実現した。またこれまでセトルメントに敵対的だった首都庁の担当者の意識改革や能力向上にも大きな成果を上げた。このコミュニティ開発のプロジェクトは、その後さらに地方にも展開している。それまで国家や首都庁から敵視され、厄介物扱いされていたセトルメントをめぐる流れを変え、「承認」の機会を与えたという点では、わたしの実践は貢献を果たした。しかし自分自身が長年住み込んだラガムガ集落に関しては、一時はコミュニティの活性化が実現したものの、住民が期待した物質的な改善は生まれず、失望を残すことになってしまった。

ひとつ明るい話題は、ラガムガ集落に低学年の子供たちを教育する小学校が開校したことだった。二〇〇三年に訪ねた時には、二〇〇一年にセトルメントの全戸調査をしたときに協力者になってくれたＬＫがボランティアの教員の一人として、熱心に活動していた。バス代の心配をせずに、セトルメントの中で学ぶことができる子供たちの表情は明るかった。[4]

研究者と実践者の往還がもたらすもの

一年間のＪＩＣＡ専門家としての活動は、わたしの研究者としての自らの視点と「位置性」に対し、多くのものをもたらしてくれたことは間違いない。

第一に、セトルメント問題を、より広い、構造的なコンテクストで捉えることの重要性を切実に認識させられた。これまでの自分は、もっぱらセトルメントの内部（住民の日常生活や、農村との関係など）だけを見ていた。しかし、セトルメント問題の改善や「解決」を視野に入れて考えた場合、セトルメント住民だけでなく、それを取り巻く行政権力、慣習法的共有地の地権者の三者関係、さらにメディアや、一般市民の視線を含め、さまざまな「関係性」とその変革が必要不可欠となる。

第二に、セトルメント問題への政策担当者やマスメディアの態度に対する異議申し立て、言い換えれば研究者にとっての「リアリティ」の主張は、単なる研究者の「良心」の表明にとどまらないし、またとどまってはならないということだ。わたしの場合、ＪＩＣＡのプログラム策定にあたって、より柔軟で、底辺のセトルメントへの配慮を含んだ計画構想を可能にしたいという思いがあった。その戦略としての、わたしの専門家としての行動や発言は、「政治的」な意味を含むだけに、より慎重かつ柔軟であることが必要とされた。

第三に、研究対象やテーマは、単に研究者自身の知的好奇心を満たしてくれる存在にとどまらないこと、むしろそれを超えることによってこれまで得られなかった研究の成果と新たな研究の目的が開けてくることである。すなわち、当該社会にとっての調査研究という新たな意味の付与、である。たとえば、セトルメントの実態調査は、狭い意味での研究という視点だけで捉えれば、自らの知的好奇心や学問的関心（業績作り！）を満たすための手段にすぎない。しかし、セトルメントの改善のために居住権の保証が必要であるとすれば、住民の生活のリアリティを反映するようなセトルメントの実態調査を行なうことは、その基礎資料を提供することになる。そのデータの持つ意味は重くなり、研究者の自己満足では終わることができない。

パプアニューギニア大学考古学研究室にて，カウンターパートのムケ氏と（2000 年）

こうした自らの研究視点の変化や拡大を、研究に新たな意味を与えるものとして積極的に捉えるか、あるいは調査研究の「中立性」「客観性」を損なう危険を持つものと見るかは、それぞれの研究者の価値観によって変わってくるだろう。わたし個人は、もちろん前者である。少なくとも、わたしが、ＪＩＣＡ専門家として、ポートモレスビーで行なった活動は、当該社会における自らの研究の意味と真価を問われるという、かつてない緊張感と充実感を伴うものだった。そして、地理学という学問もまた、本来、理論と実践の双方を視野におさめようとするところに存在意義があったのではないか。わたしは、研究（第三世界の地域研究）とは、「われわれの世界」と「彼／女らの世界」を繋ぐものでなければならないと考えている。これは「開発」も、まさに同じであろう。それをどうやって実践していくのか。わたしにとってはこれからも不断に求め続けていく課題である。

第10章　開発的介入から場所構築へ
――ブラックウォーター、クラインビット村での実践――

1　セピック川南部支流域の人びとの「開発」観

「開発」と「おねだり」

「親愛なるクマガイケイチさま。わたしたちに次のものを送ってもらえないでしょうか。1. ラジオ二台、2. スプレー二缶、3. 腕時計二個、4. ズボン二本、5. 通学用カバン二つ、6. バレーボール二個、7. バレーボールネット二組、8. サッカーボール二個、9. タバコ二束、10. 漁網二組。では、ごきげんよう」

これは、二〇〇二年九月一〇日夜、わたしが長年通っているパプアニューギニアのクラインビット村での調査を終え、帰途のアンゴラムの町で泊めてもらった家の小学生の息子から手渡された手紙の全文である。彼は当時のクラインビット村長NGの息子であるが、この手紙は父親の要請ではなく、息子の一存で書かれたものである（なぜ要求の物品が二組ずつなのかはわからない）。この子供にわたしが特別に世話になったというわけではない。わたしの彼に対する「借り」は、セピック川を航行するモーターカヌーの中で、「セピック川」という当時流行していたピジン語のポップソングの歌詞を教えてもらっただけである。

ここまで極端でなくとも、今度村に来るときにはこれを持ってきてくれという類のリクエストは、パプアニューギニアの調査で現在に至るまで受け続けている。これはわたし個人の特殊な体験というわけではなく、同じく高地周縁部をフィールドとする日本人研究者に共通する経験である。なぜパプアニューギニアの人びとが、外部者である研究者にこれほど気軽に物品を要求しようとするのかは、パプアニューギニアという社会と文化を理解する上で重要な研究課題である。

本章におけるわたしの問題意識は、なぜパプアニューギニアにおいて、「開発」がうまくいかないのか、それに対してどのような働きかけ——開発的介入を含む——を行なってきたのかについて、わたしなりの仮説を提示した上で、その実践を語ることにある。前章で述べたように、わたしは、一九七九年一二月に初めてパプアニューギニアを訪れて以来、主に二つの場所をフィールドに、調査研究を続けてきた。一つは、首都ポートモレスビーの農村からの移住者集落（セトルメント）、もうひとつが、高地周縁部（セピック川南部支流域）の村である。これら地域のフィールドワークを長年続ける中で、わたしが感じ続けてきたのは、人びとが自らの現状に対し抱いているフラストレーションの強さだった。

パプアニューギニアでは、農村における現金収入機会の少なさ、教育や保健医療サービスの不足、道路や通信手段等のインフラ整備の遅れなど、都市と農村の地域格差がもともと大きく、独立以来、その格差は拡大する一方である。こうした状況が、都市やプランテーション・鉱山などの経済開発の現場から離れた辺地に住み、経済的社会的機会から取り残された人びとの不満や葛藤を拡大させていることは疑いない。

しかし、本章でセピック川南部支流域の人びとの「開発」観として提示しようとするのは、単にそうしたナショナルレベルの格差の「反映」あるいは「結果」としてローカルな人びとの葛藤を描くことではない。逆に、ローカルレベルの人びとが抱いているフラストレーションと一体となった彼／女らのミクロな日常実践こそが、マクロレベルの「低開発」を作り出す一因ともなっているのではないかという視点である。

なぜパプアニューギニアのローカルな／草の根の人びとが、葛藤／フラストレーションを募らせる一方なのか。なぜ人びとが、自らの生活が改善された／されつつあるという実感を持てないのだろうか。それらを、イーストセピック州のブラックウォーター地域における、わたし自身の「開発的介入」の実践と交差させながら、ローカルな人びとの「開発」観とそれをめぐる実践の中に分け入ることで、探っていきたい。

セピック川南部支流域における「開発」観の問題性

すでにこれまでの章で述べてきたとおり、「開発」（development）という言葉、およびそれに対する期待と不満は、パプアニューギニアにおいて、草の根レベルで（調査研究者であるわたしに対しても）繰り返し語られる。それは外来の用語でありながら、すでに人びとの中に日常語として受容されている。そして「開発」という語は、現実的な実体というよりは、もっぱら現前しないものに対する、期待や願望を込めた言葉として発話されることが多い。

そうした「開発」の主体は、基本的に「外部者」——すなわち、植民地政府、オーストラリア、キリスト教会、パプアニューギニア政府、州政府、日本、（外国）企業……といったものたち——である。そこには、「開発」が、基本的に「外部者」によって作り出され、与えられるものという観念が抜きがたく存在する。「内部者」である村人たちは、個人の才覚で、より力を持つ外部者を利用しながら、「開発」に接近しようとする。そうした「外部者」には、宣教師や政治家や企業人と同様に、調査研究者としてのわたしも含まれる。

こうした「開発」は、基本的に「内部」から創出されるものではなく、「外部」から賦与されるものである。自分たちが所有する（と観念される）土地や水域、そこから産出される食料資源や生活資料など、自らの場所に属する資源であれば、その独占や不当な収奪は集団内に激烈な争いを引き起こす。しかし、それとは異なり、こうした「開発」をめぐる実践が、内部者の間の秩序を乱したり、集団内の争いへと顕在化していくことは少ない。「開発」の結果、特定の個人とそれに連なる集団のみが利益を得て、他との格差が広がっても、その責任や再分配の要求は内部者の中では（潜在的な不満や妬みとして語られることはあっても）直接追及されない。そこで非難が向けられる対象は、もっぱらそれに十分応えない「外部者」（個人であれ制度であれ）であり、その失敗や欠陥である。

これが、わたしがこれまでパプアニューギニア、とりわけ高地周縁部の人びとと付き合ってきて理解した、ローカルな人びとの「開発」観である。この思想、すなわち、自らの日常実践と切り離された外在的・外発的な開発観とそれに基づく実践には、「開発」をめぐる悪循環を生む構造がある。すなわち、「開発」がたとえ部分的に成功したにせよ、協働よりもむしろ対立を引き起こし、格差と妬み、さらなる欲求不満の拡大を生み出すとともに、たとえ内発的な実践が成果を上げかけても、成功者の足を引っ張ることを通じて、それを無に帰してしまったりする可能性が高いからである。これはいわば「開発」を「他者化」する実践とも言いうるかもしれない。

こうした「開発」観は、もともと「平等」社会であり、互酬性が貫徹していたパプアニューギニア社会の特質に由来するものであるが、しかしまた歴史的に創り出されたものでもある。その契機となったのは、これまで見てきたような、植民地政府／キリスト教会との接触、植民地経済と統治、パプアニューギニア国家の形成とその抱える構造的な問題点といったものである。またそこには、さらにパプアニューギニアの中でも「辺境」に位置するセピック川南部支流域という地域の特性も大きく反映していることも付け加えておく必要がある。人口が希薄なこの地域では、生業において、採集狩猟・サゴ澱粉といった自然的資源への依拠が大きく、労働時間の短さ（労働生産性の高さ）、その結果としての労働による財の蓄積の必要の少なさが特徴的である。これは、同じパプアニューギニアでも、熱帯としては肥沃な土壌の上に、人口密度が高く、集約的な焼畑農耕と豚の多頭飼育が行なわれ、個人間のリーダーシップをめぐる競争と集団間の闘争が激しい高地地方とは様相を異にする。そこでは、富は与えられるものというより競争して勝ち取るものという性格が強い。高地周縁部においては、プランテーション労働者の送出地であったことと、交通インフラが整備されておらず、都市・開発の中心地へのアクセスが困難であること、換金作物、現金収入手段が欠如していること……等の要因が加わる。

パプアニューギニア――とりわけ高地周縁部やセピック川南部支流域――の人びとが「開発」をめぐる、自らの思想と実践、その結果としての「幻想」と「幻滅」という「悪循環」から脱するためには何が必要だろうか。それは、「外部」と「内部」との連関が作り出され、「外部」が「内部」化すること）、それによって外在的な「開発」思想が内在化していくことを通じてではないか。

このように考えた上で、わたしはクラインビット村では、ＪＩＣＡ専門家として行なったのとは違うタイプの実践を、個人として試みることになった。

2 「おねだり」をめぐる構図

パプアニューギニアのローカルな人びとへの研究者の眼差し

冒頭に述べたように、今度来るときには何を持ってきてくれという手紙をもらったり、直接口頭でリクエストを受けたりすることは、パプアニューギニア――少なくとも高地周縁部地域――では当たり前のことであり、わたし自身もう慣れっこになってしまっている。しかし、こうしたことをあらためて対象化したり、記述したりしないのは、そうした慣れのせいだけではなく、それが調査や研究の実践という大義から言えばノイズの部分であり、いわば調査研究者にとって、公に語ることをはばかる暗部を構成しているからであろう。

パプアニューギニア（とりわけセピック川南部支流域）において常套であるこうした「おねだり」（ピジン語で「アスキム」（askim）と呼ばれる）の特質は、それが老若男女を問わず、しかも相互の関係性の深さの如何にかかわらず、なんの衒いもなく堂々となされることである。こうした「おねだり」は無垢な調査研究者を辟易させ、幻滅させるに十分なものである。

「南」世界を対象とする調査研究者たちはこれまで、外部の支配的なシステムに対する、主体としてのローカルな文化／人びとの対抗／抵抗の可能性を、美しい言葉――たとえば「翻訳的適応」（前川 1997：2000）、「『日常性の抵抗』をもたらす象徴実践」（松田 1996）、「日常世界における抵抗実践」（松田 1999）など――で描いてきた。しかし、それは、実は圧倒的な「負け戦」（世界規模でのグローバルな消費資本主義の圧力の下での、ローカルな文化／社会の翻弄と、人びとの葛藤・絶望の増大という状況）の中での、局地的な実践への思い入れを伴う過大評価ではないか、という疑問をわたしは持っている。

調査研究者は、そのようにして賞揚された人びとの置かれた現実の構造的不平等、その中で生きる人びとの葛藤や絶望を果たしてどこまで真剣に受け止め、内在的に理解し、適切に表象しえているのだろうか。それは、言い換えれば、こうした言説が、調査研究者の「飯の種」以上のもの（現実に調査地の人びとが置かれている閉塞状況の変革に寄与するもの）になり得ているか、という反省を込めた問いである。

こうした民族誌／地誌には、われわれの「調査研究という日常実践」の中におけるローカルな人びと／文化との間の交渉の過程と、その中で生じる「幻滅」がきちんと描かれていない。その一つに、ここで問題にしようとする、ローカルな人びとからの「要求」あるいは「おねだり」がある。これは、「調査する者」（the researcher）と「調査されるもの」（the researched）との間の「権力関係」にも関わる問題である。もしかすると、こうした「おねだり」自体が、調査研究する側と調査研究される側の間の、非対称的で、経済的・社会的階級と「知」の力における格差を前提とした関係を揺さぶり、「再交渉」しようとするローカルな人びとの側からの主体的実践かもしれないからだ。しかし、そうした「調査されるもの」からの関係性の「再配置」の実践に動揺させられる、われわれの側の葛藤と幻滅は、反省的に対象化されないまま民族誌／地誌の陰に隠蔽される。そしてそれは、仲間内でのインフォーマルな語りや愚痴のこぼしあいに解消されてしまう。パプアニューギニアをフィールドとする調査研究者の中では、こうした「おねだり」の体験は、仲間内では、当初は「困惑」や「憤り」として語られるが、次第に「諦め」へと変わっていく。そしていつの間にか、ローカルな人びとへの根源的な不信を内在させた否定的な評価を結晶させていく。すなわち、こうした体験の蓄積は、根源的な部分での調査対象社会・文化への本音における不信感（彼／女らに「開発」など起こるはずがない！）の基盤をなしてしまうのである。これは、前述した「美しい物語」（「創造的な生活実践」や「抵抗」）とは、いかに乖離していることか。

ここで問題になるのは、調査される側からの「理不尽な」要求（「おねだり」）の発生する構造から、われわれが眼を逸らしてきたという事実である。その欠落が問題なのは、単に調査者倫理の側面からだけではない。そこに潜むパプアニューギニアの文化や社会とその変容を語る上で重要な手がかりを見落としてきたのではないかという反省である。本章におけるわたしの仮説は、こうした理不尽な「おねだり」と、冒頭に述べたパプアニューギニアの人びとに内在する「開発」（あるいは「開発」の失敗）の思想は通底するものではないかというものである。

パプアニューギニアにおいて、ローカルな人びとからどのように「おねだり」を受けるかは、フィールドワークの状況の差異（調査者が単身か集団か、インフォーマントやホストファミリーの性格、調査歴など）によって規定されるところが大きい。さらにパプアニューギニアと一言で言っても、その風土、植民地化の歴史、社会・文化の構造には大きな地域的差異があり、それによって「おねだり」をめぐる体験の構図も異なる。以下で、わたしが語ろうとするのは、わたし自身が村での単身の参与観察的フィールドワークを行なった、高地周縁部（セピック川南部支流域）、ブラックウォーター流域に位置する、民族集団名としてはカプリマンと呼ばれる人びとの村のひとつである、クラインビット村における体験である。

フィールドワークの場所

すでに述べたように、わたしがブラックウォーター流域を初めて訪問したのは、一九八六年のことである。この時は、カラワリ川流域からブラックウォーターにかけての一帯を三週間ほどかけて廻り、ひとつの村には数日から長くて一週間程度しか滞在しなかった。その中でクラインビット村は、もっとも居心地がよさそうだと感じた村であった。そのため、一九八八年以降は、このクラインビット村を目的地とし一週間から数週間程度滞在することを続けてきた。

一九八六・八八年の宿泊場所はもっぱら、村の中央にある精霊堂だった。ここは、イニシエーションを終えた成人男性だけが近づくことができる空間で、主なインフォーマントであった長老ガロアを含め、村の男たちから話を聞くには都合のよい空間だったが、女性や子供たちとは疎遠なままであった。このため一九九〇年に訪ねたときは、わたし自身が、精霊堂ではない普通の家に起居することを希望した。村人があてがってくれたのは、その時単身の男性が一人で寝起きしていた家であり、そこにわたしのホストファミリー[1]の家長であるアントンが泊まりこんで世話を焼いてくれた。四回目の訪問になる一九九三年には、アントンの家族の家に居候した。二〇〇二年、二〇〇三年の調査においても同様である。予告をして再訪した二〇〇三年には、アントンが手狭だった自らの家を建て直し、一隅にわたしの部屋を設えてくれていた。

どのように要求されるか

「おねだり」が生じるのには、主に二つのケースがある。①調査地において、わたしが持ち込んだ現物に対し直接行なわれるケースと、②調査地を離れる際あるいは離れた後、手紙等を通じてというケースである。高地周縁部の調査村には電気も電話も引かれていないので、電話やFAXという手段はほとんど使われずもっぱら手紙である[2]（ただし、村人が町に出た際に、これらの手段を使うことは可能である。わたし自身は、後述するように、二〇〇三年に村人からいきなり電子メールをもらって驚いたことがある。これは、町に出てきた村人が、自分の兄が勤める州政府役所のオフィスのパソコンを使って、わたしが置いていった名刺のメールアドレスに送ってきたものだった）。こうした手紙の多くは、短い通り一遍の挨拶の後、いきなりストレートに「用件」が切り出されるのが常であり、婉曲な言いまわしや理由の提示はほとんどなされない。そして、その「用件」が終了すると、「これでおしまい」（ピジン語で Em Tasol）そして「さよなら」と締めくくられるのが常である。

何が要求されるか

クラインビット村でのわたしの経験から言えば、頻繁に要求されるものには、二種類の品物がある。ひとつは日常生活の「必需品」の範疇に入るもの、もうひとつは生活の必要とは直接関わらない「贅沢品」である。

前者については、乾電池、ボールペン、薬（風邪薬、傷薬、湿布薬）、灯油、米、缶詰、砂糖、などが挙げられる。これらは、わたし自身が村に持ち込んでいるものであり、村に滞在しているときに、ちょっと分けてほしいという形で、村人から広く、公然と人前で、要求される。これはいわば村人たちの互酬性の論理の枠に収まるものと言えよう。

一方、日常生活に必要とは言えない「贅沢品」としては、サッカーボール、ユニフォーム、サッカー靴、腕時計、などがある。[3] これらは、わたしが村を離れるときに直接か、こっそり手紙を手渡される形で、あるいは日本に帰ってから、個人的に、次回のお土産として持参することを要求されるのが常である。これらについては、村での生活の中でのわたしとの関係性の如何にかかわらず、要求される。このような形でリクエストされる中で、日常生活に必要ではあるが、高価で村人が入手困難な品としては、ラジオ、漁網、カヌーの船外機などがある。ただしこれらは、かなり関係性が深い相手（ホストファミリーのメンバーなど）からしか要求されない。

わたしが村に持ち込む品物の中でも、耐久性のある日用品（たとえばランプ、蚊帳、鍋、バケツといった品々）については、クラインビット村ではあまり要求された覚えがない。しかし、わたしが一九八四年に初めて村での参与観察調査を行なったミアンミンの人びとの村（ホットミン村）においては状況が異なった。村を去る日が近づくと、わたしが一人で起居していた住居に、誰もいないのを見計らって、かわるがわる村の男たちがやって来て、「俺にこれをくれ」といってそれらの品々を指差していった。もともとそれらの品物は村の誰かにあげるつもりではいたが、ひとつの品物に何人もの希望者が現れたことや、（わたしの評価する）世話になった程度と要求されたものの対価が釣り合わなかったりして、村での参与観察調査に慣れていないわたしをひどく混乱させることになった。両者の差異は、クラインビット村では調理道具や蚊帳はほぼ全世帯に行き渡っていたのに対し、ホットミンではまだ持っている人が少なかったという理由によるところが大きい。さらに、前者ではわたしが一人で起居していたのに対し、後者ではわたしがホストファミリーの管理／保護下に置かれていたため、他の家族がこうした要求をしにくかった（それらはホストファミリーの占有物となると了解していた）ことも作用していると考えられる。

わたしがホットミン村に滞在していたとき、わたしが身に付けているものの中で、圧倒的に憧れの眼差しが向けられたのは、靴であった。丸木橋では滑りやすく、湿地帯では沈んでしまう軽登山靴は、裸足で歩くことが不可能なわたしにとっても無用の長物であった。ましてや裸足で歩くことに長けている（足が靴と化している）村人にとっては実用品とは言えない。したがって町に出かけるときに履くか、あるいはステイタスシンボルとしての「贅沢品」である。逆に衣服については、ほとんど要求された覚えがなく、わたしの方から、村を去るときに置いていったり、土産として古着を持ってきて与えた経験が多い。

誰から要求されるか

「おねだり」を受ける相手は、わたしと関わりを持っている（物理的に接触の機会が多い）者であることが多いのは言うまでもない。しかし、基本的にはあまりそうした関係性に左右されず、子供から老人まで老若を問わない。ジェンダー差について言えば、わたしの場合、おねだりを受けたのは圧倒的に男性（女の子は別）であり、女性から物をねだられたことは（ホストマザーを除けば）少ない。クラインビット村は、男性の成人儀礼や精霊堂の存在など、ジェンダーによるセグリゲーションが強いこと、したがってわたしの周囲にもホストファミリー以外の女性はあまり近づいてこないこと、女性がほしがりそうな魅力的なものをわたしが持っていないこと、などが理由として想像できる。調査者が女性であれば、女性からのおねだりの方が多くなるのか、あるいは男性からも女性からも要求を受けるのかというのは興味深い課題である。いずれにしても「おねだり」にジェンダーとの関連が存在することは間違いない。

なぜ要求されるか

こうした「おねだり」が発生するのはなぜだろうか。村人が、自らがわたしに与えた（と信じる）財やサービスへの対価として、要求をしているということも考えられるが、先に述べたように、実はあまりそのような関連性は見られない。すなわちわたしから言えば、それらはほとんどの場合いわば「不条理な」要求である。冒頭に示した子供からの要求の例は、その典型例である。あるいは、わたしが自分の住み込んだ村ではなく、近隣に出かけた際に言葉を交わしただけで、わたし自身はその人物の名前も顔も思い出せないような人物から、腕時計のような高価な品物の要求を受け、唖然としたことも一度や二度ではない。手紙で何かが要求される場合も、特に「おねだり」の理由は語られないのが常である。

つまり、「おねだり」には、ためらいも恥じらいも伴わないことが多い。村の人びとにとってわたしへの要求は当然のことのごとく行われ、とくに「理由」は必要とされていない。

「おねだり」という行為の意味

このような「おねだり」は、もちろん基本的には、わたしが持っている物と村人の持っている物との格差に根ざすものである。村人は、わたしがとても手が届かないような品を要求することはないし（想像できないということもあろうが）、それらはわたしが実際に所有しているものか、（彼らにとって）多分わたしの可処分所得の範囲内で購入可能と考えられるものである。したがって、これは広義の互酬性の枠組みの中で解釈することもできよう。わたしがホットミンの村で、村人の大切にしているもの（昔から刃物として使われていた石器）を指差してねだったところ、（一瞬の躊躇はあったが）それをくれたという経験もある。とすれば、このようなやり取りは、パプアニューギニアの村人の間で当然の互酬的な関係性の枠内に収まるものとも言える。したがって、この「おねだり」のわたし／われわれにとっての「不条理」さの感覚が、もっぱら「調査する者」と「調査される者」の支配する物質的な富の構造的な不平等に起因するものであることは疑いない。

しかしもう少し精査してみると、村人たちがわたしに「ねだる」ものは、単に高価なものや貴重なものというより、自らが（自らの支配する場所では）作り出せないもの、あるいは自らのコントロール可能な場所に属さないものであり、そうしたもののうち自らが強く欲していながらそれに十分アクセスできない、あるいは自らが十分には所有していないと感じているものであるように思われる。それらは、必ずしも生活必需品ではない、というより生活必需品でないことのほうが多い。また、多くは生産手段というよりは消費財である。さらに、その所有を顕示できる物（＝他者が所有していることに対し羨望を感じる物）であることが多い。

それらは、「外部者」（ここでは調査研究者）がコントロール可能な場所において産出される財物であり、自らは、それに対する欲求を持ちながらも、十分にアクセスすることができないような財物である。ここまで考えてきたとき、実は、こうしたものに対する欲求とそれを持っていないことへの葛藤、それを手っ取り早く手に入れる方法としての「おねだり」は、ローカルな人びとの「開発」への欲求とフラストレーション、そしてそれをめぐる実践の構図に重なることが見えてくる。

3　村人との手紙のやり取り

村人の手紙

本節では、いくつかのテキスト（村人からもらった手紙とそれに対するやり取り）を提示しながら、人びとの「開発」実践と、それに対するわたし自身の試行錯誤の対応を具体的に紹介してみたい。

手紙1　二〇〇二年の訪問時に受け取ったK氏（一九九三年のクラインビット村調査に同行した日本人）宛の手紙

（原文はピジン語）

親愛なるK

お前の父PTだ。お前と手紙で話したい。長い間、お前から手紙をもらっていない。わたしは、お前が、クマガイと一緒に来ると思っていたのに、来なかった。だからわたしはお前のことをとっても強く思っている。お前のお祖母さんも、わたしもわたしの妻も、（息子たちの）DZもAPも同じ気持ちだ。長い間、お前はわたしたちに背を向け続けている。クマガイに頼んで、一緒にクリスマスに来てほしい。わたしたちは、お前が来てくれるのを心から願っている。わたしには船と船外機がある。だから交通手段については心配しなくていい。わたしはクマガイを、この船外機で村に連れてきた。

お前に、船外機をウェワクのエラモータースに点検に出す金を少し援助してはもらえないだろうか？　一、五〇〇キナほど必要だ。わたしの口座番号を上に記しておいた。それから、お前はお母さんのELにオートマティック・カメラを買ってくれると言ったはずだ。写真を撮るオートマティック・カメラを今度来るとき必ず買ってきてほしい。それからAPにボールを買ってきてくれ。どうか必ずクマガイと一緒にクリスマスに来てほしい。村に来たらまっすぐわたしの家に来なさい。お前が料理する道具も買ってもってくるように。

それでは、グッドモーニング

この手紙は、一九九三年の調査時にわたしとともにクラインビット村を訪れたK氏に向けて、その里親となったPTがわたしの二〇〇二年の九年ぶりの訪問時にしたため、わたしに渡したものである。わたしはこの手紙を受け取ったことはK氏に伝えたものの、その現物は渡していない。K氏は、前述のとおり、クラインビット村での「おねだり」（特に帰国後、里親から受け取った）の凄まじさに辟易したこともあって、以後パプアニューギニアを訪れていない。K氏の心情はよく理解できるし、わたし自身も実はこうした多数ある「おねだり」のほとんどには何も応えていない。ここでは、K氏の来訪から一〇年近くたっても遠慮会釈ない要求を突き付けるPTの強い思いが溢れた手紙を通じて、村人からの「おねだり」の典型例を示そうとしたものである。

手紙2　KLからの電子メール（原文は英語、二〇〇三年八月五日）

ごきげんよう。わたしの名前はKL。イーストセピック州、アンゴラム郡、クラインビット村から来ました。二〇〇二年の九月六日、サッカートーナメントの時、ウェワクでお会いしたのを覚えていらっしゃいますか？　あの時、あなたは、わたしたちのスポンサーになって、ジャージのセットをプレゼントしてくださいましたよね。ところで、また今年二〇〇三年九月の同じ日に、サッカートーナメントがあります。わたしたちは、またあなたにスポンサーとなってもらい、今年パプアニューギニアに来るとき、チームのための新しいジャージセットを買って、持ってきていただければと思っています。

わたしの連絡先は、森林局に勤めている義理の兄のものです。わたしたちへの連絡は彼の e-mail アドレスにお願いします。そうすれば安く通信ができますから。
ウェワクでお目にかかるのをお待ちしています。

この電子メール（原文は英語）は、先に述べたように、わたしが村に置いていった名刺の電子メールアドレスに、送られてきたものである（宛先にもきちんとフルアドレスが記されていた）。送り主は、KLという村の若者で、兄が州政府に勤めており、そのパソコンを借りてメールを送信している。わたしが、二〇〇二年にクラインビット村を訪ねた折、彼は、州政府の主催する地区対抗サッカー杯（初代首相のマイケル・ソマレの名をとって「ソマレカップ」と呼ばれている。ソマレの息子も国会議員になっており、現在東セピック州の知事を務めている）出場のため、ウェワクに出てきていた（サッカー杯に出場する他のクラインビット村の青年男性たちとは、ウェワクから陸路で辿り着けるセピック川沿いの町アンゴラムで出会った）。KLから、クラインビット村チームがサッカー杯に出るのだが、ユニフォームがないとねだられたわたしは、その時二〇〇キナ（七千円）ほどを彼に渡した。今回のこの「おねだり」に対し、わたしは、直接それに応えるかどうかは返答せずに（この時点ではまだ決めかねていた）、わたしの里親のアントンに送った手紙が届いているか、村人たちがウェワクに迎えに来てくれることになっているかどうかという、自分の関心事を逆に尋ねる場に利用した。このメールへの直接の返信はなかった。しかし、村に送った手紙は無事届いていて、アントンをはじめ六人の村人たちが、ウェワクに迎えに来てくれていた。サッカーチームのユニフォームについては、二年連続で請求されるというのには正直納得がいかなかった（わたしは、村の代表選手に対し、村で共有するユニフォームとして使うことを期待して援助したのだが、結局そのユニフォームは個人のものになってしまったということを意味する）し、いずれにしてもたいそうな荷物になるので、一一人分のユニフォームを日本から買っていく気はなかった。ポートモレスビーに着いてからもいろいろ悩んだ末、ウェワク行きの当日、スポーツ洋品店で一一人分のユニフォームを見繕い、それに背番号を入れてもらって受け取り、飛び乗った。二〇〇二年のソマレ杯では、クラインビット村のサッカーチームは、「田舎」出身のチームであるにもかかわらず善戦して、入賞したとのことであった。しかし、二〇〇三年のソマレカップは、わたしが同時期に村を訪問することになったこともあって、結局参加を取りやめることになった。わたしは、背番号入りのユニフォームを、クラインビット村で、村のサッカークラブの代表を勤める副村長のKSに手渡した。わたしが持っていった新しいユニフォームと、昨年贈ったユニフォームを着た二つのチームによる、村内のサッカー試合が、わたしの帰る前日の夕方、雨上がりのグラウンドで催された。

手紙3　GDからの手紙（二〇〇二年九月一〇日：原文は英語とピジン語）とそれに対するわたしの返信（二〇〇三年八月三一日：原文はピジン語）

このピジン語交じりの英語の手紙は、二〇〇二年の九月のクラインビット村訪問の折、村を去る朝、カヌーにまさに乗り込もうとするその時に、GDがわたしに手渡してくれたものである。それに対しわたしが返信を書いたのは、一年後の二〇〇三年八月末、わたしが再びクラインビット村を訪ねるためウェワクに来たときだった。事前にわたしが里親のアントン宛に出した手紙を読んで、アントンとその息子・親族の男たちが六人、ウェワクまで迎えに来てくれていた。その中にGDもいた。彼はウェワクに用があるとのことで、クラインビット村には同行せずウェワクに残った。村への出発の前日ワープロで打ったわたしのピジン語の手紙を、見送りに来たGDに、別れ際に手渡した。したがってこの返信の手紙は、二〇〇三年のわたしの村訪問時には、村人たちの誰も目にしてはいない。

クラインビット村　GD

親愛なる熊谷教授へ

わたしは草の根の村人ですが、この手紙であなたに個人的に二つのことをお尋ねしたいと思います。独立とは本当はどんなことなのか知りたいのです。自分が知っている事実というのは、次のようなものです。結婚すれば、自分は独立する。これがひとつ。二番目が、国は自分の足で立っているということ。でもわたしにはそうは思えないのです。どうしてサー・マイケル・ソマレだけがそれを知っているのか、そのために働けるのでしょうか？　申し訳ないのだが、熊谷教授、わたしが手紙を書いたような同じやり方で個人的に、わたしに教えてくださいませんでしょうか？

これで筆をおきます。お返事を心からお待ちしています。

手紙をお読みいただき感謝します

敬具

あなたの親愛なる友　GD

（わたしの返信）

親愛なるGD

わたしがクラインビット村を去るときに手紙をいただきありがとう。手紙を見て、すごく嬉しく思いました。というのも、あなたの手紙には、みんなとは違った態度と考えがあったからです。いままでこんな態度にクラインビットで出会うことはありませんでした。いつもあなたたちが手紙をくれるのは、何かを要求するときだけ。こんど村に戻ってくるときは、これとこれを持って来てね……という具合。わたしはうんざりしてばかりでした。

でもあなたの手紙は違っていました。あなたは独立っていったい何だ？と尋ねてきたからです。これはとてもよい質問です。でも、とても大きな問題で、答えるのは簡単ではありません。

そう、あなたがあなたの妻と結婚すれば、それは独立したということです。なぜならそれはあなた自身の仕事で生活を支えなければならないからです。もし、パプアニューギニアが独立したというなら、それは、パプアニューギニアが自らの仕事で自立するということです。でもそれは難しいことです。だから、パプアニューギニアはたくさんの援助をオーストラリアに要請しています。そして日本やその他の国々もお金を出し、様々なプロジェクトを通じて、パプアニューギニアを援助しています。しかし、パプアニューギニアが独立してもう二八年がすぎました。もしパプアニューギニアが、一人前の男性や女性だったら、もうとっくに結婚して、家を建てて、一人立ちしているはずです。でも、わたしたちの国、パプアニューギニアは、そのような本当の独立をまだ得られていません。いったいどうして、パプアニューギニアは独立できないのでしょう？

これはとても大きな問題です。

あなたたちは、この問題を真剣に考えなくてはなりません。そしてそれとともに、あなたたちの村、クラインビット村がどうやったら独立できるかも考えねばなりません。あなたはどう考えますか？？？

熊谷圭知
お茶の水女子大学　大塚、文京区、東京　一一二-八六一〇　日本

4　クラインビット村でのわたしの開発的介入の実践

斎藤資金をめぐる議論とその結末

二〇〇二年のクラインビット村訪問は、一九九三年に二週間の調査を行なって以来、九年ぶりのことであった。事前に村人への連絡はせず、ウェワクに着いてから、市内にあるブラックウォーター流域の村出身者が住むカニンガラ・キャンプと通称される掘立て小屋集落を訪ねた。するとそこで偶然、ちょうどその日、村から出てきたばかりの長老のガロアに再会することができた。前回までの調査では、ウェワクから陸路で最近のセピック河畔の町ティンブンケを経由し、一日のうちに村まで到達することができた。しかし、二〇〇二年に確認したところ、それまで使っていたティンブンケへの道がきちんと維持されていないため、通行ができる状態ではないということがわかった。そのためアンゴラム経由で行くことになったのだが、アンゴラムからブラックウォーターまでの水路距離は、ティンブンケからの倍以上あり、陸路と合わせると片道二日を要する。結局、村への滞在は中三日に縮まるこ

とになり、強行軍の訪問となった。

村では、九年ぶりに再会したホストファミリーのアントンをはじめ家族から温かく迎えられる一方、村の幹部の男たちとは、緊張感のあるやり取りが待っていた。前章で述べたわたしのポートモレスビーでの実践（二〇〇〇年から二〇〇一年にかけて、ポートモレスビーでＪＩＣＡ専門家として活動をし、セトルメントの人びとのためにさまざまな援助をしたこと）は、新聞を通じて、この村の人びとの知るところともなっていた。二〇〇〇年にＪＩＣＡの専門家として一年間パプアニューギニアに赴任する前、わたしはクラインビット村に駐留していた元日本兵の斎藤宗寿氏と会った。斎藤氏は、自分ももう余命が短いので、自分の命を救ってくれたクラインビット村にお返しがしたい、ついては私財の五〇万円をわたしに預けたいと言う。その寄付を何に使うかは、村人と話し合いをして決めるという条件で、わたしはその金を預かることにした。専門家の任期中には訪問の機会を作ることができず、翌二〇〇二年八月、九年ぶりにクラインビット村を訪ねた。

村人は、すでに斎藤氏から、わたしが氏から託された村人への寄付（斎藤氏は金額は明示していなかった）を持って村を訪ねるであろうことを手紙で知らされ、期待して待ち構えていた。そして、この斎藤資金の使い道と、村の将来の開発をめぐって、緊張するやり取りがわたしと村の幹部との間に交わされることになったのである。クラインビット村ではその前年に新しい村長が誕生していた。ＮＧという新村長は、二五年以上村を離れ、島嶼部で警官をしていた。そのため、わたしはこれまでの村の調査では会ったことがなかった。彼の言によれば、自分の村が全く発展していないことを憂い、村に貢献をするために警官の職を捨てて、村に戻ってきたのだという。ＮＧの主張は、開発が内発的なものでなければならないという点であり、そのために人材を育てることが必要だということだった。彼の主張は、それまでのクラインビット村の人びとの外部への「おねだり」を基軸とする「開発」観とは明らかに異なっていた。それは彼が、自らのキャリアの中で、外部者としての視点を獲得した事に由来していた。彼の主張が自立を唱導するものだったところにわたしは共感した。そして「開発」をめぐる村人の意識変革をめざす村長の実践を支持することを決めた。二〇〇二年の滞在では、村人の集会で、わたし自身の考える「開発」

とは何かについて、演説をした。そこでは、「開発」とは単に物質的な富やサービスを得ることだけではなく、人びとの精神や態度の問題でもある。村人たちが心をひとつにして力を合わせる態度がなければいかなる「開発」もうまくいかないと述べた。

わたしの支持と、村長の強引なまでの強力な弁舌と指導力とによって、村長は村の改革のイニシアティブを握っていった。村長は村を長い間離れており、当時もアンゴラムとの間を行き来していたこともあって、村人との間にはギャップが存在し、表向きは従っていても村長への不満は潜在していた。逆に言えば、村長は、村人の支持を集め自らの権力を確実なものにするために、わたしと斎藤氏の資金へのアクセスを利用したとも見ることができる。

翌二〇〇三年の訪問の際には、これまでにない期待感と緊張感が村を包んでいた。この訪問では、懸案の斎藤資金の使い道について、村人の合意を取り付けることが大きな課題だった。教会の屋根の修復のほかに、小学校建設などが候補に挙がっていた。

以下の手紙（斎藤資金についての「合意書」、原文はピジン語）は、二〇〇三年六月に村長のNGが、わたしにFAXで送ろうとしたが、番号違いで果たせなかったものである。したがってこの手紙はわたしが、二〇〇三年九月の来訪時に、本人から直接ウェワクで受け取ることになった。

助教授　熊谷圭知殿

クラインビット村の人びとの合意書

クラインビット村の村長で（郡の）評議会メンバーでもあるわたしは、斎藤宗寿氏がわたしに送ってくださった手紙にお返事を申し上げたい。その手紙が届いてもうすぐ五ヵ月になる。

教授、まず斎藤氏がわたしにはじめて手紙をくださったことにお礼を申し上げたい。わたしはその手紙を読んで大変喜び、村の皆を集めてその内容を説明した。そして、わたし自身もそれに加えて村人たちに話をした。皆も喜び、クラインビット村のひとつの心配事に関して合意に達した。以下がその内容である。

1.われわれは、クラインビット村が変わることを望んでいる。

2.クラインビット村は、湿地帯にある。そのため、昔からわれわれには変化をしたり、新しい村を建設したりするためのよい土地に恵まれていない。

3.われわれは、村の近くにあり、わたしたちの所有物であるたくさんの資源について、強い関心を持っている。

4.われわれは、もし新しい事業が起こるのなら、(村の周囲の)サゴヤシが生えている土地やその周りの土地をつぶしてそれに提供することを合意した。

5.クラインビット村とその周辺の土地は、村長であるわたし自身とその家族、およびそのクランのものであり、(前記のことについて)われわれ自身も村人と合意している。

6.そうなのだ。クラインビット村の人びと、われわれの両親たちは、かつて、村がパンジュミンにあった頃、斎藤宗寿氏の命を救ったのだ。

7.今、われわれクラインビット村の者たちは、斎藤宗寿氏がクラインビット村を建て直して、素晴らしい新しい村を作る手伝いをしようとしているのを歓迎する。

8.われわれは次のように結論した。どんな仕事が必要であろうとも、われわれは、それに力を合わせることで一致している。

9.最初、今まで五回にわたって熊谷教授が村にやって来てわれわれに話をしてくれたとき、われわれは混乱しており、よく理解できないでいた。しかし、今は、われわれの村長がきちんと理解しており、村人は皆心をひとつにしている。

10.もし、斎藤宗寿氏がご不審ならば、あなた方二人が村長のための(日本への)往復の航空券を買って、今年の八月、あるいはいつでも熊谷教授が村に来るとき持ってきてほしい。そうしたら、わたしは熊谷教授と一緒に日本に行き、斎藤宗寿氏とじっくり腰をすえて話をしよう。そして帰ってきて村人に話を伝えようと思う。

村人たちは、次のように言っている。斎藤宗寿と熊谷の名前は、孫子の代まで、生涯にわたって語り伝えられるだろうと。

クラインビット村の村人たちの思いは以上の通りである。

NG
C／― クラインビット村 ワード二四、カラワリ地区委員会、アンゴラム 東セピック州 パプアニューギニア

この手紙を受け取ったわたしは、正直なところ村長NGの強引さにいささか辟易するとともに、危惧の念も抱いた。そして予想されるクラインビット村でのタフな交渉において、それに対抗しつつイニシアティヴを取るため、あらかじめ、「斎藤資金についての合意書」、「クラインビット村憲法」（後掲）の二つの文書を、ウェワクのホテル内でピジン語で作成し、印刷して村に持参することにした。

前者は上掲の村長の「合意書」に基づきながら、その資金の趣旨等についてわたしの言葉で補足修正したもので、資金の使い道の適否の判断については、わたしが斎藤氏から委ねられていることを強調した内容だった。

後者は、いわばわたし自身の「開発」観だった。そこには、これまでのわたし自身のフィールドワークの体験とJICA専門家としての経験と反省が凝縮されていた。

それは次のようなものだった。

クラインビット村憲法

1．わたしたちクラインビット村の村人たちは、村に「よい変化」が起こることを望んでいる。それはすなわち、わたしたちが「開発」を起こすことである。

2．この「よい変化」すなわち「開発」は、単にお金や物だけに関わるのではない。そうではなく、まずこの変化

は、わたしたち自身の心の中に生まれなければならない。
3．このわたしたちの心の中の変化は、わたしたちのよい考えとよい行ないと結びつくものでなければならない。
4．だから、わたしたちは村のほかの人たちや、町の人たちに対して、不平不満を主張したり、妬んだりしてはいけない。こうした考えや行動はわたしたちの中に生まれたよい変化を損なってしまう。これは、クラインビット村ではあってはならない。
5．わたしたちは、このよい変化、すなわち開発は、他の人たちや他の場所の真似をするだけでは得られないと考える。そうではない。どんなことがわれわれクラインビット村にとって本当によいことなのか、わたしたち自身が、しっかり話し合い、考えるのだ。そしてどんなことをわたしたち自身がなしうるのかを。
6．わたしたちは、よい変化、開発というものは、おねだりしたり、ただ待っているだけでは絶対に得られないと考える。わたしたちは、自分たち自身ができることを、まず始めるしかない。これこそが、わたしたち自身が「独立」するということなのだ。
7．わたしたちは、よい変化、開発というものは、今だけのものであってはならないと考える。わたしたちは、子供たちが大きくなった後のことまでよく考えねばならない。よい変化、開発というものは、長く残って、子供たちも喜ぶようなものでなければならない。
8．わたしたちは、よい変化、開発を実現するためには、わたしたちが心をひとつにして力をあわせなければならないと信じる。もしわたしたちが心をひとつにして、一生懸命働くなら、よい変化（開発）は、わたしたちの村とともに、わたしたちの心の中にも生まれるに違いない。

村の男たちの集会では、村長NGの弁舌も手伝って、この「憲法」が強い支持を受けて「採択」された。わたしは、斎藤氏の寄付を何に使うかは、まず村人の意向が第一であることをあらためて伝えた。村人の「開発」への期待は、二〇〇三年の初め、雨季の洪水で村が被害を受けたため、土地の改良や村の移転などが多くを占めた。わたしは、そうした大きなプロジェクトの実施は、州政府に委ねるべきであること、州政府を動かすためには村長を中心に一丸となって交渉することが必要だと助言した。結局、斎藤資金の使途としては、エイドポスト（簡易診療所）の改築、ということで話がまとまった。エイドポストについては、建設のための機材・資材の調達や見積りなどを村長が受け持つというところまで合意し、五〇万円は一九八四年の高地周縁部調査はじまって以来の付き合いであるウェワクホテルの日本人経営者川畑静氏に預け、村長がきちんと実施計画と支出見積書を持って現れたら、その金を村の口座に移すように依頼した。

クラインビット村の村長をはじめとした男たちとの長い交渉の結果、合意に達したはずの斎藤資金だったが、この金は、結局村人の思い通りには使われなかった。二〇〇六年にわたしが三年ぶりに村を再訪した時、この資金は村長の口座に移されてはいたが、まだ何も事業はスタートしていなかった。翌二〇〇七年は、五年に一回のパプアニューギニアの総選挙の年だった。村長のＮＧは、イーストセピック州アンゴラム郡のカラワリ地区役所（Local Level Government：LLG）の地区長に立候補しようとしており、その地位を得るには、村を越えた広範な地域での選挙運動をしなければならず、移動のためのモーターカヌーのガソリン代などの資金が必要だった。この時、ＮＧからその資金援助を持ちかけられたわたしはそれを断った。ここから先は想像の域を出ないが、ＮＧは斎藤氏からの寄付金をその選挙運動のために流用してしまったようだ。はっきりしている事実は、ＮＧが自らの口座にあった金を引き出し、それは村人たちが合意した目的には全く使われなかったということだけである。二〇〇八年に訪問した際には、ＮＧは村を立ち去りアンゴラムに滞在していて、わたしの前には姿を現そうとしなかった。ＮＧの使い込みについて、わたしは村長を支持していた村の幹部たちに問い質したが、彼らからはあからさまな非難の声は聞かれなかった。しかし若い男たちを含めた集会では、村長と村の幹部たちの行動に対し、批判が噴出した[4]。

5　参加型開発から場所の知の承認へ

グループミーティングの実施

二〇〇六年九月にクラインビット村を訪ねた時、わたしは村の幹部たちの助力を得て、グループミーティングを実施することにした。これまでわたしは全村集会でスピーチをして、自らの調査研究の意図などを伝えることはあったが、そこで質疑応答をするのはいつも限られたメンバーだったし、直接の対話や交渉の相手はもっぱら長老を中心とした村の幹部の男たちとばかりだったことを反省し、もっと女性や若い世代たちの考えを聞きたいと思ったからだ。村の幹部たちもこの提案を受け入れ、村の中の五つの場所で、地区ごとに分かれてミーティングを行なうことになった。

わたしが投げかけた問いは、「クラインビット村の問題は何か」というものだった。「問題」はピジン語で belhevi と表現される。bel は英語の berry から来ていて「腹」、hevi は heavy（重い）なので、直訳すれば「腹が重い」、つまり心を塞いでいる心配事の意味となる。

わたしは昼から夕暮れまでかかって、村人が用意した五つの場所を巡り、一日のうちにグループミーティングを終えた。発言者については、こちらから指名したわけではなく、できるだけ幅広い層の意見を聞きたいとだけ伝えておいた。これまでの全村集会とは異なり、発言に立ったのは、ほとんどが既婚の若い女性（三〇代〜四〇代前半）と未婚者を含む若い男たちだった。驚いたのは、村の幹部や長老たちの前で、女性たちが堂々と、自分たちの労働が「ハードワーク」であると主張したことだった。

「村の問題」として、最も多くの人が挙げたのが、学校（一一人）だった（表10-1）。もともとクラインビット村の子供たちは、手漕ぎカヌーで一時間ほどかかる隣のカニンガラ村の小学校に通っていた。カニンガラ村には子供の世話をする村人が常駐し、そこに寄宿する形で暮らしていた。しかし小学校低学年の子供が親と離れて暮らす

表 10－1　グループ・ミーティング（2006 年 9 月実施）で挙がった「村の問題」

氏名	属　　性	学校	ハードワーク	保健医療	水	僻地性	現金収入機会の不足	土地	スポーツ
場所 A									
JS	女性 *	○	○	○	○	○			
KL	男性（青年）	○		○	○				
NS	男性（若者）		○						○
場所 B									
PR	女性 *	○	○	○	○				
GS	女性 *	○			○	○	○		
JN	男性（若者）	○		○					
場所 C									
AB	男性（若者）		○			○	○		
AN	女性 *	○	○						
EM	女性 *		○						
AL	男性（若者）	○	○						
場所 D									
JR	女性 *	○	○			○	○	○	
NK	男性（若者）		○						
GD	男性（壮年）	○		○					
場所 E									
BT	女性 *		○						
GG	男性（若者）	○	○						
JA	男性（壮年）	○							
計		11	11	5	4	4	3	1	1

筆者作成

＊女性の年齢はいずれも 30～40 代前半。男性のうち「若者」は 20 代以下，「青年」は 30 代，「壮年」は 40 代以上。

のは辛いし、食費もかかる。さらにカニンガラは別の民族言語集団であり、クラインビット村とは領域をめぐる確執がある。両村の間には、しばしば対立・紛争が起こり、そうすると子供たちは居づらくなる。ちょうどミーティングを実施した時は紛争中で、子供たちは学校に通えないでいた。

学校と並んで第一位となったのが「ハードワーク」だった。このうち「女性のハードワーク」と発言した女性が六人、「若い男たちのハードワーク」とした男性が五人だった。女性たちは、自分たちが、毎日子供の世話をしながら、薪集めや水汲みに行き、サゴヤシ採りや湖での魚獲りにも出かけ、帰ってくると今度は休みなく食事の支度をしなければならない、これは「ハードワーク」だと語った。同様の内容が、一人だけではなく、女性たちの口から次々に語られた。まるで「ジェンダーと開発」の教科書に書いてあるようなこうした発言がクラインビット村の女性たちの口から発せられたのは、わたしにとって大きな驚きだった。生業をめぐる性別役割分業は、いわば「伝統文化」に属するものであり、女性たちがこれまで「自然」なこととして受け入れてきたはずのものだったからだ。自分たちの労働を客観的に対象化し、そこに批判の眼差しを向けるということは、外部からの視線を彼女たちが内在化するという契機なしにはあり得ない。そしてこうした発言を、理路整然と、しかも年長の男たちの前で臆せずに発言する女性たちが現れてきたことがもう一つの驚きだった。発言をした女性たちは、三〇代から四〇代前半くらいの若い世代の既婚者だった。これまでわたしは、村で女性たちから話を聞こうと何度も試みてきたが、なかなかうまくいかなかった。年配の女性たちは、自分の体験や知識を整理して外部者に分かるように組み立てることに慣れておらず、わたしの質問に要領を得ない答えしか返ってこない。そのうちに取り巻いて観ている男たちが、しびれを切らして割って入って答えてしまうというのが常だったからだ（男女の隔離を旨とする村で、男性であるわたしが閉ざされた空間で女性だけを集めて話を聞くことはできなかった）。しかしこの日の女性たちは、堂々と自己主張していた。これは、学校教育を受け、客観的な思考や論理が身についた新しい世代の女たちが村に生まれてきたことを意味する。若い男たちも、女性たちの発言に触発されたように、森に行って木を切り出し、運んできて、家を作ったりカヌーを作ったりする重労働はすべて俺たち若いもんの仕事で大変だ、と語った。

そのほかクラインビット村の「問題」としてあがったのは、病院や救護所といった保健医療（五人）、水（四人）、町から遠いこと（四人）、現金収入が得られないこと（三人）といった悩みだった。村から一番近い町のアンゴラムまではモーターカヌーで六～八時間、州庁のあるウェワクまでは、さらに乗合トラックで四時間かかる。村の確実な現金収入源は、サゴ澱粉と燻製の魚を町の市場に売りに行くことだが、ガソリン代が高騰する中、村人にとって町はますます遠くなっていた。

ひとりの女性は、「わたしたちは祖先と同じ暮らしをしている」（Mipela stap olsem tumbuna）と語った。これは伝統を守っている誇りを意味するのではない。塩も、石鹸も、灯油も買えない自分たちは、祖先の時代から進歩していないという意味だった。料理に欠かせない塩、水浴びに必要な石鹸、ランプの明かりに不可欠な灯油、これらは村の日常の暮らしで最低限必要な品々だが、現金収入がなければ得られない。

グループミーティングの後の全村集会で、わたしはその結果を報告するとともに、こうした課題に自分たちで何ができるかぜひ考えてみてほしいと、村人に問いを投げかけた。

学校の建設

二〇〇八年に村を訪ねたとき、この問いに応える村人自身の実践を見ることになった。二つの教会（カトリックと福音同胞協会（Evangelical Brotherhood Church：EBC）[5]）のメンバーが協働して、三つの初級学年（エレメンタリー、一年、二年）の手作りの教室と職員室ができていたのだ。前述のような理由で、村内への小学校の建設は悲願だった。教員は、高校に行って現在村に戻ってきている若者たち（男性三人、女性一人）がボランティアで務めていた。

これまでクラインビット村を訪れるたびに、全村集会でわたしは村の幹部たちから「お前はいったい何のために何度もこの村に通ってきているのか」「村の開発に何か手を貸すつもりがあるのか」と問われ続けてきた。しかし、わたしはクラインビット村では、自分は智恵は貸すが金は出さない。しかし、もし村人がまず自力で何かを始めたら援助をすると言い続けてきた。

手作りの学校を見て、その言葉が通じたと感じた。しかし正規の教職訓練を受けた教員がいないと、学校は政府から公認されず、教員の給与や資材・文房具などの補助も受けられない。そのトレーニングの費用は、一人一回約千キナ（四万円）で、三年間必要となる。わたしは、この一部を援助しようと思った。そのために、「クラインビット村支援基金」を立ち上げ、お茶の水女子大学地理学教室の卒業生と教員・学生で作るお茶の水地理学会の場で、参加を呼びかけた。個人の資金だけでは限界があることに加え、多くの人の目が加わることが後ろ盾になるとともに、自らの行動をチェックする機会にもなると考えたからだ。そこで集まったお金を元手に二〇〇九年に村の初級学校校長を務めるBTにトレーニング費用の一部を手渡した。これまで五人の若者がトレーニングを受けた。

クラインビット村の小学校は、二〇一三年に州政府から正式に公認を受けることができた。毎年一学年ずつ校舎を建て増していき、二〇一七年には八学年までの全学年が完成した。二〇一五年には、クラインビット村出身の五〇代の教師MNが校長として赴任した。わたしは一九八六年以来のクラインビット村の訪問の中で、彼と会うのは初めてだった。MNは長年村を離れていて、パプアニューギニアのさまざまな場所で教師を務め、海外体験もあった。定年間際に、自分の村に学校ができたことを聞き、自分から希望して赴任してきたという。彼の長年の盟友の教員が副校長として協力し、村出身でイースタンハイランド州のゴロカの教育大学を出た若い教師WLも加わって、クラインビット小学校は順調に発展しつつある。

6　「場所の知」の承認と還元

フィールドワークの知の還元

クラインビット村では、わたしはこれまで英語で書いた論文を主なインフォーマントとなった長老に渡すなどしてきた。しかし多くの村人に研究成果を還元するためには、英語の学術論文だけでは不十分だった。二〇〇九年に

資料 10－1　クラインビット村小学校での講演資料（表紙）（2009 年 9 月）

筆者作成：タイトルのピジン語は「クラインビット村の祖先と人びとの物語：1986 年～2008 年の私の調査から」

訪ねたとき、それまでのフィールドワークの写真を集めてA3のポスター一六枚にまとめ、紙芝居風に仕立てあげた（資料10－1）。そしてピジン語で原稿を作り、村で演じた。内容は、ブラックウォーター、クラインビット村の位置とその風景、から始まり、村の歴史（人々が現在の場所に定住するまでの移住史、植民地政府との出会い、日本兵との出会いなど）、生業（サゴ澱粉の採取、狩猟、漁労）、村の問題（雨季の増水、泥炭湿地で質の良い水が得られないこと、町から遠いこと、現金収入が得られないこと……）、そして最近の村人の実践（学校の建設）などだった。

　学校の教室で実演したときには、たくさんの子供たちが熱心に聞いてくれた（写真10－1）。子供たちにとって、ふだん村の歴史を知る機会はほとんどない。わたしが長老ガロアから聞いて、論文に書いてきた村の歴史を、次の世代の子供たちに還すことができたと感じた。二〇一一年の八月には、ピジン語の原稿をさらに改良し、小冊子にして印刷して、多くの村人たちに配った。

野中科研調査隊の訪問

二〇一一年八月には、野中健一氏（立教大学）を代表者とする科研費（「微量元素から捉える環境利用と文化的適応の地理学的研究」）のメンバーを伴ってクラインビット村に入ることになった。本調査に先立つ二〇一一年三月には、イーストセピック州のセピック川北部のマプリク地域をフィールドとして、クラインビット村にも二〇〇六年、〇八年、〇九年と三度訪れている新本万里子氏（当時広島大学博士課程在学中）の協力を得て、ウェワクに住む彼女の調査助手PLにも加わってもらって村に入り、調査の概要を説明するとともに、村人の協力を依頼した。この科研調査は、野中氏らが長年調査を続けているラオスの村に続いて、パプアニューギニアでの調査を企図したものであり、野中氏自身が二〇〇九年に訪れた経験を持ち、米や缶詰などの購入食料が入っていないことが、クラインビット村を選んだ理由だった。クラインビット村が、パプアニューギニアの「代表」として選ばれたと伝えると、村人は大いに喜んだ。一〇人近いメンバーが同時に村に宿泊することになるので、メンバーがまとまって泊まれる家を建ててほしい、調査助手を務める英語ができる村人を選んでおいてほしい、といった身勝手な要望を快諾してくれたのは、現在のクラインビット村で最も優れたインフォーマントであり、わたしのホストファミリーの親族の一員でもある元村長BNと、二〇〇八年に亡くなった長老ガロアの息子TSだった。TSはゲストハウスの建設に必要な資材を、釘の一本一本まで計算してリストを作り、わたしに手渡した。その調達は、わたしの調査助手で長年村との往復のモーターカヌーのドライバーを務めてくれているGBに、資金を手渡して依頼した。八月、ウェワクでの調査の準備を整えて一足早く村を訪ねると、予想をはるかに超えた立派なゲストハウスが出来上がっていた。その後到着した野中氏をはじめとする調査隊は、伝統的な踊り（シンシン）の装束に身を包んだ村人に肩車され、村人総出の歓迎を受けた。

調査の対象となったのは、二〇代から四〇代までの既婚女性であり、身体計測のほか、昨日食べたものを再現してもらうという陰膳方式による食事調査がなされた。その調査助手として二〇代で英語ができる一〇名の若い男女を選んでもらった。彼／女らが調査協力者として認知され、報酬を得たことも、人びとを活気づけた。この調査では、イーストセピック州の保健局のシニアヘルスアドバイザーＡＢ氏がカウンターパートになってくれた。彼はわれわれの調査をよく理解し、支援してくれたばかりでなく、わたしたちの調査を見学にわざわざ村までやってきてくれた。ＡＢ氏のほかにも、保健局やＮＧＯのメンバーなど総勢四人が、村を訪れた。「僻地」のクラインビット村が、これほど外部からの注目を集め、訪問客を一挙に迎えたのは初めてのことだった。調査が、村人の身体と栄養に関する内容で、特に村人の伝統的な食生活や生業活動にわれわれが注目したことは、さらに村人たちの自信につながったようだ。

この一〇年ほどわたしはクラインビット村で、もっぱら村の開発に関わる議論をしてきた。それは調査研究者の村への貢献、あるいは村人の期待に応えるという思いからだったが、結果的には、村人に自分たちの村に欠如しているものばかりを眼差させる結果となってしまったのかもしれないと考えさせられた。野中科研調査は、クラインビットの人びとに外部からの「承認」の機会をもたらし、村人たちに自らの暮らしを肯定的に眼差させ、「ないものねだり」から「あるものさがし」（吉本 2008）を促すきっかけとなったと言える。[6]

場所の知の承認

ピジン語で「村」を「プレス」と言う。「プレス」はplace、すなわち場所を意味する。村人は、自らの生きる環境と緊密に結びついた「場所の知」を有している。それはクラインビット村の場合、氾濫原と泥炭湿地という環境に生育するサゴ澱粉の採取や漁労・狩猟といった生業活動から、土地や水域の所有に関わるクランの社会構造、そしてワニや豚、ヒクイドリといった動物をクランのシンボルとし、ワニの皮膚を模した瘢痕を身体に刻印し、水底に住む精霊を演じるという、人と動植物、自然環境が混然一体となった人びとの地理的想像力が不可分に結びついたものである。彼／女らの精緻な場所の知の体系は、しかしひとたび彼らが都市に移住するとその価値を失い、彼

／女らは無力な存在となってしまう。「カナカ」というピジン語の言葉は「田舎者」を意味する。彼／女らが"Mipela kanaka stret"（自分たちは田舎者だ）という時、そこに含意されるのは、都市の市場経済では無力な自己への劣等感と屈辱感である。

わたしはこれまでフィールドワーカーのフィールドへの還元の問題について、調査する者と調査される者の間の経済格差を意識するあまり、経済的・物質的な「再分配」の問題にもっぱら焦点を当ててきた。しかしこうした場所の知の価値を「承認」し、その現代における持続可能性を構想していくという実践も、フィールドワーカーのフィールドへの貢献の一つかもしれないと考えている。

7 エピローグ——ナンソト再興

ナンソト（カッティムスキン）儀礼の実現まで

二〇一八年八月二三日から九月五日、二一回目のクラインビット村訪問で、わたしははじめてナンソト（ピジン語でカッティムスキン：瘢痕文身）の儀礼に立ち会った[7]。これまで三〇年以上村に通ってきたが、最大の儀礼といえるナンソトを見る機会がなかった。定年間際になり、村に通うチャンスも残りわずかになってぜひ見ておきたいと思った。それに呼応するように、クラインビットの村人自身が、ぜひわたしにナンソトを見せたいと言ってきた。そこには、隣のカニンガラの人びとへの対抗意識があった。

カニンガラには、この儀礼を目当てに、何度かテレビ撮影のチームが入っていた。そのひとつが、世界の刺青を訪ね歩いている文化人類学者クルタク（Krutak）だった。自らもカッティムスキン儀礼の一部を体験した彼のレポートは、わたしも読んだことがあったが、彼が主演するアメリカのテレビ番組「タトゥーハンター」を最初に観たのは、クラインビット村でのことだった。二〇一六年の訪問時に、村にわたしが置いていったパソコンで、村長のＢＪから、彼がYou Tubeで得たこの画像を見せられた。彼は憤懣やるかたない面持ちで、カッティムスキンが歪められて伝えられていると言った。長老のＪＬやＰＴたちは、それより前に、カニンガラのカッティムスキン儀礼への非難とあわせ、真正な「ブロゴイ文化」（*Brogoi* Culture）の復活を主張する文書をわたしに手渡していた。彼らの主張は、自分たち（ブロゴイオントクを祖先の地とする）カプリマンこそがその儀礼の本来の担い手であるということだった。

すでに述べたように、隣村であるが別言語集団であるカニンガラは植民地時代にカトリックの布教の拠点として選ばれ、州政府の診療所が置かれるなど、この地域の中心地となってきた。さらにクラインビットの人びとには、ブラックウォーターの中でマイノリティ集団であるカニンガラが、日本のテレビチームも含め、多くの撮影のロケ地になり、大金を得てきたことへの妬みも存在した。

訪問前におおよその段取りはついていたはずだったが[8]、村に着いたわたしたちを待っていたのは、緊張した交渉だった。カスタムリーダーの一人ＴＳら、一〇名ほどの比較的若手の村人たちがやってきて、最初にわたしたちに伝えた金額は一万キナ（三五万円）だった。この金額は、これまでカニンガラにやってきたテレビ撮影チームが支払った金額の相場に基づいているという。わたしは、金儲けが目的のテレビ撮影チームと同列に扱ってほしくないと述べ、それを拒否した。交渉は決裂し、わたしは今回のナンソトの実現をいったん諦めかけた。

夕暮れになり、ＴＳがココヤシの実を持って再度現われた。先ほど失礼な態度をとったお詫びのしるしで、金額は四千キナ（一四万円）でよいという。自分たちは、ナンソト儀礼を外の世界に正しく伝えてもらい、それによって村に観光客が来るようにしたいのだと言う。わたしは、それを受け入れた。

ナンソトまで

こうして何とかナンソトが実現することになった。翌日には、今回のナンソト儀礼のために作られた「男の家」の落成式が行なわれた。もともとあった「男の家」は、二〇一八年二月の地震で壊れてしまったため[9]、今回の儀礼のために、急ごしらえではあったが、間口一〇メートル、奥行きが二〇メートル以上ある、新たな「男の家」（ルモン・タマガス）が作られ、ドゥビンブス Dubinbus と名づけられた。本格的なナンソトが村で行なわれるのは、二〇〇五年以来とのことであり、儀礼を受けていない若者は村にかなり存在したが、その中から、今回四つの大クラン（マンブロコン、サマニヨーク、フォトクメイ、アドマリ）から一人ずつが代表として選ばれることになった。最年長が三三歳のＦＲ（既婚、四人の子供有）、以下二八歳のＩＳ（未婚）、二三歳のＩＧ（既婚、子供なし）、二二歳のＥＦ（既婚、子供一人）という顔ぶれだった。

ナンソトの執刀は、教会の礼拝が行なわれ安息日でもある日曜日を避け、一週間後の月曜の朝に行なわれることになった。儀礼を受ける若者たちは、男の家が完成すると早速、籠りに入った。男の家に最初に入るときは、ウォリニョールと呼ばれる母の姉妹の息子が若者の前後を固め肩に手を置きながら、一列縦隊で入っていく。ウォリニョールは、儀礼を受ける若者たちの「兄弟」であり守護者となる。籠りの間は、食事はマームル（母方の叔父）によって届けられる。若者は、それを男の家の中心に背を向け、壁を向いて食べ、その間、話をすることは禁じられる。水浴やトイレに行くため男の家の外に出るときは、必ず全身に布を纏い、女性や子供に姿を見せないようにして出てゆく。籠りの期間中、男の家では、集まった男たちによって、秘密の竹笛を吹き、太鼓を叩きながら、輪を描いて踊るシンシンが、連夜繰り広げられた。若者たちは褌だけの裸体で、その輪に加わっていた。

ナンソト前日の夕方、村は興奮の度合いを増した。男の家を取り巻いて集まった数十名の女たちが、輪になって踊りながら気勢を上げる。男たちは、男の家の中でシンシンを続けていたが、女たちの叫びがさらに大きくなると、それに引きずり出されるように若者とそれを守る男たちが一列縦隊で男の家から出てくる。男たちと女たちの引っ張り合いの構図である。

ナンソト当日の深夜、一二時半を過ぎ、男の家の隣にある家に、年配の女たちが集まり、床を踏みしめながらシンシンをはじめた。男たちの歌とは異なる旋律、リズムだった。

深夜一時、男の家の中では、バイウォヌールと呼ばれる儀式が始まった。男の家の天井の四隅に上った男が、縁台に順番に飛び降りる。続いて周りの男たちが、棒で縁台を叩いて大きな音を立てる。これは魚（バティルと呼ばれる伝統的な魚種のナマズ類の魚）が、ワニを恐れて発てる水音を模したものだという。音が静まり一瞬の静寂の後、竹笛の演奏が始まる。外では若い女たちがそれに呼応するように踊り、歌う。

午前三時過ぎ、儀礼を受ける若者たちが、腰蓑とボクサーパンツだけの姿で、外から戻ってくる。中央の床に並べられた焼きサゴと米飯の食事を、ウォリニヨールが若者たちの口に入れ、若者の頭を抱えて、激しく揺さぶり始める。周囲に立った男たちは、儀礼を受ける若者と彼を守るウォリニヨールに、口に含んだ食べ物をいっせいに吐きかける。水をかける男もいる。泣いているウォリニヨールもいた。

ナンソト当日

朝六時、夜が明けるのを待ち、若者たちはウォリニヨールに付き添われて外に出た。水辺で腰蓑を断ち切り、パンツ一丁になった若者たちは頭まで水中に浸かった。一〇分近く浸かった後、水から上がった若者に男たちが、ビンロウジの赤い唾を吐きかける。若者たちは、寒さに震えながら、男の家の前に並ぶ祖先の石に自らの腰蓑を「ウォー」と声を上げながら投げ捨て、家の中に入った。

男の家の中の四ヵ所（入り口近くに二ヵ所、横の出入り口近くに各一ヵ所）に、サゴヤシの樹皮が敷かれている。そこにマームルに抱きかかえられる形で、若者は仰向けに身を横たえる。六時二五分、いよいよ執刀が始まる。彫り手は必ずしも親戚とは限らず、腕のいい者が依頼される。まずは胸を彫る（ソトムニカ）。昔は竹の小刀だったが、今彫り手が用いるのは三センチほどの使い捨ての両刃の剃刀である。まず乳首の周りから彫り始め、ワニの眼に当たる模様が円を描く形で掘り込まれる。その後は胸から肩にかけて、一・五センチほどの直線が次々に刻まれていく。剃刀が、身体を切り刻む度に若者たちは苦痛に顔を歪めるが、声は上げない。ＥＦだけは時折大きな声を上げては、周囲の男たちから「声を出すな！」と叱責されている。傍には、小さな洗面器が置かれ、血にまみれた身体を、時折布で拭い取りながら執刀が続く。洗面器が次第に赤く染まっていく。男の家の奥では、若者たちを励ますように、静かに竹笛が奏でられ続けていた。

ソトムニカの時間は、早い者（FR）で三〇分、最も遅い者（IG）は四五分だった。ソトムニカが終わった者から、男の家の外に出て、背中を彫り始める（ソトモグム）。外には、一五〇人近い女・子供・若者たちが、男の家を取り巻いて見守っている。女たちの中には、若者たちの執刀の様子をじっと見つめる者もあれば、遠巻きに見守る者もある。喜びのあまりか、緊張に耐えられないのか、踊っている者もあれば、中には、座ってトランプを始める女たちもいた。

切り込みの数は、背中の左半身だけで数百ヵ所以上、胸も合わせた全身では千ヵ所を超えていた。執刀が終わった者から、マームルに付き添われて水辺に行き、水浴をする。執刀の際にはもっとも気丈に耐えていたFRも、さすがに水が染み大声を上げる。最後のIGの執刀が終わったのは八時一五分、始めてから一時間五〇分が経っていた。水浴から戻った若者たちには、白い鳥の羽で身体に脂（伝統的にはワグスという木の脂が使われるが、今回は市販のベビーオイルで代用されていた）が塗られる。そして男の家の中に敷かれたバナナの葉の上に、身を横たえる。横たわる男たちの傍には、土器のストーブに薪で火が焚かれ、身体を温めている。執刀前の若者たちは、入り口から向かって右側の縁台に座り、左側の縁台には近づけなかった。しかし、今若者たちが寝ている位置は、左側の縁台に寄った場所に変わっていた。ナンソトを終えた「男」（ユギ・ドゥミアグル）になった証である。

その日の夕方、瘢痕文身の儀礼を終えた四人のお披露目を兼ねた、サグバ・タマガス（タマガスはココヤシの木の枝でできた棒：サグバは「叩く」の意）と呼ばれる儀礼が行なわれた。男の家の前に並べられた椅子に四人が座る。その目の前で、ココナツの枝でできた棒を力いっぱい地面にたたきつけながら、村人が代わる代わる、四人の若者たちに言い聞かせたいことを語っていく。次世代の村を率いて行く男としての心構えを語る長老たち。一人前になった息子に、説教する母の姿もあった。

さらにその夜、男の家の中では、サグバ・ムンス（ムンスはピジン語でタンゲットと呼ばれる葉）と呼ばれる儀礼が行なわれた。夕方とは一転して、暗闇と静寂が支配する室内には、四つの椅子に座った若者の横に火が焚かれ、汗ばむほどである。真ん中に木彫りの椅子、その上にタンゲットが置かれている。タンゲットを手に持ち、椅子を静かに叩きながら、長老たちが代わる代わる、夕方とはうって変わった穏やかな調子で、村の男としての心得と知識を説いて聞かせる。頷きながら聴く若者の姿もあった。

翌朝、オロサボナと呼ばれる儀礼が行なわれた。これはサゴヤシの新芽を、若者たちとその両親がウォリニョールに、お礼に与える儀式である。男の家に到着したわたしたちが目にしたのは、昨日とはまったく異なる、満ち足りて穏やかな自信に溢れた若者たちの顔だった（写真10-2）。男の家の脇で火を焚き、サゴヤシの新芽とココナッツとツーリープを入れた茹でサゴ料理を支度する女たちの表情は、喜びにあふれていた。男の家の中に集うJL、PT、BNらの長老たちの表情も晴れやかだった。久しぶりのナンソト儀礼を無事成し遂げた充足感が、村全体に漂っていた。

男の家の前に佇む若者たちは皆、傷が直射日光に当たるのを防ぐためだろう、傘をさしていた。それはカラフルな日傘だった。村では傘の用途は日除けに限られる。男らしさを表象する彼らの身体と女物の日傘の取り合わせが、不思議にマッチしていた（次頁写真）。

ナンソトの将来

今回ナンソト儀礼に立ち会って、あらたに発見・確認したことはいくつかある。第一に、身体にワニの模様を彫りこむという瘢痕文身の特異さだけが（しばしば猟奇的に）注目されるこの儀礼が、若者が成人として受け入れられていく一連の過程をなしていることだ。第二に、この儀礼がけっして男だけのものではないということである。儀礼を受ける若者の両親や親族はもちろん、村全体が女も子供も含めて、この儀礼を焦点として凝集していた。まだ儀礼を受けていない若者たちの間には、自分たちも受けたいという希望が多く生まれていた。

課題もある。第一に、直接にはわたしたちの金銭的出資が、この儀礼を主導したことだ。それが観光化への過剰な期待とあわせて、村人の外部への依存を作り出す契機となりかねないことは否めない。しかし、今回のナンソト

傘をさした若者たち

儀礼は、わたしたちに見せるためではなく、明らかに自分たちのために行なわれていた。儀礼の運営と実践は全て次世代のカスタムリーダーを含む村の男たちの手で、手順に則って実施された。その意味でこの儀礼は確かに本物であり、「真正な」ものだった。そこには、「ブロゴイ文化」を継承したいという内的動機が貫かれ、実践されていた。「文化の真正性」とは、文化に内在する本質的なものでもなければ、観光客にエキゾティックに期待され強要されるものでもない。文化を担う当事者たちが、外部との比較やかかわりの中で、それを必要としたとき、初めて意識され実践されるものである。これは、前に述べた観光化されない秘密の竹笛の伝承が、以前消滅しかけ、また復活したこととも呼応している。

都市から離れ、泥炭湿地で換金作物を栽培する適地もなく、サゴ澱粉や魚を売りに行っても燃料代のほうが高くついてしまうこの地で、「場所の知」の持続を構想するためには、外からやってくる人びとに場所の魅力を伝える広義の文化観光が有効だろう。それを文化の商品化に陥らせず、村人の精神的・物質的充足感を伴いながら、いかに持続的に実現していけるのか、わたしたちクラインビット村にかかわる外部者の役割を含め、模索し続けていく必要があると考えている。[10]

＊　＊　＊

オロサボナの翌日、村から帰る途上のボートの中で、調査助手ＧＢの妻で卓抜した料理人でもあるＪＲが、バナナとココナツの入った手製のサゴケーキを振る舞いながら、村にいるうちにナンソトの写真をフェイスブックに上げたよと教えてくれた。四時間の航行を終え、セピック川畔のカンドアヌムで、ウェワクから迎えに来ていたトヨタのランドクルーザーに乗り込むと、運転手が「楽しかったようだな」と話しかけてくる。迎えに来る前に、フェイスブックで、ＪＲがアップしたワニ狩りの写真やナンソトの写真を見てきたと言う。

時代は変わっている。

第III部の小括

フィールドワークの「越境」としての開発実践

第Ⅲ部では、ポートモレスビーのセトルメントと、ブラックウォーターのクラインビット村でのわたしの試行錯誤的な実践を、失敗や反省を含めて仔細に書き記してきた。

地域研究者にとってフィールドワークの第一義的な目的とは、よりよい地域理解に到達することであり、開発実践のように、地域を変えることは目的とされない。むしろフィールドワーカーが調査対象にコミットしすぎることは、「オーバーラポール」として排除され、調査研究の客観性・中立性を失わせるものとして批判されることが多い。

しかし対象となる地域の人びと自身が、自らと自らの場所を更新し《開発》しようとする志向性を持つならば、そしてそれがさまざまな構造的要因によって実現されない現実に葛藤を抱えていることを感得したならば、そのジレンマをただ記述するだけが調査研究者の仕事であるとわたしは思わない。フィールドワークとその成果の記述の延長線上に、その葛藤と向き合い、その現実を変えていくための可能性をともに模索することも、調査研究者の役割ではないか。この点でわたしが強く共鳴するのは、たとえば文化人類学者の清水展がピナトゥボ火山の噴火後、自らの調査対象であるアエタ社会で行なってきた実践である（清水 2002）。

わたしがポートモレスビーのセトルメントをめぐって行なった実践は、セトルメントを「問題」としてみなし、その排除の動きが強まる中で、移住者の居住の場所として重要な位置を占めているこれらの集落の生活の現実を伝え、都市の空間と社会の中に包摂することだった。一九九〇年代後半から大使館やＪＩＣＡと接触し、一九九八年に地元の新聞から自らのこれまでのセトルメントの研究についてインタビューを受けたことも手伝って、二〇〇〇～二〇〇一年の一年間長期専門家として派遣されることになった。ＪＩＣＡ専門家としての立場を生かし、カウンターパートのパプアニューギニア大学の研究者たちと協働して、国会議員・政府官吏・研究者・援助関係者等のステークホルダーを集めたワークショップを開催した。それによりこれまで不可視化されてきたセトルメントの現実とそれに対する政策について、議論を共有することに成功した。その直後に首都政府が、わたしが長年関わってきたラガムガ・セトルメントを対象に、地代の定期支払いを条件に、居住権を認め、インフラやサービスを供給するという画期的なパイロットプロジェクトを発表した。ラガムガ集落の住民たちはこれに応え、住民委員会を組織して活発な議論を行なった。そして、小規模融資のプログラムを立ち上げ、マスメディアにも注目され、セトルメントのイメージを大きく変えるまでに至った。これはいわば彼らのエンパワーメントの過程であり、その中で、ラガムガ集落の住民たちは、自らの場所をフィールドとしてきた調査研究者でありＪＩＣＡ専門家という開発実践者でもあったわたしという存在と、その活動がもたらしたセトルメントをめぐる状況変化を活用して、自らの場所の再構築と《開発》を実現しようとしていたと言える。残念ながら、慣習法的共有地の地権をめぐる争いから、このプロジェクトは頓挫してしまい、ラガムガ集落では、直接のアウトプットをもたらすには至らなかったが、マクロレベルで言えば、わたしの活動はセトルメントをめぐる政策の潮目を変化させた意義はあった。そしてその後のＪＩＣＡとその委託を受けた専門家、コンサルタントが展開した参加型のコミュニティ開発プロジェクトの中で、それまでの行政側が持っていたセトルメントへの敵視から相互理解へと向かう兆しとなるような、首都政府の官僚とセトルメント住民との協働体制が実現している。

ブラックウォーターのクラインビット村は、日本兵が駐留し、村人に厄介になった場所である。村人と日本兵の間には束の間ではあるが、友好的な交流も実現していた。カラワリ川からブラックウォーターの多くの村を回った中で、この村が居心地がよいとわたしが感じた理由には、こうした歴史が関わっていたかもしれない。この地で移住史を聞き取るフィールドワークを続ける中で、わたしは長年村人からの理不尽な「おねだり」に当惑し続けていた。そして四回目の訪問で、村長から「お前はこの村に何ができるのだ」と問い質された。わたしはそれを自らのフィールドワークが調査対象社会にいかに物質的にも還元しうるかを問われていると受け止めた。しかし一方で、

表10－2　「地域研究」と「開発協力」の相違と共通性

地域研究		開発協力
地域の特質の理解	目的	地域における「開発」の実現
地域の記述・分析	目標	地域の改善
長期（10年～生涯）	期間	短期（数年～5年）
先進国の調査研究者	主体	先進国の開発専門家
第三世界の（ローカルな）住民	対象	第三世界の（ローカルな）住民

筆者作成

そこに高地周縁部の人びとが共通に持つ〔開発〕あるいは【開発】（第1章第2節参照）を外部に期待する態度を感じ、村人との間に、何がこの村にとっての望ましい《開発》なのかについて、やり取りを繰り返すことになった。「クラインビット村憲法」の提示という、参加型開発からはおよそかけ離れたものと映るにちがいないわたしの開発的介入の実践は、村長をはじめとする村人の外部依存の〔開発〕の志向性にわたし自身が対抗し、再交渉するための手段だった。斎藤資金においては結果的に無為に終わったその働きかけは、女性や若者に発言の機会を与えたグループミーティングを経て、自主的な学校の建設という形で実ることになった。それは、クラインビット村におけるこれまでの長老中心のリーダーシップの構造を変化させる契機ともなった。まったくの手作りでスタートした村の学校の順調な発展は、村人の外部依存的な〔開発〕観から内在的な《開発》へのシフトが生じた物証であり、人びとの自信ともなっている。フィールドワークで得た村の歴史の還元や、外部者による承認の眼差しは、場所の再構築と《開発》を、緩やかではあるが、クラインビット村にもたらしつつある。

地域研究と開発協力の相違と相同性

これまで述べてきたようなわたしの実践は、見方を変えれば、地域研究のフィールドワークを、長いかかわりの過程とより深い地域理解に根ざした開発協力へと結びつけようとした試みとも言える。

地域研究と開発協力には大きな相違がある（表10-2）。すでに述べたように地域研究の第一義的な目的は、地域の特質の理解である。そのための具体的な目標

表10－3 「参与観察」と「参加型開発」の相違と共通性

参与観察 participant observation		参加型開発 participatory development
調査研究者	誰が「参加」するのか	（開発対象地域の）住民
調査対象地域の住民の生活世界	何に「参加」するのか	開発過程
調査研究過程	「参加」の対象に含まれないもの	開発対象地域の住民の生活世界
調査対象の住民の認識の内在的理解を通じた，よりよい調査研究の実現	参加の目的	開発対象の住民のニーズの内在的理解を通じた，よりよい開発の実現

筆者作成

は、地域の記述と分析である。地域研究者は、そのために特定の地域に長期にわたって（言語の習得も入れれば、少なくとも五～一〇年以上、しばしば生涯）かかわりつづける。これに対し開発協力の目的は、地域における「開発」の実現にある。そのための具体的な目標は、個別の開発プロジェクトを通じて、地域を改善することである。専門家が一つの開発協力プロジェクトにかかわる期間は、数年からせいぜい五年程度にすぎない。

一方で、両者には共通性もある。すなわち、主体が先進国（「北」世界）の専門家（調査研究者／開発専門家）であり、その対象が第三世界（「南」世界）のローカルな住民であることだ。そこには、「真理」を作りだす主体が先進国の側にあり、第三世界のローカルな住民が客体化されてしまうという問題が共通に内在している。

地域研究が依拠するフィールドワークの「参与観察」（participant observation）という手法と、住民主体の開発をめざす手法である「参加型開発」（participatory development）は、ともに「参加」（participation）がキーワードであるが、その内容には大きな相違がある（表10－3）。すなわち参与観察において参加する主体は調査研究者であり、参加する対象は調査対象地域の住民の生活世界である。そして調査研究の過程そのもの（フィールドワーク中およびその後の記述・分析の過程）には、調査対象となる住民とその生活世界は基本的に入り込めない。言い換えれば、調査研究者という主体と調査対象者という客体は、厳然と区別される。これに対して、参加型開発において、「参加」する主体は開発対象地域の住民であり、参加する対象は開発の過程である。しかし、その参加には開発対象地域の住民の生活世界（の理解）は含まれていない。住民参加が実現しても、その文脈をなす開発対象地域の住民の生活世界の十全な理解が保証されない限り、それは形式的・表面的なものにとどまる危険を常に帯びている。

一方、両者が共通するのは、なぜ「参加」が必要なのか、という目的においてである。すなわち参与観察においては、調査対象となる住民の認識の内在的理解を通じた、よりよい研究の実現であり、参加型開発においては、開発対象となる住民のニーズの内在的理解を通じたよりよい開発の実現である。そこには外在的な調査研究や開発が、対象の理解――ひいては目的の実現――を損なってきたという反省がある。とすれば、両者には協働の可能性があるということになろう。それは、住民の生活のリアリティを共有する「開発」過程とはいかなるものなのか、また調査研究の対象者がともに参画する調査研究のあり方とは、どのようなものなのかという問いにほかならない。

そのための一つの（唯一ではない）回答は、フィールドワーカーが参与観察を通じて、フィールドという場所に浸潤するとともに、その中で生まれたかかわりを引き受け、対象社会の人びとの《開発》過程に積極的に参与することだろう。それは、フィールド――すなわち研究対象が存在する場所――に身を置いて「参与」し「観察」するフィールドワーカーが、真の意味で「場所」構築の一端を担うということでもある。少なくともわたしのフィールドワークとはそのようなものだった。そして長期にわたるフィールドワークとは、おそらくつねにそのような側面を持っている。その際に重要なのは、それを反省を含めて対象化し、記述することだろう。第Ⅲ部において示したのは、そのようなものとしてのわたしの試行錯誤を伴う実践の過程だった。

終　章　場所・フィールドワーク・動態地誌

調査研究者の位置性と動態地誌の役割

　わたしたちは、学問分野の方法や学界の潮流に基づき、それに制約を受けながら、研究の成果を構築し、それを通じて、既存のアカデミズムの体制を再生産するとともに、それを批判し、再構築しようとする。それはアカデミズムの世界に新たな「場所」を生成していく実践とも言えるかもしれない。

「かかわりとしてのフィールドワーク」で紹介した、フェミニスト地理学者たちの論考の中で、カッツは、「わたしたちはいつも、どこでもフィールドにいる」のであり、エスノグラファーであり女性である自分自身の主体としての位置は、内部者でもなければ外部者でもない「あわいの空間」(spaces of betweenness) だと言う (Katz 1994 : 67)。彼女のフィールドは、スーダンの農村とニューヨークのハーレムという二つの場所である (Katz 2004)。その中では、けっして前者が遠い地で、後者が「ホーム」であるわけではない。むしろカッツが疎外感を覚えるのは、ハーレムでの子どもたちを支援するNGOとの協働による環境改善の実践を報告した学会会場で、その発表を応用的なものとして一段低く見る（他者化を含んだ）アカデミズムの眼差しである。わたしたちが体験し、実践するフィールドは、単に研究対象の存在する場所だけを指すのではない。アカデミズムもまた、わたしたちがそこで格闘し交渉する「フィールド」にほかならない。

　調査研究者の構築した研究成果（地誌）は、アカデミックなサークルや一般読者だけでなく、それが対象とした人びとや社会にも還元され、そこから評価や批判を受ける。それによってその研究はさらに鍛えなおされ、吟味されていく。地誌はアカデミズムのサークルだけで流通するものではない。それは常にその地域を理解したい（されたい）という欲求やニーズを持つ人びと（広義の「読者」）に支えられ、それに対してメッセージを発している。その目的は、読者の地理的想像力を高め、共感的な理解を構築することである。

ハーヴェイは、「社会学的想像力と地理（学）的想像力」と題した論考において、ライト・ミルズの「社会学的想像力」（sociological imaginations）との対比において、「地理（学）的想像力」（geographical imaginations）の重要性を説いている（Harvey 2005）。ミルズが主張するのは、人は自らの経験と運命を、自分が生きる時代の中に位置づけて初めて理解でき、社会学的想像力とは、人に社会における歴史（history）と自己の人生史（biography）を重ね合わせて理解することを可能にするものであるということである。これに対し、ハーヴェイは、ミルズの主張が時間や歴史を強調する一方、そこに地理的・空間的要素が含まれていないことを指摘し、自身の人生史の中における空間や場所の役割を認識することの重要性を説く（Harvey 2005：212）。ハーヴェイによれば、地理的想像力と社会学的想像力を統合することによって、世界地図を作り変え、社会的構築物としての空間と時間を再定義し、世界を再領域化し、社会-環境変化の弁証法や不均等な地理的発展に対する異なるアプローチを取ることが可能になる（Harvey 2005：253）。

さらにここにマッシーの議論を重ね合わせることができるだろう。すなわち、「ともに投げ込まれている」もの（者／物）たちが交渉する空間としての「場所」への感受性と、そこにおける実践の力であり、常に動いているわたしたちに対して、変わらぬ存在として「過去」（未開性や後進性）へと押し込められている「他者」を、同時代を生きるものとして甦らせるような地理的想像力である。こうした構えをもたらすものが、地誌ではないか。つまり動態地誌とは、このような意味でのアクティヴな地理的想像力を喚起するものであるはずだ。

地誌は地域研究の成果物にほかならない。しかしそれが地誌として提示されるときには、アカデミズムの内部（専門家）だけを読者と想定していない。常にそれを超えた読者を獲得することをめざしている。そして調査研究者が対象としてきた場所や地域について、読者や聞き手たちに、地理的想像力を涵養し、共感的な理解（感情だけに流されず、支配のための手段でもないような理解）を構築すること、そしてそれを通じて、願わくば何らかの実践（アクション）を起こすこと——それはこの地域を旅してみたいという思いでも、連帯のための活動をしようでもよい——を期待すること、そのように読者を「動かす」ことが、究極的な動態地誌の意味であり価値だと考える（図11-1）。それが、厳然と対立している二つの世界の距離を縮め、両者の境界を揺るがすことにつながるからだ。

そのためには、まずわれわれの側に集積し、独占している「知」（専門知、科学知）の力を、双方向的なものへと解き放つことが必要である。そして、自らの言語でも、対象地域の言語でも、まず文章をわかりやすい言葉で書くことからはじめなければならない。それと同時に、双方向的な理解を妨げている「下部構造」でもある彼我の政治経済的な格差と知の格差を作り出すシステムを改変すべく、反システムのための運動（ウォーラーステイン 1996）を、学問研究を含む各自の場所において構想し、実践することだろう。それによって彼／女らの側からの《開発》と場所構築の実践にいささかでも貢献しようとすること、それがフィールドワーカーとしての調査研究者と地域研究／地誌が究極的にめざしていくものではないか（図11-1）。

わたしという主体、フィールドの人びとという主体

フィールドワーカーとしての調査研究者とは、自らの属する世界とフィールド、あるいは学問世界と生活世界のあいだを往還しながら、二つの世界のあいだに（あわいの空間に）生きる存在である。ナスト（Nast 1994）の言葉を再引用すれば「あいだにあること」（betweenness）が意味するのは、わたしたちが自分と切り離された、異なる「他者」と共に活動できないなどということはないということだ。わたしたちはいつもわたしの世界とわたしのものでない世界とのあいだにいて交渉することを求められている（Nast 1994 : 57）。研究者としての自己に疑いを持ち、批判の目を向けながら、自らが当たり前として依拠する世界（日常、学問世界）をも変革していくこと、その中でわれわれの側に独占している知を双方向的なものとして解き放つ——研究対象者や一般読者から批判を得、応答する——努力をすること、それらの実践を通じて二つの世界をつなげていくこと、それがフィールドワークに根

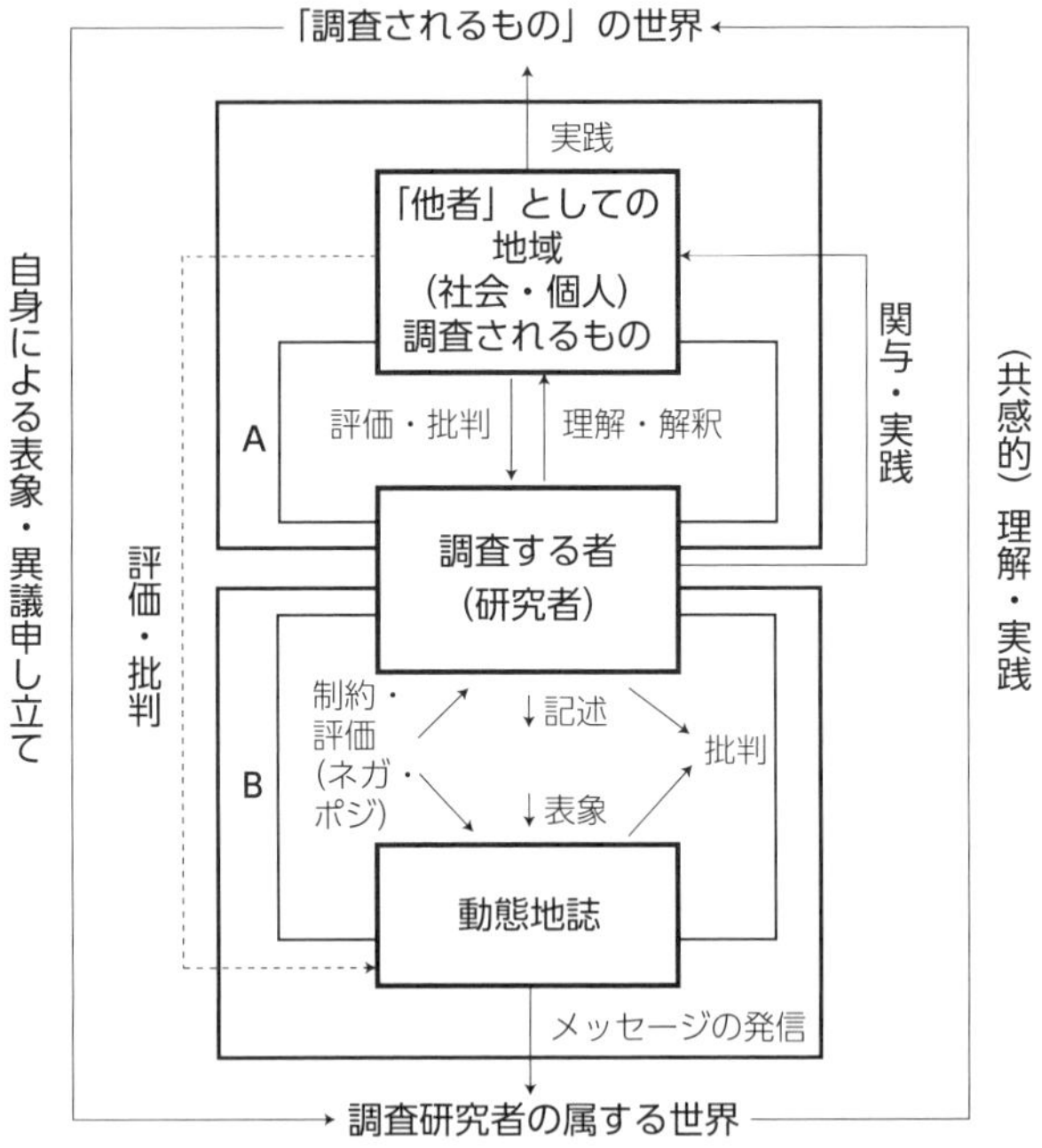

A：調査の場所というフィールド

B：アカデミズムという「フィールド」

図 11－1　調査研究者（フィールドワーカー）の位置性と動態地誌の役割

筆者作成

差した調査研究を行なう者の役割だろう。

これまで述べてきたかかわりとしてのフィールドワークと、それを発展させたわたしの《開発》としての場所構築の実践は、常に試行錯誤であり、失敗と反省の繰り返しにほかならない。調査研究が客観的・中立的であるべきと信じている人びとからは眉をひそめられるに違いないこの実践をモデルと言うつもりはないし、それがフィールドの人びとや社会にどのように役立ったかを総括する立場にもない。それは、この実践がいまも現在進行形で続いているからでもある。

フィールドの人びとから見れば、フィールドワーカーとは、もともと自分たちの場所に飛び込んできた物好きな外部者にすぎないし、フィールドワーカーがフィールドに貢献できることは所詮たかが知れているのかもしれない。しかしわたしが縁あってかかわったパプアニューギニアの人たちは、都市のセトルメントでも、奥地の村でも、自らの置かれた境遇に自足せず、それを変革しようとアクティヴに行動する人たちだった。わたしのフィールドワークとは、能動的な主体としてのパプアニューギニアの人たちが、わたしのかかわりによって生まれた機会を利用して、彼／女らの思いを実現しようとした過程であったとも言えるだろう。パプアニューギニアの人びとは、自らの場所にかかわった外部者に、「他者化」を許さない。むしろ自らの「場所」の一部となることを積極的に迫る人たちである。そしてわたしが唯一誇れるとすれば、パプアニューギニアの人びとを変わらぬ存在として捉え、彼／女たちを「他者化」するのではなく、そのエネルギーやダイナミズムに真摯に向き合い、付き合い続けてきたことだろう。フィールドワークにとって、そしてフィールドワーカーもその一端を担う人びとのよりよい生の実現としての《開発》のための場所構築にとって、重要なのは結果ではなく、どのようにかかわり続けるかであり、その過程なのだ。

あとがき

本書はわたしの三九年にわたる、パプアニューギニアでの調査研究をまとめたものである。

本書の基になったおもな初出論文は、以下の通りである。

第1章（第2節〜第4節） 熊谷（2010d）、熊谷（2013b）
第2章 熊谷（2013b）
第3章 Kumagai（1998a）、熊谷（1996：1999：2002：2003a：2004a：2013a）
第4章 熊谷（2003c：2010a）、片山・熊谷（2010）
第5章 熊谷（1988：1989a）
第6章 Kumagai（1987）、熊谷（1985：1994：2000c）
第7章 熊谷（1985：1989b：1994：2001a：2012）
第8章 Kumagai（1998b）、熊谷（2000a：2010b）
第9章 熊谷（2001b：2013a）
第10章 熊谷（2004b：2013a）

第1章の第1節、および各部の小括と終章は書き下ろしである。既発表の論文については、本書を編むにあたって、順序を入れ替えたり、表現を補足したりはしたものの、文体や内容はほとんど変えていない。パプアニューギニアは、行くたびに新たな発見がある、飽きさせてくれないフィールドである。しかしわたし自身の姿勢は、良くも悪くもあまり変わっていないのかもしれない。

本書を二人の亡き恩師に捧げたい。一橋大学大学院の指導教官だった竹内啓一先生、そして国立民族学博物館の吉田集而先生である。竹内啓一先生は、パプアニューギニア大学への留学をはじめ、この地での研究を始めるきっかけを作ってくれただけでなく、研究者とは絶えざる自己反省の営為をともなう存在であることを教えてくれた。吉田集而さん（「先生」と呼ばれることを嫌われたのであえてこう書く）は、民博での共同研究会からパプアニューギニア高地周縁部の調査まで、常に叱咤激励を与えてくれただけでなく、論文が書けない悩みから人生の節目の決断まで親身の相談相手となってくれた。この二人の存在がなければ、パプアニューギニアの研究はもちろん、わたしが研究者として生きることもなかっただろう。学恩はお世話になった本人には還せないから、後の世代に与えていくしかない。しかし今、まもなく定年を迎えるわたし自身が、後輩の研究者や学生に対し、そのような存在では到底あり得ていないことを反省し恥じるばかりである。

本書の出版にあたっては、二〇一八（平成三〇）年度の日本学術振興会科学研究費補助金（研究成果公開促進費〈学術図書〉交付番号18HP5129）による補助を得た。表紙には、山田眞巳画伯の「極楽鳥屏風」の絵を使わせていただいた。山田氏は、夫人で作家の山田真美氏の博士論文をわたしが指導したという縁も手伝って、パプアニューギニアの国会議事堂に飾られている名作を表紙にすることをご快諾くださった。望外の幸せであり、感謝申し上げたい。第Ⅰ部～Ⅲ部の扉の写真には、原口昌樹氏撮影の写真を使わせていただいた。

わたしがこの書の基になった博士論文を二〇一六年末に九州大学文学部に提出したのは、一九八二年から八五年までの三年間助手として勤めた縁によるものだった。ご多忙な中、長大な原稿に査読の労を取ってくださった審査委員の方々（高木彰彦教授、宮本一夫教授、遠城明雄教授、今里悟之准教授、そして経済学部の山本健兒教授）に心からお礼を申し上げたい。とりわけ高木教授には、九大への博論提出を打診した二〇一一年から辛抱強く励ましを受け、最後までたいへん懇切丁寧に査読をいただいた。また山本教授からは、九大勤務最終年のお忙しい中、詳細な誤謬のチェックと数多くの示唆を得た。文字通り有難いことと受け止めている。心から感謝申し上げたい。九大助手時代の上司であった野澤秀樹先生にも拙い原稿をお読みいただいた。本論文が野澤先生の期待するようなヒューマニスティックな地誌たり得ているかどうかは内心忸怩たるものがあるが、助手勤務時代の自由な計らいとあわせて、あらためてお礼を申し上げたい。

一九九二年から現在まで勤務しているお茶の水女子大学文教育学部地理学科／地理学コース、グローバル文化学環、大学院地理環境学コースの同僚教員には、一年間のＪＩＣＡ専門家としてのパプアニューギニア赴任をはじめ、度重なる海外研修や調査などでいろいろご迷惑をおかけしたが、いつも寛大なご配慮をいただいた。心から感謝したい。

一九七九年一二月以来、三九年間にわたるパプアニューギニアでの調査研究では、数えきれない人たちにお世話になった。とりわけパプアニューギニア研究を続けるきっかけになった民博研究会に声をかけてくださった畑中幸子先生、そして長年のセピック地域のフィールドワーク仲間である豊田由貴夫氏、斉藤尚文氏、川崎一平氏、紙村徹氏、新本万里子氏には、日頃から忌憚のない意見交換の機会と叱咤激励をいただいた。お礼を申し上げたい。

フィールドで世話になり、今も世話になり続けているのが、ポートモレスビーのセトルメントのウェミン一家とクラインビット村のアントン一家である。都市と村のこの二つの家族の存在がなければ、わたしはこれほど長くフィールドワークを続けることはできなかったし、フィールドが繰り返し還っていく場所ともならなかっただろう。いまは亡き二人のお父さん――いつも冗談を言いながら皆を温かく見守ってくれたパパ・ウェミンと、卓抜した彫刻家でありかつ世話焼きだったアントン――に、家族の皆を代表してもらい、感謝の意を捧げたい。

最後に、修論執筆以来見守り続けてくれたわたしの両親と妹、そしてこの博論を書き上げるまでにさまざまな助力を得、また我慢を強いることになった妻と子供たちに、心からありがとうと言いたい。

二〇一八年八月三〇日

クラインビット村にて、長年の協働者たちとともに

熊谷　圭知

パフォーマーでもある高井啓光氏，もう一人は，元青年海外協力隊員でウェワク病院に理学療法士として派遣されていた原口昌樹氏である。高井氏は，太鼓や舞踊のパフォーマンスをして世界中を歩いていたが，「本物の文化」に触れたいと，パプアニューギニアを訪ねることを思い立った。パプアニューギニアのツアーを専門にするPNGジャパンの山辺社長の紹介でわたしと出会い，2016年9月にクラインビット村を単身で約1ヵ月訪ね，村での体験に魅せられて再訪を切望していた。原口氏は，2011年に野中科研隊の協力者として一度，10日間ほどクラインビット村を訪れていた。そのときに彼が撮影した写真（第I～III部の扉写真に使用）が素晴しく，今回は写真家として同行を依頼した。

8 ナンソトの実現にあたり，わたしが案じたのは，儀礼を受ける若者たちの身体の傷と，儀礼実施のための費用だった。前者については，衛星携帯電話を持参することで，万一の場合，すぐにウェワクの病院と連絡が取れるようにした。後者については，もともと儀礼を受ける若者の両親が，その世話をする母方の親族に数百キナ程度の金を用意する慣行があったこともあり，ある程度の金銭的支援は必要と考えていた。金額については，わたしはあらかじめ長年モーターカヌーのドライバーを務めてくれるGBとの携帯電話のやり取りで，高井氏とわたしの二人の私費合わせて4千キナ（14万円）程度を支援可能な上限として伝えてあった。

9 2018年2月26日に発生したマグニチュード7.5の地震でパプアニューギニア全体では100名以上の死者が出た。村人の調べによれば，この地震で，ゲストハウスを含め村の家の約2割に当たる31戸が全壊し，2018年8月にわたしが訪ねた時点ではすでに取り壊されていた。さらに34戸が半壊の状態で，一部手直ししながら住み続けている。幸い死者はなかったものの，家の下敷きになって何とか助け出された村人も数名あったという。

10 わたしは2012年3月と2015年2月に，それぞれ2名ずつのお茶の水女子大学の学生をクラインビット村に同伴した（2012年：志村多嘉子さん，新井杏子さん，2015年：泉有香さん，山下佳乃さん）。卒業生の彼女たちが中心になり，前述の高井氏，原口氏も加わって，2017年にクラインビット村・サポーターの会を結成し，「パプアニューギニア，究極の“楽園”クラインビット」というタイトルのフェイスブックを立ち上げてくれた（https://www.facebook.com/pikinini.bilong.KUMA/）。タイトルの印象とは異なり，自分たちが見た村の風景や暮らしなどを地道に紹介している。

間の読者層の差異が編集者によっても意識されていることを物語っている。

2 ポスト・クーリエ紙は，独立以前の1969年に創刊された老舗の新聞で，どちらかといえば西欧的な志向性が強い。一方ナショナル紙は，東南アジア華人系の資本により1980年代に創刊された新聞である。両紙の紙面の内容に大きな差はないが，中国系の移民問題や，熱帯林開発などの問題については，その取扱い方に差が生じたり，意見が分かれることもあり，ポスト・クーリエ紙においては両者にともに批判的なスタンスを取ることが多い。

3 ラガムガ集落が選ばれた背景には，わたしが長年調査地としてきた場所であることに加え，このセトルメントがポートモレスビー南地区という，レディ・キドゥの選挙区に立地していたことも作用していると推測される。また実質的に地代を徴収しているサラガ一族が，地代の恒常的な支払いを条件に，住民の居住権を認める態度をとっていたことも大きな要因となっている。

4 元ボランティア教師LKからの2017年の聞き取りによれば，この学校は現在は残念ながら，資金不足などの理由で閉鎖されてしまっている。

第10章　開発的介入から場所構築へ

1 「ホストファミリー」（里親）は，わたし自身が選ぶわけではなく，村人の側が選定する。その家長との間には，擬制的な親子関係が結ばれ，子には「祖先の名」（ピジン語でトゥンブナ・ネーム tumbuna name）が与えられる。わたしの村での「祖先の名」は「ヤドバル」であり，これはクラインビットとカニンガラとの間にある小さな沼に住むとされる精霊の名である。擬制的な親子は，お互いをファーストネームで呼び合い，里親は村での後見人となる。

2 2015年にガバマス村の近くに携帯電話会社（デジセル）の電波塔が立ち，最近はクラインビット村でも携帯電話が――時間と場所の制約はあるものの――通じるようになった。このため村からの直接の電話もかかってくるようになった。

3 最近の村人からのリクエストで圧倒的に多いのが，携帯電話（それもスマートフォン）である。

4 老人ホームで夫婦二人きりで暮らしていた斎藤宗寿氏は，2006年の10月に91歳で亡くなり，奥さんも翌春後を追うように亡くなった。わたしがこの不始末の顚末をお二人に報告する機会は永久に失われてしまった。

5 クラインビット村に古くから存在するのはカトリック教会であるが，1990年代後半にEBCが作られた。いずれも礼拝は村人が主宰しており，日曜日の礼拝に集まる数はそれぞれ30～40人ほどである。EBCは，識字教室なども開催し，教育に熱心である。

6 野中科研調査のメンバーでもあった池口明子氏（横浜国立大学）が，2017年9月にクラインビット村で，自身の担当する放送大学「現代人文地理学」（第8回「河川生態系への環境適応」・2018年度5月30日放送）の撮影を行なった。これも村人に，自らの文化への外部からの貴重な「承認」の機会となったと考える。

7 ナンソトへの立会いが可能になりそうとの状況を得て，わたしはこれまでクラインビット村を訪ねたことがある二人のメンバーに声をかけた。一人は，古武術研究家で

けていた。しかし実際には，これらの部隊がブラックウォーターの地域に駐留したのは，1945年の3月頃から，最終突撃の命令を受け，セピック川北側のアレキサンダー山系に集結する7月までの数か月間であった。そのことは，逆にこの体験がブラックウォーターの人びとにとって，いかに大きな出来事であったかを物語っている。

17 しかし，わたしが訪ねたブラックウォーターとその周辺の地域の中でも，日本軍と日本兵に対する記憶とそれに対する態度には，大きな差異が見られる。たとえば，グベマス湖のアンガナマイ村に行ったときには，日本軍が自分の父を殺したことと，精霊堂を燃やしたことへの非難と賠償金請求の手紙を受け取った。これはおそらく駐留していた小・中隊レベルでの，下士官の意識と行動により，村人への態度や扱いに大きな差異が生まれ，その記憶や評価を異にさせていることを物語っている。パプアニューギニアにおけるこうしたミクロレベルでの戦争行為の検証は，わたし自身も含め，研究者によって十分になされていないと言わなければならない。

18 グリスとはピジン語で油や脂身のこと。人びとが好む豚の脂身を与えるのは，相手に対する最上の敬意を示すものであり，そこから転じて「相手に媚びる」「お世辞を言う」といった意味で使われる。

19 以下の記述は，1990年，93年の滞在時のものである。2000年以降は，観光資源であった精霊堂が壊されてしまったこともあり，定期的な観光客の来訪は見られなくなっている。

20 秘密の竹笛の伝承は，2000年代半ばに，竹笛を吹ける世代の最後の長老たちの決断で，若い世代（当時の20代）の男たちに伝えられ，何とか生き残っている。秘密の笛の伝授と練習の作業は，女性や子供が近づけない森の奥などで重ねられたという。

21 1993年の訪問の折に現在の一方的な観光の形に不満を持つ村人たちに，どうしたらよいか尋ねたことがある。村人の答えは，もう少し観光客たちがゆっくり滞在してくれれば，いろいろコミュニケーションもできるし，村の良いところも見せられるというものだった。これは，第10章で述べる2011年のゲストハウス建設の実践につながっている。

22 村人の間でトラブルや紛争が起こった場合，一時的にムングラスに居を移すことはしばしば行なわれる。

23 ベルクは，社会と空間と自然に対する関係を，①生態学的関係（呼吸する空気，等），②技術的関係（農業による居住域の整備，等），③感覚的関係（環境の認知と表象），④価値論的・認識論的関係（環境に関連する諸価値，諸概念），⑤政治的関係（整備・開発における社会の選択を決する権力のはたらき）に，分類しつつ，それらの関係の全体が単一の指向性を持つことを主張している（ベルク 1988：129-130）。この議論は，ブラックウォーターという場所の風土的関係性に，まさに当てはまる。

第9章　フィールドワークから開発実践へ

1 わたしは後日，この記事を書いた記者に，二つの紙面の相違の理由を尋ねてみた。記者の答えは，（政府批判に通じる）わたしのインタビューだけを掲載することはバランスを欠くというデスクの判断によるものだったという。重要なのは，この「バランス」が英字新聞の方だけに求められた点にある。それは英字新聞とピジン語新聞の

10 この話の中では，祖先たちの移住は，あたかも誰もいない土地に自然に（容易に）行なわれたかのように受け取れる。しかし実際にはブラックウォーター周辺の諸集団（ワンバオと呼ばれる現在はグベマス湖周辺に住むアランブラックの集団や，メスカ，ワタカタウィなどのコロサメリ川流域の人びと）とは敵対関係にあり，ブラックウォーターの領域支配をめぐって抗争があった。当時ブラックウォーター周辺にはシングリと呼ばれる樹上家屋に暮らす集団がいたが，現在では他集団の攻撃により滅亡してしまい，アランブラックとカプリマンの一部に吸収されてしまったこともアランブラックの人びとにより語られている。ブラックウォーターへの移住と定住の過程は，こうした諸集団間の闘争の産物でもあった。しかしこうした物語は，外部者には積極的には語られない。

11 1990年，クラインビットの村人の案内で，人びとの故地であるエンガリアオットとガグリオントクを訪ねた。叢の中に，家の土台を支える支柱が一部残されており，集落跡であることがうかがえた。

12 アランブラックの人びとの神話には，山に人に危害を加える強力な精霊が存在する一方で，低地に住んでいた人間には尻尾があって，その尻尾を切って人間にしたといったモチーフが頻繁に登場する。そこには山（精霊と人間の世界）と低地（人間と動物が混淆する世界）の二項対立が顕著である。この物語はまた，先に述べたような，シングリなど低地に先住していた人びとの征服の過程も示唆している。

13 ただし犬やニワトリなどの家畜類，外来の動植物は含まれていない。

14 カカオなどの換金作物を植える土地として，遠方の自身のクランの土地を利用している例はある。一方で，土地を持たないクランが，村内の土地を持つ別のクランの土地を利用する方法は主に2つある。第1に結婚相手の妻のクランの土地を利用させてもらうことである。これは原則その子供の代までに限られる。第2に，しかるべき手続きを経て「買い取る」ことである。これは多額の婚資を払う，クランからクランに正式に贈り物（首飾りなど伝統的な財と現金）をすることで獲得するといった方法がある。ただし，現在では食料資源であるサゴヤシを採取する土地が，次第に不足する傾向にあり，土地の譲渡は行なわれにくくなっている。

15 キーオの巡視報告では，「カブリマン」はカブリマン（＝カンブラマン），トゥンギンビット，イェシンビット，チャングリマン（＝サングリマン）の4つの集落から成るとされている。ガバマスを加えると5集落になるが，この中には，現在のカプリマンの人びとの村落の中では，クラインビットだけが含まれていない。周辺の村との抗争の余波で，まだクラインビットがブラックウォーターの領域に戻っていなかったか，あるいは他の村とはまだ対立関係にあり，協働しなかったと推測される。

16 この出来事については，村人の語りに加え，当時見習い軍医士官としてこの地に滞在し生還した斎藤宗寿氏からの聴き取りと，その著書（斎藤 1999）から裏づけを得ている。それによれば，食料の補給を絶たれた日本軍は，現地での食料調達の可能性を探るため，サゴヤシに目をつけ，その調達のための部隊を当時の主戦場から離れたセピック川とその南部支流域に送った。その結果，ブラックウォーターからグベマス湖にかけてのほとんどの村には，日本軍が「駐留」した。わたしは村人たちの語りから，日本兵が村に滞在したのは1年以上に及ぶ長い期間であったかのような印象を受

場所を選んで，ムングラスと呼ばれる出作り小屋などを設けて，サツマイモやカボチャなどの作物をわずかに栽培している。

4 カプリマンの人びとによって，ゲールは「野生のサゴヤシ」（ピジン語でウェルサクサク）と表現される。クラインビット村での聞き取りでは，さらにナールの中に棘の生え方や新芽の色などによって4種類あり，ゲールにも4種類が区別されていた。

5 元村長BNの言によれば，ゲールが食用に利用されるようになったのは，1997年からのことである。澱粉の味は，むしろゲールの方がナールより美味しいという。

6 松井健（1989）が言う「セミ・ドメスティケイション」（半栽培）という概念に近い。

7 2組の夫婦（夫BN・妻OT，ともに50代；夫JT・妻LR，ともに30代）にサゴヤシ採取に出かけた日を記録してもらった。それによれば，2007年8月20日～10月24日までの66日間（期間①），および2008年1月3日から3月1日までの59日間（期間②）で，サゴ採取に出かけた日数は，BNは，期間①には13.2日に1回，期間②では11.8日に1回であり，妻のOTは，期間①では13.2日に1回，期間②では8.4日に1回だった。これに対し，JTは，期間①に6日に1回，期間②には11.8日に1回であり，妻のLRは，期間①には4.7日に1回，期間②には5.9日に1回となった。BN・OT夫妻は夫婦一緒に出かけることが多いが，JT・RL夫妻は，妻のRLの方が1.5倍程度多く出かけている。両夫婦の頻度の違いは，世代と家族員数（面倒を見ている子供の数）の多寡に左右されているところが大きい。女は，このほかに湖での魚獲りや薪集め，子供の世話などの日常の労働があるが，男の仕事は狩猟とカヌー制作（たまにしか行なわない）くらいであり，女性に比べ男性の労働時間はかなり少ない。

またクラインビット村副村長のKSに，2007年8月～2008年6月までの毎日，村でサゴを採りに行った世帯を（1本の木を2日間にわたって作業しても重複してカウントはしないという条件で）記録してもらった。それによると同期間の総計は，1,109回（家族）にのぼった。複数の家族が1本のサゴヤシの採取を協同しておこなう場合が二重に含まれている可能性はあるが，記載漏れもあることを考えると，クラインビット村だけで年間に千本近くのサゴヤシが伐採されていることになり，その資源の賦存量はきわめて大きなものである。

8 戦争中にクラインビット村に駐留していた斎藤宗寿氏（本章第5節参照）が釣り好きで，手製の釣り針と竿で釣りをしていた。それが村人が竿での釣りを見た最初であったという。

9 この精霊堂から女性や子供は，排除されている。したがって，そこで語られる記憶や伝承は，あくまで「男たちの物語」であり「男の歴史（観）」であることに注意する必要がある。現在でも女だけが集まる場所では，男たちが語るのとは異なる種類の伝承や物語が語られる．その代表的なものがモリオンドの物語である。昔，村に住むモリオンドという名の娘が，男たちが女たちに食べ物を十分与えないことに憤り，他の女たちを連れて，ずっと西の，山の彼方に移住してしまった。女たちは風を孕むことで妊娠し，男の子が生まれると殺してしまい，女だけの村を作ってそこに住み続けたという。モリオンドが村を出るとき，父親を偲んで歌ったという哀しみを帯びた歌は，今も女たちが集まった場所でよく歌われる。

ば，ラガムガ集落の人口は 896 人，また 2000 年センサスによれば同地区の人口は 860 人であった。それに比べるとこの数字は 1 割以上多く，上記の 2 調査から漏れた世帯や住民も含まれていると想像する。

12 第 4 章ですでに述べたように，2012 年の総選挙では，3 人の女性国会議員が誕生した。

13 またこの 2007 年の総選挙から，新しい選挙制度（Limited Preferential Voting System）が採用されている。これは，小選挙区に候補が乱立するこれまでの総選挙では，当該選挙区の少数の割合の支持だけで当選が決まっていたことを問題視し，有権者の 1 位票だけが当選を決めるこれまでのシステムから，投票に際し，1 位から 3 位までの候補者名（または番号）を記すというシステムへと変更されたものである。この新たな制度によれば，当選者は，選挙区の（実効投票数 live formal votes の）50％＋ 1 の得票を必要とする。その仕組みは，以下のとおりである。第 1 位投票で過半数を得れば，その候補者が無条件で当選となる。そのような候補者が存在しない場合，次のステップ（elimination part）に進む。そこでは，最低数の得票しかない候補者の票が exhausted votes として除かれ，その 2・3 位票が，他の候補者に振り分けられる。それで過半数の得票者が出れば当選となる。出なければ，同様のプロセスが繰り返され，生き残りの票数は減少していく。この制度の意義は，2・3 位票の重要性である。第 1 位票は早期に排除されないためには重要だが，最後に勝敗を決めるのはむしろ 2・3 位票ということになる。

14 しかしこの紛争の範囲は当該空間を超えないのが特徴である。たとえば出身地において部族戦争が起こってもそれが都市住民の日常に波及することはないし，ポートモレスビーのワントク間の紛争が他の都市に飛び火することもない。

15 マイケルは，先述のパルコフ知事との会見での知事の言葉をわたしから聞いて（露天商が街を汚しているというのは）その通りだと頷いていた。

第 8 章　ブラックウォーターの人びとと場所

1 第 5 章で論じたミアンミンの人びとも，このセピック川支流域に位置するが，その西端にあたり，人口規模・密度は小さい。またタロイモを主食とする点で，セピック川支流域の他の諸集団とは性格を異にする。

2 カプリマンの人びととアランブラックの人びとの間には頻繁な交流があるが，わたしが滞在するクラインビット村に，隣接するアランブラックの人びとが訪ねてきても，イニシエーションを受けていない彼らは精霊堂に立ち入ることができない。またクラインビット村のカヌーの進水式に招かれたアランブラックの人びとが，カプリマンでは秘密になっている竹笛を，女性や子供がいるオープンな空間で演奏し，大きなトラブルになったこともある。

3 2011 年のクラインビット村での自然地理学者の小野映介らの地質調査では，炭化した表層の下には，3〜4 メートルの泥炭層の堆積が確認されている（小野映介・梅村光俊・石田卓也「パプアニューギニア北部，セピック川低地中部における熱帯泥炭の堆積年代と化学的性質」（日本地理学会 2012 年度秋季大会報告）。こうした泥炭湿地ではサゴヤシは育つが，他の農作物は育たないため，村人は河川の堆積物が土壌化したな窓越しに店主と対面し，他に並ぶ商品を指さしながら買い物をする。扱われる商品はだいたい共通しており，米・缶詰・ハードビスケット・インスタントコーヒー・清涼飲料水・石鹸・タバコ・マッチといった食料品や日用雑貨類である。

2 集落に残って「無職」のままと答えた5人のうち4人は，副業で空き瓶回収の仕事をしていた。町で拾い集めた瓶を貯めておいて売りに行く仕事であり，誰でも参入できるが，収入はわずかで，単身者一人の生計を支えることも難しい。

3 ラガムガ集落の住民は，すべてチンブー州，グミニ郡の出身者で占められているが，その中に，ユリ Yuri，ゴレン Golen，エラ Era，ユイ／ケリ Yui/ Keri という4つの地域集団がある。この中で，ユリは最も早くラガムガ・セトルメントに移り住んだ集団であり，その住居は集落の中央部を占めている。

4 パプアニューギニア人にビールの販売が解禁されたのは，1962年のことである。

5 village court と呼ばれるこの制度は，植民地政府により導入されたものだが，その運営と裁定は基本的に地元住民の手に委ねられている。

6 弓矢での戦いの場合，即死する場合は少なく負傷者が多いが，銃の場合死者は著しく増加する。それまでの部族間戦争では，双方に1〜2名の死者が出れば手打ちになっていたのが，瞬く間に5〜6名の死者が出てしまい，いきおい停戦や調停も難航することになる。

7 一方で，都市の生活に見切りをつけて村に戻る住民も存在する。わたしが前年の1995年にラガムガ集落で会った若者は，当時ポートモレスビーの大手警備会社に勤めていたが，もうポートモレスビーにはうんざりしたので，村に帰るつもりだとわたしに告げた。翌年村を訪ねて彼に出会い，その言葉に偽りはなかったことが分かった。かつての単純な都市生活への憧れと消費欲求は，都市社会経済の現実が理解されるにつれ幻滅に代わっている。問題は，それに代わる村の暮らしに展望が持てないことである。

8 聴き取りは，すべてインフォーマルな非構造化インタビュー，あるいは対話の形で行なった。住民の氏名は，わたしのホストファミリー以外は，すべて仮名である。

9 ノーウッド（Norwood 1984）によれば，ゴイララの人びとの内紛の末の殺人事件があったのは1968年，その後，グミニの人びとが住みついたのが1969年とされており，ジェリーの記憶する年代は，これと少し食い違っている。

10 この調査は，2001年5月から7月まで，わたしがJICA専門家としてポートモレスビーに滞在していた間に実施したものである。調査項目は，①世帯員の氏名，②世帯主との続柄，③学歴，④出生地，⑤ポートモレスビーおよびラガムガ集落への来住年，⑥仕事と収入額，⑦世帯の支出，⑧将来計画，⑨セトルメントの暮らしで困難なこと，⑩セトルメントの暮らしで良いこと，⑪セトルメントの中で期待するサービスや改善，である。質問項目は，英語とピジン語の両方で用意した。調査にあたっては，ラガムガ・セトルメントの住民委員会の承諾を得て，5人の若手住民を調査助手として雇用した。5人の調査員が各世帯をまわり集めてきた調査票を，わたしがチェックした後，そのデータを持ってわたし自身がセトルメントの各戸を回り，不分明な点を確認するとともに，住宅と家族の写真を撮影した。

11 パプアニューギニア大学のムケ講師が1998年に行なったセトルメント調査によれ

ンロウジの全面禁止を宣言した。現在では，限られたわずかな地区を除いてビンロウジの販売は禁じられている。公共空間でビンロウジを噛んだり販売したりしたものには，高額（500 キナ）の罰金が科せられる。

24 レヴァンティスは，国連地域間犯罪司法研究所（United Nations Interregional Crime and Justice Research Institute: UNICRI）の調査に基づき，パプアニューギニア都市で 1991 年から過去 5 年間の 16 歳以上の成人の犯罪被害率は，盗難 41.5%，押し込み強盗 38.4%，性的暴行 32.4%に上るとしている。1991 年の数値を比べると，パプアニューギニア都市では 11.8%の女性が性的暴行（その 4 分の 1 がレイプ）の被害者となっており，これはダルエスサラーム（10.8%），カイロ（10.1%）やヨハネスバーグ（2.4%），リオデジャネイロ（2.1%）より高く，世界最悪の数値である。同年のパプアニューギア都市の暴行の被害率は 10.3%，強盗の被害率は 9.8%であり，やはりヨハネスバーグ（8.4%，5.4%），リオデジャネイロ（4.6%，9.0%）などを上回るとされる。

25 パプアニューギニア都市の犯罪の多さには，いくつかの要因が絡み合っている。第 1 にジェンダーの問題，第 2 に警察力の弱さ，第 3 に社会的制裁の弱さ，第 4 に都市の空間構造，そして第 5 に都市文化の欠如，が挙げられる。ラスカル集団などとして犯罪の主体となるのは，圧倒的に若年男性である。学歴を持たず，未婚のパプアニューギニアの若い男たちにとっては，自身が職を得る可能性が少なく，雇用も不安定な中で，地道に働いていれば（婚資を貯めて結婚でき）暮らしがよくなるという明るい未来を思い描くことは難しい。警察への信頼が弱く，犯罪を犯しても捕まる確率が低い。さらに都市・国家の公共性が構築されておらず，ワントクのセーフティネットに依拠する一方，他集団への他者化が著しい中で，自己の帰属する社会からの犯罪への制裁は弱く，名誉を失うことも少ない。これらの要因は，いわば都市の若い男たちにとって，犯罪を犯しても失うものが少ないという状況を作りだしている。

さらに犯罪を助長しているのが，都市空間の構造である。パプアニューギニア都市は，オーストラリアの都市計画をモデルに作られている。このため市街地が分散的で，自動車交通に過度に依存している。フォーマルな市街地の間には誰の眼も届きにくい空閑地が存在し，犯罪の機会を与えている。夜になると公共交通はストップし，映画や競技場でのスポーツ観戦などの娯楽の機会も欠いている。自分の車を持つ裕福な階級以外は，夜は自宅に閉じ込められ，家族を持たない若者たちには集う場所もない。露天商などのインフォーマル・セクターを奨励し，アジアの都市に見られるような夜の賑いを作りだすことは，人びとに所得機会をもたらすだけではなく，閉塞した都市空間に相互作用の機会と「人の眼」を作りだすことにより，犯罪を抑制する方向に作用することだろう（熊谷 2001c, Kumagai 2016a）。

第 7 章　ラガムガ・セトルメントとチンブー人移住者の場所

1 「小商店」（trade store）は，セトルメントや村落などで，住民自身によって営まれる商店を指す。ピジン語で「リクリクストア」（liklik stoa）（小さな店）とも呼ばれるこれらの店は，床面積は $10m^2$ 程度のものが多く，家族就業者を含む自営の形で営まれている。顧客も近隣住民に限られている。顧客は店の中には入ることができず，小さ賃を滞納したために追い出され，移ってきたという答が聞かれた。

19 フォーマルな空間とインフォーマルな空間の対照は，都市インフラの整備とサービス供給において，最も顕著である。電気と水道がともに供給されているのは，海岸部の在地村落と一部の公認された政府有地のセトルメントを除けば，フォーマルな市街地に限られている。これは，ゴミ処理などのサービスにおいても同様である。逆にインフォーマルな空間に立地するセトルメントの多くは，公共サービス供給の適用外に置かれている。

20 こうした再定住地区の代表がモラタ地区であるが，この地区はポートモレスビーの中でも最も治安の悪い場所になってしまっている。モラタ地区の開発が失敗したひとつの理由は，多くのセトルメントが同一地域出身者を単位にして形成されていたのに対し，モラタ地区ではさまざまな地域の出身者が混住する形となり，近隣関係が疎遠となり，犯罪の危険が増したことにある。逆に，チンブー出身者のセトルメントに住み込んで暮らした筆者の体験から言えば，セトルメントは，ポートモレスビーの中で，ある意味でもっとも安全な場所である。隣人同士はよく知り合っているため，住民同士の喧嘩や紛争はあっても，外部者の侵入はありえないので盗難や押込み強盗などの心配はない。世間からは犯罪者の巣と誤解されがちな，治安悪化の元凶とされる自然発生的な（インフォーマルな）セトルメントが実は住民にとっては安全な場所であり，逆に政府の計画した（フォーマル化した）セトルメントが危険な場所となってしまっているというのは，皮肉なことと言わねばならない。

21 さらに近年では，「インフォーマル・セクター」という言葉に代わり，「インフォーマル経済」という用語がILOによっても，研究者によっても多用されるようになっている（ILO 2002，遠藤 2011）その背景には，インフォーマル／フォーマル・「セクター」の用語が，二つの分断された経済部門を連想させることがある。さらにまたインフォーマル経済の存在とその重要性は，先進国においても注目されるようになっている。池野・武内（1998）は，アフリカにおける「インフォーマル・セクター」の実態と概念をそれぞれの国の歴史や制度とのかかわりにおいて再検討している。その中で，池野（1998）は，インフォーマル・セクターの普遍性やその有効性に拘泥するよりも，各国固有の事情に注目してその実態を明らかにすることに意義があると述べている。わたしは，基本的にこの立場を支持したい。

22 Walsh（1982）によれば，当時のパプアニューギニア都市の露天商が扱っていた品物として最も多いのがビンロウジであり，57％を占めていた。その他は，ナッツ類や野菜，木彫やビルムと呼ばれる手編み袋などの民芸品が主な商品である。民芸品類の顧客は主に観光客などの外国人であるが，それ以外の品物は主にパプアニューギニア人が顧客となる。

23 乾燥した気候のポートモレスビーではビンロウヤシがほとんど生育しないため，これらのヒンロウジは，主にセントラル州西部のメケオの人びとによって大量に持ち込まれる。かつてはインフォーマルな卸売りのマーケットがトカララ地区に存在した。売り手はここで仕入れたビンロウジに利幅を上乗せして，小売りしていた。1990年代後半頃から公共空間でビンロウジを噛むことが禁じられ，露天での販売も取り締まりが厳しくなっていたが，首都特別区知事のパルコフは，2013年10月1日からこのビろセトルメント内部では法と秩序が保たれていること，セトルメント住民が，政府の支援の有無にかかわらず，住宅改善の意思と能力を持っていること，住民が最も必要としているのは，汚染されない水を得ることと，居住権が保証されることであると指摘している。さらに，首都特別区（NCD）政府が，地元のモツ・コイタの人びとや，パプア地方からの移住者には好意的である一方，高地からの移住者のセトルメントの改善には消極的であること，国家住宅局（NHC）が家賃補助付の高級住宅を建設するのではなく，セトルメントの居住改善環境に力を入れていれば，住宅問題の解決がよりよくなされたであろう，といった卓見を示している（Norwood 1984）。

11 「居住地のセグリゲーション」には，「すみわけ」といった訳語があてられることもある（たとえば，山下 1984）。しかし，すでに別稿（熊谷 1987）でも指摘したとおり，「すみわけ」という用語はもともと生態学的な均衡論を前提にするものであり，人間社会の居住地の分化に用いるのは適切ではない。また，居住分離や隔離といった語は，特定地区への集住という「セグリゲーション」のもうひとつの重要な側面を言い表していない。社会学者によってしばしば用いられる「空間的凝離」の語は，原語の語感にはもっとも近いと思われるが，日本語としては難解であまり一般的ではない。したがって，本稿では「セグリゲーション」という表現をそのまま用いることにする。

12 センサスは，調査員による面接方式で実施される。センサスの調査項目は，都市と農村では異なる。都市では，①全世帯員について，出生年月日・国籍・結婚の状況・居住年数・独立時の居住地・出生州・最終学歴等が，② 15 歳以上の女性について，子供数と最少年の子供の出生年月日が，③ 10 歳以上の男女については，家庭およびマーケットでの使用言語・所属する教会・先週一週間の主要な活動の種類が尋ねられ，仕事をしたと答えた者については，仕事の種類・雇用主・職業が尋ねられる。

13 統計局にコンピュータ打ち出しシートの形で保管されていたデータを，統計局の好意により利用させてもらうことができ，その数値を手作業で入力し算出した。

14 センサスの出生州は，出生時の居住州を示すものであり，厳密な意味での出身州とはいえない。またポートモレスビー（NCD）生まれの中には，両親が母村出身であり，子供はポートモレスビーで生まれたという事例が多数含まれている。したがって，ここでの出身州別の集団区分は，出身地域集団への実質的「帰属」とは異なることに注意する必要がある。

15 「エンガ」，「マダン」など州名が直接用いられる場合のほか，ガルフ州出身者に対しては「ケレマ」，ウェスタン・ハイランド州出身者に対しては「ハーゲン」など，その州の州都を用いた呼称が用いられることが多い。

16 直訳すれば「低価格住宅」あるいは「低級住宅」であるが，住宅市場の中での位置づけから「中級住宅」とした。

17 1980 年代以降には，外国人や高所得のパプアニューギニア人は，防犯上不安がある一戸建て住宅をきらい，1980 年代前半から建てられ始めた高層のコンドミニアムに移り住むようになる。現在では，一戸建て住宅に住む外国人は，一部のゲートに囲まれた高級住宅地や大学や企業の社宅などを除けば，ほとんど見られなくなっている。

18 わたしが行なったセトルメントの調査の中でも，以前公営住宅に住んでいたが，家

は，しばしば先進国にも存在する「スラム」と単純に同一視され，その存在自体が「貧困」や「犯罪」などの社会問題と重ね合わされることが多い（新津 1989）。しかし，すべての自然発生的な移住者集落が「スラム」ではないし，その住民すべてが都市貧困層とはかぎらない。「スラム」は，一般に物理的な居住環境が劣悪であるような住宅地区を指すが，このような自然発生的な集落の中には，住民自身の努力によって一般の住宅と遜色ないような立派な住宅を建設しているケースも見られる。

3　モツの人びとは，西はガルフ州西部のキコリ・デルタ地域から，東はポートモレスビーの南東 80 マイルにまで及ぶ広範囲な地域の村々と，貿易風を利用してカヌーによる交易を行なっていた。彼らの交易品は，土で作った素焼きの壺であり，それによりサゴヤシ澱粉を得ていた。その規模は大きく，植民地政府の記録によれば，1885 年の交易ではおよそ 2 万個の壺が運ばれ，150 トンのサゴ澱粉が持ち帰られたという（Oram 1976：10）。

4　当時モツとコイタの村落を合わせた現在のポートモレスビーにあたる地域の総人口は 2, 000 人程度であり，そのうち最大の村であるハヌアバダ（Hanuabada：モツ語で「大きな村」の意味）の人口は 600〜800 人程度であった（Oram 1976：3）。これは，周辺の村々に比べれば，かなり大きな規模だったが，そこには「都市性」を生み出す基盤——周囲の地域を統合するような政治的・宗教的権力，あるいは交易の中心としての常設「市」など——は欠如していた。

5　ドイツの動きは英国政府を驚かせたが，当時エジプトの政策をめぐって，ドイツの支持を必要としていた英国はこれを容認せざるを得なかった（Oram 1976：19）。

6　植民者の都市空間が，ローカルなパプアニューギニア人の生活空間と隔離されていたことは，植民地政府がこれらの住民の生活空間の状況に無関心であったことを意味しない。植民地政府は，周辺の村落の衛生状態に関心を持ち，しばしば指導・介入を行なっている。たとえば，海岸に位置する村落については，糞尿が潮によって浄化されるよう，その住居を海面上に設けることが求められ，また水上に便所を作ることも奨励された（Oram 1976：35）。

7　1953 年制定の原住民条例でも依然として，雇用のない者が正当な理由なく都市域内に 4 日以上とどまることが禁じられていた（Oram 1976：168–169）。

8　第 4 章でも述べたように，植民地化の初期において政府は，植民者個人による土地の買収を禁じ，土地買収を行ないうるのは植民地政府だけとして，慣習法的な土地所有権を「保護」した。そこには，植民者による無規制的な土地取得の進行によって，原住民が土地を失い，プロレタリアート化することを避けようとする植民地統治政策があった。現在でも，パプアニューギニアの土地の多くが慣習法的共有地として残されている。ただしその所有権や境界については，土地登記などの明確な法的裏付けが存在しないため，政府と都市住民，あるいは在地の社会集団の間で，しばしば紛争が生じている。

9　政府は 1891 年に 11, 500ha の土地をバルニ（Baruni）村民から購入したのをはじめとして，1941 年までに現在の政府有地の 73％にあたる 13, 130ha の土地を取得している（Matwijiw 1982：288）。

10　ノーウッドは，セトルメントが犯罪の温床であるという主張には根拠がなく，むし配下に入り，下流のイワムの人びととの交流が始まってからのことである。

38 ミアンミンの人びとは，呪術について一定の知識を持ち，またその効力を信じているが，彼ら自身の評価によれば，自分たちはあまり邪術を用いない集団であるという。彼らは，テレフォミン，あるいは下流のイワムや，その内陸部からレフト・メイ川にかけて居住するニモや，サリといった人びとの方が，より頻繁に強力な呪術を行なうと考えている。

39 この《ミアンミン》という名の集団の存在とその滅亡の話は，モレンによっても記されている（Morren 1986：280）。モレンは集団名を Miyanten と記している。

40 ただし，このことはもちろん，捕虜として連れてこられた村人自身が，自らの敵の集団の人間と生活することをどのように認識しているかということとは，また別の問題である。これについては，同じ山地オクの一員であるバクタマンの人びとを調査したバース（Barth, F.）が，隣接するセルタマンの人びとに父や兄弟を殺された上，母とともに捕えられ，その村で成長したバクタマンの人びとの男が，子供の頃にずっと父の仇を取りたいとの気持を持ち続けながら，結局実行には移せなかったという，興味深い例を報告している（Barth 1975）。しかし，わたし自身はこの点について当事者の村人から聞き取りを行なうことは，状況的にも心情的にもできなかった。

41 モレンは，この傾向を「居住地内婚」（parish endogamy）と表現している（Morren 1986：181）。

42 この点については，山地オクグループに属するビミンークスクスミン（Bimin-Kuskusmin）の人びとが，自らの食人の作法と，ミアンミンの人びととの食人のあり方を区別していたという，Poole（1993）の報告が興味深い。

43 高地中心部の人口増加によって押し出された人びとが高地周縁部の過酷な自然環境の中で人口が減退していくといういわゆる「人口減衰モデル」（population sink model）がある。しかし，これに対して，高地周縁部の広域的な考古学的・人類学的調査に基づきながら，スウォルディン（Swalding）は，高地中心からの集団の移動は高地周縁部で減衰するのではなく，むしろ他集団をさらに（より標高の低い）外部に向かわせる結果になったのではないかと推測している。そしてそれがミアンミンなどの高地周縁部諸集団に見られる顕著な攻撃性を作り出したのではないかと述べている（Swalding 1983：21，34）。

第6章　ポートモレスビーの都市空間とセトルメント

1 国連人口統計年鑑によれば，1980年前後における太平洋島嶼諸国の都市人口比率は，西サモアが21%，フィジーが18%，パプアニューギニアが13%である。これは都市人口比率が60～70%以上に達する国が多いラテンアメリカ諸国はもちろんのこと，大多数のアフリカ諸国にくらべても低い数値である。

2 「自然発生的集落」（spontaneous settlements）という言葉を最初に用いたのはイギリスの地理学者ドワイヤー（Dwyer 1975）である。第三世界都市の自然発生的集落を，ここでは次のように定義しておく。「主に都市への移住者が，都市内あるいはその周辺部に，既存の法律的・制度的規制とそれによる保護の枠外において，土地を占有し，住宅を建設することによって成立した集落」（熊谷 1985）である。こうした集落とすれば，確かに女性のものという方がふさわしいような——窪みがあった。ホットミンの人びとは，この一帯で狩猟をするときには，必ずこの祖先に呼びかけ，獲物を与えてくれるように頼むという。

27 低地におけるマラリアの存在は，ミアンミンの人びとにとって，低地への居住空間拡大の主要な制約要因であったと考えられる。

28 ただし，バンディクート，蛙，蟹，といった小動物の捕獲，および漁撈は，女性によっても行なわれる。狩猟活動の詳細については，Morren（1986：124–131）を参照。

29 1968 年のモレンの調査によれば，「狩猟活動」は，男性の全「労働時間」の 26%を占め，開墾・植付け・除草などの「農作業」（22%）をしのぎ，最も高い割合を示している（Morren 1986：85）。

30 「ホットミン」の人びとの説明によれば，この邪術の方法は，家の柱の下の土中に，ショウガ科の草とともに，特定の鳥の羽，人間の肩と人差指の骨などを埋めるというものである。草が伸びると，人は病気になり，死ぬという。

31 これに対し，耕地の移動にともなって，集落が移転する場合には，タロイモの収穫が終った古い畑に残された作物（パンダナスなど）の利用が可能なように，比較的近距離の移動が選択される場合が多い。

32 「ホットミン」グループの村人は，この夫婦の死を，その息子の妻の実父である「テンサットミン」グループに属する村人の行なった邪術の結果であると，噂している。ミアンミンの人びとの結婚は，姉妹交換が原則であり，姉妹を持たない男が結婚したときには，その妻の両親に労働を提供することが要求される。邪術を行なったとされる男は，娘の夫がその義務を十分には果たさないため，この結婚に不満を抱いており，夫の両親に邪術をかけたのだという。この男は，1988 年現在ホットミンの地を離れ，故地であるハク谷のテンサットミンの村に逃げていた。この出来事は，ホットミン村に共住する「ホットミン」と「テンサットミン」の両集団の間に潜在する緊張関係を浮かび上がらせている。

33 1986 年に筆者がハク谷の村を訪れた際に出会った「ソカミン」（Sokamin）の村人の話によれば，ソカミンでは，1984 年に 6 人の成人の村人が死亡し，1985 年に村を移した。しかし，この年にも再び 6 人の死者が出たため，再度村を移したという。

34 「テンサットミン」の村人の話によれば，テレフォミン族との戦争の発端は次のようなものであった。ある時，ハク谷に住むミアンミンの人びとが，豚を殺し，テレフォミンの人びとを招いて，石蒸し料理を供した。その晩，ケプテマと，クロウトという二人のミアンミンの男が，ダティニプという名の一人のテレフォミンの既婚女性を犯した。ダティニプは，村にかえってそれを夫に告げた。怒った夫は，他の村人とともに，石斧を携え，夜秘かにハク谷の村にやって来て，ミアンミンの村人を大勢殺した。それに続いて，ミアンミンとテレフォミンとの間に戦いが始まったという。

35 モレンは，ミアンミンとテレフォミンの間のこの戦争の開始時期を，1910 年から 20 年の間頃と推定している（Morren 1986：271）。

36 この時，すでにミアンミンの人びとはハク谷を離れ，北方や西方に移住している。

37 ミアンミンの人びとは，もともとカヌーを使用しなかった。彼らがカヌーの製作を行なうようになったのも，高床式の住居を建てるようになったのも，植民地政府の支かつて略奪してきた自分たちの妻の村を訪ね，その親族に会おうとしたことによるという。それが真実であるとすれば，この殺されたミアンミンの男たちは，まさに植民地政府によってもたらされた「平和」の犠牲者であったということになる。

15 ウェストによる最初の巡視行では，同行したテレフォミンの人びととミアンミンの人びととの間の会話が，予想したより困難であったことが記されている（West 1950）。

16 ただしここに示されているような，部族間紛争の調停の仕組みが欠落した，他集団への一方的な襲撃と略奪といった戦争の形態が，パプアニューギニアの「伝統」社会に一般的なものとするのは誤解を招くことになる。むしろそれは，モレンが指摘しているように，高地周縁部に特徴的な形態として捉える方が，より適切であると思われる。またモレンは，テレフォミンの居住域の生態学的変化が，テレフォミンの人びとの北進を促し，その圧力のために，ミアンミンの人びとの他集団への攻撃がより頻繁なものになったとも推測している（Morren 1974：1986）。

17 わたしがホットミンの村に滞在し，調査を行なったのは，1984年の9月3日から27日までの24日間，および1986年の8月12日から30日までのうち16日間，合計40日間である。本節の記述はおもにこの2回の滞在に基づく。このほか1988年8月にも1週間程度の滞在をした。また2000年には3日間のみ個人的に再訪している。

18 両グループの利用する土地は，基本的に空間的に分かたれているが，両者には通婚関係があり，妻の父の土地の耕作を手伝うことは頻繁に行なわれている。

19 エイドポストは村落地域の保健医療を担当するための施設であり，担当官（Aid Post Officer: APO）は，州政府から任命され，給与をもらって初期治療（薬品の投与や応急手当など）を行なう。

20 村民によって選出された「村長」（councillor：ピジン語でカウンシルと通称される）を村ごとに置き，自治にあたらせる制度であり，植民地時代のトゥルトゥル（tultul）とルルアイ（luluai）に代わるものである。

21 これがいつの巡視にあたるかは不明であるが，前述のように，1953年の巡視官ノレンの一行は，ライトメイ川とアッパーメイ川の合流点で野営を行なって，そこでミアンミン族の人びとと接触しており（Nolen 1953），この時であった可能性が高い。

22 本来，奥地のキリスト教会に飛行機で物資を供給することを目的として作られた団体であるが，遠隔地の村人のための生活物資の運搬や，病人の移送などにも協力している。

23 バプティスト教会は，飛行場が教会のものではなくすでに村人のものであるとして，維持費の支払いには同意していない。

24 この現象が起こったのは，1973年10月から翌74年6月にかけてのことである。詳しくはFrankel（1976）を参照。

25 アケイヤオコはこの祖先の女性の名でもある。

26 わたしは，1988年9月に，この祖先の足跡の残された石のあるという土地を訪ねた。それは，イワ（アッパーメイ）川の川岸にあるビシュモの狩猟小屋から，湿地を（私の足で）約1時間ほど奥に入った場所にあった。石は，岩壁に沿った小さな渓流の岸にあり，石の上には，全長20cmほどの小さな足跡に似た形状の——足跡である着することになった。「ミアンミン」の語源については，「犬」（miyan）に由来するという説（Gardner 1981：12），「樫の実」（miyan）に由来するという説（Morren 1986：60）がある。–min は，山地オク科の諸集団において広く「人びと」を表す接尾辞として使用される。なお，モレンは，Miyanmin の表記を用いているが，本研究では公的な資料などでもより一般的な表記である Mianmin を用いる。

5　1980 年センサスによるミアンミンの人口は，ウエストセピック州の領域が 2, 246 人，イーストセピック州が 286 人，合計 2, 532 人であった。

6　高地に居住するグループ（am–nakai）に比べ，低地のグループ（sa–nakai）は一般に集団の規模が小さく，前者から見れば後者は「文化を持たず，社会化もされていない」存在であるという（Morren 1986：76）。

7　イワムの人びとは，Sepik sub–phylum の中の Upper Sepik Stock, Iwam family に属し，ニモ，イナグリの人びとは，Left May River phylum–level family に属するとされる（Laycock 1981）。

8　パプアニューギニアの高地中心部では，この数百年間に，主作物としてサツマイモの栽培が普及し，この地域の比較的稠密な人口分布をもたらしたと言われる。しかし，マウンテン・オクの人びとの間では，一部にサツマイモの導入も見られるものの，伝統的にタロイモが主要な作物であり続けている。

9　ミアンミンの人びとは，イワムの人びとを「ワニフォミン」（Wanifomin）（川の人の意）と称する。これに対し，イワムの人びとは，ミアンミンの人びとを「ノムナエ」（Nomnae）（タロイモを食べる人）と呼んでいる。

10　イワムの人びとの生活様式については，吉田（1985）に詳しい。

11　現在主に植えられているのはこのうち 4～5 種類である。植物学的な同定は行なっていないが，代表的ないくつかの品種を比べてみると，外皮および中身の色，食感，味（粘り気の有無など）に明確な差があった。

12　植民地政府の巡視官（patrol officer）による巡視報告（patrol report）は，タイプ打ちで，カーボン複写された資料であり，頁数も付されていないことが多い。公刊はされていないが，ポートモレスビーやキャンベラの国立公文書館で閲覧・複写することができる。ただしすべての報告が保存されているわけではない。巡視報告の様式は巡視官によっても異なるが，通例，巡視の詳細な日誌，接触した村の人口，巡視中に出会った出来事などが記されており，植民地化の最前線で何が起こったかを知る貴重な資料である。

13　この巡視では，他にも，現在のミアンミンの中心地域であるハク川流域が，当時ミアンミンとテレフォミンとの戦争の激化によって無人の地となっていたこと，またミアンミンの人びとが，テレフォミン周辺の人びととは異なり，タロイモや豚と交換に塩ではなく子安貝をほしがったこと――ミアンミンの人びとは，一般に他の集団との交換関係が希薄であるが，このことは彼らがすでに，おそらくは低地の諸集団との交易を通じて，その存在と価値を知っていたことを示す――など，興味深い事実が報告されている。

14　モレン（Morren 1981：57）の記しているところによれば，この事件の発端は，部族戦争はすでに終結したとの政府のメッセージをそのまま信じたミアンミンの男が，

19 この傾向にはパプアニューギニアの中でも地域差・民族差が大きい。たとえばイーストニューブリテン州のラバウルの周辺に住むトーライの人びとの間では，伝統的な儀礼や結社，貝貨などの慣習が現代の生活文化の中に生きている。これはトーライの人びとの地域が早期から植民地化の影響を受け，経済的にも豊かな地域であることと無関係ではない。

20 この状況は少しずつ変化している。2012年の総選挙では，3人の女性国会議員が誕生し，一人は州知事に就任している。

21 近年行なわれたJICAのポートモレスビーのセトルメントの参加型開発プロジェクトでは，これまでの男性のクラン・リーダーによる垂直的なリーダーシップに対して，女性グループや教会グループなどの水平的なリーダーシップが効果を挙げる場合があることが報告されている（Joint Implementation Committee for Integrated Community Development Project in Cooperation with JICA Consultant Team, Community Development Guideline, 2008）。後述するように，筆者が長年関わってきたラガムガ集落やクラインビット村でも，同様の知見を得ている。

第5章　高地周縁部，ミアンミンの人びとと場所

1 本章では「ミアンミン族」という言葉に代わり，「ミアンミンの人びと」という表現を用いる。これは，「部族」という語が含意する後進性を避けるためであると同時に，後に詳述するように，民族集団が必ずしも固定的な存在ではなく，場所に根ざす可変的なものであることを主張するためでもある。「ミアンミンの人びと」という時，ミアンミンという系譜に基づく民族言語集団と，領域性をもった地域に帰属する人びとという二つの意味を重ね合わせている。これは、以下の章においても同様である。

2 2001年8月に，私が13年ぶりにホットミン村を数日間再訪したときには，無線機が備えられ，交信が可能になっていた。村人によれば，これはフリエダ川の上流の奥地，ウェスタン州とイーストセピック州の境界域に位置するフリエダ鉱山会社から支給されたものとのことだった。同地の金・銅の埋蔵は植民地時代に発見され，1980年代から探査が始まっており，ホットミンの村人はしばしば働き口を求めてフリエダ鉱山に出かけていた。

3 本章をなすにあたってのミアンミンでの調査は，3度にわたる科研費海外学術調査（1984年度「激変する未開社会（ニューギニア）の文化人類学的研究」，1986年度「パプアニューギニア高地周縁部における文化人類学的研究」，および1988年度「パプアニューギニア，セピック丘陵における文化人類学的研究」：ともに研究代表者は吉田集而（国立民族学博物館助教授・当時））の経費を得て行った。この研究は，わたし以外は，それぞれ数名の文化人類学者から構成され，パプアニューギニアの中で，高地地方と低地地方の中間に位置し，人口が散在して，都市からのアプローチが遠く，研究の蓄積も少ないこの地域（セピック川南部支流域）を共通の調査地域として，それぞれ異なる川筋あるいは民族集団の村に入り，単独調査を行った。この調査の経緯および高地周縁部社会の特殊性については，Toyoda（1998）を参照。

4 「ミアンミン」（Mianmin）の名は，隣接するテレフォミンの人びとからの呼称であり，彼らによって白人の訪問者に対しこの名が用いられたことから公式名称として定

法，税制などをもつことを定めた自治政府の発足が決まり，島内から軍隊は引き揚げることになった。同島の帰属を決める住民投票は，2020年までに実施されることになっている。

12 2003年の1人当たりGNP（500ドル）は，フィジーの3分の1以下，ヴァヌアツの半分であり，ソロモン諸島にも及ばない。乳児死亡率（2003年）は，69（‰）と高く，非識字率は，男36.6%，女49.1%である。この結果，人間開発指標（Human Development Index）も0.523（2003年）と，メラネシア諸国（フィジー0.752，ヴァヌアツ0.659，ソロモン諸島0.594）の中でも遅れをとっている。

13 わたしはこの時，JICAの長期派遣専門家としてポートモレスビーに滞在中であり，国会議事堂と政府庁舎があるワイガニ地区に間近い場所に住んでいた。住宅のベランダからはワイガニ道路を進むデモの隊列を目撃することができた。反対運動が最高潮に達し，ワイガニ地区を占拠した日，わたしは長年調査してきた移住者集落（セトルメント）のホストファミリーの一人マイケルとともに，ワイガニ地区の内部に入り，オーストラリア大使館前に座り込む市民たちのシュプレヒコールを観察した。その中には，顔見知りのセトルメント住民も多く含まれていた。民営化反対のキャンペーンの中心的なトピックは，土地流動化（慣習法的な共有地を登記し，将来的には売買可能なものにしようとする）政策への反対だった。慣習法的共有地の地権者とは利害を異にするセトルメントの住民が，この街頭運動に積極的に加わったのは，物価高などによる生活の困難への異議申し立てという側面が大きい。

14 2006年のGDPに占める国内産業の比率は，鉱業部門が第1位で27.1%，続いてコーヒー，カカオ，コプラなどの輸出農産物を中心とする農業部門が21.2%であり，製造業部門は2.5%にすぎない。2013年には農業部門が20.2%とほぼ横ばいであるのに対し，鉱業部門の比率は13.2%に低下している。比率が伸長しているのは建設業部門で，2006年には5.7%だったのが，2013年には9.9%となっている。LNGプロジェクトがGDPに貢献する2014年以降には，鉱業部門の回復が期待されている（National Statistical Office 2016：7-9）。

15 最近では，パプア地方を「南部地方」（Southern region），ニューギニア島沿岸地方を「モマセ地方」（Momase）（モロベMorobe州，マダンMadang州，セピックSepik州の語頭の文字を並べた呼称）と呼ぶことが多い。

16 2012年，さらに南部高地（Southern Highlands）州からヘラ（Hela）州が，西部高地（Western Highlands）州からジワカ（Jiwaka）州が分離独立した。

17 この地域区分はあくまで調査研究者の基準による分類であり，住民の帰属意識を反映するものではない。またこれらの地域に境界を引くことはできないし，適切でもないため，地図化は行なっていない。

18 この人口増加の理由の一端は，おそらく調査精度の向上が担っている。パプアニューギニアの人口を数えるという作業は容易ではない。センサス時には，訓練を受けた調査員が，全国の村を訪ねて調査をするが，アクセスの困難な奥地では調査漏れの集落や世帯が出てしまうことは避けられない。しかし，この人口増大の規模をそれだけで説明することはできず，かなりの人口増加の加速化が生じていることは間違いない。

2　ニューギニア島西部，同島最高峰であるブンチャックジャヤ山に近接する，世界最大級の金・銅山。フリーポート社が所有し，インドネシア政府がインフラの整備，警備の軍隊の派遣を含め全面的に支援している。屑鉱による水系の環境汚染，地元民への経済的還元の少なさなどで，国際的にも批判があり，しばしばOPM（自由パプア運動）の反政府運動のターゲットともなっている。

3　このインドネシア領西パプアを対象にした開発実践のエスノグラフィーとして，川合（2002）の貴重な労作がある。

4　「オセアニア」は「大洋州」とも呼ばれるが，「大洋」（Ocean）の語源は，「オケアノス」である。ギリシア時代の世界観では世界の周辺は海域（オケアノス）に取り囲まれていると考えられていた。すなわち西洋にとっては，世界の果ての海世界が，オケアノス＝オセアニアということになる。

5　オセアニアのもう一つの地域区分として，ニア・オセアニアとリモート・オセアニアという分け方がある（Green 1991）。これはオセアニアという空間への人類の移住史（片山 2002）を踏まえたものである。今から5〜6万年前の最終氷期の時代，この時期には陸続きだった現在のインドネシアの西半分（バリ島，ボルネオ島まで）の島々（スンダ陸棚と呼ばれる）から，やはり陸続きだったその東の島々（ロンボク島，スラウェシ島以東）とオーストラリア大陸とニューギア島（サフル大陸と呼ばれる）に人びとが渡ってきた。この時代に人間の移住が可能だったのは，隣の島が目視できる現在のメラネシアの大半の地域まであり，この空間が「ニア・オセアニア」である。ニア・オセアニアから先の空間に人間が進出していくのは，今から3500年ほど前，現在の東南アジアからオーストロネシア語を話す人びとが来住することによってである。この先の空間が，リモート・オセアニアと呼ばれる（片山・熊谷 2010：3–7）。

6　このセピック川の秘境観光ツアーの客船とは村への往復の途上何度もすれ違っているし，スピードボートでわたしが調査している村を訪ねてきた観光客も目撃しているが，残念ながらこの高価なツアーには参加したことがない。このツアーの参与観察記としては，豊田（2004）を参照。

7　こんな「素朴な疑問」（ダイアモンド 2000：19）が，大著を書かせる動機づけになるとは信じ難いと思うかもしれない。しかしわたしを含めパプアニューギニアで調査研究を行なう者にとっては，この問いは馴染み深いものであり，第10章で詳しく述べるように，その問いの強さと執拗さも十分想像できる。

8　水木（1994），第8章で後述する斎藤（1999）などの例外もある。

9　ポートモレスビーが行政中心に選ばれた理由の一端は日本が作り出した。すなわち，日本軍の占領下に置かれたラバウルやレイなどの「ニューギニア」（旧ドイツ）領に比べ，日本軍の侵攻を免れ，オーストリアにも近いポートモレスビーが，防衛上の理由からも中心地にふさわしいと判断されたのである。

10　以下のブーゲンビルに関する記述は，主に下記の文献に依拠している。Hannett（1969），Griffin（1982），Oliver（1991），塩田（1991）。

11　2001年1月，ようやくパプアニューギニア政府との間に和平協定が締結された。それによれば，軍隊と外交権はパプアニューギニア政府に委ねるが，独自の警察，司

戦が勃発し，帰国できなくなったという偶然の事情も作用している。マリノフスキーの著書には，参与観察の事始めが生き生きと語られているが，村に住みこんでそこに生起する村人の日常をつぶさに観察することが許される一方で，その日常世界を変えない存在である──「彼らの生活の一部であり，たばこをくれるのでなんとかがまんできる一つの必要悪，いいかえれば，一人のうるさいやつ」（マリノフスキー 1980：75）とみなされるようになる──という想定は，自己本位の空想（ファンタジー）であると言わざるを得ない。フィールドワークを行なっている間の現実の彼自身の葛藤については，彼の死後（本人の意図に反して）出版された『マリノフスキー日記』（マリノフスキー 1987）に赤裸々に綴られている。

16 たとえばマーガレット・ミードの代表作のひとつ『サモアの思春期』（ミード 1976）に対する，サモア研究者のデレク・フリーマンの批判（フリーマン 1995）を参照。この「論争」をめぐっては，山本真鳥（山本 1997）による的確な解説と評価がある。

17 『アジアの農村』には，大野盛雄のほか，高橋彰（フィリピン），友杉隆（タイ），大岩川和正（イスラエル）が加わっている。すでに述べたとおり，フィールドワークに基づく地域研究を旨とする彼ら，いわば経済地誌学派とでも呼ぶべき人びとに対し，当時の経済地理学の主流派であった川島哲郎，あるいは後に地域構造論を唱えて主流を形成する矢田俊文は，その理論の欠如を厳しく批判している。

18 DeLyser & Karolczyk（2010）は，2001 年の Geographical Review 誌の特集以降，同誌でフィールドワークの位置性や権力を論じる論文が増えていることを指摘し，調査する者と調査される者の間の双方向的な関係性を築くためには，承認（recognition），包摂（inclusion），共苦（compassion）に根ざす調査研究がめざされるべきとしている。

19 この問題をめぐる日本の文化人類学者による議論としては，『反・ポストコロニアル人類学』（吉岡 2005）を出版し，近年の「自己批判と内旋化で，出口がなくなった」文化人類学の動向に批判的な議論を喚起した吉岡正徳を迎えて，一橋大学で行われた討論会（岡崎ほか 2008）の記録が，臨場感あふれ，興味深い。

20 たとえばハワイの先住民運動からの異義申し立てについては，トラスク（2002），マオリの知の表象をめぐる問題については，伊藤（2007）を参照。

21 これは必ずしも研究の質の低下を意味するものではない。春日直樹（2001）の『太平洋のラスプーチン』のような，主に史資料に依拠しながらも，フィールドワークの蓄積によって肉付けされた，深い洞察に富む研究もある。

22 レヴィンは，「場」の理論を提起したことで知られる（レヴィン 1956）。生活体と環境とが相互連関している場（field）の構造を生活空間と呼ぶ（猪俣 1956：i）レヴィンの議論は，本研究の場所の観念に通じるものを持っている。

23 フィールドワークに根差した身体とコミュニケーションへの洞察としては，文化人類学者の菅原和孝の研究が多くの示唆を与えてくれる（菅原 2010）。

第 4 章　パプアニューギニア地誌の再構築

1 パプアニューギニアの正式国名である。以下では「パプアニューギニア」と表記する。

政学」・「地域研究」の関係性を捉え，検証することは重要な課題であろう。日本の地理学者と地政学との関わりについては，柴田の労作を参照（柴田 2016）。

8 たとえばアメリカにおける戦後のインドネシア研究の中心となったコーネル大学からは，ベネディクト・アンダーソン（1987），クリフォード・ギアーツ（Geertz 1963a. b）などの，地域を基盤としながらも他分野・他地域の研究者にも影響力を持つ研究が生まれ，白石隆（1992），倉沢愛子（1992）ら，日本の代表的インドネシア研究者が育っている。

9 ただし，今日の世界政治経済システムの現状において，もはやそうしたシステムと無縁にローカルな個別文化が独立して存在するという仮構は，成立しなくなってしまっている（マーカス & フィッシャー 1989）。次節で詳述するように，この意味で，「文化相対主義」に依拠するこれまでのような文化人類学的調査研究が，岐路にさしかかっていることは指摘しておく必要がある。

10 たとえば，フィリピン政府の奨学金を得てフィリピン大学に留学した高橋彰は，前者の例であり，「東南アジア稲作文化総合調査団」の一員として北部ラオスにおいて調査を行った岩田慶治は，後者の例である。ただし岩田の場合，自ら望んで，調査期間の大部分を，北部ラオスの村での単身の参与観察的調査にあてている（岩田ほか 1960）。

11 とりわけ，広島大学のインド調査の場合，まず菱口善美，村上誠，中山修一，中田高の四名が，それぞれダッカ大学，シンガポール大学，バナラス・ヒンズー大学，カルカッタ大学に留学し，現地の事情・言語，あるいは学位をも習得するというところから始めており（広島大学総合地誌研究資料センター 1987），その準備の周到さと長期的な展望には敬服するものがある。

12 ここでは「地域」（region, area）を，すでに述べたように「場所的関係性を基盤とする空間であり，地球大から世帯に至る間のいずれかの空間スケールにおいて，ある基準によって切り取られた，領域性を持つ空間的範域」と理解しておく。ある基準の中には，行政的な区分も，統計的な数値も，言語や文化・住民のアイデンティティなども含まれうる。場所と地域の関係性については，前章において述べたとおりである。

13 民族誌（エスノグラフィー）の著者性の問題をめぐっては，ギアーツ（1996）の議論を参照。

14 文化心理学の立場からマイクロエスノグラフィーを唱道した箕浦康子は，フィールドワークを人間の営みのコンテクストをなるべく壊さない手続きで，社会的現実からデータを抽出する方法（箕浦 1999）と定義している。そこには心理学のフィールドワークが，実験室的な手法が支配的な斯学に対する異議申し立ての意味をも持つことが示唆されている。社会学者の鵜飼正樹も同様に，質問紙法などの量的調査が主流である社会学において，フィールドワークが居心地が悪いものでありつつ，社会学という学問分野のメガネ自体を疑うものとなると語る（鵜飼 1996：20-22）。こうした議論が示唆するのは，フィールドワークという方法が，既存の学問分野（ディシプリン）を超え，あるいはその既存の学問分野の枠組みを揺るがし，脱構築するものとなりうることである。

15 マリノフスキーが長期にわたる参与観察を行なうことになったのは，第一次世界大述者の関心が色濃く反映することを強調している（鈴木 2007：14）。

2 この点は，「第三世界と地理学――「地理学という不幸」からの脱却のために」と題した，1994 年度の人文地理学会大会（奈良女子大）における地理思想部会での報告の中で，すでに言及した。

3 古賀の批判は，経済（地理）学的方法論の徹底ではなく，その放棄（回避）の中に地域研究の方法論を見出そうとする大野の態度，加えて，アジア農村の把握に，日本の農村との比較という視点の必要性と有効性を（安易に）強調する大野の立場に向けられており，論理的には古賀の冷徹な主張に軍配を挙げざるを得ない。

4 矢田は，経済地誌と同様に，玉野井芳郎らの「地域主義」に対しても矛先を向けている。矢田（1982）は，国民経済の下位地域でしかない地域の「自立」を構想することの非現実性と，そこに変革の拠点を見出そうとする安易なロマンティシズムを批判する。

5 たとえば，東大の地理学教室出身者の中では，大野盛雄（1925‒2001：イラン研究），古賀正則（1930‒2018：インド研究），高橋彰（1932‒2008：フィリピン研究），友杉孝（1932‒：文化人類学／タイ研究），片倉もとこ（1937‒：文化人類学・アラブ研究），細野昭雄（1940‒：ラテンアメリカ研究）らがいるし，京大の地理学教室出身者としては，川喜田二郎（1920‒2009：民族学／ネパール研究），岩田慶治（1922‒2013：文化人類学／タイ・ラオス研究〕，石川栄吉（1925‒2005：文化人類学／オセアニア研究），田辺繁治（1943‒：文化人類学／タイ研究）らの名が挙がる。

6 そこには，当然植民地（海外領土）も含まれる。日本の明治以降における国内地誌の編纂が「旧態の残滓」に過ぎなかったかどうかは議論の余地があるように思われるが，「地誌というものは開発前線を有することによってこそ積極的意義を持つ」という水内の指摘（水内 1994：84）は当を得ている。

7 欧米・日本の植民地研究を「地誌」や「地域研究」としてどのように位置づけるかについては，さらなる議論を待たねばならない。第二次世界大戦直前や戦中には，東南アジアや太平洋諸島について，一般読者向けに描かれた多数の地誌書が出版されている（たとえば飯本・佐藤 1942，太平洋協會 1941）。飯本・佐藤（1942）編の『南洋地理体系』は，全 8 巻の東南アジア・オセアニア地誌であり，開戦後の昭和 17 年（1942 年）4 月に第 1 巻が刊行され，以後月 1 冊のペースで出版され，同年 11 月に完結している。現在に至るまでこれだけのボリュームを持った同地域の地誌書は日本では刊行されていない。第 1 巻『南洋総論』の冒頭には，飯本信之が「南洋」を「濠亜地中海」と規定し，その地政学的意義を論じている。『南洋地理体系』は，そこに添えられた南洋全図に，びっしりと各地の物産が書き込まれていることに象徴されるように，日本にとっての資源供給地としての「南洋」の再発見が企図されており，他者理解というよりは，大東亜共栄圏という自己の領域の確認をめざしたものといえる。一方，小牧実繁を中心とした京大の地理学教室では，陸軍参謀本部との関わりの中で「皇戦会」が形成され，『大東亜地政学新論』が上梓されたほか，完結はしなかったが体系的な地誌書の刊行が企画された。その中からは，米倉二郎や別枝篤彦など，第二次大戦後の（東）南アジア地域研究を推進する地理学者も輩出している。こうした「地誌書」がもった影響力を含め，植民地あるいは戦争との関わりから，「地誌」・「地

6 風土をめぐる議論の詳細については，ここでは踏み込まないが，和辻の議論を批判的に再構築し，自然と文化の通態として「風土」を捉え，文化と自然の二項対立を超えた「風土の学」として地理学を再生しようとしたベルクの議論は説得力を持っている。和辻の『風土』が，直観的な洞察に秀でながら，自然環境決定論や自民族中心主義に陥ってしまっているのに対し，ベルクは，文化的枠組みが「自然」の影響を活性化し，現実の自然環境がその枠組みを確認し再強化するという相互作用を見ている点で優れる。しかし一方でベルクの議論は，日本の文化／風土に内在するローカルな多様性には踏み込まず，結果的には没歴史的でナショナルかつ本質主義的な議論に留まってしまうという限界も持っている。

7 水俣病は，その発見当初原因不明の奇病と言われ，「風土病」とされた。しかしそれはさまざまな意味において，まさに水俣という「風土」――自然と文化，個人と社会，精神と身体，人間と人間以外の事物との間の関係性――が生み出した病であったと言える。すなわち第一に，チッソの排出した有機水銀を含む排水が，水深が浅く内海のように閉じられた八代海（不知火海）に放出され，海の生物の生体濃縮を通じて，海を生業の場所とする漁民が被害者となったこと。第二に，漁民たちは不知火海とその漁場を，いつ行っても豊富な魚が獲れる，自らの庭のように感得し，「舐めるように」たくさんの魚を食べていたこと（石牟礼 1969）。第三に，水俣川の流域を市域とする水俣市には，山村（久木野など），農村（薄原など），漁村（茂堂や湯堂など），街場（陣内）など，異なる場所と風土が存在したが，チッソが圧倒的な力を持つ企業城下町として発展した水俣では，これらの異なるローカルな風土が相互に疎外し合いながら，街場を中心に序列化されており，その中で漁民の風土は，「天草からの流れ者」として周縁化され，最底辺に置かれていたこと。第四に，チッソという一私企業の発展が町の発展（公）であることを疑わない多数派の水俣市民たちにとって，漁民たちのチッソへの異議申し立ては，地域の秩序や和（＝風土）を乱すものとして排斥されたこと。第五に，企業が環境汚染をもたらすことを抑制できず推進した産官複合の体制と，それを支持する民意という構造は，ベルクが適切に指摘するように，大勢に抗わない，「自ずから生るもの（＝自然）は止められない」という日本の風土性に根ざした，高度経済成長期の日本のナショナルな経済社会の構造でもあったこと（ベルク 1988）。そして最後に，水俣の漁民の風土を体現する石牟礼道子の著作（石牟礼 1969）と水俣病患者自身の運動が，それを支援する人びとと日本の社会に，失われつつある漁民の風土性を再発見させるとともに，それを通じて当時の日本の政治経済システムへの根源的な批判を突き付けることになったこと，などが挙げられる（Kumagai 2016b）。

第3章 「地誌」と「フィールドワーク」

1 ただし新しい地誌学（Gilbert 1988）の動きともかかわって，地誌をめぐる議論は日本の地理学界でも，とくに1990年代後半以降活発に行なわれるようになってきている（森川 1992；1996，堀 1996，熊谷 1996，藤原 1997a，中山 1996；1997；2000，西川 1999；2000，矢ケ崎・加賀美・古田 2007，倉光 2008ほか）。また開発人類学者の鈴木紀は，「ラテンアメリカの地誌を見る視点」と題した章で，地誌の記述には記研究所の人文地理学科教授だったKatherine Gibson（Gibson-Graham 1996）くらいである）。そこでは，地理学における場所をめぐる新たな議論はふまえられておらず，場所と地域が互換的に用いられている印象がある。

2 しかしハーヴェイは，近著『反乱する都市』（ハーヴェィ 2013b）においては，対抗運動としての「都市への権利」を提示し，都市コモンズを市民の手に取り返す（都市を「コモン化」する）実践を唱道しており，その立場はシフトしてきている。ハーヴェイは，資本主義的都市化が社会的・政治的・生活的コモンズとしての都市を破壊し，私的に領有する（独占レントの獲得という形で）状況を描いている。資本によるローカルな文化の領有という実践には，矛盾が存在する。グローバルな資本は，独占レントの追求の中で，地域に固有のローカルな特質を価値あるものとし，その中で場所の個性を作り出すような差異化の形態を支えなければならない。しかしそれは（その場所に）商品化と市場支配への対抗の空間を作り出す可能性を持っているからである（ハーヴェイ 2013b：186-190）。

3 これに対し，「場所」という言葉は用いないが，受け入れられるマイノリティの視点から「他者」を論じるのが，ツヴェタン・トドロフである。彼はブルガリア生まれでフランスに移住した思想家であるが，『われわれと他者――フランス思想における他者像』（トドロフ 2001）の中で，異文化間の対話の地平，他者と自己の行き来こそ相互理解であり，普遍性につながるものと述べる。トドロフの言う「良い」普遍主義者とは，①「ひとつの原則から人間の固有性を演繹するようなひとではなく，特殊個別の事象に対する深い認識から出発して試行錯誤を繰り返して前進……するようなひと」であり，②「少なくともふたつの異なる個別のものに依拠し，そのふたつの個別のものの間に開始される対話に依拠するようなひと」である（トドロフ 2001：33）。すなわち彼が考える普遍性とは，ドグマとして定立した原理から導かれる演繹ではなく，個別性から出発し，試行錯誤を繰り返す中から生まれる比較と歩み寄りによって獲得されるような普遍性である。そこには，できる限り具体性から離れない普遍なるものを求めようとする，彼の現実性がある。これは，わたしの考える場所の論理に重なり合う。トドロフが到達する結論は，他者とのかかわりを通じた「過程としての普遍主義」あるいは穏和な人間主義という一見平凡なものであるが，わたしたちが生きていく空間／場所構築の作法として，多くの示唆に富んでいるように思われる。

4 これは英語のplaceという語が，（...placeという名が付く地名が多いことからも伺えるように）少なからず具体的で恒常的な実体空間を指示する意味合いを持っていることにもよっているだろう。これに対し，日本語の「場所」には，相撲の「場所」や江戸時代の松前藩のアイヌとの交易の「場所」のように一時的に生成する空間を「場所」と呼び慣わしてきた傾向があるように思われる。

5 「地域」の最小のスケールをどのように捉えるかは，難しい問題である。一つの世帯では地域ではないが，複数の世帯が集まったとき（近隣）は地域と呼びうる。一方，わたしたちは，どんなに規模が大きくとも会社や学校を地域とはみなさない。それは，家族や近隣が第一次集団であるのに対し，会社や学校が第二次集団であるからだが，さらにそこから示唆されるのは，居住と生命の再生産が，地域の本質的要素に関わっているということではないだろうか。

印象づけられた。参加型開発の形骸化が指摘される中で，チェンバース自身が参加型開発のマニュアル化を何より嫌っており，そのジレンマや苛立ちも同時に感じた。

9 これに対し，GADのひとつの枠組みを提供したモーザ（Moser）の『ジェンダー計画と開発』（1993）（邦訳：『ジェンダー・開発・NGO』，1996年）では，冒頭に「ジェンダー計画が目指すのは，女性の従属からの解放であり，その平等・公正・エンパワーメントの達成である」（Moser 1993：1）というテーゼが語られ，「第三世界の女性」がローカルな多様性を捨象した普遍的なモデルとして提示されているという印象が強い。

10 ピアソンは，その後自分たちの所説を再考した論文の中で，かつての議論を修正し，第三世界の工業化のあり方にも地域差が見られるとして，自分たちが第三世界の工業化と女性労働を一律のものとして描きすぎたことを認めている（Pearson 1998）。また工場労働という集団的な機会が，これまでとは異なるジェンダー役割や期待をもたらす可能性をも指摘している（Pearson 1998：184）。

11 コモンズの復権をめぐる議論は，近年「南」世界のローカルな地域から，「北」世界の都市空間に至るまで，さまざまな視点から注目を集めている（多辺田 2004，宮内編 2006，ハーヴェイ 2013b）。

12 メキシコの辺境のチアパス州を拠点とするサパティスタ運動は，北米自由貿易協定（NAFTA）に対する先住民農民からの異議申し立てである点，また辺境にあり，その場所に根ざした運動でありながら，インターネットを使って世界中に支援のネットワークを拡大しているという点で，グローバル化する現代を象徴する社会運動と言える（サパティスタ民族解放戦線 1995）。

13 ただしラトゥーシュの書では，パプアニューギニアの「部族」へのステレオタイプ化された二つの挿話（ラトゥーシュ 2010：180；258）が物語るように，「南」の地域への具体的な想像力やリアリティには乏しい。

14 わたしは，別稿（熊谷 2015）で，日本の社会経済的変化と若い男たちの男性性の変容について試論を示した。グローバル化の中で日本的経営が解体され，高度経済成長下の日本の男性性の規範（稼ぎ手としての男）を成立させていた基盤はすでに失われている。その中で，非正規雇用にしか就けない若い男たちは，結婚相手として選ばれる可能性が少ない一方，新たな男性性のモデルを構築する上ではさまざまな葛藤と問題を抱えている。わたしは，「草食系男子」「オタク」「ネトウヨ」といった新たな男性性の類型を挙げつつ，その中で，しばしば自らの慣れ親しんだ閉じられた空間（実家や住み慣れた地域，私室，想像の共同体としての「日本」……）が「居場所」となり，生身の他者との相互作用に消極的で，そこから他者を排除する傾向をもつことを批判的に論じた。これは次章にもつながる課題である。

第2章 「場所」

1 これは西欧中心のポストモダニズムの議論に対する，第三世界からの批判の表明と言える。ただしエスコバルの書の文献リストには，ギデンズやカステルの名前はあるが，残念ながら場所の議論にかかわる地理学者の著作はほとんど見出されない（管見の限り，例外はAlan Pred（Pred and Watts 1992）とオーストラリア国立大学太平洋学ロード・メイヤスーは，アフリカ経済を念頭に置き，それが植民地時代に植え付けられた資本主義的生産様式と前資本主義的（家族制共同体的）生産様式の「接合」（articulation）によって特徴づけられることを提起した（メイヤスー 1977）。さらにウォーラーステイン（1981；1985）の世界システム論は，世界資本主義システムという枠組みに基づきながら，先進国の開発が「低開発国」からの余剰の収奪によって歴史的に成し遂げられてきたことを分析・提示した。

こうした議論は，マクロレベルの構造に重きを置くものであり，独立後も植民地主義的な構造から脱却できないラテンアメリカやアフリカの経済・社会の実態を踏まえたリアリティを持つ一方，主体の役割が軽視されているという問題を含んでいる。第三世界の低開発は先進国に責任があるという見解は，途上国の政府や知識人に支持される一方，そこから脱却する展望を描けないという問題を抱えていた。従属的状態を抜け出すには，不均等発展を構造化する世界資本主義システムから離脱するほかはない。しかし「自力更生」を唱え 1960 年代には第三世界の旗手を自認していた中国が，鄧小平主導の「改革開放」後，市場経済へと転換したこと，農村に基盤を置く社会改革を目指したカンボジアのポルポト政権が悲惨な結末を迎えたことは，輸出指向型の新興工業諸国の台頭とあわせて，世界資本主義システムからの離脱の困難さと非現実性を突きつけるものとなった。

5　アフリカ，ケニアの都市を対象に「インフォーマルな所得機会」の遍在を主張したのは，人類学者のハート（Hart 1973）だった。彼の議論（初出は 1972 年）は，ケニアの新たな経済戦略と雇用機会の多元化をめざす ILO に注目され，都市インフォーマル・セクターの語が生まれることになる（ILO 1972）。

6　ターナーの自助的住宅建設論への，マルクス主義的立場からの批判として，Burgess（1978）の論考がある。

7　アジアにおける居住環境改善の例としてインドネシアのカンポン改良計画（Kampung Improvement Program：KIP）がある。KIP は世界銀行による援助開始（1974 年）以前の 1969 年に，当時のジャカルタ州知事のアリ・サディキンの主導のもとに開始されている。集落内の道路の建設や排水路の建設などに重点があり，住宅そのものの改善を含んでいないこと，線路や川沿いの不法占拠住宅地区が対象から外れていることなどの限界もあり（横堀 1986），また強権的なスハルト政権の下での，住民参加型というより動員型の開発であった。しかし，スラムクリアランス型の開発とは異なり，住民に大きな代償を強いることなく多数のカンポンの生活環境が改善されたことは評価されうる。同計画は，都心周辺部の無規制的な開発を抑制し，都市貧困層への所得移転を行なう効果も持った（熊谷 1990：170-171）。しかし，1980 年代後半からの海外からの投資増大によるジャカルタ都心部の再開発にともない，多くのカンポンが移転や解体を余儀なくされている（澤 1994；1999，瀬川 2000）。

8　わたしは，2005 年 3 月から 7 月まで，チェンバースが所属するサセックス大学の開発学研究所に客員研究員として滞在し，彼の主宰するワークショップに参加する機会を得た。サンダル履きの気取らぬ姿で，丸 1 日がかりのワークショップを朝早くから一人で準備して実行し，ロールプレイなどを通じて，徹底して「力を持つ者」が「力を持たない者」の立場や心情を理解することがいかに難しいかを説く彼の姿に，強く

注

はじめに

1 動態地誌という言葉は，ドイツの地理学者シュペートマンが最初に用いたとされる。近年，日本でも地理教育のカリキュラムや地理教科書の地誌記述において，動態地誌的なアプローチが称揚されるようになっている（吉永 2013）。石田寛は，『インド・パンジャーブの動態地誌的研究』において，「パンジャーブでもっとも特徴的なものをまずとりあげ，動的に，その発生的解釈を行」ない，「それとの関連において他の現象をとりあげてその本質を究明する」方法を取ると述べている（石田 1975：ix）。石田らが注目すべき現象として取り上げるのは緑の革命の進展とそれに伴う農村の変化である。

第1章 「移動」と「開発」

1 「移動」（mobility）については，最近の人文地理学でも，身体や実践と結びつけて，新しい解釈が提示されている。たとえば Cresswell and Merriman（2011）の『移動の地理学』（Geographies of Mobility）では，ミクロな身体実践（歩く，走る，踊る，運転する，飛ぶ），移動を媒介する空間（道路，橋，空港，移民局，都市），移動する主体（通勤者，観光者，移民労働者，放浪者，難民）が論じられている。ただし事例は，「北」（世界）の諸国に限定されており，欧米中心のアカデミズム内の議論を志向している印象はぬぐえない。

2 本書では，「第三世界」（the Third World）という言葉と，グローバル化の中の「南」（世界）（the global South）という言葉をほぼ同義語として用いる。主に歴史的な意味合いを含む場合に「第三世界」，現代の問題を論じる場合に「南」（世界）という言葉を使っている。

3 たとえば，保苅実によれば，オーストラリアのアボリジニの人びとにとって，自らの家（home）はカントリーと呼ばれる大地であり，住居（house）は物置小屋のようなものに過ぎない。そのカントリーを見て回り，それをメインテナンスすることは，人びとにとって旅であり，日常でもある（保苅 2004）。

4 第二次世界大戦後の開発論には，さまざまな潮流が存在する。近代化論が内在する西欧中心的な単線的発展モデルへの批判として提起されたのは，従属論あるいは生産様式の接合論だった。ラテンアメリカ在住のドイツ人社会学者アンドレ・グンダー・フランクは，ラテンアメリカの経済を「低開発の発展」と捉え，植民地支配に根差す低開発の構造がラテンアメリカ諸国に存在し再生産されており，中枢（メトロポリス）諸国すなわち先進国の発展と衛星（サテライト）諸国すなわち途上国の低開発はコインの表裏の関係であると主張した（フランク 1976）。エジプトの経済学者サミール・アミンは，中心－周辺諸国間の国際分業の中で，周辺資本主義の社会構成体が，人びとの貧困化・限界化を進める構造を分析し，従属的発展からの脱却の道を自立的発展に求めた（アミン 1979；1982；1983）。またすでに述べたように経済人類学者ク

会と「存在」の喪失』明石書店.
（Ritzer, George (2004) *The Globalization of Nothing*. Thousand Oaks, Pine Forge Press.）
ルフェーブル，アンリ著，斎藤日出治訳（2000）『空間の生産』青木書店.
レイヴ，ジーン & ウェンガー，エティエンヌ著，佐伯胖訳（1995）『状況に埋め込まれた学習——正統的周辺参加』産業図書.
レヴィン，クルト著，猪俣佐登留訳（1956）『社会科学における場の理論』誠信書房.
レルフ，エドワード著，高野岳彦・阿部隆・石山美也子訳（1991）（文庫版：1999）『場所の現象学——没場所性を越えて』筑摩書房.
（Relph, Edward (1976) *Place and Placelessness*. London, Pion.）
ロストウ，W. W. 著，木村健康・久保真知子・村上泰亮訳（1961）『経済成長の諸段階——一つの非共産主義宣言』ダイヤモンド社.
ロバーツ，G. 著，小野寺和彦訳（1991）『開発援助の見方・考え方』明石書店.
ワースレイ，ピーター著，吉田正紀訳（1981）『千年王国と未開社会——メラネシアのカーゴ・カルト運動』紀伊國屋書店.
（Worsley, Peter (1968) *The Trumpet Shall Sound : A Study of "Cargo" Cults in Melanesia*. New York : Schocken Books.）
和辻哲郎（1935）『風土——人間学的考察』岩波書店.

山下清海（1987）『東南アジアのチャイナタウン』古今書院.
山下清海（1988）『シンガポールの華人社会』大明堂.
山下晋司・山本真鳥編（1997）『植民地主義と文化――人類学のパースペクティヴ』新曜社.
山本真鳥（1997）サモア人のセクシュアリティ論争と文化的自画像．山下晋司・山本真鳥編『植民地主義と文化――人類学のパースペクティヴ』新曜社：152-180.
山本真鳥編（2000）『オセアニア史』山川出版社.
山本真鳥・須藤健一・吉田集而編（2003）『オセアニアの国家統合と地域主義』（JCAS連携研究成果報告 6）国立民族学博物館地域研究企画交流センター.
矢守克也（2010）『アクションリサーチ――実践する人間科学』新曜社.
ヤング，ジョック著，青木秀男ほか訳（2007）『排除型社会――後期近代における犯罪・雇用・差異』洛北出版.
湯浅誠（2007）『貧困襲来』山吹書店.
湯浅誠・仁平典宏（2007）若年ホームレス――「意欲の貧困」が提起する問い．本田由紀編『若者の労働と生活世界――彼らはどんな現実を生きているか』大月書店.
由比浜省吾編（1991）『新訂オセアニア』（世界地誌ゼミナール 8）大明堂.
結城登美男（2009）『地元学からの出発』農山漁村文化協会.
葉倩瑋（1994）日本植民地時代における台北の都市計画――統治政策と都市空間構造の変化．経済地理学年報 40（3）：202-219.
葉倩瑋（2010）植民地統治下台湾におけるジェンダーと空間――植民地権力と私的空間．お茶の水地理 50：48-62.
横堀肇（1986）住宅・都市整備事業――ジャカルタの例をもとに．柴田徳衛・加納弘勝編『第三世界の都市問題』アジア経済研究所：151-186.
吉岡正徳（2005）『反・ポストコロニアル人類学――ポストコロニアルを生きるメラネシア』風響社.
吉岡正徳（2016）『ゲマインシャフト都市――南太平洋の都市人類学』風響社.
吉岡正徳監修，遠藤央ほか編（2009）『オセアニア学』京都大学学術出版会.
吉田集而（1985）パプアニューギニア，イワム族の農耕に関する民俗分類の予備的報告．国立民族学博物館研究報告 10（3）：615-680.
吉田集而（1988）『不死身のナイティー――ニューギニア・イワム族の戦いと食人』平凡社.
吉田集而（1992）『性と呪術の民族誌――ニューギニア・イワム族の男と女』平凡社.
吉永裕也（2013）地理教育のカリキュラム．人文地理学会編『人文地理学事典』丸善.
吉本哲郎（2001）風に聞け，土に着け――風と土の地元学．現代農業 52：190-255.
吉本哲郎（2008）『地元学をはじめよう』岩波書店.
ラトゥーシュ，セルジュ著，中野佳裕訳（2010）『経済成長なき社会発展は可能か？――〈脱成長〉と〈ポスト開発〉の経済学』作品社.
リッツア，ジョージ著，正岡寛治監訳（1999）『マクドナルド化する社会』早稲田大学出版部.
リッツア，ジョージ著，正岡寛治監訳（2005）『無のグローバル化――拡大する消費社

の自然．国立民族学博物館研究報告別冊 15：193-237.
松本博之（2000）トレス海峡諸島の地域社会――植民地システムと住民．熊谷圭知・西川大二郎編（2000）『第三世界を描く地誌――ローカルからグローバルへ』古今書院：109-130.
マリノフスキー，B. 著，谷口佳子訳（1987）『マリノフスキー日記』平凡社.
ミード，マーガレット著，畑中幸子・山本真鳥訳（1976）『サモアの思春期』蒼樹書房.
水内俊雄（1994）地理思想と国民国家形成．思想 845：75-94.
水内俊雄（1996）人文地理学．須藤健一編『フィールドワークを歩く――文科系研究者の知識と経験』嵯峨野書院：331-335.
水木しげる（1994）『水木しげるのラバウル戦記』筑摩書房.
南埜猛（1999）インドにおける都市化・工業化と農民の対応――デリー大都市圏農村の事例．地誌研年報 8：87-119.
宮内泰介編（2006）『コモンズを支えるしくみ――レジティマシーの環境社会学』新曜社.
宮内洋平（2016）『ネオアパルトヘイト都市の空間統治――南アフリカの民間都市再開発と移民社会』明石書店.
宮川雅代（1985）『ニューギニア・レクイエム』潮出版社.
村井吉敬（1982）『小さな民からの発想――顔のない豊かさを問う』時事通信社.
メイヤスー，クロード著，川田順造・原口武彦訳（1977）『家族制共同体の理論――経済人類学の課題』筑摩書房.
モヨ，ダンビサ著，小浜裕久訳（2010）『援助じゃアフリカは発展しない』東洋経済新報社.
森川洋（1992）地誌学の研究動向に関する一考察．地理科学 47（1）：15-35.
森川洋（1996）地誌学の問題点――エリアスタディとの関連において．地誌研年報 5：1-8.
森本泉（2000）ネパール地域像の再構築――楽士カースト集団ガンダルバの表象と実践．131-148.
森本泉（2012）『ネパールにおけるツーリズム空間の創出――カトマンドゥから描く地域像』古今書院.
安田浩一（2012）『ネットと愛国――在特会の「闇」を追いかけて』講談社.
矢ケ崎典隆・加賀美雅弘・古田悦造編（2007）『地誌学概論』（地理学基礎シリーズ 3）朝倉書店.
矢田俊文（1975）経済地理学の課題と方法．野原敏雄・森滝健一郎編『戦後日本資本主義の地域構造』汐文社：5-41.
矢田俊文（1982）『産業配置と地域構造』大明堂.
矢野暢（1993b）地域研究とは何か．矢野　暢編（1993a）『地域研究の手法』（講座「現代の地域研究」第 1 巻）弘文堂：3-22.
山崎孝史（2010）『政治・空間・場所――「政治の地理学」にむけて』ナカニシヤ出版.
山下清海（1984）民族集団のすみわけに関する都市社会地理学的研究の展望．人文地理 36（4）：312-326.

藤巻正己編（2001）『生活世界としてのスラム――外部者の言説・住民の肉声』古今書院.
藤巻正己・瀬川真平編（2003）『現代東南アジア入門』古今書院.
藤森克彦（2010）『単身急増社会の衝撃』日本経済出版社.
藤原健蔵編（1997a）『地域研究法』（総観地理学講座 2）朝倉書店.
藤原健蔵（1997b）地域研究とフィールドワーク．藤原健蔵編『地域研究法』（総観地理学講座 2）朝倉書店：1–30.
フックス，ベル著，大類久恵監訳（2010）『アメリカ黒人女性とフェミニズム――ベル・フックスの「わたしは女ではないの？」』明石書店.
フランク，A. G. 著，大崎正治ほか訳（1976）『世界資本主義と低開発――収奪の《中枢―衛星》構造』柘植書房.
フリーマン，デレク著，木村洋二訳（1995）『マーガレット・ミードとサモア』みすず書房.
ベルク，オギュスタン著，宮原信訳（1985）『空間の日本文化』筑摩書房.
ベルク，オギュスタン著，篠原勝英訳（1988）『風土の日本――自然と文化の通態』筑摩書房.
保苅実（2004）『ラディカル・オーラル・ヒストリー――オーストラリア先住民アボリジニの歴史実践』御茶の水書房
ホックシールド，A. R. 著，石川准・室伏亜希訳（2000）『管理される心――感情が商品になるとき』世界思想社.
ポラニー，カール著，野口建彦・栖原学訳（2009）『大転換――市場社会の形成と崩壊』東洋経済新報社.
堀信行（1996）地誌学的志向と地誌学の可能性．地誌研年報 5：9–19.
マーカス，ジョージ E. & フィッシャー，マイケル M. J. 著，永渕康之訳（1989）『文化批判としての人類学――人間科学における実験的試み』紀伊國屋書店.
前川啓治（1997）文化的「主体」と翻訳的適応――トレス海峡社会の墓石除幕儀礼を中心に．山下晋司・山本真鳥編『植民地主義と文化――人類学のパースペクティヴ』新曜社：65–98.
前川啓治（2000）『開発の人類学――文化接合から翻訳的適応へ』新曜社.
前川啓治・棚橋　訓編（2005）『ファースト・ピープルズの現在 9：オセアニア』明石書店.
マタネ，ポーリアス著，原もと子訳（1976）『わが少年時代のニューギニア』学生社.
松井健（1989）『セミ・ドメスティケイション――農耕と遊牧の起源再考』海鳴社.
松田素二（1996）『都市を飼い馴らす――アフリカの都市人類学』河出書房新社.
松田素二（1999）『抵抗する都市――ナイロビ移民の世界から』岩波書店.
松田素二（2009）『日常人類学宣言――生活世界の深層へ/から』世界思想社.
松村嘉久（1997）中国における民族自治地方の成立過程――国家形成をめぐる民族問題．人文地理 49（4）：21–42.
松村嘉久（2000）『中国・民族の政治地理』晃洋書房.
松本博之（1991）風の民族誌，あるいは風の民族詩――トレス海峡諸島民のもうひとつ

Books.）
ハーヴェイ，デヴィッド著，大家定晴ほか訳（2013a）『コスモポリタニズム――自由と変革の地理学』作品社.
（Harvey, David (2009) *Cosmopolitanism and the Geographies of Freedom*. New York, Columbia University Press.）
ハーヴェイ，デヴィッド著，森田成也ほか訳（2013b）『反乱する都市――資本のアーバナイゼーションと都市の再創造』作品社.
（Harvey, D. (2012) *Rebel Cities : From the Right to the City to the Urban Revolution*. London, Verso.)
パーク，ロバート著，町村敬志・好井裕明編訳（1986）『実験室としての都市――パーク社会学論文選』御茶の水書房.
ハーシュマン，アルバート O. 著，矢野修一・宮田剛志・武井泉訳（2008）『連帯経済の可能性――ラテンアメリカにおける草の根の経験』法政大学出版局.
ハーバーマス，ユルゲン著，細谷貞雄・山田正行訳（1994）『公共性の構造転換――市民社会の一カテゴリーについての探求』（第 2 版）未来社.
橋本和也・佐藤幸男編（2003）『観光開発と文化――南からの問いかけ』世界思想社.
橋本征治（1992）『メラネシア――近代と伝統の相克』大明堂.
畑中幸子（1985）開発とソーシャル・インパクト．中部大学国際関係学部紀要 1：27-37.
畑中幸子（1982）『ニューギニア高地社会――チンブー人よいずこへ』中公文庫.
畑中幸子（2013）『ニューギニアから石斧が消えていく日――人類学者の回想録』明石書店.
ハリス，マーヴィン著，板橋作美訳（1988）『食と文化の謎――Good to eat の人類学』岩波書店.
ハリス，マーヴィン著，鈴木洋一訳（1997）『ヒトはなぜヒトを食べたか――生態人類学から見た文化の起源』早川書房.
春山成子・藤巻正己・野間晴雄編（2009）『東南アジア』（朝倉世界地理講座――大地と人間の物語 3）朝倉書店.
ヒッキィ，サミュエル & モハン，ジャイルズ編著，真崎克彦訳（2008）『変容する参加型開発――「専制」を超えて』明石書店.
平戸幹夫（1970）書評・大野盛雄編著『アジアの農村』．経済地理学年報 16（1）：67-72.
広島大学総合地誌研究資料センター（1987）『海外地域研究の理論と技法――インド農村の地理学的研究』総合地誌研研究叢書 17.
福田珠己（2008）「ホーム」の地理学をめぐる最近の展開とその可能性――文化地理学の視点から．人文地理 60（5）：403-422.
フーコー，ミシェル著，田村淑訳（1977）『監獄の誕生――監視と処罰』新潮社.
藤田結子・北村文編（2013）『現代エスノグラフィー――新しいフィールドワークの理論と実践』新曜社.
藤巻正己・住原則也・関雄二編（1996）『異文化を「知る」ための方法』古今書院.

中山修一（2000）地誌と地理教育――日本の地誌教育は何をめざしてきたか．熊谷圭知・西川大二郎編『第三世界を描く地誌――ローカルからグローバルへ』古今書院：209–230.
新津晃一（1989）『現代アジアのスラム――発展途上国都市の研究』明石書店.
西井涼子・田辺繁治編（2006）『社会空間の人類学――マテリアリティ・主体・モダニティ』世界思想社.
西岡尚也（1996）『開発教育のすすめ――南北共生時代の国際理解教育』かもがわ出版.
西川治編（1996）『地理学概論』（総観地理学講座 1）朝倉書店.
西川大二郎・野口雄一郎・奥田義男編（1972）『日本列島その現実（3）農山漁村』勁草書房.
西川大二郎編（1985）『ラテンアメリカ』（世界地誌ゼミナール 7）大明堂.
西川大二郎（1999）地誌・地誌学・地域研究．熊谷圭知編「第三世界の地域像の再構築と地誌記述の革新」（平成 9–10 年度科学研究費（基盤研究 B）補助金研究成果報告書）：11–26.
西川大二郎（2000）地域研究と地誌を結ぶもの――再び地誌学を検討する．熊谷圭知・西川大二郎編『第三世界を描く地誌――ローカルからグローバルへ』古今書院：231–256.
西川潤・生活政策研究所編（2007）『連帯経済―グローバリゼーションへの対案』明石書店.
西田正規（1986）『定住革命――遊動と定住の人類史』新曜社.
丹羽弘一（1993）寄せ場研究は寄せ場に何をなすのか．寄せ場 6：96–118.
額賀美沙子（2013）アクション・リサーチ．藤田結子・北村　文編『現代エスノグラフィー――新しいフィールドワークの理論と実践』新曜社：80–85.
ヌスバウム，M. C. 著，池本幸生・田口さつき・坪井ひろみ訳（2005）『女性と人間開発――潜在能力アプローチ』岩波書店.
（Nussbaum, M. C. (2000) *Women and Human Development : The Capabilities Approach*. Cambridge, Cambridge University Press.）
ヌルクセ，ラグナー著，土屋六郎訳（1973）『後進諸国の資本形成』厳松堂.
ネグリ，アントニオ＆ハート，マイケル著，水島一憲ほか訳（2003）『帝国――グローバル化の世界秩序とマルチチュードの可能性』以文社.
野口雄一郎・奥田義男・西川大二郎編（1972）『日本列島 その現実（1）巨大都市』勁草書房.
野尻亘（2013）アメリカ地理学における地域概念．人文地理学会編『人文地理学事典』丸善出版：38–39.
野間晴雄（1982）東北タイ農村の食生活と食事文化．奈良大学紀要 11：57–91.
野間晴雄（1999）王権とその背域――東南アジア港市論と水利都市論の拡がりをめぐって．歴史地理学 41（1）：44–64.
ハーヴェイ，デヴィッド著，森田成也ほか訳（2012）『資本の〈謎〉――世界金融恐慌と 21 世紀資本主義』作品社.
（Harvey, David (2010) *The Enigma of Capital and the Crisis of Capitalism*. London, Profile

トドロフ，ツヴェタン著，小野潮・江口修訳（2001）『われわれと他者――フランス思想における他者像』法政大学出版局．

トラスク，ハウナニ＝ケイ著，松原好次訳（2002）『大地にしがみつけ――ハワイ先住民女性の訴え』春風社．

豊田由貴夫（1994）パプアニューギニアからの手紙――「異文化理解の難しさ」あるいは「パプアニューギニアの交換の論理」．星野昭吉編『国際化日本の現在――国際化をめぐる諸問題への学際的アプローチ』白桃書房：309–328．

豊田由貴夫（2004）セピック地域の観光について――セピック・クルーズを事例にして．『パプアニューギニア，セピック丘陵地域における開発的介入とその現地社会への影響』（平成14～15年度科学研究費補助金研究成果報告書．研究代表者：斎藤尚文）：30–46．

内藤正典（1994）地誌の終焉．法政地理22：32–43．

内藤正典（1996）『アッラーのヨーロッパ――移民とイスラム復興』東京大学出版会．

中里亜夫（1989）西ガーツ山地村落におけるウシ飼育．地誌研年報1：25–100．

中里亜夫（1999）インドの農村開発としてのオペレーション・フラッド計画．地理科学54（3）：195–202．

中里亜夫（2000）インド農村の貧困と動態――地理教育の偏見とその克服．熊谷・西川編：187–207．

中島弘二（2014）泥，石，身体――身体と物質性をめぐるポリティクス．空間・社会・地理思想17：19–32．

中谷文美（2001）〈文化〉？〈女〉――民族誌をめぐる本質主義と構築主義．上野千鶴子編『構築主義とは何か』勁草書房：109–137．

中谷文美・宇田川妙子（2007）終章．宇田川妙子・中谷文美編『ジェンダー人類学を読む』世界思想社：356–375．

永田淳嗣（2000）クアラルンプルにおけるマレー人の居住の場とマレーシア社会．生田真人・松澤俊雄編，大阪市立大学経済研究所監修『アジアの大都市3：クアラルンプル，シンガポール』日本評論社：121–143．

永田淳嗣（2009）：半島マレーシアにおける農業の空洞化．春山成子・藤巻正己・野間晴雄編『東南アジア』（朝倉世界地理講座3）朝倉書店：208–215．

中西徹（1991）『スラムの経済学――フィリピンにおける都市インフォーマル部門』東京大学出版会．

中野麻美（2006）『労働ダンピング――雇用の多様化の果てに』岩波書店．

中野佳裕（2010）日本語版解説・セルジュ・ラトゥーシュの思想圏について．ラトゥーシュ，セルジュ著，中野佳裕訳（2010）『経済成長なき社会発展は可能か？――〈脱成長〉と〈ポスト開発〉の経済学』作品社．277–338．

中村和郎編（1997）『地理学「知」の冒険』古今書院．

中山修一（1996）地誌学と地域研究の在り方に関する日本的解釈の展開．地誌研年報5：77–92．

中山修一（1997）『近・現代日本における地誌と地理教育の展開』広島大学総合地誌研究資料センター．

竹内啓一（1993）『とぽろうぐ――地理学雑記帖』古今書院.
竹内啓一編（2001）『都市・空間・権力』大明堂.
武田敦（2009）闘うための，闘わないでいい居場所づくり．湯浅誠・富樫匡孝・上間陽子・仁平典宏編著『若者と貧困――いま，ここからの希望を』明石書店：248–268.
立本成文（1997）地域研究の構図――名称にこだわって．地域研究論集 1（1）：19–33.
立本成文（1999）『地域研究の問題と方法――社会文化生態力学の試み』京都大学学術出版会.
立本成文（2002）『地域研究　夢現』旭プリント.
田所聖志（2014）『秩序の構造――ニューギニア山地民における人間関係の社会人類学』東京大学出版会.
田中由美子・大沢真理・伊藤るり編著（2002）『開発とジェンダー――エンパワーメントの国際協力』国際協力出版会.
棚橋訓（2010）植民地主義との邂逅．熊谷圭知・片山一道編（2010）『オセアニア』（朝倉世界地理講座――大地と人間の物語 15）朝倉書店：132–146.
田辺繁治・松田素二編（2002）『日常的実践のエスノグラフィ――語り・コミュニティ・アイデンティティ』世界思想社.
谷内達（1982）『パプアニューギニアの社会と経済』アジア経済研究所.
多辺田政弘（2004）なぜ今「コモンズ」なのか．室田武・三俣学編『入会林野とコモンズ』日本評論社.
玉野井芳郎・清成忠雄・中村尚司編（1978）『地域主義――新しい思潮と実践への試み』学陽書房.
田和正孝（1995）『変わりゆくパプアニューギニア』丸善.
田和正孝（2006）『東南アジアの魚とる人びと』ナカニシヤ出版.
チェンバース，ロバート著，穂積智夫・甲斐田万智子監訳（1995）『第三世界の農村開発：貧困の解決――わたしたちにできること』明石書店.
（Chambers, R. (1983) *Rural Development : Putting the Last First*. Essex, Longman.）
チェンバース，ロバート著，野田直人・白鳥清志監訳（2000）『参加型開発と国際協力――変わるのはわたしたち』明石書店.
（Chambers, R. (1997) *Whose Reality Counts? Putting the First Last.* London, ITDG Publishing.）
張（奥野）志偉編（1999）『中国の高進技術産業地域と企業』徳山大学研究叢書.
鶴見和子・川田　侃編（1989）『内発的発展論』東京大学出版会.
鶴見良行（1982）『アジアはなぜ貧しいのか』朝日新聞社.
鶴見良行（1986）『アジアの歩き方』筑摩書房.
テッサ・モーリス=鈴木（2000）『辺境から眺める――アイヌが経験する近代』みすず書房.
トゥアン，イーフー著，小野有五・阿部一訳（1992）『トポフィリア――人間と環境』せりか書房.
（Tuan, Yi-Fu (1974) *Topophilia : A Study of Environmental Perception, Attitudes and Values*. Englewood Cliffs, NJ, Prentice Hall.）

島田周平（1992）『地域間対立の地域構造――ナイジェリアの地域問題』大明堂.
島田周平（2007a）『アフリカ，可能性を生きる農民――環境・国家・村の比較研究』京都大学学術出版会.
島田周平（2007b）『現代アフリカ農村――変化を読む地域研究の試み』古今書院.
清水展（2002）『噴火のこだま――ピナトゥボ・アエタの被災と新生をめぐる文化・開発・NGO』九州大学出版会.
ジョンストン，ロン J. 著，竹内啓一監訳（2002）『場所をめぐる問題――人文地理学の再構築のために』古今書院.
（Johnston, R.J. (1991) *A Question of Place : Exploring the Practice of Human Geography*. Blackwell.）
白石隆（1992）『インドネシア――国家と政治』リブロポート.
人文地理学会編（2013）『人文地理学事典』丸善出版.
菅原和孝（2010）『ことばと身体――「言語の手前」の人類学』講談社.
杉本尚次（1982）『西サモアと日本人酋長――村落調査記 1965–1980』古今書院.
杉本尚次（1996）『地理学とフィールドワーク』晃洋書房.
鈴木紀（2007）ラテンアメリカの地誌を見る視点．坂井正人・鈴木紀・松本英次編『ラテンアメリカ』（朝倉世界地理講座――大地と人間の物語 14）朝倉書店：14–23.
須藤健一編（1996）『フィールドワークを歩く――文科系研究者の知識と経験』嵯峨野書院.
スピヴァク，G. C. 著，上村忠雄訳（1998）『サバルタンは語ることができるか』みすず書房.
瀬川真平（1995）国民国家を見せる――「うつくしいインドネシア・ミニ公園」における図案・立地・読みの占有．人文地理 47（3）：215–236.
瀬川真平（1999）独立後における景観の変容．宮本謙介・小長谷一之編『アジアの大都市 2・ジャカルタ』日本評論社：57–83.
瀬川真平（2000）カンポンのジャカルタ――首都再編にさらされて．熊谷主知・西川大二郎編：51–70.
関根康正編（2004）『「都市的なるもの」の現在――文化人類学的考察』東京大学出版会.
ゼンリン社編（2000）『ツアーガイド・パプアニューギニア』ゼンリン社.
総理府編（2000）『平成 12 年版　観光白書』大蔵省印刷局.
祖田亮次（1999）サラワク，イバン人社会における都市への移動とロングハウス・コミュニティの空洞化．地理学評論 72（1）：1–22.
ダイアモンド，ジャレド著，倉骨彰訳（2000）『銃・病原菌・鉄――1 万 3000 年にわたる人類史の謎』（上）（下）草思社.
太平洋協會編（1941）『大南洋――文化と農業』河出書房.
竹内啓一（1976）社会地理学と第三世界――都市の場合．一橋論叢 75（2）：143–161.
竹内啓一（1979）主観の地理学からの逆照射．一橋論叢 81（6）：653–667.
竹内啓一（1980）ラディカル地理学運動と「ラディカル地理学」．人文地理 32（5）：428–451.

サイード，エドワード W. 著，板垣雄三・杉田英明監修，今沢紀子訳（1986）『オリエンタリズム』平凡社.
斎藤宗寿（1999）『わたしのニューギニア』天望画廊.
齋藤純一（2000）『公共性』岩波書店.
坂井正人・鈴木紀・松本英次編（2007）『ラテンアメリカ』（朝倉世界地理講座――大地と人間の物語 14）朝倉書店.
櫻井明久（2013）地誌．人文地理学会編『人文地理学事典』丸善出版．118–9.
ザックス，ヴォルフガング編，三浦清隆ほか訳（1996）『脱「開発」の時代――現代社会を解読するキイワード辞典』晶文社.
佐藤郁哉（2002）『フィールドワークの技法――問いを育てる，仮説をきたえる』新曜社.
佐藤郁哉（2006)『フィールドワーク・増訂版』新曜社.
佐藤仁（2002）『希少資源のポリティクス――タイ農村にみる開発と環境のはざま』東京大学出版会.
佐藤仁（2016）『野蛮から生存の開発論――越境する援助のデザイン』ミネルヴァ書房.
佐藤哲夫（2000）バンコク郊外における市街地開発の過程．駒澤地理 36：13–31.
佐藤寛（2005）『開発援助の社会学』世界思想社.
佐藤廉也（1995）焼畑農耕システムにおける労働の季節配分と多様化戦略――エチオピア西南部のマジャンギルを事例として．人文地理 47（6）：21–41.
佐藤廉也（1999）熱帯地域における焼畑研究の展開――生態的側面と歴史的文脈の接合を求めて．人文地理 51（6）：47–67.
サパティスタ民族解放戦線著，太田昌国・小林致広訳（1995）『もう，たくさんだ！―メキシコ先住民蜂起の記録』現代企画室.
サーリンズ，マーシャル著，山本真鳥訳（1993）『歴史の島々』法政大学出版局.
澤滋久（1994）ジャカルタの居住環境改善事業における住民参加――カンポン改良計画をめぐって．経済地理学年報 40（3）：165–182.
澤滋久（1999）カンポンの変化．宮本謙介・小長谷一之編『アジアの大都市 2 ジャカルタ』日本評論社：231–252.
澤宗則（1999）グローバリゼーションとインド農村のローカリゼーション――ローカルな経済活動と権力構造．（『南アジアの構造変動：ミクロの視点から』文部省科学研究費・特定領域研究（A）「南アジアの構造変動とネットワーク」総括班，1999 年度国内集会報告集．89–106.
澤宗則・南埜猛（2006）グローバル化にともなうインド農村の変容――バンガロール近郊農村の脱領域化と再領域化．人文地理 58（2）：1–20
塩田光喜（1991）大地の破壊，民族の創成――1988～90 年ブーゲンヴィル島分離独立運動の経過と本質．アジア経済 32（12）：25–47.
塩田光喜（2006）『石斧と十字架――パプアニューギニア，インボング年代記』彩流社.
柴田徳衛・加納弘勝編（1986）『第三世界の都市問題』アジア経済研究所.
柴田陽一（2016）『帝国日本と地政学――アジア・太平洋戦争期における地理学者の思想と実践』清文堂出版.

熊谷圭知（2013c）参与観察．人文地理学会編『人文地理学事典』丸善：132-133.
熊谷圭知（2015）現代日本の社会経済変化と男性／性の変容をめぐる試論──「場所」とホームの視点から．ジェンダー研究 18：87-98.
熊谷圭知（2017）地域研究（2）──グローバル化時代の地域研究．伊藤守ほか編『コミュニティ事典』春風社：888-889.
熊谷圭知（2018）場所喪失と感情・身体・風土の地理学──陸前高田とかかわりつづけるために．熊谷圭知ほか編『被災地の未来，わたしたちの未来』（2016 年度陸前高田市「地域研究実習Ⅱ」報告書，Vol. 6）お茶の水女子大学：71-78.
熊谷圭知・片山一道編（2010）『オセアニア』（朝倉世界地理講座──大地と人間の物語 15）朝倉書店.
熊谷圭知・塩田光喜編（1994）『マタンギ・パシフィカ──太平洋島嶼国の政治・社会変動』アジア経済研究所.
熊谷圭知・塩田光喜編（2000）『都市の誕生──太平洋島嶼諸国の都市化と社会変容』アジア経済研究所.
熊谷圭知・西川大二郎編（2000）『第三世界を描く地誌──ローカルからグローバルへ』古今書院.
熊沢誠（2007）『格差社会日本で働くということ──雇用と労働のゆくえをみつめて』岩波書店.
倉沢愛子（1992）『日本占領下のジャワ農村の変容』草思社.
倉光ミナ子（2007）親族組織に埋め込まれたジェンダー──ポリネシア・サモア．宇田川妙子・中谷文美編：170-194.
倉光ミナ子（2008）テーラーを通してみるサモア島嶼社会──「語り」を通じた社会科学的地誌の試み．アゴラ（天理大学地域文化研究センター紀要）6：47-68.
クリフォード，ジェイムズ著，毛利嘉孝ほか訳（2002）『ルーツ──20 世紀後期の旅と翻訳』月曜社.
グロネマイアー，パウランネ（1996）援助．ザックス，ヴォルフガング編，三浦清隆ほか訳　(1996)『脱「開発」の時代──現代社会を解読するキイワード辞典』晶文社：82-103.
ケーシー，エドワード（2008）『場所の運命──哲学における隠された歴史』新曜社.
濠亜調査所訳（1944）『ニューギニア大観』科學社.
（Official Handbook of the Territory of New Guinea. administered by the Common Wealth of Australia under mandate from the council of the League of Nations, compiled under the authority of the Prime Minister of the Common Wealth. 1937.）
古賀正則（1971）書評『アジアの農村』・『アジアの土地制度と農村社会構造』．経済研究（一橋大学）22（2）：179-182.
小長谷有紀（1991）『モンゴルの春──人類学スケッチブック』河出書房新社.
小長谷有紀（1996）『モンゴル草原の生活世界』朝日新聞社.
小長谷有紀（2000）モンゴル地域研究における記述革新──マルチメディアによる地誌記述の試み．熊谷圭知・西川大二郎編：169-186.
国土交通省・観光庁（2015）『観光白書，平成 27 年度版』日経出版.

る都市空間の変容とセトゥルメント住民の生活世界」．竹内啓一編著『都市・空間・権力』大明堂：77-129.
熊谷圭知（2001b）JICA 専門家としてのポートモレスビーのセトルメント問題への関与の試み．お茶の水地理 42：47-68.
熊谷圭知（2001c）パプアニューギニア都市と犯罪．コミュニティ 128：76-79.
熊谷圭知（2002）面白い地誌のために．地理 47（4）：8-16.
熊谷圭知（2003a）経済地理学は『貧困』にどう向き合うのか？——モラルエコノミーと地域の学としての再構築．経済地理学年報 49（5）：51-72.
熊谷圭知（2003b）パプアニューギニアにおける近年の国内人口移動と都市化の動向——2000 年センサスに基づく予察．『アジア太平洋地域における人口移動変化の総合的研究』（平成 12～14 年度科学研究費補助金研究成果報告書．研究代表者：石川義孝）：96-124.
熊谷圭知（2003c）パプアニューギニア：空間の仕切り直しとローカリティの揺らぎ——辺境の「旅」とフィールドワーカーの位置性をめぐって．地域研究論集 5(2)：115-136.
熊谷圭知（2004a）地域研究と地理学——1990 年代後半における地理学者の研究の検討を軸に．お茶の水地理 44：1-26.
熊谷圭知（2004b）ブラックウォーター，クラインビット村の人々の「開発」をめぐる意識と実践——わたし自身の「開発的介入」の記録．『パプアニューギニア，セピック丘陵地域における開発的介入とその現地社会への影響』（平成 14～15 年度科学研究費補助金研究成果報告書，研究代表者：斎藤尚文）：78-110.
熊谷圭知（2007）メラネシア世界の変容——地域的多様性から地域格差へ．由比浜省吾編（1991）『新訂オセアニア』（世界地誌ゼミナール 8）．大明堂：248-267.
熊谷圭知（2010a）パプアニューギニア——地域的多様性から地域格差へ．熊谷圭知・片山一道編『オセアニア』（朝倉世界地理講座——大地と人間の物語 15）朝倉書店：247-263.
熊谷圭知（2010b）変わりゆく人々の暮らしと国家——都市と村の間．田中辰夫編『パプアニューギニア——日本人が見た南太平洋の宝島』花伝社：14-44.
熊谷圭知（2010c）グローバル化の中で日本の空間はどう変わるか——ナショナルな排除から開かれたローカルへ．小林誠・熊谷圭知・三浦徹編『グローバル文化学——文化を越えた協働』法律文化社：123-141.
熊谷圭知（2010d）ローカル・センシティヴなジェンダーと開発と男性——わたしのジェンダー論．お茶の水地理 50：27-47.
熊谷圭知（2012）パプアニューギニア都市における「公共空間」の可能性——ポートモレスビーのセトルメント住民の日常生活実践から．柄木田康之・須藤健一編著『オセアニアと公共圏——フィールドワークから見た重層性』昭和堂：124-148.
熊谷圭知（2013a）かかわりとしてのフィールドワーク——パプアニューギニアでの試行錯誤的実践から．*E-Journal GEO* 8 (1)：15-33.
熊谷圭知（2013b）場所論再考——グローバル化時代の他者化を超えた地誌のための覚書．お茶の水地理 52：1-10.

キキ，A. マオリ著，近森正訳（2002）『ニューギニア――未開と文明のはざまで』学生社.
菊池京子編（2001）『開発学を学ぶ人のために』世界思想社.
北村文（2013）フェミニストエスノグラフィー．藤田結子・北村文編『現代エスノグラフィー――新しいフィールドワークの理論と実践』新曜社：62–67.
久場嬉子（2002）ジェンダーと「経済学批判」――フェミニスト経済学の展開と革新．久場嬉子編『経済学とジェンダー』明石書店：17–49.
窪田幸子（2005）『アボリジニ社会のジェンダー人類学』世界思想社.
熊谷圭知（1985）ポートモレスビーの自然発生的集落――第三世界の都市化と住宅地形成に関する一試論．経済地理学年報 31（1）：1–23.
熊谷圭知（1987）第三世界都市研究の問題構成とセグリゲーション．古賀正則編『第三世界をめぐるセグリゲーションの諸問題』（昭和 60～61 年度文部省科学研究費成果報告書），一橋大学：1–23.
熊谷圭知（1988）タイム・バルス・イ・カム：パプアニューギニア，ミアンミン族の人々における西欧世界との接触と社会変容．阪南論集 23（4）：1–20.
熊谷圭知（1989a）祖先の失った富――パプアニューギニア，ミアンミン族における神話と戦争・移動をめぐる一考察――．阪南論集 25（1・2・3 合併号）：146–164.
熊谷圭知（1989b）現代を生きるニューギニア高地の人々．地理 34–7：39–46.
熊谷圭知（1990）ジャカルタの『二重構造』とその変容――インフォーマル・セクターとカンポンをめぐって．アジア地理研究会編（1990）『変貌するアジア――NIEs・ASEAN の開発と地域変容――』古今書院：159–179.
熊谷圭知（1991）豚をめぐるメラネシア社会．地理 36（8）：54–61.
熊谷圭知（1992）「理解」と「共感」のあいだから．地理 37（11）：70–74.
熊谷圭知（1994）ポートモレスビーにおける都市移住者の居住とセグリゲーション――都市–農村関係の視点から．熊谷圭知・塩田光喜編『マタンギ・パシフィカ――太平洋島嶼国の政治・社会変動』アジア経済研究所：123–173.
熊谷圭知（1996）第三世界の地域研究と地誌学――その課題と可能性．地誌研年報（広島大学地誌研究資料センター）5：35–45.
熊谷圭知編（1999）『第三世界の地域像の再構築と地誌記述の革新』（平成 9～10 年度科学研究費（基盤研究Ｂ）補助金研究成果報告書）．お茶の水女子大学.
熊谷圭知（2000a）パプアニューギニア，ブラックウォーターの人びとの歴史と空間――自然との「調和」でもなく，外部への「従属」でもなく．熊谷圭知・西川大二郎編『第三世界を描く地誌――ローカルからグローバルへ』古今書院：3–26.
熊谷圭知（2000b）太平洋島嶼国の都市化への視座．熊谷圭知・塩田光喜編『都市の誕生――太平洋島嶼諸国の都市化と社会変容』アジア経済研究所：3–25.
熊谷圭知（2000c）ポートモレスビーにおける都市空間の形成と都市移住者の生存戦略――「セトゥルメント」，インフォーマル・セクターと都市権力．熊谷圭知・塩田光喜編『都市の誕生――太平洋島嶼諸国の都市化と社会変容』アジア経済研究所：27–84.
熊谷圭知（2001a）「都市美化」か，都市の「農村化」か？――ポートモレスビーにおけ

書房.
小野有五（2013）『たたかう地理学』古今書院.
小野寺淳（1997）中国における土地制度改革と都市形成――珠江デルタ地域，深圳市の事例から．アジア経済 38（6）：26-43.
小野寺淳（2012）中国の地理学．地学雑誌 121（5）824-840.
遠城明雄（1998）〈コラム〉場所のあいだで――「場所」をめぐる意味と力．荒山正彦ほか『空間から場所へ――地理学的想像力の探求』古今書院：226-236.
貝沼恵美（1999）フィリピンにおける地域開発政策と地域間格差――公共投資の地域間配分の検討を通じて．経済地理学年報 45（4）：53-68.
貝沼恵美・森島済・小田宏信（2007）『変動するフィリピン――経済開発と国土空間形成』二宮書店.
梶田真・仁平尊明・加藤政洋編（2007）『地域調査ことはじめ――あるく・みる・かく』ナカニシヤ出版.
春日直樹（1997）「発端の闇としての植民地――カーゴ・カルトはなぜ「狂気」だったか．山下晋司・山本真鳥編：128-151.
春日直樹編（1999）『オセアニア・オリエンタリズム』世界思想社.
春日直樹（2001）『太平洋のラスプーチン――ヴィチ・カンパニ運動の歴史人類学』世界思想社.
カステル，M. 著，山田操訳（1984）『都市問題――科学的理論と分析』恒星社厚生閣.
カステル，M. 著，大沢善信訳（1999）『都市・情報・グローバル経済』青木書店.
片山一道（1997）『ポリネシア――海と空のはざまで』東京大学出版会.
片山一道（2002）『海のモンゴロイド――ポリネシア人の祖先をもとめて』吉川弘文館.
片山一道・熊谷圭知（2010）オセアニアという世界．熊谷圭知・片山一道編『オセアニア』（朝倉世界地理講座――大地と人間の物語 15）朝倉書店：3-17.
＊執筆分担：3-7：片山一道（海の半球の住人／オセアニアへの人々の拡散），7-17：熊谷圭知（西洋世界との出会い／植民地支配の展開と人々の対応／第 2 次世界大戦とその後のオセアニア／日本にとってのオセアニア／現代オセアニア世界の課題）
金坂清則（2013）地域．人文地理学会編『人文地理学事典』丸善出版：88-89.
柄木田康之・須藤健一編（2012）『オセアニアと公共圏――フィールドワークから見た重層性』昭和堂.
川合信司（2002）『先住民社会と開発援助――インドネシア，イリアン・ジャヤ州，ドミニ集落の事例』明石書店.
川喜田二郎（1973）『野外科学の方法――思考と探検』中央公論社.
川崎一平（2010）パプアニューギニア高地周縁部における開発と住民．熊谷圭知・片山一道編『オセアニア』（朝倉世界地理講座――大地と人間の物語 15）朝倉書店：414-427.
ギアーツ，クリフォード著，森泉弘次訳（1996）『文化の読み方／書き方』岩波書店.
（Geertz, Clifford (1988) *Works and Lives : The Anthropologist as Author*. Stanford, Stanford University Press.）

『社会科学をひらく』藤原書店.
宇沢弘文・茂木愛一郎編（1994）『社会的共通資本――コモンズと都市』東京大学出版会.
宇田川妙子・中谷文美編『ジェンダー人類学を読む』世界思想社.
梅崎昌裕（2007）『ブタとサツマイモ――自然の中に生きるしくみ』小峰書店.
梅原弘光（1992）『フィリピンの農村――その構造と変動』古今書院.
梅原弘光編（1991）『東南アジアの土地制度と農業変化』アジア経済研究所.
梅原弘光（2000）変貌するフィリピン――近代化政策がもたらしたもの．熊谷主知・西川大二郎編『第三世界を描く地誌――ローカルからグローバルへ』古今書院：89-108.
エステバ，グスタボ（1996）開発．ザックス，ヴォルフガング編，三浦清隆ほか訳『脱「開発」の時代―現代社会を解読するキイワード辞典』晶文社：17-41.
遠藤元（1996）タイ地方経済研究の新たな潮流と問題点――地方実業家をめぐる議論を中心に．人文地理 48（5）：27-45.
遠藤元（2010）『新興国の流通革命――タイのモザイク状消費市場と多様化する流通』日本評論社.
遠藤環（2011）『都市を生きる人々――バンコク・都市下層民のリスク対応』京都大学学術出版会.
応地利明（1996）地誌研究と地域研究――認識論的ノート．西川治編『地理学概論』（総観地理学講座 1）：229-249.
大島襄二編（1983）『トレス海峡の人びと――その地理学的・民族学的研究』古今書院.
太田勇（1997）『地域の姿が見える研究を』古今書院.
大塚柳太郎編（2002）『ニューギニア――交錯する伝統と近代』京都大学学術出版会.
大槻恵美（2010）『風土に生きる，場所に生きる――地域の変容と再編成に関する地理学的研究』ナカニシヤ出版.
大野盛雄編（1969a）『アジアの農村』東京大学出版会.
大野盛雄（1969b）農村研究の課題と態度．大野盛雄編『アジアの農村』東京大学出版会：3-35.
大野盛雄（1971）『ペルシアの農村――むらの実態調査』東京大学出版会.
大野盛雄（1974）『フィールドワークの思想――砂漠の農民像を求めて』東京大学出版会.
大野盛雄（1977）フィールドワークの誤謬――「遊牧から定着農耕へ」をめぐって．思想 632：141-155.
岡崎彰ほか（2008）ポストコロニアル論争は人類学にとって自殺行為だった．くにたち人類学研究 3：69-138.
岡橋秀典（1999）デリー首都圏地域における工業団地開発――総合工業団地としてのノイダおよびグレーターノイダ地区の開発を中心として．地誌研年報 8：9-31.
岡橋秀典編（2003）『インドの新しい工業化――工業開発の最前線から』古今書院.
小柏葉子編（1999）『太平洋島嶼と環境・資源』国際書院.
奥田義男・西川大二郎・野口雄一郎編（1971）『日本列島その現実（2）地方都市』勁草

究 64（2）：199–222.
池谷和信（2000）ポストアパルトヘイトにおける南アフリカの都市――スクォッター社会からみたケープタウン．熊谷圭知・西川大二郎編：27–49.
池谷和信（2006）『現代の牧畜民――乾燥地域の暮らし』古今書院.
池谷和信・佐藤廉也・武内進一編（2007）『アフリカⅠ』（朝倉世界地理講座――大地と人間の物語 11）朝倉書店.
池谷和信・武内進一・佐藤廉也編（2008）『アフリカⅡ』（朝倉世界地理講座――大地と人間の物語 12）朝倉書店.
石田寛編（1975）『インド・パンジャーブの動態地誌的研究』広島大学文学部・総合地誌研究資料室.
石塚道子編（1991）『カリブ海世界』世界思想社.
石塚道子（1997）カリブ海地域小農民女性の地域維持力．浮田典良編『地域文化を生きる』大明堂：253–278.
石塚道子（2000）カリブ海地域の地域像――ジェンダーの視点から．熊谷圭知・西川大二郎編：149–166.
石森大知（2010）カヴァとビンロウジ――オセアニアの二大嗜好品．熊谷圭知・片山一道編『オセアニア』（朝倉世界地理講座――大地と人間の物語 15）朝倉書店：278–279.
石牟礼道子（1969）『苦界浄土――わが水俣病』講談社.
伊藤泰信（2007）『先住民の知識人類学――ニュージーランド=マオリの知と社会に関するエスノグラフィ』世界思想社.
猪俣佐登留（1956）訳序．レヴィン，クルト著，猪俣佐登留訳『社会科学における場の理論』誠信書房：i–ii.
岩田慶治（1971）文化と場所――わたしのフィールド・ノートより．理想 452：24–33.
岩田慶治・小堀巌・高橋彰・吉川虎雄・末尾至行（1960）海外調査と地理（座談会）．地理 5（12）：11–26.
岩本洋光（2000）パプアニューギニアの人々の戦争体験．熊谷圭知・片山一道編『オセアニア』（朝倉世界地理講座――大地と人間の物語 15）朝倉書店：448–459.
印東道子（2002）『オセアニア――暮らしの考古学』朝日新聞社.
上田元（1997）ケニアにおける零細企業群再生産の歴史と理論．アジア経済 38（11）：50–67.
上田元（2010）『山の民の地域システム――タンザニア農村の場所・世帯・共同性』東北大学出版会.
上野千鶴子（2003）市民権の再編とジェンダー．思想 955：10–34.
上野登（1972）『地誌学の原点』大明堂.
ウォーラーステイン，I. 著，川北稔訳（1981）『近代世界システムⅠ・Ⅱ――農業資本主義と「ヨーロッパ世界経済」の成立』岩波書店.
ウォーラーステイン，I. 著，川北稔訳（1985）『史的システムとしての資本主義』岩波書店.
ウォーラーステイン，イマニュエル＋グルベンキアン委員会著，山田鋭夫訳（1996）

Wolf, Diane. L. (1992) *Factory Daughters : Gender, Household Dynamics, and Rural Industrialization in Java*. Berkley, Univresity of California Press.

Wolf, Diane L. ed. (1996) *Feminist Dilemmas in Fieldwork*. Boalder, Westview.

Yoshida, Shuji and Toyoda, Yukio eds. (1998) *Fringe Area of Highlands in Papua New Guinea*. (*Senri Ethnological Studies* 47) Osaka, National Museum of Ethnology.

Zelinsky, W. (1971) The hypothesis of the mobility transition. *The Geographical Review* 61 : 219-249.

青野壽郎・尾留川正平監修（1967～1980）『日本地誌』（全 21 巻）二宮書店.

浅香幸雄・入江敏夫・竹内常行・中野尊正（1959）日本地誌の課題――議論の焦点（座談会）. 地理 4（1）: 9-40.

アジア地理研究会編（1990）『変貌するアジア――NIEs・ASEAN の開発と地域変容』古今書院.

安食和弘（2001）フィリピン・ボホール島におけるマングローブの伝統的利用とその開発による影響について. 人文論叢（三重大学人文学部）18 : 1-17.

アミン, サミール著, 野口祐・原田金一郎訳（1979）『周辺資本主義構成体論――世界的規模における資本蓄積』《第Ⅱ分冊》柘植書房.

アミーン, サミール著, 北沢正雄監訳（1982）『世界は周辺部から変る』第三書館.

アミン, サミール著, 西川潤訳（1983）『不均等発展――周辺資本主義の社会構成体に関する試論』東洋経済新報社.

アレンズ, W. 著, 折島正司訳（1982）『人喰いの神話――人類学とカニバリズム』岩波書店.

アンダーソン, ベネディクト著, 白石隆・白石さや訳（1987）『想像の共同体――ナショナリズムの起源と流行』リブロポート.

荒山正彦ほか（1998）『空間から場所へ――地理学的想像力の探求』古今書院.

飯田進（1997）『魂鎮めへの道――無意味な死から問う戦争責任』不二出版.

飯塚キヨ（1985）『植民都市の空間形成』大明堂.

飯本信之・佐藤弘編（1942）『南洋地理体系』（全 8 巻）ダイヤモンド社.

生田真人（2000）植民地化の歴史から見たマレーシア都市――「複合民族国家」の都市再編. 熊谷圭知・西川大二郎編 : 71-88.

生田真人（2001）『マレーシアの都市開発――歴史的アプローチ』古今書院.

池口明子・李善愛・野中健一・熊谷圭知（2012）パプアニューギニア・セピック川流域のカプリマンにおける漁労活動. 溝口常俊・阿部康久編『歴史と環境――歴史地理学の可能性を探る』花書院 : 60-85.

池野洵（1998）序論. 池野・武内編 : 3-18.

池野洵・武内進一編（1998）『アフリカのインフォーマル・セクター再考』アジア経済研究所.

池谷和信（1995）ボツワナの僻地開発――カデ地区の道路工事・民芸品生産をめぐって. アジア経済 35（11）: 54-69.

池谷和信（1999）狩猟民と毛皮交易――世界経済システムの周辺からの視点. 民族学研

ed. *The 1992 Papua New Guinea Election : Change and Continuity in Electoral Politics*. Canberra, Australian National University: 105–121.

Sethuraman, S. V. (1976a) The urban informal sector : Concept, measurement and policy. *International Labour Review* 114 (1) : 69–81.

Sethuraman, S.V. (1976b) *Jakarta : Urban Development and Employment*. Geneva, International Labour Office.

Simon, D. (1984) Third World Colonial Cities in Context : Conceptual and Theoretical Approaches with Particlar Reference to Africa. *Progress in Human Geography* 8 (4) : 493–514.

Sinclair, James (1978) *Kiap : Australia's Patrol Officers in Papua New Guinea*. Bathurst, Robert Brown & Associates.

Soda, R. (2007) *People on the Move, Rural-Urban Interactions in Sarawak*. Kyoto, Kyoto University Press and Trans Pacific Press.

Stevens, Stan (2001) Fieldwork as a commitment. *The Geographical Review* 91 (1–2) : 66–73.

Stretton, A. (1979) *Urban Housing Policy in Papua New Guinea*. Institute of Applied Economic Research (IASER) Monograph 8, Port Moresby, IASER.

Surmon, A.V. and Ward, R. Gerard (1971) *Port Moresby 1970*. (Department of Geography, University of Papua New Guinea, Occasional Paper No. 1). Port Moresby.

Swalding, Pamela (1983) *How Long Have People Been in the OK Tedi Impact Region?* PNG National Museum Record No. 8, Port Moresby, PNG National Museum.

Taylor, J.L. (1971) Hagen–Sepik patrol 1938–1939 : interim report, *New Guinea*, 6 (3) : 24–45.

Thomas, Nicholas (1994) *Colonialism's Culture : Anthropology, Travel and Government*. Cambridge, Polity Press.

Townsend, G. W. L. (1968) *District Officer : From Untamed New Guinea to Lake of Success, 1921–46*, Sydney, Pacific Publications.

Toyoda, Yukio (1998) Introduction : fringe area of Highlands in Papua New Guinea. In Yoshida, Shuji and Toyoda, Yukio eds. *Fringe Area of Highlands in Papua New Guinea*. (*Senri Ethnological Studies* 47), Osaka, National Museum of Ethnology : 1–20.

Turner, John F. C. (1976) *Housing by People : Towards Autonomy in Building Environments*. New York, Pantheon Books.

Valentine, C. A. and Valentine, B. L. eds. (1979) *Going through Changes : Villagers, Settlers and Development in Papua New Guinea*. Port Moresby, Institute of Papua New Guinea.

Walsh, A. C. (1982) *Street Vending in Port Moresby*. Port Moresby, Department of Geography, University of Papua New Guinea.

West, F. J. (1958) Indigenous Labour in Papua New Guinea. *International Labour Review* 77 (2) : 89–112.

West, H. W. (1950) Telefomin Patrol Report, No. 1, 1950/51, Telefomin, Sepik District, Territory of Papua and New Guinea.

Willis, Katie (2005) *Theories and Practices of Development*. London & New York, Routledge.

Wirth, Louis (1938) Urbanism as a way of life. *American Journal of Sociology* 44 : 1–24.

Areas. Port Moresby.
Park, R. W. (1975) The urban community as a spatial pattern and moral order. In Peach, C. ed. *Urban Social Segregation*, London, Longman : 21-31. (originally published in 1926)
Peach, C. ed. (1975) *Urban Social Segregation*, London, Longman.
Peach, C., Robinson, V. and Smith, S. eds. (1981) *Ethnic Segregation in Cities*. London, Croom Helm.
Pearson, Ruth (1998) Nimble fingers revisited : Reflections on women and the Third World industrialization in the late twentieth century. In Jackson, C. and Pearson, R. eds. *Feminist Visions of Development : Gender Analysis and Policy*. London, Routledge : 171-188.
Poole, Fitz John Porter (1993) Cannibals tricksters, and witches : Anthropophagic images among Bimin-Kuskusmin. In Brown, P. and Tuzin, D. eds. *The Ethnography of Cannibalism*. A special publication of the Society of Psychological Anthropology, Washington D. C.
Pratt, Geraldine (2009) Feminist Geographies. In Gregory D. et al. eds. *The Dictionary of Human Geography*. 5th edition. Chichester, Wiley-Blackwell : 244-248.
Pred, Alan and Watts, Michael (1992) *Reworking Modernity*. New Burnswick, Rutgers University Press.
Quinlivan, Paul J. (1954) Afek of Telefomin : A fabulous story from New Guinea which led to a strange tragedy. *Oceania* 25 : 17-22.
Rappaport, R. A. (1967) *Pigs for Ancestors : Ritual in the Ecology of a New Guinea People*. New Haven, Yale Universtiy Press.
Roberts, Bryan (1978) *Cities of Peasants : The Political Economy of Urbanization in the Third World*. London, Edward Arnold.
Robinson, E. D. (1933) Patrol report of middle river and Kabriman area. 9 March 1933, Sepik District.
Rodman, M. C. (1992) Empowering place : multilocality and multivocality. *American Anthropologist* 94 (3): 640-656.
Rogers, J. R. (1949) Telefomin Patrol Report, No.2, 1948/ 49, Telefomin, Sepik District, Territory of Papua and New Guinea.
Rose, G. (1993) *Feminism and Geography : The Limits of Geographical Knowledge*. Cambridge, Polity Press.
（ローズ，ジリアン著，吉田容子ほか訳『フェミニズムと地理学——地理学的知の限界』地人書房．）
Saito, Hisafumi (1985) People in a pitfall of development : a report of preliminary research in a Mianmin village. *Jinbun-gakuhou : The Journal of Social Sciences and Humanities* (Tokyo Metropolitlan University) 177 : 13-40.
Santos, Boaventura de Sousa (1995) *Toward a New Common Sense : Law, Science and Politics in the Paradigmatic Transition*. New York : Routledge.
Santos, Milton (1975) *The Shared Space : The Two Circuits of the Urban Economy in Underdeveloped Countries*. London and New York, Methuen.
Sepoe, Orovu (1996) Women in the election : casualties of PNG political culture. In Saffu, Yaw

Beyond the Difference : Repositioning Gender and Development in Asia and the Pacific Context. (Proceedings of International Workshop for Junior Scholars, Jan 12-14, 2007 ／ F-GENs Publication series 32).Tokyo, Ochanomizu University : 227-238.

Murray, Alison. (1991) *No Money, No Honey : The Street Vendors and Prostitutes in Jakarta.* Singapore, Oxford University Press.
（マレー，アリソン著，熊谷圭知・内藤耕・葉倩瑋訳（1994）『ノーマネー・ノーハネー――ジャカルタの女露天商と売春婦たち』木犀社.）

Nairn, Karen (2002) Doing feminist fieldwork about geography fieldwork. In Moss, Pamela ed. *Feminist Geography in Practice : Research and Methods*. Oxford, Blackwell : 146-159.

Nast, Heidi J. 1994. Opening remarks on "women in the field". *Professional Geographer* 4 (1) : 54-66.

National Housing Commission, Papua New Guinea (1975) *National Housing Plan, Part One*. Port Moresby.

Nataional Statistical Office, Papua New Guinea (2016) Papua New Guinea National Accounts 2006-2013. Waigani, National Statistical Office.

Nelson, Lise and Seager, Joni eds. (2005) *A Companion to Feminist Geography*. Malden, Blackwell.

Neville, R. T. (1956) Telefomin Patrol Report, No.2, 1956/ 57. Sepik District, Territory of Papua and New Guinea.

Neville, R. T. (1957) Telefomin Patrol Report, No.4, 1956/ 57. Sepik District, Territory of Papua and New Guinea.

Nolen, L. T. (1953) Telefomin Patrol Report, No.3, 1952/ 53. Sepik District, Territory of Papua New Guinea.

Norwood, H. (1979) Port Moresby : pattern of settlement among migrant and urban villagers (National Capital District). In Valentine, C. A. and Valentine, B. L eds. (1979) *Going through Changes : Villagers, Settlers and Development in Papua New Guinea*. Port Moresby, Institute of Papua New Guinea : 3-89.

Norwood, H. (1984) *Port Moresby : Urban Villages and Squatter Settlements*. Port Moresby, University of Papua New Guinea Press.

Ogden, P. E. (1984) *Migration and Geographical Change*. Cambridge, Cambridge University Press.

Oliver, Douglas (1991) *Black Islanders : A Personal Perspective of Bougainville, 1937-1991*. Melbourne, Hyland House.

Oram, N. (1976) *Colonial Town to Melanesian City : Port Moresby 1884-1974*. Canberra, Australian National University Press.

Paasi, Anssi (1996) *Territories, Boundaries and Consiousness : The Changing Geographies of the Finnish-Russian Border*. New York. John Wiley & Sons.

Paasi, Anssi (2003) Place and region : Regional worlds and words. *Progress in Human Geography* 27 : 475-485.

Papua New Guinea Government (1973) White Paper : Self Help Housing Settlements for Urban

Vancouver, University of British Columbia Press.
Michalic, F. (1971) *The Jacaranda Dictionary and Grammar of Melanesian Pidgin*. Port Moresby, The Jacaranda Press.
Mohanty, Chandra Talpade (1991) Under Western eyes : feminist scholarship and colonial discourse. In Mohanty, C. T., Russo, A. and Torres, L. eds. *Third World Women and the Politics of Feminism*. Bloomington, Indiana University Press.
Mohanty, Chandra Talpade (2003a) "Under Western eyes" revisited : feminist solidarity through anticapitalist struggles. *Sign (Journal of Women in Culture and Society)* 28 (2) : 499–535.
Mohanty, Chandra Talpade (2003b) *Feminism without Borders : Decolonizing Theory, Practicing Solidarity*. London, Duke University Press.
（モハンティ，チャンドラ著，堀田碧ほか訳（2012）『境界なきフェミニズム』法政大学出版局.）
Momsen, J. and Townsend, J. eds. (1987) *Geography and Gender of the Third World*. London : Hutchinton.
Momsen, Janet. H. and Kinnaird, Vivian eds. (1993) *Different Places, Different Voices : Gender and Development in Africa, Asia and Latin America*. London & New York, Routledge.
Momsen, Janet (2004) *Gender and Development*. (second edition) London & New York, Routledge.
Monk, J. and Hanson, S. (1982) On not excluding half of the human geography. *Professional Geographer*. Professional Geographer 34 : 11–23.
Morren, George E. B. Jr. (1974) Settlement Strategy and Hunting in a New Guinea Society. PhD Dissertation. New York, Columbia University.
Morren, George E. B. Jr. (1980) Seasonality among the Miyanmin : Wild pigs, movement and dual kinship organization. *Mankind* 12 (1) : 1–12.
Morren, George E. B. Jr. (1981) A small footnote to the 'Big Walk' : Environment and change among the Miyanmin of Papua New Guinea. *Oceania* 52 (1) : 39–63.
Morren, George E. B. Jr. (1986) *The Miyanmin : Human Ecology of a Papua New Guinea Society*. Ann Arbor, UMI Research Press.
Moser, C. O. N. (1993) *Gender Planning and Development : Theory, Practice and Training*. London : Routledge.
（モーザ，C. 著，久保田賢一・久保田真弓訳（1996）『ジェンダー・開発・NGO――私たち自身のエンパワーメント』新評論.）
Moss, Pamela ed. (2002) *Feminist Geography in Practice : Research and Methods*. Oxford, Blackwell.
Murayama, Mayumi ed. (2005) *Gender and Development : The Japanese Experience in Comparative Perspective*. New York, Palgrave Macmillan.
Murayama, Mayumi (2005) Factory women under globalization : Incorporating Japanese women into the global factory debate. In Murayama : 223–256.
Murayama, Mayumi (2008) Re-examining 'difference' and 'development' : A note on broadening the field of gender and development in Japan. In Kumagai, K. et al. eds.

Lloyd, P. (1979) *Slums of Hope? Shanty Town of the Third World*. Middlesex, Penguin Books.
Low, Setha M. and Lawrence-Zuniga, D. eds. (2003) *The Anthropology of Space and Place : Locating Culture*. Malden, Blackwell.
Malinowski, Bronislaw (1922) *Argonauts of the Western Pacific : An Account of Native Enterprise and Adventure in the Archipelagoes of Melanesian New Guinea*. London, Routledge & Kegan Paul.
（マリノフスキー『西太平洋の遠洋航海者』，泉靖一編『マリノフスキー／レヴィ＝ストロース』（世界の名著 71）中央公論社：55-342.）
Malpas, J.E. (1999) *Place and Experience : A Philosophical Topography*. Cambridge, Cambridge University Press.
Mangin, William (1970) *Peasants in Cities : Readings in the Anthropology of Urbanization*. Boston, Houghton Mifflin Co.
Marcus, George E. (1995) Ethnography in/of the world system : the emergence of multi-sited ethnography. *Annual Review of Anthropology* 24 : 95-117.
Massey, D. (1991) Flexible sexism. *Environment and Planning D : Society and Space* 9 : 31-57.
Massey, D. (1993) Power-geometry and progressive sense of place. In Bird, J. et al. eds. *Mapping the Futures : Local Cultures, Global Change*. London, Routledge : 59-69.
（マッシー，ドリーン著，加藤政洋訳（2002）権力の幾何学と進歩的な場所感覚．思想 933：32-44.）
Massey, Doreen (1994) *Space, Place and Gender*. Cambridge, Polity Press.
Massey, Doreen (2005) *For Space*. London, Sage Publication.
（マッシー，ドリーン著，森正人・伊澤高志訳（2014）『空間のために』月曜社.）
Mater, J.H. (1959) Ambunti Patrol Report, No. 13, 1959/ 60, Sepik District,Territory of Papua and New Guinea.
Matwijiw, P. (1982) Urban land problems in Port Moresby, Papua New Guinea. *Tijdschrift voor Economische en Sociale Geografie* 73(5) : 286-294.
May, R. J. ed. (1982) *Micronationalist Movements in Papua New Guinea.* (Political and Social Change Monograph 1). Canberra, Department of Political and Social Change, Research School of Pacific Studies, Australian National University.
McCarthy, J. K. (1963) *Patrol into Yesterday : My New Guinea Years*. Melbourne. F. W. Cheshire.
McDowell, L. (1993a) Space, place and gender relations part Ⅰ : Feminist empiricism and the geography of social relations. *Progess in Human Geography* 17 (2) : 157-179.
McDowell, L. (1993b) Space, place and gender relations part Ⅱ : Feminist empiricism and the geography of social relations. *Progess in Human Geography* 17 (3) : 305-318.
McGee, T. G. (1971) *The Urbanization Process in the Third World : Explorations in Search of A Theory*. London, G. Bell & Sons.
McGee, T. G. (1973) Peasants in cities : a paradox, a paradox, a most ingenious paradox. *Human Organization* 32 (2) : 135-142.
McGee, T. G. and Robinson, Ira M. eds. (1993) *The Mega-Urban Regions of Southeast Asia*.

Parliamentary Committee on Urbanization and Social Development). November 2000.
King, David. and Ranck, Steve eds. (1982) *Papua New Guinea Atlas : A Nation in Transition*. Bathurst, Robert Brown and Associates Pty Ltd. In conjunction with the University of Papua New Guinea.
Kobayashi, Audrey (1994) Coloring the field : gender, "race", and the politics of fieldwork. *Professional Geographer* 46 (1) : 73-80.
Krutak, Lars. Making boys into men: Kaningara skin-cutting ritual https://www.larskrutak.com/making-boys-into-men-the-skin-cutting-ritual-of-the-kaningara-tribe-of-papua-new-guinea/（最終閲覧日：2018 年 2 月 11 日）
Kumagai, Keichi (1987) Rural-urban migration and ethnic group formation in a Papua New Guinea Town : the case of Chimbu migrants in Port Moresby. *Man and Culture in Oceania* 3 (Special Issue) : 221-238.
Kumagai, Keichi (1998a) Japanese geographers and their studies on the Third World : A critical review. *Geographical Review of Japan* 71B (1) : 1-30.
Kumagai, Keichi (1998b) Migration and Shifting Settlement Patterns among the Kapriman People of East Sepik Province, Papua New Guinea. In Yoshida Shuji and Toyoda Yukio eds. *Fringe Area of Highlands in Papua New Guinea. Senri Ethnological Studies* (National Museum of Ethnology) 47 : 43-60.
Kumagai, Keichi, Boma, Kai and Walpe, Gisipe eds. (2001) *Japan International Cooperation Agency (JICA) Workshop: A Project Formulation on Poverty Alleviation of Urban Settlements in Port Moresby, National Capital District, Papua New Guinea*. Port Moresby, JICA PNG Office.
Kumagai, Keichi et al. eds. (2008) *Beyond the Difference : Repositioning Gender and Development in Asia and the Pacific Context*. (Proceedings of International Workshop for Junior Scholars, Jan 12-14, 2007) F-GENs Publication series 32. Tokyo, Ochanomizu University.
Kumagai, Keichi (2016a) Can *Wantok* Networks be Counter-publics? : Development and Public Space in Urban Papua New Guinea. *Annals of Ochanomizu Geographical Society*（お茶の水地理）55：49-58.
Kumagai, Keichi (2016b) Place, body and nature : Rethinking Japanese *fudo* (milieu) and Minamata Disease. *Geographical Review of Japan series* B 89 (1) : 32-45.
Laycock, D. C. (1981) Sepik Province. In Wurm, S.E. and Hattori, S. eds. *Language Atlas of the Pacific Area*. Canberra, The Australian Academiy of the Humanities.
Lee, E. S. (1966) A theory of migration. *Demography* 3 : 47-57.
Levantis, Theodore (2000) Crime catastrophe : reviewing Papua New Guinea's most serious social and economic problem. *Pacific Economic Bulletin* 15 (2) : 130-142.
Levine, H.B. and M. W. Levine (1979) *Urbanization in Papua New Guine : A Study of Ambivalent Townsmen*. Cambridge, Cambridge University Press.
Lindstorm, Lamont (1993) *Cargo Cult : Strange Stories of Desire from Melanesia and Beyond*. Honolulu, University of Hawaii Press.

Routledge.
hooks, bell (1991) *Yearning : Race, Gender and Cultural Politics*. London, Turnaround.
Hugo, G. J. (1978) *Population Mobility in West Java*. Yogyakarta, Gadja Mada University Press.
Institute of National Affairs, Papua New Guinea (2001) *Papua New Guinea Informal Sector Study: Review of Constraints to Informal Sector Development*. (A Report to the Informal Sector Committee of the Consultative Implementation and Monitoring Council / Discussion Paper No. 85) Port Moresby, Institute of National Affairs.
International Labour Office (1972) *Employment, Incomes and Equality : A Strategy for Increasing Productive Employment in Kenya*. Geneva, ILO.
International Labour Office (2002) *Decent work and the informal economy : Sixth item on the agenda*. International Labour Office, 90th session. ILO, Geneva.
Iwamoto, Hiromitsu (1999) *Nanshin : Japanese Settlers in Papua New Guinea 1890–1949*. Canberra, *The Journal of Pacific History*.
Jackson, P. and S. J. Smith eds. (1981) *Social Interaction and Ethnic Segregation*. London, Academic Press.
Jackson, R. ed. (1976) *An Introduction to the Urban Geography of Papua New Guinea*. Port Moresby, University of Papua New Guinea.
Jellinek, Lee (1991) *The Wheel of Fortune : History of a Poor Community in Jakarta*. Melbourne, Allen and Unwin.
Jones, F. D. (1955) Telefomin Patrol Report No. 4, 1954/ 55. Telefomin, Sepik District, Territory of Papua New Guinea.
Juppenlatz, M. ed. (1970) *Cities in Transformation : the Urban Squatter Problem of the Developing World*. Queensland, University of Queensland Press.
Kabeer, Naila (1994) *Reversed Realities : Gender Hierarchies in Development Thought*. London, Verso.
Kabeer, Naila (2000) *The Power to Choose : Bangladeshi Women and Labour Market Decision in London and Dhaka*. London, Verso.
（カビール，ナイラ著，遠藤環・青山和佳・韓載香訳（2016）『選択する力――バングラデシュ人女性によるロンドンとダッカの労働市場における意思決定』ハーベスト社.）
Kaiku, P. (2007) Need for female leadership. *Post Courier*, May 30, 2007.
Katz, Cindi (1994) Playing the field : Questions of fieldwork in geography. *Professional Geographer* 46 (1) : 67–72.
Katz, Cyndi (2004) *Growing up Global : Economic Restructuring and Children's Everyday Lives*. Minneapolis, University of Minnesota Press.
Keogh, A. (assistant Coomber, T.A.) (1934) Special investigation Korosameri River area, Sepik District.10 January–19 March 1934.
Kidu, Carol (2000) *Urbanaization Report Part 2 : Ensuring a Viable Future for Urban Landowners and Accessibility of Land under Customary Land Tenure Systems for Urban Development Purposes*. (Statement to Parliament on the Third Report from the Special

Gilbert, Alan and Gugler, Josef (1981) *Cities, Poverty and Development : Urbanization in the Third World*. Oxford, Oxford University Press.

Goddard, M. (1992) Big-man, thief: the social organization of gangs in Port Moresby. *Canberra Anthropology* 15 (1): 20–34.

Gilbert, Alan and Ward, Peter M. (1985) *Housing, the State and the Poor : Policy and Practices in Three Latin American Cities*. Cambridge, Cambridge University Press.

Green, R. (1991) Near and remote Oceania : disestablishmenting "Melanesia" in cultural history. In Pawley, A. ed. *Man and A Half : Essays in Pacific Anthropology and Ethnology in Honor of Ralh Bulmer*. Auckland, The Polynesian Society : 491–502.

Gregory, D. (1982) *Regional Transformation and Industrial Revolution : A Geography of Yorkshire Wollen Industry*. London, University of Minnesota Press.

Gregory, D. et al. eds. (2009) *Dictionary of Human Geography*. the 5th edition. Chichester, Wiley-Blackwell.

Griffin, James (1982) Napidakoe Navitu. In May, R. J. ed. *Micronationalist Movements in Papua New Guinea*. (Political and Social Change Monograph 1). Canberra, Department of Political and Social Change, Research School of Pacific Studies, Australian National University.

Grigg, D. (1965) The logic of regional systems. *Annals of the Association of American Geographers* 55 : 465–491.

Hannett, Leo (1969) Down Kieta way : Independence for Bougainville? *New Guinea* 4 (1) : 8–14.

Hart, K. (1973) Informal income opportunities and urban employment in Ghana. *the Journal of Modern African Studies* 11 (1) : 61–89.

Haraway, D. J. (1991) *Simians, Cyborgs, and Women : The Reinvention of Nature*. London, Free Association Books.
（ハラウェイ，ダナ著，高橋さきの訳（2000）『猿と女とサイボーグ――自然の再発明』青土社.）

Harris, B. M. (1988) *The Rise of Rascalism: Action and Reaction in the Evolution of Rascal Gangs*. Port Moresby, Institute of Social and Economic Research.

Harvey, David (1992) *The Conditions of Postmodernity : An Enquiry into the Origins of Cultural Change*. Oxford, Blackwell.
（ディヴィッド・ハーヴェィ著，吉原直樹監訳（1999）『ポストモダニティの条件』青木書店.）

Harvey, D. (1993) From space to place and back again : reflections on the conditions of postmodernity. In Bird, J. et al. eds. *Mapping the Futures : Local Cultures, Global Change*. London, Routledge : 3–29.

Harvey, David (2005) The sociological and geographical imaginations. *International Journal of Politics, Culture and Society* 18 : 211–255.

Henderson, George (2009) Place. In Gregory, D. et al. eds. *Dictionary of Human Geography*. the 5th edition. Chichester, Wiley–Blackwell. 539–541.

Hetherington, Kevin (1997) *The Badlands of Modernity : Heterotopia and Social Ordering*. Oxon,

Spontaneous Settlements, London, Longman.
（ドワイヤー，D. J. 著，金坂清則訳（1984）『第三世界の都市と住宅――自然発生的集落の見通し』地人書房.）

Elson, D. and Pearson, R. (1981) Nimble fingers make up cheap workers : an analysis of women's employment in Third World export manufacturing. *Feminist Review* 7 : 87–107.
（エルソン，ディアンヌ&ピアソン，ルース著，神谷浩夫訳（2002）器用な指先が安い労働者を生み出すのだろうか？：第三世界の輸出製造業における女性雇用の分析．神谷浩夫編・監訳『ジェンダーの地理学』古今書院：218–244.）

Entrikin, J. N. (2002) Democratic place-making and multi-culturalism. *Geografiska Annaler* 84B : 19–25.

Escobar, A. (1995) *Encountering Development*. Princeton, Princeton University Press.

Escobar, A. (2008) *Territories of Difference : Place, Movements, Life, Redes*. Durham, Duke University Press.

Frankel, Stephen (1976) Mass hysteria in the New Guinea Highlands : A Telefomin outbreak and its relationships to other New Guinea hysterical reactions. *Oceania* 57 (2) : 106–133.

Fraser, Nancy (1992) Rethinking the public sphere : a contribution to the critique of actually existing democracy. In Carhoun, C. ed. *Habermas and the Public Sphere*. Cambridge, MIT Press : 109–142.
（ナンシー・フレイザー（1999）公共圏の再考：既存の民主主義の批判のために．キャルホーン編（1999）：117–159.）

Fraser, Nancy (1997) *Justice Interruptus : Critical Reflections on the "Postsocialist" Condition*. Routledge.
（フレイザー，ナンシー著，仲正昌樹ほか訳（2003）『中断された正義――「ポスト社会主義的」条件をめぐる批判的省察』御茶の水書房.）

Gardner, Donald S. (1981) Cult ritual and social organization among the Mianmin. Ph. D. Dissertation, Australian Natinonal University, Canberra.

Gardner, Donald S. (1987) Spirits and conceptions among the Mianmin of Papua New Guinea. *Oceania* 57 (3) : 161–177.

Garnaut, R.,Wright M. and Curtain, R. (1977) *Employment, Incomes and Migration in Papua New Guinea*. Port Moresby, Institute of Applied Social and Economic Research.

Geertz, Clifford (1963a) *Agricultural Involution : The Processes of Ecological Change in Indonesia*. Berkeley, University of California Press.

Geertz, Clifford (1963b) *Peddlers and Princes : Social Development and Economic Change in Two Indonesian Towns*. Chicago, University of Chicago Press.

Gibson–Graham, J. K. (1996) *The End of Capitalism (As We Knew It)*. Oxford, Blackwell.

Giddens, A. (1990) *The Consequences of Modernity*. Stanford, Stanford University Press.
（ギデンズ，アンソニー著，松尾精文・小幡正敏訳（1993）『近代とはいかなる時代か？――モダニティの帰結』而立書房.）

Gilbert, A. (1988) The new regional geography in English and French speaking countries. *Progress in Human Geography* 12 : 208–228.

Bromley, R. ed. (1979) *The Urban Informal Sector : Critical Perspectives on Employment and Housing Policies*. Oxford, Pergamon.

Bromley, R. and Gerry, C. eds. (1979) *Casual Work and Poverty in Third World Cities*. Chichester, John Wiley & Sons.

Brookfield, Harold. C. and Brown, Paula (1963) *Struggle for Land : Agriculture and Group Territories among the Chimbu of the New Guinea Highlands*. Melbourne, Oxford University Press.

Brown, Paula (1978) *Highland Peoples of New Guinea*. Cambridge, Cambridge University Press.

Burgess, R. (1978) Petty commoditiy housing or dweller control? : A critique of John Turner's view on housing policy. *World Development* 6 : 1105-1134.

Calhoun, Craig ed. (1992) *Habermas and the Public Sphere*, Cambridge, MIT Press.
（キャルホーン，クレイグ著，山本啓・新田滋訳（1999）『ハーバマスと公共圏』未来社.）

Campbell, Stuart (1938) The country between the headwaters of the Fly and the Sepik Rivers. *Geographical Journal* 92 : 232-258.

Chapman, Murray and Prothero, Mansell (1985) *Circulation in Population Movement : Substance and Concepts from the Melanesian Case*. London. Routledge and Kegan Paul.

Clifford, James and Marcus, George E. eds. (1986) *Writing Culutre : The Poetics and Politics of Ethnography*. Berkley, University of California Press.
（クリフォード，ジェイムズ&マーカス，ジョージ編，春日直樹ほか訳（1996）『文化を書く』紀伊國屋書店.）

Cooke, B. and Kothari, U. eds. (2001) *Participation : The New Tyranny?* London, Zed Books.

Coleman, S. and Collins, P. eds. (2006) *Locating the Field : Space, Place and the Context in Anthropology*. Oxford, Berg.

Cresswell, Tim (1996) *In Place, Out of Place : Geography, Ideology, and Transgression*. Minneapolis, University of Minnesota Press.

Cresswell, Tim (2004) *Place : A Short Introduction*, Oxford, Blackwell.

Cresswell, Tim and Merriman, Peter (2011) *Geographies of Mobilities : Practices, Spaces, Subjects*. Surrey, Ashgate.

DeLyser & Karolczyk (2010) Fieldwork and the Geographical Review : retrospect and possible prospects. *Geographical Review* 100 (4) : 465-475.

Deutsche, R. (1991) Boys town. *Environment and Planning D : Society and Space* 9 : 5-30.

Dinnen, Sinclair (2000) *Law and Order in a Weak State: Crime and Politics in Papua New Guinea* (Pacific Islands Monograph Series), Honolulu, University of Hawaii Press.

Dornstreich, Mark C. and Morren, George E. B. (1974) Does New Guinea cannibalism have nutritional value? *Human Ecology* 2 (1) : 1-12.

Drakakis-Smith, D. W. (1981) *Urbanization, Housing and the Development Process*. London. Croom Helm.

Drakakis-Smith, David (1986) *Urbanization in the Developing World*. Kent, Croom Helm.

Dwyer, D. J. (1975) *People and Housing in the Third World : Perspectives on the Problems of*

引用・参考文献

Agnew, John (1993) Representing space : space, scale and culture in social science. In Duncan, J. and Ley, J. eds. *Place/Culture/Representation*. London, Routledge : 251-271.

Agnew, John A. and Duncan, James S. eds. (1989) *The Power of Place : Bringing together Geographical and Sociological Imaginations*. Boston, Unwin Hyman.

Anderson, Tim (2015) *Land and Livelihoods in Papua New Guinea*. Melbourne, Australian Scholarly Publishing Pty Ltd.

Auge, M. (1995) *Non-Places : An Introduction to Supermodernity*. London, Verso.

Barber, Keith (1993) *The Informal Sector and Household Reproduction in Papua New Guinea*. (NRI Discussion Paper 71) Port Moresby, The National Research Instituite.

Barth, Fredrik (1971) Tribes and intertribal relations in the Fly headwaters. *Oceania*, 56(3) : 171-191.

Barth, Fredrik (1975) *Ritual and Knowledge among Baktaman of New Guinea*. New Haven, Yale University Press.

Becker, Gary S. (1993) *A Treatise on the Family*. (enlarged edition) Cambridge, Harvard University Press.

Bedford, R. D. (1973) *New Hebridean Mobility : A Study of Circular Migration*. (Department of Human Geography Publication HG/ 9) Canberra, Research School of Pacific Studies, Australian National University.

Beehler, Bruce M., Pratt, Thane K. and Zimmerman, Dale A. (1986) *Birds of New Guinea*. Princeston, Princeton University Press.

bell hooks (1990) *Yearning : Race, Gender, and Cultural Politics*. Boston, South End Press.

Benhabib, Selya (1992) Models of public space : Hannah Arendt, the liberal tradition and Jürgen Habermas. In Carhoun, C. ed. *Habermas and the Public Sphere*, Cambridge, MIT Press : 73-98.
（ベンハビブ，セイラ（1999）公共空間のモデル――ハンナ・アレント，自由主義の伝統，ユルゲン・ハーバマス．キャルホーン，クレイグ編著，山本啓・新田滋訳『ハーバマスと公共圏』未来社：69-101.）

Bertram, I. G. and Watters, R. F. (1985) The MIRAB economy in the South Pacific microstates. *Pacific Viewpoint* 26 (3) : 497-519.

Blunt, Alison and Dowling, Robyn (2006) *Home*. London, Routledge.

Bondi, Liz and Davidson, Joyce (2005) Situating gender. In Nelson and Seager eds. : 15-31.

Boserup, Ester (1965) *The Conditions of Agricultural Growth*. London : Allen & Unwin
（ボズラップ，エスター著，安沢秀一・安沢みね訳（1975）『農業成長の諸条件――人口圧による農業変化の経済学』ミネルヴァ書房.）

Boserup, Ester (1970) *Women's Role in Economic Development*. London, Allen & Unwin.

人名索引

地名索引

ヤ行

ラ・ワ行

マ行

ハ行

ナ行

タ行

サ行

カ行

事項索引

ア行

著者紹介

熊谷　圭知（くまがい　けいち）

1954年，東京生まれ。両親の出身は岩手県（父は陸前高田市，母は盛岡市）。中学・高校時代は名古屋，大学は東京，就職してからは福岡，大阪で暮らす。現在，お茶の水女子大学　基幹研究院（人間科学系）教授。博士（文学）。

専門は社会文化地理学，オセアニア地域研究。

編著に『オセアニア』（片山一道との共編著。朝倉書店，2010年），『第三世界を描く地誌』（西川大二郎との共編著。古今書院，2000年），『都市の誕生』（塩田光喜との共編著。アジア経済研究所，2000年）。

パプアニューギニアの「場所《ばしょ》」の物語《ものがたり》
動態地誌とフィールドワーク

2019年3月10日　初版発行

著　者　熊 谷 圭 知
発行者　笹 栗 俊 之
発行所　一般財団法人　九州大学出版会
〒814-0001　福岡市早良区百道浜3-8-34
九州大学産学官連携イノベーションプラザ305
電話　092-833-9150
URL　https://kup.or.jp/
印刷・製本／大同印刷㈱

ISBN978-4-7985-0248-9